U0513030

上海世纪文睿文化传播公司 出品

后乌托邦批评

《狼图腾》深度诠释（修正版）

李小江 著

世纪文睿
Century Literature

世纪出版集团 上海人民出版社

献给:毛泽东时代人

——死去的

　　离去的

　　　　和拒绝遗忘的

　　　　　……

——屈辱的

　　受难的

　　　　和心底有梦的

　　　　　……

目 录

前言:
"寓言式书写"与"后乌托邦批评"

曾经,有许多关于狼的故事,遍及世界各个角落。

"河边的小羊"讲述狼的嗜血本性,毫无同情心;"小红帽"是说狼会伪装善良,预示着阴谋中的凶险;"东郭先生"讲的是中山狼恩将仇报,告诫人们对敌人保持警惕……"开玩笑的牧人"以血为训警示人们;"狼来啦"是一个神圣的征战动员令,是不到万不得已不能轻率出口的战斗号角。

狼成全了无数神话、传说、寓言,几乎难有例外地成为残忍、奸诈、以强凌弱、忘恩负义的代名词,因此成为人的敌人、人性的反义词、善的对立面——古往今来,已成定论,难道有什么可以怀疑的吗?

《狼图腾》①试图挑战古老的定论,企图为狼翻案。

这就生出了两个有趣的问题:

——曾经,谁为狼定了案?

——今天,何以为狼翻案?

---

① 姜戎:《狼图腾》,长江文艺出版社,2004 年 4 月初版。

《狼图腾》面世以来,正版书数百万册,盗版书不计其数,加上网上阅读,读者无数;围绕着以上问题,评论亦无数,①毁誉参半,各走偏锋。

书中没有传统的故事情节,却拥有广大的读者群;没有诱人的爱情故事,也没有悲情人物或悲剧性格催人泪下,却让众多人爱不释手。那弥漫在书中的野性,好似荒原上吹过一阵强劲的雄风,于长久污浊、沉闷、张扬着奶油小生和"超级女声"的现代中国社会,粗砺而新鲜,很有些拂尘清心的作用。

从2004年4月面世到2005年底,《狼图腾》稳居北京图书排行榜文学榜首,西方各家主流媒体也对此书给予报道。2005年初该书中文繁体字版在台湾面世,接着就有越南文版、韩文版、日文版和法文版……2008年英文版和德文版分别由美国企鹅出版公司②和德国蓝登公司在全球发行。但是,学界却有完全不同的反应。几年下来,除去图书评论登载了一些质疑的观点,③少见针对文本进行深入分析的学术论文。④国内文学界对它不知所措,不约而同地以巨大的沉默昭示着主流文坛对它的不屑。与文坛和学界的冷漠形成鲜明对比的,是市场和网络上的喧嚣。几年过去,《狼图腾》摆在畅销书架和盗版书摊上,持续出现在人们的视野中,像一匹不期而遇的黑马,不经意间撞破了主流话语的封锁,也撞开了当代中国文学走向世界的大门。读者的眼球和市场份额不由分说被它抢占了许多,让业内写手难免生出莫名的隐痛。针锋相对的观点在网上、报纸上、各类媒体中吵得不可开交,从国内吵到国外。⑤2007年底,享誉世界文坛的"曼布克小说奖"(Man

---

① "狼图腾"已经成为一个新词条,截至2007年底,在网上搜索到的相关信息和评论数千万计。

② 企鹅集团总裁田培(Peter Field)表示:"企鹅集团一直在寻找一部既有鲜明中国文化特点又有美妙故事的小说,献给那些热爱中国的外国读者。幸运的是,我们找到了《狼图腾》,并且我们相信这仅仅是一个伟大工程的起点。"(《中华读书报》2007年9月5日)

③ 详见《中国图书评论》2006年第2期;《文艺争鸣》2005年第2、第3期。

④ 《中国社会科学院院报》(2006年6月15日3版)刊登两篇评论文章:叶舒宪的《狼图腾,还是熊图腾?》和程玉梅的《〈狼图腾〉的多种解读》。史学界对狼书的回应可见朱冰的批评文章:《狼图腾》虚构了"狼图腾"(2008年4月30日《中华读书报》第11版)。

⑤ 2006年12月11日《重庆晨报》记者报道:德国汉学家顾彬(Wolfgang Kubin)在接受"德国之声"访问时炮轰中国当代文学是垃圾,在中国极受欢迎的小说《狼图腾》"对我们德国人来说是法西斯主义,这本书让中国丢脸"。由此再次引发关于《狼图腾》的争论。

Booker Prize)首届亚洲文学奖揭晓,在 243 部候选作品中惟独垂青了这部具有"强大的感人力量,景观恢弘,读后让人久久不能忘怀、与众不同的"①《狼图腾》,毁誉依旧各半,读者不改初衷——可见,此书的性质不同于一般小说,在传情的故事之外确实还有许多可以讨论的话语空间。对众多读者而言,阅读不仅是移情审美,更是思考的过程,因此想问:

——狼书中究竟提出了什么问题引起人们思考?

——狼的故事里究竟隐含着什么东西让人们争论不休?

我们可以从两个途径去寻找答案:一是细读原著,从中摸索出通向理解的路径;一是询问作者,让作者给出一个直白易解的交代。

可惜,这两条路都不顺畅。

首先,这不是一部好读也不那么好懂的书,读它需要兴趣也需要耐心,甚至还需要一定的历史常识和哲学人类学知识。

那么作者呢?

根据出版策划人的介绍:②

> 作者姜戎,北京人,1967 年到内蒙古牧区插队。1978 年考入中国社会科学院研究生院,攻读政治经济学专业。1971 年姜戎开始在心中打腹稿,1998 年正式动笔,直到 2003 年底脱稿,历时近 6 年完成《狼图腾》。在拿出书稿之前,他曾和出版社约法三章:不参加新书发布活动,不参与商业炒作,不接受媒体采访,只拿出文字来参与就文字本身的讨论。

一面是来自社会的热闹,一面是作者隐身埋名,以"无言"回应一

---

① 摘自"MAN 亚洲文学奖"评审团主席 Adrienne Clarkson 的颁奖评语。

② 摘自安波舜:《〈狼图腾〉编辑策划的经验和体会》,《出版科学》2006 年第 1 期。

切喧嚣,对所有是非抑贬,昭示着同样一个"不屑"——这让我好奇。

当我得知作者的真实身份,便断然不信这书里说的仅仅是一个"狼故事"。当有机会面对姜戎直接发问,这就是我的第一个问题。

> 江:你当真是在写一个狼的故事吗?
>
> 姜:我根本没有兴趣专门编写故事。

如此,还是小说么?

《狼图腾》新书发布会上,中央电视台新闻主播白岩松表达了他的直觉,他认为这"不是一部小说,更像是一部充满哲学、人性色彩的论文"。①通过网上采访,有记者就这个问题询问作者。②

> 术术:您怎么看待这个观点? 这个特点会不会影响小说的可读性?
>
> 姜戎:我认为这既是"一部充满哲学、人性色彩的论文",又是一部充满了形象、性格、血肉、故事、情感、想象、虚构、细节、冲突、激荡奔放等等文学元素的长篇小说。书中哪一条狼是干巴巴的"论文狼"?"理论小狼"是不可能把主人公陈阵咬出血来的。

我怎么看这本书?

就个人见识和审美趣味而言,我不欣赏书中的血腥描述,不认同狼性崇拜,不赞同作者对农耕或游牧民族的简单评判,更不欣赏他以狼为楷模对"国民性"进行批判的立场,对战争气氛或竞争的叫嚣我有一种本能的厌倦。

---

① 2004年4月13日在北京举行《狼图腾》出版讨论会,中央电视台主持人赵忠祥、白岩松,文学评论家孟繁华、白烨等人出席,分别对此书发表意见。详见文化研究网:http://www.cul-studies.com。

② 术术:《姜戎:从草原回到喧嚣社会》,《新京报》2004年4月27日。

但是,我不能回避它。

因为我的专业基础是文学研究,无论这书是小说还是论文,也无论我个人是否喜欢它,它都不由分说地闯进甚至打扰了我的正常工作。当我为狼流泪,泪水蛰得心痛,接下来的事就像是必然发生的:我不能就此放下它,相反,我放下了手头看似都很重要很急迫的其他工作,开始了"狼图腾研究":

——它从哪里来? 为什么会出现在这个远离了狼的时代?

——它讲了什么故事? 为什么能在短时间内跨文化传播?

——它宣扬了什么观点? 为什么在人群中引起如此骚动?

面对所有这些问题,我从哪里入手?

首要的问题是为作品定性:这是怎样一本书?

从文学角度看,书里没有传统小说中不可或缺的人间故事,就"文学亦即人学"的普遍认知而言,它是另类。因为是另类,你也会本能地排斥它,说它"没有太大的文学价值"①——但,你不能无视它的存在,因为它就是以长篇小说的面目横空出世的,并且具备了文学的一切要素和基本品质,无论业内人士和学界怎样评说是非长短,从接受美学的角度看,它已经从另一个方向(大众阅读和市场运作)证明了它独特的审美价值。

可是,它究竟是怎样性质的文学?

答案或许就在阅读时下意识的觉悟中:

　　　　江:我知道你很久不读小说了,怎么就看了"狼"?

　　　　帆:这不是一般小说,**这是一个寓言**。小狼之死预示着
　　　人类自己难以逃避的劫难。

他掭醒了我。

---

① 香港岭南大学中文系教授许子东语,出自凤凰卫视谈话节目"锵锵三人行"(2006 年 12 月 25 日)。

这的确不是一部单纯的小说，而是寓言。

倘若《狼图腾》既是思想的载体又是说故事的能手，在现有文学体裁中惟有寓言兼备这双重品质。《狼图腾》或许是一部以长篇小说为载体的现代寓言？在这个"后"时代，它会是一部后现代寓言吗？抑或，依照德里克(Alif Dirlik)的观点，[①]这是一部后殖民氛围中的民族寓言？既然它出现在毛泽东时代之后的中国，该不会是一部典型的后乌托邦寓言？

在总体上我认同"寓言"这种定位，是因为：当我们像看人间故事一样悉心阅读狼的故事，当我们在狼的世界中产生人类心灵的移情作用，当我们在书中开始关注所有生灵并为草原和草原狼们流泪，当我们超越了对狼的恐惧也超越了对狼的敬畏……那一时刻，寓意已经在我们身上发生，一种新的寓言——这里姑且称之为"后寓言"——也随之诞生。

从文学批评的角度，我认同弗·詹姆逊(Fredric Jameson)的看法，无论什么时代，寓言都是"一种再现事物的模式"：[②]

> 尽管我们说要抓住历史变化中的环境、打破旧有的关于变化的叙事形态，并着眼于活生生的事物间的矛盾，但这一切没有一样是实物……即使我们信奉叙事，叙事却不是一件轻而易举的事情。强调寓言因而便是强调再现深层现实的艰巨性甚至不可能性。

詹姆逊因此认定："**寓言是一种知其不可为而为之的再现论。**"[③]

我以为，在"知其不可为而为之"的心境中"再现深层现实"，与其

---

① ［美］阿里夫·德里克认为"后现代理论主要涉及第一世界，后殖民则主要牵涉第三世界"。详见《全球化、现代性与中国》，《读书》2007 年第 7 期第 7 页。
② ［美］弗雷德里克·詹姆逊是当代最重要的马克思主义批评家和理论家，最早将后现代理论介绍给中国学界。下文出自詹明信(即詹姆逊)《马克思主义与理论的历史性》，张旭东译，《晚期资本主义的文化逻辑》，生活·读书·新知三联书店，1997 年，第 37、第 38 页。
③ 同上书，第 38 页。黑体为本书作者所加。

看作寓言的特点,不如说是作者选择寓言作为叙事手段之无奈心境的具体体现。古往今来,所有的寓言和寓言式写作,无不是在"难言"的个人处境或"难以发言"的社会环境中被迫而出的一种叙事方式,形式不同而已。

《狼图腾》产生在"两后"(后毛泽东时代和后现代社会)氛围中,从文本到寓意,都体现出鲜明的"后"的特征:它不是简单的说教或政治讽喻,也不是"政治正确"(PC)①的代言人;它能指的方向不是传统的小善小恶,而是积"善/恶"为一身的现代文明。它的叙事形式沿袭了传统表现手法,在内容上却有一系列重大突破:它将"革命中国"用作叙事平台,重叠复杂的寓意中浓缩了现代以来最重要的人类问题(如文明的成长与冲突,人与自然与自身的关系,环境、生态、信仰乃至人类生存的极限问题),既有在现代立场上对传统文化认知的颠覆和挑战,也有在后现代立场上对现代性本身的质疑和反省。**所谓文明史,不过是人类征服自然、朝向富裕、追求幸福的一场漫长而宏大的乌托邦实践——**从这个角度看,《狼图腾》提供了一个极为开阔的分析平台。对生活在今天的人们而言,这是一本揭痛与示痛的书:带着与痛而生的野蛮、粗砺和血污,向往文明却终究难得文明,追求自由却最终不得自由,热爱自然却始终背弃乃至丢失了自然……正是在这个意义上,《狼图腾》是后寓言,也是末日预言。它诞生在诸多乌托邦实践之后的后毛泽东时代,**将顽强的生命意志隐含在破灭的政治理想中,试图在即将消逝的时代残垣上重建精神家园——**因此,我看它不仅是一部中国特色的民族寓言,更是一部具有预言性质的后乌托邦寓言。

这项研究因此从寓言开始:以《狼图腾》为样本,解构"后寓言"的双重意味:文本的和寓意的;并试图建立一种于学界是陌生的、于我们的生活却密切相关的分析范畴:后乌托邦批评。

所谓寓言,必须具备潜在的寓意这一特点,如陈蒲清所说:"寓言

---

① PC(Political Correctness)原则意为"政治正确"原则,出自20世纪70年代美国大学校园内开展的一项左翼激进政治运动,简称PC运动。其内容为:带有种族歧视、性别歧视的语言在课堂上一律受到禁止。

就是作者另有寄托的故事",它先天性地"具有双重结构:其表层是一个故事,称为'寓体';其里层是作者寄托的意义,称为'寓意'"。[①]近代以来,寓言作品借助各种文学体裁,让难以道明的思想潜伏在好看的故事里,寓意深邃且复杂交错,隐藏在文本的各个角落,非经由"批评"道破不能透彻。几乎所有的现代主义文学都具有这一特点,将寓言创作推进到一个崭新的高度,为文艺理论和美学研究提供了丰富的活水源泉。**寓言式书写与寓意分析互为基础,相互扶持,成为思想先知或前卫的思想者娴熟运用的工具,共同结构起时代的精神导向。**

世纪交接之际,"寓言式书写"在中国文坛凸显出来:有文才的思想者将寓言的精髓融进各种艺术形式和文学体裁,在十分狭窄的话语环境中顽强地拓展"思"的空间。《狼图腾》就是这样一例:它的思路非常开阔,思维走向极富寓意;尤其是它的叙事平台(文化大革命中的草原),将当代中国命题与世界性的后现代风向贯穿在一起,用后乌托邦性质的"狼图腾"为后乌托邦批评提供了绝佳的分析蓝本。近年来,寓言式作品在中国批量出现,或成群结队或独行天下,创造性的思想弥漫在字里行间,难以言传的思绪潜身于或严肃或荒诞的表象下,在寓言式的话语遮蔽中期待着寓言批评及时跟进——批评因此不仅应该是文学的或艺术的,尝试为寓言式写作正名;同时也应该是哲学的或政治的,为"思"的通达披荆斩棘,开辟道路。

这项研究有三个主要内容。

首先是文本分析:为《狼图腾》的文学属性和美学价值正名,在"后寓言"名下将"三后"(后现代/后殖民/后乌托邦)批评烩成一炉,看它们在当代文学艺术中可能的创新能力以及它们在审美领域中的新鲜作为。

其次是寓意索隐:以《狼图腾》文本为引子,突破"说故事"的阅读方式从而进入"说事"的思维空间,看这部征服了广大读者并引出激烈

①　陈蒲清:《中国经典寓言》序,岳麓书社,2005年,第1页。

争论的"奇书"究竟提出了什么问题、蕴涵着多少寓意以及指示了怎样的方向,启迪人们对当下乃至未来的人类处境多一些贴近生活本身的思考。

第三个内容有关**后乌托邦批评**。

在《狼图腾》研究过程中,我提出并尝试建立"后乌托邦批评"这一新的分析范畴,与其说是有所作为,不如说是无奈中的选择。说它"后",至少有两种含义:一则因为这个文本出现在社会主义中国的"文化大革命"之后,后乌托邦批评作为一种分析范畴,于"这一个"文本是贴切而适时的;不借助新的分析工具,很难穿透表象触摸到它隐晦甚至是隐讳的寓意。二是因为《狼图腾》产生在全球化过程中,出现在开放的中国大陆,是在"两后"(后现代/后殖民)盛行之后,它的思想观念和创作手法不可避免地携带着大量"后"的因素,非"两后"出场不能解困。我将后乌托邦作为一种新的分析范畴用于批评实践,希望这一范畴的出台能够呼应并成全我们曾经的社会实践和历史作为,**为那些朝向乌托邦的探索而长久失语的经验找到尊严而得体的话语平台。**

就历史根底看,后现代是西方的事,原本与后殖民无关;而后殖民是后发国家——詹姆逊称之为"第三世界"——的事,原本与后现代无缘。只是在全球化背景下,两者不期而遇:后现代话语在全球化浪潮中进入后发国家,为第三世界顺利走向(全)世界敲开了大门;后殖民批评通过一系列"发展问题"进入国际视野,逼迫发达的西方世界向后看齐,"回转"因此成为当下西方知识分子最优雅、最识时务的姿态。《狼图腾》生逢其时,为后殖民躯干披上了后现代外衣:体现在文本中,它的思维路径和价值取向都是后现代的,其寓意却深陷在后殖民的身份情结和后乌托邦的意识形态中不能自拔,成为"民族寓言"[詹姆逊语][1]、乌托邦寓言或后寓言,都偏离了作者的创作初衷,成全在读者的"身份阅读"中。批评因此挺身而出,有意或无意间,接续起瓦尔特·

---

① [美]詹明信:《晚期资本主义的文化逻辑》,张旭东主编,生活·读书·新知三联书店,1997年,第536页。

本雅明的理想①和目标:"本原就是目标。"②即,在现实生活层面上还原问题,以求知者的身份重返现场。

作为批评,"现场"即作品。

在这个太过浮华喧嚣的后时代,批评本身也粘附了太多时尚的臃赘,因此我以为,重返现场的第一要旨是"祛魅"(disenchantment)③:在话语中祛"术语"之魅;在心理上祛"体系"之魅;在认识上祛"后"之魅——只有这样,文本(无论批评还是作品)才可能处于自我澄明的本原状态,批评才可能轻装上路,在失序的后世乱局中辟出通向"理解"的道路。

关于方法,我欣赏而且认同法国批评家茨维坦·托多洛夫(Tzvetan Todorov)倡导的对话批评,确信:

> **批评是对话**,是关系平等的作家与批评家两种声音的相汇。④

在开放的全球化时代,两种声音已经远远不够了。

对"民族寓言"而言,对话批评不仅针对作品和(自己的)民族/国家,也面对广大读者和海外学界说话。批评因此可以成为连接"情"与"思"的桥梁,与作品以及再批评一起,共同结构成一个民族的"共谋文本",在跨文化阅读的平台上与世界对话。

---

① 本雅明认为,在无神的时代,文学是一条能够承载理想通向未来的救赎之路,歌德、陀思妥耶夫斯基的作品是"为寻求人类救赎的努力","清醒且悲壮的英雄行为。"(第117页)参阅秦露《文学形式与历史救赎:论本雅明〈德国哀悼剧起源〉》,华夏出版社,2005年。

② Walter Benjamin: *Illuminations*, ed., Hannah Arendt, Fotana/Collins, 1973,第263页。转引自《论瓦尔特·本雅明:现代性、寓言和语言的种子》序言,郭军、曹雷雨编,吉林人民出版社,2003年,第2页。

③ [德]马克斯·韦伯(Max Weber)最早使用"祛魅"一词:"世界的祛魅"(the disenchantment of the world,又译"世界的解咒"),指一元化宗教统治以及单一价值体系的解体,在文学批评中体现为"解释的多样性"。这一现象在当代中国的发生和演变,可见陶东风的《文学的祛魅》,《文艺争鸣》2006年第1期。

④ [法]茨维坦·托多洛夫:《批评的批评——教育小说》,王东亮、王晨阳译,生活·读书·新知三联书店,2002年,第185页;关于"对话批评"详见第179—194页。黑体为本书作者所加。

上篇：文本分析

一 《狼图腾》讲述了怎样一些故事？
——作为寓言："狼图腾"的品质与特点

确认一部作品的性质，是获取可能进行深入研究的开门钥匙。它能把我们带出杂草丛生的文字荆棘，在有迹可寻的轨道上找到承前启后的平台，在前人探索的基础上挖掘作品中隐含的审美价值和认知价值；或者，也有可能，在文本分析中被作品牵引出革新的文艺理论。

一部好的作品通常具有"被挖掘"的潜在价值。罗斯金(John Ruskin)把作品中的寓意比作上帝藏于矿中的黄金，发掘寓意犹如矿工掘金。①略萨(M. V. Liosa)认为，文学批评"可以成为深入了解作家内心世界和创作方法的极为有用的向导；有时一篇评论文章本身就是一部创作，丝毫不比一部优秀小说或者长诗逊色"。②比如普鲁斯特的《追忆逝水年华》，③倘若没有诸多学者特别是热奈特(Gerard Genette)的《叙事

---

① ［英］约翰·罗斯金:《芝麻与百合》，刘坤尊译，湖南人民出版社，1986 年，第 15—18 页。
② ［秘鲁］巴·略萨:《中国套盒——致一位青年小说家》，赵德明译，百花文艺出版社，2000 年，第 113 页。
③ 马塞尔·普鲁斯特(Marcal Proust, 1871—1922)是法国意识流小说作家，七卷本《追忆逝水年华》被看作现代主义文学的经典之一。

话语》①做跟进研究,它那杰出的现代性便可能长久淹没在琐碎重复的私人话语和了无趣味的个人回忆中。又如乔伊斯的《尤利西斯》②在中国出版,如果没有译者详尽的注释并同时推出"导读",这书即使于专业读者也是难以读破的"天书"。《红楼梦》的命运也很相似,出版后 100 多年里,畅销,却总被滥造、仿制和误读;③直到 1904 年王国维的《红楼梦评论》面世,它才获得迟到的学术生命得以成为"红学"。④**文学价值的充分体现通常不是作品自身能够完成的**;尤其对寓言来说,作品的诞生常常只是"万里长征走完了第一步"[毛泽东语],如果没有文学批评持续跟进,其潜在的寓意便长久难见天日。

1. 关于寓言和现代寓言

> 只有把一段文字放到越来越广泛的语境中去,才能更好地理解它的意义:首先是作品的语境,然后是作家、时代乃至整个文学传统的语境。⑤
>
> ——托多洛夫:《批评的批评》

在中国,说到寓言,多半人首先想到伊索⑥而非先人庄子⑦;说到

---

① [法]热拉尔·热奈特的《叙事话语》(1972)和《新叙事话语》(1983)以普鲁斯特的《追忆逝水年华》(1913—1928)为蓝本进行结构主义批评,充分挖掘了该书的文学价值,为叙述学发展做出了重要贡献。

② 詹姆斯·乔伊斯(James Joyce, 1882—1941)是爱尔兰小说家,他的《尤利西斯》(*Ulysses*, 1922)被誉为"现代派小说开山作"。中文版(译林出版社,1994 年)由萧乾和文洁若夫妇翻译,全书附有 2 万字长序和多达十几万字的注释,成为阅读该书不可或缺的部分。《尤利西斯导读》(译林出版社,1994 年)由北京外国语大学陈恕教授撰写,与译著同时推出。

③ 《红楼梦》最早版本陆续出现在 1754—1791 年,日后多种版本,内容不一。

④ 王国维的《红楼梦评论》首次将西方文论用于中国古典文学研究,其"悲剧说"牵引出蔡元培的《石头记索隐》(1917 年,开启"红学"索隐派)和胡适的《红楼梦考证》(1921 年,开启"红学"考据派)。

⑤ [法]茨维坦·托多洛夫:《批评的批评——教育小说》,王东亮、王晨阳译,生活·读书·新知三联书店,2002 年,第 186 页。

⑥ 《伊索寓言》早在明末(1625 年)就有教会出的汉译本《况义》,1840 年有广东出版的英文、中文、拼音对照的《意拾蒙引》,1888 年天津时报馆代印的《海国妙喻》。参见《伊索寓言》陈洪文译序,罗念生等译,人民文学出版社,1981 年;陈平原:《中国小说叙事模式的转变》导言,北京大学出版社 2003 年,第 6 页脚注。

⑦ "寓言"一词在中国古代文本中最早见于《庄子·寓言》:"寓言十九,重言十七,卮言日出,和以天倪。寓言十九,籍外论之。"《史记·老子韩非列传》中说:"故其著书十余万言,大抵率寓言也。"

狼,年幼的孩子也会讲出"一只小羊在河边喝水"……可见我们的现代教育并不那么介意民族身份或国家边界,在知识版图上没有东方或西方的区隔,早已跨文化传播,深入人心。这给寓言批评提供了广阔的文化背景,在资源取向上是越界的。

寓言是中国现代启蒙教育的重要组成部分。遗憾的是,它长久滞留于启蒙课本,在成人读本中十分罕见;寓言批评在主流刊物上几近绝迹。关于寓言的记忆通常定格在童年,而所谓寓言故事,也常规性地被划进儿童文学范畴。这给我的研究带来一定的困难。如果这项研究从寓言批评开始,就意味着不得不从头开始:从古老的"寓言"(fable)故事直到现代"寓意"(allegory)文学,必须首先厘清它的发展脉络,于读者于批评界于我自己的后续研究都是一个必要的交代。

寓言(fable)是古老而广泛流传的文学体裁。

寓言的生成有多个文化源头,起初通常是集体智慧的结晶。古希腊的《伊索寓言》中多是动物故事,历时悠久,传播广泛,留下了集体创作的明显痕迹。[①]印度最早的寓言《五卷书》[②]也以动物为载体,众多小故事里集合了历任长老的大智慧,曾对中东文明和东南亚文化的形成有重要影响。寓言的许多题材具有"母题"性质,同一内容的故事在不同作家笔下不断出现,推陈出新。比如古罗马费德鲁斯的寓言,在伊索的经典故事里加入了针砭时局的政治寓意,[③]强化了寓言作为思想载体和批评武器之功用,对欧洲历代作家有重要借鉴。

在中国,春秋战国曾是寓言创作的黄金时期。[④]庄子"以天下为沉浊,不可与庄语,以卮言为曼衍,以重言为真,以寓言为广",在"独与天

---

① 陈洪文:伊索寓言(公元前6世纪)"无疑是古代希腊寓言的汇编,是古希腊人在相当长的一个历史时期内的集体创作。"《伊索寓言》译序,人民文学出版社1981年。

② 五卷书(Pañica-tantra)是古代印度寓言集,原文是梵文散文和韵文的混合体,起源可追溯到公元前100到公元500年之间。

③ 费德罗斯(Phaedrus,前1世纪末—1世纪中叶)是古罗马寓言作家,曾在罗马宫廷为奴,后被奥古斯都释放。著有《寓言集》5卷,现存130多首。

④ 比如庄子《寓言》近200篇、《韩非子》300多篇、《吕氏春秋》200多篇,等等。

地精神往来而不敖倪于万物,不谴是非,以与世俗处"①一说中,隐含着某种超然的人文批评指向。比较印度寓言和古希腊寓言创作,中国古代寓言作者几乎都是文人即早期知识分子。他们有较高的社会地位,其作品来路清晰,去向明确:丰富的政治寓言多半为君王而作,带有明显的道德警示和劝善性质;哲理性寓言则用于文化人的自励与自勉,无形中将"寓言"这一文学体裁上升到品格修养的精神高度,对后世中国作家(不仅是寓言创作)影响深远。

世界文学史上,不同国度和地域中的寓言作品在创作形式和内容上呈现出一定的趋同性,有两个高峰。②第一个高峰出现在各种文明初创的萌芽状态,多为富有哲理性的道德寓言,直白,说理,惩恶扬善,因果报应,其锋芒指向多为个人行为而非社会制度。到了近代,这种性质发生了明显的变化。

寓言的第二个创作高峰出现在近代欧洲,主要针对封建专制,多为讽喻性的政治寓言,在创作形式上有很大突破,与叙事文体的创新几乎同步进行。**近代西方小说的出现和走向成熟,是在"新寓言"开疆破土奠基建设"新文学"的过程中实现的。**杰拉德·吉列斯比(Gerald Gillespie)在《欧洲小说的演化》③中做过细致追踪,认为"文艺复兴全盛时期运用寓言的能力,以及把表面上相互矛盾的宗教教义和文学遗产结合起来的能力",造就了西方近代最伟大的两部寓言小说(《巨人传》和《堂吉诃德》)。《巨人传》中所有人名、地名和环境均有寓意,具有"百科全书式的、无所不包的特点和喜剧式的结构",是寓言形式与广博知识结合的范例,被看作人文主义小说传统中第一部杰作,也是"传奇性"寓言的典范。塞万提斯在《堂吉诃德》里"把小说的多重复杂性当作小说的一个主题",所有人物、景观和道具都成为表达寓意的工具。这两个例子本身也有寓意:**在时代转换的最初时刻,先知者借寓言做**

---

① 《庄子·天下》。庄子认为自己的作品中"寓言十九",即他的作品十之有九都是寓言。
② 金江:《论寓言在世界文学中的地位》,《世界寓言精品500篇》序,黑龙江少年儿童出版社,1989年。
③ [美]杰拉德·吉列斯比:《欧洲小说的演化》,胡家峦、冯国忠译,生活·读书·新知三联书店,1987年,第13、23、80页。

武器为新思想开路。这一现象在历史上曾经规律性地反复出现,对我们认识当代中国的"寓言式书写"会有启发。

17、18 世纪欧洲是近代寓言复苏和丰收的沃土。法国以拉封丹①、德国以莱辛、俄国以克雷洛夫②为代表,创作了大批讽刺封建专制的政治寓言,与资本主义的崛起遥相呼应,成为启蒙思想运动一支劲旅。接踵而来的是 19 世纪批量出现的"哲学寓言",自克尔恺郭尔③起,在尼采④那里锻炼成熟,从文本形式到思想内容,自然地续接着寓言的传统,利用各种文学体裁表达异见思想,为现代派文学和现代寓言的诞生搭建起新的历史平台。从古至今,寓言与哲学(思想、信仰)一直保持着密切联系。深奥的哲理或叛逆思想隐身在简洁易懂的故事里,使寓言成为具有文采的哲学家表达思想的工具。古代哲学家中,柏拉图和庄子的作品里都有寓言故事。"苏格拉底所唯一欣赏的诗的格式是伊索的寓言,他对寓言诗报以亲切的微笑。"⑤三大宗教经典中也有大量脍炙人口的寓言,"寓思想于故事"的独特形式在教义传播方面起到了非常重要的作用。寓言作品的思维理络可以是抽象的,无意在"实"(reality)的社会生活或个人情感中落脚,而是力图穿透现实,探视"在"(being)的本质和去向,与其说是讲故事,不如说是陈述思想。

近代以来,**寓言不同于其他文学体裁的一个基本性质,就在于它首先是思想的然后才是文学的。**不同的文学形式,比如诗(如克雷洛夫寓言)、短篇小说(如谢德林寓言⑥)、戏剧(如布莱希特的"寓意剧"⑦)、长篇小说(如福克纳的《寓言》⑧)等等,都不过是作家表达思想的工具,从"形

---

① 拉封丹(1621—1695)是法国最著名的寓言作家,有《寓言诗》244 篇。
② 克雷洛夫(1769—1844)是俄国最杰出的政治寓言诗人,其作品对后世寓言创作影响深远。
③ 克尔恺郭尔(1813—1855)的哲学思想大多是用寓言文体表达的。参阅《克尔恺郭尔哲学寓言集》,杨玉功编译,商务印书馆,2000 年。
④ 尼采(1844—1900)的哲学代表作《查拉图斯特拉如是说》中有大量寓言。
⑤ 尼采:《悲剧的诞生》,李长俊译,湖南人民出版社,1988 年,第 109 页。
⑥ 谢德林(萨尔蒂科夫,1826—1889)是俄国 19 世纪杰出的讽刺作家,采用"伊索式"语言写出了大量寓言作品,反对沙皇专制制度。
⑦ 布莱希特(Bertolt Brecht, 1898—1956)是德国剧作家,他的"陌生化"戏剧理论在现代舞台艺术表演中独成一派。《四川一好人》(1940)是他的"寓意剧"的代表作之一。
⑧ 福克纳(William Faulkner, 1897—1962)是美国"南方文学"的领军人物,以家乡为蓝本创造了"约克纳帕塔法世系"系列小说,象征和隐喻是他常用的手法。《寓言》(1954)是他晚年一部重要长篇小说,主题是反战,主人公被杀害后像基督一样复活。

象"走上"象征"乃至成为"寓言式象征"（allegorical symbol），①在艺术坦途上自觉地走进了死胡同。寓言式象征的特点是一对一，词语与被象征物的联系不是靠暗示联想而是靠固定的替代，仿佛"一个思想，在这个词的最高意义上，只有一个象征才能转达"。②当文学变成言说思想的工具甚至奴仆时，寓言在文学域界中名声扫地，如歌德批评：③

> 诗人究竟是为一般而找特殊，还是在特殊中显出一般，这中间有一个很大的分别。由第一种程序产生出寓意诗，其中特殊只作为一个例证或典范才有价值。但是第二种程序才特别适宜于诗的本质，它表现出一种特殊，并不想到或明指到一般。

歌德的论断于寓言是致命的，寓意诗在美的领域中从此一落千丈。此后，作为 fable 的寓言在西方文学中丧失了名誉，成为"华滋华斯和柯尔雷基④的浪漫主义反叛的特别目标"。⑤寓言作家的生存处境空前尴尬：他们是哲学家的另类，也是文学家的异类，像一群黑马集体越界，难免陷入被误读的困境。那潜藏在文本中的寓意，常常是一般读者难以进入而作者又不能直接辩白以至永远都无法抵达的彼岸。有研究者认为，"寓言作为一种文学体式（mode）长期以来备受欺凌"，究其原因，"言此意彼"的双重品质，就是它腹背受敌的根源。⑥

---

① "寓言式象征"大量出现在中世纪和文艺复兴时代。比如拉伯雷的《巨人传》、塞万提斯的《堂吉诃德》和班扬的《天路历程》，几乎所有的人物、景物和地方都是象征。

② 柯尔律治语，转引自赵毅衡：《新批评——一种独特的形式主义文论》，中国社会科学出版社，1986 年，第 148 页。此处观点参阅该书第 149 页。

③ ［德］歌德：《关于艺术的格言和感想》（1824）；转引自朱光潜：《西方美学史》下卷，人民文学出版社，1979 年，第 416 页。

④ 即柯尔律治（Samuel Taylor Coleridge, 1772—1834），他和华滋华斯都是英国浪漫主义"湖畔派"诗人。

⑤ ［美］詹明信：《处于跨国资本时代中的第三世界文学》，张京媛译，《晚期资本主义的文化逻辑》，生活·读书·新知三联书店，1997 年，第 528 页。

⑥ 赵白生在《民族寓言的内在逻辑》（《外国文学评论》1997 年 2 期）一文中陈述了寓言在西方文学和哲学中的发展困境，列举了诸多研究者界定寓言性质的不同观点。"言此意彼"这一定义来自对寓言进行过系统研究的安格尼斯·佛莱切："简言之，寓言就是言此意彼。"（Angus Fletcher，*Allegory: The Theory of a Symbolic Mode*，Ithaca，Cornell University Press，1964，p. 2）

19 世纪直到 20 世纪中期,形式素朴的寓言日益失去了它古老而堂皇的文学地位,也失去了它在智者和执政者中的认知功能,通常被人(包括作家)作小儿科看。而在另一方面,寓言的创作方法(比如隐喻)却一路攀升,成为思想前卫的现代主义文学家们最常用的表现手法。日本学者滨田正秀在区分各种象征手法(比喻、直喻、隐喻)解释"寓意"(allegory)时,对寓言做出了新的解释:

> 我们把这种不能用概念来更替的借助于动物和植物的世界来象征地表示人生和社会现象的故事称为"寓言"(fable),《伊索寓言》就是其代表性的作品。在卡夫卡的小说中,这类作品也为数不少。①

滨田这里道出了两个"现代"现象:一是**寓言中蕴涵的寓意之复杂,远在哲学所使用的概念推理之上**;或者说,正是因其复杂性,才不得不借用边际模糊的文学形式而非清晰的理论表述。二是确认以卡夫卡为代表的现代派文学的性质就是寓言,从而在研究领域中接续起它们与《伊索寓言》一脉相承的传统关系。在语言转译(日/英)过程中,作者用 allegory 等同甚至代替了 fable,让"寓意"作为表现手法在现代主义文学前沿畅通无阻。张隆溪在解释现代文论的关键词 allegory 时,宁可将之译为"讽寓"②而不愿使用"寓言"或"寓意",恐怕也是顾虑到了传统寓言的名誉问题。但其实,就希腊文词源来讲,allegory 为"allos"(另一种)和"agoreuein"(说话)的组合,指在表面意义之外还有另一层意义。③这种界定与寓言的定义完全一样,其内里所指(signified)和外延伸展开去的能指(signifier)并不必然包含"讽"(讽刺、讥讽、讽喻)的汉字内容。张译刻意标示出"讽喻"的色彩,与现代寓言的

---

① [日]滨田正秀:《文艺学概论》,陈秋峰、杨国华译,中国戏剧出版社,1985 年,第 55 页。
② Allegory 原译为"讽喻",是一种文学表现手段,后来直接被译成"寓言",在许多论述中也与寓言合二为一,而作为文学体裁的"寓言"(fable)则日渐消隐了。
③ 详见张隆溪对"讽寓"作品的解释,《西方文论关键词》,赵一凡等主编,外语教学与研究出版社,2006 年,第 126 页。

创作走向有关。

20 世纪以来,寓言创作突出了讽喻性质,寓意成为一种文学要素(element)而不尽是式样(mode),带着怀疑的种子或批判的锋芒,出现在各类文学体裁中。所谓现代寓言,其实并没有一个清晰的定义,它变换着形式隐身于不同类型的寓言式作品中,一度构成西方现代派文学主体。这些作品有一个共同的寓意:质疑现代,反省文明。**几乎所有现代寓言都超前于它所处的时代,不同程度地具有某种"后现代性"。**寓言作家对他(她)所处的时代而言,因为某种超前认识或超常行为,多半是人群中的异类或政治上的持异见者,落魄寡合,甚至遭受非常待遇。由于政治的、制度的、意识形态的或者纯粹个人性格上的某种原因,他(她)们的个人处境困窘而艰难,难以找到适当的表述空间,寓言应时浮现出来,成为他们宣泄心绪或思绪的一个方便的去路。在寓言创作中,他(她)可以超越现实社会的制约,利用大自然(如荒原、草原、大漠、海洋、动物世界)或虚构的背景,采用拟人的或荒诞的手法,以文学为武器揭文明之痛,对"现代"发出了通常是一个人的"后现代"抗议。进入 20 世纪以后,现代文明的弊端日益显现,寓言式作品频繁产生,在寓意和创作形式上都有长足发展,更接近寓言(Allegory)而不尽是小说(Romance),有学者甚至认为,"几乎所有的现代主义文学都不同程度地具有寓言化特征"。[①]

《变形记》(1912 年)[②]是现代寓言的奠基作和代表作。卡夫卡的作品有两个主要特点:一是隐喻性,不是道德训诫和说教,"而是以非理性、超时空的形式表达了一个现代人对现代社会诸现象的观察,感受,表述乃至批判"。二是多义性,"通过诡奇的想象,违反理性的思维,不可捉摸的象征,非逻辑的描述有了丰富的神秘的内涵,从而有了多义性和接受上的多样性甚至歧义性"。[③]本雅明认为:"卡夫卡的眼中满

---

① 详见李运抟、朱海霞的《新世纪小说与寓言化叙述》,《南京师范大学文学院学报》2006 年第 3 期。
② 奥地利小说家卡夫卡(Franz Kafka, 1883—1924)是西方现代派文学开山鼻祖之一。《变形记》以寓言形式表现人性的扭曲和异化。
③ 高中甫:《变形记》序,北京燕山出版社,2005 年,第 3 页。

是变形,因而,他所描写——也就是研究的——事无不是变形的。换句话说,他所描写的一切都不是在表述对象自身,而是另有所指。"①当变形所隐喻的异化日益成为现代主义表现的核心问题,卡夫卡式的寓言式书写也获得了重生的历史契机。

自《变形记》被主流文坛接受,寓言式作品与现代社会思潮中的各种主义接轨,在"现代派"名下确立其文学地位,与传统的文学体裁相对脱节。这种"主义"式的分类方法简洁明了,将复杂的思想简约为一个词条,把个性截然不同的作家归并在同一面旗帜下,贴上了相似的标签,尽管难得作者本人认同,却可以在文学域界内畅行无阻。直到今天,批评通常徘徊在两个极端:要么是单纯的文本分析,让所谓现代性集中体现在创作技巧上(如《追忆逝水年华》的后续研究);要么是标签式的定义,将作品归类在某一主义名下,**意识形态化的批评不仅断绝了个性化研究的出路,也丧失了从不同角度深入挖掘作品寓意的机会**。

20 世纪 60 年代以来,瓦尔特·本雅明被重新发现。与现代主义文学同期而生的本雅明既是"现代"的见证,也是"后现代"的先知。当批评家们纷纷汇集在不同"主义"的旗帜下,只有他明确指出并确信:"寓言是我们这个时代最有意义的思想形式。"②在呈现颓势的现代社会里,本雅明认为,表现统一关系的"象征"手法已经不合时宜,倒是寓言更能捕捉到社会衰败的特征。③弗·詹姆逊将本雅明的思想发扬光大。④他觉察到了 20 世纪批评理论的变化:"在我们的批评价值与美学价值中,我感到有一种**回到寓言的趋势**。"在后现代主义氛围中,他呼吁学界"尊重寓言的精神",并且不失时机地指出:"寓言式的重写可

① [德]瓦尔特·本雅明:《评卡夫卡的〈建造中国长城时〉》,《经验与贫乏》,王炳均、杨劲译,百花文艺出版社,1999 年,第 340 页。
② 《本雅明文集》第 1 卷,阿多诺夫妇选编,德国 Suhrkamp 出版社,1955 年,301 页。转引自冯宪光《"西方马克思主义"美学研究》,重庆出版社,1997 年,第 292 页。
③ 赵白生:《民族寓言的内在逻辑》,《外国文学评论》1997 年第 2 期。
④ [美]杰姆逊(詹姆逊):《后现代主义与文化理论》,唐小兵译,北京大学出版社,1997 年,第 85 页。

以打开许多解释的层次,它实质上是一种多种主题的重写。"①詹姆逊身处西方文化中心地带,兼顾到了后现代和后殖民这对孪生孽子相生相克的不同立场,一边批评西方文化中"革命性的丧失",一边为"后现代文化文本"鸣锣开道。②站在左翼政治立场,他提出了"后马克思主义"理论框架,试图在"第三世界文本"中寻找创新的革命力量。③他把第三世界文本视作"民族寓言",认为西方文本中的寓言结构是潜在的,需要阐释机制来解码;第三世界的民族寓言是有意识的和公开的,作家通过文本寄寓民族主义情绪以抵抗第一世界的侵略,从而构成了对资本主义的质疑与批判。④詹姆逊的评价和期待寓意深远,为《狼图腾》的诞生设置了一个跨文化域界的心理预约。

《狼图腾》像是应约而生。它在"第三世界"的话语环境中成全了詹姆逊的"民族寓言"(详见本书第五章),在前现代的文本场景中实践了后现代的美学理想(详见本书第二、三章),由此结束了后现代文本在"重建"的意义上长久缺席的尴尬处境,用寓言式书写打通了瓦尔特·本雅明企图用文化理念——亦即文艺批评——铺垫起来的救赎之路。

《狼图腾》是一部中文长篇寓言小说,它的写作和初版都在中国本土。当代中国社会发展和中国当代文学现状,从不同方向影响和制约着它的出现以及它可能呈现的方式。

自 1949 年新中国成立到 20 世纪 70 年代末,政治运动频繁,在一元化的意识形态氛围中,寓言作品几近绝迹。陈蒲清套用主流说法,形象地将寓言比作"文艺百花中的带刺的玫瑰",其生长"更加需要宽

---

① [美]詹明信:《法国批评传统》,刘象愚译,《晚期资本主义的文化逻辑》,第 331 页。
② 詹姆逊:《马克思主义与形式》,李自修译,百花洲文艺出版社,1995 年,第 7—8 页。
③ 详见[美]詹姆逊《后马克思主义五条论纲》,王逢振主编《新马克思主义》,中国人民大学出版社,2004 年。
④ [美]詹明信:《处于跨国时代的第三世界文学》,张京媛译,《晚期资本主义的文化逻辑》,生活·读书·新知三联书店,1997 年,第 536 页。

松的政治环境,所以政治运动一来,往往最先凋零"。①不少寓言作家有同感,认为"在新中国建国以后很长时间里,写寓言是最容易让人抓住小辫子的。因为这种文体要借此喻彼,寓意于言,很容易让某些当权者和心怀鬼胎的人对号入座,怀恨在心"。②

1978年改革开放后,寓言重新出现在文艺"百花园"中,相关的文学团体和研究机构破土而出,③但寓言创作却久久不尽如人意,"给人启迪的东西很少,写来写去都是一些生活小事,或者思想作风的小问题"。④这与当代中国在经济上长足发展的步伐很不协调,从另一个方面暴露了经济繁荣背后的内在"紧张":作为意识形态的文学(文化),仍然缺乏宽松的创作环境,在"外松内紧"的制度制约中艰难求生。马达指出寓言创作中三个主要问题:一是寓意浅露,几乎是尽人皆知的小道理,小教训;二是缺乏时代感和忧患意识,反映国际题材的少;三是形式单一,偏重于短小的散文体。他提出了"大寓言"的设想:"应具备大题材、大寓意、大焦点、大境界的特色。"⑤马长山则主张"寓言创作需要离经叛道……只要抓住'言此及彼'这个宽泛的定义,可以大胆突破很多框框"。⑥这些情况未必对《狼图腾》的诞生产生直接影响,但《狼图腾》的出现无疑是迎合了如上需求,在呼之欲出的渴望中应运而生。

《狼图腾》于2004年春季面世。此前,陕西作家贾平凹的长篇小说《怀念狼》(2000年)先声夺人,"寓意丰饶"。⑦它也以狼为主题,采用"寓言化写作"方法,⑧像一个预告,召唤以动物为主题的作品在当代中国批量出现。《狼图腾》出版后,接踵而来是杨志军的《藏獒》(2005年)⑨和郭雪波的《银狐》(2006年),⑩分别以雪山、荒漠和草原为背景,

---

① 陈蒲清:《不平凡的中国现代寓言》,《百年中国寓言精华》序,葛成主编,大象出版社,2001年。
② 聪聪:《寓言和我》,转引自中国寓言网:http://chinafable.hj.cn。
③ 1983年中国寓言研究会在长春成立,公木出任首届会长。
④ 海代泉:《关于寓言写作》,转引自中国寓言网。
⑤ 马达:《建立新寓言观,发展新世纪的语言创作》,《中国寓言文学研究会会员通讯》第1期。
⑥ 马长山:《寓言创作需要离经叛道》,《中国寓言文学研究会会员通讯》第1期。
⑦ 摘自《怀念狼》(作家出版社,2000年)封底评论。
⑧ 张克明:《怀念狼的寓言化写作》,《益阳师专学报》2001年第4期。
⑨ 杨志军:《藏獒》,人民文学出版社,2005年。
⑩ 郭雪波:《银狐》,漓江出版社,2006年。作者20世纪80年代曾写有《沙狐》。

以野生动物为主题……与此同时,"重述神话"也成为全球性的出版项目,《碧奴》、《后羿》和"重述白蛇传"相继出炉,引发了关于"现实寓言"的讨论。①"重述"在文学史上屡见不鲜。②题材雷同的作品,寓意可能完全不同;即使借用了神话传说,或者以自然界为背景以动物为主角,却未必就是寓言小说。比如《藏獒》,像是挑战《狼图腾》的斗士,面世之时便引来一片声援,以无可置疑的正面形象赢得了多数人的赞扬,在道义上不战而胜;③但它在思想和表现手法上却距寓言十分遥远,与《狼图腾》其实不在一个战场。依照张隆溪对寓言的解释:

> 如果一个文本的意义在字面本身已经完全明确,毫无误解的可能,解释就没有必要;如果其意义完全不能从字面本身去寻索,无处着手去理解,解释也就没有可能,而阐释现象之产生正在这两个极端之间。④

那么,怎样的作品可以被确认为寓言? 这种确认和分类是否必要?

对寓言性质的认识和寓言的分类,于作者是一个后生的伪问题,他可以不介意类别,根据创作需要取材,在形式选择中有很大的自由。但这是批评不能回避的问题,因为它与认知有关:**不同的分析工具可能揭示出不同的寓意。**

寓言的分类正如文体的分类,在历史上是有传统的。庄子的"寓言"说中隐含着对文体分类的认识,是自明的。西方文化中,古希腊修

---

① 详见《文汇读书周报》2006 年 9 月 22 日。
② [美]宇文所安:《追忆:中国古典文学中的往事再现》,郑学勤译,生活·读书·新知三联书店,2004 年,第 114 页。
③ 新华网(兰州)2005 年 12 月 9 日:第二届《当代》"长篇小说年度(2005)最佳奖"评选尘埃落定,《藏獒》以其"石破天惊的感觉"和"酣畅痛快的阅读"众望所归。有网民议论,一部《狼图腾》让狼文化大行其道,而在现实中狼和藏獒就是"对手",《藏獒》在文化意义上成为了"狼之后的精神旗帜"。
④ 张隆溪:《讽寓》,载《西方文论关键词》,赵一凡等主编,外语教学与研究出版社,2006 年,第 131 页。

辞学家阿弗托纽斯最早做出寓言分类，兼顾故事角色和寓意，他将寓言分为三类：理性寓言（以人为主角）、道德寓言（以动物、植物、无生物为主角）和混合寓言（人与动植物等混合）。①莱辛在《论寓言的分类》中认同这种说法，对后世寓言研究有很大影响。20世纪以来，各国寓言批评在"母题"和"原型"理论的基础上借鉴民间文学研究成果，将寓言类别进一步细化，增加了以文学体裁、历史分期、民族属性等等为新的分类标准，扩大了寓言的范围——惟有两个基本要素始终不变：一是好看的故事，有大众缘；二是寓意，在故事内外留出充分的想象或解释空间。

《狼图腾》兼有以上两个特点。

但在这项研究中，我不打算固守在寓言类别范围内做舍此即彼的抉择，宁可服从作品本身的表现形式：它是长篇小说，就拿它当"长篇寓言小说"看。长篇小说"是一种较晚的现象，它的艺术形式仍在发展，仍然以前所未有的效果、全新的结构和技巧手段使评论家们感到惊奇"。②面对"长篇"，批评能够放松手脚，既可以在它开阔的结构中让思绪驰骋，也可以借助丰富的文本做深入阐释。所谓长篇寓言小说，首先是小说，好看，然后才是寓言；让人动心了，然后才有思的跟进。就长篇而言，寓言小说在两个基本要素上有长足发展。

首先是时代特征亦即它的**时间性**。

"按传统的要求，小说是必须严格地采用时间这一维的空间的。"③早期西方文学将寓言式小说看作传奇，但寓言其实不同于传奇，尤其是长篇，在细节描写上常常是写实的。传统的寓言故事中可以没有情节，没有时间，只有人（物）、地点和一件"小事情"即可。长篇寓言小说有完整的情节和鲜明的时间性。尽管现代文学"力图要摆脱这样的命运"，④却终究还是带着镣铐舞蹈，无论怎样翻新，时间总是

① 参阅马达：《寓言的分类》，转摘自"中国寓言教育网"。
② ［美］苏珊·朗格：《情感与形式》，刘大基、傅志强、周发祥译，中国社会科学出版社，1988年，第334页。
③④ ［美］雷·韦勒克、奥·沃伦：《文学理论》，刘象愚等译，生活·读书·新知三联书店，1984年，第240页。

在场的。比如《狼图腾》，即便它有意隐去具体的年代，人们还是会将它定格在"文化大革命期间"。①长篇寓言小说充分利用了"时间容量很大"这一特点，却不同寻常，它"可以停顿，可以加快，可以延宕。它有自己的王国，自己的世界，这世界有着自己的计时方式"，②是高度抽象并寓意化了的。

其次是交错重叠的**思想特征**。

传统寓言中的思想是单纯或单一的，只讲一个道理。道理也是自明的，使用人们习以为常的象征性符号，比如：狼/残暴、虎/君王、狐狸/狡猾、兔子/善良、狗/忠诚、羊/懦弱……其象征意味明确，围绕着"人"这个中心，站在人的立场上，以对人有利或有害作为唯一的判断标准。传统寓言几乎无一例外地具有"正面"指导意义，直接转达人类意志或情操，比如正义、勇敢、诚信，爱憎分明……但是，如果主体易位，从"我"移出，从"人类"移出，判断就难了。立场转换过程中，再没有绝对的朋友和敌人，也没有绝对的善或恶，传统符号失去了原本的意义——现代寓言通常是从颠覆这些符号开始，所谓现代意识，通常是在颠覆传统寓意时体现出来的，《狼图腾》是一个典型的例子。

长篇寓言小说的出现为寓言重返主流文学提供了契机。它汲取了寓言以文载思的传统，在抛弃刻板的"象征性"的同时约束了语言表达的随意性。本雅明说："寓言不是一种戏耍的形象技巧，而是一种表达方式。"③他在德国悲悼剧的巴洛克意象中看到现代寓言的思想内核："寓言在思想领域里就如同物质领域里的废墟"，④破碎的意象中承载着"意义的碎片"。他指出，历史的意义和整体的意义必须到这些碎片中去寻找，经由艺术批评开启"救赎"之门。⑤本雅明的"救赎"美学对《狼图腾》的寓意分析有重要的启迪作用。从本雅明这里出发，站

---

① 2007 年 11 月 11 日"MAN 亚洲文学奖"评审团主席 Adrienne Clarkson 在赞许《狼图腾》的授奖词中说："这是一部景观恢弘的小说，讲述在文化大革命期间蒙古草原上的生活。"

② ［俄］维·什克洛夫斯基：《散文理论》，刘宗次译，百花洲文艺出版社，1994 年，第 299 页。

③ ［德］瓦尔特·本雅明：《德国悲剧的起源》，陈永国译，文化艺术出版社，2001 年，第 133 页。

④ 同上，第 146 页。

⑤ 参见陈永国：《德国悲剧的起源》前言，文化艺术出版社，2001 年。

在新世纪的峰峦回望,现代寓言就如脱壳的蝉儿,**在现代文明的"废墟"上为"破碎"的人类理想歌唱**,像是绝唱,已经唱响了一个世纪。后寓言是从现代重返本原,在朝向传统的方向上重构乌托邦理想。无论什么时候,较之同时代其他作品,寓言本身有预言的色彩,**"超前半步"**是它们在思想上的共同特点。那些明知"不可为而为之"的现代歌者,在放肆高歌之前几乎都有被迫失声或拒绝合唱的经历,有过漫长的不得不沉默或刻意选择了沉默的岁月。这种沉默必然"对故事的明晰部分产生显而易见的影响"。①因此,略萨鼓励小说批评深入肌理:"任何小说的文字部分只是所讲故事的局部或者片段;只有积累了小说的全部因素——思想、感情、目标、文化坐标、历史、哲学、意识形态等等'整个'故事设计和包括的素材——得到了充分的展开",我们才能看到"比文本中清楚说明的内容要广泛得无数倍的"深刻寓意。②

追寻近代以来寓言作家的创作背景:但凡出于政治原因(比如意识形态控制、报刊检查制度),总会有一批杰出的政治寓言(如18世纪俄国克雷罗夫、谢德林的寓言)突围而出,成为近代启蒙运动中的劲旅;与其说它们是文学,不如说借文学当匕首,是投笔从戎的另类表现。而出于社会原因的,比如卡夫卡的小说,以荒诞手法影射荒诞的社会生活,有意拒绝主流表达方式,成为现代主义文学先锋。由于社会身份、政治的或性格上的原因,寓言作家的生存环境相对恶劣,自由表达思想的渠道受阻,使得他们不得不借话说话。《狼图腾》的产生兼有上述多种原因,有社会因素,亦有个人性格使然……种种之中,一个如上所述的"必要条件"不期而至,即**借话说话的欲望以及隐身代言的策略,让作者在无可选择的境遇中选择了寓言**。作者以十年一剑的坚韧悉心打磨,在长久沉默之后推出狼书,如狼嗥长啸,它的力量就在于"新的'寓言性'的产生"。③

《狼图腾》不是传统寓言,它没有传统寓言的明澈;也不是政治寓

---

① [秘鲁]巴·略萨:《中国套盒》,赵德明译,百花文艺出版社,2000年,第95页。
② 同上,第101页。
③ 张颐武:《一个人的阅读史》,辽宁人民出版社,2008年,第107页。

言,它没有单纯的政治指向;甚至,它也不是现代寓言,它的文本内外根本没有那种现代寓言必须具备的现代性背景。从故事表象看或从它发出来的声音中听,从创作形式到作品内容,都具备了"后"的典型特征:故事中弥漫着后现代的空气,却在"对话"和"讲座"中表现出后殖民批判的政治走向。作为"民族寓言",它以文本的方式超越了"现代"这一必经的历史阶段,在全球化时代自觉地担负起后现代主义的人文关怀,试图在"元自然"场景中找回在现代人群中丢失的审美理想,让久已失宠的乌托邦重返现场。吊诡的是,"重构乌托邦"的努力恰恰与后现代的方向是背道而驰的。后现代的理想美学,"特别是1960年以后在美国与主导文学相通的后现代美学,把现代派的怀疑主义倾向推向了极致。如果说现代派文学理解的叙事权威是有条件限制的,那么后现代文学则视之为耻辱"。①如此,还能怎样界定出《狼图腾》的寓言性质呢?

后现代批评家苏珊·兰瑟(Susan Lanser)在"边缘人群"的文本中发现了这种模棱两可的叙事策略,她在《虚构的叙事》中写到,晚近出现的一种新叙事"避免了'天真的'现实主义以及反摹仿实证主义的极端立场,企图根据'文本'的本真世界来进行创作"。②《狼图腾》的写实策略不幸正好被她言中。艾伦·王尔德(Alan Wild)把这种叙事形式称为"中介小说",③他指出,这种小说存在着的若干悖论在它所表现的后现代意识中暴露无遗,比如主体性是"破碎"的却表现为单一的存在、"自由"并不总意味着解放、而"选择"也不提供可供选择的余地。苏珊·兰瑟因此说:某些作家群体特别偏向中介小说这种"具有建设性意义同时又具有破坏作用的"后现代形式,如上列举的后现代悖论同时也是非洲裔美国黑人、大屠杀幸存者、殖民地人民以及其他受压迫的历史经验的高度意喻。在以"破碎"为特征的后现代文学范围内,

---

① ② 〔美〕苏珊·兰瑟:《虚构的权威:女性作家与叙述声音》,黄必康译,北京大学出版社,2002年,第146页。

③ Alan Wild: *Middle Grounds: Studies in Contemporary American Fiction*, Philadelphia: University of Pennsylvania Press, 1987, p. 34, p. 4. 参阅苏珊·兰瑟:《虚构的权威》,第147页。

一度失去权威意义的声音在参与政治变迁中开始"有所作为"。康奈尔·韦斯特(Cornel West)呼应这种见解,把第三世界的民族寓言和美国黑人文化的结合看作"具有潜在建设性意义同时又具有破坏作用的后现代主义的活动场所"。马克·埃德蒙森(Mark Edmundson)称之为"积极的后现代主义"①……如此种种为"第三世界文本"正名的努力,诚意可嘉,成就寥寥,对第三世界的学者和批评家而言,如同迷魂阵或八卦阵,走进去就难得走出来,不仅迷失方向,还会丢失自己,徒劳在他人身上寻找自己的影子。"有所作为"的抬举很像削足适履,让穿那鞋的人脚痛——在《狼图腾》研究过程中,我深感其痛,难免疑惑:活在今天的人们以及今天的文本,难道一定要在"后现代"框架中才能被理解、被正名验身从而可能"有所作为"吗?

不幸,这是今天我们的处境。

失语的痛感曾经是作为"第二性"[西蒙娜·德·波伏娃语]的女人共同的历史经验,也是所有身陷西方语境的东方人共同的尴尬处境,如爱德华·萨义德(Edward W. Said)所说,因为那些"原来没有被表现或者被错误表现的人群"丧失了"为自己讲话并且表现自己的权力",政治和思想领域的定义"将他们排除在外,篡夺他们的表意和表现的功能,蔑视他们的历史现实",②使得"话语"和"说话"本身成为一件事情,让身临其境者左右为难。

有出路吗?

没有——除非穿上自己可脚的鞋子,在曾经的道路上找到熟悉的路标,用自己的语言痛快地说出自己;至少,这是上路前必要的准备。

---

① Cornel West: *Black Culture and Postmodernism*, Barbara Kruger and Phil Mariani, ed., *Remarking History*, (Seattle: Bay Press, 1987), p. 96. Mark Edmundson: *Prophet of a new Postmodernism: The Greater Challenge of Salman Rushdie*, in *Harper's*(December, 1989), pp. 62—63. 此段中的引文和译文中的观点出自[美]苏珊·兰瑟:《虚构的权威》,第145—148页。

② [美]爱德华·赛义德(又译萨义德):《再论东方主义》,载《文学、政治和理论:埃塞克斯会议论文选,1976—1984》,伦敦:梅休因,1986年,第212页。转引自[英]史蒂文·康纳:《后现代主义文化——当代理论导引》,严忠志译,商务印书馆,2004年,第362页。

对我而言,在这项研究中也存在这同样的问题,没有其他办法,惟有面对《狼图腾》文本:它从哪里来,就从哪里开始吧!

2. 关于狼的母题寻踪

> 没有人能够认识自己。我们身上总是带着印痕,谁也不是一张白纸。①
>
> ——伽达默尔:《解释学、美学、实践哲学》

研究一部关于狼的文学作品,有必要从母题(Motif)②开始。因为狼本身就是一个母题,它既可以是一个独立的象征性符号,又可以与其他因素结合构成"情节",成为"故事"。

母题研究被看作近代科学发展的一部分,起于对民间文学的发掘和整理。③19 世纪初,在崇尚科学和实证风气的浸染下,一批学者将自然科学的分类法和史学研究的考据方法带进文学批评,在斯蒂斯·汤普森(Stith Thompson)的《民间文学母题索引》那里集成正果,④为我行我素的文学作品找到了寻根溯源的依据。

关于母题的定义,至今有歧义。⑤综合看去,一个话题或动/植物

---

① [德]伽达默尔、杜特:《解释学、美学、实践哲学:伽达默尔与杜特对谈录》,金惠敏译,商务印书馆,2005 年,第 12 页。

② "母题"最早是芬兰民俗学家在分析神话故事和民间传说时使用的概念,后被文学批评广泛使用。法文 Motif,德文 Motiv,在词源意义上有不同的含义,英文应为 Motive,但在文学批评中普遍使用 Motif。

③ 德国格林兄弟有计划地收集民间故事并进行科学分类,于 1812—1814 年发表《格林童话集》。19 世纪末普·弗拉基米洛夫的《俄罗斯文学史概论》将民间故事详细分类,为母题研究之雏形。20 世纪初,"芬兰学派"的代表安春·阿尔奈于 1910 年出版《故事类型索引》,首次引入"情节"这一内容,为界定母题的学术内涵奠定了理论基础。

④ 斯蒂斯·汤普森是美国著名民间文艺学家,1932—1936 年编写《民间文学母题索引》六大卷。"类型"与"母题"的划分是从汤普森这里开始的。

⑤ 朱迪光在《文学研究中母题概念的界定》(《文艺报》2005 年 12 月 8 日)中综合国内外学界意见,认为"'母题'是叙事作品中结合得非常紧密的最小事件,持续存在传统中,能引起人们的多种联想,它是一个完整的故事,本身能独立存在,也能与其他故事结合在一起,生出新的故事"。

之所以成为"母题",一般都具有如下共同特点:

1. 作为符号的**象征性**意义,比如"狼",早已成为一个与恶、狠、残暴、忘恩负义等负面含义相关联的文化符号。

2. 其内在情节与象征意义联系在一起,形成一种独特的**故事模式**,比如"中山狼"的故事。

3. 在前两种因素的基础上,还需具有**广泛性**,在各地都有它的影子或变种,家喻户晓。"狼"就是这样,在世界各国文学中广泛存在。

4. 最后是其**历史性**,自古就有,从神话传说直到今天的创作,屡见不衰,不断被启用,不断更新;比如狼故事在当代中国文坛复出。

在母题的名义下寻踪探源,基于两个原因:其一,历史久远的故事可能变成一种具有霸权倾向的符号,下意识中左右着人们的认识;即使你从来没有见过狼,也会因为狼(文字或图片)而生出相似的联想。其二,它会积淀成为一种集体无意识,进入叙事文本,对写作产生直接影响。《狼图腾》是集体无意识在文明过程中发生演变的例子,"翻案"即在此基础上一个有意识的作为。

狼寓言最早是从民间神话传说开始的。蒙古和北美的印第安人中狼的故事最丰富,狼被描绘为性情"凶残""狡猾"的家伙。西欧神话中最凶悍的神是"狼神"。①希腊语中"神话"(muthos)本意是"寓言",②谢选骏认为:"支配神话的是万物有灵观念,造就寓言的却是文学上的修辞手段;前者是一种无意识的集体信仰,后者则是有意识的文学创作。"③神话一旦成为寓言,在幻想中加入思想,为自然注入人文精神,便可能渗透人心广泛流传。"世界各地部族中的民间传说或许是传播的最好证明。没有其他东西比富于奇特想象的故事更易流传。"④富于想象的动物故事日后成为民间文学研究中"类型索引学派"⑤的关

---

① 周国兴:《狼孩·雪人·火的化石》,天津人民出版社,1979年,第9页。
② 参见 E. 克洛特:《世界幼稚时代》,商务印书馆,1932年,第81—82页。
③ 谢选骏:《神话与民族精神》,山东文艺出版社,1986年,第4—5页。
④ [美]弗兰兹·博厄斯:《原始人的心智》,项龙、王星译,国际文化出版社公司1989年,第92页。
⑤ 详见《刘魁立民俗学论文集》,上海文艺出版社,1998年。

注对象,在母题分类和索引排序中名列前茅。①可以认为,人类早期文学作品(如神话、传说、寓言、民间故事)中的主人公主要是动物——从这个角度看《狼图腾》,像是跨越了人类成为世界霸主即主人公的整个文明史,直接应和着远古时代先民的声音。那么:

——作为动物故事,《狼图腾》在哪里续接着古老的传统?

——作为后寓言,它在什么地方颠覆了传统的狼母题?

在古老的传说和神话故事中,狼之成为母题,集中在两个方向上:一是"恶"的形象,二是"不善"的情节,它们共同组成一些脍炙人口流传甚广的故事。这些故事几乎都是寓言。狼,就是在"劝善惩恶"的寓言故事中确立了它特有的品质,由此结构起世界各国的人们对"狼"的趋于一致的审美判断。

教科书一类文学理论中,就寓言与母题的关系有过专门论述,认为"寓言是所有母题的总和",是由"原始材料"(作者的经验、阅读的材料等等)抽象出来的。②联系到《狼图腾》,在文本分析之前,有必要首先考察作家本人的生活环境以及他在成长过程中可能接触到的相关信息,从清理自己的传统做起。

浏览中国古代神话和寓言故事,让人吃惊的是:**以汉民族为主体的古代文献里有关狼的故事传说十分有限**;即使在寓言中,也少有狼主角,而多为狗、羊、马、猪和家禽的故事。③《韩非子》中有寓言数百则,④其动物故事多以马、猪、羊等家禽家畜和兔、鼠一类人类可以近

---

① 弗拉基米洛夫的《俄罗斯文学史概论》将民间故事分三大类,动物故事排在神话和生活故事之前。[芬兰]阿尔奈的《故事类型索引》中将"动物故事"列为民间故事三大类型之首。[美]斯蒂斯·汤普森的《民间故事类型索引》中,第一大类为"动物",又以"野生动物"为 I-1。[日]关敬吾、野村纯一和大岛广志合编的《日本昔话大成》(1980 年,东京)继续了这一传统,亦将"动物故事"列为类型之首。

② [美]雷·韦勒克、奥·沃伦:《文学理论》,刘象愚等译,生活·读书·新知三联书店,1984 年,第244 页。

③ 陈蒲清的《中国经典寓言》(岳麓书社,2005 年)从 138 种古籍(从先秦到明清)中精选的 550 则寓言,所选先秦典籍中也极少与狼有关的经典寓言。

④ 公木在《先秦寓言概论》(齐鲁书社,1984 年)中说《韩非子》中有寓言 340 则,位居诸子寓言之首。

距离接触到的动物为主角,甚至螳螂、蝉、虱子这样的小动物也占有相当比例,却没有狼的位置。《列子》一百四十章中有神话和寓言故事102则,其动物寓言主要讲羊和马的故事。①《孟子》最著名的三则寓言中无一动物寓言。《吕氏春秋》数十则寓言中只有几则动物寓言(如"良狗捕鼠"),涉及獐子、鹿、麋、猪……不见狼主角。《战国策》中动物寓言较多,如"狐假虎威"、"画蛇添足"、"惊弓之鸟"等等,大多是人与动物的故事,只有"亡羊补牢"一则多少与狼有些关系。庄子认为自己的作品中"寓言十九",但《庄子》中的动物大多是与人类接近的禽鸟,有蝉、雀、蛙、牛、猴、鹰和那只著名的蝴蝶,有幻想中的千年龟、独脚兽、百足虫……就是没有给狼提供同样的想象空间。后世文学作品也是这样,即使在人与动物混界相处的志怪小说(如吴承恩的《西游记》和蒲松龄的《聊斋志异》)中,狼不过是个配角,难以给人留下深刻印象。

上世纪 20 年代,我国民俗学家钟敬文在介绍国外相关理论的基础上编撰了《中国民谭型式》,②将本土民间故事分作 45 个类别,竟没有一例以狼命名。狼在华夏早期文人文本中缺席,或许是汉民族过早进入农耕文明的一个见证,它从另一个方向证明:汉人社会早就疏远了狼赖以生存的自然环境,狼因此也远离了汉人的世俗生活。但是,这并不意味着华夏这片广袤的土地上缺乏狼的信息,正是在这里,有关狼的故事丰富而成熟,经过世代口头传递,浓缩成许多可以等同于母题(motif)的成语,如:狼心狗肺、狼子野心、狼狈为奸、白眼狼……但凡涉及狼,几乎全是反面形象,其中最著名的,当属"东郭先生和狼"。③这个故事原本简单,经历代文人加工和世家教训,流传至今,富有多重寓意:其一,狼性之恶不可改变;其二,任何时候都不要对敌人

---

① 参阅王力波:《列子译注》,黑龙江人民出版社 2003 年。
② 钟敬文的《中国民谭型式》先在杭州《民俗周刊》连载(1930—1931 年),1931 年在《开展月刊》第十、十一期合刊《民俗学专号》集中刊发,是中国第一部民间文学分类著作。
③ 出自 13 世纪明代马中锡的《东田集·中山狼传》。战国时期,赵简子在中山打猎,一只狼中箭而逃,赵在后追捕。东郭先生路过,狼向他求救,他便动了恻隐之心,把狼藏在书袋中,骗过了赵简子。狼活命后却要吃掉救命恩人。参阅《现代汉语词典》(汉英双语,外语教学与研究出版社,2002 年)和《古今汉语词典》(商务印书馆,2000 年)中"中山狼"词条。

行善;继而转义为"子系中山狼,得志便猖狂",①将狼比喻成忘恩负义的人。"东郭先生"也成为一个符号,专指那些不辨是非、滥施同情的人,成为《现代汉语》中的固定词条。就表面情节看,《狼图腾》并没有颠覆而是进一步求证了狼的残忍和忘恩负义:陈阵苦心喂养的小狼,对爱抚它的主人不仅不报恩,也曾像中山狼一样狠狠地咬了主人的手指;而陈阵的作为就像是东郭先生的再版,活该自找罪受。那么,《狼图腾》究竟在哪里颠覆了传统的狼形象? 颠覆是在潜移默化的阅读过程中完成的,融进了某些人们可能接受的"异质"信息。

那是一些什么信息呢?

近代以来,外国文学源源不断涌进中国大陆。狼的信息伴随着强势的狼性文明,从不同渠道进入中华主流文化,编入教材,融进启蒙读本,影响了几代青少年(这其中就有《狼图腾》的作者姜戎)的成长,潜移默化地改造了人们的思想观念。其中影响最大的是寓言和小说。

首先是寓言。

1966 年"文化大革命"之前,各国寓言故事在中国大陆多有译本。以《伊索寓言》为代表,360 多篇中至少有 29 篇狼故事,那些古代的外国狼们似乎还呼应着中国古人关于狼的想象,基本上都是反面形象,常常也是与羊、与狗的形象同时出现,表现狼的贪婪和无情;有时也会与其他野兽并行比较(如《狼和狮子》、《狼和狐狸》等),突出狼的残忍、冷酷和妄自尊大。广为人知的是《狼和小羊》和《开玩笑的牧人》,都曾进入小学语文教材,进一步强化了狼的恶劣形象。《圣经》中的寓言"披着羊皮的狼"②在中国大陆几乎人人皆知,它以狼的狡猾和伪善影射破坏传教的假先知,与"中山狼"有些异曲同工之处,让人们在"世界大同"的憧憬中也获得了些许"兽性亦同"的启示。

中国古代寓言中狼的故事不多,形象单一却相当固定,不离"恶"这一内涵。欧洲文学中,狼的境遇相对宽松,有恶亦有善。罗马神话

---

① 出自曹雪芹:《红楼梦》第五回"金陵十二钗正册"。
② 典出《新约·马太福音》第七章。译文见《外国典故选》,广东人民出版社,1986 年,第 271 页。

传说中有"母狼救王子"的故事,在欧洲文化中影响深远。①《伊索寓言》中"狼和牧羊狗"嘲讽狗的奴性,申诉了狼之存在的精神价值②……相似的母题在不同叙事语境中可以获得完全不同的寓意,一旦置换立场,对狼的评价就会有所改善。

近代欧洲寓言中,狼母题在重复中不断更新,使狼的整体形象日渐丰满起来,构成了欧洲政治寓言中一个十分有趣的现象:一面继续谱写狼的劣迹,将之等同于专制政体中的暴君,极尽讽刺嘲笑挖苦之能事(比如莱辛的《好战的狼》③影射君王自吹自擂;克雷洛夫的《狼落狗舍》④嘲笑盛极一时的拿破仑惨败求和);另一面是对狼母题的改造,如克雷洛夫的《狼和小羊》,借用了《伊索寓言》的故事情节,影射拿破仑入侵俄国时不由分辨;当小羊求饶时,狼为吃羊找到了适当的理由:"不管是牧人、牧羊犬,还是你们自己,全都对我怀着敌意,只要有可能,总想把我置于死地。"站在狼的立场,谁能说它没有道理? 克雷洛夫是母题改造的高手。他的《狼和猎人》也是这样,与伊索的《狼和牧人》几乎一样,不过是采用了诗的形式:

狼经过牧人的住房,

透过篱笆往院子里张望,

只见牧人在羊群里挑了一头最肥的羊羔,

不慌不忙把它开了膛;

而院子里的牧羊狗,

却趴在旁边一声不响。

---

① 国王被弟弟谋杀篡位,国王的女儿生下两个儿子,置于篮中,被流水冲走,"他们的哭声引来了一只母狼,它走近他们,喂了他们许多天奶,还像一个善良的母亲那样,温暖着孩子们。"详见《世界各国神话与传说》,中国民间文艺出版社,1985年,第224页。
② 参见"狼与牧羊狗"、"狼与小孩"和"狼与牧人"的故事。见《伊索寓言》,白山译,北京燕山出版社,1999年,第7、9、109页。
③ 莱辛的《寓言三卷集》中有许多关于狼的寓言。长篇寓言《老狼惨史》对狼表现出罕见的同情。详见《世界著名寓言一百篇》,中国对外翻译出版公司,1990年。
④ 克雷洛夫翻译过拉封丹的《寓言诗》,一生作200多篇寓言诗,其中"狼寓言"15首。详见《克雷洛夫寓言全集》,裴家勤译,译林出版社,2000年。

狼怏怏然地走开了，

一面走一面低声嘟囔：

"朋友，如果这件事我干的，

不知你们会如何大声叫嚷！"

比较《伊索寓言》，这里多了一条狗的介入，在寓意上就可能不同：狗的出现不仅是见证，也使它成为人类恶行的帮凶。这一寓意在之后的谢德林那里发扬光大，为狗母题增加了全新内容，也为狼母题的改造提供了新的契机。①

谢德林的寓言少有劝善惩恶的道德说教，主要揭露沙皇专制和专制体制下人性的堕落。如《自我牺牲的兔子》，批评对象是兔子而不是狼，借兔子的软弱讽喻 19 世纪 80 年代俄国自由主义者沦为伪善的"道德奴隶"。《健忘的羊》中，引用动物学家爱特蒙·勃列姆的话："家羊自不可记忆的时代起，即奴役于人；它们的真正的祖先已不可考"，直接数落羊的奴性："家羊以前有没有过'自由的'时期——历史上没有提起过。"②这种批评指向对《狼图腾》的作者可能产生影响，因为在姜戎的成长道路上，俄罗斯文学是一个重要的精神源泉。③

狼书中，姜戎借陈阵之口，明确表述了外来文化对他的影响。这些承载着群狼信息的异域文本，对作者心中狼形象的改造起了重要作用：

(陈阵)在上小学的时候，曾读过一篇苏联小说，故事说一个猎人救了一条狼，把它养好伤以后放回森林⋯⋯这是

---

① 谢德林是俄国沙皇统治时期最杰出的政治寓言家，共有寓言 30 余则。他的寓言故事有鲜明的政治针对性，译者项星耀说："在他之前，世界各国的一切寓言作家中，没有一个人像他这样写过具有这样丰富的政治内容的寓言。"《谢德林寓言选集》前言，上海文艺出版社，1962 年。

② ［俄］阿·爱特蒙·勃列姆(1829—1884)著有《家禽的生活》六卷。引文转自《谢德林寓言选集》，上海文艺出版社，1962 年，第 147 页。

③ 姜戎："记得我读的最初的两本书是《俄罗斯民间故事》和《立陶宛民间故事》，以后便一发不可收拾，读书很多很杂⋯⋯我在青少年时代也是一位文学爱好者。"答"贝塔斯曼"读书俱乐部姚婷婷女士问。

陈阵看到的第一篇**人与狼的友谊**故事,与当时他看过的所有有关狼的书和电影都不同。(No22)①

有关狼的描写,在当时,美国作家杰克·伦敦的小说影响最大。杰克·伦敦是社会主义苏维埃创建人列宁最喜欢的作家之一,②他的《热爱生命》和《铁蹄》因为列宁的缘故在前苏联很受欢迎,20 世纪 50 年代以后影响到中国读者。伦敦的作品极大地冲击了传统的狼母题,改变了姜戎一代"毛泽东时代人"对狼的普遍看法。书中知青曾多次(No18,No20,No27)提道:

> 陈阵把三大份肉食分给小狗们……这种公平待狗的方**法,还是从杰克·伦敦的小说《荒野的呼唤》里学来的。**这本小说自打借出去以后,已经转了两个大队的知青包,再也收不回来了。(No27)

1966 年"文革"前,杰克·伦敦的代表作都有中译本,其中不少与狼有关。伦敦笔下的"狼"和"荒原"都深富寓意,是自由和自然的象征;而荒原与城市以及狼与狗的较量,也常常是在影射自然与文明的较量。在早期作品《荒野的呼唤》(1903 年)中,他描写了一条由文明社会回返荒原的狗:

> 他自由自在地在旷野上奔驰,脚下是未曾践踏过的土地,头上是辽阔无际的天空……他在狼群前面奔驰着,像巨人一样高人一头地跳跃着,他张大喉咙高歌一曲,唱着一支**原始的年轻世界的歌曲,那就是狼群之歌。**③

---

① 姜戎:《狼图腾》,长江文艺出版社,2004 年。(No22)表示该书第 22 章,下同。
② 杰克·伦敦(Jack London,1876—1916)是美国左翼作家,以批评现实主义风格见长,他的主要作品都有中译本,与列宁的推崇有直接关系。
③ 《杰克·伦敦作品精粹》,蒋天佑译,河北教育出版社,1993 年,第 479、488 页。

但不久在《白牙》(1906年)中,他却讲述了一个寓意相反的故事,说的是一只野狼被文明驯服……这些矛盾,或许是杰克·伦敦自身的心路写照:他一生都在野性与文明、自由与制度的焦灼中痛苦挣扎。人们以为他是社会主义者,而他笔下对社会主义者的描述却很负面,是"动物、野兽、食人族"而非善意拯救人类的共产主义战士。他的人生就像一只充满了原始爆发力的野狼,①顽强而孤独地打拼,成名了,成功了;却最终选择了放弃:自杀——他的死成为无产阶级文学史上一个悬案,质疑的方向至今浑浊;但他笔下的荒原、野狼以及他的人生,毫无疑问影响了很多人,包括《狼图腾》的作者姜戎。

杰克·伦敦虽说有许多以狼命名的作品,却未必都是写狼的(多是写狗),他不过是借狼的名义表现狼精神:坚韧、残忍、顽强、耐心、不屈不挠;战到最后,那畜生(狼)"突然一惊,往后一缩,发出一声长号,呼唤它的同伴;那些同伴迫不及待地响应着……一只,又一只,但没有一只退后,执拗地守着"。②这种场景在《狼图腾》中多次出现,一面是对狼精神的肯定,同时将这种精神直接引向国民性认知,如杰克·伦敦的"狼之子":

> 他想起了自己种族的娇嫩的女人,脸上露出了嘲讽的笑意。然而,就是从某个如此娇弱的女人身上掉下一块肉,就有了他和他与生俱来的高贵的传统——就是这一传统,使他和他的同胞得以称霸陆地和海洋,统治普天之下的兽类和人类。③

这是白人"文明狼"的宣言,洋溢着征服的激情和嗜血的狂躁。当地土著人将外来白人称作"狼":"'狼'们什么时候都是贪婪的,每次猎

---

① 杰克·伦敦的生平可见《马丁·伊甸》译者序,孙法理译,译林出版社,1998年。
② 引自《生活的法则》,《杰克·伦敦短篇小说选》,蒋坚松译,湖南文艺出版社,1994年,第57—59页。
③ 《杰克·伦敦短篇小说选》,第241—242页。

获的肉它们都要挑最好的。"对此评价,"狼之子"毫无歉意,蛮横地为自己的民族辩护并扬言①:

> 现在我给你们谈谈我的民族,他们是所有民族中最强大的民族,是一切土地的主宰……你们要记住"狼"的法则:谁杀死一只"狼",就要他的十个族人偿命。

这种言论在《狼图腾》中并不陌生。

历史告诉我们,"白人狼"绝不是说说而已,他们确实将狼的法则写进了人类历史。有必要指出,白狼的理念之所以能跨洋过海,在华夏这片群羊纵生的黄土地上找到了代言人,并不因为它携带着强势的西方文明的气息,而是因为经由苏维埃故乡而带来的社会主义理念。如果没有"十月革命"一声炮响之后红色狼烟滚滚,没有列宁及其追随者为"白人狼"涂上了红颜色,作为社会主义中国的"革命接班人",无人可以跨洋过海与美帝国主义的作家发生任何联系。**杰克·伦敦的白狼在文本旅行中变色,经由列宁和红色苏联进入中国大陆,陡然多了血色**——倒是这种影响,在后面的文本分析中我们会看得更加透彻。

显然,《狼图腾》中的草原狼并不是杰克·伦敦的"白人狼"的弟兄。它不仅是文本的,更是自然的;不仅是理念的,也是天生的。理念性的狼们在真实的草原狼面前都显得逊色:

> (陈阵)忽然想起小时候读过的许多童话故事,书里头的"大灰狼",几乎都是蠢笨、贪婪而残忍,而狐狸却总是机智狡猾又可爱的。到了草原之后,陈阵才发现,大自然中实在没有比"大灰狼"进化得更高级更完美的野生动物了。
> (№3)

---

① 《杰克·伦敦短篇小说选》,第248页,重点符号为原著中有。

　　《狼图腾》最终成为寓言,无疑寓意是第一性的。但我相信,在创作的初始阶段甚至在思路产生之前,一定是那些真实的草原狼们如影相随,在作者心中魂萦梦绕难以排遣,逼他为它们寻找一个安身之地,顺便也为自己那些无处着落的思绪找到适当的落脚之地。该书从构思到成书,历经三十余年。这是一个太漫长的过程。一旦心思笃定,狼们便堂堂正正地站立起来,威风八面,成为作者手中的有力武器:他决定以"真"为武器,向古往今来已成定格的狼母题全面宣战。

　　回到狼母题,我们可以看到《狼图腾》中一个有趣的现象:它一面以写实手法证实狼的"残忍"(顽强的生存意志)和"狡猾"(超凡的生存智慧),另一面却为狼性做毫无保留的辩护,同时对羊性做毫不留情的批判。表面上,它续接着传统变本加厉地描写了狼的残忍和狡猾,暗地里却利用后现代审美效应,在换位移情的同时悄然完成了价值转换,为那些与狼相关的负面含义注入了全新内容。它的批判锋芒相当内敛,与其说是自觉地接应着中华民族的传统审美意趣,不如说是无奈地适应着当下十分有限的话语环境。因此,它的表现手段也是内敛的,看似传统,以写实手法描述草原狼的生存状态;但其实,**站在边缘文化的立场上反省中华文化主流,对华夏文明的起源和性质做了由表及里的解构**。在双向进击的过程中,作者有意借助"少数民族"和"异质文化"的力量,让它们配合荒野中的群狼,共同成为瓦解传统狼母题(和汉文明)的利器。显然,无论"颠覆"还是"解构",两种手法都具有鲜明的后现代特征,适时出现在《狼图腾》中,恰到好处地呼应着21世纪初始狼文化的复苏;而书中的(少数)民族身份和(草原)边疆场景,也正好呼应着后殖民批评的政治策略,巧妙地**以"前—文明"的故事承载起了"后现代"的时代寓意**。

　　生在后时代的狼们和《狼图腾》侥幸有福了。

　　至少,它们在道德层面上获释,避免了人们"善意"的攻击。在生态主义和绿色环保者的宣传鼓噪下,"狼已变成了一个代表荒野的象征符号,和一个出现在野生动物保护中的道德的图标"。①动物学研究证明,狼曾是世界上分布最广的掠食动物,它们智慧、强壮、团结、适应性极强,在欧洲消失了几十年,在德国消失了150年。生物学家和动物保护人士正在开展保护狼的努力,声称"人类的理解是狼生存的唯一希望"。②

"狼曾经一度引起人们近乎病态的憎恨,"但如果我们改变观念,希望与动物和谐相处,那么,"狼和其他的大型捕食类动物将很有希望保持其对人类语言、知识、故事、神话和与生命界的联系的不可替代的贡献者的地位"。③科普作家周国兴认为,日常生活和艺术作品中多有狼的话题,"因为一切野生动物中,就数狼跟人的关系最密切了"。④但对这一密切关系的描写,在中国传统文学中并不多见。尤其是1949年以后,尽管狼还在山区(如我下乡插队的大别山区)、草原(如姜戎去到的内蒙古草原)普遍存在,文学作品中却罕见出色的表现。草原作家写过不少以动物为主角的小说:从蒙古族作家敖德斯尔的《枣骝马的故事》(1951年)、扎拉嘎胡的《小白马的故事》(1955年)到回族作家张承志的《黑骏马》(1986年)……少有以狼为主题的小说。⑤朋斯克(蒙古族)的小说《打狼》(1961年)⑥写兴安岭拖拉机队员们利用休闲时间打狼,可见当时狼群的规模,也可见狼对新中国主导的农业生产的威胁。在狼故事长久沉寂以后,没人料到,恰恰是远离狼文化的汉族作家会在新世纪初始公开说他"怀念狼"(2000年),并一手托举起了连草原人也不再信奉的那个"狼图腾"(2004年)!

《怀念狼》诞生在《狼图腾》之前,作家贾平凹用三年时间创作,经四次大的修改。故事有三个主要人物(记者、打狼队长、偷猎人),共同见

---

① [美]S. R. 凯勒特(Stephen R. Kellert):《生命的价值——生物多样性与人类社会》,王华、王向华译,知识出版社,2001年,第128页。
② 摘引自《世界地理频道》2006年7月10日播出的专题片"探寻狼图腾"。
③ [美]S. R. 凯勒特:《生命的价值——生物多样性与人类社会》,第128页。
④ 周国兴:《狼孩·雪人·火的化石》,天津人民出版社,1979年,第9页。
⑤ 参阅《内蒙古当代文学概观》,托娅、彩娜编著,内蒙古大学出版社,1997年。
⑥ 《人民文学》1961年第6期。

证和参与了商州仅存的 15 条狼的灭绝过程。书中记者有与陈阵非常
相似的身份和作用:一样是外来文化人、汉人;一样厌倦了城市生活;
在狼消失的过程中,他们参与的同样都是一双"眼睛",即见证。说到
创作动机,贾平凹也有相似的表述:"是狼,激起了我重新对商州的热
情并由此对生活的热情,于是,新的故事就这样在不经意中发生了。"
(2)①为什么"怀念狼"呢? 因为"狼通人性"(196),"公狼用情专一"
(165),也因为狼拒绝被养,"能养的,古时候人就把狼慢慢变成了狗
的"(157)。对狼的灭亡,两书也有同样的结论:"当人有了枪以后,与
人斗争了数千年的狼的悲惨的命运就开始了。"(229)两部小说都写了
"最后的狼群",都不厌其烦地强调狼/人之间互相关联的生存关系:

> 如今与人相斗相争了几千年的狼突然要灭绝,天上的
> 星星也在这时候雨一样落下,预示着一种什么灾难呢? 猎
> 人们以狼的减少首先感到了巨大的恐惧,而我们大多数的
> 人,当然也包括我,当流星雨发生,却仅仅以为遇上了奇观
> 而欢呼雀跃。(52)

在"关系"的表现手法上,两书不同:《狼图腾》竭力张扬的是狼的
生命力,"性"完全缺席。贾平凹怀念的狼具有强大的生殖力,故事中
有很多对"性力"的憧憬:"如果一个井队没有女同志,男人们就不修厕
所,不修饰自己,慢慢连性的冲动都没有了,活得像只大熊猫。"(23)他
这样告诉我们:熊猫的性欲和性能力衰退,生育存活率仅为 10%,"我
听了大为震惊,首先想到了狼,接着就想到了人,人类会不会有一天也
沦落到这种境地呢?"(25)在这个意义上,《怀念狼》像是印证了詹姆逊
的看法:

> 所有第三世界的文本均带有寓言性和特殊性……第三

---

① 贾平凹:《怀念狼》,作家出版社 2000 年。(2)为 2 页,下同。

世界的文本,甚至那些看起来好像是关于个人和力比多趋力的文本,总是**以民族寓言的形式来投射一种政治**:关于个人命运的故事包含着第三世界的大众文化和社会受到冲击的寓言。①

　　依照詹姆逊的说法,如果把《怀念狼》也看作民族寓言,不难发现,在有关狼性的道德问题上,贾平凹没有姜戎那么乐观,他倒是更加清醒地看到了今天中国"没有狼了,却有了人狼了",因此"商州再也用不着投放新的狼种了"(266)。那为什么还要在故事结尾时拼命呐喊"我需要狼! 我需要狼——"(268)? 显然,一旦为狼去道德化,民族性乃至人性问题便凸显出来,不尽有关"力比多"②的质量和中华民族的"种"的繁衍,更有关人类自身的生存品质。从这个角度看,这两部产自中国的狼文本都不能被简单地看作第三世界"民族寓言",而更像是后时代的人类寓言——我称之为"后寓言"。

　　这样的寓言为什么批量出现在今天中国?

　　这与我们这里长久弥漫至今挥之不散的救世情结有关。

　　"解放全人类"在中国大陆不仅是制度性的意识形态,也可能内化为人的理想,与生同在;即使受挫,也一定会以诡异或变形——就像卡夫卡们的变形——的方式表现出来。因此,借狼母题或借草原说话,都不会仅仅是一时一地的故事;即使拿中华民族说事,也仍然顽固地接续起那个宏大的乌托邦梦想。不同的是,《怀念狼》的手法虽然沿袭中国志怪小说,却主要是面对现实生活中的人们说话,在这个意义上,它更是小说而非单纯的寓言。《狼图腾》在借用传统狼母题的同时用尽了传统表现手法,将难言之隐深藏在"厚道"的面具背后,更接近寓言而非一般小说,需得相关的批评跟进才能透彻。

---

① 詹明信(詹姆逊):《处于跨国资本时代中的第三世界文学》,张京媛译,《晚期资本主义的文化逻辑》,生活·读书·新知三联书店,1997 年,第 516 页。黑体为本书作者加。

② 即"性本能",是弗洛伊德精神分析理论的核心概念:"力比多,类似于饥饿,是一种势力,通过这种势力,本能,这里是性本能(就像在饥饿的情况内它是吃的本能)才得以表现自身。"详见《精神分析导论》,1920 年,纽约版,第 270 页。

后现代寓言批评"不是取消或发掘文本的表面以寻求深层意义，而是根据原文本的材料即席发挥"。①后批评家格里戈·乌尔默（Gregory Ulmer）认为：寓言批评"喜欢能指的材料而不是所指表示的意义"。②我认同这种表述，在这项研究中，宁可放下作者给出的所指，径自走向"材料"——狼母题——本身，以便在文本中挖掘出它可能承载着的丰富寓意。

3.《狼图腾》的叙事策略③

谁要想确当地理解一个文本，谁就必须追询此一文本的"极标"……对"极标"的掌握将为无尽的精细入微的理解工作奠定基础。④

——杜特：《解释学、美学、实践哲学》

按照叙述学（Narratology）理论，故事必须围绕着主人公开始和展开，主角可以不是第一叙述者，但必须是最重要的行动者；所谓故事情节，主要是在主人公的引导下发展。如果按照这个逻辑进入《狼图腾》，一开始就会迷失方向。

为什么？

---

① ［英］史蒂文·康纳：《后现代主义文化——当代理论导引》，严忠志译，商务印书馆，2004 年，第 327 页。

② 格里戈·乌尔默的《后—批评的对象》被认为是"关于后现代批评风格主题的最早、最有影响的专题论文之一"，载《后现代文化》（Postmodern Culture），福斯特主编，第 83—110 页。引文转自《后现代主义文化——当代理论导引》，第 327 页。

③ 本文主要借鉴［俄］维·什克洛夫斯基（Viktor Shklovskij）的《散文理论》（1929、1982）、［法］热拉尔·热奈特（Gerard Genette）的《叙事话语　新叙事话语》（1972、1983）和［荷兰］米克·巴尔（Mieke Bal）的《叙述学：叙事理论导论》（1985），尝试在后现代语境以及西方现代叙事理论与"中国叙事学"［杨义语］的结合中分析文本。现代叙事理论可以方便地用于当代中国小说分析，是因为经过百余年的探索，中国文学已经"悄然"完成了从传统叙事方式向现代叙事模式的转变（参见陈平原：《中国小说叙事模式的转变》导言，北京大学出版社，2003 年）。

④ ［德］伽达默尔、杜特：《解释学、美学、实践哲学：伽达默尔与杜特对谈录》，金惠敏译，商务印书馆，2005 年，第 25 页。

因为书中实际的主人公与字面上始终在场的主角不是同一人物。换言之,这书中可能有多个主角存在或多个故事线索同时发展。这样的叙事场景中,我们不过是被"在场者"引导着,在阅读时跟随他一同入场,进入由他见证的"事情"①所演绎出来的故事。

谁是始终的在场者?

只有陈阵(以及他的几个知青同伴)。如果陈阵不是真正的主人公,那他是谁? 他"在场"的作用是什么? 这是本节要讨论的问题,由此分解出这部寓言在叙事策略中体现出来的一系列"后"的品质。

先来说说故事。

作为"在场者"的陈阵,对草原而言他是外来人。我们(也是外来人)跟随他进入草原,在他亲眼目睹或亲身经历的引导下,分享着在远离我们的草原上发生的"事情"。这些事情构成了三条主要故事线索,即三大故事。

第一条线索是**草原和草原狼的故事**,始终围绕着一个问题:草原和草原狼是怎样消失的? 这是读者最容易理解的线索,出版商在这个层面上大做文章:

> 这是一部关于狼的史诗性著作,一部对中国历史进行独特解读的小说,一部可以给包括商界、文化界、学术界带来重大震撼的原创性作品。书中通过狼群的荣衰最终描摹了蒙古草原慢慢消失的最后片断。②

《狼图腾》因此被许多人看作**生态小说**。原著中各章只有数序没有小标题,为了方便读者阅读,读书网站依序对文本做了"情节"分割,共分五大部分。③

---

① 这里用"事情"(thing)指代正在发生和演进的日常事项,以区别于具有史学内涵的"事件"(event)。

② 读书网站:http://www.book.qq.com。

③ 《狼图腾》原著共35章,均无标题,外加"尾声"和"理性探掘"(约5万字)。以下分节转摘自"读书网站",章节符号"No"为本书作者后加,在后文的分析中将继续使用。

　　第一部分从陈阵独自遭遇草原狼开始。陈阵从对狼的畏惧到敬畏，从动心养狼到掏狼崽，展示了原生态草原风貌。第二部分从小狼崽的出现开始，由诸多小故事组成：天鹅和天鹅湖之美，狼/狗之争，狼/马之战，展现草原风情和草原狼的威风。第三部分：外来户进驻草原，草原面临厄运；小狼一天天长大，狼性不改。第四部分：军人和外来户步步进逼，用枪炮杀狼；越来越多的草场变成农田，狼群越过国界，黄沙来啦……第五部分是陈阵的"讲座"，追寻汉文明发展轨迹，多是反省和批判。

　　完整看下来，如果你相信以上是书中全部，那就无法理解书名为什么是"狼图腾"。故事结尾时，凶悍顽强的草原狼濒临灭绝，何以这末路英雄还会成为现代人尊崇的图腾？可见，草原故事后面另有故事。那是一个**有关心灵和信仰的故事**，主角即狼图腾，在若不在，以话语的面目出现，充满了思辨色彩。"叙事的思辨话语被其实践者看作后现代理论的一场精彩的节目。"①《狼图腾》让我们观赏到这样的演出：陈阵亲眼目睹并由眼及心，与草原狼在精神上的相互联接，从对狼的疏离、误解、畏惧到亲近、敬畏乃至崇拜，详尽地讲述了狼在陈阵心中是怎样成为图腾的。在这个意义上，《狼图腾》被许多读者看作**信仰小说**。当这条故事线索随着叙事进程逐渐凸显出来，第一条线索——草原和草原狼的消失——悄然退居为背景，成为推举起无数个小故事和小角色的大平台。

　　书中的大故事中间有许多动人的小故事，如雪上毡舟、飞狼的传说、狼群围捕黄羊、野外烧烤黄羊、钻狼洞的巴雅尔、人狗围狼大战、母羊对羔……洋溢着勃勃生机和欢乐的童趣，让人感受到善与美丽。又如爆竹炸狼、辣椒水熏狼、毒药药狼、苇子地烧狼、吉普车打狼……杀气腾腾，乌烟瘴气，丑陋尾随着恶行，让人生厌、生气、生恨——爱恨交织的情绪往往就是被这无数小故事、小角色诱发产生的。草原舞台

---

① ［美］玛丽-劳勒·莱恩：《电脑时代的叙事学：计算机、隐喻和叙事》，［美］戴卫·赫尔曼主编《新叙事学》，马海良译，北京大学出版社，2002年，第62页。

上,有狼这样的"大人物"叱咤风云,也有许多"小角色"风情万种,却几乎没有陈阵(们)的表演空间,充其量,他们不过是被动的参与者和观察者而已。究竟谁是真正的主人公?从通俗小说角度看,书中可以被完整讲述出来的故事只有一个:**小狼的故事**——这是第三条故事线索,从任何方向说它都最好看并最具传统意味。果然,《小狼 小狼》(18万字)独立成书,应青少年的呼唤从《狼图腾》(51万字)的母腹中脱胎而出,①由表及里都是人为的结果,成为"人化自然"的一个典型代表。它远离元自然和自由的境界,接近了人们可以理解的人间生活,带着某种传统寓言的教益色彩,堂而皇之地进入儿童文学领域;与《狼图腾》的命运不同,它一路顺风顺势,是太招人喜欢了。

在第三条线索(小狼的故事)中,陈阵摆脱了观察者的被动身份,因了小狼,他的地位发生质变:既是叙述人,也是第一行动人;是小狼的主人,也仿佛成了故事的主角。但是,在和小狼相处的时候,他并没有摆脱观察者身份,不过是用显微镜取代了望远镜,从远处的狼群进入到"这一条"小狼,在朝夕相处中做近距离观察。而小狼,自它出现那一刻起,就携带着草原狼浓烈的野性气息,牢牢地牵引着我们的心绪和情绪,在读者心里始终占据着主要位置——问题到这里似乎有了一个答案:这书中的主角不是草原上的任何人,而是草原和草原狼。

这可有些离谱。

"不管人们以什么方式看待文学,是将书籍看作为文学艺术的自主作品,作为个人或集团的产物,作为交流对象,还是作为符号系统的一种特殊形式,人们都无法逃脱文学是由人所写,为人而写,并且通常是写人的这样一个明显事实。"②《狼图腾》公然跳出人间故事,在许多方面动摇了传统叙事模式,与叙述学理论产生抵牾,归纳起来,至少表现在三个方面:

---

① 《小狼 小狼》,长江文艺出版社,2005年。封底附言:"本书是作者姜戎先生应广大读者,特别是很多教师及青年学生的要求,根据《狼图腾》精编修订而成。"
② [荷兰]米克·巴尔:《叙述学:叙事理论导论》,谭君强译,中国社会科学出版社,1995年,第40页。

首先是**主体易位**。依照经典叙事理论,故事无论兜多大圈子,最终都"无法逃脱文学是由人所写,为人而写,并且通常是写人的这样一个明显事实"。但《狼图腾》显然是逃脱了,它从人间退出,还原到大自然;不是一人一事的回避,而是整个人类社会在故事中全面隐退,由此造成了人在本体意义上三大关系的全面退位:(一)是人与社会的关系。传统故事展示人间社会生活。在《狼图腾》中,我们基本上看不到那个"社会",最多只看到(主要是听到)若干与草原有关的社会信息。(二)是人与人的关系。传统叙事应该表现人际关系,"因为人们自身之间以及人们与世界之间的关系在素材中通常总是重要的"。①可在《狼图腾》中,所有活动无不联系着草原和狼们,完全没有人间故事。(三)是人与自我的关系,经典叙事通常以意识流或心理描写为表现手段;《狼图腾》中,陈阵有大量的心理、情绪和思想活动,触景生情或生思,但无一针对他的"自我",而主要是对"他者"(草原和草原狼以及两种文明)的重新认识。

第二个特点是**反叙事**。依照现有叙事理论,第一叙述者陈阵应该是主人公。但从头到尾,陈阵主要是一双眼睛、一位见证人、一个帮助我们脱离文明羁绊走进草原的导游。我们借助他的眼睛和证言得以完成认知革命,在各自观念中下意识地颠覆了人与自然的传统关系。后现代叙事文本中"大部分概念都包含着隐喻,其中'叙述者'就是一个隐喻"。②陈阵就是这样一个隐喻。"隐喻的特征在于'隐',由'隐'而产生比喻的多义性",这是中国古代传统叙事一个主要特点,可以"非常深刻地发掘出汉语言符号的表意能力和审美神韵"。③《狼图腾》利用了汉字的表意能力和反叙事的隐喻功能,"以词语间非逻辑或超逻辑的置换的方式,使两个存在系统或行为系统互相干涉而发生意义的曲变,并注入某种感情色彩和道德判断,形成'不喻而喻'的多义

---

① [荷兰]米克·巴尔:《叙述学:叙事理论导论》,谭君强译,中国社会科学出版社,1995 年,第 40 页。

② Harry E. Shaw: *Loose Narrators*, in *Narrative*, Vol. 3, 1995, pp. 96—116. [美]戴卫·赫尔曼主编《新叙事学》,马海良译,北京大学出版社,2002 年,第 62 页。

③ 杨义:《中国叙事学》,中国社会科学出版社,2006 年,第 18、19 页。

联想"，①在母题改造的基础上极大地扩展了思维疆界。书中，陈阵是叙述人，他讲述的是草原和草原狼以及其他草原生物走向死亡的过程。从这个意义看，《狼图腾》的叙述策略中潜藏着一个结构上的倒叙，在众所周知的"结果"中为我们讲述了一个关于"原因"的故事。当我们在阅读中接受了这一潜在的倒叙规则，就会把看到的"事情"当作证词，"在场"的使命凸显出来，如作者所说，他要做的，就是陈述事实。陈阵因此成为两个替身：我（作者）和我们（读者），他的在场也是读者在场。作者力图让读者因动情而"相信"，在审美移情的作用下顺理成章地敦促读者完成立场转换。但其实，读者即使动情也未必认同"证词"，情绪在通往理性的道路上并非一帆风顺。读者的反馈证明了这一点：同感，却不同理，这是后现代叙事一个很重要的特征。读者不会轻易相信被告知的"真理"，反倒会直接挑战布道者的身份并质疑他道出的真相，在阅读过程中即时做出自己的判断。如此一来，"隐喻"的转换就不仅仅是单纯的颠覆，也是建构：当你开始质疑和思考故事的导向，你自己的立场和观点油然而生，那个向往彼岸的"出发"其实是从这里开始的。

第三个特点是**反聚焦**。依照热奈特的"聚焦叙事理论"②，《狼图腾》的叙事策略很接近古典作品，字面上表现出来的是所谓"非聚焦"或"零聚焦"，即叙述者是全知的，他的眼睛无处不在，像是无所不知的上帝。但很显然，陈阵在故事中并没有这个至高无上的地位，他看到的和他说的话很多，却不是因为他"知道"，而是出于"无知"，是他窥探、观察、侦察、倾听和思考的结果；准确地说，这个叙述者发出的声音几乎全都是"看来的"和"听来的"。

他从哪里获得信息？

① 杨义：《中国叙事学》，中国社会科学出版社，2006 年，第 18 页。
② ［法］热拉尔·热奈特在《叙述的方式》中对"视点"理论加以改造，提出"零聚焦"、"内聚焦"和"外聚焦"三分法：零聚焦叙事指的是叙述者＞人物，叙述者说的比任何人物知道得都多，即传统的全知叙事。内聚焦叙事指的是叙述者＝人物，即叙述者只说某个知道的情况，常见于意识流文学。外聚焦叙事指叙述者＜人物，即叙述者说的比人物知道得少。参阅《西方美学通史》第 7 卷下，朱立元等著，上海文艺出版社，1999 年，第 50—52 页。

草原和草原生物(包括草原狼和草原人)是陈阵获得真知的主要来源,也是他力图求解的认识对象。传统叙事中的背景在这里成为前台,一向只有拟人地位的动(植)物成为主角,即主体。所谓"反聚焦",在主体易位的基础上展示得淋漓尽致:**单一主体地位消解后,叙事焦点顿时变得散乱粗放**。在草原的大舞台上,小故事中的小角色都可能成为主角,各自独立,自在表演……即便如此,《狼图腾》却不被人看作动物小说,生态学者也拒绝将之纳入生态学的研究范畴。①在这个双向拒绝中,我们看到了寓言的影子。抵牾较量中,它与后现代叙事理论中的"大叙事与小叙事"不谋而合。②研究者认为,"叙事角度是一个综合的指数,一个叙事谋略的枢纽,它错综复杂地连接着谁在看,看到何人何事何物,看者和被看者的态度如何,要给读者何种'召唤视野'。这实在是叙事理论中牵一发而动全身的问题"。③作为叙事文本,《狼图腾》最突出的特点是主体易位即视角革新,这也是它最主要的叙事策略。书中其他创作手段都围绕着这个基本原则,由此导演出不同寻常的移情效果:人类的同情心从人自身"移出",由人间生活转向大自然。杨义认为,成功的视角革新"可能引起叙事文体的革新",独特的视境可以展示出"新的人生层面,新的对世界的感受,以及新的审美趣味"。④这样说说并不困难,在创作中却不那么简单,必须借助形象、情节和故事,有声有色、潜移默化地完成。那么:

——《狼图腾》借助了什么手法实现主体易位?

——它这样做的目的是什么?

一部好的文学作品,作者以独创的手法形成自己独特的风格。

《狼图腾》主要在"场景"和"场景的交替"中建立自己的叙事风格,

---

① 有学者说这是一部"伪生态"书,假借生态问题做政治论坛(详见本书第四章"生态学"一节)。
② 参阅[美]希利斯·米勒:《解读叙事》(J. Hillis Miller: *Reading Narrative*, Norman, University of Oklahoma Press, 1998),他自称此书为"反叙事学"著作。"大叙事与小叙事"出自[英]马克·柯里:《后现代叙事理论》第二编第五章第三节,宁一中译,北京大学出版社,2003 年。
③ 杨义:《中国叙事学》,第 135 页。
④ 同上,第 137 页。

最突出的特点是巧用"省略"和"停顿":用细节充斥停顿,让退场代替省略,使得文本形式别具一格。

其一,场景描写中出现超常量的停顿,造成情节时间的静止。"事情"常常旁无他顾地停下来,以便"叙事"在呈现出来的场景中制造故事。书中大量战斗场面和诸多小故事都是在停顿中"同时"发生的,场景在隐匿静止的"时间"中无限展开,进而转化为辽阔的"空间";充斥其间的,就是对细节的逼真描写。**逼真的写实是《狼图腾》的基本叙事策略**,在时间的"静止"和情节的"停顿"中充分展示了它动人心魄的力量(第三章专门讨论这个问题)。写实在书中是有原则的,服务于主体易位之后的大草原,人间是非一笔带过,草原事情则不计烦琐。它的叙事策略恰恰是反虚构亦即"反叙事"的。①作者本人未必有意搭乘"后现代叙事"这趟末班车,但他与"后"在叙事策略上不期而遇。

其二,省略在叙事(尤其是长篇小说)中是常见的手段。通常,"一个真正的省略不可能被发觉",②它的消失如同好歌手在歌唱中换气,痕迹不露。热拉尔·热奈特(Gerard Genette)最早使用这一概念,他认为,省略首先与时间跨度有关,对省略的分析往往"被归结为对被省略故事时间的分析"。③米克·巴尔(Mieke Bal)认为,作者使用省略以便对某一事件保持沉默,"他试图取消它。这样一来,省略就被用作一种达到除魔驱邪的神奇目的",④像是隐含着某种阴谋的政治策略。多数作品中,省略是一种中性技巧,用于一件事情在同一轨道上持续发展的过程中,建立在已知的基础上,即假设读者在大跨度的时间跳跃即"省略"之后,仍然能够借助已知的信息,通过合逻辑的想象保证情节上的完整性。比如《狼图腾》,前四分之一篇幅里草原狼是当仁不让的主角,到处都有它的印记;接下来的章节中,它的气势日渐衰退,信息量明显减少;而到了最后几章,它们全然销声匿迹:

---

① 参见[美]戴卫·赫尔曼主编《新叙事学》,马海良译,北京大学出版社,2002年。
② [荷]米克·巴尔:《叙述学:叙事理论导论》,第80页。
③ [法]热拉尔·热奈特:《叙事话语 新叙事话语》,第68—70页。
④ [荷]米克·巴尔:《叙述学:叙事理论导论》,第81页。

人迹罕至的边境冬季草原……透出苍老衰败的气息。短暂的绿季走了,枪下残存的候鸟们飞走了,曾经勇猛喧嚣,神出鬼没的狼群已一去不再复返,凄清寂静单调的草原更加了无生气。(№35)

狼群消失之前,我们已经很久不见它们的身影,当这一句概略性的话语出现时却没有人吃惊,因为我们会在已知的故事中找回那些被省略的情节,借助联想实现故事的完整性。

"省略"和"退场"是《狼图腾》最重要的表现手段,意义却不尽相同。书中,凡是说到草原,作者用的是省略;一旦说到人事,他用的是退场:尽量让人类社会完全退出读者的视野,以保证元自然的自然生态。我们在书中认识了一些人,比如毕利格老人、巴图和嘎斯迈,还有他们的儿子巴雅尔。我们知道巴图和嘎斯迈是老人的儿子和媳妇,却从来不见他们夫妇两人单独相处的场面,也少有一家人一起叙谈家事的时刻,他们的出场不过是草原人——老人、男人和女人、孩子——的符号性替身。又比如陈阵、杨克、高建中和张继原,他们都是北京知青,同住在一个蒙古包里,分别做了羊倌、牛倌和马倌。我们可以从不同方面分享他们在草原上的见闻;却不知道他们阅历,从没有听他们谈论自己的前途。他们的在场都不过是陈阵那双"眼睛"的补充,为读者全面见识草原提供尽量完整的证词。说到底,无论这些知青还是草原上的原住民,不过道具而已,在作品诞生之前,他们的主体地位已经宿命地出让给草原了,对此,作者直言不讳。

> 江:你把人退到了一个次要的位置,草原狼变成了主角。
> 姜:狼的性格是多面的,你要塑造它的性格,就要像看钻石一样,面越多,它就越立体。我的兴趣就是写狼,人先放一边,因为**人是配角**。

让人做狼的配角,人类社会因此也成为可有可无的配料,进进出出都是无足轻重的事,作者因此选择让它整体性的"退场"。

退场是省略的一种手法,两者却有不同的审美效果。省略导致"联想",建立在已知的基础上;退场是在不知情的前提下根本"不想"——正是因为不知不想,读者才可能把心思和情绪完全交给草原和草原狼,不动声色地实现了情感的移出。因此我们才有可能看到那种未经人类打扰的元自然生存状态(下章将专门讨论):草木花树,虫鸟禽兽,天空大地,春夏秋冬……而与此无关的人间事项,轻描淡写,随时准备退场。只有让地球的霸主"人类社会"全面退出,我们才可能不带世间杂念(包括各种价值判断和道德观念),全身心赤条条地进入草原(自然),在移情效应的引导下获得新知。

这样做的真实目的是什么?

由此引出了《狼图腾》最主要的寓意:**重新命名**——不同于雅各布森(Roman Jakobson)的"重新措辞"(rephrase),①它不是在语言范畴内寻找翻译的符号,不是在"意义"层面上做概念转换,而是设法回到文明以前的起点上重新开始:还原到原生态的自然场景中,借助元自然的力量,以逼真写实的方法再现"真"。为此,它提供了一双始终在场的眼睛:陈阵(等知青)——他(们)有和读者相似的视角,使用同样的语言,所有他(们)的亲历和目睹,都会成为读者可能接受的证词。这一来,写实的力量凸显出来:在"真实"的场景中"重新命名"。社会的退场成为一个必要条件。只有在"社会"全面退出的前提下,人们才可能对"自然"重新命名,这与后现代的方向是背道而驰的。后现代主义并不承担"重新命名"这一使命,确切地说,它从不许诺任何使命。但凡涉及使命,便与后现代分道扬镳,不经意间上了朝向乌托邦的暗道。这时再看《狼图腾》,三大故事其实安排了不同性质的三种叙事策略:

其一,在以草原和草原狼为主题的生态小说中,它的叙事策略是

---

① ［俄］罗曼·雅各布森力图从语言功能中阐释他特别强调的"文学性"。在《论翻译》(On Linguistics Aspects of Translation, in On Translation, ed. by R. Brower, Harvard University Press, 1959, pp. 232—239)中提出的所谓"重新措辞",主要针对语内翻译过程中出现的"改变说法"。

后现代的,可以在**后现代主义叙事**框架中做到位的分析。这是本书第二章(作为小说)和第三章(作为美学)中着力要讨论的问题。

其二,小狼的故事,有关自由与奴役以及人化自然问题,涉及游牧与农耕文明的较量、草原人与外来户的矛盾……是典型的后殖民问题(本书第四、五章将逐一讨论)。其叙事策略近乎政治策略,在**后殖民理论**中很容易得到释怀的解说。

其三,难了,有关《狼图腾》中最重要的主题。作为一本谈论信仰的书,无论后现代理论还是后殖民批判,在它面前都无能为力,**后乌托邦批评**在这种情况下被迫出台,对应着隐匿在草原故事背后悄然放行的乌托邦——狼图腾——之舟。

接下来的问题很有趣:

——"狼图腾"是一个乌托邦符号吗?

如是,

——《狼图腾》会是一部乌托邦寓言吗?

"狼图腾"是一个乌托邦符号,放在"草原/文革"背景上看,在在都是"后"的印记;无论从自然还是从社会角度,都可以看它是一部典型的后乌托邦寓言。

早三十年前,乌托邦作品出现在这里不是什么奇怪的事。而今,在"反面乌托邦"(negative utopia)乃至"反乌托邦"(anti-utopia)昌盛的后时代,事情不是那么简单。"乌托邦这个主题限制了作品自身的艺术含量。"①如果仅仅把狼书看作乌托邦写作,不妨应了朋友劝说,"不必把牛刀架在鸡脖子上",任凭作者去成全他"一个人的信仰"。我们见多甚至腻味了乌托邦作品,是因为"多数乌托邦作品对主人公形象的刻画过于肤浅……至多只是作为某种观念或社会生活图景的见证人而存在"。那么,我们应该如何应对《狼图腾》中扑面而来的乌托邦气息?在乌托邦范畴中,文学作品又怎么可能获得足够的阐释空间?

---

① 崔竞生、王岚:《乌托邦》,赵一凡等主编《西方文论关键词》,外语教学与研究出版社,2006 年,第620 页。

"乌托邦"(Utopia)一词始见于托马斯·莫尔的小说《乌托邦》(1516年),原意是乌有之乡。乌托邦作品着眼于人的集体存在模式,表达人类期盼"建立一个稳定、统一的理想社会的愿望"。[①]19世纪是乌托邦理论昌盛的世纪。20世纪人们将各种乌托邦理论转为社会实践,从成功到失败,从希望到失望……乌托邦不仅保留了它原本已经具有的"空想"、"不切实际"的含义,一时成为"红色帝国"和"集体暴力"的代名词。经验告诉我们,倘若仅仅在传统乌托邦(即"蓝图派"[②])范畴内,一切事物被规范,没有批评的阐释空间。但是,如果放在"后"语境中,就像现代主义之后有后现代批评、殖民主义之后有后殖民批评,在乌托邦实践和后乌托邦文本诞生之后,是否会有"后乌托邦批评"相应跟进呢?

　　我在这里径自将后乌托邦批评用作分析工具,因为不能回避《狼图腾》中那浓郁的乌托邦气息。作为诚实的批评,在这个书写(草原狼)"失败"和(草原人)"绝望"的故事里,你不能不正视它其实企图承载的人文理想。当你无所牵挂将它置于后乌托邦分析范畴中,它在获释的同时,也在逼迫我们追踪一个悖逆的乌托邦问题:狼怎么可以成为图腾呢?

　　图腾是一个信仰符号。

　　"狼"成为信仰符号,这本身就是对乌托邦理想的挑战,很有些反攻战的味道,只在话语转换中便悄然颠覆了乌托邦的传统王国,让它原本是"美好"、"善良"的寓意化为碎片;在挑战传统"善"(如羊)的同时,也嘲讽了传统的乌托邦理想——这是典型的后现代风格,由此可以引出后现代批评。后现代在这里不再是破坏的能手,难得它作为建设性的因素与狼一起从舞台"正面"出场,在为狼正名的同时担负起"重建"的使命。因此,我们看到的不是主体的消解,而是易位:从人类

---

① 崔竟生、王岚:《乌托邦》,赵一凡等主编《西方文论关键词》,外语教学与研究出版社,2006年,第613页。

② [美]拉塞尔·雅各比(Russell Jacoby)将传统的乌托邦思想看作是"蓝图派"(blue-print)。详见《不完美的图像:反乌托邦时代的乌托邦思想》,姚建华等译,新星出版社,2007年。

移出,转向草原、草原狼和一切自然生灵。主体在这里不仅没有消失,其地位反倒更加稳固。不期后现代走到这里,是"后"的绝路,像是绝路逢生! 从这个角度看,狼书贴切地迎合了张隆溪给出的"讽寓"①这个译名,在后现代基础上将后乌托邦演绎到极致。从讽寓小说角度看,**"狼图腾"是一个典型的"延异"(differance)②,通过不同性质的符号连接,悄无声息完成了对传统乌托邦逻各斯中心的颠覆,在时间(即历史)的进程中实现了自我"变异"**。由此可见狼书的第三种(即信仰小说)叙事策略。它将"后现代/后殖民"的基本要素糅合一起,借助"两后"的合力,在"信仰重建"这一后乌托邦命题上做足了文章,把重新命名当作超越的手段,在审美领域中不动声色地完成了自我救赎。

《狼图腾》的叙事策略是狡黠而复杂的,可见作者在数十年酝酿打磨中逐渐成熟的匠心与功力。它将乌托邦理想巧妙地融入后现代意识和后殖民批判,以写实为手段,在叙事层面上表现得忠厚,不耍花招,给人们一个遵循传统的表象;而在内里寓意中"后"劲十足,秋风落叶,横扫千军……对此,阐释的跟进十分必要;不然,我们难免就会在阅读中被写实迷惑,不自觉地落入作者精心编排设计的"狼式"陷阱,动情时百感交集,掩卷后却难置一词。

最后的问题是给我自己的:面对这样的文本,批评的策略是什么?

后现代批评家戴卫·赫尔曼(David Herman)看到了后批评的困难:"传统叙事学一贯主要关注文学叙事,但是后经典叙事学需要将自然语言的数据也包括进来;而且要阐释这些数据,还需要借用人种学、语言学、认知科学等理论模式并且将它们与其他社会文化实践结合起来。"③

这可难了!

①　详见张隆溪对"讽寓"的解释,《西方文论关键词》,第131页。
②　"延异"是法国后现代学者德里达(Jacques Derrida)自创的符号,将"差异"(difference)中的e变为a,在沉默中质疑和颠覆逻各斯中心论。详见胡继华:《延异》,《西方文论关键词》,第755—766页。
③　[美]戴卫·赫尔曼:《新叙事学》引言,马海良译,北京大学出版社,2002年,第19页。

要知道，经过两三百年积累，每一个学科分支都是新旧词语、概念、理论浩如烟海，专著论文堆积如山……倘若真要围绕着这些文字打转，仅仅一个叙事和叙述学就足以耗尽人生，更不必说还要涉及那些规模宏大的"人种学、语言学、认知科学等理论模式"以及"社会文化实践"……怎么办？

我看今天学界中这个问题，就像当年海明威在创作时面对的问题，他的办法很简单：让书面文字从它们各自隶属的文本中解放出来，以电报式的文体"引起了一场文学革命"①：

> 海明威是个拿着一把板斧的人……他斩伐了整座森林的冗言赘词，还原了基本枝干的清爽面目。他删去了解释、探讨、甚至议论；砍掉了一切花花绿绿的比喻；清除了古老神圣、毫无生气的文章俗套；直到最后，通过疏疏落落、经受了锤炼的文字，眼前才豁然开朗，能有所见。

批评不是单口相声，不能演独角戏。它不能摆脱"解释"，却可以尝试从诠释学制造的众多术语和理论枷锁中挣脱出来，让术语和理论也从不同派系或个人声名的束缚中解放出来，成为工作间里可以随意取舍的工具。

批评文本不得不引用原作文字甚至段落，必须借鉴业内同仁的研究成果；尤其是后批评，在行文立论的时候，不得不再三回返初始概念以便界定出自己的立场。表面看，它的确像是"拼凑、模仿、复制、剽窃"的产物，仿佛有意印证着詹姆逊对后现代文化的批评，是一个"东拼西凑的大杂烩"(collage)②。

"大杂烩"的意思是杂处，与多元化的地球村是同质的。

---

① ［英］赫·欧·贝茨：《海明威的文体风格》，赵少伟译；引文摘自《海明威研究》，中国社会科学出版社，1985年，第132、133页。

② 参见［美］詹明信（詹姆逊）：《现实主义、现代主义、后现代主义》，《晚期资本主义的文化逻辑》，第292页。

对话批评出现在全球化过程中，它的特点是众声杂处。

严肃的批评需要真诚和力度。只有借助适当的分析工具，批评才能穿透表象，深入肌理，揭示出被文字包裹着的思想。文本的形式不过服装或饰物，可以借来使用；**文本的生命惟有思想——但凡有思想的文本都是有个性的**，总能在庞大的文字阵仗和众多引文中秀出丛林。

二 《狼图腾》为什么拥有广泛的读者群?
——作为小说:后现代语境中的主体易位

早期文学理论家休艾特(P. D. Huet, 1670 年)把小说定义为"爱情冒险的想象故事,是以娱乐和教化读者为目的并用精致的散文写成的"。①以此看《狼图腾》有不少出入,它既无爱情故事亦无冒险传奇,书中人气也不旺盛。"小说的分析批评通常把小说区分出三个构成部分,即情节、人物塑造和背景。"②《狼图腾》在这三个层面上都很难把握,与它隐含着的两个品质有关:一是它的寓言性质,打破了可以言说的故事的边界,常常让读者在表面情节和内在寓意之间游走徘徊。二是它的后现代品质,混淆了出场人物和其他行动者(如草原生灵)的主体身份和背景关系,造成对"主角"的判断失误——这是本章关注的问题,即后现代语境中的主体易位。

"主体易位"指主人公身份的置换。这事倘若只在人间进行,没有问题,仍然可以借用传统叙事理论;或者借助拉康(Jacques Lacan)的"镜

---

① 转引自[奥]弗兰茨·斯坦策尔:《现代小说的美学特征》,周宪译,载《激进的美学锋芒》,中国人民大学出版社,2003 年,第 229 页。

② [美]雷·韦勒克·奥·沃伦:《文学理论》,刘象愚等译,生活·读书·新知三联书店,1984 年,第242 页。

像理论"，①在心灵符号的自我观照中假释主体。但倘若从人间移出、移向动物甚至万物，解释就不那么单纯。后现代语境中，主体作为核心范畴"已经声名狼藉"，"言说主体死亡，仿佛是理解我们所处的这个时代的关键所在"。②但显然，《狼图腾》的主体易位不同于主体死亡，它只是发生了位移，既没有完全被颠覆，也没有被彻底粉碎。相反，正是在主体性上，它像是对后现代自身性质的揭蔽，如毕尔格在《主体的退隐》中已经看穿的那样："现代主体显然无法挣脱自身。作为退隐的主体，它显然仍停留在主体性的场域中，作为对主体的极端批判，它一再地遭遇其代理人。"狼书中的草原和草原生灵就是这样的代理人，在为后现代顺水推舟的时候顺便装上了乌托邦私货。如此一来，"关于主体退隐的言说，在此也就不过是成功的自我证明的一种新伪装而已"。③

《狼图腾》中主体身份的置换，不单从人类社会换为自然，也不仅是人在本体意义上全面退位，而是象征性的分化：它把人化自然的过程当作故事背景，祛除道德因素，将所有外来户捆绑在一起，成为（农耕）文明的象征合谋出场；而将以草原狼为代表的草原生灵（包括草原人）作为大自然和自然力的象征，共同对抗来自外部文明的侵犯和吞噬。试想，放在传统文本中，我们会因为有人开垦土地而责备他们贪婪么？那是勤劳啊！或者，会因为有人打狼而怀疑他们善良的动机吗？那是武松打虎式的壮举呢！放在后现代语境中，恰恰前者（现代人）代表"恶"，是破坏和毁灭的象征；后者是"善"，在强大的恶势力面前拼死抗争却终于弱不抵强（枪），一如传统悲剧，最终是以悲剧落幕的。用概念推理去完成这事并不困难。比如现代主义批评，通常满足于在文本圈子内制造"术语"自说自话，在概念即抽象语言的基础上自圆其说。《狼图腾》跨出了学界和文化人的小圈子，借文学手段带领众

---

① ［法］拉康提出的"镜像理论"对 20 世纪后半叶批评产生很大影响；借助弗洛依德精神分析，以童年镜中的"凝视"和"自恋"为分析基础，认为自我先验地具有"对象—他人"的影子，颠覆了统一的主体性。
② ［德］彼得·毕尔格：《主体的退隐》，陈良梅、夏清泉译，南京大学出版社，2004 年，第 1、4 页。
③ 同上，第 220、195—196 页。

人——无论身份、年龄、民族、性别——进入故事,在寓言造就的审美效应中跨越"现代",跳跃性地完成了从"前现代"到"后现代"的过渡。

从文学即人学的角度看,《狼图腾》中没有我们熟悉的人间故事,没有男女情事,是什么抓住人心,让它在跨文化语境中拥有广泛的读者群?

如果我们掌握了"主体易位"这个基本原则,如上问题就会迎刃而解。

以下两章以"细读"(close reading)①和"读细节"(read in detail)②为文本分析的基本方法,在文学批评和审美范畴中深入讨论《狼图腾》的叙事策略。

关于"细读",我更愿意在它原本的语言状态中借用它的寓意,在"贴近文本"的基础上挖掘"有特殊语意符号"的历史意义。③这与经典叙述学祛除意义而专注文本(text)的做法背道而驰,却接近了后叙事理论努力探索的方向:倾向于关注叙事的主题方面,对传统的和经典的叙事理论进行整治和修复,在开放的思维结构中"探讨阅读过程中的动态认知机制"。④

1. 主题 草原逻辑:元自然生存

"元自然"和**"元自由"**是本书中两个基础概念,相对于我们熟悉的"自然"和"自由",它们是两个相互关联的新概念。

---

① "细读"是一种批评方法,强调"文本自身的主体性",对唯美主义是一种矫正。参阅〔英〕特里·伊格尔顿《当代西方文学理论》,王逢振译,中国社会科学出版社,1988年,第55—71页。

② "读细节"是以诺米·肖尔为代表的后经典女性主义叙述学者特别主张使用的方法,力图在字里行间发现传递性别意识的信息。参阅罗宾·沃霍尔:《歉疚的追求:女性主义叙事学对文化研究的贡献》,戴卫·赫尔曼主编《新叙事学》,马海良译,北京大学出版社,2002年,第234页。

③ 作为一个批评派别,"细读"是英国文学批评家利维斯夫妇发起的一份杂志(1932年)的名称。随着英国文学日益变成"英语文学",文学被看作是深入挖掘人性和人生价值的竞技场,批评家企图通过"细读"挖掘潜藏在文学中的道德价值,加深对英国历史的政治理解。"细读"使文化研究成为英国最持久的成就之一,有学院派倾向。

④ 〔美〕戴卫·赫尔曼主编:《新叙事学》,马海良译,北京大学出版社,2002年,第114页。

新概念的出现迎合着新的认识对象。在现有文学领域,《狼图腾》是一个全新读本,它推出的不是历史或民族学意义上的图腾,而是超越了现代文明、承载着后现代意识的元自由精神。所谓"元自由",只有还原到它赖以生存的"元自然"状态中才能显现出来——《狼图腾》提供了这样一部不易多得的分析蓝本。

《狼图腾》的扉页题词耐人寻味:

> 献给:卓绝的草原狼和草原人
>
> 献给:曾经美丽的内蒙古大草原

这里,狼的身份在人之前,鲜明了它不同寻常的主体地位。一个"曾经",道破了狼书的悲剧色彩,昭示着书中故事与消逝和死亡有关。作者眷恋的不尽是人,更是草原(和草原生灵)。那"曾经美丽"的草原,是作者极力用记忆和文字追回的主角。书中有许多深含情感的文字表现草原:安宁,美丽,生机勃勃;一年四季,不同景观——正是这"一年四季"中的不同景观,成为整个小说的内在结构,托举起草原上元自然生存状态中的万物生灵:

> **初冬**　从每根空心草管和雪缝里往外发散着淡淡的绿草芳香。被北方邻国大雪和饥饿压迫而越境的黄羊群,一到这儿就像遇到了冬季里的绿洲,被绿草香气所迷倒,再也不肯转场。(No2)

> **深冬**　蒙古包的炊烟像一棵细长高耸的白桦,树梢直直地蹿上天空,窜上腾格里。牛羊还在慢慢地反刍……牛羊身上的一层白霜刚刚化成了白露,很快又变成了一片轻薄的白雾。(No3)

> **春天**　冰软了,雪化了……条条小沟都淌着雪水,从坡

顶向草甸望去,无数洼地里都积满了水,千百个大小不一的临时池塘,映着千万朵飘飞的白云,整个额仑草原仿佛都在飞舞。(No15)

初夏 草坡像是被腾格里修剪过的草毯,整齐的草毯上还有一条条一片片蓝色、白色、黄色、粉色的山花图案,色条之间散点着其他各色野花,将大片色块色条,衔接过渡得浑然天成。(No16)

书中,作者并没有使用"元自然"这个概念,甚至少用"自然"这个词汇,他说的就是草原,是那种未经文明过度开发、未受外来户过分打扰、万物自在自由的生存状态。这种生存状态,并非完全排斥了人间生活,相反,它充满了人间气息,体现出人与自然、草原与草原生灵(包括人)相安共处的和谐境界:

盛夏 阳光越来越毒,地面热雾蒸腾,整个草场盆地热得像一口烘炒绿茶的巨大铁锅,满地青草都快炒成干绿新茶了。狗们都趴在蒙古包北面窄窄的半月形的阴影里,张大了嘴,伸长舌头大口喘气,肚皮急速起伏。(No22)

初秋 秋草已齐刷刷地长到二尺高,草株紧密,草浪起伏,秋菊摇曳,一股股优质牧草的浓郁香气扑面而来……离沙地草场越近,草甸里山坡上的野物就越多……褐红色的沙鸡最多,一飞一大群,羽翎发出鸽哨似的响声。(No31)

深秋 各种草穗草籽都成熟了,沉甸甸地饱含油脂和蛋白质。羊群一到这里,都抬起头用嘴撸草籽吃,就像吃黑豆大麦饲料一样……草原秋夜,霜月凄冷,空旷的新草场,草原狼颤抖悠长的哭嗥声已十分遥远。(No32)

　　一般小说中,自然风光被看作背景因素。背景即环境,是对人物的转喻性或隐喻性的表现。如果背景是自然场景,自然成为人的意志的投射,多半具有象征性,比如《呼啸山庄》中的荒野、《老人与海》中的海洋;它也可以看作社会因素,对人物命运有强大的决定性力量,比如哈代作品中的爱顿荒原。[①]"风景与其说是自然所提供的一种形式外表,不如说它更主要是文明继承和社会价值的体现。"[②]《狼图腾》的草原兼有以上多种功能。故事中,草原不尽是风景或背景,更是主体,是主角;在人类社会退场后,它表现自身,并不直接承载任何社会价值。它与所有的草原生灵们同生死,共患难,一荣俱荣,一枯俱枯,共同结构起元自然生存状态,在外来文明入侵之前,以未经雕琢的美,集体描绘出一幅幅隐含着悲壮意味的自然画卷。

　　水鸟　宽阔的湖面倒映着朵朵白云,亮得晃眼,一群胆大的大雁绿头鸭,又从北面沼泽飞回来。倒影中,水鸟们在水里穿云破雾,不一会儿又稳稳地浮在水中的白云软垫上⋯⋯苇巷幽深隐蔽,是水鸟们静静的产房,是雏鸟们安全的乐园。(No23)

　　天鹅　十几只白得耀眼的天鹅在茂密绿苇环绕的湖中幽幽滑行,享受着世外天国的宁静和安乐。天鹅四周是成百上千的大雁、野鸭和各种不知名的水鸟。五六只大天鹅忽地飞起来,带起了大群水鸟,在湖与河的上空低低盘旋欢叫⋯⋯(No16)

　　自然和谐的环境中,万物生灵共享一块蓝天,共存于四季草原:

---

① 参见[美]雷·韦勒克、奥·沃伦:《文学理论》,第242、248页。
② [英]纽拜:《对于风景的一种理解》,原载《英国美学杂志》1978年秋季刊;王至元译,《美学译文》(2),中国社会科学出版社,1982年,第181页。

两匹马在茂密的秋草中急行。马蹄踢起许多粉色、橘色、白色和蓝色的飞蛾,还有绿色、黄色和杂色的蚱蜢和秋虫。三四只紫燕环绕着他俩,飞舞尖唱,时而掠过马腰,时而钻上天空,享受着人马赐给它们的飞虫盛宴。(№34)

　　如上描写依序而出,呈现一年四季,故事发生的时间恰好是一个完整的"四季"(第三章讨论这个问题)。自然时序很自然地成为元自然生存的潜在背景,使得"草原逻辑"与它企图展现的"自然逻辑"形象地彼此呼应。四季在书中深富寓意,比如"春",是美丽宁静的元自然状态的一个象征。作者用大量篇幅细腻地描写春天草原,让春成为万物展示"生机"的天然舞台:

　　早春温暖的地气悠悠浮出雪原表面……一群红褐色的沙鸡,从一丛丛白珊瑚似的沙柳棵子底下噗噜噜飞起,柳条振动,落下像蒲公英飞茸一样轻柔的雪霜雪绒,露出草原沙柳深红发亮的本色,好似在晶莹的白珊瑚丛中突然出现了几株红珊瑚,分外亮艳夺目。(№6)

　　狼书中的元自然生存,特指那种未经现代文明过度打扰的"自在",通过草原和以草原为载体的万物生灵呈现出来。书中,草原狼不是动物学意义上的狼科动物,而是元自由精神的化身。所谓草原人,仅指那些生长在草原并与草原相依为命的人类,无关历史或民族学意义上的突厥人或蒙古人等。这里的元自然,续接着中国传统文化中对自然的理解,以前缀"元"字区别于西语中的"自然",却很难被译成meta-nature。科学研究中引进新概念时,"最恰当的方式是把它们的基本特点同在更传统的理论中采用的观念加以对比"。①跨文化阅读中这还不够,还需分辨出概念中的文化差异。比如"元",汉语中的含

---

① ［美］E. 拉兹洛:《进化——广义综合理论》,闵家胤译,社会科学文献出版社,1988 年,第 29 页。

义有别于英文前缀 meta-①；本义是人头，②转义为"初始"和"开始"，亦有"原本"、"原先"、"元首"、"基本"等多义；在古代哲人那里，又指"天地万物的本原"③。我在这里借"本原"之义用于元自然，有别于我们常说的大自然。它不是一个概括性的类别，不是抽象概念，特指大自然中的自然精神。《狼图腾》试图在草原逻辑的名义下展现这一精神，即万物之"生"与自然之"在"的依存关系，在中国古代哲人老子那里有到位的表述④：自由自在，"自己如此"⑤。陈鼓应认为："《老子》一书……运用自然一语，说明莫知其然而然的不加人人为任其自为的状态。"⑥叶秀山也认为："在老、庄思想中，'自然'就是'自由'，'自由'也就是'自然'。"⑦自然与自由彼此不能割裂，它们是中国传统文化中密切相关的两个基本概念："道家所说的'自然'，不是我们现在所谓自然世界的自然，也不是西方所说的自然主义 Naturalism……道家讲的自然就是自由自在，自己如此，就是无所依靠，精神独立。精神独立才能算自然，所以是很超然的境界。"⑧

可见，"元自然"和"元自由"在中国文化中是合二而一的，不妨看作传统的自然/自由观的延伸；之所以一分为二，主要为了方便跨文化对话，在现代意义上对应着西方文化传统中的"自由"和"自然"两个核心概念。借助《狼图腾》文本，在对概念的分解和抽象中，可以清晰地界定出它们各自的内在品质和依存关系，由此窥见到中西文化内核中的一些重要差异：

——**"元自由精神"**与**"元自然生存"**状态互为依存、你中有我，自

---

① Meta-出自希腊语，有"……之中"、"之后"等意思，用作前缀，在英/汉译文中常被译为"元"，比如"元哲学"，"元叙事"等，有学中之学的意思。

② 《汉字与文化》，王贵元编著，中国人民大学出版社，2005 年，第 14 页。

③ 《春秋繁露·重政》："故元者为万物之本，而人之元在焉，安在乎？"意译出自《古今汉语词典》，商务印书馆 2000 年，第 1800 页。

④ 老子《道德经》："功成事遂，百姓皆谓我自然。""人法地，地法天，天法道，道法自然。"

⑤ 出自胡适："自是自己，然是如此，'自然'只是自己如此。"此说被多数学者认同。详见《中国哲学史大纲》，东方出版社，1996 年，第 46 页。

⑥ 陈鼓应：《老子注释及评价》，中华书局，1999 年，第 132 页。

⑦ 叶秀山：《漫谈庄子的"自由"观》，《道家文化研究》第八辑，上海古籍出版社，1995 年，第 138 页。

⑧ 牟宗三：《中国哲学十九讲》，上海古籍出版社，1997 年，第 86 页。

由自在,自己如此……共同结构起中华文化的精髓;

——"**自由**"精神与"**自然**"状态是悖逆的,建立在人之意识、意志乃至行为对自然的超越和征服的基础上,成为西方文明的核心。

"元自由"与"元自然"的出台,与其说是创新,毋宁说是叙旧;用在文本分析开篇,是想从开始就与"自然"和"自由"划清界限,以凸显《狼图腾》文本特定的地缘性质和它特有的文化背景。说在"批评"上路之前,是想强调,这是"狼图腾研究"一个最基本的出发点。

在《狼图腾》中可以看到,无论人类还是其他生灵万物,都在"去质"——即脱离文明的命名——之后以自然人(物)的身份赤条条地进入草原,他们以自身的"生"(生命)和"存"(存续)共同结构成元自然生存状态:在自然面前,物种平等;在生命面前,个个有尊严。

很长时间以来,各种野兽被看作是人类的天敌,在人间故事中几近绝迹。而在额仑草原上,它们——无论善/恶、益/害——肆无忌惮地在少人打扰的境界中充分展示自己的才能:

> **野猪** 个个长着结结实实的肉,从外表看不出一点骨架……小河边、山坡下、山沟里大约几十亩的肥沃黑土地、像是被失控的野牛拉着犁乱垦过一样。(№19)

> **狐狸** 橙黄的阳光照在狐狸的头、脖、胸上,毛色雪白的脖颈和前胸变得微黄,与淡黄的针茅草穗混为一色……美丽狡猾的狐狸也是草原捕鼠能手。(№32)

曾经是人类"四害"中的蚊、蝇,在这里也有合法的生存空间:

> **蚊子** 湿草甸中的蚊群突然轰地涌起,简直像油库爆炸后的浓烟,将马群团团围住。这年大蚊灾中最疯狂的一茬毒蚊倾巢而出,千万只毒针刺进了马的身体。(№29)

> **苍蝇** 苍蝇专攻人畜的脑袋,叮吸眼睛、鼻孔、嘴角和
> 伤口的分泌物,或者挂在包内带血的羊肉条。人狗狼一刻
> 不停地晃头挥手挥爪,不胜其烦。(No.22)

《狼图腾》中展示的事物与生物,无不与草原发生了这样或那样的关系。不管在怎样的关系中,都无关"善/恶",旨在各施其能,本分地遵循并演绎着那无法摆脱、无处不在的草原逻辑。**草原逻辑**是元自然生存状态的内在品质,也是狼书的内在结构,它将书中大小故事串联在一起,是文本分析和寓意解构的核心概念。但这毕竟是一部小说而非论著,无论表述什么观点,都必须让"形象"站出来说话,因此要问:《狼图腾》利用什么形象完成了自身的逻辑转换?

所谓草原逻辑,自始至终与元自然生存状态紧密联系在一起,无论借用什么形象,都没有偏离形式逻辑的推理轨道。那些草原生灵,以自在的生存方式顺应着自然逻辑的发展,在相互关联的生物链上演绎着生生不息的生命故事,"自然地"实现了从形式逻辑向自然逻辑的转换。故事中,我们可以清楚地看到三个段落:

(一)前半部分,主要呈现草原的元自然状态;

(二)中间往后,主要展示人化自然的力量和它的进程;

(三)最后篇章,元自然状态与草原一起濒临灭绝,只有元自由精神奄奄一息,存留在人类记忆深处,犹如被封存在潘多拉盒子里的精灵:留下来的,是一份希望;释放出去的,全是罪孽。

这样的情节安排,与亚里士多德的悲剧三段式(矛盾起事、高潮、终结)不尽相同。它不是在一条线索中展开故事,而是在对立关系的不断转换中呈现出了黑格尔式样的逻辑三段式(正—反—合)[①];在偏离文学叙事模式的同时,有可能成为"绝对精神"逻辑的形象读本。书中的逻辑范式是在草原这个大舞台上演绎出来的,可以归结在"草原逻

---

① 详见〔德〕黑格尔:《逻辑学》,杨一之译,商务印书馆,2007 年。"黑格尔对于'绝对精神'的发展,有一套公式,即正、反、合三段式。黑格尔的全部逻辑学,都是按照这个三段式来推演概念发展的序列的。"(上卷,1973 年版"编者前言")

辑"这一主题名下,但它的结局并没有"合"在草原,而在那种更超然、更强大的自然逻辑框架中。

所谓自然逻辑,就像如来佛的手掌,任悟空千百个跟头,终究还是不能挣脱逃离。**"人定胜天"在这里成为一句失算的谶语,与绿色褪尽的草原一起面对着不祥的未来**。对此,作者曾有详细解释,说明了对草原逻辑的认识不是唾手而来的想象,而是长期细腻观察的结果。

> 姜:不经过详细的研究、仔细的琢磨、认真的分析,你就绝对把握不出暗藏在表象之内的那种逻辑性,那逻辑性极强啊!
>
> 江:超越了人的思维所能组织起来的逻辑,那是自然逻辑。
>
> 姜:对,这小说一开始就叫**"草原逻辑"**。比如蚊子,天气一冷,獭子进洞以后蚊子也跟着进去,獭子窖成了蚊子的贼窝。到春天,獭子出来了,蚊子也跟着出来了。那么狼呢? 它又是吃獭子的主力。这一来,草原的逻辑关系就出来了……这个关系只有草原人才知道!①

草原人正是掌握并顺应着草原逻辑,才可能充分地利用自然资源在草原上繁衍生息,世世代代,绵延至今。将这个逻辑推广开来,就是寓言小说《狼图腾》一书的核心主题:**元自然生存**。

所谓元自然生存,不同于一般意义上的自然之"在",它不仅是"在"的一种方式,也包含着生命本体对"在"之所以在的认识。它来自自然,却超越自然,是万物在尊重自然的基础上自觉遵循的自然法则。狼书以草原为平台,以说故事的方式形象地展示了这一法则,让我们看到了与现代文明相左的另一种生存方式。相对于我们熟悉的文明"价值",它至少体现出了内涵不同的三个特点:

---

① 摘自本书作者与姜戎的对话(2006年4月3日),根据录音整理。

一是**平等**。大自然给所有生物"生"的权利,而不是人类理解的"优胜劣汰"。它的优或劣永远是相对的,除去腾格里(天),这世上原没有任何可以僭越于万物之上的人或物。如毕利格老人的诘问:难道草不是命? 草原不是命?"在草原上,谁活着都不容易,谁给谁都得留条活路。"(№3)基于这种**"在生命面前万物平等"**的观念,我们才可能看到如下情景:

> **金花鼠** 蒙古草原到处都有金花鼠,任何一个蒙古包外,不到五六米就有鼠洞,鼠们经常站立在洞边吱吱高叫……它们也有松鼠一样的大眼睛,一身灰绿色带黄灰斑点和花纹的皮毛,还有一条像小刷子似的粗毛尾巴。(№27)

> **旱獭** 山梁上一下子冒出几十只大大小小的獭子。几乎每一个平台上,都立着一只大母獭,四处瞭望,并发出"迪、迪、迪"缓慢而有节奏的报平安之声,于是小獭子们迅速窜到洞外十几米的草地上撒欢吃草。(№21)

二是**战斗**。所有生物必须为"生"和"存"战斗。生命力亦即战斗力,**生命的能力在不断"为生而战"的过程中加强;反之,衰退**。"蒙古草原的一切生灵,除了绵羊以外,不论是食肉动物还是食草动物,都具有草原母亲给予的凶猛顽强的精神。"(№30)从"种"的角度看,它体现出"竞"者生存的原则,完全不同于进化论宣示的"适"者生存。人也同样,借毕利格的话说,"要想在草原呆下去,就得比狼还厉害。"(№1)就连懦弱的兔子也练就了一身以弱胜强的本领:

> **老兔子**愣是带着老鹰一起冲进了红柳地,密密麻麻的柳条,万鞭齐抽,把老鹰的羽毛都抽下来了。老鹰都快被抽晕了,只好松开爪子把兔子放走。那只老鹰垂头丧气,像只斗败了的鸡,在草丛里歇了半天才飞走……(№30)

三是**平衡**。生命的全部过程和全部意义,落实到每一个体和每一种群,无一不是为了(个体)"生"和(种群)"存"。每一种群都以戕害他者为自存的前提,而每一个体也都有为自存而无视群体长远利益的倾向。草原逻辑的力量是它无可替代的平衡作用,在"以强制强"和"以弱胜强"的大循环中托举起了所有生命的绵续。草原的代言人毕利格这样总结:

> 狼太多了就不是神,就成了妖魔,人杀妖魔,就没错。要是草原牛羊被妖魔杀光了,人也活不成,那草原也保不住。**我们蒙古人也是腾格里派下来保护草原的。没有草原,就没有蒙古人,没有蒙古人也就没有草原。**(No8)

老人总在告诫人们:"腾格里是公平的,狼吃了人的羊和马,就得让狼还债。这会儿起风了,腾格里是想把剩下的羊都给狼留下。"(No4)所谓元自然生存,在起点上就不同于现代命题中的自然,也不同于汉文化讲究的天人合一:

> 蒙古人不仅信奉"天人合一",而且信奉"**天兽人草合一**",这远比华夏文明中的"天人合一",更深刻更有价值。(No21)

文学对自然风光的描写多是正面的。"大自然的完美和谐与人类社会的扭曲现象和凶残法则相对照,从而获得特殊的涵义。"①因此,自然描写成为后现代主义对抗现代文明的一种手段,在文学艺术中被广泛使用,形象而直观地展示自然与文明的巨大反差。大自然似乎总在提醒人们:"世界上还存在着另一种秩序,即美的秩序……山

---

① [匈]伊芙特·皮洛:《世俗神话:电影的野性思维》,崔君衍译,中国电影出版社,1991年,第107页。

峦、森林和光影的从容和恬静,它们环绕着人类,像朋友,像主人,像伙伴,像保护者……在它的面前,人只是孱弱和残缺的造物。"①《狼图腾》的情况有所不同,那个被赋予了特殊情感意义的自然并不存在。书中的自然草原全然褪尽了文明人的自作多情,自由自在地呈现出各自的本来面貌,有死有生,无善无恶。它并不必然与人类或文明对立,相反,曾经的人类就在它的怀抱中,成就了与之相适应的素朴的文明:

> 这片看似纯天然纯原始的美丽草原,实际上却是草原狼和马倌们一年年流血流汗,拼了命才保护下来的。美丽天然和原始中包含着无数的人工和狼工。每当牧民在下雪以后,赶着畜群开进冬季草场的时候,都会感受到狼群给他们的恩泽。(No32)

就像希腊悲剧体现的"严肃的宁静……通常被误解为一种满足于安宁而不受干扰的状态",②元自然展示的和谐之美也不意味着不受打扰。比如额仑草原,人们曾经也是那"宁静"和"美丽"的组成部分,貌似自然的美和宁静中浸透了与草原共存亡的生灵们的集体智慧。认识到这点是一个升华,对陈阵而言,是他通过草原触及到自然之魂的重要转折。由此,他看到了万物生灵以不同方式共同遵循着的"草原逻辑"(No17),借用玛莎·葛兰姆(Martha Graham)的名言,他倾听到了"**祖先的脚步声**"。③

现实社会中,自然常常是通过概念中的"大自然"表现出来的。人迹罕至的"荒原"承载起人们想象中的"远古",原始的、未经启蒙的自然因此在现代社会获得了崭新的意义,超越了现代性和现代文明,成

---

① [匈]伊芙特·皮洛:《世俗神话:电影的野性思维》,崔君衍译,中国电影出版社,1991年,第107、144页。

② [德]尼采:《悲剧的诞生》,李长俊译,湖南人民出版社,1988年,第73页。

③ 玛莎·葛兰姆是美国现代舞蹈艺术家,她从神话和原住民文化中汲取灵感,认为艺术创作必须"倾听祖先的脚步声"。参见[美]沃尔特·特里:《美国的舞蹈》,田景选译,生活·读书·新知三联书店,1989年,第92—93页。

为后现代思潮的自然载体或后现代艺术的天然表现手段。但凡可能，已经充分享受着现代果实的文明人总要发出"还乡"①的呼唤。**"原始"和"自然"迅速脱昧，托举起还乡的梦想，成为心灵回望的精神平台**。近年来盛行全球的寻故旅游、文化人对旧村落的迷恋以及艺术界对原生态文化的发掘和保护，都带有托梦的情结。这是受用了足够的文明大餐之后现代人的精神反刍，企图在物质富足的基础上追求精神的升华，依照马斯洛（A. Maslow）的说法，来自对"自我实现"亦即对崇高感和自由的追求。②

但其实，我们"以怀乡的情绪所观望的'与自然之和律'……绝不是在每一个文明之门廊上都可轻易地发现的一种简单而不可避免的、一种乐园般的情境"。③人们最终会发现，自然的美和崇高不过是"揭示出大自然的一种技巧"，这技巧体现的自然规律和原则"是我们在自己全部的知性能力中都找不到的"，因此康德说："**崇高不在任何自然物中，而只是包含在我们内心里**。"④现代人回头寻找自然，不过是心灵的假托，他其实仍然是在追寻自由：不仅是那种可以在现代社会中享用到的（比如民主、民权、民意）政治自由，更有那种远离政治（和文明）的元自由精神，它似乎天然地只在元自然生存状态中才能得以体现。康德对"自然美"和"自由感"的关系有精辟表述，同中国古代哲人一样，他也认为"自由的理念是唯一通过自由在自然中可能的效果而在自然身上证明其客观的实在性的超感官东西的概念"，因而，"形而上学的自然概念就是本体论上"⑤自由自在的自然：

自然界远不是把他当作自己特殊的宠儿来接受并善待

---

① 参见［德］海德格尔：《荷尔德林诗的阐释》，孙周兴译，商务印书馆，2000年，第31页。
② 马斯洛是美国社会心理学家，他提出的"层次理论"把人类需求分成生理需求、安全需求、社交需求、尊重需求和自我实现需求五类，依次从较低层次到较高层次。这一理论指出，大多数人都存在着较高层次的需求，只要环境许可，这些需求就能成为大多数人追求的目标。
③ ［德］尼采：《悲剧的诞生》，第35、38页。
④ ［德］康德：《判断力批判》，邓晓芒译，人民出版社，2002年，第84、103页。黑体为本书作者所加。
⑤ 同上，第108、334、335页。黑体字原为重点符号。

他胜过一切动物的,毋宁说自然界正如对待一切其他动物一样,并没有使他免于自然的破坏作用的伤害……所以**人永远只是自然目的链条上的一个环节**。①

这一认识早已成为历代哲学家的共识;不同的是选择,即在不同思想和价值观念——即意识——的引导下选择了不同的道路。

人,这个具有自我意识的动物,一旦在"意识"的驱动下走上"自我"保护、发展乃至无限扩张——即文明——的道路,强使大自然成为人化自然,他便永远在元自然生存的意义上放逐了自己。这就注定了:人在重返自然的道路上其实难得自由,最终,他会像狼书中的陈阵那样,向艺术或宗教去讨要幻境中的自由:

> 草原为什么会有如此强大的磁场,让他情感罗盘的指针总是颤抖地指向这个方向? 陈阵常常能感到来自草原地心的震颤与呼救,使他与草原有一种灵魂深处的共振……在他从未感知的心底深处,呼唤出最远古的情感。(No32)

2. 主角 草原狼:元自由精神

毫无疑问,草原狼是《狼图腾》中名副其实的主角,它也是元自然生存状态中最重要的组成部分。全书开篇第一章,在我们还没有机会认识草原人之前,草原狼就有一个漂亮的集体亮相:

> 当陈阵猛地转头向山谷望去时,他几乎吓得栽下马背。距他不到40米的雪坡上,在晚霞的天光下,竟然出现了一大群金毛灿灿、杀气腾腾的蒙古狼。全部正面或侧头瞪着他,

---

① [德]康德:《判断力批判》,邓晓芒译,人民出版社,2002年,第286页。黑体为本书作者所加。

一片锥子般的目光飕飕飞来，几乎把他射成了刺猬。(No1)

它们有组织，有首领带队：

> 狼群中一头被大狼们簇拥着的白狼王，它的脖子、前胸和腹部大片的灰白毛，发出白金般的光亮，耀眼夺目，射散出一股凶傲的虎狼之威。(No1)

狼群中有普通的战士们严阵以待：

> 它们围猎的动作很轻很慢……伏在草丛中一动不动，连呼出的白气也极轻极柔……几乎像死狼那样地死在那里，半天过去了，它竟然一直保持同一姿势。(No2)

在必须撤退时它们不动声色，秩序井然：

> 狼群撤得井然有序，急奔中的狼群仍然保持着草原狼军团的古老建制和队形，猛狼冲锋，狼王靠前，巨狼断后，完全没有鸟兽散的混乱。(No1)

有意味的是，如此威风整齐的阵容，在书中第一次出现，也是唯一完整的一次集体亮相，如同军威检阅，展示出草原狼在元自然生存状态中最壮观、最具威慑力的气势。自此，它们的队伍再也没有这样齐整，在与外来势力的生死较量中一路拼杀，一路落魄，直到（在中国境内）完全销声匿迹。它们的出走和消失是一个信号，意味着元自然生存状态的终结。

由此看草原狼的命运，在生的意义上，它们其实并不是真正的胜者；即使它们曾经强大，也与其他草原生灵一样，终究不能逃脱被现代文明改造的命运。有所不同的是，在外来文明的逼迫下，一如远古时代的狼祖先,它们没有臣服,没有迎合,宁死不屈。在草原那个大舞台上,它们不仅是主角,也是真正的主体。在它们身上展示的不仅是一种生存状态,更是一种精神:

> **草原狼,万年来倔强草原民族的精神图腾,**它具有太多让人感到羞愧和敬仰的精神力量。没有多少人能够像草原狼那样不屈不挠地按照自己的意志生活,甚至不惜以生命为代价,来抗击几乎不可抗拒的外来力量。(No33)

如上认识在书中比比皆是,与我们熟悉的狼形象有很大差别。长久以来,狼是一个负面符号,与一系列罪恶行径和恶劣品质联系在一起。面对沉重的历史积怨,为狼翻案不是一件容易的事。可《狼图腾》确实是不由分说地改变了千百年来人们心中的旧观念,颠覆了以"恶"为基准的狼母题,让作者姜戎引以为傲:

> 我们十几亿人这么一个庞大的民族,怕狼,恨狼,在这本书以后,许多人对狼要重新认识。如果没有这本《狼图腾》,百分之九十九的人不了解狼的本性,百分之九十九的人不了解什么叫游牧生活、什么叫游牧精神。①

他用什么手法更新了狼形象,让曾经的恶棍赢得人心?
作者有一个独到的武器,是他特有的经验:养狼。

> 江:你描写的那些个场景,是不是你亲眼目睹的?
> 姜:是的。比如狼杀黄羊,是我亲眼看到的。比如到雪地里钩羊,我亲自参加过。还有一些故事是收集来的,把它们组合起来。一旦经历过,就不一样,我特别要运用这个经验。

---

① 上下两段引文均出自本书作者与姜戎的对话(2006年4月3日),根据录音整理。

人们通常只能从远古的传说故事中去认识狼,在类似狼母题的诱导下共同结构起对狼的统一认识。姜戎不同,他亲眼目睹狼群在草原上的作为,亲身参与了打狼的过程,亲手掏狼窝,亲自养狼,使得他的写实具有双重力量:一是亲历的认识力量。亲眼目睹和亲身经历具有无可抗辩的说服力,带来真实的信息,足以颠覆各种传说和文本中积淀起来的传统母题。二是"陌生化"写作的审美力量。这样的写实,越是真实的,越是人们最不熟悉的;越是陌生的,越可以激发起人们的好奇心;越是与传统的认识有距离,便越可能产生一种特殊的审美效应。

维·什克洛夫斯基最早把陌生化理论用于小说研究,提出了两个重要概念:"本事"和"情节"。①作为素材的事件即"本事"变成小说情节时,必须经过作者的创造性变形,通过人们感到陌生的语言使本事具有全新面目,情节因此而生新意。在他看,"艺术的技巧就是使对象陌生化,使形式变得困难,增加感觉的难度和时间长度,因为感觉过程本身就是审美目的,必须设法延长"。②他在列夫·托尔斯泰的小说中发现了大量陌生化的例子。托尔斯泰常常不用事物的名称来指称事物,而是用普通人的语言加以描述,称"点缀"为"一小块绘彩纸版",称"圣餐"为"一小片白面包"……他的策略是平民化,尽量使用人们熟知的日常生活语言去替代那些约定俗成的文人习语。"在艺术中,'引人注意'是创作者的目的,因而它'人为地'创作成这样",而不是一蹴而就。③《狼图腾》的陌生化手法并非刻意,而是顺其自然:**借助当代人对草原和草原狼完全陌生这一事实,让写实这种笨拙的技巧获得了陌生化的艺术效果,出奇制胜。**它的"陌生化"有两个重要基础:一是历史性的,狼在农业文明中早已没有藏身之地,人们对它陌生。二是距

---

① 参阅[俄]维·什克洛夫斯基的《散文理论》(1929、1982,刘宗次译,百花洲文艺出版社,1994年),该书被看作是早期形式主义文学批评的奠基作。
② [俄]维·什克洛夫斯基:《作为技巧的艺术》,载《俄国形式主义批评:四篇论文》。转引自《西方美学通史 二十世纪美学(上)》,朱立元、张德兴等著,上海文艺出版社,1999年,第237页。
③ [俄]维·什克洛夫斯基:《诗学》,载《诗歌语言理论集刊》第112页,彼得格勒1919年版。转引自《西方美学通史 二十世纪美学》(上),第241页。

离感,即使草原上还有狼群,人们却无法接近它;即便生活在草原,人们与狼的关系也是有距离的。距离产生美感。朱光潜将博克(E. Burke)的"心理距离"说用于悲剧分析,指出:"一个普通物体之所以变得美,都是由于插入一段距离而使人的眼光发生了变化。"①倘若人们与丑陋或危险事物之间有一个安全的距离,另一种更具力量的审美感情——崇高感——便油然而生。后现代学者利奥塔(J. -F. Lyotarod)在自由的方向上探索崇高感的产生,认为崇高"对立于规范",会在与传统规范保持距离的"不自由"状态中油然而生:"崇高感在自由形式表现的缺失时出现,它呼应着无形式",在"自由的理念"之引导下对规范的自觉抗拒。②《狼图腾》中,自由的缺失是先验的和内在的(第四章第 11 节讨论这个问题)。面对不可企及的狼群,人心深处对自由的向往被调遣出来,在有距离的观望中转化为崇高,为草原狼的"优秀"品质在精神上升华创造了条件——问题是:在有距离的接触中,陈阵究竟观察到了草原狼哪些品质让人畏惧并由此而生敬意呢?

书中,草原狼作为种群是一个极有内聚力的整体。它们时隐时现,捕风捉影,难以接近;一旦出现,如箭在弦,始终处在临战状态或生死搏斗中。作者对草原狼的描写总与战斗有关:它们在不懈的战斗中展示出一系列超常的优秀品质。

首先,是它们的**整体素质**:

> 人的军队在冲锋的时候,会齐声狂呼冲啊杀啊……而狼群冲锋却悄然无声。没有一声呐喊,没有一声狼嗥。可是在天地之间,人与动物眼里、心里和胆里却都充满了世上最原始、最残忍、最负盛名的恐怖:狼来了!(No2)

其次,是它们的**团队精神**:

---

① 朱光潜:《悲剧心理学》第二章,张隆溪译,人民文学出版社,1983 年,第 24 页。
② [法]利奥塔:《非人化》,斯坦福大学出版社,1991 年,第 113 页。参阅《西方美学通史 二十世纪美学》(下),朱立元、张德兴等著,上海文艺出版社,1999 年,第 780—781 页。

草原的狼群集体观念特强,特抱团,它们不会拉下它们的弟兄和家人的。里面的狼吃足了,就会再搭跳板把一条吃饱的大狼送出来。然后再给饿狼搭狼梯,让它也进去吃个够。(No4)

无论在战斗中还是日常生活中,它们有顽强的**生存意志**:

寒流风暴白毛风往往疾如闪电,而极擅长气象战的草原狼也常常利用风暴,成功地组织起一次又一次的闪电战……随着这场机会难得的倒春寒流,越过界桩,跃过防火道,冲过边防巡逻公路,杀回额仑边境草原。(No5)

在极为艰苦的环境中,它们有超常的**生存能力**:

狼用它们的爪子在这么坚硬的山地里,能掏出如此深的洞来。洞侧壁上的石头片已被磨掉棱角,光滑如卵石。根据这种磨损程度,这个狼洞肯定是个百年老洞,不知有多少大狼小狼,公狼母狼,曾在这个洞里进进出出。(No9)

千百年来,它们体内的基因中积淀着群体的**生存智慧**:

被狼群拽出的黄羊足够几个大狼群吃饱喝足的了,而那些没被狼群挖出来的冻羊,则是狼群的保鲜保膘、来年春天雪化之后的美食。这片广阔的雪窝雪湖就是狼群冬储食品的天然大冰箱。(No3)

"草原的规律既可以被人认识,也可被狼摸透。"(No7)对草原逻辑的准确把握使它们永立不败之地:

狼一见新雪站稳,草场由黄变白,就一溜烟地跑过边境,要不就钻进深山打黄羊野兔,或缩在大雪封山的野地里忍饥挨饿……一直等到雪硬了,在雪上也跑习惯了,人没精神头了,它们才过来打劫。(No7)

作者描写群狼,心思笃定,紧扣在"元自然生存"这一基本主题;而所谓"元自由精神",无不关乎生的尊严和生存品质,在战斗中逐一体现出来。

草原狼为生存而战,积累下许多连人类也望尘莫及的"狼道"。军人包顺贵说:"狼懂气象,懂地形,懂选择时机,懂知己知彼,懂战略战术,懂近战、夜战、游击战、运动战、奔袭战、偷袭战、闪击战,懂集中优势兵力打歼灭战。还能有计划、有目的、有步骤地实现全歼马群的战役意图。"(No6)在陈阵眼中,狼会打地道战和青纱战,还能把地道和青纱帐连在一起用,不由他不感慨:"狼真是天下第一兵家。"(No9)书中大量描写,让众多商场高手和政界人士唏嘘,自愧不如。

等待　狼是草原上最有耐心寻找和等待机会的战神,每抓住一次机会,就非得狠狠把它榨干、榨成渣不可……不惜代价地力求全歼,绝不让一匹马漏网。(No5)

偷袭　狼会像壁虎似地贴着地匍匐爬行,还不用抬头看,它用鼻子和耳朵就能知道猎物在什么地方……狼就能凭着母马的声音判断马驹大致的方位,然后慢慢靠近。(No25)

奔袭　草原狼擅长长途奔袭,分散侦查,集中袭击。狼又是典型的集群作战的猛兽,它们战斗捕猎的活动范围辽阔广大……便选择了[狼嗥]这种草原上最先进的联络讯号声。(No24)

声东击西 狼群都集中在我们这儿,怎么又跑到马群那儿去了呢?……这就叫做群狼战术,全面出击,四面开花。声东击西,互相掩护,佯攻加主攻,能攻则攻,攻不动就牵制兵力,让人顾头顾不了尾,顾东顾不了西。(No25)

在陈阵眼中,"狼不是动物,而是一种精怪"。它们神出鬼没,与天斗,与地斗,与人斗;斗智斗勇,战无不胜。它们身体的每一部分(如狼牙、狼粪、狼嗥等)都可以用作战斗武器:"狼的面孔是武器,狼的狼牙武器又是面容。草原上许多动物还没有与狼交手,就已经被草原狼身上的武器吓得缴械认死了。"(No27)白天他们逃得无影无踪,夜晚就是他们的天下,"肆无忌惮,能偷则偷,能抢就抢,偷抢都不成,就组织力量强攻"。(No27)为生而战就是生活,而生命的主题就是战斗。它们有超常的生存能力,却从不苟且偷生,甚至勇敢赴死:

只见老狼斜身一窜,朝断崖与山体交接处的碎石陡坡面扑去……随着无数碎石坠滑下去;碎石带起无数小石大石,纷纷砸到老狼身上,一时卷起滚滚沙灰,将老狼完全吞没、掩埋了。(No19)

连狼的死敌包顺贵也不禁称赞:"这人呐,还真不如狼。我带过兵,打起仗来,谁也不敢保证部队里不出一个逃兵和叛徒,可这狼咋就这么宁死不屈?"(No19)陈阵抛弃了对狼的成见,从畏惧到敬畏,从好奇到理解,开始对它们的整体素质重新评价:"骨硬心硬命更硬的草原狼,个个都是硬婆铁汉,它们总是血战到底,死不低头。狼的字典中根本没有软弱这个字眼。"(No24)

一截带着白生生骨茬的狼前腿赫然在地,腿骨和狼皮狼筋还留着狼的牙痕。巴图说:你看,狼嫌跑起来刮草碍事,它自个儿把伤腿咬断了。张继原心口一阵紧痛,像被狼

爪抓了一下似的……（No15）

话到这里，人的立场发生了质变，他不再站在狼的对立面即过往人类的立场，而是将狼拉进人类情感可以抵达的此岸，让狼群整体性地进入人类的生存家园，使"它们"成为"我们"可以理解和同情的对象。由此，那个古往今来、亘古不变、恶名昭著的狼母题不经意间被彻底瓦解了。按常理讲，对人间生活的写实会产生直接的移情作用，作者常常会利用"熟悉"达到"同情"。而这里，陈阵等人是在陌生的境遇中对曾经熟悉的事物重新认识——"重新命名"就这样在不经意间完成了。可见，《狼图腾》对陌生化的运用不在语言，是在语境的设置中。汉民族对狼的陌生感由来已久，以农业为主体的汉文化早已远离了狼群和狼的生长环境。①《狼图腾》利用了这一情况，让环境的陌生成为语境陌生化的前提，在认知和审美两个方向上完成了两个过渡：一是主体身份全面易位，从人类本位转向草原和草原狼，让曾经是对立面的"他者"成为"我们"中的一员，从而跨越了现代文明长久阻隔在人与自然之间的历史屏障；二是审美同情从人类移出，转向原本应该是排斥和憎恨的"他者"，无限地拓展了人文关怀的疆界，在强调多元生态的后现代方向上实现了对现代主义（比如存在主义）的超越。

由同情产生的审美移情一旦实现，主体易位便可能在阅读过程中潜移默化地顺利完成。这不仅是一种情感冲动，也是一个认识过程：在理解草原人对狼的看法的同时，也在认识论高度更新了狼与人的传统关系。《狼图腾》中刻意安排了大量这样的场景，力图矫正我们曾经的认知偏差。比如：狼与上天的关系：

> 狼喜欢抬头看天望月，鼻尖冲天，对腾格里长嗥，要是
> 月亮旁边出了一圈亮圈，这晚准起风，狼也一准出动。狼比

---

① 鄂尔多斯博物馆收藏的大量青铜器上有许多野生动物的饰物和浮雕，如老虎、豹子、野牛、鹿、长角野羊，也有家养动物，却少见狼。可见在2 000多年前的草原上，狼与人类生活已经有了一定距离。

人会看天气。狼能看圆划圆,就是说狼能通天啊。(№6)

又如,狼与大地的关系:

草原上的狼是腾格里派到这里来保护白音窝拉神山和额仑草原的,谁要是糟践山水和草原,腾格里和白音窝拉山神就会发怒,派狼群来咬死它们,再把它们赏给狼吃。(№6)

进而,狼与草原的关系:

每当狼处在生死关头的时候,它总能依靠草原来逃脱;每当狼遭遇危难的时候,草原会像老母鸡一样地张开翅膀,将狼呵护在它的羽翼下;广袤辽阔的蒙古草原似乎更疼爱和庇护草原狼,它们像一对相守相伴的老夫妻,千年忠贞,万年如一。(№15)

还有,狼与草原人的关系:

狼是腾格里派下来保护草原的,狼没了,草原也保不住。狼没了,蒙古人的灵魂也就上不了天了。……狼太多了就不是神,就成了妖魔,人杀妖魔,就没错。(№8)

最后,是狼与人心的关系:

草原人敬拜腾格里还是跟狼学的呐。蒙古人还没有来到草原的时候,狼早就天天夜夜抬头对腾格里长嗥了。活在草原太苦,狼心里更苦,夜里,老人们听着狼嗥,常常会伤心落泪。(№24)

传统寓言中,作者往往采用拟人手法,让形似主角的动(植)物说人话,做人事,以夸张或变形的描写突出某一寓意,说到底,都是服务于人类这个不可动摇的主体。狼的负面形象常常是在"比较"中产生的:与羊相处,狼是吃羊的,嗜血残暴;与狗比较,狼是无信的,奸诈而狡猾。对羊对狗的正面评价,无一不是出自人的立场:羊被人圈养,可以食用,可以买卖;狗被人驯养,为人服务,保护家、羊和主人。可以推想,早在远古,人类一定有过驯养狼的尝试,屡试屡败——就如陈阵养狼反被狼咬——因此才有了"白眼狼"的故事。但如果更换角度,让狼平等地进入我们的视野,站在元自然生存的起点上分享我们的价值观念,狼们的如上品质就会获得完全不同的评价。《狼图腾》提供了这种可能,在平等因而平视的基础上让我们重新认识狼的品格。故事中,狼就是狼,是它们自身,无需成为任何人或事的替代物。它们不与人直接发生关系,无关道德,只在被人侵犯时被迫还击或身处绝境时主动出击。他们自在,自为,生性自由,外在于人类社会,从来就不是"拟人"的;相反,倒是人类向它们学习到不少本事。因了养狼,作者笔下的狼基本上是写实的。因了这写实,对狼的评价也可能接近真实。

但是,"写实"的结果未必就是真实。

狼最终是什么样的?

没有人可以准确地写出狼,即使深入狼穴,也很难真正懂得它们。比如人类自己,既不能完全地把握人性,也不能准确地判断人之不同;国家、民族、阶级、性别……在人与人之间设立了一道道难以逾越的墙,"真"是难得的,它并不是狼书的目的。《狼图腾》以草原狼为主角,"借故事以托寓意",别有企图。

> 江:草原狼的故事是对自由本身、对生命力的张扬。
>
> 姜:这种本原的、原始的美,是一种生命的秩序。这是**独立、自由、强悍、竞争的生命美学**,是一种幸福的美学。

据作者讲,这书早先拟名"草原逻辑",为什么最终选择了狼(而非草原)并以"狼图腾"命名?

答案似乎揭晓了:全因了一个"自由"。

显然,这里说的自由完全不同于政治学范畴中——被以赛亚·伯林(Isaiah Berlin)命名的两种——"自由"概念。①它是元自然生存状态孕育和迸发出来的**元自由精神**,与自我意识无关,与权力或奴役无关,与文明秩序无关,与"消极"或"积极"的政治立场更是毫无关系。这是一种先验的自由自在,是**生命体对大自然赐予的生存空间和生存方式最大限度的占有和利用,不拘泥,不僭越**。它不以个体为核心;相反,它的可能实现,一定是以群体之"在"即种群的生存与绵续为前提的。它不以个性解放为目的;相反,它以自由地展示"自在"为手段成为自然循环的必要元素,恪尽职守,顽强地连接起"草原逻辑"的每个环节,**整体性地维系着元自然状态的无限循环**。比如草原狼,它"整体性"的不被驯化就是一个难以替代的象征。这样的象征一旦上升到精神层面,很容易在人心中催生出升华的欲望,以信仰的方式寄托自己的梦想——"狼图腾"就是在这种境遇中应运而生的。

> 草原狼无论食与杀,都不是目的,而是为了自己**神圣不可侵犯的自由、独立和尊严**。神圣得使一切真正崇拜它的牧人,都心甘情愿地被送入神秘的天葬场,期盼自己灵魂的也能像草原狼的灵魂那样自由飞翔……(No33)

书中着力表现的元自由精神,主要以野生动物为载体,很少表现在人类熟悉的家畜和家禽身上。比如陈阵,他是羊倌,却很少笔墨描写羊的生活。草原人朝夕与狗为伴,作者只将浓墨泼洒在野性尚存的"二郎"身上。作者以"被人驯化的程度和难度"为尺度,在不同动物身上展现元自由精神的不同状态。但凡被驯化的畜生,无论看似多么强

---

① 以赛亚·伯林是英国 20 世纪杰出的自由主义知识分子。他的《两个自由概念》(1958 年)对当代政治哲学产生重要影响。本书第四章"哲学"一节中将涉及他的观点。

大,都在人为的意志下永远地丧失了元自由精神,比如被阉割了的军马:

> 它们血统高贵,马种纯正,是历史上蒙古战马中闻名于世的乌珠穆沁马,史称突厥马。它们都有漂亮的身架,都有吃苦耐劳,耐饥耐渴,耐暑耐寒的性格……却有一个致命的弱点,一色儿都是骗马……虽然体壮有力,但雄性已失,攻击性不强。(No5)

狼就完全不同,它不受招安,不被驯化,将为生存的积极抗争和超凡的生存智慧完美地结合在一起,成为元自由精神的化身。

> 站在这片古老的草原上,也就是站在草原的立场上,正义仿佛已全被狼夺去……人最终可以灭绝狼,可是世上没有任何力量可以摧毁蒙古草原狼钢强不屈的意志和性格。(No15)

在本体意义上,这种精神是无价的,与元自然同在,或同不在。狼书中,它形象地体现在野生动植物种群身上,默认并安分于各自在大自然中的位置,严格遵循严酷而有序的自然逻辑。"元"是一种自在状态:"我就是(being)我",与"我成为(becoming)我"属于完全不同的境界。在这里,"自我"与"自在"是一体的,既没有自然之外的自由,也没有自在之外的我在——在这个意义上,现代文明制度中那个以个人主义为核心的"自由"被解构了,消解在多元共存的后现代生存意识中。

如此看去,所谓"元自然"和"元自由",与文明人无缘,曾在远古人类或土著人群"素朴"的生活中盛行。它们在现代文明中日益淡出,伴随着人化自然的程度逐渐丧失殆尽。这实在是一个无奈的悖论。当人成为社会的产物而不再单纯地隶属于自然,当元自然以惩戒的方式警示人们保护自然以维系可持续发展,元自由意识才凸显出来,换来今天人类在兑现自由的时候对"自由意志"的检讨：人类在文明的意义上越是强大了，其生命力越是衰颓了；在社会生活中越是自由了，越是远离了元自由状态。现代政治制度为人制造的自由越多，元自由状态便越接近终结……但它不会彻底死亡，那种先验的"元"基因将伴随人类种群一直绵续，伺机以待复活。

> 生命的那种动力，那种激情，是无价之宝，在现代人的生活中越来越少了。全世界的人都在追求这个东西，就像那远古的莲子，深藏在每个人心灵中，一旦有了阳光，有了足够的温度和水分，她就会发芽。①

姜戎相信，无论世代怎样前行，我们仍然都是前人类的后代，生命基因中某些元素一定在"元"状态中生活过，如福斯特（E. M. Forster）所说："**人性是世代相同的。原始的山顶洞人就躺卧在我们内心深处。**"②进入文明后，尽管生存环境已经改变，那颗古莲子还被封存在人类的精神基因中，等待发芽。作者写作的目的之一，就是"让古莲子发芽，哪怕是萌发或萌动也好"。

这是典型的乌托邦作为，与"后现代"还有什么关系呢？

借助后现代批判颠覆传统的狼母题，《狼图腾》做到了，但这不是它的目的。作者不讳言，在葬送旧观念的土地上，他埋下的是新的信仰；当他讲述狼的故事，他是在做新的启蒙。所谓"狼图腾"，是地道的宏大叙事。无论启蒙还是宏大，不偏不倚，正好撞在后现代的枪口上——但，后现代面对它无能为力：当狼的形象在故事中站立起来，后现代批判在后现代叙事中完全败下阵来；当狼在文本的意义上成为图腾，一个新的理想在额仑草原上建立起来了。终于，在这里，我看到了我们一代——毛泽东时代人——的影子，在"主义"隐身的文本中，最

---

① 摘自姜戎与本书作者的对话（2007年1月），根据录音整理。
② ［英］福斯特：《小说面面观》，花城出版社，1981年，第145页。黑体为本书作者所加。

终还是露出了乌托邦的马脚。

我们一代"共产主义接班人",自新中国诞生起,人人都宿命地落生在乌托邦理想王国,先验地背负起"解放全人类"的使命。遗憾的是,我们当时并没有留意,在汉语文里,"解放"词义中不一定包含"自由",相反,它可能恰恰是以自由为代价的;"全人类"作为一个群体概念,它承诺的解放不一定指向"个人",相反,它可能恰恰要个人随时为之献身。怪不得语言分析没有及时到位,在理想面前,话语作为武器,总是扬善惩恶的。教训未到之前,作为解构的工具,批评完全无能为力。历史经验告诉我们,乌托邦实践中,群体的意志排山倒海不可抗拒;**后乌托邦残垣上,惟有生活本身的力量可以帮助我们起死回生**。当"代价"和"献身"都不能换来曾经的许诺,当人们在"解放"的日子里失去了最后一点个人生存的自由,信仰的"破碎"势在必然:如同它的降生是群体性的,它的幻灭和破碎也注定了是整体性的——由此我们望见了那些碎片的去向:由"解放"(liberty)转向自由(freedom),由"全人类"(all)转向个人(one),由不曾兑现的共产主义转向现实的榜样"西方文明狼",力争搭上现代化大车,在后发处境中拼命追赶"现代"……就在这时候,一系列令人难堪的事摆在面前:自现代以来,当文明强了,自然成为弱者;当个人强了,社会成为弱势。科学技术日益发达,人文精神却日渐颓丧;强化民族/国家的同时,人类意识整体性地被边缘化了,在后现代浪潮中变成一个**新的乌托邦符号:"政治正确"**(**PC**)——当下世界就是这样:"PC原则"承载着革命后的后乌托邦情结,在"终结"的方向上推波助澜。破碎乃至破坏力成为"政治正确"的打手(一如我们曾经的无产阶级专政),任何整合和建设的努力,随时可能在"政治不正确"的裁判下付诸东流(一如我们曾经的文化大革命)。如果我们当真信了"政治正确"这一后现代原则,就会看到,在如上强势和强者面前,未来之手必然伸向新的弱势,公理的天平一定会向后者倾斜;不是在道义的基础上,而是在"草原逻辑"的逼迫下。那些见证过在"正确"的土壤上结出错误果实的人们(如《狼图腾》的作者)就会做出这样的选择:由"人间"转向"草原",由"社会"转向"自然",由"个体"

转向"种群"……**当大自然尽遂人意失尽贞操,元自然生存便成为梦想的去处;**倘若制度性的自由在现实中遥不可及,对元自由的向往就一定会寻到新的载体,比如草原狼。

《狼图腾》的作者很清楚,元自然生存状态已经不能复原,可能复活的是那种形而上的自由精神。因此,弥漫在书中乃至人心中的,不是政治哲学中的自由概念,而是元自然生存意义上的元自由精神。在"自由"和"元自由"的潜在对弈即人与自然的持久较量中,作者的立场明确站在后者,他因此选择狼——这个不可驯服的种群——做元自由精神的代表,通过主体易位,同时完成了两个转化:一是将同情整体性地从人转移到其他生命(包括草原);二是将主角从有形的物那里游移出来,转化为精神。书中所有场景、情节、生灵乃至自然风光,无不刻意还原,力图通过草原和草原生灵去再现元自然状态中产生的元自由精神,深深地触到了文明人类的心灵之痛,如卢梭所说:

文明人在奴隶状态中生,在奴隶状态中活,在奴隶状态中死:他一生下来就被人捆在襁褓里;他一死就被人钉在棺材里;只要他还保持着人的样子,他就要受到我们的制度的束缚。①

英国作家艾略特(T. S. Eliot)谈到优秀作品与人类信念的关系:"这些信念是什么并不重要,重要的是这些信念人所共有"。②《狼图腾》在世界范围拥有广泛的读者,是因为它触到了现代人的心灵之痛,挖掘到了那个"共有的信念",在人类普遍而深刻的生存危机中探寻到了共同的精神需求:对原始生命力的渴望和对元自由精神的向往。在文本形式上,它是传统的;在认知层面上,它是现代的;在叙事策略上,它是后现代的;在审美趣味上,它却是怀旧的——正应了利维斯

---

① [法]卢梭:《爱弥尔》,李平沤译,商务印书馆,1978 年,第 15 页。
② 引自[英]特里·伊格尔顿:《当代西方文学理论》,王逢振译,中国社会科学出版社,1988 年,第 82 页。

(R. Leavis)的评价:一部好的作品,一定是复杂的内容在形式上的高度统一以及它"在生活面前的虔诚坦率"。①狼书中不缺这种真诚,出人意料的是:那个"共有的信念"会是通过人类一向憎恨的狼们表现出来:

> 陈阵觉得自从对草原狼着了魔以后,他身上萎靡软弱无聊的血液好像正在减弱,而血管里开始流动起使他感到陌生的狼性血液。生命变得茁壮了,以往苍白乏味的生活变得充实饱满了。(No18)

作为元自由精神的象征,草原狼当仁不让地站立起来了。但是,从小说角度看,如果没有小狼出现,它的主角身份很难成立。草原群狼其实没有一个完整的故事,充其量只能与草原并列,共同成为背景。因此,小狼的出场至关重要。正是有了小狼,草原狼才可能整体性地成为《狼图腾》真正的主人公。它不仅提供了一个丰满的主角形象,也在与人(陈阵)打交道的过程中成全了一个完整的人间故事,使这文本成为"小说"而不尽是"寓言"。

下节,我们将详细分析小狼的故事,看所谓"元自由"精神在与"自由"接轨的时候是怎样两败俱伤、共同成为悲剧因子的。

3. 情节 小狼的故事:自由之死

小狼的故事是《狼图腾》中唯一完整的故事,这是一个完整的悲剧故事。主角是狼,却具备了悲剧人物的基本要素,大大地加强了这部小说的震撼力量。

---

① 引自[英]特里·伊格尔顿:《当代西方文学理论》,王逢振译,中国社会科学出版社,1988年,第82页。

小说是否可以把动物当作主人公而不仅是一个配角？

　　传统小说没有给出理想的答案，这是后现代文学正在探索中的方向。福斯特(E. M. Forster)在那部"20世纪分析小说艺术的经典之作"中说道："通常故事里的角色是人，我们把小说的这一面称之为'人物'也是顺理成章的事。"动物之所以不能像人物一样成为主角，是"因为我们对它们的内心活动所知不多。未来这种情形也许会有所改变，就似小说家对处理过去野蛮人的态度有所改变一样。那时，我们在小说中所看到的动物，将不再只是象征性的或小人物的代表，其作用也不再只是装饰性的……它给小说以新的题材"。①现代文学中，动物进入主角行列，如卡夫卡的作品，"常以动物为短篇小说的主角。读这些动物故事时，读者相当一段时间都察觉不到，这里根本不是在讲人"。卡夫卡将拟人手法用到天衣无缝，但实际上，他不过是"借动物之口发己之言……这些动物全都生活在地底下，或者至少像《变形记》中的甲虫一样，在地板上爬，在地缝中生活"。②它们与《狼图腾》中自由自在的草原生灵不可同日而语，说到底，不过是作家表现人类"异化"的道具而已。

　　近年来，在挽救濒危生物的努力中，我们对动物有了较多了解，以动物为主角的作品越来越多地出现在各类艺术作品中。小说表现的人生五大事件（"出生、饮食、睡眠、爱情、死亡"③）在动物身上也有不同程度的体现。比如书中的小狼，生、死、食、宿以及它的情感与意志，都在作者笔下栩栩如生。但显然，狼书的创作目的不是单纯的环境或动物保护，它没有沿袭传统寓言中的动物故事模式，也没有使用拟人手法迎合人间趣味。书中的野生动物并不依附于人而存在，它们是自在的——但，小狼是一个例外，从出现那一刻起它就在人的掌控中，从来没有真正的自由。小狼的出场不是自然的产物，而是人化自然的典型代表；之所以成为主要"情节"构成"故事"，都因了人的一个动机：人

① ［英］福斯特：《小说面面观》，花城出版社，1981年，第35页。
② ［德］瓦尔特·本雅明：《评卡夫卡的〈建造中国长城时〉》，载《经验与贫乏》，王炳均、杨劲译，百花文艺出版社，1999年，第343页。
③ ［英］福斯特：《小说面面观》，第38页。

"想"养狼。

> （陈阵）掏狼崽的目的是养一只狼崽，如果再不抓紧时间，等到狼崽断了奶或睁开了眼那就难养了。必须抢在狼崽还没有看清世界、分清敌我的时候，把它从狼的世界转到人的环境中来。（No8）

在草原上养狼是一件异常的事，悖逆天意也违背人意；但在"人定胜天"的意识形态背景中却可能是一件大有作为的事。自文明以来，人类确认了自己凌驾于万物之上的霸主地位，在"征服自然"这一信念的驱动下，利用各种手段成为世界的主人，他也"历史性地"成了自然界所有生灵的主人，怎么狼可以例外呢？这个问题隐含在故事始终，十分重要，于不经意间浸漫在我们心头：在那广袤而充满野性的草原上，牧民为什么不养狼？他们为什么不化敌为友、祛害为利、将狼纳入人类意志可以操控的疆域之内呢？

狼书试图揭示原因。

远古时代，人类对狼也许就像对羊、对马、对狗等一切家畜那样，曾经有过试图驯养的历史。在人与兽之间，似乎有过"成王败寇"的悲壮较量。流传至今的古老寓言中有许多关于狼的负面评价，证明早年人类与狼群曾经有过近距离的接触，人对狼的各种恶劣品质的认识，也许就是在人们养狼的教训中获取的："狼和牧羊狗"的故事[1]来自早期牧民在驯养狼/狗时的切肤之痛，"狼和小孩"的故事[2]与狼和人类的距离感有关；"中山狼"一类故事出自人们好心养狼反倒成祸的惨痛教训……狼却因祸得福，在与人的较量中赢得了敌手的尊重，在远离人类的他乡争取到了属于它们的自由之地。我们不妨把这个结局看作人化自然的另类手段。在不可抗拒或难以操控的自然力面前，人们

---

[1] 《伊索寓言》，白山译，北京燕山出版社，1999年，第7页。
[2] 同上，第9页。

会以另一种方式利用自然;一旦意识到它不可征服,便将难以排解的仇恨转化为"有距离的"敬畏,**把无法占有的事物幻化为可望不可企及的精神**,比如草原狼:

> 在草原,狼既是牧民的仇敌,又是牧民尤其是老人心目中敬畏的神灵和图腾,是他们灵魂升天的载体。神灵或图腾只能顶礼膜拜,哪能像家狗家奴似的被人豢养呢?(No11)

到了当代,在革命威力无所不及的中国大地上,人们接受了"人定胜天"的革命理念,在科技手段的帮助下,人是可以破戒养狼的。可是,在知青去到的额仑草原,人们仍然拒绝养狼,除去传统因素外,更重要的是政治上的顾虑:

> 这个举动将会遭到几乎所有牧民、干部和知青的反对。无论从政治、信仰、宗教、民族关系上,还是从心理、生产和安全上来看,养狼绝对是一件居心叵测、别有用心的大坏事……把狼养在羊群牛群狗群旁边,这不是公然敌我不分,认敌为友吗?(No11)

既然如此,陈阵为什么还要养狼?

书中特别强调了两个原因。

首先是喜欢,"从小就喜爱动物的陈阵,小时候多次抓过和养过麻雀"(No8)。"喜欢"是人的一种欲望,也是自然界万物走向灾难的源头。**但凡被人喜欢的东西都没有好下场**。对一切可以利用的事物的利用以及对一切可以占有的东西的占有,导致一系列侵略行为。西方对中国的"发现"就是起于喜欢,如魏明德(B. Vermander)的概括:"从爱慕到侵略";[1]所谓文明进步,通常是在喜欢的驱动下一步步实现的。

---

① [法]魏明德:《全球化与中国》,商务印书馆,2002年,第19页。

于此,陈阵有警觉,他也不愿意把"喜欢"赤裸裸地昭示于人。他很清楚,在革命年代,个人欲望并不是一个可以随意摆在台面上的正当理由,于是,他拿出了更堂皇的借口即他要养狼的第二个原因:科学认识。

> 在掏狼前,他苦思多日,终于找到了一个看似合理的理由:养狼是科学实验,是为了配狼狗……如果试验成功,就可能培养出比德国苏联军犬品质更优良的狼狗来。这样,也许还能为蒙古草原发展出一项崭新的畜牧事业来呢。(No11)

一个"合理"的逻辑就这样形成了:科学认识的目的是为人类服务的,可以发展生产,强大民族/国家。一旦有了这些与"政治"和"经济"等实用价值相结合的目标,养狼就获得了"政治正确"(PC)的合法前提;对外而言,这是一个拿得出手的借口。这些堂皇的说辞不能说服陈阵自己,他最清楚自己的动机——好奇、好玩、占有的欲望——的性质,因此,他找到了更高尚的理由为自己开脱:

> ……正因为他对蒙古民族狼图腾的**尊重**,对深奥玄妙的狼课题的**痴迷**,他才一天比一天更迫切地想养一条小狼。狼的行踪如此神出鬼没,如果他不亲手养一条实实在在,看得见摸得着的活狼,他对狼的认识只能停留在虚无玄妙的民间故事、或一般人的普通认识水平、甚至是汉族仇视狼仇恨狼的民族偏见之上。(No11)

这段说辞非常经典,将人类在道义上的伪善表现得淋漓尽致。遗憾的是,如果不是小狼的死,我们不会有这样的反省意识;相反,我们自己也会在下意识中携带着占有的欲望,毫不犹豫地加入到充满了征服快感的养狼的过程中——难道不是吗?这书之所以好看、之所以赢得了广泛的读者群,就是因为有了小狼的故事。我们在故事中不仅分享着"**占有**"(他者)和"**把玩**"(生命)的快感,也有了因陌生化而驱动的"好奇心"所引发出来的美感。

感谢小狼吧!

书中,**小狼是一个承载着太多"欲望"的象征性符号**。倘若只是符号倒也罢了,它还是一个曾经的生命体:因了它的生,引出了一个好看的故事;因了它的死,成全了一个完整的情节。

福斯特曾经区分"故事"和"情节",认为情节的重点在因果关系上,"如果情节极佳,终局一定没有'再待下回分解'的尾巴。终局不是线索也不是环节,而是作者明明白白交代清楚的一个艺术整体。美感即存在于作者的交代清楚明白上"。①福斯特强调情节的作用:"情节可以自生美感——一种不招自来的美感。"②小狼的故事印证了这一点,情节与生命过程融为一体,将陌生化的审美效应用到了极致。

陌生化理论的一个核心概念是情节。作为研究者,维·什克洛夫斯基引导作者**自觉**地使用陌生化手段,最大限度地调动读者的好奇:"作家越自觉地运用这种手法,作品的艺术性就越高。"③姜戎对文学理论并不熟悉,他是**不自觉**地在创作中"**恰好**"迎合了陌生化理论的创作原则,经由草原和草原狼,把人们带进了一个陌生的领域,只需使用人们熟悉的语言去表现人们陌生的事物,实话实说,陌生化的效果就会自然凸显出来。"盖叙述皆存本真,闻见悉所亲历,正因写实,转成新鲜。"[鲁迅语]④姜戎把独特的经验转化为纪实性语言,将认知范畴中的"真"用作艺术工具,在某种意义上,这是对陌生化理论的反用。他不在形式的陌生化上做表面文章,尽量使用简洁的词语和传统的表达方式,以便读者顺利地穿越词语丛林尽快进入"内容"(寓意)。《狼图腾》的陌生化手段主要体现在内容上,直接服务于它的寓意。什克

---

① [英]福斯特:《小说面面观》,花城出版社,1981 年,第 72 页。
② 同上,第 127、128 页。
③ 《西方美学通史 二十世纪美学(上)》,朱立元、张德兴等著,第 241、238 页。
④ 这是鲁迅对《红楼梦》创作手法的评论,出自《中国小说史略》第二十四篇《清之人情小说》。

洛夫斯基认为,经过陌生化处理的文学语言丧失了语言的社会功能而只有"诗学功能";①《狼图腾》不同,它的语言不仅是诗学的,也是社会性的。它保持了寓言的传统本色,通俗易懂;借用传统的外衣,轻松地穿越了现代主义的形式屏蔽,让小狼的故事成为一个极具穿透力的"本事",支撑起全书的情节。

这个"本事"要传达什么寓意?

多数读者认为,是自由。

但其实这不是一个自由的故事,相反,这是一个失去了自由的故事,它的全部寓意都包含在"不自由"的状态中。在小狼"被养"从而失去自由的命运中,我们看到了两条并行不悖的故事线索:

一是陈阵养狼,让我们有可能跟随他进入小狼的生命历程,近距离观察元自然生存状态中的若干"本事"。养狼的过程浓缩了整个文明史中"人化自然"的努力,让我们在征服小狼的种种作为中重新认识自己。

另一是小狼的被驯养和小狼之死。在失去自由的状态中,小狼的妥协与反抗以及它最终被养死这一过程,寓意深沉。它不仅隐喻着人自身的不自由状态,也逼迫我们在"同情/移情"的过程中检讨人类驯化和改造自然的作为。

先来看第一条故事线索。

第一线索的主角是人,以陈阵为代表,它的主题是征服和占有。这书共 35 章(不包括尾声),小狼的出现是在第 10 章结尾,它的被养从第 11 章开始直到结尾。但有关小狼的"事"在第 1 章就开始了,绵延到第 10 章,旨在表现一个过程:人的占有欲是怎样逐步转化成征服行动的?

从第 1 章结尾陈阵萌动了养狼的念头,到第 9 章"掏狼崽",完整且完美地揭示了文明的初衷,象征性地再现了人类征服史从"意识"到

---

① 《西方美学通史 二十世纪美学(上)》,第 241 页。

"行动"的全部过程,应和着历代哲学家对人的基本性质的认识:**人是有"自我意识"并追求"自我实现"的动物**。康德说:"人能够具有'自我'的观念,这使人无限地提升到地球上一切其他有生命的存在物之上,因此,他是一个人。"①黑格尔说:"人能超出他的自然存在,即由于作为一个有自我意识的存在,区别于外部的自然界。"②不仅如此,小狼的故事进一步证明:人的作为一定是意识即"想"的结果。最初的想是"念想",与"欲望"相关。**不善之举一总伴有善的辩词,是"思想"的结果**。可见,(思)"想"是在"想"(要)之后,从它出现之时就宿命地蒙上了伪善的阴影,为人类各种化公为私的欲望披上了"合理"的光环。狼书开篇时即埋下了伏笔,面对比自己强大的草原狼,陈阵产生了养狼的念头:

> 陈阵希望自己能多增加一些关于狼的真实具体的触觉和感觉,他甚至想自己亲手掏一窝狼崽,并亲手养一条看得见摸得着的草原小狼——这个念头冒出来的时候,连他自己也吓了一跳。(No1)

狼的强势激发了人的欲望,在"好"的事物面前萌动了**占有——这是文明的心理基础**——的欲念。一旦欲念变成想法,行动是迟早的事,因为有"人"惦记着。狼书前10章里暗藏着惦记的全过程,并且不失时机、毫无芥蒂地告诉我们:怎样将恶念转化为善意、怎样把私欲变成公益;一个悖逆公理、不可为之的欲念一旦出现,怎样让它获得理解、化险为夷、梦想成真。

通常,在陌生的环境即在"他乡",任何想法要附注行动,首先要得到当地人的认可。如果这想法和行动超越常规,他就必须提供适当的理由,争取理解和支持,为一己私念罩上"利他"的光环。陈阵其实清

---

① [德]康德:《实用人类学》,邓晓芒译,重庆出版社,1987年,第1页。
② [德]黑格尔:《小逻辑》,贺麟译,商务印书馆,1980年,第92页。

楚："他养狼，在精神上是亵渎，在肉体上是通敌。他确实触犯了草原天条，触动了草原民族和草原文化的禁地。"（No.22）如果这件事发生在古代草原，他会被视作异教徒五马分尸抛尸喂狗。"就是在现代，这也是违反国家少数民族政策、伤害草原民族感情的行为。"（No.18）因此，他采取了攻心战，从草原的代表人物入手，企图先说服毕利格老人：

> 阿爸，我养狼就是想实实在在地摸透草原狼的脾气和品行，想知道狼为什么那么厉害，那么聪明，为什么草原民族那样敬拜狼。您不知道，我们汉族人是多么恨狼，把最恶最毒的人叫作狼……（No.18）

陈阵为养狼附加了特殊使命，为了接近草原人的信仰，以便日后可以"有说服力地"校正汉人对狼的不良认识。如同任何一个成功的入侵者，陈阵在摸透了当地人心思的基础上完善了养狼的理由。这一理由轻易就说服了毕利格老人，不仅让他宽容了陈阵的悖逆之举，并且期待陈阵——这个主流文化的代表——能够真正理解草原，进而成为草原的代言人。这种期待是一种赋权，从此，陈阵可以心安理得、理直气壮地养狼。

养狼在情节突转中是有意味：

其一，由于小狼的出现，陈阵改变了他与草原的关系，他不再是外人，而是草原的一分子；因为有了小狼，他从此成为主人。

其二，从意念到行动，在人驯化狼亦即"人化自然"的过程中，细致入微地展示出文明与野蛮的较量——由此引出了第二条故事线索：小狼之死。

在《文学批评的批评术语》中，希利斯·米勒（Hillis J. Miller）称后现代叙事的基本因素有三：情节、拟人化和转义。[1]尤其是转义，通过

---

[1] 转引自[美]詹姆斯·费伦：《作为修辞的叙事》，陈永国译，北京大学出版社，2002年，第15页。

结果表现出来,"证明叙事必然是对自身的转义。即是说,叙事发展了转义的某种结构或重复,而这种结构必然会产生'根本不协调的意义',或'决不可能再度统一的叙事分裂'"。[①]小狼之死有此功效,在"自由"的意义上制造"分裂",产生"转义"。

就转义而言,体现在小狼和草原狼的种群关系中。一旦小狼与陈阵纠缠在一起,它就再也承载不起那个作者极力让它展示的元自由精神,使得"狼图腾"不得不在"自由"的意义上彻底还俗(将在第四章"哲学"范畴中讨论这一问题)。

所谓分裂,表现为主人公身份的一分为二:前者是陈阵,是文明的代表;后者是小狼,是自然的代表,也是野蛮和野性的化身。作为生命个体,他们原本都是自在的因而都可以是自由的;就因为一个"养",他们的关系发生了质的分化:前者是主动的,是施舍者;后者是被动的,成为被囚禁的奴隶。

事情发展到这里,耐人寻味的却是,我们的同情不在人类,我们关注的对象也不是主导故事发展的前者,而是被动出场的小狼。自从小狼进入陈阵的生活,无论陈阵的心思还是读者的情绪,全被小狼牵引去了,情节跟进也从陈阵(人)转变为小狼。小狼不仅取代了它的主人的地位,也取代了作为故事主角的草原狼,成为一个具体的"主人公",与他的主人(陈阵)一起进入人的世界,甚至僭越了人的主体地位——主体易位在这个故事线索中也顺利完成了。

陌生事物的出现往往导致两种截然相反的审美反应:一是漠不关心,视而不见;另则是好奇。**好奇是人性中一个"肇事"的重要根源,也是阅读的基本动力之一**。从这个角度看,《狼图腾》是成功的,通过陌生化效应,它极大地激发了人们的好奇心。

首先是小狼——一个非人类者——它是谁?

将心比心,将人们熟悉的狗去对比狼,在熟悉的事物中寻找可以理解的渠道,是走出"陌生"的捷径:

---

① 转引自[美]詹姆斯·费伦:《作为修辞的叙事》,陈永国译,北京大学出版社,2002年,第16页。

　　陈阵看惯了小狗崽，再这么近地看小狼崽，立即真切地感到了野狼与家狗的区别。小狗崽生下来皮毛就长得整齐光滑，给人的第一印象就非常可爱；而小狼崽则完全不同，它是个野物……它的眼睛还没完全睁开，可是它的细细的狼牙却已长出，龇出唇外，露出凶相。（No10）

作者极力表现狼的野性："从土里挖出来的狼崽，全身上下散发着土腥味和狼骚气，与干净可爱的小狗崽简直无法相比。但在陈阵看来，它却是蒙古草原上最高贵最珍稀的小生命。"（No10）陈阵对小狼的好感似乎是先验的，在初见小狼时，他就"从这条刚刚脱离了狼窝的小狼崽身上，亲眼见识了一种可畏的竞争能力和凶狠顽强的性格，也由此隐隐地感觉到了小狼身上那种根深蒂固的狼性。"（No11）书中有很多篇章描写狼与食物的关系，写狼的贪食："小狼喜欢鲜血鲜肉，但也爱吃腐肉，甚至把腐肉上的肉蛆也津津有味吞到肚子里去。"（No30）写它的无德："这条小饱狼在吃食天天顿顿都充足保障的时候，仍然像饿狼一样凶猛，好像再不没命地吃，天就要塌下来一样。狼吃食的时候，绝对六亲不认。"（No18）小狼的神态与人不同："陈阵从不敢在小狼发怒的时候与小狼对视，生怕狼眼里飞出两根见血毙命的毒针。"（No27）小狼嘴里那四根日渐锋利的狼牙，"发出类似不锈钢的铠铠声响，刚性和韧性都很强"，令陈阵感到不安（No27）……正是在日常接触中，陈阵不仅深入认识了狼的生存意志，更对他们超乎寻常的生存能力产生敬畏之情：

　　陈阵和杨克对小狼耐寒、耐暑、耐饥、耐渴、耐臭、耐脏和耐病菌的能力佩服之极。<u>经过千万年残酷环境精选下来的物种真是令人感动</u>，可惜达尔文从没来过内蒙额仑草原，否则，蒙古草原狼会把他彻底迷倒。（No30）

陈阵养狼的经验来自作者亲历。姜戎以亲历为资源和诱饵，带领读者进入狼的生活，不遗余力地炫耀他那不同寻常的见识，有意为我们提供一个完全陌生的场景：以草原和草原生灵为平台，以群狼为主角，以小狼的命运为故事线索，将我们从宽广引入细微，从抽象进入具体，在无垠空间和无限时间中找到了一个具体的"在"——就是小狼——并试图由"此在"将读者引向可能抵达的彼岸。在那个遥远的彼岸，不仅存留着对远古时代元自然生存状态的记忆，更有我们对永远失去的元自由精神的向往。为了达到这个目的，作者使用全方位写实手法，力图在真实的情景中缩短人与狼的距离，在类似人类社会诸如衣食住行这样的"日常生活"中让我们接近狼，以改变对狼的传统认识。

> 小狼的故事，从头到尾，基本上都是写实的。因为一天到晚你跟狼接触，它有那么多事，我只能浓缩了最精彩的部分拿出来给大家看……它本身就是戏剧性的，不用加工，加工的话反而假了，虚了。①

所谓"真实"，建立在现代人类对狼的世界完全陌生的基础上，通过写实推动剧情的发展，让陌生化效应弥漫在整个情节中；写实的程度越高，艺术效果越好。作为寓言，其功效是双向的。首先是**审美效果**：描写越真实越细腻人的情感便越投入，移情的产生是在有了"切肤之痛"的同感中完成的。接着就是**认知效果**：写实越到位越逼真越容易建立信任，读者越有可能在动情的过程中领悟到书中不同寻常的寓意——这两种功效贯穿始终，在小狼与群狼的相互呼唤中达到高潮。

"荒野的呼唤在呼唤荒野，小狼天性属于荒野"(№24)，为了回归狼群回归原野，小狼本能地做出了最大的努力，在对"自己人"无从相识无以相见的囚禁中，他对天高嗥，发出了"自己的"声音。荒野中的狼嗥是狼书最精彩的篇章之一。在小狼寻找同类、企图返回自然的努

---

① 摘引自姜戎与本书作者的对话(2006 年 4 月)。

力中,作者将荒野(元自然)和野性(元自由)的呼应浑然融为一体,把审美移情与反省认知结合得天衣无缝:

> "呜……欧……",欧声悠长,带着奶声奶气的童音,像长箫、像薄簧、像小钟、像短牛角号,尾音不断,余波绵长……它的头越抬越高,直到鼻头指向腾格里。它亢奋而激烈,嗥得越来越熟练,越来越标准,连姿势也完全像条大狼……运足腹内的底气,均匀平稳地吐气拖音,拖啊拖,一直将一腔激情全部用尽为止。(No26)

小狼竖起耳朵静候回音,"突然,从西边山坡上传来一个粗重威严的嗥声。那声音像是一头狼王或是头狼发出来的。"小狼"低头运气,但不知道如何回答,只好极力去模仿那个嗥声。"它竭尽全力了,但是,它期待中的狼王威严的声音却再也没有出现——发生了什么事情?

一定是发生了什么事情!

书中给出了两种解释。

一种来自狼群,是在拟人化的想象中实现的:

> 草原狼在蒙古大草原生活了几万年,还从来没有遇到过这种小狼。它显然是在人的营盘上,呆在狗旁和羊群旁,嘻嘻哈哈,满不在乎,胡言乱语。那么**它到底是不是狼呢?**如果是,它跟狼的天敌,那些人和狗们,到底是什么关系?……既然人和狗对它那么好,它究竟想要干什么呢?(No26)

狼们的结论是冷峻的:"在草原上,千万年来,狼天生是宁可战死、决不投降的铁骨硬汉,怎么竟然出现了这么一个千古未有的败类?"(No26)它们发自本能,群体性地意识到一种潜在的危险,"认定有一种蒙古狼从未接触过的事情,已经悄悄来到了草原"。因此,它们的选择断然无情,"再也不做任何试探和努力,再也不理睬小狼的痛苦呼救",

(No26)悄无声息，全部撤退，再不回头。

另一种解释来自小狼，是用它的肢体语言表现出来的：

> 静静的草原上，只有一条拴着铁链的小狼在长嗥，嗥得喉管发肿发哑，几乎嗥出了血……直到天色发白，小狼终于停止了长嗥。**它绝望悲伤得几乎死去**，它软软地趴在地上，眼巴巴地望着西北面晨雾迷茫的山坡……（那里）没有一个"黑影"，没有一丝声音，没有它期盼的同类。(No26)

正是这一结局，换来了陈阵的怜惜和反省，他"轻轻地抚摸着小狼，为它丧失了重返狼群、重获自由的最佳机会而深深内疚"。同情和反思也从这里开始："狼是最爱自由的动物，现在却无时不在枷锁中，你能忍心吗？"(No22)

问题接踵而至：

——这是谁的过错？如果说这是陈阵的错误，他不过是重复着文明以来所有的人类作为，何错之有？

——如果说这事本身就是错误的，那么，从哪里开始我们错了？难道文明的源头竟然就是"恶"的起点？

这种反省贯穿在陈阵养狼的整个过程，我们跟随他一起亲历了这样的情感变迁，逐渐认识到：**爱之愈盛，害之愈大**。陈阵是爱狼的，甚于爱自己的同类。但小狼却是被他弄死的，"他用老虎钳剪断了狼牙，用铁链剥夺了短短一生的自由"。"最爱"惨死在"爱"的襁褓中，从此"他的内心深处常常受着这笔血债的深深谴责和折磨"（尾声），终生不得安宁。这不安也搅扰得我们不得安宁，陡然在审美愉悦中多了苦涩，在同情中多了思考——思绪就是这样产生在"不经意"的移情过程中；而所谓寓意，就蕴涵在"情思铰接"的审美意境中。

这时再看小狼，它在书中非同寻常的功能逐一显现出来：首先，小狼用自己的生命过程承载着全部"故事"，为这部长篇小说提供了一个完整的"情节"，给了它一根实实在在的脊梁。其次，正是因为有了小狼(如同我们自己有了一个孩子),这部以狼为主角的小说才可能打动人心,在审美意境上进入了人间故事。最后,也是因为小狼,这部以写实为主要手段的作品显现出了长篇小说必须具备的两个基本因素"本事"(打动人心的事件)和"情节"(引人入胜的时序),让可能是真实的事情成为虚构的故事——这故事不同寻常,不是因为小狼有什么惊人的创举,相反,它的全部作为都是在被动的情景中被迫展示出来的;它的生命中最重要和最动人的部分,全都因了"不自由"而表现出来的"不屈服":

> 小狼只要一离开狼圈,马上就像犍牛拉车一样,拼命拽着陈阵往草坡跑……陈阵和杨克都开始担心,等小狼完全长成大狼,他们如何"溜狼"?弄不好反倒有可能被小狼拽到狼群里去。(№27)

不屈的狼精神在转场搬家时展示得淋漓尽致:

> 绳子像拖死狗一样地拖着小狼,草根茬剐下一层狼毛……小母狗侧头同情地看看小狼,发出哼哼的声音,还向它伸了一下爪子。那意思像是说,快像我这样走,要不然会被拖死的。可是小狼……继续用自己的方式顽抗……
> (№33)

在小狼拒牵的拼死抗争中,陈阵意识到:"**牵与拒牵,在性格上绝对是狼与狗、狼与狮虎熊象、狼与人根本区别的一道界限**……拒绝服从,拒绝被牵,是作为一条真正的蒙古草原狼作狼的绝对准则。"(№33)因此有了这样动人心魄的场景:

> ……倔强的小狼被拖了四五里,它后脖子的毛已被磨掉一半,肉皮渗出了血,四个爪子上厚韧的爪掌,被车道坚

硬的沙地磨出了血肉。在小狼再一次被牛车拽倒之后，耗尽了体力的小狼翻不过身来了……一大片红雾血珠突然从小狼的口中喷出，小狼终于被项圈勒破了喉咙……(No33)

小狼宁可被勒死，也不肯被搬家的牛车牵上路，这让陈阵无限感慨：“熊可牵，虎可牵，狮可牵，大象也可牵。蒙古草原狼，不可牵。”他“自以为已经比任何汉人，甚至比许多草原年轻人都更深地了解草原狼，可是这条只有半岁的小狼，却以自己的鲜血和生命，又给他上了一次深刻的教程”。(No33)

陈阵疼爱小狼，像抚养亲生孩子。但小狼对养育并无感恩之情，一再显示出它对“被供养”的决绝、不屑与抗拒。他被小狼咬伤，亲身领教了忘恩负义的狼性，但他也是死不悔改，仍然善待小狼，在怜惜之情中加入了不求回报的手足亲情。因此，我们看到的不只是令人憎恶的“白眼狼”，还有令人扼腕的“东郭先生”。在这种不对称的养育关系中，陈阵认识到：

> 在陈阵和小狼的关系中，养育一词是不存在的，小狼只是被暂时囚禁了，而不是被豢养。小狼在以死拼食的性格中，似乎有一种更为特立独行、桀骜不驯的精神在支撑着它。(No18)

陈阵毫不掩饰对这种精神的欣赏，他似乎就是为了欣赏乃至占有这种精神才执意要养狼的。故事中没有“忘恩负义”的道德指责，力图为“负义”找到新的解释平台：**坚持自己的本性，在利诱面前不低头，以本能的抗拒表现出高贵的精神品格**——这涉及两个相关却可能是相悖的领域：道德与政治。关于“负义”的判断属于道德范畴，关于“抗拒”的评价属于政治范畴。作者在放下道德判断的同时也放弃了传统的道德说教，在展示小狼的抗拒时，明确无误地将我们的思绪引向政治领域，在草原狼的高贵面前逼迫我们反省人类自身的精神品质。在此,故事完全脱离了"罗曼司"(言情小说)轨道,上升到寓言高度:小狼成为草原狼的代表,充分展示出追求自由的精神魅力。它的宁死不屈,成为表述"自然"与"自由"关系的一个象征,在拒绝被供养的同时,从本质上断然拒绝了文明。

文明的本质是什么?

英国政论家穆勒(John Stuart Mill)一语道破:是屈服;**人类进入"文明的第一课就是学会服从"**。①小狼的不屈先验地决定了它在文明社会中的命运:必死无疑。情节走向追逐着这个预兆,义无返顾朝着小狼死亡的方向。

书中极尽动人笔触描写小狼的死亡。

但小狼之死不是目的,也不是结束,它是逼人反省的一个新的起点。

小狼的死有多种原因,可以有多种解释:因为接受豢养,它可以死于安乐,这是所谓"好死";因为不受驯养,它可能被草原人除掉,这是所谓"找死";也可能异于同类,在荒野中被群狼咬死……但它的死却是因为咬了陈阵最终被主人摔死,它其实死于反抗!倘若把草原狼看作自由精神的化身,这"死"实在是来得太迟了。自小狼被囚禁被豢养那一刻起,死亡已经降临——那是自由之死!**自由的死亡从来不是单一的自主行为;在占有与被占有、囚禁与被囚禁的对立关系中,自由之死是需要陪葬的**。书中,"自从有了小狼,陈阵一下子改变了自己的许多生活习惯",(№18)他那无忧无虑的自由日子因此结束,在占有小狼的同时他也被小狼占有;投入的精力和情感越多,他被占有的程度越高。当小狼因爱而死,陈阵的心因痛而死就是必然的事。"悲痛是我们为爱必须付出的代价。"②一条命换一颗心,可见自由的代价之昂贵:因为是精神的,它一定要精神的偿还。

小狼的故事,在自由的意义上是一个同归于尽的故事。同为自

---

① 转引自［德］汉娜·阿伦特:《关于暴力的思考》,《阿伦特文集》(转自法律思想网)。
② 摘引自英国女王给美国(2001年)"9·11"事件遇难者的治丧信。

由之死,性质却完全不同:小狼之死是现代的,与奴役有关,它还可以用反抗的行为将自由升华为精神。而陈阵为之付出的代价是隐形的,后现代的,"哀大莫过于心死";除去自作自受之后的自省,别无出路。

> 陈阵心里发沉发虚,他不知道以后如何面对草原上的老人……到了夜里,母狼和小狼们一定会回来寻找它们的亡夫和亡父,也一定会找到所有遗留血迹的地方。今夜,这片草原将群狼哀嚎……(№31)

话到这里,要检讨的是读者:当我们把同情的泪水倾注在小狼身上而忽略了陈阵的心灵创伤,可见我们的审美意趣还很传统,远远没有跟上"后"的步伐。

4. 悲剧　草原末日:自然之死

《狼图腾》是一部悲剧小说吗?

依照亚里士多德的悲剧理论列举的六大要素(情节、性格、思想、措辞、旋律和场景),[1]从小狼的命运看,这无疑是一部悲剧。

"悲剧所以能使人惊心动魄,主要靠'突转'与'发现',此二者是情节的成分。"[2]小狼的故事以"囚禁"和"自由"作为主要情节,在性格发现和命运突转这两个方向上都起到了重要作用。

首先是小狼的性格,野性,暴躁,无不联系着反抗:

> 一条铁链将小狼锁在了如此狭小的牢地里,使它好战、更好夜战的天性狼性憋得更加浓烈,就像一个被堵住出气

---

[1]　参阅[古希腊]亚里士多德:《诗学》,罗念生译,人民文学出版社,1962年,第20—24页。

[2]　[古希腊]亚里士多德:《诗学》,第22页。

孔的高温锅炉,随时都可能爆炸。它冲不断铁链,开始发狂发怒。(No24)

依照"性格决定命运"的说法,就会有这样的情节指向:

> 狼崽刚一接触到地面,立即以它最快的速度向没有人没有狗的地方逃跑……它的目的很明确,就是朝着离蒙古包和营盘、离羊圈、人气、狗气、烟气、牲畜气越远的地方逃。(No14)

小狼想去的地方与人类、与文明的方向完全相反;出于本能,与元自由的方向是一致的。这种暗示意味深长。反抗的性格和越狱的倾向于它是天生的,在人为的囚禁状态中共同升华为"自由"精神:

> 小狼好像是在本能地锻炼速度,锻炼着越狱逃跑的本领……这条越来越强壮,越来越成熟的小狼,眼巴巴地望着辽阔无边的自由草原,似乎已被眼前触爪可及的自由,刺激诱惑得再也忍受不了脖子上的枷锁。(No35)

"在自由的大草原上,让天性自由的狼见到自由,可又让它得不到自由,这可能是世界上最残忍的刑罚。"(No24)用亚里士多德的标准——"情节乃悲剧的基础,有似悲剧的灵魂;'性格'则占第二位"[1]——来衡量,被囚禁的小狼同时具备了情节和性格这两种悲剧元素,生死相依的悲剧情节与宁死不屈的悲剧性格始终交织在一起,足以唤起人们的"怜悯与恐惧"[亚里士多德语]:

> 这条狼,可怜呐……这哪是狼过的日子,比狗都不如,

---

[1] [古希腊]亚里士多德:《诗学》,第23页。

比原先的蒙古奴隶还惨。蒙古狼宁死也不肯过这种日子的……趁着它还像一条狼，还有一股狼的狠劲，赶紧把它打死，让小狼像野狼一样战死！别像病狗那样窝囊死！**成全它的灵魂吧！**（№35）

"死"在这里成为精神升华的必要手段，印证了亚里士多德的"净化说"。

小狼没有发出一点声音，软软倒在地上，像一头真正的蒙古草原狼，硬挺到了最后一刻……此刻的小狼，虽已**脱去战袍，但也卸下了锁链**，它终于像自己的狼家族成员和所有战死的草原狼一样，无拘无束、自由自在地面对坦荡旷达的草原。（№35）

同时也成全了自由的精神和作者对自由的向往：

小狼像一条金色的飞龙，腾云驾雾，载雪乘风，快乐飞翔，飞向腾格里、飞向天狼星、**飞向自由**的太空宇宙、飞向千万年来所有战死的蒙古草原狼的灵魂集聚之地……那一刹，陈阵相信，他已见到了真正属于自己内心的狼图腾。（№35）

那一刻写得悲壮，令人悲痛欲绝。依尼采的解释："在古老的悲剧里，人们总可以在结局的时候尝到一些形而上之慰藉的味道，没有了这些形而上的意味，我们是无法想象能在悲剧中获取什么愉悦之情的。"[1]但显然，这里上演的不是古老的悲剧，因为这里其实没有英雄；也不是现代悲剧，因为它仍然沿袭着传统悲剧的表现手段。确切地

---

[1] ［德］尼采：《悲剧的诞生》，李长俊译，湖南人民出版社，1988年，第135页。

说,这是一出典型的"后"悲剧,在后现代主体破裂的意义上,悲剧的气氛更加浓烈,弥漫在整个额仑草原:

> 方圆几十里全是湿沙,沙地上东一丛西一丛长着旱芦旱苇,蒺藜狼毒,地滚草,灰灰菜,骆驼刺,高高矮矮,杂乱无章……这里完全没有了草原风貌,像是内地一片荒芜多年的工地。(No29)

陈阵看过新草场的美景,仅仅一个夏季,"美丽的天鹅湖新草场,就变成了天鹅大雁野鸭和草原狼的坟场了"。(No34)如今,"老人仰望腾格里,老泪纵横,呜呜……呜……像一头苍老的头狼般地哭起来"。他像无助的孩子,为失踪的狼群哭,为死去的天鹅哭。陈阵也泪如泉涌,和老阿爸的泪水一同洒在古老的额仑草原。尾声中,羊群不见了,草原人的生存方式发生转变,不再遵循草原逻辑而开始追逐现代文明法则——毕利格老人的离世成为一个终结的象征:

> 毕利格老人坚持要到可能还有狼的地方去。他的遗嘱是让他的两个远房兄弟,把他送到边防公路以北的无人区……那夜,边防公路的北面,狼嗥声一夜没停,一直嗥到天亮。(尾声)

在陈阵眼中,"毕利格阿爸是痛苦的,也是幸运的老人。因为他是额仑草原**最后**一个由草原天葬而魂归腾格里的蒙古族老人"。"最后"一词意味深长,用在天葬这里,是一个极富冲击力的表述:从此切断了(草原)**人**与**天**(腾格里)的内在联系,突出了这幕悲剧的内在——亦即形而上的——含义:这是一个**心灵的悲剧**,精神将死,无所皈依。那些宁死不屈的草原狼们能到哪里去呢?

> "砰"的一声响,狼群中最大的一条狼应声倒地……又

是一枪,第二条狼又被击中,一头栽倒……这群狼的头狼和主力,竟然在不到一个小时就被干掉了,它们可能从来没有遭到过如此快速致命的打击。剩余的狼逃出边境一定不会再回来了。(No31)

此前,在外来户有组织的围猎中,"草原狼陷入了人民战争的汪洋大海,到处都在唱:祖祖孙孙打下去,打不尽豺狼决不下战场"。(No32)兵团军人荷枪实弹,结局可想而知:"草原狼群千年万年在蒙古草原上演的浩如烟海的英雄正剧,绝大部分都已失传。现在残存的狼军团,也已被挤压到国境线一带了。"(No27)相比之下,小狼的死尽管悲壮,却不那么有分量了;甚至,那也是一种幸运呢!它不必目睹草原的消亡,不必和它的同类一起远离故乡踏上逃亡之路。在曾经让人魂萦梦绕的绿色土地上,"狼群已成为历史,草原已成为回忆,游牧文明彻底终结,就连蒙古草原狼在内蒙草原上留下的最后一点痕迹——那个古老的小狼故洞也将被黄沙埋没"。(尾声2)

这里不难发现,书中的悲剧结构是重叠的,对应着亚里士多德的理论,"最完美的悲剧的结构不应是简单的,而应是复杂的,而且应摹仿足以引起恐惧与怜悯之情的事件"。[①]不同的是,狼书的悲剧色彩并非单一,它的悲剧性质不够纯粹。其情节走向有些是顺势的,用于推波助澜;有些却正好是悖逆的,即一方的悲剧恰恰是以另一方的喜剧发展为前提的。故事中,但凡从草原(亦即元自然)的角度看,都是悲剧性的。如果换个角度,从文明的立场出发,它就不像悲剧,甚至还是一部喜剧呢!对悲剧性质的确认最终是从结局做出判断的。小狼的故事是一个典型的悲剧。但是,即便小狼死了,狼群逃逸,草场退化,可人的生活还在继续,执著地按照自己的方式续写着人类历史。站在人的立场上,我们会看到书中始终贯穿着另一条线索:以人的意志为导向,以征服自然为特征,逐步走向"胜利"的文明史。这条线索饱含着

---

① 〔古希腊〕亚里士多德:《诗学》,第37页。

"人定胜天"的寓意,具有鲜明的喜剧色彩。故事说到最后(尾声),人人都有好下场:

——知青们返回北京,"又回到汉人为主的圈子里"。陈阵在社科院研究生毕业,在一所大学从事体制改革的研究。杨克取得法学学士学位后又拿下硕士学位和律师资格,"此时他已经是北京一家声誉良好的律师事务所的创办人"。

——草原人用上了风力发电机,"嘿! 真亮堂! 牧民终于不用点羊油灯了"。在欢庆节日里,"家家酒宴,顿顿歌会",人们从四面八方赶来,"整个嘎斯迈'部落'的人几乎都开着吉普和骑着摩托来了",骑马的人很少了,"牧民说,要不是冬天雪大骑摩托放不了羊,还得骑马,可能蒙古马早就没人养了。"

——毕利格老阿爸去世早了,他没能看到幸福富足的好光景。如今,他的后代搬进了"宽大的新瓦房,带有电视天线和风力发电机"。"蒙古式的客厅有 40 多平米,沙发茶几,电视录像,酒柜酒具一应俱全。"

——草原也跟上了时代变迁,边境线上原先 20 多里宽的军事禁区和无人区,"如今成了人畜兴旺的牧场",草场上红砖瓦房,房子周围是一片片个人承包的草场。整个边境线草场散布着数十群牛羊,游牧已变成定居定牧。

好日子啊!

那千万年都不变颜色的草原终于染上了黄土地的色彩,由近乎荒蛮的原始状态踏进了现代文明的门槛——但,我们高兴不起来。

为什么?

尽管如上人间事情可能冲淡弥漫在书中的悲情,草原和小狼的故事却阴魂不散,无处不在,执拗地消解我们的喜悦。由此看狼书,说它是悲剧或喜剧都不够贴切。抑或,依照苏珊·朗格(Susanne Langer)的理论,可以说它是一部悲喜剧吗?"悲剧完全可以建立在喜剧的基础上,而不失为纯粹的悲剧。"[1]这种太过费解的论断,恰恰也是《狼图

---

① [美]苏珊·朗格:《情感与形式》,刘大基等译,中国社会科学出版社,1988 年,第 420 页。

腾》给我们造成的困惑;或许正是在悲喜剧的情节纠葛中,可以找到它们互为依存、同时获解的答案?

狼书中,人力的强大和人的胜利,以改造草原和征服草原狼体现出来,战无不胜,的确可以看它是喜剧呢! 在苏珊·朗格那里,"喜剧**命运是幸运**——这是世界带来的,是人们可以得到也可以失去……而悲剧命运是人为的,也是世界强加于他的。这种命运就是**厄运**"。①《狼图腾》将"幸运"和"厄运"融为一体,在人类意志的主导下演出了文明的喜剧,却把悲剧的厄运强加给自然。在自然之死的悲剧情节中,人成为"恶"的化身——矫情的是,**所有恶行都在"善"的引导下心安理得地实现,让笑声浸在泪水中,凝结成为悲喜剧独特的审美风格**。悲喜剧将复杂的情节和情绪置于同一框架,在自然与人类之间埋伏下巨大的张力,自始至终,难决胜负,总让读者在一家欢笑之后窥见到另一家的泪水,为阅读中的"置换立场"留出了充分的选择空间。

苏珊·朗格试图以生命为蓝本解释悲喜剧的由来,她说:"在每一个人类机体中……都要历尽生命,都要死亡;但社会是连绵不尽的。而且,即使每个个体实现了它所参加的悲剧模式,它仍然处于喜剧的连续中。"②她的悲喜剧理论建立在自然信仰的基础上,基于两个相关的推论:其一,悲剧的节奏就是生死节奏,艺术不过是对自然规律的模仿。其二,比照自然万物的生息绵续,即使个人生命终结,人类仍然活着;即使人类消亡,自然仍然"自在"。③如上结论,从传统艺术经验看,不错;但在后现代叙事中,审美立场是反转的,从强势转向弱势,从人类转向大自然或万物生灵,说辞和结论就会不同。比如狼书中,大自然不仅是故事背景,也是重要的参与者;它不再是可以倚赖的信仰基础,而是受人摆布的悲剧主体,这悲喜剧还能演绎下去吗?《狼图腾》提出了这样的问题,它以天鹅湖的故事和天鹅之死为例,将苏珊·朗

---

① [美]苏珊·朗格:《情感与形式》,刘大基等译,中国社会科学出版社,1988 年,第 406 页。黑体为原作中所有。
② 同上,第 420 页。
③ 同上,第 412 页。

格"悲喜剧"的理论基础抽空殆尽。

在远离居民的边境草场上，陈阵发现了天鹅湖。

天鹅湖是书中一个重要场景，草原美丽的精华（湖水）和最美的生灵（天鹅）都集中在这里，在"自然之死"的悲剧层面上，它是一出重头戏。

天鹅湖是草原的专利，充分展示出元自然状态中的美：和谐、安谧、宁静，陈阵感慨："这也许是中国最后一个从未受人惊扰过的原始天鹅湖，也是中国北部草原边境最后一处原始美景了。"（No16）就因为它被人发现、被看乃至被"踏进"，被人糟蹋的命运不可避免。**美是脆弱的，一旦被人发现，悲剧必将上演**。陈阵适时地道出了他的隐忧："一旦人马进驻，它的原始美很快就会消失，以后的中国人再也没有机会欣赏这样天然原始的处子之美了。"（No16）

《狼图腾》中，天鹅之死另有意味。它续接着经典剧目《天鹅湖》的悲剧寓意，与形而上的"美"的品质有直接关系；换言之，它已超越了一般的愉悦即较低层次的审美趣味，经由美感进入认识。叔本华认为，"悲剧的真正意义是一种深刻的认识"，它产生的审美的效果在本质上不属于美感，而属于崇高感，甚至是最高级的崇高感，类似于力学上的崇高。①传统悲剧中，崇高感通常是由英雄之死实现的。**自尼采之后，上帝死了，再没有可以托举"命运"或让"性格"演绎完整的历史平台，英雄也跟着一起消亡**。比如书中的小狼和天鹅，在人类的操控下，早已历史性地丧失了充分展示命运或张扬性格的自然空间。邪恶的人——就如《天鹅湖》中的恶魔——在大自然面前似乎总是胜利者。因为被人发现，那"高贵洁白、翱翔万里的生命，给人类带来无穷美丽幻想的大天鹅，竟然被人像杀草鸡一样地杀死了"。（No19）

天鹅之死带来的"悲"和"痛"恸心彻骨。

痛是生理性的，人在没完没了的揪心之痛中渴望解脱，他也总能

---

① ［德］叔本华：《作为意志和表象的世界》，石冲白译，商务印书馆，1982 年，第 352 页。参见《西方思想宝库》，吉林人民出版社，1988 年，第 1258—1259 页。

找到解脱的办法，一个"适当"的理由——如陈阵一向的作为——足以为一切恶行开脱。悲是心灵的，在纠结中难以超脱：绝望与升华，只在一念之差。尼采认为：死亡是一种恶，由此造成的悲哀"笼罩在如蜉蝣般的人们，一代接着一代，也笼罩着英雄的末路的世纪"。人们面对死亡更加渴望永生，以为精神可以"恒留于世间，希冀与存在合一，于是甚至于他的悲调也变成为一种礼赞的歌声了"。①

> （杨克）真想将来在国家大剧院的门前广场上，塑造一个高耸的鸟王巨巢，作为热爱天鹅和天鹅湖的人们的图腾柱。那天鹅图腾柱的顶端，是那对圣洁高傲，展翅舞蹈的天鹅情侣。它们也将成为人类心中的爱与美的图腾，永存于世。(No19)

作者用大量篇幅描写天鹅的美丽和她的死亡。

天鹅死了，美也死了；草场褪尽，自然将死。

自然当真会死亡吗？

自然不死，死亡的只是自然界（包括人类）曾经赖以生存的元自然状态。人可能改变世界的面貌，却不能改造自然运行的规律。即使有一天草原消失人类灭亡，自然仍然不死。聪明的现代人很少懂得这一道理。额仑草原上，"只有蒙古牧民和蒙古狼明白腾格里定的草原规矩"，他们知道自然的报应迟早是要到来的，残酷而公正，不依不饶，因此"个个都不敢坏了祖宗的规矩"。(No34)否则，如毕利格老人的预言：

> 这世道真是变了，老鼠还敢咬马！再这么打狼，老鼠该吃人了！……草原上的狼一少，老鼠都不用偷偷摸摸地干，都变成强盗一个样了。……狼少了，獭子就容易上套了。秋天的狼是靠吃肥獭子上膘的，狼没膘也过不了冬……看

---

① ［德］尼采：《悲剧的诞生》，第35页。

样子草原真要闹灾了！（No34）

陈阵想通过"亲历"和"目睹"给出答案：**在濒临死亡的元自然面前，地球上没有胜者——这是《狼图腾》的基本寓意之一**。从这个意义看，狼书作为悲剧的性质确定无疑，它在人心中唤起巨大无边的悲情，不仅因为小狼之死和草原的消失，也不仅仅因为人类的生存面临威胁，而是人类自身存在的意义：

——当一切与元自然相关的因素随之消失，人"活着"是否值得？

——如果人类还要继续"活下去"，他将怎样应对自然的复仇？

作为悲剧，《狼图腾》在即将谢幕时告诫人们：人类断绝了自己的退路，他最终难逃灭亡的下场。控诉文明，敬畏自然，其后现代性质昭显无余。我们由此看到，所谓后现代悲剧，通常具备了双重悲剧甚至多重悲剧线索：它将悲剧情节"击碎"成无数碎片，散落在字里行间；掉落在喜剧成分中，让你哭笑不得！

近代以来，悲剧开始走出原有戏剧形式的局限，成为一种元素广泛进入文学，"让悲剧的成分变成为文学的对象"。比如《人间喜剧》，巴尔扎克说，这部"喜剧"比人生中真实的悲剧故事更具悲剧意味。[1]到了现代，悲剧也曾面临古老寓言（fable）的命运，荒诞成分加重了思维力度却冲淡了悲剧气氛，那种经典意味的"悲情"即使在最杰出的现代悲剧（比如尤金·奥尼尔的《天边外》[2]）中也少见了。只是到了后现代小说尤其是后寓言这里，**久违的悲情重返文本，成为超越现代、续接传统的一个基本元素**。在这里，悲剧的结局常常不再是一个简单的死亡，不打算给出一个结论，而是更多地提出了问题。由此，它似乎重新返回到了传统悲剧的起点："所有伟大的悲剧都是提出问题，而不是提供解决的办法。分界线就在于此。在伟大悲剧中我们面临的是恐怖、

---

[1] 上述观点和引文均出自［瑞士］沃尔夫冈·凯塞尔：《语言的艺术作品——文艺学引论》，陈铨译，上海译文出版社，1984 年，第 489 页。

[2] 尤金·奥尼尔（Eugene O'Neill, 1888—1953）是美国现代最有成就的剧作家。《天边外》在现代意识的基础上继承了悲剧创作传统，被看作是"一部标准的现代悲剧"。

敬畏、高贵品质与理想化了的痛苦；剧中的问题是提出来了，但仍然有待于'解决'。"①《狼图腾》中，作者通过将死的天鹅，对悲剧的这一传统品质做出了极为感人的诠释：

> 墨绿色的苇丛下……幽幽天鹅的弯弯颈项，像一个个鲜明的问号，默默地向天问、向地问、向水问、向人问、向世上万物追问。问号在湖面上静静地移动，静静地等待回答。然而天地间寂静无声，只有水面上的倒影在波纹中颤抖，变成了十几个反问号，一阵风来，十几个反问在波纹和波光中破碎……(No19)

面对后现代问题，没有人能给出答案。

那么，我们还能做些什么？

文学作为常常在理论之上，它不能给出明确无误的答案，却可以追问原因。英国悲剧奠基人马洛在悲剧(《铁木耳大帝》《浮士德博士》、《爱德华二世》等)创作中曾经做出这样的努力，他剧中的男主人公都是英雄，或者有获得知识的愿望，或者有占领"无限版图"的野心。②马洛把野心看作人类的弱点，在他的悲剧中，野心成就了英雄，却也造成了英雄的毁灭。③雪莱笔下的"普罗米修斯"(1818年)④和拜伦笔下的"该隐"(1821年)⑤都非常接近马洛的悲剧人物。**野心勃勃，是所有英雄悲剧的共同特点，也是它的原因**，在古希腊戏剧中被归结为"命运"，在莎士比亚那里被"性格"取代。进入现代以来，"性格"因素模糊了，"命

---

① [英]阿·尼柯尔：《西欧戏剧理论》，徐士瑚译，中国戏剧出版社，1985年，第162页。

② 克里斯托夫·马洛(Christopher Marlowe，1564—1593)是英国戏剧家，诗人。马洛的剧作热情奔放，在中世纪戏剧舞台上创作"巨人"形象，为莎士比亚的创作铺平道路。

③ 转引自[英]阿·尼柯尔：《西欧戏剧理论》，第186页。

④ 雪莱(Percy Bysshe Shelley，1792—1822)是英国近代最有才华的诗人之一，他的诗剧《解放了的普罗米修斯》改造了希腊悲剧中传统的普罗米修斯形象，让他从与天神宙斯的妥协者变成不屈的斗士。

⑤ 拜伦(George Gordon Byron，1788—1824)是和雪莱同时代的英国诗人，写有一系列长篇叙事诗。《该隐》在知识与爱的抉择中选择了知识，企图了解一切，包括死亡。

运"再次走向前台；但它不再拘泥于一人一事，而是关乎于人类共同的命运。

那么，在人类——这个有意识、能选择的种群——的命运悲剧中，是什么因素促使他忘乎所以、避喜向悲呢？狼书中，一个显而易见的原因，来自"人定胜天"的宏伟抱负即征服自然的野心。除此，更有贪心，比如陈阵：

> 此刻，他深感人心贪婪和虚荣的可怕，他掏狼本是为了养狼，而养狼只要抱回来一只公狼崽就行了……但他为什么竟然把一窝狼崽全端了回来了呢？……掏一窝狼崽意味着胜利、勇敢、利益、荣誉和人们的刮目相看，相比之下，这七条小生命就是沙粒一样轻的砝码了。(No11)

在野心的驱动下，恶与胜利、光荣、勇敢等世间褒奖的"善"交织在一起，共同结构成为悲剧的原因。后现代悲剧中的死因不是单一的，也不完全是个人的或个性化的。如果我们把不屈的草原狼看作草原英雄，沿袭着传统悲剧的发展线索去追寻"英雄之死"的根源，就会发现，它的始作俑者与传统恶魔很不相同，与个人"性格"和"命运"都没有太大关系。无论在目标还是在动机上，它都远远摆脱了个人好恶，超越了个体利益，也不再纠缠于个人的弱点或德行——说到德行，它原本是向善而非作恶的，为了人人都能过上好日子，人人都有饭吃。

比如，草场的退化，是因为：

> 内地汉人生得太多了，**全国都缺肉**，缺油水，**全国都跟内蒙要牛羊肉**。可是，一吨牛羊肉是用七八十吨草换来的，内地一个劲地来要肉，实际上就是跟草原要草啊，再要下去，就要了草原的命。(No16)

又如，草场的消失：

那时候,刚解放,**全国没多少汽车,军队需要马**,内地种地运输需要马,东北伐木运木头也需要马,**全国都需要马,马从哪儿出?** 自然就跟蒙古草原要啦。为了多出马,出好马,额仑牧场只好按照上面命令把最好的草场拿来放马。
(№29)

这里有一个关键词"全国",它的主体地位毋庸置疑。在"全国"的名义下,所有破坏、征服、利用自然的行为都被戴上了"爱国主义"和"顾全大局"的红帽子;**人性中贪婪、好强、纵欲等等欲念在现代化道路上都被贴上了"积极进取"的红色标签。**个人野心一旦附着在"国富民强"的躯干上,就可以名正言顺地无限扩张,在国家机器的保护下为所欲为,一如故事中的表现:强势文明借助权力和武力,所向披靡。如此情势中,谁还能敢为那个"旧时代"的草原说话?

这书中就有这么一个人——毕利格老人——专门与"大好形势"唱反调,在今天看来那些逆耳良言,几乎都是借毕利格之口说出来的:

——对主流民族的强势,他不以为然:"你们汉人就是从骨子里怕狼,要不汉人怎么一到草原就尽打败仗。"(№1)

——对人们打狼邀功,他很不屑:"现在的小青年小马倌,成天赛着杀狼,不懂事理啊……收音机里尽捧那些打狼英雄。农区的人来管草原牧区,真是瞎管。再往后,草原上人该遭罪了……"(№10)

——对军代表指挥的打狼运动,只有他敢说:"往后可不能这么打狼了,再这么打下去,没有狼,黄羊黄鼠野兔旱獭都该造反了,草原就完啦,腾格里就要发怒了,牛羊马还有我们这些人都要遭报应。"(№13)

——面对草原上正在发生的变化,他指责"人心太贪,外行太多,跟这些笨羊蠢人说一百条理也没用。还是腾格里明白,对付那些蠢人贪人还得用狼,让狼来管载畜量,才能保住草原"。(№16)

——在人人渴望的文明面前,只有他在抱怨:"以前,就是瞎眼的老人,也能看到草原的美景……如今草原不美了,我要是变成一个瞎

子就好了,就看不见草原被糟蹋成啥样儿了。"(No.34)

——面对现代化带来的科学技术,也只有他能说出:"从前草原最怕农民、锄头和烧荒,这会儿最怕拖拉机。"(No.29)

如果还原到现实生活,进入当时的主流社会,如上句句话都是反动言论——幸亏,它出现在"**后发**"区域(比如边疆)"**落后**"人群(比如草原人)中,是在老人**死后**以及那些恶劣行径发生了三十年**之后**才陈辞天下。

为"后"加冕吧!

曾经的罪恶和"政治不正确"在后时代统统获释,共同成全着后批评——这是《狼图腾》在作品自身实现的后乌托邦批评:故事从头到尾,不间断地伴随着毕利格老人喋喋不休的质疑和抱怨。可以说,**后乌托邦批评的目光始终尾随着草原上发生的革命故事**,一刻没有停止。直到最后,军人开进了草原,草原狼在步枪的疯狂扫射下全军覆灭。"短短的一个多月,这么多可怕的新人新武器新事物新手段涌进草原,老人完全懵了。"(No.34)当他再也无力发言,他的末日来临了:

> 老人摇摇晃晃地骑在马上,任由大马步履沉重地朝前走。他闭上了眼睛,喉咙里发出含混而苍老的哼哼声,散发着青草和野菊的气息……
>
> 百灵唱了,春天来了。
>
> 獭子叫了,兰花开了。
>
> 灰鹤叫了,雨就到了。
>
> 野狼嗥了,月亮升了……
>
> 老人哼唱了一遍又一遍,童谣的曲调越来越低沉,歌词也越来越模糊了。就像一条从远方来的小河,从广袤的草原上千折百回地流过,即将消失在漫漶的草甸里。(No.34)

这是草原的挽歌,也是毕利格老人——最后一个草原人——的挽歌。老人死了,是天葬。(No.34)老人的死是一个重要象征:那个固执守旧的老人死了,那个以草原天地为"大命"的草原人死了,所有元自然状态中的生存方式和民俗、文化都随他一起去了,草原从此再没有了那个能够倾听她、读懂她、为她代言的守护人……一个大悲剧的下场,挡也挡不住啊!

传统悲剧中的主角是人,善恶分明。在善与恶的较量中,恶的强大与善的窝囊形成鲜明对比,让人在心生怜悯时徒劳生出恨铁不成钢的遗憾。后现代悲剧中,主角身份的置换成为叙事前提。当主体易位在审美过程中已经完成,同情的天平就会发生倾斜:偏离人间,倒向自然万物,将怜悯和悲怆毫无保留地投向草原:

> 天鹅湖的上空,天鹅们"刚刚,刚刚"的哀鸣声整夜不
> 绝……东边远山里传来凄凉苍老,哽咽得断断续续的狼
> 嗥……丧偶天鹅的哀鸣和丧偶老狼的哀嗥振颤共鸣,合成
> 了《草原悲怆》,比柴可夫斯基的《悲怆》更加真切,更加悲怆。
> (№19)

进而分析这个悲剧故事中的死亡——谁死了? 怎样死的? ——便有特殊的意义。如果说小狼之死、草原消亡和草原狼的逃逸都是悲剧,那么谁是作恶的罪魁?

陈阵说:是人灾! (№34)

"恶是一种特殊的人类现象。它……不仅是人性的,而且亦带有悲剧性质。"[1]人的恶行多半是在"善意"的驱动下实现的。比如杀狼,因为狼吃人,在草原上,它与人类争夺有限的生存资源。比如小狼,它在关爱甚至溺爱的环境中舒适地生活着,陈阵是善待它的。比如草原的变化,由游牧转向定居,草原人从此远离迁徙的辛苦,过上了文明的好日子,那正是人心向善的善报啊! 倘若要在这里反省,反省的矛头不仅指向文明的结果,也从根本上动摇了文明的道德基础:善。如果

---

① [美]艾·弗罗姆:《人心》,孙月才、张燕译,商务印书馆,1989年,第137页。

善也被质疑乃至被颠覆,那么整个文明的道德基础都值得怀疑了——这正是《狼图腾》的寓意之一,因此可以被人用作多重解构的一个示范读本。

《狼图腾》的复合式样,让我们看到长篇寓言小说巨大的承载能力。本雅明做过对比:"长篇小说像漩涡激流一样将读者不由分说地拽入其内部,中篇小说则迫使读者保持距离。"在他看,中篇小说的"秘密是灾难",一般出现在小说中间。长篇中"灾难是小说收尾的情节,它的意义始终是超乎寻常的"。中篇的人物被他们周围的世界和亲人围得严严实实的,"长篇人物的生命中有着退隐自身的特征,这使他们的行动自由得到了完全的保障……在中篇里,爱情伴随着和解了的人物;而在长篇中,只有美作为和解的表象留在生存中"。①**长篇小说最诱人的魅力,就在它为"自由"和"美"留有相当开阔的生存空间。**当传统悲剧随着"英雄之死"一同死亡,长篇小说却在寓言的方向上接续起悲剧传统,一边在"美"的和解中疗伤,一边继续在"悲"的结局面前追问原因。比如《狼图腾》,故事读到最后,在对小狼之死、老人之死、天鹅之死、草原荒漠化、狼群无踪影的惋惜中,一种无名之痛搅得我们心绪不宁,无处寄托的寂寥常常伴随着深刻的反省:

——你恨谁?那些外来户吗?

可我们自己正是那个没有出场的"外来户"啊!

——你同情谁?草原么?狼群么?小狼么?

人类自己在作威作福的同时也看到了将死的末路呢!

"自然之死"的命题中预示着人类自身的命运,成为后现代叙事中一个不断出现的重要命题。但是,倘若这"后"的寓意出现在"前"现代场景中,悲剧的原因就未必来自现代,它一定还有别样难堪有待追究。比如《狼图腾》,故事场景远非现代,悲剧的发展却是跨时代的:只需红旗飘飘,一年之内便让草原面貌全非。与其看它是现代文明的结果,

---

① ［德］瓦尔特·本雅明:《评歌德的〈亲和力〉》;《经验与贫乏》,王炳均、杨劲译,百花文艺出版社,1999年,第193、195、214页。

不如说是革命的结果——正是那场轰轰烈烈的革命,为传统悲剧增加了新的内容:在"命运"、"性格"等等因素之外,它将导致悲剧的原因直接指向(文化大)"革命"和(农耕)"文明",给死亡和消亡染上了血的颜色。寓意浸染在血色里。所谓后乌托邦批评,就在这血染的悲剧色彩中悄然进行着……如果穿透文本"所指",借助后现代翅膀穿越国界和时代,它能指的方向就是"革命"和"文明"!说到底,所谓现代文明,不过是人类共同缔造的巨型乌托邦;所谓革命,就是通向这一目标最便捷的手段。遗憾的是,只是到了后现代,这悲剧的性质才显现出来,让我们看到文明的"局限"和革命的"代价"。如此看后现代主义,像是后乌托邦批评的一个分支;后者也可以看作后现代批判的一支劲旅,面对人类整体性的命运悲剧,祛魅,去蔽,让我们意识到:身在元自然已死乃至人类将死的困境中,**没有人能在"失贞"的自然面前保持道德上的完整,没有谁可以在通达"理想"的旗帜下自我赦免**——后现代悲剧之"悲",就浓缩在这持久不能排遣的忧患意识与自我反省的纠结中。如叔本华说,悲剧的崇高性质,就在于"对于世界与人生的觉醒。世界和人生不可能给我们以真正的快乐,因而也就不值得我们留恋。悲剧的实质就在这里:它最后引导到**退让**"。①

但是,能"退让"到哪里去呢?

《狼图腾》试图给出一个启示,借陈阵的反省:

> 毕利格阿爸主持草原也真不易,他的压力太大了,一方面要忍受牲畜遭狼屠杀的悲哀,另一方面还要忍受不断去杀害狼的痛苦,两种忍受都是血淋淋的。可是为了草原和草原人,他只能铁石心肠地来维持草原各种关系的平衡。(No26)

"平衡"是一个传统话题,像老生常谈,如今成为后现代叙事的重

---

① ［德］叔本华:《作为意志和表象的世界》,转引自《西方思想宝库》,吉林人民出版社,1988 年,第1259 页。黑体为本书作者所加。

要内容。近代以来，"文明人"掠夺未开化的"野蛮人"获得财富并因此进入现代乃至后现代，而曾经的"野蛮人"如今只能掠夺自然才可能在朝向现代化的大路上阔步前进——可见，通向救赎的道路在现实世界中很不通畅。"发展"和"可持续发展"不仅是现代史的两个阶段，也是两种政治势力的较量。悲剧的产生因此不仅是艺术的，审美的；更是现实的，血淋淋的。

尼采说："悲剧之起源不能仅仅被解释成为只是在现世的生活中所发生的悲剧般的事故而已。**艺术并不是自然的模仿，而是自然的形而上的补充物**，与其并肩升起并克服它。"①曾经，敏感的思想先知们不约而同聚集在艺术旗下，在诗的梦境中寻找理想世界。如今，他们在艺术与思想的交织地带复兴古老的寓言（allegory），为精神上的还乡打通退路。本雅明发现了这一趋势，他说："**寓言是我们这个时代最有意义的思想形式**。"②詹姆逊在后话语的平台上发掘寓言的认知功能，认为"寓言是一种知其不可为而为之的再现论"。③

我认同他们的看法，身体力行，以批评的方式接续他们的努力：

——就寓言的"思想形式"［本雅明语］而言，我看寓言批评也是一种"形而上的补充物"［尼采语］，为难以还乡的思想者提供哲学归宿。

——就"知其不可为而为之"［詹姆逊语］的悲剧性质而言，我看后寓言批评的寓意也是悲剧性的，企图用思想建构起乌托邦式的精神家园。

——就世界与人生的"退让"［叔本华语］而言，我看"后乌托邦批评"是一个底线。倘若没有这种批评，任何向善的努力都将成为终结性的悲剧，"真"或"美"还会有它们的存身之地吗？

---

① ［德］尼采：《悲剧的诞生》，第182页。黑体为本书作者所加。
② 《本雅明文集》第1卷，阿多诺夫妇选编，德国Suhrkamp出版社1955年，第301页。转引自冯宪光《"西方马克思主义"美学研究》，重庆出版社，1992年，第292页。黑体为本书作者所加。
③ ［美］詹明信（即詹姆逊）：《马克思主义与理论的历史性》，张旭东译，《晚期资本主义的文化逻辑》，生活·读书·新知三联书店，1997年，第38页。

三 《狼图腾》是怎样抓住人心的？

——作为美学:后现代移情效应的示范读本

"美是一种解放的象喻。"①

在我看,美学是破解"象喻"以求解放的一种形式。

艺术或艺术的人生倾向在审美活动中寻求解脱。美学却没有那么自在,它自造镣铐自设规矩,在貌似自由的景观中寻找美之必然的蛛丝马迹,企图在美的领域中拓展人类精神活动的认知空间。在这个意义上,我认同伽达默尔的"美学必须归属于解释学"②的说法,尝试在批评实践中拓展审美疆域。

在美学理论中,"移情"被看作审美活动的一个重要前提。

依照里普斯(Theodore Lipps)的经典说法:"一旦我将自己的力量和奋求投射到自然事物上面时,我也就将这些力量和奋求在内心激起的情感一起投射到了自然之中。这就是说,我也就将我的骄傲、勇气、顽强、轻率、幽默感、自信心和心安理得等情绪一起移入到自然中去了。

---

① [美]赫伯特·马尔库塞:《美学方面》,《现代美学析疑》,绿原译,文化艺术出版社,1987年,第42页。

② 《解释学、美学、实践哲学:伽达默尔与杜特对谈录》,金惠敏译,商务印书馆,2005年,第53页。

只有这时候,向自然作的感情移入才变成了真正的审美移情作用。"①
这种外向性的"投射"缘自人类特有的同情心。有研究者认为,"同情
说"奠定了移情理论的基础,在对客体的审美观照中,人们将自身感受
移植到对象即移置"自我"于"非自我",从而达到物我同一。②

《狼图腾》能够吸引众多读者,让人们为狼流泪感伤,也是调动了
人的同情心,将审美移情的力量发挥到极致。但是,"审美欣赏的'对
象'是一个问题,审美欣赏的原因却是另一个问题"。通常,"审美欣赏
的原因就在我自己,或自我……我感到这些,并不是面对着对象或和
对象对立,而是自己就在对象里面"。③依照这样的理论,《狼图腾》是
一个例外。狼书中,无论我们怎样同情小狼乃至群狼,狼/人的地位始
终是对立的。审美过程无涉利害,"鉴赏是通过不带任何利害的愉悦
或不悦而对一个对象或一个表象方式作评判的能力。一个这样的愉
悦的对象就叫作美"。④狼书中,人/狼之间的利害关系始终存在,你死
我活,它怎样在敌我之间实现同情从而完成了审美移情?

答案其实简单。后现代语境中,通过主体易位完成主人公身份
的置换,让人类社会全面退隐,读者才可能放弃所有的人文"中介"(如
社会、历史、自我意识等),在阅读中实现人与自然的零距离接触,以个体
的生命感去触摸元自然生存状态中万物生命的质感:生硬、粗砺、血
腥,充满活力。这话说起来容易,实现却很困难,现有文学作品中少有
相似的范本。因此,批评面对的首要问题是:

——《狼图腾》在美学领域做了哪些艺术尝试?

——它在什么意义上被看作可资借鉴的示范读本?

---

① 里普斯把不能用联想解释的审美过程称为"移情"。所谓投射,"就是在知觉中把我自己的人格
和感情投射(或转移到)对象当中,与对象融为一体。"([德]里普斯:《美学》,柏林,1907年,第
359页。)详见滕守尧:《审美心理描述》,中国社会科学出版社,1985年,第67页。

② 《现代西方文论选》,伍蠡甫主编,上海译文出版社,1983年,第1页。

③ 《古典文艺理论译丛》第8辑,朱光潜译,人民文学出版社,1964年,第44页。里普斯:《移情作
用、内模仿和器官感觉》,原载德国《心理学大全的文献》第一卷(1903年),转译自Melvin M.
Rader的《近代美学文献》英译本。

④ [德]康德:《判断力批判》,邓晓芒译,人民出版社,2002年,第45页。重点符号为原作所加。

本章在审美范畴内对《狼图腾》文本做深入分析，追踪书中透露的后现代移情效应的基本特点，如下：

首先，由主体易位造成的"同情"无限延伸，在小说结构、故事背景和情节设计等诸多方面，由人类社会移到大自然（草原），将生老病死等人间问题转移到对自然生态问题的忧虑，以美学方式对人之主体地位和作为做全面的检讨。

其次，**将生命感受经由"字/词"直接转化为文学基因，这是《狼图腾》于艺术创造的一个贡献**。生命体验被击碎了，融化在字里行间，体现在语言文字即字/词的表达方式上，从宏观场景到细部描写，形成了狼书特有的"生命语系"。

以上两个特点体现在寓言创作中，有两个隐含的指向：

其一，主体性向自然延伸，人兽混界，不分高下。狼书中的主语有大量人兽混界的用法，如"人马"、"人狗"、"人马狗"(No12)、"人狗与狼"(No1)等等，在主体易位或人兽并列的同时，消解了主体的僭越地位。

其二，在艺术形式和审美趣味上向传统回归，使用了诸如白描、写实以及陌生化等传统表现手段，调动了一切艺术手法（包括现代主义）的潜能以运载寓意；在思想上是超俗的，在艺术上却可能是媚俗的。

这两个指向与现代主义文学的发展路径不同。

现代主义刻意表现人的异化，而在这故事里，"异化"是自然（而非社会）和人化自然的前提（而非结果）。现代主义在表现手法上刻意创新，或荒诞或怪异，在挑战理性的时候却分外突出了文本自身的理性色彩。狼书的表现手法很传统，激情洋溢，以情载思；移情，却不滞留于同情，由同情回返到自省，它的矛头因此是内向的——这是后现代不同于现代审美移情的一个主要特征。

说到这里，我们必须面对一个令人难堪的问题：后现代语境问题。

如今谈论"后现代"不是时尚，对它的质疑和批评反倒成为近年来学界时尚。[①]说这书与"后"有关，难以获得作者认同，也不会在学界赢

---

① 阿里夫·德里克："近来美国与欧洲学界对于现代性、后现代性理论的反思和批评也在逐渐增多……由于种种原因，人们对于后现代、后殖民理论的兴趣渐趋减弱。"详见《全球化、现代性与中国》，《读书》2007年第7期，第7页。

得喝彩——这实在是一个无奈的选择,因为恰恰是在文本分析中我发现:当狼故事的起点和背景都以主体易位为前提,后现代就会不请自来,成为一个引人注目的标记;这是它的宿命,也是它的使命。它不得不戴着"后"的镣铐跳舞,无论怎样创新,都会受到一系列后现代理论的制约。有趣的是,正是在后现代理论框架中,它创造的一系列未加命名的表现手法才可能获得被重新命名的机会,在"认知"和"审美"双重意义上为后现代艺术开辟继续前行的空间。

经典美学中,同情说是移情理论的基础,即移置"自我"于"非自我";那么,在主体易位之后,后现代移情的基本前提是什么呢?

我以为,是**放弃**。

以《狼图腾》为例,至少有两个前提性的放弃:

首先,在审美意念中**放弃人的主体地位**。传统的移情理论中有两个并列的审美主体:人类和自我——如此,移情方向难免是向外甚至是排外的。于人类而言,自然界其他万物都是"他者";于个体而言,任何他人都是"异己",这种情绪的经典表述即"他人即是地狱"[萨特语]。[1]而在后现代语境中,人的地位在本质上发生动摇,主体边界模糊,万物与人/我之间没有不可跨越的界线。后现代文本中没有永恒的主体,主体易位既是它的叙事前提,也会直接影响到审美效果。

其次,**放弃以人为中心的伦理判断**。传统美学理论强调:"我们不应该忘记正面的移情作用和反面的移情作用的分别,举例来说,和表现一种高尚的自豪感的姿势发生移情,是属于正面的;和表现一种愚蠢的虚荣心的姿势发生移情,就属于反面。"[2]依此判断,吃羊也吃人的狼们将被钉在万劫不复的死刑柱上,打狼杀狼的外来户和军人应该是草原英雄而不能是我们质疑和批判的对象。可见,《狼图腾》的道德立场与常理是相反的。它对草原和草原狼的情感表述,不尽是同情,

---

① 法国存在主义哲学家萨特的名言,出自小说《恶心》。
② [德]里普斯:《再论"移情作用"》,德国《心理学大全的文献》第四卷(1905 年),转译自卡里特删节的英译本。详见《古典文艺理论译丛》第 8 辑,朱光潜译,第 53 页。

更是同心;通过后现代移情作用最终影响到读者,让我们在阅读过程中逐渐放弃了人的立场和通常的伦理判断,洗心革面,不带偏见,在理念上赤条条地进入额仑草原展示的元自然生存状态,共同分享草原狼体现的元自由精神。

《狼图腾》是以上述两个"放弃"为叙事前提的。

我们因此也可以把"放弃"看作批评的前提,在文本分析中认真考察它的创作手法,看它在放弃的同时吸纳了什么新鲜因素、使用什么手段成功地实现了"后寓言"的审美效应。本章拟借用苏珊·朗格的"情感与形式"这一命题,在"情感"和"形式"这两个方向上解构文本,看《狼图腾》的"形式"是怎样吸纳"情感"打动人心的,依次讨论:

——它用什么(结构)引导我们进入阅读?

——它用什么(节奏)让我们的情绪张弛有度?

——它用什么(场景)让我们紧张得透不过气?

——它用什么(细节)让我们动心动情?

1. 生 态 体 系

这一节主要讨论《狼图腾》的结构和节奏。

奥地利小说理论家斯坦策尔(Franz K. Stanzel)指出,现代小说的美学特征有三:"第一,由客观事物和事件组成的外在世界不再重要,除非这些东西能被上升到象征的高度,变得透明以展示思想,或用做意识发生过程的背景。第二,小说家全神贯注于时间主题。第三,对叙述技巧和手法的试验。"[①]在这三个方向上,后现代小说有重大突破:

其一,"外在世界"即环境问题公然越界,直接闯入人间生活,成为后现代文学艺术的重要表现对象乃至成为主题,比如《狼图腾》的

---

① [奥]弗兰茨·斯坦策尔:《现代小说的美学特征》,周宪译,《激进的美学锋芒》,中国人民大学出版社,2003年,第230页。

主题。

其二,"空间"感成为后现代艺术的重要特征,"结构"因此上升为主体性的表现手段;比如《狼图腾》的结构,与自然生态紧密结合,将自然的结构直接转化为艺术结构(此节讨论这一问题)。

其三,在叙事手法上力图返璞归真,淡漠甚至完全放弃"叙述技巧和手法的试验",以人们熟悉的生活和可感知的生命肌体为基础,创造有生命力度的语言即话语生命的还原(可见下节"生命语系")。

(1) 结构:位所与"异位"①

"结构"建立在世界万物多样性的基础上,与"空间"和"秩序"有最直接的关系。我们理解中的结构,可以有两种截然不同的性质。

一是客观事物的结构即自然的结构。"我们看到的世界无限多样性是一个复杂组合的产物……是**结构在很大程度上决定了复杂物质的生活方式**。"②万物在结构的秩序中合规律地生活,研究结构就是探索不同事物的存在方式和运作规律。

另一是艺术结构。艺术作品"由相互补充和相互否定的结构和系统构成",由此产生不同的审美效果。结构"是某一事物的构造及其在与自己产生联想并在起源上有联系的其他事物中的位置"。③其中两个核心概念"构造"和"位置"即"集合"和"元素"④,前者决定整体构造的同质性,后者标示出事物在整体中的具体位所。"一个人物和事件安置在结构中何等位置,是具有深刻的意义的,位置变动了,意义就

---

① "异位"(heterotopias)是医学术语,被福柯借用,特指空间"位所"(emplacement)的结构性变化。
② 考特罗尔、派第佛尔:《结构的模式》,[美]温迪·普兰编《科学与艺术中的结构》,曹博译,华夏出版社,2003年,第46页。黑体为本书作者所加。
③ [俄]维·什克洛夫斯基:《散文理论》,刘宗次译,百花洲文艺出版社,1994年,第149、148页。
④ 现代数学建立在集合论的基础上。集合论一个重要意义是把数学的抽象能力延伸到人类认识过程的深处。经典集合论规定:每个集合都由同质元素构成,元素对集合的隶属关系是明确的,不允许模棱两可。

发生实质性的变化。"①对艺术结构的认识通常莫衷一是,需要借助分析工具。不同的分析方法可以导致不同的结果,不同立场的研究者也会有完全不同的结论——鉴于这一特点,我以为,在研究过程中,研究者不仅有必要不断申明自己使用的分析方法,也有必要公开表明自己的立场。

本文在"细读"的基础上以"整合"为目标分析《狼图腾》的结构。

整合是以整体性为前提的,与集合论有同样的理论基础②。"艺术符号是一种单一的有机结构体,其中的每一个成分都不能离开这个结构而独立地存在。"③尤其是寓言作品,为了承载寓意,整部小说都可能成为一个艺术符号。因此,面对作品,我的立场就是放弃自己的立场,无条件地进入文本,追随研究对象自身的结构走向。惟此,才能暂时放下我本人对一切战争场面的厌恶以及对各类动物的畏惧,尽量排除自身主观因素的干扰,尽可能在"无菌"的思维环境中做出较为客观的分析判断。

批评实践中,"光描写结构还不够,还要研究它的起源"。④寻根溯源是研究的起点,也是一个目标。在具体的作品中我们不难发现,作者"在写作过程中,结构既是第一行为,也是最终行为。写作的第一笔就考虑到结构,写作的最后一笔也追求结构的完成。"⑤那么,作为批评,我们该"到哪里去寻找叙事作品的结构呢"? 罗兰·巴特(Roland Barthes)提出了问题,他的回答是:"无疑是在叙事作品里。"⑥为此,巴特借用了语言学最多采用的演绎法:"假设一个描述的模式(美国语言学家们称之为'理论'),然后从这个模式出发逐步深入到诸种类。"继而,他提出了"两步"进行法:⑦

① 杨义:《中国叙事学》,中国社会科学出版社,2006年,第27页。

② 我在《对话汪晖:现代中国问题》(中国大百科全书出版社,2013年)的"理之疑"中就此有详细讨论。

③ [美]苏珊·朗格:《艺术问题》,滕守尧、朱疆源译,中国社会科学出版社,1983年,第129、130页。

④ [俄]维·什克洛夫斯基:《散文理论》,第148页。

⑤ 杨义:《中国叙事学》,第24页。

⑥⑦ [法]罗兰·巴特:《符号学美学》,董学文、王葵译,辽宁人民出版社,1987年,第110页。

1）先是模式化的综合，找出一个同质"集合"并确认它的整体性质。

2）然后在"模式"亦即"理论"的指导下进入文本，逐一演绎分析。

我认同如上操作步骤。

具体到《狼图腾》，操作起来却不那么简单。

首先是一些前置性问题，譬如：这书中是否有类似的叙事模式？如果有，它是什么？如果没有，它通过什么东西结构起了整个故事？接着就是结构问题：这书的结构并不单纯，至少有三个不同性质的故事结构交织在一起，三个故事各有自己的结构走向。如"小狼的故事"，叙事手段非常传统，应了斯坦策尔的综述："早期小说的结构大都为主要人物的生活过程所决定，而这一过程可以在叙述者按时间顺序叙述的事件中找到踪迹。结构的重点是通过充分地讲述故事和浓缩的情节之间的交替而形成的。"①它依照从小到大、从生到死的发展轨迹，形成了一个清晰可见的**线性（linear）结构**，所有相关事件无不附着在小狼的成长经历中。但是，当我们看它是"生态小说"，就会发现，其结构性质既不同于小狼的故事，也不同于早期传统小说的线性结构。"生态"这一抽象命名预示了它抽象的结构风格，也如斯坦策尔所说："当一个小说家求助于抽象写法的模式时，自然的或故事讲述的结构形式也许被完全抛弃了。"在这样的小说里，"其结构基本单位并不是冗长的情节的连续，而是片段，通常是突然插入和同样突然结束的较短的情节片段"。②作为生态小说，《狼图腾》的结构充分体现了这一特点，在具体分析中，我们会看到许多这样"突然"的表现。

在情节和结构设计上，狼书是有分工的，恰到好处迎合着不同故事各自本分的位所。小狼故事是书中唯一完整的人间故事，它的线形结构成为悲剧情节发展的主要线索；而在生态小说的意义上，其结构是网状的，与自然生态结构正相吻合。**仿生态的网状结构贯穿在整部**

---

① ② ［奥］弗兰茨·斯坦策尔：《现代小说的美学特征》，周宪译，载《激进的美学锋芒》，第235页。

作品中,成为基础性结构,通过四季循环向草原伸展,既是无垠时空的自然的象征,也是万物生灵现实的生存环境。在这样的结构中,"社会"全面退隐,"自然"以主人公的身份进入前台——这与人类审美活动有什么关系吗? 当人类赖以生存的时空环境发生了质的变化,审美意识不会无动于衷,人类的审美趣味也一定会发生这样或那样的变化。

人的生存环境在现实生活中其实非常具体。所谓空间,就是房屋、家园或国家……通常是有边界的,有非常鲜明的"社会"内涵。而所谓时间,可以用年月日精确地表示出来,反射出特定的时代风尚,因而具有"历史"意义。可在《狼图腾》中,人的社会生活和家庭关系残缺不全,其空间不是封闭的场景,而是开放的大自然(草原);生存其间的不仅有人,还有无数生灵。它的时间也跳出了编年史的线性叙事模式,只在"四季"的意义上循环延伸。逐页翻过,书中没有一个具体的年代,只有日落日出、四季更迭、周而复始……万物生灵,无一不在大自然的大时空中,依照自然逻辑生死续接,无止无终——其突出特点就是循环:它让草原成为托举万物的平台,让四季承载起无限的时间循环,通过严苛甚至是严酷的生物链,将所有生灵(包括人和狼)串联在一起。其间许许多多小故事中的小生灵们,全都具有和狼和人一样的生存价值,承载着一个个不同的生命历程,在四季循环的草原上逐次展开。对此,作者明确表述:

> 说到这部小说的框架,我是采取了纵横交错的结构,生物链是一个面,春夏秋冬是一个面。生物链上的关系错综复杂。你可以说这是一个非常"唯物的"结构,**它就是一个自然结构,无所谓时代感,是无限循环的**。[1]

书中,四季是时间的主要载体,线性式样;却不同于人间的编年

---

[1] 摘自姜戎与本书作者的对话(2006 年 4 月 3 日),根据录音整理。

史,它没有指向,没有进步或退步的含义,在循环的意义上自我结构成
"圆",由此形成无数个自在的"面",表现大自然在时空意义上的无限
张力。整部小说从冬季开始,在天体循环周期的意义上完成了完整的
"一年"之后,又在冬季结束——从冬到冬,至少有两个可以阐释的方
向:一是借助自然界的重复循环表现时间的永恒。这本身就是寓意,
抑或是在向野心勃勃的人类展示大自然不可被征服的永恒的力量?
另一个寓意耐人琢磨:冬的续接不仅是循环,更是对照。故事开始的
那个冬天,我们看到是元自然生存状态中的草原面貌:

> 方圆二三十里地,是一片大面积的迎风山地草场。草
> 高株密质优,狂风吹不倒,大雪盖不住……(黄羊)一到这儿
> 就像遇到了冬季里的绿洲,被绿草香气所迷倒,再也不肯转
> 场。(№2)

而在结尾时的那个冬天,草原改变了模样:

> (草原)弥散着远比深秋更沉重的凄凉,露出雪面的每一
> 根飘摇的草尖上,都透出苍老衰败的气息……枪下残存的
> 候鸟们飞走了,曾经勇猛喧嚣,神出鬼没的狼群已一去不再
> 复返,凄清寂静单调的草原更加了无生气。(№35)

短短一年,草原上发生了什么事让它变得如此不堪?

书中故事回答了这个问题:外来户进驻草原,农耕文明和穿了军
装的农人一起,在现代武器和革命思想的帮助下全面征服了草原。
"人定胜天"背后,是元自然生存状态的消亡。从此,草原在悲剧性的
场景中彻底"祛魅",不再承载作者的梦想,还原为与沙漠、森林、平
原……一样的地理现象。

> 天空依然湛蓝。然而,只有在草原长期生活过的人知

道,腾格里已经不是原来的腾格里了,天空干燥得没有一丝云。草原的腾格里几乎变成了沙地的腾格里。(尾声)

仍然是天空大地,自然四季,生生死死,问题是:什么死? 什么生?

狼书中,这是一些具体描述的事实;故事外,这是一个抽象的哲学问题。《狼图腾》的野心,就在它企图用具体的事实形象地回答一个具有终极意义的哲学问题:生与死——生生死死成为书中所有生物和事物必须背负的使命,用它们各自的生或死来回答这个问题。**一条条无形的生物链演绎成一张无边无际的大网,把所有生灵牢固地拴在一起,用以表现书中无处不在的"草原逻辑"即自然的生存法则**。如此一来,我们看到了一个有趣的、变化着的结构:"链"这个原本是线形的逻辑走向,在草原这个"面"上无限伸展;因了腾格里即"天"的出现,形成了一个无垠的立体空间。其间,无数生灵生生不息,延续着"链"一般的自然循环,相生相克,互相关连,共同结构起自然的"生态体系"。

《狼图腾》的基本结构与自然的生态体系丝丝相扣。

书中万物生灵(包括草原人)依照四季变迁、日出日落、风霜雨雪……不同场景,依次出场,在有序的时空中展示各自的生命力。其结构内部的时间,就是季节;空间很有限,是一个洞穴、一汪湖水或一片草场,即福柯(M. Foucault)所谓的位所(emplacement)。[1]"位所是通过点与点或要素与要素之间的邻近关系来确定的。"[2]**万物置于位所,人也同样**,每个人都是"位所"即"自己所处时代和地域之囚徒"。[3]生命本应安于位所,自在自由地演绎着生生不息的草原逻辑。比如黄羊,没有任何情节负担,或"生"或"死",不断出现,成为连接诸多小故事的重要"本事":

---

[1] "emplacement"和"position"都有"位置"之意,前者有"序列/队列"的含义。本书使用"位所"这一概念代替"位置",以强调它在自然序列中"先验的"形而上之含义。

[2] [法]米歇尔·福柯:《不同的空间》,周宪译,《激进的美学锋芒》,第20页。

[3] [英]汤因比(A. Toynbee):《为何我不喜欢西方文明?》,周宪译,《激进的美学锋芒》,第282页。

> 要是再来几大群黄羊，草就光了。今年的雪大，闹不好就要来大白灾。这片备灾草场保不住，人畜就惨了。亏得有狼群，不几天准保把黄羊全杀光赶跑。（No2）

草原人知道，"黄羊成了灾，就比狼群更可怕。草原上不光有白灾、黑灾，还有黄灾。黄灾一来，黄羊就跟吃人一个样。"可是，陈阵还是亲眼看见毕利格老人把"祸害"黄羊放走了，因为——

> 黄羊能把狼群引开，狼去抓黄羊了，牛羊马的损失就少了。黄羊也是牧民的一大笔副业收入，好多蒙古人是靠打黄羊支蒙古包，娶女人，生小孩的。（No3）

可见，草原逻辑并不等同于自然逻辑，它不完全听任自然的摆布，而是人类对自然的理性认识和顺应自然规律的自觉行动。这种"人与天调，然后天地之美生"（《管子·五行》）的认识，曾经是古代人类社会的行为取向，并不特属于草原。早期人类曾以协调天人为宗旨，"社会活动服从于自然法则，或者说，以自然律令为社会立法，以使自然时节与人类活动处于相互对应的秩序和谐之中"。①《狼图腾》刻意突出草原的魅力，在史学意义上有失公道，在人类学领域却不无道理。直到今天，草原还是一个可以直接通向自然的词汇，而"农业"或"耕地"都已经明确指向文明，成为与自然对应/对立的概念。遗憾的是，铁律一般的草原逻辑在书中并不那么温馨迷人，通过死亡表现出来，残酷且血腥；与吉卜林的"暴力文学"有异曲同工之处。吉卜林在殖民主义背景下展现了人工"异位"的残酷，②狼书中的暴力场景多半出自生存本能，表现出万物生灵对自然"位所"的忠实恪守。

---

① 葛志毅：《谭史斋论稿续编》，黑龙江人民出版社，2004年，第272页。

② 英国诗人、小说家吉卜林（Rudyard Kipling, 1865—1936, 1907年诺贝尔文学奖得主）的作品在"殖民语境中一再表现暴力"，带有明显的"帝国文学"特征。参见［英］巴特·穆尔-吉尔伯特：《后殖民理论——语境、实践、政治》，陈仲丹译，南京大学出版社，2001年，第26页。

那些脍炙人口的小故事的小主人公们，一边以顽强的生命力展示元自然生存的活力，一边以它们的不得不死表现着有生有死、不可抗拒的自然规律。

> 草原的严冬将消灭大部分瘦狼、老狼、病狼和伤狼。所以蚊群必须抓紧这个生长的短季，拼命抽血，竭尽抢救自己生命而疯狂攻击；而狼群，更得以命拼食，为自己越冬以及度过来年春荒而血战。（No30）

这里没有唯一的主体，只有互为依存的大循环；没有不死的生灵，只有铁律般的自然逻辑永不消亡。生物链结构成一张无限伸延的大网，不仅冲破了书写语言本身的线形走向，也打破了由"四季"结构起来的线性时间模式，让原本是平面的草原站立起来，立体化了，呈现出多维空间形式，即所谓生态体系。

"生态"进入审美领域被看作是后现代现象，它不会因为"后"的终结而终结，相反，后时代是它的起点。

后现代思潮是孕育生态意识的理想温床。

《狼图腾》的作者未必在迎合"欧美生态文学"浪潮，[1]与其说他在做文学或文化思考，毋宁说出于社会和政治的人文关怀，在网络式的结构安排上应和着福柯对人类社会发展走势的看法：

> 世界正经历着像是由点线连接编织而成的网络版的生活，而非什么随着时间而发展的伟大生活。也许我们可以说，引发今天争论的某些意识形态冲突，就呈现在时间的忠实传人和空间的强悍居住者之间。[2]

---

[1] 详见王诺：《欧美生态文学》，北京大学出版社，2003年。

[2] ［法］米歇尔·福柯：《不同的空间》，周宪译，《激进的美学锋芒》，第19页。

生态作为文化思潮进入艺术领域,生态体系作为结构方式成为小说,的确丰富了文学创作手段,却使得叙事更为复杂难解。尽管后现代批评仍在继续解构已经足够破碎的文本,后现代生态文学(比如《狼图腾》)却开始出现重返"宏大"的发展走向,陡然增加了批评的难度。

后批评家将后现代和后殖民理论引进结构分析,认为"在复杂的叙事里,构成成分之间的关系可能表现为两种句式:一种是反复结构,相当于并列句;另一种是递归结构,相当于从属句……反复结构依循时间的前进运动,而递归嵌入的特点则是把叙事时钟拨回到当前情境之前的历史的某一点"。①前一种句式多见于第三世界和后殖民文学,表现为政治上的"不进步"、"不发展"。依此看法,《狼图腾》出自第三世界,属于后殖民文学,它的叙事结构在表面上也是不断反复的,所有小故事都有"相当于并列句"的性质——幸亏,在小故事表现的"小命"之上还有一种"大命"言说;不仅如此,它还有草原狼和狼图腾横空出世,让作品在"反复"中突围,在寓意上也完成了对后殖民困境的突困。

故事开始不久,狼群攻击了黄羊,陈阵面对可怜无助的羊群脱口说道:这些黄羊真是太可怜了。狼真是可恶,滥杀生命,把人家的命不当命,真该千刀万剐……毕利格老人脸色陡变,急吼吼地喊出了"大命"和"小命"的道理:

> 在蒙古草原,草和草原是大命,剩下的都是小命,小命要靠大命才能活命……在草原上,要说可怜,就数草最可怜。蒙古人最可怜最心疼的就是草和草原。要说杀生,黄羊杀起草来,比打草机还厉害。黄羊群没命地啃草场就不是"杀生"?就不是杀草原的大命?把草原的大命杀死了,草原上的小命全都没命!(No3)

---

① 这里的引文和观点参见[美]玛丽-劳勒·莱恩:《电脑时代的叙事学:计算机、隐喻和叙事》,[美]戴卫·赫尔曼主编《新叙事学》,马海良译,北京大学出版社,2002年,第70页。

这段话非常重要,既申述了严酷的草原逻辑,也道出了万物必须严格遵守的纪律。老人说,"蒙古人打猎也是为着护草原的大命,蒙古人打吃草的活物,要比打吃肉的活物多八成",因为"蒙古人最可怜最心疼的就是草和草原"。如此作为,顺应着人类"锄强扶弱"的同情心,将立场放在弱者一方。但显然,这里的"弱"并不是较力中失利的一方,而是在任何努力面前都无所作为的元自然状态。陈阵听明白了这个道理:"小命"是具体的生命,在生存意义上是等价的,**天赋"生"权高于天赋"人"权**,腾格里之下万物生而平等。"大命"的说法上了一个层次,加入了人的因素,是在自然规律的基础上因势利导,由此,我们在众多小故事中看到了一个顺应"逻辑"的典范,因了人为努力而活得自由自在:

> **氓牛**是蒙古大草原上,最自由最快乐最受人们尊敬的公牛,是草原上最有经验的老牛倌,从牛群的牛犊中精选出来的种牛……氓牛是神圣的牛,是草原上强壮、雄性、繁殖、勇敢、自由和幸福的象征。(No13)

氓牛在生态结构上是一个"异位"(heterotopias)的存在,它是人为的。它的异位是一个象征,旨在告诉我们:人为的努力只有顺应自然才能升华,其结果往往具有比"自然的"更高的等级,在生活待遇和精神上都显示出不同寻常的更高层次——"层次"因此凸显出来,它是"异位"的一个结果。

结构理论中,**层次是必要的,它不仅为众多纷杂的事物提供秩序,为认识提供捷径,也为事物之被认识提供了"自由"的空间**。依照科学见解,在材料中"我们可以看到结构模式分级的情况……其中包含数量不断增加的基本粒子以及它们各自的自由度。这就有必要'滤出'更为精细的自由度,只留下主要特征作为下一个结构级的结构单元,以此来保证对问题的驾驭"。[1]在生态结构模式中,《狼图腾》利用"反

---

① 考特罗尔、派第佛尔:《结构的模式》,[美]温迪·普兰编:《科学与艺术中的结构》,第49、51页。

复"展示事物的多样性,却用一个"大命"完成了对反复的解构,将"后殖民"托举到"后现代"层面上,并赋予它新的寓意。

这时候再看小说中的"狼图腾",既不同于小狼故事的线形结构,也不在生态小说的网状结构之中,其位所即"异位",其结构性质是飘逸的。它穿行在两者之间,将两种性质不同的故事/结构有机地串联一起,让"自然"和"自由"彼此呼应,相得益彰。"这种非结构的结构,乃是一种潜隐结构,它们相互呼应,以象征的方式赋予整个情节发展以哲学意义。"①它携带着僭越世俗的后乌托邦信息,藐视任何逻辑和逻辑的结构,自由穿梭在文本内外,激发想象,鼓励梦想,打破了沉闷的结构范式,不断在人心中播散信仰的种子——这就不单纯是位所的"异位",也是有预谋的"越位",在越位过程中成为信仰的工具,"以语言的形式展示一个特殊的世界图式,并作为一个完整的生命体向世界发言",如杨义说:

> 结构既内在地统摄着叙事的程序,又外在地指向作者体验到的人间经验和人间哲学,而且还指向叙事文学史上已有的结构……这些方面的综合,才能充分地发掘结构一词的动词性意义。②

正是结构本身的"动词性意义",为异位提供了各种可能。福柯曾谈到"异位"的两种类型:乌托邦和殖民地③;不幸,这两种类型都关乎《狼图腾》的内在品质。狼书中,乌托邦(比如狼图腾)作为一种"非真实的位所",弥漫在字里行间,"直接类似或颠倒地类似于社会的真实空间",作用于整个草原和人间生活。有意味的是,"heterotopias"(异位)的词根与"乌托邦"(utopia)非常接近,福柯认为"在任何文明中,都存

---

① 杨义:《中国叙事学》,第34页。
② 同上,第29页。
③ 福柯:《不同的空间》(1967年5月14日演讲)。周宪译自詹姆斯 D. 法比翁编:《福柯:美学、方法与认识论》(纽约,企鹅图书公司,1988年),《激进的美学锋芒》,第22页。

在着真实的场所和现实的场所,它们被设计成为社会的体制以及各种实际上实现了的乌托邦"。①即便异位是幻想(或理想)的产物,一经被人认识,便可能超越自然的位所,变成人化自然的一部分,成为现实;如狼书中,让信仰进入结构,成为"实在"——这种异位的乌托邦因素,在现实中难以成立,于文学艺术却是极富创造力的元素,**承载着各类梦想,犹如活性化学分子,在美的世界里畅行无阻,成为想象力的重要来源**。②

杨义在《三国演义》和《水浒传》的结构研究中指出:"化单一结构为复合结构而形成诗史性作品,在结构形态历史发展上的革命性意义",于历史哲学认识是一次深刻的调整,有助于表现全景式的社会和人生。③倘若完成了主体易位,将社会人生转向自然草原,那"全景式"的复合结构就不尽是历史的,更是自然的,建立在严密的自然生物链的基础上,如费希特所说:"凡是自然里存在的,必然像它存在的那样存在着,而决不可能不那样存在。"④每个人或物都"进入了一条连续的现象锁链中,在那里,每一个环节都取决于其前一个环节,并决定其下一个环节……在它合乎目的地发生作用的地方发生作用"。它严实合缝地联接着自然规律,却可能窒息了人的精神活动空间。倘若人类不甘于仅仅是自然的,而是像费希特(们)那样企图摆脱自然的锁链,"要做自然的主人,自然该是我的仆人,我要根据我的力量来影响自然,而决不该由自然来影响我",⑤那么,如狼如虎般的图腾——乌托邦符号——便会应运而生。就像"狼图腾",承载着被费希特命名的**"人的使命"**,凌驾于自然万物之上,用毕利格老人的话说,"替天行道,为草原行善"(№2)。它冲破了文本的形式结构,在精神层面上任意翱翔,身体力行地呼应着"有意义的结构"这一美学理想。

---

① 福柯:《不同的空间》(1967年5月14日演讲)。周宪译自詹姆斯D.法比翁编:《福柯:美学、方法与认识论》(纽约,企鹅图书公司,1988年),《激进的美学锋芒》,第22页。

② [美]拉塞尔·雅various比(Russell Jacoby)为乌托邦精神辩护,认为"想象力"是它最富创造性的价值之一:"如果说想象力支撑着乌托邦思想,那么又是什么支撑着想象力呢?"详见《不完美的图像:反乌托邦时代的乌托邦思想》,姚建华等译,新星出版社,2007年,第232页。

③ 参见杨义:《中国叙事学》,第65页。

④ 费希特:《人的使命》,梁志学、沈真译,商务印书馆,1982年,第9页。

⑤ 两段引文同上,第25页。

"有意义的结构"是结构主义美学家戈德曼(L. Goldmann)的发现。他从卢卡契那里吸收了"总体性"这一重要范畴，①认为"有意义的结构"来自阶级、集团或民族等具有"集体意识"的世界观，是超越"个人主体"得以进入历史的一种方式。它的重要特征即"整个作品处在一个从部分到整体和整体到部分的不断循环过程中"，作家的创作不过是在"制造一个由其思想、情感和行为组成的有意义的连续结构"，而整个"作品就是一个有意义的结构"。②如此看《狼图腾》，是示范：它的创作初衷出自与民族相关的集体意识，它的每一部分无不联系着整体性的草原逻辑；书中性质不同的结构都有自己的归属，在"有意义的"名分下分别通往不同寓意的不同方向，在审美过程中发挥了不同的作用：

——"生态结构"坚固、稳定，它是僵硬的，以额仑草原为平台，担负起自然的使命，以铁一样的纪律(草原逻辑)托举着万物生灵，也托举起史诗般的宏大叙事，让这部长篇寓言小说得以站立起来。

——小狼的故事单纯简洁，通俗易懂，它的线形结构正好应和着审美移情的线性走向，在情感表达上可以一泻千里，直至人心。

——"狼图腾"作为活跃的精神因子即作为"异位"而存在的结构形式非常有趣：它有效地将前两个故事串联在一起，不仅激活了生硬刻板的(草原)"逻辑"和(生态)"体系"，也为整个作品注入了鲜活的生命力。在远离主流社会的边境草原，它让长久饱受诋毁的乌托邦理想出人意料地发出了一声震天狼嗥。

(2) 节奏：自转与"突转"

节奏是"人类共同的遗产，它可以深深地打动人类原始的、共有的

---

① [匈牙利]卢卡契"把一件艺术品当作一个整体来看待，艺术作品反映的也应该是社会整体。"参见雷纳·韦勒克：《西方四大批评家》，复旦大学出版社，1983 年，第 74 页。
② 卢西恩·戈德曼：《文学社会学的方法》，工人出版社，1989 年，第 74、76 页。参见《西方美学通史》(第七卷)，朱立元、张德兴等著，上海文艺出版社，1999 年，第 73、74、76 页。

天性。节奏不限于人类,它还普及于整个自然界"。①一部好的艺术作品一定有鲜明的节奏感。历代文学创作中,但凡能够运用的节奏,无论是自然的还是人为的,都可能被作家采用,让它们成为打动人心、增加艺术魅力的重要手段。

在自然的和人为的两个方向上,《狼图腾》的节奏有两个突出特点:一是生态学意义上的,在结构中充分地利用了自然手段——四季——作为故事的基本节奏。二是叙事学层面上的,在讲述故事的前后顺序以及章节安排中,疏密结合,张弛有度,构成与自然节奏——春/夏/秋/冬——相吻合的叙事节奏。

"四季"不是什么新鲜题材,通常被风景充斥,是文学表现的一个重要内容。"风景远不止是一个自然形态的事物。在世界的大部分地区,风景一直发生着可观的人为变化,因而现在基本上都是人造的了。风景被称为一张'用过数次的羊皮纸'。"②关于风景,我赞同纽拜(Newby)的说法,不认为它是单纯的自然景致,在不同的作品中它可能具有不同的意味。"风景是受季节变换支配的,因此气候变化的广泛样式是很重要的。气候条件能够增强对风景的意识"。《狼图腾》的季节表现为四季,恰恰是一年。"一年"和"四季"是不同的两个概念。"一年"隐含着编年史的意味,不尽是自然的,也是人文的和历史的符号。"四季"一定是自然的,当它与"一年"结合,就与自然季节有所不同:**它用"四"破解了"一"的完整性,为岁月注入了生命的节奏。**这时候它表现的风景就不单纯是一张张孤立的明信片,还可能成为"一组活动画片"[纽拜语],同时具备了空间的和时间的双重含义,因为原本它就是"在空间中也是在时间中展开的"。③由此看《狼图腾》,它以草原四季为叙事时序,有意或无意间,它展示的四季风景同时具有双重作用:既是一种结构形式,在时间上呈现出线性的发展走势,自律自

---

① [英]阿·尼柯尔:《西欧戏剧理论》,徐士瑚译,中国戏剧出版社,1985 年,第 178 页。

② [英]纽拜:《对于风景的一种理解》,原载《英国美学杂志》1978 年秋季刊;王至元译,《美学译文》(2),中国社会科学出版社,1982 年,第 180 页。

③ 此段中引文出处同上,第 185—186 页。

转,无限循环;同时又是节奏,可以在"四季风"的作用下产生"变奏",造成叙事情节的"突转"[亚里士多德语]以成全一个悲剧故事。

节奏是一个广泛存在的自然现象,定义繁杂,不下几十种。

沃尔夫冈·凯塞尔(Wolfgang Kayser)认为:"节奏同具有最广阔意义的时间发生联系",艺术中的"节奏需要一个感性的、在时间中进展的基础;节奏的感受性特别建筑在听觉、压觉和肌肉的感觉上。"他将诗与散文区别开来,认为诗的"节奏只有通过与词义的联系才能达到它充分的效果",散文(亦即小说)的节奏主要表现在"组织手段"上,诸如词汇、段落、停顿、章节或紧张性。不同的节奏造成不同的审美效果,在个性化的创作中有无限的开拓空间。①作品的**"意义"通常体现在文字表述中,是显形的;节奏相反,隐身于结构之中,是幕后操手**。作家在创作之初都要费心思考情节,一旦情节运动起来,他往往会不自觉地追随情节的发展不知所终,那种牵引着他的内在力量就是节奏。

一部优秀作品中的节奏来自人们对自然现象先验的审美反应。艺术节奏在本质上都是对自然的模仿。将自然的节奏融化在作品中,是增加美感、打动人心的重要的技巧。②比如四季,在狼书中是一个天然的节奏,不必刻意交代,与草原结合在一起,"自然地"具备了不同的色彩、温度、景观……故事发展在四季风向中找到了天然变化着的舞台背景,而生物链上的所有生灵,也可以自然地在"生/死"之间演出那不容变更、不可违逆的草原逻辑。

《狼图腾》最重要的节奏是生命的节奏。它用无数草原生灵的"小命"求证生命与艺术的节奏关系,如苏珊·朗格所说:"每个有机体内事实上都在进行着两种活动,一种是生长活动,另一种是消亡活动……当前一个事件的结尾构成了后一个事件的开端时,节奏便产生了。"③一个

---

① [瑞士]沃尔夫冈·凯塞尔:《语言的艺术作品——文艺学引论》,陈铨译,上海译文出版社,1984年,第316、339、346、342、354页。

② 参见刘晓纯:《从动物快感到人的美感》,山东文艺出版社,1986年,第206—208页。

③ [美]苏珊·朗格:《艺术问题》,滕守尧、朱疆源译,中国社会科学出版社,1983年,第46、49、47页。

种群的壮大或存亡总关系着另一个种群的兴衰，一个生命体的"生"往往是以另一个生命体的"死"为前提的：

> 要是再来几大群黄羊，草就光了……亏得有狼群，不几天准保把黄羊全杀光赶跑……要是把狼打绝了，草原就活不成。草原死了，人畜还能活吗？(No2)

毕利格再三告诫人们打狼要有节制："再这么打下去，没有狼，黄羊黄鼠野兔旱獭都该造反了，草原就完啦。"(No13)**"节制"是节奏在人类生命行为中一种表现**，以"遏制"为手段体现在种群关系中：

> 到冬天，旱獭和老鼠都封洞不出来了。可兔子还出来找食吃，兔子是狼的过冬粮，狼吃兔子就能少吃不少羊。可就是这么杀，兔子还是杀不完。要是没有狼，人在草原上走三步就得踩上一个兔子洞了。(No10)

草原上没有唯一的霸主，即使威风八面的草原狼也有难以对付的克星：

> 等下了雨，蚊子一出来，狼就抓不着獭子。为什么？狼最怕蚊子，蚊子专叮狼的鼻子眼睛耳朵。叮得狼直蹦高，狼还能卧得住吗？狼一动，獭子早就逃跑了。(No21)

如上境遇中，谁能触到上帝之手借助天力调整平衡？
惟有那些与草原共存亡的草原人。
毕利格老人说："我们蒙古人也是腾格里派下来保护草原的。没有草原，就没有蒙古人，没有蒙古人也就没有草原。"如此来路也预示着他们的去路："草原上的人，吃了一辈子的肉，杀了多多的生灵，有罪孽啊。人死了把自己的肉还给草原，这才公平。"(No8)话到这里，不仅成全了一个循环，也完成了一个突破：它又一次突破了以人为中心的传统叙事结构，让节奏的步履伴随着自然的生死循环，散落在草原万物生灵中间，在主体易位的基础上重返后现代语境。

依照苏珊·朗格的说法，要使一种形式成为生命的形式，必须具备三个条件：（一）它必须是一种动力形式。（二）它的结构必须是一种有机的结构，其构成成分通过一个中心互相联系并互相依存。（三）整个结构都由有节奏的活动结合在一起，即"生命所特有的那种统一性。如果它的主要节奏受到强烈的干扰……整个有机体就要解体"。①《狼图腾》的生命活力，无不与朗格推崇的"能动性、不可侵犯性、统一性、有机性、节奏性和不断生长性"即"一种生命的形式所应具有的基本特征"②密切相关；但是，在生死问题上有所不同，它不只褒扬生命或单纯强调"生"的正面意义，而且将"死"与消亡抬举到了同等层面，并赋予它特殊的审美价值：

> 在漫长冬季冻毙的弱畜，被狼群咬死肢解吃剩的牲畜都在腐烂，黑色的尸液和血水流入草地。倒伏的秋草枯茎败叶渗出黄黑色的腐水，遍地的羊粪牛粪、狗粪狼粪、兔粪鼠粪也渗出棕黑的粪水浸润着草原。（№16）

过往文学作品中很少见到如上描述。我们习惯在审美的意义或在反省文明的立场上刻意美化自然，仿佛大自然只是为了取悦人类才被表现为"美"的。这里不同，脏、臭、腐烂、死亡等等不美的事物都与美与生具有同等价值："古老的草原需要臭水。人畜一冬的排泄物、人与狼残酷战争留下的腐肉、臭血和碎骨，给薄薄的草皮添加了一层宝贵的腐殖质，有机质和钙磷质。"（№16）草原人因此有自己独特的审美体验，如乌力吉所说：

---

① ［美］苏珊·朗格：《艺术问题》，第49页。
② 同上，第50页。

城里下来视察的干部和诗人都喜欢闻草原春天的花香，可我最爱闻草原春天的臭气。一只羊一年拉屎撒尿差不多有1500斤，撒到草地上，能长多少草。"牛粪冷，马粪热，羊粪能顶两年力"。(No16)

死者在故事中也被赋予了朝圣般的感人力量：

　　老人如赤子般的安详，仰卧在雪地上，全身覆盖着一层薄薄的雪沫，脸上像罩着一层白纱。面容显得舒展和虔诚……死者哪里是去"赴死"，而是像去腾格里赴宴，再次接受圣水洗礼，去迎接自己又一次新生。(No4)

　　《狼图腾》的节奏在生与死、美与丑的表现手段上是平衡的，正如一年四季，无论冬夏，都有它特殊的韵味和价值。当这个趋于均衡的舞台搭建起来，万物才有了展示生机的平等机会，也为情节的深入发展提供了更多的表述空间。

　　小说就是说故事。
　　"故事是一些按时间顺序排列的事件的叙述。"①《狼图腾》中少见人文时间，没有编年，只有自然时序（如昼夜、四季）或数序，比如，"**两年前陈阵从北京到达这个边境牧场插队的时候，已是十一月下旬。**"(No1)我们知道那是一个初冬，却不知道那个确切的年份，因为书中没有纪元。又如，"这是陈阵在草原上**第二次**遇到大狼群。此刻，**第一次**与狼群遭遇的惊悸又颤遍他的全身。"(No1)我们得知事件发生的次数，却不知道事件发生的确切时间。与对人文时序的冷漠不同，在表现自然时序时作者倾注了大量心思和笔墨，使之成为故事中的基本节奏。

---

① ［英］福斯特：《小说面面观》，花城出版社，1981年，第22页。

狼书故事共 35 章(不包括尾声)。它采用章回小说的连接方式,节节相续,"紧张"贯穿始终,构成全书的主要旋律。没有松懈的阅读不堪忍受,作者必须找到适当的方式让读者"喘一口气"以完成阅读——这种松懈和喘气,成为叙事节奏的基本特点。根据书中的自然节奏,我用四种字体标示"舒/缓/紧/张"的不同程度:仿宋(和平宁静;草原民俗)、宋体(人间活动;文化较量)、斜体(蓄势待发的紧张气氛)、**黑体**(爆发战斗、血腥拼杀)——它们与一年四季交织一起,逐次如下:

深冬

No1 *群狼亮相,一场恶战蓄势待发*

No2 **狼群围猎黄羊群的战斗过程**

No3 清理战场;起羊的劳动场景

No4 草原人的风俗;"飞狼"的传说/*盲流外来户;场部奖励掏狼崽*

No1 到 No4(围绕着"狼杀黄羊和起黄羊")时间在 2 天之内

春季

No5 **饥饿的草原狼群全面围歼优质军马**

No6 *军马惨景;*"狼性"与"狼道"的争论

No7 陈阵动了养小狼的心思

No5 到 No7(围绕着"狼马大战"和"军马之死")时间集中在 3 天

No8 草原民俗;大量答问式对话

No9 掏狼窝,与狼斗智,失败

No10 东北蒙古族外来户;终于掏到狼崽

No11 *"养狼"问题;小狼亮相*

No12 **大规模围猎;群狼战败**

№13 "火攻"剩余狼群,却烧死了岷牛

№14 小狼崽的"狼性"

№15 与狼近距离斗智斗勇

№8 到№15(围绕着"掏狼窝"和"围猎")时间集中在 4、5 天

№16 春色的草原和草原生物

№17 草原权力易手:自然生态和人文管理

№18 养狼的冲突;对"文明"的质疑

№19 **老狼赴死;天鹅之死**

№19"天鹅之死"也是"春天故事"的结束

夏季

№20 与马有关的草原文化

№21 草原风光、民俗;进而紧张,狼吃旱獭;**最后激烈,狼吃羊**

№22 夏季草原民俗;喂养小狼,养狼问题

№23 民工进驻草原;杨克深入天鹅湖;**民工大规模猎杀天鹅**

№24 临战前的小狼;狼嚎

№25 马、马倌以及"马文化"

№26 以狼诱狼,斗智:结果是人斗不过狼

№27 小狼的成长

№28 熏艾草,抗蚊灾;相关民俗

№29 **马群遭遇雷电风雨、毒蚊和狼群的共同攻击,损失惨重**

秋季

№30 小狼长大;陈阵的反省;大兵团就要进驻,狼的末

日将临

    No31 风雨欲来；打前站的军人杀狼

    No32 秋季草场，吉普打狼战，**巨狼之死**

    No33 小狼牙床发炎；天鹅湖新草场成为草原生物的

坟场

    No34 毕利格老人传授民俗，唱起最后的挽歌

初冬

No35 草原沉寂，狼过境逃命避难；**小狼之死**

    故事很长，用笔分量截然不同：第 1 章到第 4 章，围绕着狼杀黄羊的前前后后，时间在两天之内。第 5 章到第 7 章，围绕"狼马大战"和"军马之死"，集中在三天。第 8 章到第 15 章，围绕着"掏狼窝"和"围猎"展开，不过四、五天中的发生的事情，竟有十数万字，相当一部小长篇的分量！

    冬春交接，两个季节，将近一半的篇幅浓缩在不过 10 天的日子里。每个章节都有轻重缓急，适时插入民俗描写或思想活动，仿佛战斗中的歇息。大量对话像是影片播放前的点评，用在寓言中，别有意味（第五章将专门讨论）。它用了传统章回小说的续接手段，却没有用它的叙事方式。这里没有全视角的说书人，只有一些"看客"——通过他（们）的眼睛，让我们以四季为背景读尽草原风情。如果我们相信，"在任何一种激情中，都包含着某种自然的旋律。因此，悲剧在处理激情时，就可以通过有节奏的语言抒发出它的激情来"。[1]那就不难发现，《狼图腾》的旋律，正是它特有的叙事节奏。如果把以上标示看作一种节奏形式，认真琢磨其间的张弛过渡，就会看到：书中凡事总有铺垫，就如草原上的坡地而非崇山峻岭；有喧器，也有宁静，顺地势风势起伏跌落；没有一个不收场的战场，没有一幕不谢幕的演出；所有生灵物

---

[1]　［英］阿·尼柯尔：《西欧戏剧理论》，第 175 页。

种,无论大小,来去生死都有交代。

故事说的是一年四季,但对"四季"的描写也并非平均分配。

书中多数篇章用于春天和夏天。

春夏之交在狼的故事中是一个重要转折。首先是政治变故,第17章中,权力易手,草原干部乌力吉下台,军代表包顺贵接管草场权力。接着就是情节"突转",第19章并列演出了"老狼之死"和"天鹅之死"。这两章安排在全书中间,春夏交接成为分水岭:前面讲的是春天的故事亦即元自然生存的故事,主角是狼群、天鹅和草原人;后面说的是外来户占领草原,讲的是人化自然的过程。小狼故事贯穿其间,在草原的末日中倾注了浓郁的人间悲情。故事始于冬止于冬,冬/冬相接,寓意深沉,**在"死季"和"死寂"的氛围中结成一个难解的"死结",从情绪到思绪,都没有给"生/活"留出选择空间。**悲剧中,"节奏——永远是运动。似乎是在两壁之间的运动,是矛盾的两壁,一面运动,一面用手轮流触摸两壁"以求平衡。[1]体现在狼书中,一边是文明进逼,一边是草原消亡,叙事在节奏上力图把握平衡,悲剧还是不可避免地发生了,不由人不追问:

——故事中那个不可或缺的"突转"[2]在哪里?

——作者使用什么手段在平衡的节奏中完成了"突转"?

是季节,是推动季节变换的四季风。

北方草原,清晰可见景观不同的一年四季,自然地演绎着自然的节奏。

季节的节奏是自律的,与自在的生态结构暗中勾结,于无声处改变着自然的和生命的韵律。将季节用作艺术节奏,与苏珊·朗格提示的"生命节奏"不尽相同。相比之下,它更紧迫,完全排除了个人的命运因素,也祛除了它的象征意味,更直接地投射出了它与人类群体生

---

① ［俄］维·什克洛夫斯基:《散文理论》,第137页。
② 即"出人意料的转折",出自亚里士多德的《诗学》,被看作是所有悲剧情节中不可或缺的共同点。

存的利害关系：

> 季节的循环与每个人都有着利害关系。当人类开始从
> 事农业活动时，季节的节奏性运动与人群的命运形成了**必
> 然的联系**。与这种更大的节奏联系在一起的，有不断出现
> 的从种子到成熟并长出种子的循环，有动物的生殖，有两性
> 的关系，有永不止息的生死之轮。[①]

把"必然"的内在关系用作节奏，在审美表现上会产生借力发力的杰出功效。比如《狼图腾》中的悲剧故事，通过四季风动，利用自然力，"自然地"完成了情节上的突转。

故事从冬季开始。深冬，草原狼利用冬季冰雪大战黄羊，草原人在白毛风到来之前做足了过冬准备，因此"剩下的半个冬季，牧场的畜群果然没出什么大事。额仑的狼群跟着黄羊群跑远了，跑散了。大白灾也没有降临"。（№3）春天，应该是万物复苏的季节，但是，外来户进入草原，开始了大规模的杀狼运动，春天因此杀机四伏。入春的章节以"倒春寒"开头，白毛风肆虐袭来，在季节交接之际彰显出"厄运"的预兆：

> 湖水倾盆泼向草滩，畜群倾巢冲决畜栏。风口处的蒙
> 古包，被刮翻成一个大碗，转了几圈便散了架。迎风行的毡
> 棚车，被掀了顶，棚毡飞上了天……雪粒像砂枪打出的砂
> 粒，嗖嗖地高速飞行，拉出亿万根白色飞痕，仿佛漫天白毛
> 飞舞。（№5）

这是恶战的前奏，也是一个突转。风力强大，是自然力的象征，也是情节突转的动力。书中只写了这一次白毛风，是在外来户悖逆天

---

① ［美］约翰·杜威（John Dewey）：《艺术即经验》，高建平译，商务印书馆，2005年，第28页。

意、企图杀生的春天。接着就是人/狼大战、狼/马大战……大战过后：

> 淡淡的阳光穿透阴寒的薄云和空中飘浮的雪末，照在茫茫的额仑草原上。白毛风暴虐了两天两夜以后，已无力拉出白毛了，空中也看不见雪片和雪砂，几只老鹰在云下缓缓盘旋……天快晴了，古老的额仑草原已恢复了往日的宁静。（No.6）

这段描写用在第 6 章开头，对残酷的狼/马大战是一个续接，也是突转，由急转缓；或由缓转急，都出现在故事章节开端，应季风而变，痕迹不留。

> 初夏的阳光，将盆地上空浮岛状的云朵照得又白又亮，晃得人睁不开眼睛。空气中弥漫着羊群羊羔嚼出的山葱野蒜的气味，浓郁而热辣。人们不得不时时眨一下眼睛，滋润一下自己的眼珠。（No.20）

到了盛夏，炎热和"无风"也是一种季节风情，在静谧中埋伏杀机，充分展示了草原生存的严酷无情：

> 蚊子还未出来，但草原上由肉蛆变出来的大头苍蝇，却像野蜂群似地涌来，围着人畜全面进攻……阳光越来越毒，地面热雾蒸腾……狗们都趴在蒙古包北面窄窄的半月形的阴影里，张大了嘴，伸长舌头大口喘气，肚皮急速起伏。（No.22）

接着就是暴风雨——无风和炎热，"风雨"是一个突转，雨过天晴又是一个突转——但，天晴之后就有好日子吗？不然：

> 几场大雨过后,额仑草原各条小河河水涨满。新草场的湖面扩大,湖边草滩变成了湿地,成了千百只小鸭练飞和觅食的乐园。与此同时,一场罕见和恐怖的蚊灾,突然降临边境草原。(№28)

生活在草原的人们"盼雨又怕雨",雨后会催生更多的蚊群,让草原"变成人间地狱"。(№29)难怪杜威把"自然节奏"提高到哲学认识论的高度,他认为:"自然的更大节奏甚至与人的基本生存条件联系在一起,只要人对自己的工作及提高工作效率的条件有所意识,他就不可能不注意到这种联系。晨与昏、日与夜、雨与晴,这些交换着的因素都与人类有着直接的关系。"[1]生活在草原的人没有不在乎天气的,"看老天的眼色过日子"是草原人在极为艰苦的生存环境中不得不尊重自然的自然选择。狼/人大战之前,巴图和张继原"同时想到了天气",他们不约而同抬头望天,西北天空星星不见了,阴云密布。

> 到下半夜,一阵狂风过后,突然从空中砸下一个巨雷,轰的一声,马群中间像是爆炸了一个火药库。刹那间,地动山摇,群马惊嘶,所有的大小马群全炸了群,近两千匹马在圈中乱撞乱跑。(№29)

这情境中,"人对自然节奏的参与构成了一种伙伴关系,这要比为了知识的目的而对它们的任何观察都要亲密得多"。[2]倘若有意识地把自然节奏用作艺术节奏,可以强化预设的审美效果且痕迹不露;与此同时,也可能让"季节"本身进入到母题范畴,在原型理论的基础上获得更开阔的解释空间。

原型批评的奠基人弗莱(Northrop Fry)用自然界的循环规律解释

---

[1][2] 〔美〕约翰·杜威(John Dewey):《艺术即经验》,高建平译,商务印书馆,2005年,第28页。

文学形态,将春/夏/秋/冬四个季节与喜剧、传奇、悲剧和讽刺四种叙事模式对应。①在《狼图腾》中,四季像是"生/活/战/死"四个阶段,在自然节奏中融入了生命的意味;所谓变奏,借四季风动,在生死较量中自行舞蹈起来。弗莱主张批评采取宏观或远观的方法即"站后些"(stand back),尽量让叙事与事件或人物保持适当距离,以便"发现作品与作品、与传统之间的原型结构和联系"。②姜戎的方法相反,他用的是身临其境(stand here):

> 人们看这书为什么新鲜? 为什么能够一直看下去呢? 草原这地方,四季不一样,季节一变,场景全变了,一片绿草,一片沙漠。四季是变化的,残酷的,所有的线都是命运之线。③

额仑草原上,无处不见季节:阳光、星辰、白天、黑夜、风向、风势、雷电、暴雨、风雪……草原人须臾不敢怠慢,以"礼遇"的方式将其融入民俗(第四章最后一节将讨论这个话题)。自然的节律变成了可以把握的节奏。"由于这种自然的节律使时间对我们来说变成可以把握的",一旦融进作品,"它将是自动的和无意识的重复",④与生态体系建立了一种超稳定的和谐关系。

《狼图腾》中,四季(时间/节奏)与草原(空间/结构)的关系是互补的。

在结构上,草原是有边界的,其生态体系相对封闭。封闭性产生一种特殊的审美效果,形成有压力的气场,造成紧迫的动感,成就了"山雨欲来风满楼"的战斗气氛。"四季"对封闭的空间感是一个有效的突破,它让超稳定的结构活跃起来,在周而复始的时间循环中表现

---

① 〔加〕弗莱:《批评的剖析》,转引自《西方美学通史》(第七卷),朱立元、张德兴等著,上海文艺出版社,1999 年,第 34 页。
② 《西方美学通史》(第七卷),第 31 页。
③ 摘自姜戎与本书作者的对话(2006 年 4 月 4 日)。
④ 〔加〕弗莱:《批评的剖析》,陈慧等译,百花文艺出版社,1998 年,第 108 页。

生命的张力，无论在自然草原还是在人间故事中，都是合逻辑的。这种动态性与中国叙事文体中"结构的动词性"不谋而合，是"中国特色的叙事学贡献自己的智慧的一个重要命题"。[①]

2. 生命语系

一部好的文学作品通常会有自己独特的语言风格。

苏珊·朗格认为，文学语言承载着符号功能，"在艺术品中包含的任何一种符号，都有着自己特定的含义，有时甚至有着不止一种含义"。[②]研究通常有两种倾向：一种着重词语本身的表现，"找出它们必然会有的审美功能"。[③]另则侧重挖掘语言的内在含义，分析中加入研究者的主观认识，给文本附加了太多意义反而忽视了作品本身发出的"声音"——寓言研究就是这样，在强调寓意的时候往往忽视了寓体本身的艺术价值。

对《狼图腾》的研究有必要从文本分析开始。这部承载着过多意味的长篇小说，首先是因为它的寓体赢得了读者，然后才有意义的呈现和对意义的思考。阅读本身是社会认可的一种方式，它可以是媚俗的，也可以是脱俗的；媚俗的未必可以赢得大众，而脱俗的也未必没有读者。倘若在媚俗的形式中注入了脱俗的思想（比如《狼图腾》），这事儿就有意思了，倾听"声音"与咀嚼"意义"结为一体，共同面对如下问题：

——《狼图腾》是怎样处理声音的？

——它有哪些独特的语言风格？

——它用什么话语打动人心？

思绪因此总是追逐着情绪，让枯燥的文本分析变得饶有趣味。

---

① 杨义：《中国叙事学》，第 25 页。

② ［美］苏珊·朗格：《艺术问题》，滕守尧、朱疆源译，中国社会科学出版社，1983 年，第 132 页。

③ 雷·韦勒克、奥·沃伦：《文学理论》，第 194 页。

"生命体语言"的使用是《狼图腾》的一种特技,也是它最突出的风格。它充分利用了人在审美活动中可能调动的几乎所有身体器官,竭力在文本中展现语言可能展示的生命力,以激发出读者本身作为生命体的审美感应。与表面自由自在的气氛完全不同,《狼图腾》在内部结构和语言运用上有严格的纪律:它使用了独特的"生命语系",在结构和节奏上与自律自在的"生态体系"内外呼应,共同展示铁律一般的自然逻辑。生态体系是隐身的,生命语系是显性的和具象的,在两个极端的方向上有突出表现:

　　一是**宏观的场景描写**。草原是一个大场景。作者在这个大舞台上安排了不同剧目,让我们看足了万物生灵展现生命力的精彩演出。生命体的行动带出了动作性词汇,结构起一个个活生生的场景,让平面草原在文本中站立起来。

　　二是**微观的细节描写**。故事中,陈阵出示的主要是眼睛和耳朵,他的主要作为是看和听——就因了这"看"和"听",文本中出现了大量与视觉和听觉有关的词汇,为黑白字纸注入了丰富的生命元素,让寂静的文字喧闹起来。《狼图腾》的叙述语言有其鲜明的个性色彩:

> 犹如绘画中扎实的素描功底,轮廓和线条沉稳准确,具有凝重、高清晰度的写实风格,充满了极为传神、独创的动感比喻……用草原画家杨刚的话来说:"作者是用百米冲刺的速度和功力,在跑马拉松全程。"书中每一句话都像是上紧了发条,让人喘不过气。①

　　书中"扎实的素描功底"主要体现在细节描写上,而那种"让人喘不过气"的感觉几乎全部出现在大场景中,与大量的身体动作语言相关。作者充分利用了汉字/汉语的特点,将生命元素灌注其中,让极具表现潜力的汉语文在独特的"生命语系"中施展出无穷魅力,把象形文

---

① 摘自康庄的《读〈狼图腾〉:狼是人类社会进步的发动机》(网上发布时间:2004 年 5 月 22 日)。

字的表意功能发挥到淋漓尽致。这涉及一个非常重要也非常敏感的
问题,即中、西语言/文字的差异性问题。

本文无意在此讨论语言/文字的差异性这一重要却非常困难的
问题,只想强调一个事实:现有的语言学和符号学建立在西语和字
母符号的基础上,与汉字/汉语不仅在表达方式而且在语意理解上
有很多不同。西语是两重结构(词语序列和句子系列),以字母为表意
符号,字母本身并不直接承载意义,其语意必须通过语句(text;con-
text)在上下文中得以实现。西语的从句像扩展的拖车,寓意繁杂,寓
体便难得简洁。汉语是三重结构,同时具有"象形、象意、形声"①三
种功能,其文字本身就是"有意味的"符号,可以直接承载寓意。中
国的文字史源远流长,不断被重复使用的汉字"层积成丰富的意
义",仅仅文字本身就能引发"人们在广阔的时空间的联想"。②汉语
的传统用法中极少从句,汉字本身可以独立成句,单独表意,自成序
列,拆组灵活,变幻无穷……这些重要差异表现广泛,触目皆是,无
疑将影响到语言学和符号学本身的理论革新,是在文本分析时必须
顾忌到的问题。以下论述中,无论借用以索绪尔为代表的语言学,
还是以罗兰·巴特为代表的符号美学,都只能看作参考性的意见;
即便使用了西方传统美学和经典文艺理论中的方法和概念,却不会
去套用它的分析模式。

(1) 场景:动作性词语

特定环境中的气氛渲染,会将读者带进特定的气场;悲哀或兴奋,
与作者在不同场景中制造的不同气氛有关。进入《狼图腾》,第一感觉
是紧张。

---

① 唐兰:《中国文字学》,上海古籍出版社,1979年,第76页。
② 杨义:《中国叙事学》,第187页。

故事是这样开始的(引文中用**黑体**表示**动词**;用**黑体**表示**形容词**或**副词**,下同):

> 当陈阵在雪窝里用单筒望远镜镜头**套住了**一头大狼的时候,他**看到了**蒙古草原狼**钢锥一样**的目光。陈阵全身的汗毛又**像豪猪的毫刺一样**地**竖了起来**,几乎将衬衫**撑离了皮肉**……身上的冷汗还是**顺着竖起**的汗毛孔**渗了出来**……嘴里**呼出**的霜气都**颤抖起来**。

整个第 1 章,陈阵和老人趴在雪窝里。"陈阵一动也不敢动,他感到自己几乎冻成了一具冰雕",就要扛不住了。老人说:"你再忍忍吧,猎人的机会都是忍出来的。"这章结尾时我们知道,他们静趴的时间是"大半天"。故事就是这样开始的,它让时间静止在一个极端狭小封闭的环境(雪窝)里,人也静止在这样的时空中一动不动。如此无所作为,不是不想,而是不敢;生死悬于一线,只在这"动"与"不动"之间——这也是一种场景描写,在静止的时空和生死悬念中产生了一种扣人心弦的气场,它制造的审美效果就是紧张。

紧张的气氛贯穿始终,变成一种长久弥漫在故事中的"气场",与两种因素相关:一是战斗前兆,比如这里的静趴,为接踵而来(第 2 章)的恶战铺陈。二是生死攸关,比如这里的"不敢动",动辄便是送命。有效地制造紧张气氛,是《狼图腾》在审美表现手法上的成功探索。滕守尧对这种手法有专门研究:一种好的格式塔(形)在本质上都是一些"紧张力的式样",而"一种式样究竟能否产生出紧张,除了看其本身的形态外,还要看它所处的背景或前后联系"。[1]《狼图腾》的故事背景是草原,这里的"气"不是虚空而是实在的"场",由四季风不停歇地传播着,弥漫在草原每一个角落,生机勃勃的同时杀机四伏。动作性语句大量涌现,生死攸关的紧张气氛始终在场。比如群狼亮相,没有任何

---

[1]　滕守尧:《审美心理描述》,中国社会科学出版社,1985 年,第 114 页。

声音,完全是在狼的动作以及人的动作性感受中实现的:

> 当陈阵**猛地转头**向山谷**望去**时,他几乎**吓得栽下马背**。
> 距他不到40米的雪坡上,在晚霞的天光下,竟然**出现了**一大
> 群金毛灿灿、杀气腾腾的蒙古狼。全部正面或侧头**瞪着他**,
> 一片锥子般的目光**飕飕飞来**,几乎把他**射成了刺猬**。
> 十几条**蹲坐**在雪地上的大狼**呼**地一下全部**站立起来**,
> 长尾统统**平翘**,像一把把**即将出鞘**的军刀。一付**弓在弦**上,
> **居高临下**,**准备扑杀**的架势。(No1)

通过身体的动作或感官性语言,由"身受"直接过渡到"感同"。诸
如"钢锥一样的目光"、竖立的汗毛"几乎将衬衫撑离了皮肉"、"嘴里呼
出的霜气都颤抖起来"……危难紧张时刻,人人都可能有这样的感受。
从陌生到熟识的转变,是在"感受"而不是在"认识"中实现的。理解这
一点非常重要,它是《狼图腾》不使用的一个主要手段。如大青马,在
群狼的埋伏中觉察到潜在的危险:

> 一路上大青马一直**活跃乱动**、**四处侦听**的耳朵**突然停**
> **住了**,而且**直直地朝向**谷口的后面,开始**抬头喷气**,**步伐错**
> **乱**……急急地**张大**鼻孔,瞪大眼睛,**自作主张地改变**方向,
> **想绕道而走**……马步**越来越乱**,变成了**半走半跑半颠**,而蹄
> 下却**蹬踏有力**,随时就可**狂奔**……大青马**见**一连串的**提醒**
> **警告**不起作用,便**回头猛咬**陈阵的毡靴。(No1)

大青马的动作不是拟人的,完全是自主独立的行为,但对它的描
写却是拟人的。这里,有意识有主见的是马,不是人。马背上的陈阵
对身边的危险和大青马的提醒麻木不仁。马向人传达的不单纯是感
受,还有不由你不信服的"信息"。这种描写不无夸张之嫌,在艺术领
域中是常见的手法。有研究表明,简单的结构让人感到舒服和平静,

但在审美领域，人们倾向"欣赏稍微不规则和稍微复杂的式样"，它"造成的不完整可以制造必要的审美张力"。①当这种张力弥漫在字里行间，就会成为风格。小说的风格是通过语言表现出来的。"故事可以是不连贯的，但是塑造故事的语言必须是连贯的。"②当这种语言贯穿在整个书中，它的风格不言自立，为那些看似散乱的小故事和小主角们找到话语的家园，也为四季更迭、风向不定的辽阔草原寻得了精神上的归宿。

《狼图腾》的场景描写有两个相反相成的突出特点：一是内在的心理场景，在有压力的气场中自然生成的"紧张感"。另则是辽阔的"空间感"，联系着四季草原的自然变迁，托起了波澜壮阔的战斗场面。在战斗场景描写上，它与古已有之的战争文学有某种血脉关联，可以看作战争文学的另类读本。

战争文学中最重要的表现手段就是恢弘的场景描写，它制造的审美力量同样气势恢弘，具有强烈的震撼力。如列夫·托尔斯泰的《战争与和平》，它"为何不会教人觉得沮丧？可能是因为它已超越于时间与空间之上。而那种空间感，只要我们不为之惊恐，就有一种鼓舞作用，其效果一如音乐"。

> 开始念《战争与和平》不久，伟大的乐章即行启奏……那绝非起自故事，也绝非出于事件或人物，而是来自散布着这些事件及人物的广邈的俄国领域——林林总总，包括桥梁、冰封的河流、森林、道路、花园及田野，当我们游目而过，就会眩目于其雄伟，震耳于其洪亮。③

福斯特指出："许多小说家都有地方感，却很少有空间感。在托尔斯泰神奇的技巧当中，空间感占有非常高的位置。"阅读《狼图腾》的战

---

① 参见滕守尧：《审美心理描述》，第 107—114 页。
② ［秘鲁］巴·略萨：《中国套盒》，赵德明译，百花文艺出版社，2000 年，第 27 页。
③ 上下几段引文均出自［英］福斯特的《小说面面观》，花城出版社，1981 年，第 32 页。

斗场景时，我多次联想到《战争与和平》——它们完全不同性质，为什么会产生这种联想？我以为，正是因了那气势恢弘的场景描写：两者在制造气场、震撼人心方面有异曲同工之处。《战争与和平》中那广袤的大地属于“祖国”，而《狼图腾》力图表现的草原是自在的，它属于自然。前者的故事主体是人，因此有大量的心理活动。后者的主体是草原和草原生灵，它的常态是战斗而非平静，频繁的战斗场面被大量行动性词语充斥，罕见心理描写。在大规模的战斗场景中，两位作者都自觉或不自觉地选择了原野（草原）。原野（草原）这样辽阔的自然空间，成为作者制造“空间感”的应邀嘉宾，在审美效果上是增值的。

《狼图腾》的故事其实就是一场接一场的战斗，应了那句血写的草原箴言：“平安后面没平安，危险后面有危险。”（№5）从大青马与群狼斗智（第1章）到军人指挥打狼运动（第32章），书中大战近20场次，小场面不计其数，却无一重复。怎样保持紧张的气场而在场景描写上又不失重复？这是一个有难度的问题。作者充分利用了人体器官的自然反应，通过相关的动作性词语调动身体感觉；同时，他巧妙地使用了“分神”这一手法，避免视觉疲劳可能导致的心理疲倦，在把握审美心理平衡上做足了文章。比如人/狼大战，最精彩的场面是巴图护卫军马独自与狼群作战（第5章），动作词汇贯穿在每一个句子中，通过肢体语言直接表现出来，更加简洁，更有力度：

> 巴图一**出包**马上就**嗅出**白毛风的气味，再一**看**北方天空和风向，他紫红色的宽脸顿时**变成**紫灰色，琥珀色的眼珠却**惊得发**亮。他急忙**返身钻**进包，一脚**踹醒**熟睡的同伴沙茨楞，然后急匆匆地**拿**手电、**拉**枪栓、**压**子弹、**拴**马棒、**穿**皮袍、**灭**炉火，还**不忘**给正在马群值班的马倌**拿上**两件皮袄。两人**背起**枪，**挎上**两尺长的大电筒，**撑杆上马**，向偏北面的马群方向**奔去**。（№5）

一个短句中多次出现两个动词并列而不用任何介词连接或标点

断开，一个长句中同时出现多个动作短语而其间少用修饰性的副词，不同寻常。比如"**争先恐**后地**跳跃追扑**"（No12），9 个字的短句中有 6 个动词同时出现，在现代汉语中十分少见，不那么合语法规范，却可能续接着中国古汉语的文体和用词风格，在战争场景描写中展示了它独特的魅力。亚里士多德在《工具论》中有不少篇章论及动词的特点，强调"动词本身也是有实质的和有意义的，因为使用这样的用语的人，唤住了听者的精神，并且吸住了他的注意"。[①]如上手法有很大的挖掘潜力，它让我们看到"省略"在审美感受上的增值效用：在一个主语的诱导下，若干动词并列或独立成句，浓缩文字含量的同时增加了时间的含量。它让每个动作都有可能成为一件事情，在有限时间里极大地拓展了空间的表现力。众多行动于瞬间被压缩在一个场地中，紧张感油然而生。这种表现手段不仅用于人，更多用在动物身上，人兽平等，不偏不倚：

> **大黑马**卟卟地**喷着**鼻孔，**瞪大**眼睛，勇猛地**蹬、踢、尥、咬**，不顾**咬**伤抓伤拼死**反抗**。狼越围越多，前扑后冲，集中狼牙**猛攻**大黑马……一匹**大白马自告奋勇**，昂头长嘶，**挺身而出**作为新马群的头马。有了头马，**马群兴奋起来**……**肩并肩，肚靠肚，挤**得密不透风。几百只马蹄不约而同地**加重了**向下的力度，**猛踩、猛跺、猛踢、猛尥**。（No5）

相对静止的时间与踩、跺、蹬、踢、尥、咬……众多迅速激烈的大动作堆积在一起，增加了空间的质量和气场浓度。这也是一种节奏：静与动在同一地点同时发生，显然不是自然的行为，而是艺术创造的结果。马克思说过："五官感觉的**形成**是以往全部世界史的产物。"[②]用在这里，别有意味，让我们对艺术在"人化自然"亦即"人化（自然的）人"

---

① ［古希腊］亚里士多德：《范畴篇　解释篇》，万书春译，商务印书馆，1986 年，第 57 页。

② ［德］马克思：《1844 经济学—哲学手稿》，刘丕坤译，人民出版社，1979 年，第 79 页。黑体原为重点符号。

这一方向上难以替代的作为刮目相看。

值得一提的是,这书中,与战争场面相对应的场景不是和平,而是战死。恶战下来,总有"牺牲"的壮烈场景:

> 马群绝望长嘶……众心一致地拼尽最后的力气,在黏稠的泥浆里倒着四蹄向泥塘深处爬,即便越陷越深,也全然不顾,它们宁可集体自杀葬身泥塘,也不愿以身伺狼,不让它们的世仇最后得逞。(No5)

如此英雄笔墨,同样用在草原狼身上:

> 只见老狼斜身一窜,朝断崖与山体交接处的碎石陡坡面扑去。老狼头朝上扑住了碎石坡面……石块哗啦啦地垮塌下去……纷纷砸到老狼身上,一时卷起滚滚沙灰,将老狼完全吞没、掩埋了。(No19)

这场景让"杨克低头默立,他想起了中学时看的那个电影《狼牙山五壮士》";也让杀狼的刽子手包顺贵不由感慨:"这人呐,还真不如狼。"(No19)对手之间的肃然起敬往往是最感人的,具有震撼人心的力量。

震撼人心或动人心魄,是作者的写作策略,也是目标。故事成为手段,是噱头,吸引人们阅读,而后才有思考。在故事描写方面,作者有意媚俗,犹如街头杂耍,先把锣鼓敲响了,聚众围观,然后从容施展绝技,与斯坦尼斯拉夫斯基的"体验艺术"保持一致——它是俄式的,也是传统的,于作者是熟悉的和可亲近的。在创作中,作者全身心投入了激情,充分燃烧自己,因为他相信:

> 不能使自己燃烧起来的话,你绝对不可能让别人激动……我当时的情况就好像是一个核反应堆似的,是裂变!

这种热量、这种高度的精神和情感的爆炸，必然要传递到读者身上，肯定会引起人们内心的剧烈振动。①

激情燃烧形成巨大的张力，与辽阔的空间感结合，在一个个场景描写中挥洒酣畅。书中最感人的场景之一，是在黑夜，小狼整夜嗥叫，企图回归狼群：

"呜……欧……"，欧声悠长，带着奶声奶气的童音，像细箫、像薄簧、像小钟、像短牛角号，尾音不断，余波绵长……（它）运足腹内的底气，均匀平稳地吐气拖音，拖啊拖，一直将一腔激情全部用尽为止。②（No26）

黑夜深沉，只有声音——狼嗥——充斥着草原。没有人物出场，但人（陈阵）是在场的。夜中，他什么也看不见，却仍然以在场者的身份和将心比心的"同情感"作证，把人类心理活动全盘移植到狼的生活中，用拟人的联想完成了他的证词。整个过程中只有狼嗥，没有话语，没有动作，可这声音也如动作，声声意味深长，扣人心弦，引人发问：
——说话是不是一种行动？
——发出声音是不是一种行动方式？
在大草原，面对万物生灵，你不能回避这个问题。对不能说人话的动物而言，发出自己的声音不仅是一种行动方式，也是它们表达意愿、宣示情绪、相互关照以维系生存的重要手段。当众多声音汇集在一起，也可以形成壮观的场面：

马队车队一路酒一路歌……歌声一起，蒙古民歌、赞

---

① 摘自姜戎与本书作者的对话（2006 年 4 月 3 日）。
② 画家杨刚曾与狼书作者一起在内蒙古草原插队，一起养狼，他回忆："一晃二十多年过去了，以往经历的许多事情都已淡漠。不知为什么，只有这件事却时常萦绕在我心头。每当夜深人静的时候，我常想起那荒野上凄楚悲凉的狼叫声。"（《养狼》，1995 年 4 月）

歌、战歌、酒歌和情歌，就再也闸不住了。四五十条蒙古大狗茸毛盛装，为这难得一聚的出行，亢奋得像是得了孩子们的"人来疯"，围着车队**翻滚扯咬**，互相不停地**打情骂俏**。
(No3)

巴尔扎克描写声音的技巧曾使高尔基倾倒，他"只利用了即席谈话的一些毫无联系的语句，就以惊人的明确性描绘出了各个不同的人物和性格"。[①]读过《驴皮记》后，高尔基"惊愕万分，各种不同的声音我仿佛现在还听见。然而主要之点在于，我不仅听见，而且也看见谁在怎样讲话，看见这些人的眼睛、微笑和姿势，虽然巴尔扎克并没有描写出这位银行家的客人们的脸孔和体态"。[②]可见声音表现的艺术魅力，刻意使用并运用得当会产生事半功倍的审美效果，在烘托场景气氛和表现人物性格方面有很大作用。《狼图腾》中，声音是仅次于色彩（下节讨论）的一个重要元素，在宏大的战争场景描写中功不可没。不同于《人间喜剧》，它来自天地万物，有两个特点：其一，即使声音鼎沸，却未必是人声：

钢蹬击出**钢锤敲砸钢轨的声响**，清脆高频，震耳欲聋，在**肃杀静寂**的草原上，**像刺耳刺胆的利剑刺向狼群**。对于狼来说，这种非自然的**钢铁声响**，要比自然中的**惊雷声**更可怕，也比草原狼最畏惧的**捕兽钢夹所发出的声音**更具恐吓力。陈阵**敲出第一声**，就把整个狼群**吓得集体一哆嗦**。
(No1)

另一个特点是"无声"，这是狼书中"声音"最具表现力的一种手段。

---

① 高尔基：《论文学续编》，冰夷、满涛等译，人民文学出版社，1979年，第174页。
② 高尔基：《论文学》，孟昌、曹葆华、戈宝权译，人民文学出版社，1978年，第183页。

第1章,大青马感觉到狼群威胁,"它的**耳朵突然不动了**,而**直直地朝向谷口的后面**";接着,"**耳朵背向身后**,紧张关注着那条探子狼"。没有任何声音,只有一双耳朵的动作,却产生了"此处无声胜有声"的效果。在这里,**倾听**是求生的必要手段,而不仅仅是一种(政治)姿态;当**眼睛**的"**关注**"用于**耳朵**,将目睹的距离延伸到听力所及之处,声音便也成了可以看见的证词,极大地拓展了见证的范围和证词的有效性。有声或无声,旨在制造扣人心弦的气场,为作战铺垫。一旦进入战斗,书间文字也同人间的战时动员,调动了大量感官词汇,人/兽共处,静/动结合,语言触觉伸向每一个角落,感人的细节和壮观的场面浑然一体。如第12章围猎,夜行军中,万物皆动,却在黑暗中突出了一个"静"字:

> 风从西北吹来,**不软也不硬**。
>
> 马队狗群**悄然夜行**。
>
> 大队人马狗**紧随**其后,**悄声快进**,听不到女人和孩子们的嬉笑声。
>
> 天**更黑更冷**。草原凌晨的**酷寒和黑暗压得人们喘不过气来**。(No12)

一旦开战,与静谧和黑暗形成鲜明对照的是喧嚣和光亮,"声音"和"光照"一时都成为作战的重要武器。

> **老人忽然用干亮的嗓音吼起来**:喔……嗬……声音在寒冷的空气中**震颤扩散**。刹那间,静静的草原人声鼎沸:喔嗬……依嗬……啊嗬……男声、女声、老声、童声响成一片……一时间**声浪翻滚,声涛汹涌**,向西北压去。与此同时,一百多条**大狗猛犬**也拼命挣着皮绳,**狂叫疯吼,惊天动地**,如排炮滚雷向西北方向轰击。
>
> **声战一开,光战继起**。突然间,**强的弱的,大的小的,白**

的黄的,各种手电光柱全部扫向西北方向。原先漆黑一片的雪地,顿时反射出无数道白晃晃的冷光,比寒气袭人的刀光剑影更具威慑力和恐吓力。

声浪与光柱立即填补了人与人,狗与狗之间的巨大空隙。一时间,人网、马网、狗网、声网、光网编织成疏而不漏,声势浩大的猎网,向狼群罩过去。(No12)

这种描写在战争文学中非常罕见,虽然是"人"主导的,性质却不同,至少两点:其一,无所谓正义或非正义,不过"力"的较量而已;其二,无所谓胜利或失败,只是一次寻常的生产活动。祛除了恐惧因素,很有些"嘉年华"样式,与先前的你死我活有很大差别——为什么有这种差别? 索绪尔回答了这个问题,他指出:"语言系统是一系列声音差别和一系列观念差别的结合,但是把一定数目的音响符号和同样多的思想片断相配合就会产生一个价值系统,在每个符号里构成声音要素和心理要素间的有效联系的正是这个系统。"①这个系统在《狼图腾》中自成体系,围绕着元自然生存,无论游走多远,总要回到这个起点。从这个起点再次出发,如上描写就有了它自己的阐释平台:很显然,上述场景不是现代战争,不是人与人之间的自相残杀,而是早期人类(包括动物)的基本生存方式之一。因此,我们从中看到的不尽是血腥,更多了游戏色彩;听到的不尽是哭泣与哀号,更多的是来自生命根底里的勇气和宣泄。充分利用自然的因素去表现自然,这一手法与主体易位相关,正应了"把一定数目的音响符号和同样多的思想片断相配合"[索绪尔语]这一基本要求,在自我建构的价值系统中突出了元自由的精神力量,让我们领教到"任意"的语言符号与"自由"精神结合在一起的魅力:

完全任意的符号比其他符号更能实现符号方式的理

---

① [瑞士]索绪尔:《普通语言学教程》,高名凯译,商务印书馆,2005年,第167页。

想;这就是为什么语言这种最复杂、最广泛的表达系统,同时也是最富有特点的表达系统。正是在这个意义上,语言学可以成为整个符号学中的典范。①

《狼图腾》的语言系统自成风格,它调动了大自然的"多元"因素,也充分利用了自然本身的单纯即"一元"的力量,在场景描写上独树一帜。

> **雪坡**和**雪湖**表面的雪壳泛着**白冰**一样的美丽光泽,但却**阴险冷酷**。
> 一场又一场的**白毛风**像扬场一样,刮走了**松软的雪花**,留下颗粒紧密像铁砂一样的雪沙。雪沙落在雪面上,就给松软的雪层罩上了一层硬雪……**几场白毛风**以后,雪面就形成了三指厚的雪壳。壳里雪中有冰,冰中掺雪;比雪更硬,比冰略脆……经不住黄羊尖蹄的踏踩。(No3)

如上雪景,杀机四伏,巨大的覆盖力量转化为一种"最具杀伤力的暗器和冷兵器"。因了它的单一,格外突出了它的"阴险冷酷"。对此我有感触。长久以来,我对物体和色彩的"单一"有种生理的过敏反应,无论看《冰山之旅》还是身处黄土塬上,面对覆盖一切的白色、黄色或无处不见的几何地貌,总会生出某种莫名的恐惧。我也不喜欢海,住在海边总想逃逸——为什么啊? 常问自己,不期在这里找到答案:人在心理上无法承受的,不是物体本身,而是那种太过单一的色彩或形制。"单一"会产生近似"一元化"的专政力量,无声却无敌,顷刻间便可以将一切异己吞噬或消解。比如书中第 5 章:

> **黑色** **厚厚的黑云**,冲出北部边境的地平线,翻滚盘旋,直上蓝天,像浓烟黑火般地凶猛。瞬间,云层便吞没了

---

① [瑞士]索绪尔:《普通语言学教程》,高名凯译,商务印书馆,2005 年,第 103 页。

百里山影,像巨大的黑掌向牧场头顶伸来。

白色 雪粒……拉出亿万根白色飞痕,仿佛漫天白毛疾飞狂舞……每头狼浑身皮毛被白毛风嵌满了雪,全身雪白……大得吓人,白得瘆人。白狼群,鬼狼群,吓死马倌的恶狼群。

夜色昏"黑","白"雪苍茫。黑与白两种极端的对比色,在这里都起到了渲染气氛、制造气场的作用,为战前的紧张增色。它们分别是"夜"的色和"雪"的色,而"红"则来自鲜血,是"血色":

血色 草原已成大屠场,一匹匹(大马)在雪地上痉挛翻滚,原本满腔热血热气的胸腔,刹那间,被灌满一腔冰雪……汹涌喷溅的马血,染红了横飞的暴雪雪沙,成千上万血珠红沙……越刮越烈的血雪腥风,还要继续将它们赶向最后的死亡。(No5)

联想到故事发生的场地和年代,正是以"红"为主色调的革命岁月。红色之亮眼,不仅因为"纯粹的红色能够表现出某种崇高性、尊严性和严肃性"[歌德语]①,更因为**对流血的崇拜以及对牺牲的渴望成为晚清以来中华民族革命志士的一种壮烈情怀**。"革命需要流血,'流血'因而也就获得一种神圣感。"②写在狼书里,综合性地表现了那个岁月的基本特征:它的革命激情和它的嗜血浪漫。在亲历者的追忆中,它被称作"血色黄昏"或"血色浪漫"。③血色中保留了红的基调,揉

---

① 引自[美]鲁·阿恩海姆:《艺术与视知觉》,滕守尧、朱疆源译,中国社会科学出版社,1984年,第470页。
② 陈平原:《中国现代学术之建立》第七章中"对于流血的崇拜",北京大学出版社,1998年,第223页。
③ 《血色黄昏》(工人出版社,1987年)的作者老鬼(马波)也是当年在内蒙古草原插队的北京知识青年,他最早使用"血色"一词。《血色浪漫》(都梁著,长江文艺出版社,2004年)是以北京知青生活为主题的26集电视连续剧(滕文骥导演)。

进了生命的色度,如康定斯基(Wassily Kandinsky)所说:"一种色彩的表象和表现性往往可以因题材的改变而改变。同一种红色,当我们用它分别表现鲜血、面孔、马匹、天空、树木时,它看上去就不再是同一种红了。"①如上血红,染遍白色雪原,成为主色调闯入眼帘,瞬间便可能凝聚起一种强大的令人窒息的力量,征服你,吞噬你,不由你不顿悟——

单色是一元化的形象体现。百色丛中,你可以是你,以异样之"在"丰富多彩的世界。单色中的你将成为异己,在无以抗拒的单"一"中被消解融化为"无"。

不期就这样认识了自己:我的自由主义倾向或许是天生的,并非出自政治上的激进或开明,而是生命本身对"单一"本能的拒绝。

(2) 细节:感受性词汇

艺术作品中,人或动植物的个性和生命力,多半通过到位的细节描写表现出来。细节不是小事,作品的质量是由细节决定的。"微小的细节一旦积累起来,就成为一种艺术制作优劣的决定因素。"②

《狼图腾》中出色的细节描写有目共睹。

在细节描写上,作者使用了大量有质感的词汇,创作了一些新词和新鲜表述,如"冰蓝的腾格里"(№2)、"冷蓝色的晚礼服"(№19)、"美得令人心酸"(№32)……将生命词语用于大自然,同时将大自然的"感受"投射到人们身上。它发挥了汉语言用词灵活的优势,无主语或无谓语独立成句,随意组合,为"制造"感觉提供了深具潜力的语言条件。

---

① [俄]瓦西里·康定斯基:《艺术活动中的精神作用》,纽约版,1946年,第82—85页。译文出自《艺术与视知觉》,第479页。
② [秘鲁]巴·略萨:《中国套盒》,第49页。

从承载寓意的角度看,汉字具有两重性:孤立的汉字多半是有含义的,即它在"意义"层面上不是空白;同一汉字在词语组合和句子的使用中可能获得不同的意思,以致失去了它原本的意义。汉字的使用具有很大弹性,可以独立自成意义,也可以成为一种文体,完全扬弃意义。依照康德的理论,只有彻底扬弃"意义",才可能彻底"移情"。①《狼图腾》利用了汉字的独立和简洁,力图在单纯的语言中"还原"感觉;同时也利用了汉字的表意品质,刻意制造"意义"以承载寓意。狼书中的细节描写主要体现在字/词的选用和创造上:**为"字/词"注入生命,在字源意义上重新命名**。书中有大量人体身心能够切实感觉或感受到的字和词,承载着无数草原生命,尽由它们在生机勃勃的语言空间中展示生命的活力。由此,我们看到了一个与草原生灵相关联的**"生命语系",它与整个故事的"生态结构"相互呼应,共同形成了一个完整的表意系统**。认识这个系统于批评非常重要。"词只能在其周围的环境组合之中才能分析。"在细节分析中,必须"把个别的东西看成总体的一部分,把轮船的停靠看成航程的一部分",②以避免在琐碎的分析过程中偏离方向。

东西南北风,方向在哪里?

狼书中,行文的方向始终追踪着草原逻辑——对立于文明和人文逻辑——以实现重新命名。"见证"因此非常重要,先验地决定了与视觉有关的词汇的性质:它是"在场"的证明,直接作用于证词。

亚里士多德对人类认知感官有研究:"在诸感觉中,尤重视觉。无论我们将有所作为,或竟是无所作为,较之其他感觉,我们都特爱观看。理由是:能使我们识知事物,并显明事物之间的许多差别,此于五官之中,以得于视觉者为多。"③现代科学证明,"视觉在人类的感觉世界中担负着重要的任务。我们对大部分环境信息作出反应,是经过视觉传入脑中的"。它有两个特点:其一,在个体和人类群体发生学意

---

① 参阅[德]康德:《判断力批判》,邓晓芒译,人民出版社,2002年,第45、54、290页。
② [俄]维·什克洛夫斯基:《散文理论》,第148、140页。
③ [古希腊]亚里士多德:《形而上学》,吴寿彭译,商务印书馆,1981年,第1页。

上,视觉是最早启动发挥作用的器官。其二,与其他动物实验比较,在接受矛盾信息时,人类的"视觉总是占优势",在其他动物中则不尽然。①婴儿实验发现,听觉和触觉出现最早,而视觉是最晚成熟的感觉系统。视觉的优先选择和偏爱研究中发现,婴儿更喜欢复杂的图形和鲜艳的色彩;偏爱简单的图形和淡雅的色调可能是人类文化发育的结果。②《狼图腾》的描写手段在发生学意义上是接近自然和天然的,较为原始和幼稚,它的场面多半喧腾热闹,字面色彩倾向大红大黄大绿。它将视觉功能伸展到每个场景的每个角落,无论白天黑夜,"眼睛"始终在场;而所谓细节,总在无言的"注视"中暴露无遗。

首先是陈阵的眼睛,所到之处,不仅决定了情节也决定了细节的走向。书中所有事物、人物、动植物的故事,几乎都是在他(知青们)的亲眼目睹下逐一展开的。"当陈阵在雪窝里用单筒望远镜镜头套住了一头大狼的时候,他**看到**了蒙古草原狼钢锥一样的**目光**。"这是全书开篇第一句话。陈阵看,他也被看:一大群杀气腾腾的蒙古狼"全部正面或侧头**瞪着**他,一片锥子般的**目光**飕飕飞来,几乎把他射成了刺猬"。从此,"他几乎夜夜都能**见到**幽灵一样的狼,尤其是在寒冬,羊群周围几十米外那些绿莹莹的<u>**狼眼睛**</u>,少时两三对、五六对,多时十几对,最多的一次,他和毕利格的大儿媳嘎斯迈一起,用手电筒数到过二十五对**狼眼**"。(№1)如此描写,是写实:

> 狼的眼睛大概像人的眼睛一样,也是"心灵的窗户"。牧民们说,在山里如果与狼相遇了,你千万不要和狼对视。它们目光里又蓝又绿的东西阴森森的,非常吓人。你只要看了,一辈子都忘不了。③

陈阵对"眼睛"情有独钟。但凡在一对一的正面接触中,总有他对

---

① [美]托马斯·贝纳特:《感觉世界:感觉和知觉导论》,旦明译,科学出版社,1983年,第51—52页。
② 同上,第223、227页。
③ 王族:《狼界:与狼对视28天的笔记》,作家出版社,2007年,第158页。

眼睛的独到感受。比如毕利格老人，即使在夜晚的风雪中，他那"淡棕色的**眼珠**依然闪着琥珀般沉着的光泽"（№2）动物之间也一样，但凡相互看见了，就一定会有相应的反应："兔子一下子倒在地上，缩成一团，像是吓破了胆……可是那双圆圆的**大眼睛**却异常冷静地**斜看**着小狼的一举一动。"（№30）。对视在书中频繁出现，它是人与动物直接交往的一种方式，也是动物之间最主要的交流手段。书中描写最多也最让人难忘的，是陈阵与小狼的对视：

> 小狼的瞳仁瞳孔相当小，像福尔摩斯小说中那个黑人的毒针吹管的细小管口，黑丁丁，阴森森，毒气逼人。陈阵从不敢在小狼发怒的时候与小狼对视，生怕狼眼里飞出两根见血毙命的毒针……一对狼眼就已经让他时时感到后脊骨里冒凉气。（№27）

与狼的对视贯穿全书，成为（陈阵的）眼睛背后另一双眼睛。那是大自然的、野性的、自由的眼睛，与陈阵所处的文明社会正好敌对而视。

"你看着我，治疗我。"①

陈阵对狼从畏惧到敬畏的转变，是在持久的观察和对视中实现的。这是一个不断疗伤的过程，只有完成了这种"治疗"，他才可能超越传统认知，在万世为敌的草原狼那里找到精神寄托，在贫瘠落后的草原看到万千色彩中的勃勃生机：

> **绿山青山、褐山锗山、蓝山紫山**推着**青绿褐锗蓝紫色的彩波**向茫茫的远山泛去，与**粉红色的天际云海**相汇……草坡像是被腾格里修剪过的草毯，整齐的草毯上还有一条条一片片**蓝色、白色、黄色、粉色**的山花图案，**色条**之间散点着其他**各色**

---

① 引自突厥语大词典，转自《狼界：与狼对视28天的笔记》的封页题词。

野花，将大片**色块色条**，衔接过渡得浑然天成。(No16)

　　作者姜戎在青少年时代曾经接受专门的美术训练，这让人联想到俄国画家康定斯基幼年的经历。康定斯基将早年他对音乐的喜爱融入绘画，把音乐和声与旋律直接用于画作，获得了"画音乐"的美誉。[①]这种比喻用于姜戎也很贴切，在《狼图腾》的细节表现上，他像是"写绘画"。把美术经验用于文学创作，于他，或许是无奈；不期另辟蹊径，让我们见识到"条条大路通罗马"的别样风采。

　　将色彩的表现力用于文学创作并使之成为风格，使《狼图腾》在中国当代文学中独树一帜。"色彩能够表现感情，这是一个无可辩驳的事实。"[②]对"敏感的心灵来说，色彩有更大的作用和感人肺腑"。[③]在色彩使用上，姜戎用心甚深，少见私爱，无论冷色暖色，总在迎合特定场景特殊气氛的需求，变幻不定。为了强化战前的紧张气氛，他使用了单一的黑色和白色；而在这里，我们看到清一色的"绿"，与战后的血色形成鲜明对比，以表现宁静与和平：

　　绿色　对这片盛着满满一汪草香的**碧绿草场**惊呆了眼。杨克觉得自己的**眼睛都快瞪绿了**，再看看别人的眼珠，也是**一色绿莹莹**，像冬夜里的狼眼那样既**美丽又吓人**。一路下山，**青绿葱葱**……**马蹄和车轮全被草汁染绿**，连拖地的套马杆的尾根也绿了。(No19)

　　他用"黄"去表现元自然状态中的勃勃生机：

　　黄色　满坡的**野生黄花**刚刚开放，陈阵坐在草地上，**眼**

─────────────

①　出自英译者迈克尔·萨德勒的《论艺术里的精神》译序，吕澎译，四川美术出版社，1986年，第22页。

②　鲁道夫·阿恩海姆：《艺术与视知觉》，第460页。

③　瓦西里·康定斯基：《论艺术里的精神》，吕澎译，四川美术出版社，1986年，第59页。

前一片金黄。成千上万棵半米多高的**黄花花株**，头顶一朵硕大的喇叭形黄花，枝杈上斜插着**沉甸甸的笔形花蕾**，含苞欲放。陈阵坐在野生的**黄花菜花丛里**，如同坐在**江南的油菜花田里**。(№21)

杨克也谈到他对单色的感受："全绿的草色略显单一"，相比之下，他更喜欢丰富饱满的色彩，如他最钟情的天鹅湖：

> 西边的波纹反射着东方**黑兰天空的冷色**，东边的波纹反射着西边**晚霞的暖色**。波纹轻轻散开，慢慢滑动，一道道**玛瑙红、祖母绿、寿山黄**；一道道**水晶紫、宝石蓝、珍珠白**，冷暖交融，色泽高贵……腾格里撒下了**各色宝物宝光**，为它珍爱的天鹅和清清天鹅湖道别送行。(№19)

认真咀嚼如上字词可以发现，这里的色彩不是单质的，与不同的珍宝石材结合，具有强烈的质感。在语法结构上，它把"虚/实"位置倒置过来，如同颠覆。依照常规，色彩应作形容词，修饰某一实体性的名词；而在这里，货真价实的实物（如玛瑙、寿山石、水晶、宝石等）都成为形容词，用以修饰色彩。它们结合得如此简洁利落，自然贴切，一边挑战着现代汉语语法规范，一边展示了汉字文学极具潜质的表现力。在这里，文字不仅是符号，更是一种象征，甚至就是"物"或"事"本身。姜戎知道"不同的色彩混合之后会产生出动态效果"，[1]他将"色彩混合的'句法'"[2]巧妙地用于文学创作，有意制造强烈的审美冲击力。绘画中的混色一般讲究同质或近似色的混合，[3]作者却在越界方向上做了大胆尝试：将视觉与感觉混用，有了"**冰蓝**的天空"(№1)；将触觉与嗅觉结合，"飘来一股**冷香**"(№12)。说到色彩，"脸色**灰白**，像蒙古包旁

---

[1] ［美］鲁道夫·阿恩海姆：《艺术与视知觉》，第471页。
[2] 同上，第487页。
[3] 同上，第471—490页。

的**脏雪**一样"(№11);说到声音,"狼群发出**怪风刮电线**一样的**呜呜呜呜震颤嗥叫**,充满了亡命的恐惧和冲动"(№5)。什克洛夫斯基认为:"中国文学不仅表现于文字,表现于象形字。它同时还是建立在独特的、某种象形文字思维的基础上……在这种文学里,对象似乎胜过动作,胜过动词;这一文学就其本质而言是视觉的。"①《狼图腾》是这样一例,它不仅调动了汉语文字在视觉语言方面的潜力,也将它的"净化"作用充分展现出来。

萨特是清醒地认识到视觉有净化作用的作家之一,通过罗甘(《恶心》中的主人公)之口他说:"视觉是一种抽象的发明,一种净化了的、简单化了的观念,亦即人的观念",它是"我"与世界之间的一种最好的功能。②这里说的功能,是交流,也是认识。"对视"是交流的一种方式,可以增强或化解仇恨;"观察"是认识世界的一种手段,可以帮助人们在认识过程中净化心灵。出色的细节描写建立在长期认真观察的基础上。对此,作者有交代,"抓细节就是观察。每个细节,都是我观察、研究、琢磨出来的"。以"雪窟窿"的描写为例:③

> 草原上有一层雪壳,雪壳上每根草就露出一个头,每根草底下都有一个手指头块大的小洞——为什么草下都有小坑呢? ……后来发现,刮风时它会摇,会有几粒沙掉到坑里,它是摇出来的!

因此,第3章中就有"摇磨"这个新词出现:

> 雪面上全是密密麻麻筷子头大小的小孔,每个小孔都伸出一支干黄坚韧的草茎草尖,这些小孔都是风吹草尖在雪面上**摇磨**出来的。老人说,这些小洞是腾格里给狼做的气孔,要

---

① [俄]维·什克洛夫斯基:《散文理论》,第179页。
② 转引自《现代西方文论选》,伍蠡甫主编,上海译文出版社,1965年,第337页。
③ 摘自姜戎与本书作者的对话(2006年4月3日)。

不大雪这么深，狼咋能闻见雪底下埋的死牲口？（No3）

细节的魅力来自真实的生活。

但是，古往今来，评论界对寓言作品从不在"细节"或"真实"这两个方向上过分苛求，无论借古喻今或者指桑骂槐，只要能够说出令人信服的道理就好。加上"狼图腾"这个题目，它本身就很自由，给了作者驰骋想象的巨大空间。无论在寓言或图腾名下，作者都尽可以自由挥洒文字，信马由缰。可他采用的是相反的路径：写实，尽量"使虚构扎根在真实之中"。①

——它不是寓言么？何必在细节上如此当真？

——如果真是寓言，它要这些真实的细节做什么？

"真实"的目的在于调动真情。

面对一个接一个可知可感的生命，读者动了真情。作者通过一个接一个真实的细节，将读者引向"真"——这是一个高度抽象的过程，借助故事通向寓意，通过真情引出认真的思考。故事越逼真，我们越会深入到它引导的寓意中，对作者所思所想所说信以为真。利奥塔说："绘画是最让人吃惊的女巫。她会用最明显的虚伪，让我们相信她是完全真实的。"②将绘画因素引入文本，强化了让人"信以为真"的功能；用在寓言创作中，为寓意提供了极具伪装效果的藏身之地。

"感性抽象（创造具体概念）的常用方法是突出和放大细节。"③

被放大的细节有两个重要作用：一是引导我们的注意力；二是有意遮蔽其他部分，"部分代替整体，部分唤起我们对整体的联想"。④《狼图腾》的手法并未免俗，它在形式上一点也没有显露出现代主义文学的反骨，相反，它力图借用一切"好看的"传统手法征服读者，在细节

---

① ［法］罗兰·巴特：《叙事作品结构分析导论》，张裕禾译，《符号学美学》，董学文、王葵译，辽宁人民出版社，1987 年，第 121 页。

② 让·利奥塔，《论绘画原理和准则》，转引自［英］E. H. 贡布里奇：《艺术与错觉：图画再现的心理学研究》第一章引言，林夕等译，浙江摄影出版社，1987 年，第 36 页。

③ ［匈牙利］伊芙特·皮洛：《世俗神话——电影的野性思维》，第 60 页。

④ 同上，第 61 页。

描写上刻意放大感官作用,调动了一切可能的因素去吸引读者的注意力,以服务于"好看"、"好懂"以及"好听"、"动人"的审美效果。因此,这书里,除去满足视觉快感的各种色彩之外,还有取悦于听觉的不同声音。

有狗叫:"毕利格家的其他五六条威猛大狗和邻家的所有的狗,正在羊群的东边与狼群死掐。狗的叫声、吼声、哭嚎声惊天动地。"(No1)有羊叫:"近两千只大羊和羊羔母呼子叫,子呼母叫,呼叫声惊天动地如同狼冲羊群。"(No14)困境悲情中,人畜同哭:"冻饿得半死的牛羊马见着了草,全都**疯叫**起来,冲了过去。人们全都扑在雪地上**大哭**。"(No2)赶上好日子时,人畜同歌,乐而忘形:

> 处女草地一天之间就变成了天然大牧场。四面八方传
> 来**歌声,马嘶声,羊咩声和牛吼声**,开阔的大盆地充满了喜
> 气洋洋的**人气,马气,羊气和牛气**。(No20)

无论动物或植物乃至万物,都在竭力发声:风声、沙声、草声、树声……连雪壳也在飞毡下"发出嘎吱嘎吱的声音"(No3)。比较人间故事,狼书中的声音非常重要。草原上的万物生灵有生命,有感受,却不能说人话,它们发言的主要方式就是发出声音。如果我们接受了主体易位这一原则,就会切实体会到:它们也需要被理解,被记录,被转达。倘若我们能以常人心态倾听、记录和表现它们的声音,也就赋予了它们"说话"的平等权利。草原生灵们的话语权,就是通过"发出声音"表现出来的。但是,发声只是一方面,谁在倾听?

——你写在这里,你听到了!

——你读过它,你也听到了!

"在人类,听觉是次于视觉的重要感觉。但对于某些动物——特别是在夜间狩猎的低于灵长目的哺乳动物——听觉则是占优势地位的感觉。"[1]原始草原上,当年的蒙古勇士们也是通过声音传达命令,

---

① [美]托马斯·贝纳特:《感觉世界:感觉和知觉导论》,第88页。

并在此基础上发展出许多曲调和旋律。①由此我们不会奇怪,狼书中为什么会有这么多"有意味的"声音:

> 从山梁那边传来**"迪迪"**,**"嘎嘎"**旱獭的叫声……大母獭四处瞭望,并发出**"迪、迪、迪"**缓慢而有节奏的报平安之声,于是小獭子们迅速蹿到洞外十几米的草地上撒欢吃草……一旦天敌逼近,母獭子就发出**"迪迪迪迪"**急促的警报声……(No21)

这里,**发声**不仅表现为"说话"——即民主意义上——的诉求,**倾听**也绝非"屈就"——即政治正确(PC)——的姿态,两者都是自然生灵维系生命的基本生存手段。在远方在夜晚,在人类难以去到的地方,有狼声的交响乐:

> 山坡上转来凄凉悠长的狼**嗥声**,**"呜欧……欧……欧……"**尾音拖得很长很长,还带有**颤音**和间隙很短的**顿音**……颤栗的尾音尚未终止,东南北三面大山就开始发出**低低的回声**,在山谷,盆地,草滩和湖面慢慢地**波动徘徊**,又揉入了**微风吹动苇梢的沙沙声**,变幻组合出一波又一波悠缓苍凉的狼声苇声风声的和弦曲。(No24)

接着,我们听到了草原上特有的声音大战:

> 狗叫声一停,草原又静得能听到苇叶的沙沙声。不一会儿,那条**领唱的狼**,又开始**第二遍嚎歌**。紧接着北、西、南

---

① 成吉思汗的部队里军官和士兵都是文盲,行军途中所有命令都是通过士兵口头传达的。"蒙古勇士利用一套固定的悦耳音调和诗歌式样,按照消息的含义可临时编造出不同的词语。对士兵来说,听消息就如同是在学习一首已知曲调的新诗篇。"详见杰克·威泽弗德:《成吉思汗与今日世界之形成》,温海清、姚建根译,重庆出版社,2006年,第96页。

三面大山传来更多更密的狼嗥声，像三面声音巨墙向营盘围过来……狗叫得更加气急败坏、澎湃翻滚。各家各包下夜的女人……拼命高叫，"啊嗬……乌嗬……依嗬……"尖利的声音一波接一波，汇成更有气势的声浪，向狼群压去……各家好战的大狗恶狗叫得更加嚣张。狗的吠声、吼声、咆哮声、挑衅声、威胁声、起哄声，错杂交汇成一片分不清鼓点的**战鼓声。轰轰烈烈，惊天动地**。（№24）

到这时候，你不能不信服苏珊·朗格的高度概括。她认为：一部艺术作品，一旦"大构架确定之后，整个感知觉领域就开始为这个构架装填符号性材料"：

> 表面、色彩、质地、光线、阴影、具有各种音高和音色的乐音、元音、辅音、快速的或笨拙的运动……都成了情感的符号。通过这样一些感性性质，有机结构的幻象也就被创造了出来。①

《狼图腾》就是这样，将诸如"色彩、质地、光线、阴影"以及"音高、音色"，"快速的或笨拙的运动"等各种感官元素都充分调动起来了。除去色彩和声音，还有味道和嗅觉。在科学意义上，嗅觉是人类目前了解最少的感觉之一，因为"与其他动物相比，人类的嗅觉器官差不多是一种退化的器官"。②狼书不同，细枝末节处，无不散发着草原的味道：阳光下，"空气中弥漫着羊群羊羔嚼出的**山葱野蒜的气味，浓郁而热辣**"（№20）。血战后，"寒冷的空气中顿时充满**黄羊血的浓膻腥气**"（№2）。人们用死马设置陷阱，"只有马肉、马油和**马粪味**，没有任何**人味和锈味**，"再狡猾的狼也要上当。（№8）文化史家指出："气味在草原

---

① ［美］苏珊·朗格：《艺术问题》，中国社会科学出版社，1983年，第171页。
② ［美］托马斯·贝纳特：《感觉世界：感觉和知觉导论》，第120页。

文化中占据着重要的位置。"①生活在原始草原,人们与其他生灵一样,在艰苦的环境中训练出超常的嗅觉:"巴图一出包马上就**嗅出白毛风的气味**。两匹马好像嗅到了什么,脑袋乱晃,总想掉头避风逃命。"(№5)这些描写来自作者的亲身体验,来自他对草原生灵的热爱。在这里,任何感官或感觉都不尽是审美的,它们是求生或战斗的重要手段,也是身份的一种标志:

> **嗅着嗅着**,小狼走到一丛针茅草前,它刚**伸鼻一闻**,突然浑身一激灵,背上的鬃毛全像刺猬的针刺那样竖了起来。它眼中射出惊喜的光芒,**闻了又闻,嗅了又嗅**,恨不得把整个脑袋扎进草丛中去……二郎和黄黄也低头**嗅了嗅针茅草丛**……小狼和大狗都**闻到了野狼的尿味**。(№27)

大量使用感官词语是现代主义文学的重要特征。比如卡夫卡在视觉世界中表现"变形"(《变形记》),普鲁斯特在"一杯茶"(《追忆逝水年华》)中对味觉的经典描写;还有萨特,《恶心》开头的三种感觉都是通过触觉完成的。萨特认为:"触觉能够提供比视觉更亲密的接触",而"嗅觉则比触觉更能受到传染,它意味着异物能够进入体内"。②动物试验证明,"触觉——躯体感觉之一——确实是大量的感觉经验(亲近感)的来源",③也是人类情感的重要来源。狼书用了大量触觉词语,却与萨特的不同;不是出自理念,而是源自长时间与草原上各类动物的近距离接触。比如陈阵与小狼:

> 他经常**掐开小狼的嘴**,用手指弹敲狼牙,发出类似不锈钢的当当声响,刚性和韧性都很强;用指头试试狼牙尖,竟

---

① 见面或分手时,草原牧民用一种近似亲吻面颊的方式,彼此用鼻子来吸嗅对方的气息表达情感。参见[美]杰克·威泽弗德:《成吉思汗于今日世界之形成》,第 14 页。
② 转引[法]罗伯-葛利叶:《自然、人道主义、悲剧》,柳鸣九译,《现代文艺理论译丛》1965 年 2 期,第 329 页。
③ [美]托马斯·贝纳特:《感觉世界:感觉和知觉导论》,第 115 页。

比纳鞋底的锥子**更尖利**,狼牙表面的那层"珐琅质",也比人牙**硬得多**。(№27)

书中对触觉的描写很多,未必是有意而为的艺术手段,而是再现人与动物交往的一种方式。这是人兽共存的环境中相互理解的重要方式:无处不在,却不那么显山露水;太过自然,反而容易被人忽略。这种"物/我"合一的表现方式,是狼书刻意追求的审美效果之一。作者以人类的生命感觉去描写它们,因此有了"太阳也冻得瑟瑟颤抖地缩到地平线下面去了"(№1)、"几朵蓬松的白云拂净了天空"(№2)这样的拟人词句,以主体的形象充斥在整个草原:

> 遮天的**云层**又阴了下来,低低地**压着**远山,**削平了**所有的山头山峰,**额仑草原显得**更加平坦,又更加**压抑**。天上**飘**起雪沫,**风软无力**。蒙古包顶的**铁皮烟囱**像一个患肺气肿的病人,**困难地喘气**,还不时卜卜地**咳几声**,把烟**吐到**遍地羊粪牛粪,残草碎毛的营盘雪地上。(№7)

狼书中出色的细节描写具有强烈的审美感染力。通过逼真的细节,它让我们切实看到了:所谓主体易位,是以人类社会的全面退隐为前提的。正是在这个前提下,万物生灵才可能平等地出现在我们面前,充分展示自己的"本事"而不受人间打扰。它们的行为不是虚假的拟人化,而是自动的和自主的,不必然服从于人的意志,也不天生为人类服务。一条内在的生物链环环相扣,将现实的生存意识和现场的危机感结合在一起,出色地体现在感受性的字词中。而所谓移情,不仅通过主体易位,更在细节描写中,是通过物我相忘的生命语言全面实现的。

故事结束了,文本分析也可以告一段落。
但问题并没有结束。

作者原本不是有意写故事的，为什么要在文学形式和语言方面下大功夫？好看的故事似乎只是噱头。作为一部精心创作的长篇寓言小说，用心的寓体可能承载着太多寓意，迫使批评深入内里，继续追问：

——它说了什么？

——它想说的是什么？

还有些问题，是留给读者和我自己的：

——我们从中听见了什么？

——由此想到了什么？

带着如上问题，走出寓体的局限，径自向寓意索隐；批评也如蝉蜕，从文本和字词的束缚中解放出来，坦然走向深度诠释。

下篇：寓意索隐

四　《狼图腾》承载着多少寓意？

——乌托邦之舟:难以抵达彼岸的救赎之旅

寓意是寓言的灵魂。

——[法]拉封丹

批评家眼中,文学可以是一种哲学的形式,一种包裹在形象符号中的思想,文学研究的目的之一是要获得中心思想。而"哲学的目的总是,通过对思想的新异的探求而达到最大可能的对事物的接近"。①今天,批评家们在开放的言说中开启了一个多元的后时代,刻意追逐中心的做法已经过时,批评的目标日益接近了哲学的终极目标:认识你自己——从不同角度认识多样性的世界和复杂的人生。罗兰·巴特(Roland Barthes)在《S/Z》中身体力行地做了一个后批评的示范动作,以证明"阐释文本的目的并不是给它一个(比较合理而自由的)意义,而是欣赏文本构成的多元性"。②严肃的批评家因此强调,文学中那些"虚幻的、纸糊的宫殿决不应该掩盖人类历史上"真正的问题,进而明

---

① ［德］伽达默尔、杜特:《解释学、美学、实践哲学:伽达默尔与杜特对谈录》,金惠敏译,商务印书馆,2005 年,第 42 页。

② 转引自［美］戴卫·赫尔曼:《新叙事学》引言,马海良译,北京大学出版社,2002 年,第 31 页。

确文学研究的任务："不必去思索像历史的哲学和文明最终成为一体之类的大问题，而应该把注意力转向尚未解决或尚为展开充分讨论的具体问题：**思想在实际上是怎样进入文学的？**"①

瓦尔特·本雅明认为，一部真正出色的文学作品在哲学中会有兄弟姊妹，批评有义务了解它们以便揭开作品中的秘密，发现问题并试图寻找答案。在解决问题时常常"会冒出新的问题"，问与答以及答问的纠缠可以将认识推向深入。好的艺术作品与哲学建立起一种"最精确的关系"，它们与哲学典范(ideal)"有着最深的近似性"[本雅明语]。《狼图腾》是这样一部作品。它的作者不是文学业内人士，作为学者和教师，他的作品涉及与之经验相关的学术领域如历史、哲学、人类学、经济学、政治学等等，狼书因此会与诸多学科中的问题产生某种"典范式"的近似性。"典范只表现在多样性中。"《狼图腾》的写作——不论你是否认同书中观点——体现了这种多样性。"问题的典范更多是深藏在作品的多样性中的，将它挖掘出来，便是批评的任务。"②

面对寓意解析，首先想到英国散文家拉斯金(John Ruskin)。他对文学批评的描述像座右铭，在我的研究生涯中常见常新："你们要触及他的思想，便必须把岩石粉碎、熔化……千万不要以为你们不必运用这些工具，不必燃起熊熊的烈火，便可以挖掘到作者的思想。"③这是说，研究者要想吃透一部作品，单凭自己的热情或观点都还不够，还需要借助分析工具。

面对《狼图腾》，我的分析工具在哪里？

狼书内容涉及众多学科，要想辨明其中理路，不能不借用相关学科的分析方法，参考现有研究成果。这项研究本身也有解构或修正传统理论的意图，因此，方法不可能是单一的；与其说是方法的选择，毋宁说是一种态度：

---

① [美]雷·韦勒克、奥·沃伦：《文学理论》，刘象愚等译，生活·读书·新知三联书店，1984年，第128页。黑体为本书作者所加。
② 这里几则引文均出自[德]瓦尔特·本雅明：《评歌德的〈亲和力〉》，载《经验与贫乏》，王炳均、杨劲译，百花文艺出版社，1999年，第198、199页。
③ [英]拉斯金：《芝麻与百合》，刘坤尊译，湖南人民出版社，1986年，第17页。

1. 在相关学科领域的方法解构《狼图腾》可能承载的寓意，以作品为主体去验证或校正理论而非刻意迎合任何学派或主义。尽管在文本分析中"细读"和"解构"是我使用得最多、最基本的方法，却未必拘泥在纯文本的形式主义范畴中；"历史的"和"生活的"经验于我一直是激活思维的最重要的元素。

2. 尊重中外传统美学研究成果，却不会局限在任何单一的美学理论框架中；面对不同的分析对象使用不同的分析方法，让文本自身的话语享有自由的游走空间。我借鉴了符号学和后现代理论，却未必是在验证现有理论或沿袭其推理方向；其方向和结论可能恰恰是相反的。

在方法的使用上，我赞同伽达默尔的见解，不认为方法可以界定真理，"方法作为工具总是好的。不过，人们必须弄清楚，这一工具在哪里使用才是有效果的！"①如康德所言："不是方法的掌握，而是**解释学的想象力才是富于创造性的精神科学家的标志！那么什么是解释学的想象力呢？它是对于问题以及问题所要求于我们的东西的敏感。"**②本章所有话题都从提问开始，将"问题"看作开启思路的钥匙。面对"我们究竟何以有能力提出我们的问题？假如我们提出问题，我们回答的又是什么呢？"一类问题，我也遵循这样的路径："为了回答，当事者就从他自己那方面开始提问——没有人凭空提问！"③

因此，本章大体有两个内容：一是提问，即"索隐"的前提，在《狼图腾》文本的基础上尽可能挖掘出它提示的以及隐含着的诸多问题。二是答问，从不同角度解构文本，在昂贝多·艾柯（Umberto Eco）倡导的"开放的"④思维平台上对寓意进行跨学科的深度诠释。

---

① 参见［德］伽达默尔的《真理与方法》（洪汉鼎译，上海译文出版社，2004 年），这是该书的基本论点。
② 此处引文（包括康德语）出自《解释学、美学、实践哲学：伽达默尔与杜特对谈录》，金惠敏译，商务印书馆，2007 年，第 10、11 页。黑体为本书作者所加。
③ 同上，第 22、23 页。
④ 意大利学者昂贝多·艾柯是现代诠释学的奠基人之一，他的《开放的作品》（1962 年）为后现代"开放的诠释"敞开了大门。

关于《狼图腾》批评,面对众多意见相左的评论,我还是会想到拉斯金。

拉斯金在他那部优美的批评论集《芝麻与百合》中告诫研究者:"你们必须做的第一件事是鄙夷地但又认真地放一把火,烧掉这一切,把丛生的荆棘全部烧成有益的灰烬,然后犁地播种。对你们眼前摆着的一切真正的著作,你们都必须按照这个程序入手。'不要在荆棘丛中播种,要开出你们的一道道的田畦'。"①因此,对寓意索隐,我选择了和文本分析一致的做法,从眼前摆着的《狼图腾》开始,你说它是寓言,那就必须交代:

——它承载着多少寓意?

以及

——它承载着怎样的寓意?

前者涉及数量和范围,后者有关它的寓言性质,这两个问题都只能在具体的寓意解析中寻找答案。

1. 从符号学看:狼书中潜伏着多少"意味"?

> 作品是复数。这不仅意味着作品具有多重意义,还表示它完成意义的复数本身:一个不能减少的复数。②
>
> ——罗兰·巴特:《由著作到作品》

从接受美学出发,文艺批评家沃尔夫冈·伊瑟认为,在阅读过程中会有四种观点同时出现:"叙述者的观点,人物的观点,情节的观点,以及为读者计划的观点。"③在寓言作品中,这四种观点都可能承载寓

---

① 《芝麻与百合》,第 37 页。

② [法]罗兰·巴特:《由著作到作品》,《美学杂志》1971 年第 3 期,第 227—228 页。转引自[法]茨维坦·托多洛夫:《批评的批评——教育小说》,王东亮、王晨阳译,生活·读书·新知三联书店,2002 年,第 69 页。重点符号为原作中所有。

③ [德]沃尔夫冈·伊瑟:《阅读行为》(*The Act of Reading*, Johns Hopkins University Press, 1978),霍普金斯大学出版社,1978 年,第 96 页。转引自王逢振:《意识与批评:现象学、阐释学和文学的意思》,漓江出版社,1988 年,第 32 页。

意,是研究者需要刻意发掘的目标。传统寓言中,发掘寓意并不困难,寓体即故事本身多半具有相对固定的象征性,善恶好坏显而易见。现代寓言有所不同,创新的文体和变形的人物都可能是"有意味的",其寓意通常是形象的甚至就是"形式"本身。形式主义批评成为主流在文艺理论界领军一时,与现代主义文学的寓言性质和寓意风格密切相关。①

《狼图腾》明显地模糊了传统与现代的界线,它借用传统的力量质疑现代,利用"古老的"和"自然的"形象,也利用了传统的艺术创作方法。在寓意方面,它也像传统寓言中的长者智人,迫不及待站出来教训,暴露出中国知识精英的积习,将安邦立言的情愫挥洒在字里行间,也将殖民的和被殖民的怨气一吐为快,亮剑之时即成为众矢之的。所谓寓意索隐,因此有两种指向和分析路径:

一是挖掘作者原本的思想见解。在这个方向上深入,除去文本分析,还必须针对作者及其创作背景进行研究,挖掘文本背后那些影响创作动机的东西。在动手写之前我做过必要的准备,与作者有过深入坦诚的交谈……所有这些都有助于寓意分析,却不是索隐的目标;这里的"隐",仅指隐身于文本内外的想法和寓意,与个人隐私毫无关系。

二是通过作品分析挖掘文本自身蕴涵的寓意,这是本章的任务。作品的寓意与其艺术质量和思想含量有关。这显示了《狼图腾》作为长篇小说的好处。长篇小说在历代文学家的长期探索中逐渐发展成熟,"它的形式灵活,几乎可以无限制地复杂或简化,因为它的结构应变能力数不胜数",②为寓言式书写提供了绝佳的艺术载体。

小说和寓言可以并列,却并非相互隶属。作为一种体裁,寓言几经兴衰,从单一的象征性文本和僵硬的说教,逐渐成长为一个可以包容各种艺术门类和创作手段的"开放"的艺术范畴。"事实上,文学的各个方面可能互相交叉,因为它们的界线从来就不是绝对的。"③小说

---

① 参阅本书第一章第 1 节中本雅明和詹姆逊关于寓言的论述。
② 〔美〕苏珊·朗格:《情感与形式》,中国社会科学出版社,1986 年,第 332 页。
③ 同上,第 352 页。

是形象思维,它的主体是人;而寓言无论怎样借助形象,它的主体是"思想"而非形象本身。小说的逻辑服从书中人物性格的发展,作者常常被主人公的命运牵着走(如列夫·托尔斯泰和他的安娜·卡列尼娜);而寓言的灵魂是思想,所有的人或事都不过是作者手中的拉线木偶,经由符号化过程在艺术上完成对形象的抽象,用以表达思想。关于艺术的抽象,丹麦导演卡尔·德莱叶说得地道:**"走向抽象的最短之路就是把思想化为象征符号。"**①所谓符号,即沃尔夫冈·伊瑟的"有意味"的事物。②《狼图腾》采用了这种方法,将整个故事变成完整的符号体系,所有描写都承载"意味",所有事物都不同程度地脱离了原本各自的(社会/自然)"关系",成为思想的载体即一系列有意味的符号。这给研究者提供了一种便利:通过故事中有意味的事物,在符号学范畴内挖掘文本中的寓意——这是本节的工作,也是后面各节分析解构的基础。

从符号学出发是研究《狼图腾》的一条捷径。

在原型批评领域,"狼"和"图腾"都是有意味的事物,是母题研究中两个重要的传统命题。**"狼图腾"本身也是符号,一个典型的乌托邦符号,由此可见故事的基本走向以及它企图承载的救赎意味。**

神话学者叶舒宪在学界最早对狼书做出反应,起初是从符号学入手,放在全球化传播的背景中看它的跨文化意义。③这是一条接近诠释学的路径,在跨文化对比研究中可以找到开阔的阐释空间。遗憾的是,不久他便转向实证性的史学批判,企图"从学术上认真对待狼图腾说,以避免由小说虚构而导致的认识上的误导"。④由此远离了文学

---

① 引自伊芙特·皮洛:《世俗神话——电影的野性思维》,崔君衍译,中国电影出版社,1991年,第40页。

② 参见王逢振:《意识与批评:现象学、阐释学和文学的意思》,漓江出版社,1988年,第38页。

③ 叶舒宪的《人类学热潮背后潜隐着文化反思与批判精神》(《文艺报》2006年3月25日)从符号学入手,认为《哈利·波特》、《达芬奇密码》和《狼图腾》的畅销,都与颠覆或借用了重大的历史文化符号有关。

④ 参阅叶舒宪:《狼图腾,还是熊图腾? 关于中华祖先图腾的辨析与反思》,《中国社会科学院院报》2006年6月15日。

批评,也偏离了符号学的研究方向,执著于在民族图腾问题上辨识真/假。①对这类涉及"真"的问题,我通常会默认维特根斯坦的做法:"凡是能够说的事情,都能够说清楚,而凡是不能说的事情,就应该沉默。"②逻辑判断以真(或不真)为前提并为目标,这本身是一个悖论。判断是由语言完成的,而"语言的重要任务是肯定或否定事实"。③为了有效地识别真假,让"是"或"不是"的判断成为命题,分析必须以"范畴"为前提。亚里士多德将"范畴篇"置于"解释篇"之前,在形式上即昭示出这一道理。④将此推论用于《狼图腾》研究,前置性的判断就不能不从这个问题开始:

——你看它是(虚构的)文学还是(求真的)论文?

如是论文,便没有虚构的存身之地,文学批评也难有用武之地,面对"不可说的",理应"保持沉默"。但如果认定它是文学,是长篇寓言小说,它便可以借用形象说事,无论看上去多么像是真的或怎样力图使人信以为真,在逻辑判断上它都"不真",在真假问题上的任何纠缠都徒劳无益;除此,"凡是可以说的,都可以清楚地说出来"[维特根斯坦语],批评理当挺身而出。

批评因此也有两个方向,如弗莱的概括:一是审判式的,旨在揭露它的"不真"或道义上的"不善";另一是学术式的,"尽可能客观细致地归类、梳理和系统描述,因而有助于知识的积累和文学经验的拓展"。⑤倘若选择后者——我做这种选择——即学术式批评这一方向,其研究路径就只能是诠释而非批判。在我看,《狼图腾》的价值并不在图腾,更不在史学意义上的真假;它不过小说而已,即便作者宣示了越界求真的意图,在行文和故事中却没有那么当真。批评也同样,如果

① 参阅叶舒宪:《熊图腾:中华祖先神话探源》,上海画报出版社,2007年。
② [奥]维特根斯坦:《逻辑哲学论》序,郭英译,商务印书馆,1962年,第21页。
③ [英]罗素:(维特根斯坦的)《逻辑哲学论》导论,郭英译,商务印书馆,1962年,第3页。
④ 参阅亚里士多德:《范畴篇 解释篇》中的"范畴篇",方书春译,商务印书馆,1986年。亚里士多德在"解释篇"中说:"只有那些在其中或有正确或有错误存在的句子,才是命题。"(同上书,第58页)
⑤ 参见《西方美学通史》第七卷(下),朱立元、张德兴等著,上海文艺出版社,1999年,第31 34页。引文出自第32页。

认可了它的寓言性质,便将它作文学看,不再纠缠于真假是非。"只有摆脱了肯定或否定的束缚,思想才有可能得到艺术再现。"[①]因此,面对"狼图腾"这个学术上的伪命题,批评要做的恰恰是反向追问:

——作者为什么假借"狼"做"图腾"?

——狼在故事中是怎样成为图腾的?

——"狼图腾"其实有怎样一些内容?

——它企图召唤怎样的信众?

这是本章(寓意索隐)试图面对的问题。为了回答问题,最便捷的分析路径便是从符号学开始,我看它是"范畴"的前提。

作为寓言,《狼图腾》由一系列有意味的符号构成。

在分析过程中,我借用了符号学概念,却不打算追随它的方向,这是说,从各种形象中提炼符号——这是符号学的目标——却不打算停留在符号学的诠释框架内。在狼书重叠交错的复合型结构中,符号本身也不过是表象而非寓意。一旦所有的人/物在故事中都成为符号,它们反倒失去了符号原本相对固定的象征意义,在不同的故事结构中重新组合,成为被反复使用的道具。**颠覆旧意或重新命名,是在"旧符号"的解体以及重新被"符号化"的过程中实现的**。可见后寓言研究的困难,它对符号的认识需要经过两道剥离:

一是从形象原本的性质中剥离,使之成为"符号",这是符号化过程。

二是从符号可能产生的象征意义中剥离,以便它在词语的原生状态中"去质",这才可能在不断被符号化的过程中承载不同的寓意。

《狼图腾》因此可以有多种解释空间,在不同的主导方向下看到不同的寓意系统(system,即"范畴"、"集合")和符号序列(series,即"元素"之"位所")。

---

① [苏联]巴赫金:《语言创作的美学》,莫斯科,1979年,第106页。转引自托多洛夫:《批评的批评》,第85页。

符号序列隶属于寓意系统,它们在各自位置上自我呈现,共同托举起某一系统中的寓意。作为后寓言,《狼图腾》有若干个不同性质的寓意系统,因此有诸多不同意味的符号序列同时并存。而作为符号,同一个事物或人物,在不同的寓意系统中会有不同的内涵即不同的象征意义,涉及不同学科的,将在不同的学科范畴内分别讨论。

从符号学意义上分析,狼书中可以很清楚地看到两个**寓意系统**(system):

其一,与草原即大自然有关,所有符号无不联系着元自然生存状态,直接承载着"狼"的"图腾"意味。

其二,与外来户即农耕文明的入侵有关,涉及故事中所有的人,他们共同结合成所谓"文明社会"。

先看看第一个寓意系统。

从主题——即元自然生存状态——出发,故事中有两套相互对应的符号序列(series)。一套隐含在可以被言说的故事里,通过书中人物、动物等生命体显现出来,可以称之为**形象化**符号序列,它们形象地再现了元自然状态和人化自然的过程。另一套符号隐藏在背景性的事物中,如草原、季节、天气、天空……还有人们可望而不可及的草原狼,它们整体性地成为草原逻辑的执行者和元自由精神的代表,可以看作**象征性**符号序列。

在这个系统中,所有的形象化符号,无论善恶好坏,都在一个平等较量、你死我活的竞争平台上。说到竞争,可见其中两种在性质上对立的组合(group):一组是以毕利格老人为代表的草原人和万物生灵(包括草原狼),被作者命名为"游牧文明"和"草原文化",是"元自然生存"的象征。另一组代表"人化自然"的力量,即所有外来户(包括北京知青和军代表)。他们的行为和观念有所不同,在毁灭草原的方向上相差无几,整体性地成为"农耕文明"或"黄土地文化"的象征。这是一套显性的符号体系,正是在这个层面上,作者说出了他的草原故事,开设了他的讲座,挑起"游牧"与"农耕"的对峙,引发了"绿色"(草原)、"黄色"(田地)和"蓝色"(海洋)之间的文化大战,沸沸扬扬,至今未见罢休。

另一套符号序列是"象征性"的,凌驾在芸芸众生之上或潜伏之下,游走在肉体和心灵之间,是草原生灵的精神主宰,即天(腾格里①)和地(草原)——这一上一下,将一切生命囊括其间,任季风推动,无限循环……唯独草原狼是一个例外。草原狼与腾格里和大草原一起,结构成自然意志的铜墙铁壁,共同成为元自由精神的象征。你可以毁灭草原,你可以消灭天或地吗? 你可以消灭草原狼,你可以让它臣服膝下吗? 倘若你无可奈何,它们就有所作为。书中,它们是一体性的,用毕利格老人的话说:"腾格里是父,草原是母。狼杀的全是祸害草原的活物。腾格里能不宠着狼吗?"(№2)唯有走到这里,我们才可能触摸到草原故事的神经,理解这书为什么以"狼图腾"命名。这套符号序列承载着浓厚的宗教意味和哲学思考,需要另辟篇章专门讨论(详见本章第3节)。

这个寓意系统中,草原由于它不可更改的象征意味充当故事背景,因而整体性地退出故事,成为一个独立的寓意:大自然。系统中所有"个体"在生物链的牵引下不断相遇,不断组合,共同演绎着"草原逻辑"这个大寓意。如此一来,"符号"本身便摆脱了象征的束缚,也脱离了现代主义的制约,在"后"的语境中获得了很大的想象空间。

对于符号化的象征意义,学界探索到一些规律性的东西,普遍认可**"真实、虚构和想象的三重关系是文学文本的基础"**。沃尔夫冈·伊瑟在三重关系中谈论符号的作用,指出:每当现实的形象"移植到本文里面以后,它们就变成了关于其他事物的'符号',而且暗示着它们原始确定性的消失"。②在此强调这点,因为这是认识书中具体形象的必要前提。狼书中的符号系统是重叠的,它的"原始确定性"在不同系统

---

① 苏鲁格(蒙古族):《蒙古秘史》中共有69处提到腾格里(天神)。其中11处称作"蒙客·腾格里",是在铁木真做了皇帝、号成吉思以后才出现的。详见《蒙古族宗教史》,辽宁民族出版社,2006年,第54页。

② 此段引文均转引自王逢振:《意识与批评:现象学、阐释学和文学的意思》,第38页。

间的转换中不断被消解，与"故事"脱离关系，从而进入真正的寓言，成为"寓意"性质上的符号——由此，《狼图腾》获得第二种解释方案，可以名正言顺地进入第二个寓意系统（即以外来户为象征的文明社会）。

　　第二个寓意系统中，经过符号化处理，我们可以坦然面对人间事情，让全面退隐的"人类社会"回返现场。

　　后现代语境中，罗兰·巴特把象征性的符号看作"标志"（signs）："标志有一起源，符号则无；自标志更换至符号，即取消终极（或初原）的界限，撤去起源、基础、支柱，亦即进入等价物、代表制的无限过程，无物可始终截之，导之，定之，奉之。"①这是说，符号一旦获得名称，就同文本中有生命的形象一样，会在（读者）阅读或在（研究者）分析过程中自行发生作用，独立于作者的意志之外。即使作者制造了形象化符号，他也无法左右这些符号的命运。

　　这是一场暗中较量：

　　——作者与符号：谁利用谁？

　　——符号与名称：谁支配谁？

　　罗兰·巴特认为："名称是一种交换手段……名称使某个名目单位能够替代一群特征。这是个巧妙的计算法，价格相同的商品，精要之物比庞杂的一大堆，显得更为可取……由此产生了形形色色的姓氏符码（code）。"②这些符码一旦自己活跃起来，就可能在被赋予寓意的"名称"后面读出它们各自的不同意味。

　　回到《狼图腾》，在人气稀薄的人间故事中，我们不妨看看，那些个有名有姓的人——即姓氏符码——身上承载着怎样的使命。

　　人以群分。

　　这故事中的人群大致有三种组合（groups），存在着三套不同性质的符号序列（series），依照出场顺序，大致如下：

---

① ［法］罗兰·巴特：《S/Z》，屠友祥译，上海人民出版社，2000年，第112页。
② 同上，第183页。

第一序列是北京知青,陈阵是代表。"陈阵"这个符码承载着与"北京"和"知青"相关的一切丰富含义:外来人、汉人、大城市人、文化人;还有他们在草原获得的特殊身份:受教育者、参与者、观察者和倾听者。杨克,倾听者,陈阵的倾听者,是陈阵作为见证人的见证人。在草原上,陈阵等知青被分配到牧民中间,分别学习不同的牧民技能。陈阵的身份是一个羊倌,他最亲密的同伴杨克也是羊倌,这给他们朝夕相处中的日常对话提供了方便。另外两个知青分别是马倌和牛倌。不同的工种安排也是刻意,让知青们全面参与并见证草原的牧业生产活动。他们聚合在一起,有一个共同的背景:

> 四个知青都是北京某高中的同班同学,其中有三个是"黑帮走资派"或"反动学术权威"的子弟,由于境遇相似,思想投缘,对当时那些激进无知的红卫兵十分反感。故而在1967年冬初,早早结伴辞别喧嚣的北京,到草原寻求宁静的生活。(№2)

这是书中对知青背景少有的交代,传递了几个重要信息:首先,他们多半有很高的社会认同感,来自主流社会的中上阶层;其次,有自己的想法和独立的个性,不随波逐流;第三,都是自愿到草原来的,企图远离政治喧嚣,"寻求宁静的生活"。毕利格老人的蒙古包因此"使陈阵倍感亲切和安全。"(№2)对草原而言,他们是外来人,因此可能在"有距离"的地位上观看、思考、评判和反省。正是由于这种外人身份,才可能在草原上做出一些反传统的行为(比如养狼)、说一些叛逆的话(比如骂狼)而不遭报应或谴责。他(们)也是故事唯一的叙述者——说明这点非常重要。后现代学者哈利·肖(Harry Shaw)指出:"叙事学的大部分概念都包含着隐喻,其中'叙述者'就是一个隐喻。"[1]叙述者的

---

① 引自[美]玛丽-劳勒·莱恩:《电脑时代的叙事学:计算机、隐喻和叙事》,[美]戴卫·赫尔曼主编《新叙事学》,马海良译,北京大学出版社,2002年,第62页。

身份与"话语权"有关。"权力是一种创造;它创造现实,它创造对象的领域和真理的仪式。"①如果我们相信**话语是超然于一切权利之上并影响权力的一种赋权方式**,就会看到这个叙述者"隐喻"的意味:这些草原上的过客,这群无家、无权、无钱的落魄青年,在边远的草原上,在过去和未来之间,他们身上潜伏着一种重要功能——认知能力,他们手中掌握着一种随时可能产生巨大作用的权力——话语权。如此一来,他们到哪里去过、他们看见了什么、他们听到了什么、他们接受了谁的再教育以及他们最终接受了什么……所有这一切,都不再无足轻重。正是他们,三十多年后对草原仍然不弃不离,以话语的方式永远留住了额仑草原,把我们带进元自然生存状态的牧民中间,见识了以毕利格老人为代表的草原人。

第二序列是"草原人",领队的是毕利格老人。"毕利格"的蒙语意思是睿智,他是"额仑草原最胆大睿智的老猎人",是草原文化的代表,也是腾格里的代言人。"毕利格"和"老人"是一对相互伴生的"姓氏符码",意味着对原始草原以及一切与之相关的风俗、民俗的全知性理解。众望所归,他是草原人的精神领袖,也是草原生产和生活的带头人。"每年牧场组织打围,只要他不领头,猎手们就都懒得去。"(№12)他身边有两组人时隐时现:一是他的儿子巴图和儿媳嘎斯迈,他们分别隐含着自然身份中的性别符号,共同结合成为代际符码,在故事中有举一反三的作用。另一组是乌力吉等草原人,他们生活在现实社会,不像老人那样从思想到行为都固执地沿袭着传统的元自然生存状态。书中,乌力吉是少数几个在主流圈子里能说上话的草原人,是牧业文化的代言人和执行人,他"被免职"因此成为一个寓意,意味着权力机制中草原人最终"缺席"。

第三序列的代表就是"军代表",他有一个具体的名字:包顺贵——这个姓氏符码意味深长:"军代表"既是"军队"也是"代表",是

---

① 参阅〔英〕阿兰·谢里登:《求真意志——米歇尔·福柯的心路历程》,尚志英、许林译,上海人民出版社,1997年,第17页。

武力与权力结合的结果。"包顺贵"的字义是：**包**揽无余、**顺**畅无阻、**贵**人身份。这套姓氏符码不仅承载着权威和权位，它后面还带有一支浩浩荡荡的队伍：外来游民、农场民工，军队——那是真正的军队啊！兵团军人开着吉普车荷枪实弹进驻草原，就是这个包顺贵带的队！他这个队列阵容强大，所向披靡，战无不胜，是《狼图腾》故事中最主要的行动者、有所作为者——我们来看看他们干了什么。

先说包顺贵，起初他是作为"军代表"进驻草原的，这本身是一个寓意。乌力吉对此看得清楚："老包干工作有冲劲，雷厉风行，深入第一线，要是在农区他一定是把好手。可是到了牧区，他的干劲越大，草原就越危险。"(№17)他是主流文化和农业文明的象征，是额仑草原最高权力者。到草原后，他有两个重要业绩：一是杀狼，二是垦殖，他的出场就意味着草原和草原狼的厄运。

再来看包顺贵这个组合中的成员。它有三支队伍。其一，是"常年在牧区打长工和季节工的民工，他们就像候鸟一样飞到草原上来"。在包顺贵掌权之前他们已经批量出现在草原，为日后大批外来户（包括北京知青）进驻草原起着"打前站"的作用。外来人通常就是借助了他们的向导作用才可能顺利进入草原的。

> 这批流民的生存和破坏能力，真是非同小可。没有枪弹，可以做出弓箭；没有船，可以做出筏子。还会伪装，会长时间潜伏，能够首发命中。如果他们装备起枪支弹药拖拉机，指不定把草原毁成什么样子？(№23)

另一支队伍是民工，来自包顺贵的老家。包顺贵转业后被任命为"牧场领导班子第一把手，负责全场革命与生产的全面工作"，名正言顺地动用手中权力彻底改造了草原。他打算"腾出牧场境内原有的几片黑沙土地，用以发展农业。到时候，要粮有粮要肉有肉，他就有资本将老家的至爱亲朋们，更多地迁到这块风水宝地，建立一个包氏农牧场"。(№17)就因为手中有权，这想法很快就变成了现实，老家的乡

里乡亲组成浩浩荡荡的民工队伍,堂而皇之大规模进驻草原:

> 又有20多个民工坐着胶轮大车开进了新草场……一些民工的老婆孩子也来了,还抱着几只东北家鹅,大有在此安家落户、扎根草原、新貌变旧颜的架式……这几拨民工大多来自包顺贵的老家,他恨不得把半个村子都挪到草原上来。(No23)

从此,那万古草原上少了草原人的声音,不见了草原狼的身影,到处都是外乡口音。**外乡人在额仑草原安家落户,将异乡变故乡,把殖民者的姿态展示得顺理成章**。陈阵见证了这阵势:民工拉几车泥砖就可以砌一层,"第一次去的时候,还是块平地,可是第二天,一排土房厚厚的墙体已垒到一人多高了。"(No23)

第三支队伍是军队,是包顺贵请来"彻底消灭狼"的武装军人。他声称:"你们不打狼,我就请建设兵团来打!兵团有的是卡车、吉普、机关枪!"(No29)他真是说到做到,大兵团在他的带领下开进草原,在枪口的追逼下:

> 狼已跑得口吐白沫,紧张危险的吉普打狼战,忽然变成了轻松的娱乐游戏。陈阵到草原以后,从来没有想过,人对狼居然可以具有如此悬殊的优势。称霸草原万年的蒙古草原狼,此时变得比野兔还可怜。(No32)

这些文字足够唤起憎恨。尽管如上作为可能就是我们自己去到草原后的行为,如上观念可能就是我们自己的观念,当劣迹写在这里,如同状纸,字字让人生气,生恨——这一来,作者的目的达到了,第三个符号序列的使命也完成了:他们群体性地将自己推上了道义的审判台。

那么,我们会去恨那些人吗? 会去记住谁是包顺贵、谁是老王头……以便事后追究他们的刑事责任么？没有人会这样想。因为我们早已忘记了他们——他们是谁并不重要，重要的是这些"姓氏符码"所承载的寓意。

说到这里不难发现，以上人物——不管来自哪个队列——的共同特点，即符码化，简单化，与长篇小说的发展走了完全不同的路径。"早期小说家对传统进行了极有意义的突破，他们为他们的人物取名的方式，暗示那些人物应该被看作是当代社会环境中特殊的个人。"①近代以来，小说讲究个性，追求所谓"圆形人物"的饱满和立体感。狼书中的人物描写反其道而行之，惟恐其象征性的符码意味不够地道，刻意制造平面人物。

> （平面人物）依循着一个单纯的理念或性质被创造出来……好处之一在易于辨认，只要他一出现即为读者的感情之眼所察觉……第二种好处在于他们易为读者所记忆。他们一成不变的存留在读者心目中，因为他们的性格固定不为环境所动。②

作者有意让平面人物变成姓氏符码，从开始就没有打算让他们活起来，他们的出现就是放逐。"当今小说中所废弃者，不是故事性，而是人物；不再能被写的，是专有名称。"③当人物本身的意义被废弃，与之相关的专有名称就会成为一个象征性的符号。"象征的特点是：它永远不是完全任意的；它不是空洞的；它在能指和所指之间有一点自然联系的根基。"④这个根基非常脆弱，是人为的。一旦动摇了这个根基（即符号"所指"的性质），符号的象征意义就可能被重写，新的命名便开始了——这或许才是《狼图腾》真正的意图所在。

---

① ［美］伊恩·瓦特：《小说的兴起》，高原、董红钧译，生活·读书·新知三联书店，1992年，第13页。
② ［英］E. M. 福斯特：《小说面面观》，花城出版社，1981年，第55、56页。
③ ［法］罗兰·巴特：《S/Z》，第184页。
④ ［瑞士］索绪尔：《普通语言学教程》，高名凯译，商务印书馆，2005年，第104页。

重新命名是《狼图腾》在符号学意义上的重要作为,也是它的主要贡献。因了这个草原故事,人与自然、人与动植物、人与自身创造的文明和各种文化的关系等等,都必须放在新的起点上重新思考。这个起点很"后":从观念上看它是后现代的,是在思维进入后现代语境之后(post-);从立场上看它是后乌托邦的,是在曾经的革命理想幻灭之后(after-);从背景上看它是落后的,故事发生的舞台是现代文明滞后的(backward)草原——但是,从主人公陈阵的角度看,它却是现代的,无处不流露出对"现代性"的钦佩与向往。它以"现代"为基准为目标同时又以它为对立面,在利用它、追逐它、诅咒它、批判它的同时将自己置于无可解脱的两难困境。这种困境体现在陈阵身上,让他在两种文明的对弈中寝食不安。依照黑格尔的建议:"既然两个对立面每一个都在自身那里包含着另一个,没有这一方也就不可能设想另一方,那末,其结果就是:这些规定,单独看来都没有真理,唯有它们的统一才有真理。"①这招数在认识上是可行的,在陈阵这里却行不通;他不过一个"接受再教育"的知青而已,无法也无力将两者的对立统一在自己的认识中。无奈,最终他找到了狼——狼因此成为一个终极性的符号"图腾"。在(草原)乌托邦幻灭之后,他寻到了天上的(腾格里)乌托邦,唯一能将两者联系在一起的,只有狼图腾了。如此看狼图腾,不过作者自赦的一叶扁舟——可以说它是"乌托邦之舟"吗?——企图摆渡以脱离困境。

　　故事里,重新命名的过程是一个反省和觉悟的过程。

　　在上述三种组合中,我们看到,强势是执掌权力的包顺贵们;与之对应的是草原、草原人和草原狼,它们是弱势——北京知青夹在它们两者之间:在行动上,他们助恶(积极参加杀狼运动)甚至作恶(养小狼),是外来势力的组成部分和恶势力的帮凶;但他们的同情明显在草原一边,在作恶的过程中认识罪恶,在同情中开始反省。由此不难看到,无论"外来户"还是"草原人",在书中都是被集体命名了的"姓氏符码",

---

① ［德］黑格尔:《大逻辑》(上卷),杨一之译,商务印书馆,1966年,第208页。

从不同方向为知青们的反省做铺垫,旨在敦促他们完成一个转变:对"现代"和"文明"重新认识乃至重新命名。对此,陈阵自己交代:

> 他对自己作为农耕民族的后代深感悲哀。农耕民族可能早已在几十代上百代的时间里,被粮食蔬菜农作物喂养得像绵羊一样怯懦了,早已失去炎黄的游牧先祖的血性。不仅猎性无存,反而成为列强猎取的对象。(No2)

比较传统寓言,在人物塑造方面《狼图腾》没有走出太远。传统寓言中的人物都很平面,通常使用被人们接受了的符号作"符码",性质固定而单一,不会产生大的歧义或误解,比如:虎/君王、狐狸/狡猾、兔子/善良、狗/忠诚、羊/懦弱、狼/残忍……它们获得如此意义基于两点:一是以人为中心,以它们与人的关系来决定其正面或负面的性质;二是兼顾到它们在生物圈中的个性,将之用在人类社会,起到类比的作用。传统寓言中是非分明,无论动物或植物,总在转达人类社会的意志或情操,比如正义、勇敢、善良……但是,如果主体易位,问题就出来了,此"正"也许恰恰是彼"非",此"善"很可能是彼"恶";立场转换之后,"英雄"也不再是通用的荣誉的标记……从此,没有绝对的朋友,也没有绝对的敌人,传统符号在后现代语境中完全丧失了它原本的意义,让我们领教到了后现代艺术在符号学领域中"变把戏"式的技巧:立场的置换也可以是文化场的置换,符号在"场"的转移中无限延伸了它的"能指",在扩张的版图上没留神就篡改了它原本"所指"的内涵——传统的象征意义就在这不留神间被彻底颠覆了!

后寓言之所以也可以是后现代的,就因为它无处不携带着后现代的因子,**常常是从颠覆传统符号的象征意味开始的**。比如《狼图腾》,它利用符号化手段编故事,利用长篇小说写寓言,将复杂难辨的思绪蕴含在形象符码中,让寓意成为思考的起点而不是它的终点。最有趣的是,它用传统的形式去颠覆传统符号,用现代观念去消解现代作为——如此不设防的错乱正好赶上了后现代风潮,让人真正信服了：“最优秀的寓言体现了多种才能和微妙与复杂之处，因而显示出超乎其他诗歌类创作中明喻及暗喻所要求的思维空间和联想天才。”①

分析至此，道尔基这个人物的符号价值凸显出来。

道尔基是草原人的后裔，蒙古族人，却像一个地道的“蒙奸”，始终游离在三个队列之间。如果从草原的角度看，他是一个极具破坏力的形象——但，他在书中不是一个坏人；换一个角度，他甚至很讨人喜欢呢！他性情豪爽，聪明能干，助人为乐，就是在他的帮助下，陈阵等知青才掏到了小狼崽：

> 道尔基是三组的牛倌，二十四五岁，精明老成，读书读
> 到初中毕业就回家放牧，还兼着队会计，是牧业队出了名的
> 猎手……道尔基是个不见兔子不撒鹰的猎手，他能来，掏到
> 狼崽就多了几分把握。（No10）

道尔基在很多方面都是知青的帮手，“是北京学生最早的蒙语翻译和老师”，是“顾问兼保镖”（No10）。没有他，知青们的生活会有诸多不便，也少了许多乐趣。在那个岁月里，但凡下过乡做过知青的人都知道，道尔基这样的人几乎村村都有，他们介于城乡之间，对城市文明有接触，对草原或乡村习俗十分了解，在初到草原或农村的知青眼里，他是可信且有用的朋友，让知青在异乡感到亲切。

这书中，道尔基是一个不可缺少的人，是唯一最接近人间生活、有来历、有现实感的“圆形人物”。他总在自觉响应上级号召，是大队的打狼模范，对草原人的各种“陋习”嗤之以鼻，对毕利格老人声称的“敬狼”完全不以为然：“要是狼有那么大的本事，我早就让狼吃了。”（No10）在他眼里，“这儿的蒙族太落后”，因此他主动接近知青，从心眼

---

① 嘉德斯：《耶稣寓言》（A. T. Cadoux，*Jesus Fables*，London，James Clark co，1930，p. 13）。转引自《克尔恺郭尔哲学寓言集》译者序，杨玉功编译，商务印书馆，2000年，第5页。

里向往"进步"和"文明"并积极付诸行动。他也批评汉人:"你们汉人胆子忒小,那么恨狼,可连条狼崽都不敢杀,那还能打仗吗?"(№10)却总是不计得失随时帮助他们。他没有政治包袱,不信守传统规矩。他可真是不信邪啊!因此能在三个队列中间游走自如:军代表拿他当模范,知青们拿他当朋友,外来户拿他当榜样;只有毕利格老人,对他一百个看不上眼:

> 道尔基他们家……早就忘掉了蒙古人的神灵,忘祖忘本啦。他家的人死了,就装在木匣子里埋掉,不喂狼,他们家当然敢用狼皮褥子狼皮裤筒了……睡狼皮褥子的蒙古人是糟践蒙古神灵,他们的灵魂哪能升上腾格里?(№2)

对比一下,道尔基说的是实话,老人说的是神话,你信谁的?

身为读者,这是我们的困境。

这也是**后现代和后乌托邦的困境:它摆出事实,却让你去追梦;它讲出道理,却没有一条可以通向彼岸的道路**。作为后寓言,它依稀指明了一个方向,却将你置于困境中;在信仰的诱导下逼你起航,却放逐了摆渡的客船——就像书中那些草原狼们,在风中张扬起"图腾"的旗帜,却自行逃逸,踪迹难寻,从而永远地放逐了它的信众。

说到这里,这书是怎样性质的寓言或是否是寓言都不重要,不过思和诗的汪洋中一叶扁舟而已。对看客而言,重要的不是出发,而是好奇:

——它承载着怎样的货色?

——它将驶向何处?

2. 从语言学看:"翻译"与"代言"是否可能?

> 没有代言者将一事无成。代言者可以是人——对哲学来说,可以是艺术家或是科学家;对科学家来说,可以是哲

学家或艺术家,也可以是物,是植物,甚至是动物。①

——吉尔·德勒兹:《代言者》

从语言学角度看,若干问题同时并出:

——《狼图腾》用什么语言、讲了什么故事?

这是一部汉语小说,讲了一个内蒙古大草原上的故事。

——谁是这故事的主讲人?

陈阵,一个来自北京的知识青年,一个汉人。

——为什么是一个汉人在讲蒙古人的故事、一个北京人在讲草原上的事情?如果用汉语讲述,他企图讲给谁听?如果说的是草原人的事,谁赋权他代言?

没有人能够用一句话回答如上问题,它们不仅涉及语言学范畴内的语言问题,无意中已经撞入敏感地带,触及到语言学的根基:

——"巴别塔"②是否可以登临、是否能够通天?即翻译是否可能?

以及一些演绎出来的问题:

——"代言"或"解释"是否可以?"可以"的条件是什么?

语言学家帕默尔(L. R. Palmer)断言:"语言就是有意义的声音",③即声音符号。索绪尔(F. Sausure)说:"语言是一种表达观念的符号系统……符号学发现的规律也可以应用于语言学。"④从语言学角度分析文学作品,利用现成的符号学理论,对理解作品会有举一反三的作用。当然,这里说的是人类语言而非一般意义上的声音。因此,我们

---

① ［法］吉尔·德勒兹:《代言者》,《哲学与权力的谈判》,刘汉全译,商务印书馆,2000年,第142页。
② 《圣经·创世记》第11章:"耶和华在那里变乱天下人的言语,使众人分散在大地上,所以那城名叫巴别［变乱的意思］。""巴别"成为混乱的根源。"巴别塔"在翻译领域中隐喻语言的多样性、复杂性和结构的不完整性［雅克·德里达语］,登临巴别塔被看作是在语言的同一性中寻求理解的努力。
③ ［英］帕默尔:《语言学概论》,李荣等译,商务印书馆,1983年,第13页。重点号为原作所有。
④ ［瑞士］索绪尔:《普通语言学教程》,高名凯译,商务印书馆,2005年,第37、38页。

有必要借助上节符号学分析的结果,将第二个寓意系统(system)即"人间场景"直接用作本节分析讨论的平台。

上节,在两种文明较量中,我们看到三个完全不同性质的符号序列(series),分别指向三种性质不同的人群(group)。放在单纯的文本解释中,没有太大问题,它们可以各自独立承载寓意,在思想的平台上各抒己见。但从语言学角度看,三个符号序列变成三种语言系列,问题就来了:他们分别用什么语言说话? 如果不同性质不同文化甚至不同语言,他们怎样对话? 即使都是人,故事却没有给出一个相对完整的社会场景,只有不同性质的人群,分别承载着不同性质的文明。书里也没有传统小说中的浪漫故事,只有人和事件——围绕着这些人/事,不同人群发出了不同声音,依照在书中发声的程度和强度,依次排序为:一是以包顺贵为代表的外来势力的声音,基本上都以高音喇叭、大会发言和文件的形式传播或下达。二是以陈阵为代表的北京知青,他们的声音少见大众,多半在知青的蒙古包里内部交流,或者以思考和反思的方式出现在字里行间。三是以毕利格老人和乌力吉为代表的草原人,分别代表民间的和管理者的声音;除此,基本上是老人一家的声音,分别代表原生态草原上的长者/智者、女人和男人,散落在草原生活/生产的各个角落——如上三种声音可以分别概括为"号令"、"证言"与"言说",代表三种不同性质的力量:

其一是"文明"的力量,通过"场部"和"军代表"具体体现出来,是权力机制发出的声音,没有通融或曲解的空间。它所向披靡,战无不胜,是故事中所有人物和生灵命运的实际主宰,整个草原就是它的作用下彻底变了模样。

其二是"见证"的力量,主要代表是陈阵等北京知青。他们游移在两种文明和两种势力之间,人数不多,但影响力极大,就因为他们来自北京——"北京"是一个有意味的符号,代表社会的主流方向——先验地具有上传下达或下情上达的功能,成为一种潜在的巨大力量。他们目睹或耳闻的事情都是见证,随时可能成为证言,在适当的时候参与审判,成为改变人们观念的重要力量。

其三是"自然"(草原)的力量——它在故事中显得多么无力啊！——毕利格老人是代表，也是它的代言人。它势单力薄，寡不敌众，不堪一击。但换一个角度——从自然的角度——看，情况就完全不同，因为有"腾格里"和"草原逻辑"托举，它随四季风向时隐时现，游走在天地人兽万物中间，无所不通，变幻莫测，生生不息。故事中，就个人发言来看，这老人说话最多也最有分量，贯穿始终，充分展示了"代言"和"解释"的力量。

与形象符号相比，语言学意义上的符号更加抽象。

"在语言里，符号的物质性给去掉了，它放弃了任何跟所代表的事物的相同点。"①如果说书中人物同景物、事物、动植物一样，都不过是姓氏符码，那他们发出的声音也都不是个体的或个性的声音，而是代言。狼书中几乎所有的话语都具有不同程度的代言性质，**所有人的社会身份都不得不再次被抽象，在现实意义上"去质"后成为"声音"**。声音之间，没有天地人兽的严格界限，草原生灵也获得了被倾听和被解释的平等机会。由此，寓意会以提问的方式逐一显现出来：

——哪一种声音在不同人群物种之间可以共同分享？

——最强有力的声音究竟来自哪个方向？

——最终谁才是那个在世代绵续中可以存留下来的声音？

对第一个问题，《狼图腾》给出了明确的答案：没有一种声音可以不经翻译让天/地/人/兽共同分享。翻译在这个越界的故事里十分重要，成为人兽沟通、天人呼应、人间对话的一个绝对必要条件，正好迎合了翻译本身的"越界"性质。②

对后两个问题，狼书没有给出确定无疑的答案。就故事结局看，第一种声音响亮有力，说到做到，在把语言变成事实方面无与伦比。尾声中，草原人过上了文明日子，那简直是一部人间喜剧呢！但你无

---

① ［英］帕默尔：《语言学概论》，第 7 页。
② 陈永国主编《翻译与后现代性》代序"翻译中的界限和越界"，中国人民大学出版社，2005 年，第 5—8 页。

法为他们喝彩，甚至对他们的无忧无虑而忧虑不堪——为什么？因为，就草原故事而言，这是一部典型的悲剧：草原毁了，草原狼亡命出逃，最后一个草原人毕利格也死了——但是，老人的声音留了下来，通过北京知青陈阵，通过《狼图腾》，正在广为传播……正是这老人的声音，上通天堂(腾格里)，下接大地(草原)，串通万物生灵，无处不在，存留至今——他说了什么？

毕利格说的话无一不与草原有关，而说到草原，则句句不离"腾格里"。

"腾格里"①是什么意思？

伴随着《狼图腾》的面世和传播，有不少相关考证正名或证伪，在"狼"与"图腾"的问题上争执不休；而关于"腾格里"的言说却十分罕见，似乎普遍认可了它的"上天"、"天意"、"天空"等含义，也默认了它在民族宗教源头上的原始意味。但其实，书中故事发生在当代，人们口中的"腾格里"与原始宗教风马牛不相及，也与狼升华为"图腾"乃至升天这事无关，不过口语形式的一种民俗而已。书中，毕利格老人随时随地脱口而出的那个"腾格里"，却不单纯是日常生活中的口头语，它是一个至高无上的符号，承载着元自然生存状态中的民间信仰，在草原人中间有毋庸置疑的深厚基础。一旦进入不同的文化语境，必得经由翻译才可能通达理解。"如果翻译的过程就是阅读的过程，而阅读的过程也就是阐释的过程，那么，被解作'误读'的错误和偏差也就是不可避免的了。"②

对"狼图腾"的误读与对"腾格里"的误解有关，通常发生在翻译过程中。乔治·斯坦纳(George Steiner)说："许多翻译理论都是千篇一律地围绕着两个含义不清的东西：不是'文字'，就是'精神'；不是'词句'，就是'意思'。"③对狼图腾的理解也存在这种现象：学者往往在历

---

① 《蒙古秘史》(现代汉语版，特·官布扎布、阿斯刚译，新华出版社，2006年)附加的"蒙古风情"中解释："长生天，蒙古语称为'孟和腾格里'，是蒙古族萨满教的最高神明。萨满教认为，长生天具有主宰世间万物的神秘力量。"(第17页侧)
② 陈永国：《翻译与后现代性》代序，中国人民大学出版社，2005年，第5页。
③ 〔美〕乔治·斯坦纳：《通天塔——文学翻译理论研究》，庄绎传编译，中国对外翻译出版公司，1987年，第65页。

史层面上急于证伪,而读者一旦动了真情,便很容易将它升华为精神,直接嫁接在腾格里内含的"天意/天空"层面上。其实书中,在草原人那里,"狼图腾"与"腾格里"并不相干,它不过是陈阵自己在心中演绎出来的"一个人的信仰"(下节专门讨论)。在毕利格那里,腾格里是天,象征着大自然的意志,非人能够据为己有,也非狼可以并驾齐驱。曾经富庶美丽的额仑草原,是"腾格里赐给额仑草原人畜的救命草场"(№2),"草原上的狼是腾格里派到这里来保护白音窝拉神山和额仑草原的"(№6)。老人常常以腾格里即天的名义警告所有擅自进入草原的人:"谁要是糟践山水和草原,腾格里和白音窝拉山神就会发怒,派狼群来咬死它们,再把它们赏给狼吃。"(№6)如此恐吓中,尽管腾格里和白音窝拉山神都被拟人化了,却都是凌驾于群狼之上的。

在这草原上,怎么有了"腾格里"还会有"狼图腾"的生存空间呢?

俗语说,一山不容二虎。

信了"腾格里"的毕利格根本不可能是"狼图腾"的信徒。在他这里,"天"与"狼"的地位判然有别,草原狼充其量不过是腾格里的使臣而已。可见,即使在额仑草原上,翻译和解释也非常重要。毕利格在发声说话的时候,不得不同时做三件事:一是"翻译",将草原(自然)的声音翻译成人间语言,告晓众人;二是"代言",为腾格里(天)代言,同时也为草原(地)代言;三是"阐释",在翻译和代言的同时进行解释,由此加入了人对身处环境(草原)的理解;所谓草原逻辑,是在这个过程中经阐释而生的。这就引出了三个问题:

一、自然的声音可以被翻译吗?

二、代言的条件是什么?它由谁赋权?

三、翻译即阐释,在多大程度上它是忠实于"原文"的?

不巧,这三个问题都是当下后现代语言学中最棘手、最折磨人的尖端问题,涉及诸如话语权利、民族身份、地缘差异、文化资本等"政治正确"(PC)与否的是非判断。这不是本文讨论的要点,但它无疑构成了如下议论的思维背景,在分析中时隐时现,使得如下文字成为与当下理论探索相互呼应的一种"镜像"。

让我们依次分析这三个问题。

首先，自然的声音可以被翻译吗？

"如果翻译的终极本质是努力达到与原作的相似性，那么，任何翻译都是不可能的。"因此，译者的任务之一是"发现趋向目标语言的特殊意图，这种意图在那种语言中产生原文的共鸣"。①自语言产生以来，人类充当了自然的译者，不仅以人类话语为目标性语言，也总在趋向人类利益的意图中解释自然，"草原逻辑"是这样一个产物。《狼图腾》中的毕利格和草原，分别代表人与自然，他（它）们相互依存的"**关系**"成为一个象征符号，在书里是一个不可分解的实体：**草原人**。由这种关系出发，可以区分出"**发言**"与"**代言**"的根本差异：前者发出的声音与身份是一体的，以"我"或"我们"为主体代词；后者身份与声音是有距离的，需要经由授权才可以代"他（人）"发言，即被讲述的主体是"他"（而非自我）。毕利格生在草原并以草原为生存之地。一个"生"字，先验地决定了他与草原合二而一的血脉联系，"草原人"这一整合性的姓氏符码由此而生。

"草原人"是一个越界的称谓，介乎"草原"与"人"之间，模糊了双方的身份和边界。"毕利格"这个专有名称一旦与"草原人"结合在一起，自然地转化成全称命题。"专有名称只能使人想起一件事，而全称命题却使人想起许多事情中的任何一件。"②如此一来，毕利格在"人"与"草原"之间便可以随时随地自由变换身份，如上问题因此不解而解：在草原这个平台上，毕利格无需代言，他的声音可以看作草原的自我言说，是"草原人"自己的声音。

毕利格说了什么？他想说什么？

老人的心思一半在草原，他替草原说话：

> 蒙古草原，草和草原是大命，剩下的都是小命。

---

① ［德］瓦尔特·本雅明：《译者的任务》，陈永国译，《翻译与后现代性》，第6、8页。
② ［英］霍布斯（Thomas Hobbes）：《利维坦》第一部第四章（1651年）。转引自伊恩·瓦特：《小说的兴起》，高原、董红钧译，生活·读书·新知三联书店，1992年，第12页。

把草原的大命杀死了，草原上的小命全都没命！

蒙古人最可怜最心疼的就是草和草原。(№3)

他的另一半心思在草原狼，事事为狼辩护，即使狼吃了黄羊，他也会说："狼群这是在替天行道，为草原行善"，"狼只要有东西吃，就不找人畜的麻烦。"(№2)对草原人的嗜血行为，他解释："草原是战场，见不得血的人，不是战士。"(№8)"蒙古人一半是猎人，不打猎，就像肉里没有盐，人活着没劲。"(№3)这些话字字有分量，是因为它的箴言性质：

——要想在草原呆下去，就得比狼还厉害。(№1)

——要是把狼打绝了，草原就活不成。草原死了，人畜还能活吗？(№2)

——在草原上，谁活着都不容易，谁给谁都得留条活路。(№3)

……如此言说，句句谚语，来自草原的历史深处，是草原人集体智慧的结晶，难怪陈阵说"这个老人是额仑草原最胆大睿智的老猎人"。(№2)

毕利格的一言一行无不具有象征意味：他说话，是在为草原代言；他思考，是草原逻辑的体现；他生活，是自然生物链中的一个环节；他劳作，是自觉地维护着自然生态的可持续发展——他是连接天/地以及人文与自然之间的一个桥梁。在草原人的意义上，他像一个酋长，一个巫师。"巫师的眼睛十分明亮，越亮就越无情。"①他不断告诫人们：尊重草原天地，存草原生，毁草原亡。"无怜悯之处是无情的位置。"②正是通过他"无情"的解说，陈阵得以在草原生活中探知天地奥秘，悟出了严酷的自然逻辑之真谛。老人的言说因此整体性地成为承载"寓意"的符号，是草原的"元自然生存"之声。

在早期人类部族群落中，毕利格这种人广泛存在，他们是最早的教师兼翻译家。在一定的地区，民族文化多半"需要由一位类似'翻译'的人来'译'给众人听。而且，这个'翻译'自然成了公众'提问'的

---

①② ［美］卡洛斯·卡斯塔尼达：《寂静的知识》，鲁宓译，内蒙古人民出版社，1998年，第128页。

代表，身兼'请问''释义'二职，逐渐成了重要的角色……这些人有着非凡的中介能力，即能把神的语言最准确最贴切最感人地传达给众人，因此才受到了人们的尊重和拥护"。①他们的讲述常常因人因地而变，越是"对传说内容熟悉、信得也真诚的人，往往越是语迟，如果没有谁去刨根问底地去请问他们，他们则很少主动做详细的介绍"；②反之，倒是在外人的介入下，翻译和解释的功能凸显出来。

外人来了：军代表来了，民工来了；北京知青来了，陈阵来了——幸亏，外人中有文化人而不尽是民工和军人，从此，在草原人发出声音的时候多了听者，多了追问，也多了翻译和解释。毕利格"言说"的另两种功能因此被发掘出来，在与陈阵对话时被充分地调动起来了，由此印证了维特根斯坦的见解"不存在私人语言"，应和着伽达默尔"对话式"的诠释理论："语言不是那种归于个别主体的东西。语言就是一个我们，在此我们之中我们相互归属……所有的生活共同体都是语言共同体，语言只存在于对谈之中。"③

狼书中，少见老人在公开场合演说，他总在喃喃自语。即使对人诉说，也几乎只是说给一个人（陈阵）听的；多半是在陈阵提问或追问时"被迫"说出来的。老人的言说就同他在故事中的作为，是被动的，最终通过陈阵才得到理解，得以传播。我们逐渐理解草原、更新对草原狼的认识，至少经过两个传递——亦即翻译——的过程：一是老人代天发言，企图向人间**表达**来自元自然的声音；二是陈阵的倾听、记录和书写，力图向文明社会**转达**来自草原人的声音。"表达"和"转达"，分别指向"发言"和"代言"，由此又回到那些个不能回避的重要问题：

——在不同文化之间，翻译是否可能？代言是否可行？

——在抵达彼岸以后，它们是否还能顺原路还乡？

就《狼图腾》看，它的成书和流行，已经超越了如上问题，它用故事

---

① ［日］柳田国南：《传说论》，连湘译，中国民间文艺出版社，1985年，第89页。
② 此段几处引文均出自柳田国南：《传说论》，第27页。
③ 《解释学、美学、实践哲学：伽达默尔与杜特对谈录》，金惠敏译，商务印书馆，2007年，第31—32页。

回答我们：翻译和代言都是可能的，"抵达"因此不是梦——但，"**还乡**"**不易**，它与出发的起点即翻译的实际作为密切相关。

翻译是手段，目的是在忠实原作的前提下达到理解。不同语言的人在交际过程中需要翻译，"一切交际都是翻译"，①如乔治·斯坦纳的表述：

> 任何两个历史时期，任何两个社会阶级，或任何两个地区都不可能用词汇和句子结构来表示完全相同的东西，发出相同的信号⋯⋯当一个人从另一个人那里收到一则由语言构成的信息时，他就要进行翻译⋯⋯时间、距离、思想观点的差异使得翻译多少有些困难。②

即使用同一语言，不同文化背景或不同阶层的人在交往时也需要翻译，目的是避免误解。因为误解太经常、太容易发生，以致使用相同语言的人在交流时最容易失去对误解的警觉。理解之困难不在"时间、距离、思想观点的差异"，而在身份(identity)。"流利地说一种语言与理解它是非常不同的⋯⋯土著人和传教士使用的是同样的语词，而其内涵却不一样，它们包含着不同的意义的负荷量。"③身份之间的巨大差距成为共建"通天塔"(巴别塔)的障碍，甚至断绝了人们企图登天的愿望。在理论上我们固然相信"人类具有共性，因此翻译是可以进行的"，④但经验告诉我们，**翻译的前提不单纯依赖人类共性，也有赖人们对差异性的认知、宽容以及不同群体之间袒露心扉的自觉。**

《狼图腾》给了我们这样一个范例。

首先是陈阵，这个来自北京的青年学生，高干子弟，汉族，城市知识分子，他愿意了解草原，倾听草原的声音；接着就有了毕利格老人，

① ［美］乔治·斯坦纳：《通天塔——文学翻译理论研究》，第 36 页。
② 同上，第 27 页。
③ ［英］埃文斯—普理查德：《原始宗教理论》，孙尚扬译，商务印书馆，2001 年，第 8 页。
④ ［美］乔治·斯坦纳：《通天塔——文学翻译理论研究》，第 40 页。

这个边远草原上的牧民,蒙古族,年迈,守旧,不谙文字之道——在民族、语言、代际、思想、文化、习俗、家庭环境、社会背景……几乎所有方面,他们之间有天壤之别。可老人"从来不向这个异族学生保守蒙古人的秘密"(№3),他主动向陈阵传授草原技艺,校正陈阵对草原乃至对生活本身的偏见:

> 你们汉人不明白的事太多了。你书读得多,可那些书里有多少歪理啊。汉人写的书尽替汉人说话了,蒙古人吃亏是不会写书,你要是能长成一个蒙古人,替我们蒙古人写书就好喽。(№3)

"你们"汉人和"我们"蒙古人,将两种文化、两种语言和两个人群严格区分开来,将两人阻隔在对立的两岸。说到"写书",他用的是"替"而不是"为",一字差别,显示出对代言的不同要求:"替"是一个很高的尺度,要你在书写的时候彻底改变身份;"为"则相对宽容,你还是你自己,只要你在说话的时候置换立场。这里,老人搁置了他的傲气,明确表达了渴望"诉说"和被"书写"的愿望。这是老人唯一有求于外人却难以启齿的愿望,竟然也是通过陈阵向我们转达的,由此带出了两个问题:

——何为书写?

——怎样赋权?

书写是语言的一种方式,较之口语,被看作是一种更文明的表达方式。它不仅能即时表意,还有长久传承的作用。亚里士多德在"解释篇"开始谈到两者的差异和递进关系:"口语是心灵的经验的符号,而文字则是口语的符号。"[1]索绪尔在语言学教程中也谈到文字的优势:"词的书写形象使人突出地感到它是永恒的和稳固的,比语音更适宜于经久地构成语言的统一性……在大多数人的脑子里,视觉印象比

---

① ［古希腊］亚里士多德:《范畴篇 解释篇》,万书春译,商务印书馆,1986 年,第 55 页。

音响印象更为明晰和持久，因此他们更重视前者。结果，书写形象就专横起来，贬低了语音的价值"。①历史上，但凡形成强势文明的民族都有自己的文字，它也成为民族历史传承的重要手段。"蒙古人不知文字，口传其祖先名称与其历史事迹。"②游牧民族在历史上曾有辉煌的征战记录，但它在文化记录上处于劣势，即毕利格所说"蒙古人吃亏是不会写书"。③有学者指出：

> 游牧人逐水草而居，移徙多，生活维艰，没有很多时间用于文明建设，历史记述少……游牧人的历史依赖农耕人的记载而流传。而农耕人的记述，往往美化自己，丑化别人，厚己薄人。在一"厚"一"薄"之间，于是有损历史的本来面目，使后人对游牧人的物质和精神生活产生不少错觉。④

难怪毕利格说"那些书里有多少歪理啊。汉人写的书尽替汉人说话了"。他的委屈不是个人的，而是一个民族的重大缺憾；他想被记录、被书写的愿望也不是他个人的，而是一个民族的梦想。他把这缺憾这梦想说给陈阵听，明确向陈阵表达了"替我们蒙古人写书"的期待——这是一种授权方式，陈阵因此成为唯一的受权人——面对如此期待乃至赋权，陈阵将怎样选择？书中，陈阵没有给出任何承诺，他最终也没有成为草原人。日后，他回了北京，在民族身份上什么都没有改变，甚至变本加厉，他成了老人极端诋毁的那个以汉人为主体的文化讲台上合法的发言人。老人死了，再没有人给他"写书"代言的压力。恰恰这时候，他自我赋权，以"狼图腾"的形式擅自还乡。在草原

---

① ［瑞士］索绪尔：《普通语言学教程》，第 50 页。

② ［瑞典］多桑：《多桑蒙古史》，冯承钧译（1934 年），上海书店出版社，2003 年，第 31 页。

③ 蒙古人最早使用的文字是回鹘式的蒙古文，多数学者认为该文字始创于 1204 年（参阅《蒙古秘史》现代汉语版页侧附加的"蒙古风情"，第 115—116 页）。1269 年，忽必烈创建蒙古字学，随后又于 1271 年在汗八里设立蒙古国学，命学者记录当代事件，编写课本，整理档案文件。详见 ［美］杰克·威泽弗德：《成吉思汗与今日世界之形成》，温海清、姚建根译，重庆出版社，2006 年，第 216 页。

④ 《中亚：马背上的文化》，项英杰等著，浙江人民出版社，1993 年，第 1—2 页。

上,他学会了"在社会生活中作为普通人凭良知和道德'表态',而不过分追求'发言'的姿态和效果"。①为了实现毕利格的愿望,他开设讲座,公然为草原狼辩护、"替"草原说话——这是真正的"代替",因为被言说者根本无法用人间话语发言。如此一来,陈阵不仅是曾经的草原文化的见证人,更是一个代言人,尽管他并不属于草原。这情况一旦成为事实,问题不请自来,撞上了当下学界的热门话题:

——**不同社会人群之间的代言是否"可以"?**

即使可以,就像人类学家声称为原住民代言、知识分子自诩为弱势人群代言、共产党人宣称为劳苦大众代言:

——**他又能在多大程度上不掺私利,不说假话,不篡改,不曲解?**

即使他要求自己如实传递并身体力行,由于身份的局限:

——**"如实"距"真实"会有多远?**

这是一些典型的后殖民问题。

记得 1991 秋天在美国加州大学(Berkeley)中国研究年会上,有人问到文学评论家李陀在中国身为少数民族的感受,他以达斡尔人的身份回答:"一个民族最大的不幸,莫过于听不见自己的声音,任人随意阐释。"就是在那个年会上,三天下来,身为中国人且离境不久的我对各种关于中国的声音感到陌生,暗自纳闷:

——**他们在说谁?**

——**他们是谁?**

从此让我对"代言"提高了警惕。

代言不是对话,它可能出自两种截然不同的背景:一种是"自己人"推选出来的代表,在异乡异族以个体身份代群体发言;另一种多半是毛遂自荐的外人,如早期人类学家用书写学术著作的方式代"土著民族"发言——文化帝国主义正是在这个时候发端,以语言为载体,鸡代鸭讲,在代言的同时将自己的方法、立场、观点强加于人;或者通过

---

① 陈平原:《学者的人间情怀:跨世纪的文化选择》自序,生活・读书・新知三联书店,2007 年。

传授知识和传播信仰的方式,让鸭讲鸡话,从而彻底颠覆或改造了对方的语言根基,削弱、扭曲乃至完全阉割了对方的声音。身在文明世界,"名"是重要的,它是身份的标志,是人之"在"的社会平台。对命名者而言,"命名的本身即是占为己有,这个原则亦适用于对'原住民'语言的禁止与排斥"。①比较武力侵略伤筋动骨,**文化侵略是一把软刀子,用重新命名的方式切断原住民的历史记忆从而剥夺了他们在精神上独立自主的生存意志。**文化上的"失语"就是在这个过程中发生的。失语症专家海德(Head)这样描述:"失语症病人好像是断了把世界上种种事物分类捆扎在一起的绳子,在病人面前,种种事物变得杂乱无章。"②他们因此再也无法用自己的语言对世界做出解释,甚至无法有秩序地处理自己的日常生活。

依照雅各布森(R. Jakobson)的理论,迄今为止,不同身份之间的话语交流可能在如下几种类型中进行:一是贵族和平民之间,涉及阶级地位差异;二是不同民族之间,涉及民族文化差异;三是殖民者和殖民地之间,综合涉及等级、民族、种族等后殖民问题,③所有这些差异都是前置性的,难以逾越——不幸,这些问题在《狼图腾》中统统存在;还不只这些,雅各布森完全没有涉及的性别、代际、年龄等等——这些都非常重要——个体差异,以及地区、区域、城乡、职业一类社会差异造成的身份差异,在《狼图腾》中也都存在,是语言学和政治学不能回避的内置性问题,过去少有提及。我以为,它们都是后现代翻译理论必须面对的问题。这也是《狼图腾》中隐含着的一个寓意。狼书没有正面回答问题,它甚至没有直接提出问题。鸿沟隐含在整个故事中,有待挖掘。即使在故事中不成问题,它们也会在语言学的批评诠释中逐一呈现出来。

作为寓言,《狼图腾》采取了"越界"这一偷巧的办法:借自然的原

---

① ［德］莫尔特曼:《俗世中的上帝》,曾念粤译,人民大学出版社,2003年,第5页。

② 转引自［英］帕默尔:《语言学概论》,第142页。参阅尾注第148页附注②和③,斯特恩(Stern):*Meaning and Change of Meaning*, Goeteborg, 1931年,第126页。

③ 参阅［俄］罗曼·雅各布森:《论语言翻译》(*On Linguistics Aspects of Translation*, in *On Translation*, ed. by R. Brower, Harvard University Press, 1959, pp. 232—239)。

始之力完成对文明的超越,既回避了历史表述中不可跨越的逐次演进,也避免了逻辑推理必经的演绎过程。它将所有争论中的问题都抛置在历史深处,径自在想象的世界里通过"越界"一步到位。这不是《狼图腾》的创举。达尔文早就发现,阿根廷火地岛的印第安人与文明人之间的差别"比野生动物和豢养的动物之间的差别还要大"。[①]有语言学家指出,在语言和文化方面离我们最远的反倒有时最能打动我们的心,最能引起共鸣。虽然原始的言语表达方式包含的思维过程可能截然不同,我们仍然可以"不必费多少力气就可以看到他们丰富的感情和想象力,我们甚至可以体会到他们的诗一般的吸引力"。[②]在借用原始自然力的时候,只需掉转方向,把转换立场当作理解的桥梁,"审美"和"认识"就可以同时顺利超度(历史)而痕迹不留。《狼图腾》中,越界建立在主体易位的基础上,天地相通,人兽无界,人/狼/天/地相互呼应,深度理解:

> 狼在草原上碰见麻烦,就冲天长嗥……草原人遇上大麻烦,也要抬头恳求腾格里……活在草原太苦,狼心里更苦,夜里,老人们听着狼嗥,常常会伤心落泪。(No24)

陈阵发现,在美丽而贫瘠的草原上求生艰难,他(它)们无以排遣,不得不常常对天倾诉。从科学角度看,狼对天长嗥,是为了使自己的声音讯息传得更远更广。但陈阵从情感上更愿意接受毕力格阿爸的解释,用神性去支撑无望的生活……想到这里,"陈阵的眼圈发红"了。(No24)在这段文字里,人们对声音的理解,不是通过语言,而是心的同情:人对狼,狼对天;老人对草原,陈阵对老人,都是心与心之间的沟通与理解——这是《狼图腾》中所有越界代言和翻译的基础,在起点上就超越了语言障碍。"一切翻译活动,都要从信任开始。"[③]信任可以表

---

①② C. M. Bowra: *Primitive Song*, London, 1963, p. 26. 转引自《通天塔——文学翻译理论研究》,第97页。

③ 〔美〕乔治·斯坦纳:《通天塔——文学翻译理论研究》,第69页。

现为自信,比如毕利格老人,他为草原和草原狼代言,他和自然的沟通并不是通过人类语言,而是通过生活实践,用他的话说,是"用命换来的"。又比如陈阵,他是汉族,老人是蒙古族,俩人亲若父子,无话不谈,但我们并不知道他们实际使用了什么语言:蒙语? 汉语? 语言问题在这里似乎并不重要,而这种对语言的蔑视本身也成为一个挑战,是对"巴别"的整体意义的挑战:上帝利用语言在人群中制造混乱,使人类在分裂和误解中丢弃了登天的机会——《狼图腾》不信这个,它在语言上的越界不仅颠覆了"巴别"的含义,也是对"巴别塔"的超越。在《狼图腾》里,**人与自然、人与人之间的沟通,不在乎使用了怎样的语言,重要的是倾听的功夫和代言的愿望**。我们因此可以追问:

　　——陈阵是怎样取得信任的?

　　——毕利格为什么选择了他?

　　这涉及"代言"的前提条件:不同文化之间的身份认同是怎样建立起来的?

　　民族尊严是个人自尊的一个潜前提,尤其对相对弱势者而言,对民族文化(包括语言)的敏感程度与自我的身份认同程度密切相关。索绪尔认为:"每个民族都相信自己的语言高人一等,随便把说另一种语言的人看作是不会说话的人。例如希腊语中 bárbaros'野蛮人'一词似乎就曾有过'口吃的人'的意思……在俄语里,德国人被称为Nêmtsy,即'哑巴'。"[1]毕利格也是这样,从第1章开始,他毫无顾忌地对陈阵的汉人身份说三道四,"你们汉人就是从骨子里怕狼,要不汉人怎么一到草原就尽打败仗"。(No1)这种作风始终如一,贯穿在两人私下交谈的任何场合。于文化上相对弱势的人群而言,这是一个自我张扬的机会;对强势文化群体中的成员而言,倾听是求知的一种方法,默认则是一种态度。所谓"交流"或"代言",已经不单纯是学术问题,更是一种政治姿态,与"政治正确"(PC)有关;确切地说,它是以"政治正确"即以一方(弱势,边缘)肆意发声和另一方(强势、主流)悉心倾听为前

---

① ［瑞士］索绪尔:《普通语言学教程》,第267页。

提的。在语际交流中，相对于发言，**倾听更重要，它是交流的基础。**
"语言事实的传播……受着同样一些规律的支配。每个人类集体中都
有两种力量同时朝着相反的方向不断起作用：一方面是分立主义的精
神，'乡土根性'；另一方面是造成人与人之间交往的'交际'的力
量。"①这两种力量只有在相互理解的前提下才可能同时出现：

> 两年来，老人的全家已经把他当作这个家庭的一个成
> 员，而陈阵从北京带来的满满两大箱书籍，特别是有关蒙古
> 历史的中外书籍，更拉近了老阿爸和他的这个汉族儿子的
> 关系。（No2）

陈阵总在倾听，尽管老人已经把他当自家孩子看待，他"还是不敢
将中国古人和西方某些历史学家，对蒙古民族的仇视和敌意的内容讲
给老人听"（No2）。到了草原，他不敢吟唱岳飞的《满江红》，不敢"笑
谈"，"渴饮"……这种必要的克制成为外人进入异地异族的一种策略。
一旦进入，原本是"好奇"的态度就会发生转变。比如陈阵，原本他只
是对草原狼以及草原上发生的一切事情好奇，毕利格"说他从来没见
过对狼有这么大兴头的汉人"（No1）。进而，"陈阵很想探寻历史上农
耕民族和游牧民族的恩怨来由，以及人口稀少的蒙古民族，却曾在人
类世界历史上爆发出核裂变般可怕的力量的缘由"（No2）。好奇转变
成自觉的求知，话语关系跟着发生了质的变化，从屈尊倾听到虚心求
教，让老人彻底敞开了心扉：

> 半通汉语的毕利格老人抓紧一切时间教陈阵学蒙话，
> 想尽早把书中的内容弄清楚，也好把他肚子里的蒙古故事
> 讲给陈阵听。两年下来，这对老少的蒙汉对话，已经进行得
> 相当顺畅了。（No2）

---

① ［瑞士］索绪尔：《普通语言学教程》，第287页。

这里，我们看到的是交流而非单纯的说教。作者对交流的语言也终于有了一个模糊的交代，是"蒙汉对话"而非鸡讲鸭听，因此"进行得相当顺畅"。不同文化之间的交流应该是双向对等的，即使两者对话，也总有"第三者"——即在"言语侧链"的基础上对自我言说的反省——在场。"言语链有一个重要的侧链……说话人不仅在说着话，而且同时也在听他自己的声音。在监听时，他不断地将他实际发出的声音与他想要发出的声音作比较，并随时作必要的调整，使说话的效果符合自己的意图。"①比如陈阵，他在认真倾听的同时不断自我反省。而作为弱势者的代表，毕利格很知道怎样在有尊严的情况下介绍自己的文化，他"总喜欢让徒弟带着满脑子的好奇和疑惑，来学习他想传授的知识和本领"（No2）。书中绝大多数草原事情都是老人单传单授，专门"翻译"或"解释"给陈阵一人听的。

"理解就是解释，而解释就是辩护。"②

20 世纪 60 年代，美国人类学家卡洛斯·卡斯塔尼达在沙漠小镇结识了一位当地的印第安老巫师唐望，与之相处十余年，日后陆续出版了 9 本相关的书，在美国引起强烈反响。其中《寂静的知识：智者唐望的世界》③是一部对话集，即巫师与人类学家的对话，一方是答问，一方是倾听；就如陈阵和老人的对话，一方发问，另一方在答问中诱导布道。毕利格和唐望一样，在答问的过程中明确表达了他的愿望：渴望被倾听、被理解、被记录乃至被传承。他们希望对他人诉说。这个"他人"不是毫无来历的游客，而是主流文化的象征和代表：对唐望来说，"他"是一个美国白人知识分子，叫卡斯塔尼达；对毕利格来说，"他"是一个来自北京的汉族知识青年，叫陈阵。书中，陈阵自觉放下了身份差距，长年悉心倾听草原人的声音，他的目睹成为"见证"，他的耳闻成为"证言"，他以书写的方式为老人"代言"也间接为草原代言。

---

① ［美］P. B. 邓斯、E. N. 平森：《言语链——说和听的科学》，曹剑芬、任宏谟译，中国社会科学出版社，1983 年，第 6 页。
② ［英］以赛亚·伯林：《自由论》，胡传胜译，译林出版社 2003 年，第 146 页。黑体为本书作者所加。
③ ［美］卡洛斯·卡斯塔尼达：《寂静的知识：智者唐望的世界》，1998 年。

在他这里,那个有声却无言的群体(草原和草原生灵)终于浮上话语层面,以被代言的方式在主流社会发出了声音。这种声音是真是假或掺有多少杂质都不重要,重要的是:以谁的名义、站在谁的立场上发出声音——是非真假之前,在命名的名义下**"发出声音"**至关重要,从无到有,万里长征,这是真正的第一步!

综上所述,我们看到,狼书中大跨度的代言至少有三个越界:

——身为草原人毕利格老人对自然的越界;

——身为汉族知识分子陈阵对草原人的越界;

——作为普及读本的《狼图腾》对传统大众文化的越界。

它因此必须跨越三座大山,需要三个翻译过程。一旦阅读了它,读完了它,它的"代言"和"翻译"——无论它是什么——便悄无声息地完成了。接下来的是第四种翻译,即读者的理解或批评的跟进阐释;见仁见智,与《狼图腾》都不相干。无论是非短长,它就"在"这里,仿佛又一个象征性的巴别塔,搅乱了人们的思绪却坦然自若;抑或,它当真超越"巴别"而径自登顶了么?

《狼图腾》试图以整部故事回答这个问题。

它的方法其实简单:读下去;或者,读不下去。如果你读完了,它便登顶了,这是它期待中的一个交代。一旦你拿出自己的看法,便是它不期而至的又一个答案。说到底,这还都是巴别城中的问题。雅克·德里达(Jacques Derrida)在《巴别塔》中不无悲观地挑明了不同文明城域之间"翻译"与"不可译"这一悖论性问题①,却没有给一个出路。卡夫卡也强调语言的障碍,认为人类要进行真正的交流和理解几乎是不可能的,他经常提到"巴别塔"并且在笔记中这样写道:"如果当时修了通天塔之后不去攀登,也许是可以得到上帝宽容的。"②《狼图腾》中的毕利格老人也认识到了这个问题:

---

① 参阅[法]雅克·德里达:《巴别塔》(*Des Tours de Babel*, in *Difference in Translation*, ed. Jeseph Graham, Cornell University Press, 1985, pp. 170—172)。

② 转引自[美]乔治·斯坦纳:《通天塔——文学翻译理论研究》,第 29 页。

我知道你们汉人学生<u>不信神</u>，不管自个儿的灵魂。虽说这两年多，你是越来越喜欢草原和狼了，可是，<u>阿爸的心你还是不明白</u>……草原又苦又冷，蒙古人像野人一样在草原上打一辈子仗，蒙古老人都有一身病，都活不长……你这么做，阿爸有罪啊，腾格里兴许就不要你阿爸的灵魂了……草原上要是都像你对奴才一样待狼，<u>蒙古人的灵魂就没着没落了</u>……（No18）

这段话耐人寻味，道出了"不可翻译""不可传递"和"不可复制"的悲哀，也道出了老人彻骨的无奈，琢磨一下，至少有如下三种意思：

其一，身体与灵魂的问题，就如这一声叹息："你是越来越喜欢草原和狼了，可是，阿爸的心你还是不明白。"可见，不同文化的精髓其实难以传递。

其二，原住民的归宿，一是同化，一是消亡；如果不同化，消亡是难免的："蒙古老人都有一身病，都活不长。"即使声音可以传播，那个载体已经消失，"声音"还有什么意义呢？

其三，灵魂的归宿是否需要一种被接收的仪式？老人说："草原上要是都像你对奴才一样待狼，蒙古人的灵魂就没着没落了。"如果保存了仪式，就像今天中国复兴的各种祭祖大典，灵魂当真就落地归土可以安心么？

留在这里的，只有问题，没有回答。

这书里，所有的倾听和传递几乎都是单向的，尤其对老人的话，反驳之声绝无仅有（只有包顺贵）。陈阵在老人面前更是俯首帖耳——这样安排是否公平？

不公平其实是前置性的。

强大的现代文明早已吞噬了草原的声音，"单向"因此成为一种政治立场：让无声者发声，替沉默者代言，通过好看的故事让大众听到异质声音。克尔恺郭尔曾提出一套"间接传播"理论。他看传播是一个过程，不会一蹴而就，"任何人想得益于这种传播，他必须亲身去独自解开这个结",因为"真理只存在于生成过程之中"。①陈阵是这样做的:他试图解开草原的智慧之结并亲身参与了"间接传播",这是一个历时多年的漫长过程,他的思想转变是在这个过程中逐渐完成的。作者姜戎也是这样做的,历时三十多年,它的结果就在这里,"狼图腾"是在这个意义上获释并得以传播的。

说了这么多声音,风声雨声、狼嗥狗吠……最重要的声音其实只有一种,来自草原,代表草原,即元自然生存状态中的声音——由此看这书的目的,非常明确,始终如一:借各种来自元自然草原的声音颠覆现有的话语权和符号所指,企图对世界秩序重新命名。

在后现代或后乌托邦范畴里,所谓重新命名,不是给某个符号或姓氏符码重新加冕或赋予新的意义,而是釜底抽薪,全盘颠覆它原有的价值体系。**它用"颠覆"敦促命名,把命名权交给每一个开始"反思"的人**,用本雅明的话说:

> 作为艺术创作物之中的反思,每一对艺术创作物的批评认识,都只是这一创作物自行活动而产生的更高的意识程度。这种意识在批评中的增强,在原则上是无限的,也就是说,批评是媒介,它所涉及的是艺术的无限性。

"在艺术及一切精神领域中,**反思是原本的,建设性的**"。②
当反思进入思维,语言也突围了。
那么,对《狼图腾》这书,毕利格老人会怎样看?
卡斯塔尼达——那位倾听和记录巫师话语的人类学家——有这样的经验:"每次当我发表我的理论时,唐望总是捧腹大笑。"③

---

① [丹麦]克尔恺郭尔:《基督教中的训练》和《结论性非科学随笔》,转引自《克尔恺郭尔哲学寓言集》译者序,杨玉功编译,商务印书馆,2000 年,第 6 页。
② [德]瓦尔特·本雅明:《经验与贫乏》,王炳均、杨劲译,第 82、80 页。黑体为本书作者所加。
③ [美]卡洛斯·卡斯塔尼达:《寂静的知识:智者唐望的世界》,第 191 页。

那冰蓝的腾格里上，毕利格也"咯咯"笑出了声呢……

3. 从宗教学看：狼是怎样成为图腾的？

> 仅仅用是否忠于信念来衡量道德是不够的，还应该不
> 断地给自己提出这样的问题：我的信念正确吗？[①]
>
> ——[俄]陀思妥耶夫斯基

"图腾"是一个原始宗教概念，用作书名，本身是寓意：这小说企图讲述一个与信仰有关的故事。

关于宗教信仰的研究可以有两个层面：

第一个层面是对信仰或教义的研究。对某一教派或教义的历史考究以及对图腾崇拜的研究，都属于这一范畴。具体到手头这本书，就是研究狼图腾。小说出版后，这一层面上的争论很多，引发了两个方向上的不同意见：一是关于蒙古人的原始信仰以及草原上是否真有过狼图腾。[②]二则有关中华民族的原始信仰和宗教符号，究竟是狼图腾、龙图腾、熊图腾还是凤图腾，[③]叶舒宪于此有跟进的研究成果；[④]或者，中华民族是否应该以开放和进取的心态去接受这个"狼图腾"[⑤]——这事挑动了一个民族的敏感神经，招来众多异议和谴责。

[①] 出自陀思妥耶夫斯基关于普希金的演讲（1880 年）之后的答辩提纲。转引自[法]茨维坦·托多洛夫：《批评的批评——教育小说》，王东亮、王晨阳译，生活·读书·新知三联书店，2002 年，第88 页。

[②] 《蒙古秘史》（新华出版社，2006 年），译者特·官布扎布和阿斯刚有意更正"狼图腾"的说法："蒙古民族崇拜的图腾除了狼之外，还有龙、马、鹰等。由于《蒙古秘史》的开头语记录了狼的图腾踪迹，狼图腾便被人们牢牢地记了下来。其实，狼图腾只是蒙古民族乞颜部落的图腾。"（6—7 页侧）蒙古族学者苏鲁格认为："以狼为图腾的部分突厥部落自 5 世纪从高昌国之北山迁走之后，便与蒙古先民及其部分狼氏姻族走上了不同的发展道路。"《蒙古族宗教史》，辽宁民族出版社，2006 年，第 11 页。

[③] 安波舜：《我们是龙的传人还是狼的传人》（http://www.culstudies.com/rendanews）。

[④] 参阅叶舒宪：《狼图腾，还是熊图腾？》，《中国社会科学院院报》（2006 年 6 月 15 日第 3 版）；以及著作《熊图腾：中华祖先神话探源》，上海画报出版社，2007 年。

[⑤] 张颐武：《从"硬"的边界进入〈狼图腾〉的价值》，《一个人的阅读史》，辽宁人民出版社，2008 年。

第二个层面是对信众接受某一教义即信仰过程的研究。本节试图在这个层面上分析文本。因此,狼图腾的真伪以及蒙古民族与狼曾经有过怎样的信仰关系,都不是本文研究的对象,原因很简单,作为寓言,《狼图腾》的寓意并不在宗教意义上的返璞归真,说到底,它也不过是借狼说事呢!

就上述两种研究方向,当代宗教哲学家约翰·希克(John Hick)有高度概括。他将前者称作"教义神学",后者称作"问题神学":

> 问题神学发生在传统和世界(既包括世俗世界又包括更广阔的宗教世界)之间的交界面上,它的关切点是根据新处境创造新神学……前一种神学思想保持信仰之船的稳定,而后一种神学思想则开动了信仰之船。[①]

《狼图腾》中的信仰问题显然无涉教义,而与"问题神学"的关切点和出发点非常接近。不同的是,狼书中的图腾并非神学,与其说它是信仰,不如说是一种思想,在"开动了信仰之船"这个意义上与问题神学不谋而合。狼图腾涉及的问题,千头万绪,无不牵连着中华民族"国民性"的提升。**将草原狼升华为图腾,是一种期待,一个梦想,一只企图重新启动、出航远征的乌托邦之舟。**关于国民性问题,本书第五章第2节专门讨论。这里关注的不是"教义""问题",而是试图通过解析狼在这故事中成为图腾的过程,回答一个"尚未解决或尚为展开充分讨论的具体问题:思想在实际上是怎样进入文学的?"[②]

信仰的过程是一个心理过程,但这里也无意在心理学范畴中过分追究。"事实上,我们所有的批评家认为是心理学问题的,恰恰并非如此……批评只有尊重艺术作品自己的领地,小心不涉足于此,才算表明了它接近艺术作品的权利"。[③]因此,本节仍然坚守于小说情节,

---

① [英]约翰·希克:《多名的上帝》,王志成译,中国人民大学出版社,2005年,第13页。
② [美]雷·韦勒克、奥·沃伦《文学理论》,刘象愚等译,生活·读书·新知三联书店,1984年,第128页。
③ [德]瓦尔特·本雅明:《评陀思妥耶夫斯基的〈白痴〉》,《经验与贫乏》,王炳均、杨劲译,百花文艺出版社,1999年,第139页。

借助文本分析去追究:这个有关信仰的故事是怎样将"信仰"变成了"故事"的?

　　首先介绍"图腾"(Totem)这个概念。

　　18世纪末英国人朗格首次使用"图腾"这一概念。[1]此后不少人类学家、民族学家甚至政治和法学领域对此都有研究,在图腾的基本属性上达成共识,认定图腾崇拜与早期人类信仰有一定的内在联系。前苏联学者 A. M. 佐洛塔廖夫认为,图腾崇拜"相信某种自然客体——多半是动物,与氏族有着紧密的联系"。它是一种宗教形式,是"与氏族发展初期的社会结构相符的意识形态"。[2]更多学者认同弗雷泽(J. G. Frazer)的研究成果,认为图腾崇拜是半社会—半迷信的一种制度,"这种对图腾的尊敬往往被解释为是一种信仰"。[3]我们面对的"狼图腾"与上述两种表述都相去甚远,它毕竟只是小说而非学术专著;即使看它与信仰有关,它与宗教本身也完全不同性质。追溯早期人类信仰,倒是杨学政的"动物崇拜"说较为贴近它所展示的人/狼关系。在云南多年实地考察中,杨学政有独到之见:

> 　　在人类的童年期,原始先民曾把自身视为动物的家族,人与动物不分,甚至把动物视为比人更聪明机灵,叹服动物适应自然环境和生存的能力比人大,人在许多方面不及动物。[4]

　　他认为,人类崇拜动物的主要原因,是"感激动物给人生存的种种

---

① "图腾"一词最早出现在英国商人 J. 朗格的《印第安旅行记》(1791年)一书中。Totem 原为美洲印第安鄂吉布瓦人的方言词汇,意思是"他的亲族"。图腾崇拜的核心是认为某种动物、植物和自己的氏族有血缘关系,是本氏族的始祖和亲人,从而将其尊奉为本氏族的标志、象征和保护神。学界普遍认为,世界上许多民族都曾经有过图腾崇拜,其残余在近现代一些民族中还可以看到。

② [苏联]A. M. 佐洛塔廖夫:《西伯利亚各民族的图腾崇拜残余》,列宁格勒,1934年,第3页。此处引文和观点参阅[苏联]E. 海通:《图腾崇拜》,何星亮译,广西师范大学出版社,2004年,第1—4页。

③ [英]J. G. 弗雷泽(J. G. Frazer):《家庭和氏族的起源》;此处引文转自[苏联]E. 海通:《图腾崇拜》,第2页。

④ 杨学政:《原始宗教论》,云南人民出版社,1991年,第87页。

帮助",多半出于"实用"的角度。①这种痕迹在《狼图腾》中经常出现,像"这还是跟狼学的"(№2)、"人哪能比得了狼"(№12)……在毕利格嘴里几乎就是口头禅。相关研究证明,原始草原确曾有过"狼之子"的说法:"关于突厥以狼为图腾的问题,根据阿史那氏的始祖传说及其所谓的祭先窟、金狼头大旗等材料分析,是没有什么疑问的。"突厥可汗的侍卫被称为"附离",也就是狼。"由于上天赋予力量,我父可汗的军队像狼一样,敌人像绵羊一样。"②狼在突厥人中曾是勇猛的象征。但显然,《狼图腾》中,陈阵从草原人那里获得的有关狼的信息,已经许多世代,与如上信仰无大关系。

近代以来,蒙古草原上的信仰曾经两次大的变革:一是清人入关后满蒙合一,草原人统一信了黄教。③二是新中国成立后,内蒙古草原在革命的洗礼中完成了意识形态改造,到陈阵等知青进入草原时,那里已是红旗一片,没有任何其他宗教的藏身之地;即使当地人仍然有尊狼的传统,与"狼图腾"也不是一回事。

那么,陈阵在额仑草原上获得的是些什么信息呢?

陈阵获得的有关狼的新知主要来自传说。

认定狼书中的相关信息是传说而非信仰,非常重要,给文本分析提供了一个寻根索迹的认知基础。④《传说论》的作者柳田国南认为:传说的要点在于有人相信,"它像草木一样,根子在古代,却繁茂滋长",给人们一些可信的启示。⑤草原上流传着大量狼的故事,的确与

---

① 杨学政:《原始宗教论》,云南人民出版社,1991年,第88页。
② [日]江上波夫:《骑马民族国家》,张承志译,光明日报出版社,1988年,第59、62页。
③ 1260年忽必烈即位时封红教上层喇嘛八思巴为国师,从此,喇嘛教在蒙古地区广为传播。16世纪末黄教被引入草原,1640年以俺答汗为首的蒙古上层宣布喇嘛教(黄教)为国教。参阅《蒙古秘史》(现代汉语版页侧附加的"蒙古风情"),新华出版社,2006年,第59—61页。
④ 《蒙古秘史》(新华出版社,2006年,特·官布扎布、阿斯刚译)针对"狼图腾"的影响更正明代译本("当初元朝的人祖,是天生一个苍色的狼,与一个惨白色的鹿相配了"的说法,特别说明:"孛儿帖赤那与豁埃马阑勒二词的汉译对应词虽然为苍色狼和白色鹿,但是把它当作人名(本来就是人名)来理解的话,关于《苍狼白鹿》的蒙古人之起源传说,也就不再成为传说了。"传说是精神民俗中最重要的部分,它承载着文明史前的历史信息,是史前文化研究的一个重要资源。对"传说"的谢绝不仅限制了想象的空间,也有可能在正史化的写作中切断了一个民族的精神来路。
⑤ [日]柳田国南:《传说论》,连湘译,中国民间文艺出版社,1985年,第9页。

早期信仰有某种内在联系。古代氏族社会以狼为图腾的民族广布世界，如突厥人"在可汗长帐门前立起金狼头大纛（dào），正是表示自己不忘其狼生的本源。不仅在突厥，狼生的传说，在高车也有。以狼抚育的人为始祖的传说，存在于乌孙。这说明以狼为图腾的信仰，很早以前就在突厥（土耳其）系统民族中间广泛存在"。①在历史演进和民族融合过程中，图腾崇拜逐渐消失，与图腾有关的故事演变成传说，流传至今。柳田认为：传说的一端接近于历史，另一端又与文学相近，"随着时间的推进，传说的两极，总的趋势是越来越拉开了，联系的纽带也越来越变细了。而且，文艺的成分，渗透到外表，轮廓清楚，色彩加重了"。如《狼图腾》中狼的传说，与历史切割清楚，径自在想象的天地里自圆其说。"历史的学问向前发展，因循守旧的解释，再也笼不住人心，如使传说继续传诵下去，只好修改，不得不改。形势所逼，人们果然对传说修改了起来。"②《狼图腾》是"修改"的一例；不同的是，它无意重述传说，而是企图将传说重新"还原"到图腾。

"随着岁月的流逝，时代的进展，传说的形态、内容都将变迁、演化。"柳田国南提醒我们，"同说是'信'，人们相信传说实有其事，同不怀疑历史记载上的事实，从根本上来说也是两码事。"③对读者而言，他尽可以游移于信或不信之间，在阅读中动情以求完美。对批评者而言，"不信"才是研究的前提。倘若将文学批评变成历史的实证考据，便可能在"可耻的"［本雅明语］越界中自行放弃了"接近艺术作品的权利"。④

《狼图腾》中布满了狼的传说，大体两种：一是关于狼的故事，有始有终，可以寻根问源。比如"草原狼是草原人的灵魂升上长生腾格里的天梯"这样的说法，出于一个"飞狼"的传说：

这个传说在额仑草原流传最广，而发生的时间又很

---

① 突厥人是逢月圆则出发"寇抄"（侵略掠夺）的"重兵死，耻病终"的勇敢战士。此处引文均出自［日］江上波夫：《骑马民族国家》，第60—62页。
② 如上引文依次引自柳田国南：《传说论》，第30、31、40页。
③ 同上，第46、52页。
④ 参阅［德］瓦尔特·本雅明：《评陀思妥耶夫斯基的〈白痴〉》，载《经验与贫乏》，第139页。

*近……*陈阵决定弄清这个传说，想弄明白狼究竟是怎样
在额仑草原上"飞"起来的。知青刚到草原就听牧民说，
草原上的狼是腾格里从天上派下来的，所以狼会飞。
（No.4）

陈阵想弄清楚"狼是怎么飞起来的"，实地调查的结果不仅没有抹
去传说的虚幻色彩，反而增强了他对狼的尊敬，确认这是草原狼集体
智慧的结晶。（No.4）另一类传说中看不到完整的故事，像分子弥漫在
空气中，更像细胞渗透在小说肌体，无处不在，非常接近图腾崇拜，成
为草原人日常生活中的重要内容：

崇拜狼图腾的民族，肯定会尽最大的可能去学习模仿
狼的一切：比如游猎狩猎技巧、声音传递、军事艺术、战略战
术、战斗性格、集体团队精神、组织性纪律性忍耐性、竞争头
狼强者为王、服从权威、爱护家族和族群、爱护和捍卫草原
等等。（No.26）

草原曾流传成吉思汗的传说："白天，他像一只狼警惕地窥视着四
周；黑夜，他像乌鸦般目不转睛地盯着前方；在战争中，他终于像一只
鹰似地扑向猎物。"[1]陈阵认为，"蒙古人的音乐和歌唱，也必然受到狼
嗥的影响，甚至是有意的学习和模仿"（No.26）。[2]原始草原上，但凡人间
事情，总会与狼事联系在一起，从生活到生产，从民俗到风俗。狼书
中，这些传说大多是毕利格一人的表述。随着老人的沉默和死亡，如
上传说或许还会流传，成为民间故事；而那种如影相随、随口而出的图
腾崇拜，则永远销声匿迹了。没有人想到，它会在陈阵（这个现代人）心

---

[1] ［法］勒内·格鲁塞：《草原帝国》，黎荔等译，国际文化出版社，2004年，第187页。

[2] "北美塔克萨斯印第安人，狼图腾部族的青年，曾跪地下，由长老给与武器，教其学习狼的样子及
狼的叫声。"(J. G. Frazer：*Totomism and Exogamy*，Vol. 3，p. 138)转引自岑家梧：《图腾艺术
史》，学林出版社，1986年，第103页。

中复活,甚至将它演绎成图腾,难免人会生疑:

——在那广袤的草原上,为什么是"狼"图腾而不是其他?

这有关"狼精神",即自由精神。

——"自由"和"精神"是两个分开使用的概念还是一个不可分割的词组?

这本身是一个问题,将在本章"哲学"一节中讨论。接着的问题:

——狼是怎样成为图腾的?

这是一个信仰化的过程。无论你是否接受狼书的观点,当你在阅读中不知不觉地改变了对狼的传统看法,这个过程就完成了,它因此成为研究者必须面对的一个现实问题。研究这个问题并不困难,这是作者极力表现的主题。他让陈阵成为他自己(同时也是读者)的替身,用现场实习的手段现身说法,让我们在同一个——汉族/知识人/现代人——起跑线上出发,以便共同抵达彼岸。

小说是这样启动的:在极度陌生、恐惧的处境中,陈阵带我们接近狼。想到第一次与狼群遭遇,"惊悸又颤遍他的全身。他相信任何一个汉人经历过那种遭遇,谁的胆囊也不可能完好无损"。

> 也可能是陈阵忽然领受到了腾格里(天)的精神抚爱,为他过早走失上天的灵魂,揉进了信心与定力。当陈阵在寒空中游飞了几十秒的灵魂,再次收进他的躯壳时,他觉得自己已经侥幸复活,并且冷静得出奇。(No1)

他让我们身临其境,在求生的绝境中开始重新认识狼:

> 狼口余生的陈阵,从此也像草原民族那样崇敬起长生天腾格里来了。并且,他从此对蒙古草原狼有一种着了魔的恐惧、敬畏和痴迷。蒙古狼,对他来说,决不是仅仅触及了他的灵魂,而是曾经击出了他灵魂的生物。(No1)

陈阵的觉悟可以看作"信仰化"的起点,隐约昭示出宗教的源头。"宗教本身是没有内容的,它的根源不是在天上,而是在人间。"①从"信"走向宗教,是有阶段性的。在初始阶段,宗教一总是"对现实苦难的抗议","是被压迫者的叹息"。②比如这故事,陈阵的觉悟基于最浅层次的求生意识,突出了它的实用性。他在群狼包围中无力无助,不由他不"像草原牧民那样在危急关头心中呼唤起腾格里:长生天,腾格里,请你伸出胳膊,帮我一把吧"。(No1)从狼口脱身,在感恩的基础上顿悟,他同时接受了两个信念:腾格里和草原狼——前者出于自然信念,类似费尔巴哈那个"心灵之梦";③后者出于敬畏,接近了原始人类"图腾崇拜"的心理基础。④这两点与普罗大众信教的起点非常相似,多半因为在现实生活中有了难以解决的困难,力图排遣要么是对疾病要么是对死亡的恐惧;或者在今天,企图满足要么升官要么发财的欲望,求医拜佛,焚香许愿,希冀现世现报,属于很低的信仰层次,正好对应着早期人类学家对宗教的认识,"是对被认为能够指导和控制自然与人生进程的超人力量的迎合或抚慰"。⑤

但很快,陈阵的精神进入一个新的层次:从个人走向民族,从生存基点(活着)走向生存意志(战斗)。他的思想认识也跟着发生了一个重要转变:由他个人对狼的畏惧和敌视,转向对自身民族性的反省。由此,信仰的层次也跟着提升,摆脱了个人恐惧,企图在强者身上吸血,为自己"贫弱的"民族开药方。这一回合,是在他和杨克的多次对话中逐渐完成的:

中国汉人崇拜的是主管农业命脉的龙王爷——龙图

---

① 马克思:《致阿·卢格(1842年11月30日)》,《马克思恩格斯全集》第二十七卷,第436页。
② 马克思:《黑格尔权利哲学的批判:导言》,见马克思《早期著作》,L.柯勒斯荷斯编,哈蒙斯荷斯:企鹅丛书,1975年,第244页。转引自[英]乔治·拉伦:《意识形态与文化身份:现代性和第三世界的在场》,戴从容译,上海教育出版社,2005年,第13页。
③ [德]费尔巴哈:《基督教的本质》1843年第二版序,荣震华译,商务印书馆,1984年,第19页。
④ 参阅弗洛伊德:《图腾与禁忌》,杨庸一译,中国民间文艺出版社,1988年(内部发行)。
⑤ [英]J.G.弗雷泽:《金枝》,徐育新、汪培基、张泽石译,中国民间文艺出版社,1987年,第77页。

腾,只能顶礼膜拜,诚惶诚恐,逆来顺受。哪敢像蒙古人那样学狼、护狼、拜狼又杀狼。人家的图腾才真能对他们的民族精神和性格,直接产生龙腾狼跃的振奋作用。(No3)

这里,个人/个狼都不见了,我们看到的是两个符号体系:龙图腾和狼图腾;影射两种文化:农业文明和草原文明;指向两种人类群体:农耕民族和游牧民族。不论胜负强弱,这是整体性的提升。信仰在这里完成了一个升华,为个人的"心灵之梦"走向宗教铺平了道路。"创立宗教的人,必须本身感到宗教的需要,并且懂得群众对宗教的需要。"①**信仰可以是个人的,宗教则一定是群体性的。只有信者成"众",教义才可能成"宗"**。宗教的创立和传播以信众为基础并为目的,由此而生的问题是,陈阵不过一介平民,即使想了,何以让个中念想去承载众人的理想?陈阵最向往的是自由,一只小狼的作用足够了,为何要将草原狼群体性地升华为图腾?图腾是一个集团性标志而非个人理想。这个陈阵,他为什么在个人理想上嫁接了诸如"中国"、"汉族"、"农耕民族"这样的集团意志?

但凡涉及宗教信仰问题,无论学者还是政治家,出言举措一向谨慎,如埃文斯—普理查德所说,需要熟悉信众的语言,理解他们的生存环境,"也需要了解他们的整个思想体系——他们任何特定的信仰都是这种思想体系的一部分"。②由此可以去追问陈阵的作为:

——他信仰的"狼图腾"出于怎样的思想体系?

——那面有待张扬的狼旗下可能集合起怎样的民众?

故事里没有直接回答问题,却给我们一些重要提示:有这样一群人一个民族,他与作者同宗同源,经历了很多苦难,面对强敌曾经"诚惶诚恐,逆来顺受",如同任人宰割的羔羊;群羊无首,贫弱不堪……除非有新的榜样新的力量,将一盘散沙重新聚合成万里长城——从这

① [德]恩格斯:《布鲁诺·鲍威尔和早期基督教》,《马克思恩格斯全集》第十九卷,第329页。
② [英]埃文斯—普理查德:《原始宗教理论》,孙尚扬译,商务印书馆,2001年,第8页。

种愿望出发,他从草原狼的强悍联想到古代草原人的狼旗铁骑,从"西方文明狼"的成功联系到"现代文明狼"称霸世界,在狼身上看到了"新的力量"并企图把它转化为"新的榜样"。

榜样的力量无穷啊!

为了民族复兴,他推出了"狼图腾"。

假如故事停留在这里,仅仅为了复苏一个古老的图腾,宣示一种新的教义,批评可以终结。**没有任何宗教允许批评存在,没有一种教义鼓励思维。**"思维对宗教对象的关系,始终和必然是一种研究和阐明后者的关系,而在宗教——或至少是神学——的眼光中,则是一种冲淡和破坏后者的关系。"①好在狼书的目的不在这里,它并不打算出让灵魂当真皈依了狼,而是企图给自己的民族寻找一条进取强壮的道路。换言之,**它的灵魂向生,而非不朽;追逐强势,而非向善。**因此,在现成的教义和宗教中没有知音,现世的各种说教对他的心灵毫无疗效,倒是在"珍视自由也珍爱生命"的草原狼那里,他看到了别样生路:

> 狼被俘之后照吃照睡,不仅不绝食,反而没命地吃、敞开肚皮吃,吃饱睡足以后,便伺机逃跑,以争取新的生命和自由……[草原人]将具有此种性格的狼,作为自己民族的图腾、兽祖、战神和宗师来膜拜。(No14)

这是陈阵在驯养小狼的过程中新的发现,为此,"陈阵感激这条小狼崽,它稚嫩的身体竟然能带他穿过千年的迷雾,径直来到了谜团的中心"(No14)。

——这是一个什么谜团?世间万物万事中,它看什么最重要?

小狼的答复:是生命!

——那个谜团的"中心"是什么?

小狼的故事告诉我们:是自由!

---

① [德]费尔巴哈:《基督教的本质》1841年初版序,荣震华译,商务印书馆,1984年,第3页。

小狼(个体)/狼群(群体)、自由/生命、精神/图腾、人/神……这些互为悖论的命题何以在这里互为依存,相反相成? 其中必定交织着一个民族亲历的苦楚,蕴涵着一个时代的秘密,不同寻常。身为那个时代那个民族的成员,陈阵纠缠其间,苦思冥想,直到他说"我也真想通了":

> 这种反常的逻辑中却包含着深刻的草原逻辑……草原狼从未被人驯服,狼的性格和许多本领,人学了几千年还没能学到呢。狼在草原上实际统领着一切,站在草原各种错综复杂关系的制高点上。(No25)

陈阵将不屈服的"狼精神"上升为"纯精神"——由此,我们接触到它的核心:"狼图腾是一个没有多少文字记载的**纯精神体系**。"

> 狼图腾的精神比汉族的儒家精神还要久远,更具有天然的延续性和生命力……狼图腾的核心精神却依然青春勃发,并在当代各个最先进发达的民族身上延续至今。蒙古草原民族的狼图腾,应该是全人类的宝贵精神遗产。(No25)

这段文字不简单,三句话完成了三个大跳跃:首先,当陈阵拿"狼图腾"与"儒家精神"对应对比的时候,前者从荒蛮的草原一步跨进了中华主流社会;继而,直接将它嫁接在当代"最先进发达的民族身上",理直气壮地跨进现代社会,与"第一世界"并驾齐驱;最后是陈阵的演绎,应了"越是民族的越是世界的"这一说法,将它推举到"全人类"高度。

我很吃惊。

如今,但凡在汉字中见到"全人类"这个字符,我会犯病式地立刻联想到共产主义。传统汉语言中没有这个现成的全称代词,汉人生活的黄土地上如今少有人怀揣"解放全人类"的共产主义理想。如此大跨度地跳跃,只在文学地面上可以落脚,在美的境域中可能梦想成真。

接着,陈阵偷梁换柱般地完成了一个指称转换:将他自己隶属的"汉人"不由分说地转换为"中国人",更新的药方也跟着出台,不只为一个民族(汉族),而是为了大中华的国家社稷:

> 如果中国人能在中国民族精神中剜去儒家的腐朽成分,再在这个精神空虚的树洞里移植进去一棵狼图腾的精神树苗,让它与儒家的和平主义、重视教育和读书功夫等传统相结合,重塑国民性格,那中国就有希望了。(№25)

我们一代人,在"解放全人类"和"为人民服务"的熏陶下,已经太习惯了用集体的名义为个人加冕。就因为**曾经的理想是承载着乌托邦蓝图集体上路的,幻灭时也难免怀揣着集体救赎的使命感:一人得救,便想救人。**

但是,真正的宗教"是为了依据德性和虔诚的准则,规范人们的生活"。①它永远面对个人而非集体,"首要的和高于一切的,就是向自己的邪恶和私欲开战"。洛克(John Locke)有一句话说得刻薄:"一个对拯救自己的灵魂漠不关心的人,要使我相信他特别关心拯救我的灵魂,那的确是很困难的。"他再三强调:"每个人主要应当关心的,首先是自己的灵魂,其次是公共和平。"②由此,我们有必要回到狼图腾崇拜的起点,看陈阵怎样拯救自己的灵魂——不幸,你猜他在做什么?

他养了一条狼!

——难道"图腾"是可以被豢养的吗?

他说想研究它、认识它,以便……

——对一个信徒而言,难道信仰是可以被研究、被认识的吗?

回到陈阵这里,一切都清楚了:在乌托邦的船舱里偷运私货,他养了一条小狼!幸亏有了这私货,揭开了他心灵深处的秘密,让我们在

---

① [英]洛克:《论宗教宽容》,吴云贵译,商务印书馆,1982年,第1页。
② 同上,第2、39页。

他与小狼的私下相处中看到了"一个人"内心的真正追求：自由精神——这里的"**自由精神**"是不可割裂的一个词汇，倘若脱离了精神，自由便无处藏身！

近代以来，史诗写作的个性化趋势与小说创作的私秘化走势结合，下意识中迎合了后现代哲学的价值判断，从群体走向个人。研究界关注到这一现象：史诗作者在近代处于困境，因为他所依靠的前提（众人相信的传说、神话）已经消失，他的世界作为"依照经验认识出来的现实"已经变得没有神话，没有奇迹。诗人找不到聚集的听众，他必须为读者写作：

> 既然叙述者现在再不站在史诗朗诵者崇高的立场，而是以个人叙述者的身份来说话，既然听众已经变成为个人的、私人的读者，那么要叙述的整个世界也变成为私人的世界了。读者采取了个人的身份，作者所叙述的是关于个人经验的事情。①

《狼图腾》是这样一例：它摆开了史诗创作的宏观场景，却不得不从个人经验入手，在一对一的对手戏中演绎动人的故事，比如小狼的故事。"自从有了小狼，陈阵一下子改变了自己的许多生活习惯。"他在近身接触中深化了对小狼的认识，从而完成了精神上的自我升华：

> 小狼的意识里绝没有被人**豢养**的感觉，它不会像狗一样一见到主人端来食盆，就摇头摆尾感激涕零。小狼丝毫不感谢陈阵对它的**养育之恩**……在陈阵和小狼的关系中，养育一词是不存在的，小狼只是被暂时**囚禁**了，而不是被豢养。（No18）

---

① ［瑞士］沃尔夫冈·凯塞尔：《语言的艺术作品——文艺学引论》，陈铨译，上海译文出版社，1984年，第473页。

——"豢养"和"养育"有什么不同？

前者用于人与动物的关系，后者用于人类关系，实际内容上没有太大差别。

——"豢养"与"囚禁"有什么不同？

区别很大，前者是默许的，后者是被迫的，用在小狼和陈阵的关系中，有两种提升：将小狼提升到被人养育是一种人性化的提升，"囚禁"在它和陈阵之间划开了一道难以逾越——犯人与狱卒——的界线，使得小狼的任何劣迹都与争取自由相关，在反抗的名义下成为英雄事迹。传统意义上的恶狼形象和各种恶习，每每就是在这种遣词造句的易位游戏中很方便地被改"善"了。

陈阵原本不是安分之辈，来草原之前，他养过各种小动物，甚至养过麻雀，养狼在他不过是个人趣味的延续而非大有作为。一个轻松的把戏遭来许多意外的麻烦。他没想到，"养一条活蹦乱跳的小狼，就像守着一个火药桶，每天都得战战兢兢过日子"。（No18）小狼的存在彻底否定了他以往饲养宠物的经验，颠覆了他们之间的主奴关系，对他的精神状态产生巨大冲击，以致他自觉地扼制了把玩抚摸的欲望，主动改变了饲养者居高临下的姿态：

> 陈阵决定**尊重**小狼的这一**高贵的**天性。以后他每次给小狼喂食的时候，都会一动不动地**跪蹲**在离小狼三步远的地方，让小狼不受任何干扰地吞食。自己也在一旁静静地看小狼进食，**虔诚地**接受狼性的**教诲**。（No18）

这里的几个词汇值得推敲。

诸如我标明的黑体字"尊重"、"高贵"、"跪蹲"、"虔诚"、"教诲"，在汉语中具有鲜明的身份意识，是奴婢对主人、信众对神灵、下界对上天使用的词汇；用在陈阵和小狼的关系中，很有些天翻地覆的意味。这种姿态转换，没有过多的解说，只在纯粹的易字游戏中就悄无声息地完成了！同样是颠覆，却丝毫没有后现代的意味，甚至连现代也不沾边呢！它完全是二元对立、你死我活的君主政治的翻版：我凌驾于你，主宰你；或者，我遵从你，听命于你——这个身段非常传统，在后现代社会中完全没有位置。但它却可能与"现代化"结合，成为后殖民主义结构中一种现实处境。可以说，这是后发国家在现代化进程中的经典姿态，历史性地写满了整个世界现代史，成为若干国家——比如曾经的日本和德国——奋起直追的民族魂，在民族振兴的道路上卓有成效：不需启蒙运动或文艺复兴预热造势，只需一个实实在在的占有（主权独立）或占领（对外扩张），就足以解决民众的信仰问题。它的要求不多，就是一面高高飘扬起来的民族之旗（无论这旗帜上悬挂怎样的图腾）以及旗下的实力成长。**实力较量一旦成为现实，便具有"真实"所具备的一切力量，让信众如云如织。**

现代以来，在意识形态和科学技术的双向推动下，成就"真实"进入了人为可控的技术性操作，分三个阶段：先是权力控制；继而造势宣传；接着就会有"信以为真"——这个过程出现在文本中，像一面镜子，一边是影像，一边是实体。细节的真实会产生如同历史真实的分量，**一旦"像"是真的，身后就有信众。**比如《狼图腾》中，"每一件事都是真实的，而整个故事却不真实"。[①]这就接近宗教的本质了：它在每件小事上都无微不至，真实具体，但本质上却不真，也不实——正是在这虚/实结合的关节点上生成的幻象，可以征服人心，让信众在或虚或实的想象中实现各自的"心灵之梦"。书中角色在宗教小说的名义下一一归位：腾格里是天是上帝，毕利格老人是揭穿天人秘密的智者；小狼是上帝的使徒，引领迷失的羔羊——比如陈阵——走出迷途，正应了柳田国南的说法，"传说的核心，必有纪念物"。[②]狼在这里就是那纪念物呢！

遗憾的是，无论这书看去怎么像一部宗教小说，它与宗教或教义毕竟是两码事。从宗教学角度看，无论草原狼多么神出鬼没，距离图

---

① ［美］雷·韦勒克、奥·沃伦：《文学理论》，第237页。
② ［日］柳田国南：《传说论》，第26页。

腾崇拜还非常遥远。不管它曾经多么神气,在逃逸的时候并没有给人间留下太多念想。再说这小狼,它来自草原,却不属于任何群体(包括狼群)。于草原狼而言,它是一个变质的异物——如何为它命名?难了。因为它没有归属,没有身份,不过是一只宠物,被囚禁,被饲养,始终活在人们的视野中,介于弄臣和玩偶之间。在陈阵的观察窥视下,它没有隐私,不快活,不自由,与狗同居,困顿受辱,却没有以自尽去终结屈辱的生命以维护生的尊严,陈阵何以对它尊敬有加、惟命是从?

这是一个很难回答的问题,作者给出的答案是"自由"。

小狼在不自由的囚禁中苟且偷生,何以表现它的自由?

故事中的表现扣人心弦,即作者用重笔描写的"反抗"——反抗必得以活着为前提,成为小狼必须活着的理由,**这与我们一代许多激进的理想主义者在屈辱境地中"讨生存"以求"不断革命"是同一个道理**。就因为他在不自由的处境中不屈服,那心灵的东西才可能成为通向救赎之路的唯一载体,升天,入心……哪里都可以驰骋,唯独在人世间再没有它的存活之地。

为了成全通向自由的信仰,故事里埋伏着两个不真的前提:一是在小狼那里,它的反抗很可能就只是为了活着,并不承载与自由有关的使命。另则,陈阵等人的身份非常可疑,对小狼而言他是饲养者,是主人;但在那个社会那个草原上,他们也被囚禁着,没有自由且不敢反抗,谁能说他尊崇小狼、信了草原狼不是同病相怜、借尸还魂?故事最后,狼群跑了,信者(老人)死了,听者(北京知青)走了,草原人都信了现代化,连表演"反抗"的小狼也升天了……"狼"和"图腾"都成了遥远的传说,与现实无关,还需要刻意去颠覆什么呢?

不错,在表面故事中,狼图腾已无存身之地,而在文本后面乃至阅读过后,它却活跃起来。许多人读后"彻夜难眠",不禁提笔直抒胸臆,或赞它或骂它,将"狼"的故事继续传播——这是此节我们面对的最后一个问题:

——是什么让我们在读完《狼图腾》之后久久不能释怀?

汉语中,"宗教"二字可分可合;合成单一词汇,最早始于佛教:佛教以佛所说为"教",佛的弟子所说为"宗","宗"为"教"的分派,二者合称为"宗教"。①当今世界,三大宗教历史久远,信众无数,在日常生活中渗透人心;新生教派层出不穷,遍及世界每个角落。就宗教意识相对淡薄的中华民族而言,意识形态的宗教化也有百年历史,穷尽了人间或天堂中所有美丽辞藻和美好的愿景,还需要在这里杜撰一个新的教义或宗派——比如狼图腾——招揽信众么?

　　信仰在这里,是理念的,而非世俗的。

　　就其民族性而言,其**目的在自我救赎,而非救世**。

　　如果我们当真信了"狼图腾",那就必须回答:

　　——它带来了什么新鲜东西?

　　如果不当真看它是一种信仰,也有必要回答:

　　——这个伪装的信仰故事试图传递什么信息?

　　罗兰·巴特在《神话学》中回答了这一问题。他指控神话语言有盗窃和剥夺他人的行为:借用他人的羽毛装饰自己,利用现成的原材料营造自己的世界。"现代神话浩浩荡荡,恣行无忌,其原因恰恰在于个人之间的自然关系被外在的体制化的交流形式所取代,而这些中介因素——当代的神话——也不可能纯真如故。**它们是各种意图的载体**。"巴特揭露:那些有倾向性的描述是为明确的理想服务的,企图在"炫耀的表象后面寻找一个共同因素,一种共同结构"。②《狼图腾》中的"共同因素"是狼,在草原狼的名义下结构起了一个关于信仰的故事,借狼的"羽毛装饰自己"。我的问题因此是:

　　——它借用了哪些"羽毛"?

　　——装饰出了怎样的"自己"?

---

① 卓新平:《宗教与文化》,人民出版社,1988年,第10页。

② [法]罗兰·巴特:《神话学》(*Mythologies*, Translated by Annette Laversy. New York, Hill & Wang, 1972, p.12)。转引自[匈牙利]伊芙特·皮洛:《世俗神话——电影的野性思维》,崔君衍译,中国电影出版社,1991年,第134、98页。黑体为本文作者所加。

我们在前章介绍过草原狼的种种"优秀"品质,综述如下:

首先是它们的**生存意志**,不仅体现在战斗中,也在日常生活诸如吃喝拉撒睡中表现出来。它们守纪律,有耐力,英勇善战,不屈不挠,"身倒威风不倒"(No1),让群羊畏惧,汉人汗颜。

其次是超人的**生存智慧**,"草原狼比人还会过日子",它们的智慧给草原人诸多生存启示,牧民冬储肉食也是跟狼学来的(No3)。打完大仗以后,狼群"主力一定会后撤,它们知道这时候人准保会来报复"(No7)。

其三是超凡的**生存能力**。它们有灵气,会看天象,"要是月亮旁边出了一圈亮圈,这晚准起风,狼也一准出动"(No6)。它们"耐寒、耐暑、耐饥、耐渴、耐臭、耐脏和耐病菌的能力"让陈阵们佩服不已,对这"经过千万年残酷环境精选下来的物种"(No30)感慨动容。

书中机关暗藏,遍布狼道,神出鬼没,出奇制胜,可与最精明的政治谋略媲美,也可以给企业家的创业精神输血。即使在困境中出逃,狼群也是走了孙子兵法中的上上策(三十六计"走为上"),将屈辱当作暂时的背影,伺机复仇,卷土重来(No7)。包括狼嗥的声音和仰鼻冲天的姿态,"都是草原狼为适应草原生存和野战的实践而创造出来的"(No24)。"瞎狼咬死王爷宝马"的传说(No12)在草原上广为流传。老狼那**宁死不屈**的精神,更是将生之尊严展示得无以复加:

> (老)狼从路沟里费力地爬起来,斜过身蹲坐着,沾满血迹的胸下又沾了一层沙,不屈而狂傲的狼头正正地对着两位追敌……张继原感到自己不敢与狼的目光对视,站在这片古老的草原上,也就是站在草原的立场上,**正义**仿佛已全被狼夺去……(No15)

这里出现了"正义"这个太具讽刺意味的字眼!

在我活你死的草原恶战中,是否有正义?谁主持正义?

所有的价值判断一时都颠倒了。

在羊肉狼食的大草原上,何以正义的天平还是偏向强者?

历史就是这样写成了：正义的天平常常是翻转的。 从来是真正的强者——比如俄国十二月党人——自行锄强扶弱，反倒是奋发图强的弱者——比如曾经的日本——不乏尊强欺弱的行径。无怪陈阵会对草原狼的英雄气概顶礼膜拜，对强者气势尊崇有加。书中描写了"英雄"落难的壮烈场面（诸如老公狼英勇赴死、老母狼死不留尸、小狼拒绝被牵），为强者之强锦上添花：

> 倔强的小狼被拖了四五里，它后脖子的毛已被磨掉一半，肉皮渗出了血……小狼气息奄奄，嘴里不停地喷血，疼得它用血爪挠陈阵的手，但狼爪甲早已磨秃，爪掌也已成为血嫩嫩的新肉掌。<u>陈阵鼻子一酸，泪水扑扑地滴在狼血里。</u>
> （No.33）

人为狼流泪，人泪和着狼血，这实在都是太离谱的事。有了前面的铺陈，到这里似乎理所当然。读者看到这里，或许也会像陈阵那样，在"谜一样的草原狼"身上，看到"人类想象不到和高不可攀的境界"：

> （草原狼）为了自己神圣不可侵犯的自由、独立和尊严。**神圣**得使一切真正崇拜它的牧人，都心甘情愿地被送入神秘的天葬场，期盼自己的灵魂也能像草原狼的灵魂那样自由飞翔……（No.33）

心思走到这里，在"神圣"的意味上与宗教打了个照面。按照德国宗教学家门辛（Gustav Mensching）的定义，宗教意识是"与神圣真实体验深刻的相遇"。[①]此时的陈阵，不仅与神圣相遇，还有了感应神圣的深刻体验，一个信仰生成的过程在他这里顺利地完成了，狼也顺理成章地进入了图腾行列，重新受人膜拜。尤其在这个后时代，宗教学家（如

---

① 参见 K. 加林主编：《宗教的历史与现状》（德文版），蒂宾根，1961年，第5卷，第961页。

Jürgen Moltmann)日益将目光投向"俗世中的上帝",①在开放的思维中重新阐释神学。如唐·库比特(Don Cupit),他认为宗教信仰和教义可以放在神话学范畴被重新认识,将之看作"为我们提供一种生活的语言,以及在构建我们生活故事时所使用的一套标准的叙事方式"。②他在后神秘主义的立场上为"狼图腾"的复活指明了出路:

> "如果你确实想要这些都具有真实性,那么这完全取决于你自己,是你以自己的方式和自身的生命使它们变得真实!"**宗教信仰是一种规划**;通过自己的实践方式,我们可以使它完全实现。③

这话颇遭非议,却在经典教义中得到回应,借圣·雅各的话说:"信仰若没有行动就是死的。"④在这个意义上,一种信仰或一个图腾,根本无需信众追随;你信了,行动了,信仰便成立了。如此看《狼图腾》,在"真"的问题上怎样说都不为错,故事已经"在"这里了,它以**行动让信仰复活**。

古老的,未必是过时的;曾经的,未必是陈旧的。

或许恰恰相反,越是古老的,在真理的性质上越是自我澄明的;越是被反复述说的,在现实中就越可能是时尚的。与先人贤哲对话,叹服于他们深刻的智慧,对那些不可复制的尖刻,我常常会心一笑。比如弗洛伊德,在图腾研究中他发现:"人类具有一种极巧妙的内在能力(指再度校正)能将他们所抓到的任何材料(知觉或思想)变成连贯而易于了解的事件;当然,要是由于特殊的情况而无法从事真实的连接时,它们会毫不犹豫地伪造任何需要的东西。"⑤狼图腾显然属于"伪造"

---

① 参阅[德]莫尔特曼:《俗世中的上帝》,曾念粤译,中国人民大学出版社,2003年。
② [英]唐·库比特:《后现代神秘主义》导论,王志成、郑斌译,中国人民大学,2005年,第2页。
③ 同上。黑体为本书作者所加。
④ 耶稣的十二大门徒之一。见《圣经新约全书·雅各书》,第二章第十七节。
⑤ [奥地利]弗洛伊德:《图腾与禁忌》,杨庸一译,中国民间文艺出版社,1988年(内部发行),第122页。

以迎合"需要"；不同的是，图腾属于原始人类，这个故事却非常现代：

> （陈阵）觉得自己不是在豢养一个小动物，而是在供养一个**可敬可佩的小导师**。他相信小狼会教给他更多的东西：**勇敢、智慧、顽强、忍耐、热爱生活、热爱生命、永不满足、永不屈服**、并藐视严酷恶劣的环境，建立起**强大的自我**。他暗暗想，华夏民族除了龙图腾以外，要是还有个狼图腾就好了。那么华夏民族还会遭受那么多次的亡国屈辱吗？还会发愁中华民族实现**民主自由富强**的**伟大复兴**吗？（№22）

谜底终于揭晓。

猎猎飘荡的狼旗下面吹响了民族主义号角，在"可敬可佩的小导师"身上承载着一个民族"伟大复兴"、走向"民主自由富强"的沉重负荷！

这有什么不可以吗？

"在宗教研究中，我们看到，宗教与人类各民族的发展有着密切关系。在某种意义上，宗教的问题实质上就是民族的问题。"[①]基督教徒曾经十字军东征，血染欧亚；传教士曾经为帝国主义鸣锣开道，踪迹遍布全球。如今不过一个狼图腾，用在百年屈辱、忍辱负重、无数流血牺牲的中华民族这里，有什么不可以呢！

放在政治层面上，一切都是合理的。

但是，在我眼里，宗教一旦与单一民族或某一利益群体结盟，信仰就可能变成武器，杀（异教）人，也自杀（殉教）；自我像是强大了，自由却消失了，它还会是谁的"心灵之梦"呢？

如此"进步"的旗帜下，我想还乡。

行进在现代化大路上，我却相信："当一个古文化学者发誓不再同

---

① 卓新平：《宗教与文化》，第55页。

相信进步的人打交道时,他是对的。因为古代文化留下了它的善与伟大。"①这也可以看作一种信仰么？如果看它是信仰,注定是悲剧性的:《狼图腾》就是从这里出发的,这恰恰是它企图摆脱的起点——但,如果滞留在这里,唤出一声:

"你真美呀,请停留一下!"②

生便终止了,一如浮士德的结局。

4. 从人类学看:人性从哪里来？到哪里去?

在看来没有生气的荒凉的地方却蕴藏着人性的源泉。③

——泰戈尔:《民族主义》

人性是什么?

这是《狼图腾》提出的主要问题之一,在你死我活的拼杀较量中油然而生。面对雪中军马惨状,陈阵想:

难道人将人碎尸万段、抽筋剥皮的兽行也是从狼那儿学来的？或者人性中的兽性和兽性中的狼性同出一源？在历史上人类的争斗中,确实相当公开或隐蔽地贯彻了人对人是狼的法则。(No6)

从此,他产生了这样的联想:

以人之心度狼之腑,也有许多狼的行为疑点可以大致

---

① [德]尼采:《人性的,太人性的》,杨恒达译,中国人民大学出版社,2005 年,第 34 页。
② [德]歌德:《浮士德》中的名句。浮士德博士在创造乌托邦王国(填海造田)的努力中唤出"你真美呀,请停留一下",享受到了审美境界中"最高的一刹那",倒地毙命。
③ [印度]泰戈尔:《民族主义》,谭仁侠译,商务印书馆,1982 年,第 48 页。

得到合理解释。狗通人性，人通狼性，或狼也通人性……**可能研究人得从研究狼入手，或者研究狼得从人入手，狼学可能是一门涉及人学的大学问。**（№6）

从第 6 章开始，作者耿耿于怀的"民族性"问题便与"人性"纠缠在一起，逐渐剥离了民族寓言的外套，在人/狼、人性/狼性之间的游弋徘徊中接近了后现代命题：反省人的生存性质，质疑人性的内涵与边际。所谓寓意，也在故事中自成逻辑，无论在与动物的比较中走出多远，也无论在民族性的强弱对比中如何结论，最终在"人"这里落脚，逼迫批评从人类学起步，重新审视人性问题。

关于人，有两个永恒的命题。

一则有关自我意识，出自苏格拉底的名言"认识你自己"（know yourself）[①]，确立了哲学以人为本并为中心的终极目标。另一有关人类的起源和归宿：从哪里来？我们是谁？到哪里去？（Where do we come from? Who are we? Where are we going?）[②]即过去、今天和未来，用问号标示，世世代代，成为永远没有答案的终极问题。

前一命题属于哲学范畴，前提是将假设变成公理，即人是有意识的类，与其他动物有质的区别。"究竟什么是人跟动物的本质区别呢？……最简单、最一般、最通俗的回答是：**意识**。"费尔巴哈自问自答："只有将自己的**类**、自己的**本质性**当作对象的那种生物，才具有最严格意义上的意识。"[③]诸多哲学家将"意识"限定在"自我"这一基本规定性上。康德说："人能够具有'自我'的观念，这使人无限地提升到地球上一切其他有生命的存在物之上，因此，他是一个人。"[④]黑格尔

---

① 希腊 Delphi 神庙中刻着："Gnothi se auton"（认识你自己），苏格拉底由此得到启示。卡西尔认为："'认识你自己'这句格言被看成是一个绝对命令，一个最高的道德和宗教法则。"《人论》，甘阳译，上海译文出版社，1985 年，第 6 页。
② 此三问出自高更（Paul Gauguin, 1848—1903）的名画。高更的画色彩浓烈，充满了原始和野性意味，表现生、死以及欲望，唤起人们对生命意义的追问。
③ ［德］费尔巴哈：《基督教的本质》导论，荣震华译，商务印书馆，1984 年，第 29 页。黑体为原作所有。
④ ［德］康德：《实用人类学》，邓晓芒译，重庆出版社，1987 年，第 1 页。

说:"人能超出他的自然存在,即由于作为一个有自我意识的存在,区别于外部的自然界。"①卡西尔(Ernst Cassirer)在《人论》开篇说:"认识自我乃是哲学探究的最高目标。"②对人性的研究顺理成章进入哲学,在形式逻辑演绎中变成一系列相关联的概念,谈论人的问题可以脱离人之"实在"直接由概念完成,使得哲学领域中的人性研究变成对"类"的认识,日益被科学规范。"科学是**对类的意识**。在生活中,我们跟个体打交道,而在科学中,我们是跟类打交道。"③在类的基础上,哲学家可以对人的问题做出归纳。面对诸如"人的本质究竟是什么呢? 或者,在人里面形成类,即形成本来的人性的东西究竟是什么呢?"费尔巴哈回答:"就是**理性、意志和心**。"④没有假设,没有类比,因为结论是"在人里面形成类"的结果,建立在不言自明的公理之上即人类对自身僭越地位毫无疑义的自信。这是人类的自我命名和自我赋权,武断,却少有人置疑。因为它没有具体内容,可以成为由概念构成的抽象真理,进而在哲学的意义上成为绝对真理。

第二个命题与人类学有关。百余年来,众多学者投入毕生精力,在实地考察(而非概念)的基础上对人进行分门别类的研究:在发生学亦即共时性的意义上探询人类的起源;或从民族学出发对人类社会现象寻根溯源,做历时性的追踪研究;有实证,有类比,提供了大量有说服力的证据。唯独对人性的研究,至今专著不多,无奈何地将这片飞地出让给哲学。人类学在人性面前却步,不是因为缺乏思之资源,而是因为取样困难。做人类学研究,仅仅概念是不够的,必得"事实"或"实例"站出来说话。定义困难是因为界定其内涵非常困难;而内涵之难以界定,是因为缺乏在"零距离"观察中取得有说服力的样本。这种样本必须在相关性(比如兽性)的对比中获得,用陈阵的话说:

① [德]黑格尔:《小逻辑》,贺麟译,商务印书馆,1980年,第92页。
② [德]恩斯特·卡西尔:《人论》,第3页。
③ [德]费尔巴哈:《基督教的本质》导论,第29页。黑体为原作所有。
④ 费尔巴哈的解释是:"一个完善的人,必定具备思维力、意志力和心力。思维力是认识之光,意志力是品性之能量,心力是爱。"出处同上,第31页。黑体为原作所有。

真要想懂得狼，实在太难。人在明处，狼在暗处；狼嗥
可远闻却不可近听。这些日子来，陈阵心里一直徘徊不去
的那个念头越来越强烈了，他真想抓一条小狼崽放在蒙古
包旁养着，从夜看到昼，从小看到大，把狼看个够，看个透。
（№7）

无论陈阵出于什么动机，他这个"从夜看到昼，从小看到大，把狼
看个够，看个透"的做法，确是人类学研究最重要的方法。"狼嗥可远
闻却不可接近"。幸亏养了小狼，为近距离观察乃至深入其里提供了
不易多得的机会。当陈阵"在心里默默对狼崽说：我找了你们多久呵，
你们终于出现了"（№10），就像人类学家长久的默祷；当他终于如愿以
偿，"养了一个多月的小狼，我还真的看到了许多以前没有看到的东
西"（№18）；我们真还不能无动于衷，因为他的观察和认识，确是人类
学家企图为之却力不从心的作为。

这里，我们看到了"知识青年到农村去"①一个很重要的连带结
果，在认识论和实践论意义上具有不容置疑的正面价值。这批主要是
来自城市的"小知识分子"在涉足职业生涯之前，先行见识并体验了另
类（乡村/草原/山区）文化。他（她）们在异乡异己的环境中一般至少生
活了两年以上，远远超出正规人类学田野调查的一年期限——这意
味着什么？

从不同领域看，会有不同的结论。

从政治领域（当时很多人是这样）看，假如日后他们中有人从政做
了高官，对（农）民间疾苦和底层生活的了解，有助于他们更好地"为人
民服务"。

从文化角度（事实证明是这样）看，假如日后他们中有人从事文艺
创作，一定会从这次经历中汲取丰富的创作资源，拿出不同凡响的

---

① 1966年底毛泽东发出号召"知识青年到农村去"，引发了声势浩大（约2000万）历时长久（14年）
的"上山下乡运动"。参见定宜庄：《中国知青史—初调（1953—1968）》，中国社会科学出版社，
1998年。

作品。

如果从人类学角度看，经过那么多年在真实的"田野"（草原）实地考察，所有下乡知识青年，**人人都可能成为最出色的人类学家或民俗学家**。无怪姜戎能在狼书中将人类学方法运用到如鱼得水，因为"水"已浑然天成，只要鱼儿——书写的意识——跳进去就是了。

下面就来看看，在那个"得天独厚"的环境里：

——那些到额仑草原插队的北京知识青年做了什么？说了什么？

——他们的作为和说法是否可以成为人类学研究人性借用的样本？

不能不承认，当年知青的许多做法还真就是人类学家通常的做法。

比如陈阵，他养了一条狼，可以"近近地看，天天和它打交道"，这在城市或学校完全不可想象，却正是人类学家或生物科学家正常的工作姿态。《狼图腾》的写作娴熟地借鉴了人类学方法，参与、静观、倾听、记录等等几乎无一不有。在主体易位的基础上，"陈阵发现以人之心度狼之腹，也有许多狼的行为疑点可以大致得到合理解释"（№6）。这是人类学家最常使用的比对方法。因此，故事中的"本事"（包括传说）在人类学方向上大都具有持续被挖掘的潜力，其中最有价值的，莫过于在起源问题上追问"人性"：

——从哪里来？

——到哪里去？

书中人物对此表现出浓厚的兴趣（№11，摘录）：

> 杨克：看来养狼除了研究狼，还可以研究研究人性、狼性、兽性和家畜性，在城市和农区还真没这个条件，顶多只能看看人和家畜……
>
> 陈阵：可是人性家畜性不跟狼性兽性放在一起对比研

究,肯定研究不出什么名堂来的。

为什么做这样的对比研究?

　　陈阵忽然想起小时候读过的许多童话故事,书里头的"大灰狼",几乎都是蠢笨、贪婪而残忍,而狐狸却总是机智狡猾又可爱的。到了草原之后,陈阵才发现,大自然中实在没有比"大灰狼"进化得更高级更完美的野生动物了。(No3)

求知的愿望出于对过往经验和认知的怀疑。那些经验并非亲历而是听说,那些对狼、狐狸以及对人的认识都是被"告知"的结果。**面对事实,它们都有作伪的嫌疑。**在真实的场景即在亲历中,陈阵开始重新认识狼性并推及人性:

　　第一次亲眼目击狼性如此大规模的残暴,陈阵内心的兽性也立即被逼发了出来,他真恨不得马上套住一条狼,将狼抽筋剥皮。难道以后跟狼打交道多了人也会变成狼? 或者变成狼性兽性更多一些的人?(No6)

面对面的生死较量中,诸如等级、身份等等将人与兽分隔开来的界限都被抛掷一边,让陈阵对人性的理解产生了飞跃;确切地说,是一个逆转,企图从狼性的角度重新认识人性。如此,就不是简单的主体易位,而是易位后新的主体"狼"对人的僭越:

　　天地人合一,人狗狼也无法断然分开。要不怎能在这片可怕的屠场,发现了那么多的人的潜影和叠影,包括日本人、中国人、蒙古人、还有发现了"人对人是狼"这一信条的西方人。(No6)

倘若对狼性的认识可以直接用于人,那么,所有过往对人性的界定也有必要比对反顾于狼。《狼图腾》以许多看似真实的小故事,企图证实生物学家的结论,即所有兽性在人类身上都可以看到;无论我们将之定义为善的还是恶的,在人身上都可能发扬光大到极致,不同的人程度不同而已,如巴图说的:"人跟人不一样,狼跟狼一个样。"(№15)

作为类的特点,人性与兽性有什么根本的不同?

康德认为,是道德:"人只有作为道德的存在者才可能是创造的一个终极目的",而这个终极目的"只能是**从属于道德律的人**"。[①]达尔文只是在这个意义上勉强认同了康德的观点:"有些作者主张在人类和低于人类的动物之间的一切差异中,道德观念、即良心是最重要的;我完全同意这一论断。"[②]

那么,良心又是什么呢?

弗洛伊德认为:"它是和一个人的'最确实自觉'有关。事实上,在某些语言里,'良心'和'自觉'这两个辞语很难加以区别。良心是我们对某些特殊欲望由拒绝而产生的一种内在知觉。这种拒绝不必寻求任何支持。"[③]狼书中,最缺乏"自觉"最没有"良心"的恰恰是人:打零工的盲流"把草原上为数不多的流浪狗快打光了。他们把野狗骗到土房里吊起来灌水呛死,再剥皮吃肉"。(№7)草原神鸟(天鹅)最终难逃厄运,也是人之无良和不善的牺牲品:

> ……死天鹅显然就是那只刚刚丧偶的雌天鹅,它为了两个未出世的心肝宝贝,没有及时飞离这个可怕的湖,也随亡夫一同去了……它是死在尚未破壳的一对儿女身上的,它把热血作为自己最后一点热量,给了它的孩子们。(№23)

---

① 康德:《判断力批判》,邓晓芒译,人民出版社,2002年,第300、302页,黑体原为重点符号。

② 达尔文:《人类的由来及性选择》,118页。达尔文在文中引用的康德的观点,出自《伦理的形而上学》(*Metaphysies of Ethitcs*),森普尔(J. W. Semple)译,爱丁堡,1836年,第136页。

③ 弗洛伊德:《图腾与禁忌》,杨庸一译,中国民间文艺出版社,1988年(内部发行),第88页。

面对这惨状,只有与草原心灵相通的草原人才能心生同情,他们"疑惑和气愤地看着民工",不明白为什么这些人"对草原神鸟这么残忍,竟敢杀吃能飞上腾格里的大鸟"(№23)。民工们"像过节似的,抬着猎物回伙房……浑身酒气蒜味,嘴巴油光光,连声说天鹅肉好吃,好吃"(№23)。看到这里,你打算对民工做道德审判吗?读者早已按捺不住,批评家却可以无动于衷——于批评而言,**任何直接的道德审判都是越界,可能断绝批评乃至一切"思"的去路**,这恰恰是批评最要警惕的事。作者有意在道德方向上引导读者,企图在"善/恶"问题上动摇人性的底线,从而将同情移出人类;与此同时,它也误导批评——为什么?因为作者的目的并不是人类学,他不过用了人类学认真、逼真、较真的研究态度,企图摆脱批评,径自引领人们追随他的心思向往的地方。当他说"我越来越觉得狼真是了不起的动物"(№18),近了狼了,远离人了;狼性升天,成为图腾;人性一败涂地,越发不堪言说。可见,即使近距离观察,未必就有客观结论,因为缺少相对恒定的参照系进行对比和界定,这是人文科学研究普遍存在的难题。尤其是批评,当你面对小说,除去好看的故事和写故事的技巧,你还能要求它什么呢?

对寓言,批评有不同的要求:它要求**寓意的深度和"思"的真诚——这是寓言批评最起码的前提**,也是后批评与人文科学研究可能接轨的一个重要条件。面对诸如情感、爱、良心、本能乃至人性一类问题,即"在我们通常倾向于认为没有历史的地方"①,至少有两种可行的办法:

一是借用分析哲学的基础概念"经验",以布洛克(G. Blocker)的研究为例,把经验看作"一切科学知识的基础,一切科学命题的真伪最终决定于基本命题的真伪,而基本命题的真伪只能由经验来证实或证伪"。②陈阵的经验性观察可以用作证伪的材料,对既往的狼母题进行

① [法]福柯:《尼采·谱系学·历史学》,朱苏力译,《学术思想评论》第四辑,辽宁大学出版社,1998年,380页。
② 布洛克是美国分析哲学的代表之一,他在非洲实地考察四年,取得大量"经验性"样本。引文转自《西方美学通史》第七卷,朱立元、张德兴等著,上海文艺出版社,1999年,第199页。

颠覆乃至重新认识。在这个意义上可以说,《狼图腾》整体性地实现了这一目标。

另一种是福柯采用的谱系学(genealogy)方法。这是一种较为客观的科学方法,它要求我们"必须对事件的反复出现保持敏感,但不是为了跟踪事件演进的渐进曲线,而是要将事件在其中扮演不同角色的场景隔离出来"。他再三强调,**"耐心和了解细节"是通向理解的唯一渠道**。①如果将这种方法用于对人性的分析,就可以把故事情节和各色人物/动物暂时搁置一边,看看狼书中:

——有哪些细节反复出现挑战人性的底线?

——从哪些方面刺激人心逼迫我们追问人性?

所谓人性,顾名思义,即人专有的特性。

但显然,并不是所有的人都具备约定俗成的那个"人性",否则就不会有"禽兽不如"一类咒语。怎样确认或识别人性?这是一个困难的问题。其难之最,不在内涵与外延的界定,而在:谁来界定?谁有权凌驾在人类之上为人性命名?

惟有上帝、上天、腾格里……

这世上没有上帝,因此有了两种权宜之举,即人类学研究的两种基本方法:"将社会作为一个整体来观察",以探求其基本要素和相互关系;或者,将某一社会放在与其他社会的联系中考察,"以发现相似和差异之处并说明它们"。②

其一是**类比**。"研究人,就必须学会从远处看。为了发现属性,首先必须观察区别。"③使用这种方法,观察者的文化立场直接左右价值判断。站在西方现代文明的立场,你会说有色人种、乡下人或异族尚处在人类进化的较低级阶段,其"人性"发育不够充分。但如果站在后现代或后殖民批判的立场,你会有相反的结论,对现代文明社会中"人

---

① 参阅[法]福柯:《尼采·谱系学·历史学》,《学术思想评论》第四辑,第380页。
② [英]阿兰·巴纳德:《人类学历史与理论》,王建民、刘源、许丹译,华夏出版社,2006年,第7页。
③ 卢梭:《论语言的起源》,遗著选集,第Ⅱ卷,第八章,伦敦,1783年。

性的普遍异化"①嗤之以鼻,反倒想在尚未充分开发或不发达地区的人群中返璞归真。比如《狼图腾》中的陈阵,企图在元自然生存的草原狼身上寄托自己的理想。这种方法以某一先验的价值体系为前提,以价值判断为结果,在排他的前提下常常陶醉于"惟我独尊"。

其二是**比对**,用人类学近距离观察方法,在细节对比中鉴定出人的各种特性。《狼图腾》主要采用了这种方法。它的前提恰恰是不设前提,没有必须恪守的价值水准,也不受伦理规制约束;对人物或事物不做道德判断,只在"物种"的属性上界定出人与其他生物之不同(包括人与人的不同)。所谓人性,不再享有"政治正确"或"道德无暇"的先天特权,它可以是恶或不善,就像其他物种或动物也可能是"善"或"向善"一样。比对的结果往往令人失望:人的霸权地位被彻底颠覆了,展现出来的是一个多元共存的世界,如恩格斯早已看穿的:

> (像文昌鱼和南美肺鱼)这种动物嘲笑了以往一切的分类方法;最后,人们遇见了甚至不能说它们是属于植物界还是属于动物界的有机体……整个自然界被证明是在永恒的流动和循环中运动着……这种研究进行得愈是深刻和精确,那不变地固定了的有机界的僵硬系统就愈是一触即溃。②

第二种方法接近《狼图腾》的叙事手段:写实——在近距离观察的基础上做逼真的记录,这是典型的人类学研究方法。晚近人类学研究成果和多元文化视角,极大开阔了人类自我认知的视野,为重新认识"人性"或"兽行"提供了新的资源。比如陈阵,养了小狼之后,人与狼朝夕相处,为一系列真实的细节比对创造了条件。借陈阵的观察,我们会发现,那些珍贵的细节凸显出人性与兽性之间难以置信的"相

---

① "就异化来说,马克思主义者所指的是,个人分离或远离来自于:(a)你自己活动的产品或结果;(b)自然的其他部分;(c)其他人类;(d)你自身。前三种类型都被认为是第四种类型即'你自己'的组成部分。"(伯托摩尔等:《马克思主义思想词典》,第159页。)参见[英]戴维·佩珀:《生态社会主义:从深生态学到社会正义》,刘颖译,山东大学出版社,2005年,第124页。

② [德]恩格斯:《自然辩证法》,《马克思恩格斯选集》第三卷,人民出版社,1966年,第500、501页。

似性",不断挑战人类对自身的认识。如此作为与达尔文的探索非常接近①,方向却不同:达尔文力图证明动物与人有几乎一样的各种功能,兽性也有与人性一样的表现,"人"和"人性"都先验地具有某种正面意义;而狼书总在说明人不如狼,人性的基本性质和走向是无能的、弱的、退化的,用毕利格的话说:"人哪能比得了狼。"(No20)草原人之强悍,是因为他们在与狼斗智斗勇的过程中不断向狼学习的结果。

人们通常将人性做正面解释,文学作品也推波助澜,从古老的神话传说……一直推演到近代"恶"文学的诞生,都是以人善/兽恶为前提的。恩格斯也说:"人来源于动物界这一事实已经决定人永远不能摆脱兽性,所以问题永远只能在于摆脱得多些或少些,在于兽性或人性的程度上的差异。"②陈阵的结论相反:在狼的诸多优秀品质面前,他看人是恶的,应和荀子的说法:"人之性恶,其善者伪也。"如果相信荀子的断言:"凡性者,天之就也,不可学,不可事。"(《荀子·性恶》)那就不仅是人兽混界,也混淆了善/恶的界限,抽空了人性向"善"的基石。

不由自己,我们还是走到了这里:关于善。

"善"以及"道德"是人性研究中不能回避的问题。由此,又回到了那个文学批评难以回避的重要问题:文学与人性的关系;

——文学是展示人性的平台还是善/恶报应的演出?

——其功力体现为向善的劝导还是在对人性深度的挖掘中?

这些问题不仅有关《狼图腾》的寓意,也涉及对这部作品性质的基本判断,决定了批评的走向:是停留在故事层面展开"德"与"无德"的审判,还是穿透故事借助"狼性"去挖掘"人性"的深度?

文学是表现人性的重要平台,善/恶报应是一个传统主题,作品

---

① [英]达尔文在自己的研究中再三强调人与动物的同一性,甚至认为"某些等级极低的动物显然也显示一定程度的理性"。《人类的由来及性选择》,叶笃庄、杨习之译,科学出版社,1982年,第91页。

② [德]恩格斯:《反杜林论》,《马克思恩格斯全集》第二十卷,人民出版社,1971年,第110页。

一总有它自己的道德指向。批评却不同，它与伦理判断保持必要的距离："文学作品中的人物总是过于单一或过于复杂，因而不能接受伦理评判……但可以从道德角度把握情节。"①眼下，道德本身成为问题，不待开庭就撞上了后现代的审判，纠缠在有关"道"或"德"的话语权、主导权一类权力纷争中，让各种曾经的"德行"在后现代语境和后殖民处境中变得可疑。尤其面对狼这个原本是"恶"的命题，倘若只做道德判断，翻来覆去，没有可以立足的讲台。

如果无涉道德，那个兽不具备的"人"之特性又是什么？

《狼图腾》企图在两组人群的对比中回答问题。

一组是外来户。他们具有一切动物所不具备的力量（技术、武器以及意识形态），无可置疑地展示了人类至高无上的僭越能力，指示人性的走向：**贪欲在"进步"的旗帜下就像妓女披上了贞女的外衣**，所向披靡。至少，截至我们阅读这故事的时候，人性的发展指向既不让人满意也不容人乐观，基本上是向恶的：贪婪、纵欲……那只强有力的文明之手在人背后使暗劲，一直是助恶的，通过一切现代手段鼓励掠夺，奖励屠杀……让我们看到，现代制度和法律越是健全的地方，越是窒息了良心的生存空间。**"法"到之处，"道"让出了它的座席**。以立法为基础的现代文明并不直接导致道德，人性沦丧与法制的普及可以是平行不悖的。那么：

——人性乃至人类的前方会是什么？

它引诱我们思考这样的问题：这地球上（或这宇宙中）是否已经有过像人一样的知性动物因掠夺而灭绝的"往事"？

——那"往事"是否就是人性指向的"未来"？

另一组是草原人，代表人性中尊重并服从自然的力量。

所谓草原逻辑，不仅是草原人认识自然的结果，也是他们自我约

---

① ［德］瓦尔特·本雅明：《评歌德的〈亲和力〉》，《经验与贫乏》，王炳均、杨劲译，百花文艺出版社，1999年，第153、154页。

束的纪律。在这个逻辑中，人类没有僭越的特权，相反，他必须适应、顺应并自觉维护之，才可能长久生存下去。一方面，他们尊重狼，学习狼的生存本领；另一方面，他们怕狼，也杀狼，有意识地利用狼，以顺应自然的生存方式展现人性的来路和它应有内容："要想在草原呆下去，就得比狼还厉害。"(№1)引领我们不得不再次回到毕利格老人那语出惊人的"大命"说：

> 蒙古人最可怜最心疼的就是草和草原。要说杀生，黄羊杀起草来，比打草机还厉害……黄羊成了灾，就比狼群更可怕。草原上不光有白灾、黑灾，还有黄灾。黄灾一来，黄羊就跟吃人一个样……（但是）黄羊能把狼群引开，狼去抓黄羊了，牛羊马的损失就少了……蒙古人打猎也是为着护草原的大命。(№3)

这段话全是逆向结论，互为悖论。

所谓大命，是所有生命之"生"的基础，它其实是一个抽象的道理，即草原逻辑。一个"命"字，赋逻辑以生命，让那个看不见摸不着的大道理变得能感能痛，因此能爱能怜，超越生死/好恶之判断，直接联系着"大善即恶"这一难以参透的禅语，径自向元自然去——在那里，**自然是向生的，也是杀生的，草原人在其中的作用就是制衡**。由此看老人这番话，在"生"与"命"、"杀"与"生"、"大命"与"小命"的权衡拿捏中，浓缩了草原人对"生"和"存"的精确认识以及对生、杀大事的准确把握。难怪陈阵"猛然震撼不已，老人说的每一个字都像一个战鼓的鼓点，砸得他的心通通通通地连续颤疼"。也难怪他会顺水推舟，将如此观念演绎成人类历史发展的一般规律：

> 陈阵过去一直认为这是落后倒退的野蛮人行为……如果站在"大命"的立场上看，农耕民族大量烧荒垦荒，屯垦戍边，破坏草原和自然的大命，再危及人类的小命，难道不是

更野蛮的野蛮吗？(№3)

　　遵照福柯的谱系学方法，不去跟踪农耕或游牧之间是非长短的
"演进的曲线"，只将对"大命"的认识从"不同角色的场景隔离出来"，
就会看到，陈阵所质疑的行为并不特属哪一个民族，而是人类在文明
过程中一致不二的整体性作为。人类在大地—母亲的胸膛上开犁挖
渠，筑城建楼……①创造了不同风格的文化乃至文明，借陈阵的话说：
求小命、毁大命，无一不是"自我意识"亦即"人性"的结果。倘若我们
相信自我意识是人之根本属性，人性由此而生发；那么，自我毁灭当然
也是自我意识的结果。难怪陈阵会质疑人性、质问文明："东西方人都
说大地是人类的母亲，难道残害母亲还能算文明吗？"(№3)
　　——谁能接住并应和如此尖锐的追问？
　　本雅明说："唯有在灾难性的自我毁灭中，才能获得人性。"②
　　抑或是：
　　——人性是在做恶的自我毁灭中开始向善的？
　　意识支配人的行为，可以改变自然的或社会的运行轨道和方向。
如果说，人类曾经在"生存意识"的胁迫下不得不走上征服自然的英雄
之旅，那么今天，面对日益逼近的末日，人类是否也会在"危机意识"的
指导下重归自然？
　　问题是，回归哪一种自然？
　　网上文章谈及"人性、狼性与共性"，认为人类最终要回归本源，
"抛开一切界限，以人类心灵的共同点来看待整个世界……回归自然，
就是回归人性"。③也有学者认为：人性(human nature)是自然(nature)的
一部分，因而也就当然是自然的(natural)或天赋的，"凡是属于人性的
即理所当然地是自然权利，人天然地(自然地)就有权享有属于人性的
一切——这一推论在逻辑上以及政治上都只是自然而然的，或者说，

---

① 参阅[美]卡洛琳·麦茜特：《自然之死》，吴国盛等译，吉林人民出版社，1999年。
② [德]瓦尔特·本雅明：《评陀思妥耶夫斯基的〈白痴〉》，《经验与贫乏》，第142页。
③ 裴有青：《人性、狼性与共性，一个时代的思考》，博锐管理在线：http://www.boraid.com。

是自明的、不言而喻的。"①这些说法都无大错，但要细究，却可能是现代人对自然乃至对人性的误读。人性中具有一切自然性（包括兽性），但其本质恰恰是非自然的：**人在可控范围内不断对"自我"（和自然）做出极限性的挑战，在"类"的范畴里依照自身需求不断进行自我塑造（和改造）**。这种挑战和改造出于对自然的依存关系高度敏感的前驱性认知，企图在"可持续"的意义上超越当下，以缓解自存和存种的内在焦灼。鉴于此，我和一些老派知识分子有极为相似的见解。比如在"性解放"这类问题上，我始终认同汤因比（们）的立场和他们坚守的"人性"的方向：

> 我很欣赏 19 世纪西方在推迟性觉醒、性体验和性爱方面的成功，使之与生理上的青春期不同步。你也许会对我说这是违反人的本性；但是，**人之所以为人就在于他是超越自然的，**就在于他能克服从我们祖先那里遗传而来的生物学上的局限。②

人身上的诸多兽性——诸如自私、短视等——也是人的自然性的体现。康德告诫人类清醒认识自己的处境："自然界远不是把他（人）当作自己特殊的宠儿来接受并善待他胜过一切动物的……人永远只是自然目的链条上的一个环节。"③人类有意美化自然，在新技术的基点上继续利用自然；相对于现代的掠夺，它显得更文明、更文雅、更趋于精神和更像是善的。尤其在后现代这里，**"自然"成为人类质疑文明、反省自身的一种便利的工具，无形中开始了对自然的又一次剥夺**。前次是物性的，这次是精神的；前次自然被糟蹋成妓女，这次被推崇为圣女——就如小仲马笔下的玛格利特，一旦歌女变成了茶花女，

---

① 何兆武：《西方哲学精神》，清华大学出版社，2002 年，第 158—159 页。
② ［英］汤因比：《为何我不喜欢西方文明?》，周宪译，《激进的美学锋芒》，中国人民大学出版社，2003 年，第 283 页。黑体为本文作者所加。
③ ［德］康德：《判断力批判》，邓晓芒译，人民出版社，2002 年，第 286 页。

嫖客和妓女都可以在自我救赎的道路上获得解脱——但，这只是艺术，既非道义的，亦非历史的。

道义的天平仍然控制在人的手中，自然不过是个道具，让我们看清了：走到今天，从物质上看人是进步了，他似乎拥有一切；但从自然那里看，人并没有走出太远，在文明的怀抱中他日益显示出"不死不活"的生存状态所导致的自然去向："舒适"窒息了搏击生存的动力，生命力不必了；"平等"力图抹平一切差距，个性不必了；"博爱"赦免了所有恶行，人性也不必了……于此，《狼图腾》的作者看得清楚，心中有痛：

> 人作为一个群体，很难再让我产生崇敬之情……蒙古草原狼不管雌雄大小、老弱病残，都是不屈不挠的草原英雄，让我不能不折服。人的英雄是个别性的，而狼的英雄是"全民性"的。在精神和性格上，人群在狼群面前只能感到惭愧。①

在作者眼里，人不如狼，就此可以断绝对人自身的一切念想。但是，哀大，却不绝望；至少，他要求自己向善，对人的自救仍然抱有幻想并寄以期望，不然他为什么开出了"草原逻辑"这个药方？

草原逻辑即毕利格老人对"大命"的认识。人之不同于其他动物，**就在他的"自我"和"利己"不是当下的，而在世代绵续即对永生的追求**。所谓自我意识，既可以引导人类私欲膨胀无限掠夺，也可以指导人们有意向善，超越一己一家一族一国之利益，在"共生"的基础上追求长治久安。比较动物而言，人的利己是有远虑的。对未来能看多远，也是区别人与人、人与动物、高等动物与低等动物的一个重要尺度。于此，故事中有这样的描写：

---

① 摘自姜戎接受《中华读书报》记者舒晋瑜的网上采访。

　　　　这片看似纯天然纯原始的美丽草原,实际上却是草原
　　狼和马倌们流血流汗,拼了命才保护下来的。美丽天然和
　　原始中包含着无数的人工和狼工。(No32)

　　"狼工"是自然作为,"人工"是自我意识的结果。书中有不少这样的场景描写,几乎每个细节背后都隐约可见草原人的体贴心机。他们没有单一的偏爱,对草原万物生灵一视同仁;包括对狼。"草原狼都怕人。草原上能打死狼的,只有人。"(No8)那只隐于幕后的人手或左或右,轻轻便抹平了因"小命"的拼杀失衡在草原上造成的创伤。千万年了,合着尼采的诗情,吟唱着:"人便是一根索子,联系于禽兽与超人间——驾空于深渊之上。"[①]唯有这时,人性露出一线光明,在"中庸"导向的和谐境界中确立了它无可替代的重要位置。

　　"中庸"是汉语文化中的重要命题。

　　"和谐"是中华传统文明中至高无上的理想境界。

　　历史悠久的中华民族,早有一套现成的理论和作为,很中庸,因此很人性,总在善/恶的制衡过程中小心地匍匐前行。在广袤的黄土地上,重生避死,人口众多,很自然,因此很人性;绵续数千年,好坏都在其中,何以还要改造她的国民性? 她应该是当今人类效仿和学习的榜样才对啊!

　　兜了个大圈子,回到起点,研究路径也从人类学回返哲学。这不是行文演绎的巧合,而是人类学研究的必然归宿。人类学是有根的。其根基于哲学,最终将在哲学思考中超越科学回返人本,在长久的田野考察中执著于探寻"哲学之根"[②]。于批评而言,我看作品就是田野。借助狼书中的额仑草原,我在寻根之旅中漫步,由人类学回归哲学,在人性的来路和去向这两个命题上都毫无保留地认同卡西尔的结论,相信人类生活的真正价值存在于自我审视即"对人类生活的批判态度中":

---

① ［德］尼采:《苏鲁支语录》,徐梵澄译,商务印书馆,1992年,第8页。
② 参阅［美］威廉·亚当斯(W. Adams):《人类学的哲学之根》,黄剑波、李文建译,广西师范大学出版社,2006年。

在《申辩篇》中苏格拉底说："一种未经审视的生活还不如没有的好。"①……人的知识和道德都包含在这种循环的问答活动中。正是依靠这种基本的能力——对自己和他人作出回答（response）的能力，人成为一个"有责任的"（responsible）存在物，成为一个道德主体。②

这里的"道德"，超越了一是一非、小是小非以及我是你非的利益判断，指向**整体性的自我反省、自我约束和自我节制的能力**，即"人越是能够将心比心，他就越是真正的人"。③我相信，只在这个方向上，它一准是人性的而非其他任何事物可以拥有：

> 世间并没有"自然人"，因为人性的由来就是在于接受文化的模塑。各个文化间的差异性虽然很大，但是其中也很多相同之点……我们愈明了差异性之下的雷同性，则我们便愈能推测社会进步的趋势，并且或能实际的对于人事有所指导。④

这样界定人性后，人的作用凸显出来：人是自然的精灵或鬼魅，**善/恶都是人性的**。"恶是一种特殊的人类现象。它企图使人倒退到人类史前的状态中去，消灭为人类所特有的理性，爱和自由。"⑤相对而言，善是"真"和"美"的象征，它应该是人性努力的方向。千万年过去，人性在堕落中成长，人对人性的认识在迷失中不断调整方向。在今天这个后时代，当无意识、潜意识都已经上升到意识层面被一视同仁，当兽与兽行乃至兽性都可以提升到人的境界被平等看待，当人兽混界、雌雄混界、善恶混界……所有的边界、界线、隐私、阴司都已经开

---

① 出自［古希腊］柏拉图：《申辩篇》37E。
② ［德］卡西尔：《人论》，第8—9页。
③ ［印度］泰戈尔：《民族主义》，第42页。
④ ［英］马林诺夫斯基：《文化论》，费孝通等译，中国民间文艺出版社，1987年，第97页。
⑤ ［美］艾·弗罗姆：《人心》，孙孝才、张燕译，商务印书馆，1989年，第137页。

放乃至所有的可能性都已经敞开,我看**人性是一种选择**,是在自我认识(或不认识)的基础上做出的或明智或愚蠢的选择。**古往今来,人性是相同且相通的;不同的是人之个性,在善/恶取向上判然有别。**

人性——在我看——有几个前置性的约定:

其一,所谓"自我",是类的而非单一的个体——个体的选择因此承担着类的责任,由此在人之中分出高下贵贱;过去如此,未来依然。

其二,所谓"认识",不同于意识,它不仅"感到"还要"想到"乃至"知道"选择的后果——不同的选择导向不同的未来,过去如是,今天依然。

其三(也是最重要的),**选择的前提是放弃**——我以为,这是人性以及人之为人的基础,它的标志是节制和向善,无论过去还是今天。

不错,人"首先作为自然物而存在,其次他还为自己而存在,观照自己,认识自己,思考自己,只有通过这种自为的存在,人才是心灵"。[1]在心灵的意义上,如果说"黑暗黑暗,黑暗是狼的至爱,黑暗意味着凉快、安全和幸福"(№22),狼性的去处因此是黑夜;那么我相信,向善的人性该是人心中的阳光,它让人想到并赞同歌德的临终遗言:"多一些光!"

只要有一线光,所有的黑夜都可能被照亮。

至少,它照亮了我的人生,无论这生命中有多少黑夜。

5. 从性别学看:无"性",还是"有性的"?

> 毡帐内的事情应在毡帐内解决,而草原上的事情则应在草原上解决。[2]

> ——[美]杰克·威泽弗德

---

[1] [德]黑格尔:《美学》第一卷,朱光潜译,商务印书馆,1979年,第38页。
[2] [美]杰克·威泽弗德:《成吉思汗于今日世界之形成》,温海清、姚建根译,重庆出版社,2006年,第74页。

从情节看,《狼图腾》中"性"是缺席的。对于长篇小说,这不可思议。书中只有很少几句暧昧且富于诗意的描写:

> 二队的马倌们一连几夜,听到了大山里饿狼们凄惨愤怒的嗥声,空谷回响,经久不绝。马倌们全都紧张起来,日夜泡在山里的马群周围,不敢离开半步,把他们散落于各个蒙古包的情人们,憋得鞭牛打马,嚎歌不已,幽怨悠长。
>
> (No4)

因为性(sex)缺席,性别(gender)也模糊了,于我的性别理论是很大的挑战。

鉴于长期以来哲学认识中对女性(female)的轻视造成对性别(gender)因素的漠视,我曾提出"有性的人"(engerdering of human)①,试图在人的基本规定性中确认性别的位置。无论从整体还是从个体、从人类发生学还是从社会发展进程看,**人是有性的,历史是有性征的**。人的基本规定性中因此有相互关联的三个基本内涵:人是相对独立的生物个体;人是有性的;人是社会关系的产物——这三个规定性交织存在、互相制约、同步发展;没有生物性的存在,不"成"其为人;没有社会属性的生物个体,不"称"其为人;无论生物的或社会的,任何人都是有性的。人的生物属性是人类生存的前提,直接隶属于自然,是自然界的一部分;人的社会属性是人类存在的本质属性,是人对自然的超越——**"性"是一个中介,介于自然与社会之间,是连接人的自然属性和社会属性的桥梁**。生命基于自然的性,人生始于性别的界定,每个人都以其特定的性别身份具体地生活"在"(being)人类社会中。所谓性的缺席,只能是思想的或观念的,不会是现实;可能是历史的和史学的,不会是当下的。"性的缺席"成为史学的缺憾和哲学的一个病

---

① 详见李小江:《性沟》,生活·读书·新知三联书店,1989 年;《女性/性别的学术问题》,山东人民出版社,2005 年。

症,在文学中变形地反映出来——这样看以"性/爱"为基础的文学,像走着一条中庸的平衡之路,于历史和史学是补缺,于哲学和哲学家是疗伤。

可是,《狼图腾》并没有走文学的老路子,它不打算在性/爱方向上做文章;相反,它沿袭着史学和哲学的老传统,有意回避性、女性和性别,因此也摆脱了与之相关的一切私人话题;在符号化的过程中完成对文学形象的抽象,也完成了对作者自身性别身份的消解,不经意间便步入了哲学家——男性的、无性爱的或不婚、不育的——队列,留下一个费解的背影,迫使我去面对这样的问题:如果"性"缺席了,所谓"有性的"人该怎样界定?

结合《狼图腾》看,它至少带来三种结果:

首先,在"人"的意义上切断了走向个体的路径。狼书中的人物,无一不是"类"的符码:相对于动物,他们是人类;而在人的内部,他们都是"类"的人,没有个性,没有来历,没有去向,无论男人女人、母亲或孩子,无不都是类的象征——这一来,正好方便了作者力图表现的人兽混界,让主体易位得心应手。

其次,放弃了性这个中介,无形中拆除了自然和社会之间互相沟通的桥梁。由于性的缺席,自然(草原)与人类社会可以相互隔离,各自为政。表面上,这书中的人与动物是混界相处的,在主体身份上将人降格为一般生物;但在本质上即在类的意义上,自然与人类分属于不同领域,两者界限十分清晰,是相互对立的。因为缺了性的中介,原本既是自然的又是社会的人类,不由分说被割裂在两个相互隔绝的领域:作为具体的"类",他属于自然,等同于一般生物;而作为抽象的"人",他已先验地置身于社会并整体性地隶属于文明,再没有一条道路能够运载他走向自然。反之,自然的人(比如草原人)也同样,他们与现代文明社会——尽管他们也创造了自己的文明——几乎是隔绝的,成为对立或对应的两端,凸显出文明与自然的较量,非此即彼、你死我活。

最后,没有了"性",当然也就没有了以性爱为基础的爱情故事。

狼书里确实没有任何男女之情,连暧昧的暗示也踪迹难寻。但是,书中却弥漫着浓烈的"情"和"爱",问题由此而生:

——性缺席了,谁在这里托举着情与爱?

是母性。

——母性与性有什么关系?

母性不等同于性,但"她"一定是性的结果;而且她与性别有关,通常指的就是女性。尽管动物中也有母性,但我们在使用代词的时候,总是选择"她"(人类女性)而非"它"(非人类)指代母性。母性是母亲身份的派生物,而母亲——不管是母狼或母狗——都承担着生育责任。无论是否有婚姻家庭一类社会关系,生育都可以发生;在没有现代技术介入的情况下,它一定是自然的性的结果——性由此在《狼图腾》中隐约现身,隐含着两种非常重要的意味和心绪走向:其一,由母性牵引出来的"母亲"身份,将人/兽混为一谈,把自以为超越于自然之上的人类一下子拉回到下界,连回首转身的机会都没有留出来。其二,为由母性引申出来的"性别"身份重新命名——这是这节主要讨论的问题。

但凡说到母性,作者不惜笔墨,在细节描写上不厌其烦,毫无掩饰地倾注了赞美和依恋的亲子感情。当然,他说的主要是草原母狼:

> 草原上,母狼爱崽护崽的故事流传极广:为了教狼崽捕猎,母狼经常冒险活抓羊羔;为了守护洞中的狼崽,不惜与猎人拼命;为了狼崽的安全,常常一夜一夜地叼着狼崽转移洞穴;为了喂饱小狼,常常把自己吃得几乎撑破肚子,再把肚中的食物全部吐给小狼;为了狼群家族共同的利益,那些失去整窝小崽的母狼,会用自己的奶去喂养它姐妹或表姐妹的孩子。(No26)

人兽混界,其审美移情方向毫无保留是单向的、外移的。至少有两个证据:一是作者对动物特别是草原狼的感情远胜于对人类;二是在情节安排中，重心明显向动物倾斜。作者赞美的母性，主要是通过动物之间的母子关系表现出来的。书中很少描写人类自身的母性或亲情，唯一可以被提炼出来的人间亲情场景即毕利格的"全家福"，出现在煮狼夹这样的家庭生产活动中，只有如下文字：

> 蒙古包里飘出一股浓浓的肉腥味……**嘎斯迈**满面烟尘汗迹，跪在炉旁加粪添火。她的五岁小女儿**其其格**正在玩一大堆羊拐，足有六七十个。**巴图**在一边擦狼夹子……毕利格的老伴**老额吉**也在擦狼夹……**毕利格**笑迷了眼。（№8）

这里首次也是仅有一次出现了"其其格"的名字，让我们知道嘎斯迈还有一个五岁的小女儿。她的儿子巴雅尔当时不在场。有趣的是，每次巴雅尔出现，总在"准战斗"现场：夜晚打狼、雪地起羊、掏狼崽……在这对人间母子关系中，我们最终也没有看到他们单独相处、嘘寒问暖的场面。身为人母的嘎斯迈，总将她的母爱倾注在动物身上，比如对牧羊犬巴勒：

> 嘎斯迈弯腰去轻拍巴勒的头，连说，赛（好）巴勒，赛（好）巴勒。巴勒立即放下手把肉，抬头去迎女主人的手掌，并将大嘴往她的腕口里袖口里钻，大尾巴乐得狂摇，摇出了风。陈阵发现寒风中饥饿的巴勒更看重女主人的情感犒赏。（№1）

与对人间亲情的吝啬表现形成鲜明对照的，是对动物母性的细致描写：

> 儿马子拼命呼叫母马，马群中除了儿马子，只有护子心切的母马最冷静，最勇敢，一听丈夫的叫声，母马们都连踢带刨护着马驹朝儿马子跑去。（№29）

即使对作者最嫌弃的羊群,在母性的描写上也不惜笔墨:

> 近两千只大羊和羊羔母呼子叫,子呼母叫,呼叫声惊天动地如同狼冲羊群⋯⋯一对对母子母女走出卡口,一出卡口羊羔便在母羊腹下跪下前腿,抬头吃奶,<u>母羊则慈爱地回头看着自己的宝贝</u>。(№14)

母性面前,人兽平等,无边无际;母爱之下,人兽相通,不分敌我。比如嘎斯迈,这书中唯一的草原女人,她放生了在狼口下余生的小黄羊(№3)。小母狼的头胎小狼被人掏走了,"嘎斯迈没有了一点笑容,眼里还闪着一层薄薄的泪光"(№7)。温情是作者表现母性的基调,体现在所有雌性动物尤其是母狼身上:

> <u>狼妈妈都是好妈妈</u>,它没有炉子,没有火,也没有锅,不能给小狼煮肉粥,可是狼妈妈的嘴就是比人的铁锅还要好的"锅"。它用自己的牙、胃和口水,把黄鼠旱獭的肉化成一锅烂乎乎温乎乎的肉粥,再喂给小狼。(№18)

作者用很多篇幅近乎滥情地表现母狼在各种情况下的英勇作为:她在洞口守护狼崽,施计骗走掏狼崽的恶人;她们在战斗中拼死保护孩子,为死去的狼孩复仇:"这年春天被掏出狼崽格外多,丧崽哭嚎的母狼加入狼群,使这年的狼群格外疯狂残忍。"(№5)复仇是母爱的另类表现,在书中反复出现,爱恨交织,波澜壮阔,无比残忍,与冰心笔下"温情脉脉"的母性形成鲜明对比:

> 被踢烂下身,踢下马的狼,大多是母狼⋯⋯<u>母狼们真是豁出命了</u>,个个复仇心切、视死如归、肝胆相照、血乳交融,它们冒着被马蹄豁开肚皮、胸脯、肝胆和乳腺的危险,宁肯与马群同归于尽。(№5)

　　人兽混界的搏斗中,作者让我们看见了母狼复仇的一系列出色——可以说它"出色"么——表现,动摇了人心向善的基本底线。面对人间相似的苦难,它让我们联想到古往今来那些承受着丧子悲痛的女人:从古希腊神话中复仇女神到今天的"黑寡妇"们,[①]陡然让"女性与和平"这一传统命题变了味道。[②]在复仇面前,她们可怜还是可恶? 她们是天生的和平卫士还是无情的战争杀手? 面对那无边的悲痛和忘我的复仇,正义之拳该怎样出手才算是拿捏住了那个"公正"?

　　草原人都知道,掏狼崽不是闹着玩的,"母狼跟人玩了命,差点没把他的胳膊咬断。"(No7)在母性面前,最贪婪的猎人也懂得自我克制,手下留情:

　　　蒙古草原的猎手马倌,掏杀狼崽从不掏光,那些活下来的狼崽,干妈和奶妈也就多,狼崽们奶水吃不完,身架底子打得好,所以,蒙古狼是世界上个头最大最壮最聪明的狼……(No26)

　　话说到这里,很蹊跷:怎么侥幸活下来的狼崽孤儿会有那么多"干妈"和"奶妈"? 难道世上当真会有超越亲生、高于血缘之上的母性?

　　　狼的母爱甚至可以超越自己族类的范围,去奶养自己最可怕的敌人——人类的孤儿。在母狼的凶残后面,还有着世上最不可思议,最感人的博爱。(No26)

　　如上言论,是传说,还是真情?
　　倘若只是传说,为什么只说了狼? 倘若是真事,首先让人汗颜了。

---

① 俄罗斯车臣武装的部分女性成员(因失去丈夫、父亲或儿子)为复仇自愿参加自杀性恐怖组织"黑寡妇",造成 2004 年 9 月数百名师生死亡的"别斯兰劫持"惨案。
② 参阅《战争与性别——日本视角》,[日]秋山洋子、加纳实纪代编,社会科学文献出版社,2007 年。

人世间没有哪个母亲甘愿做其他孩子的奶妈,除非付钱;也没有多少女人自愿做孤儿的干妈,除非是在行善的名义下。就像金钱是一种报酬,善举也可以是有回报的,它们都是调遣人性或人类母性的动力——那么母狼呢? 她们为了什么?

民间传说中不乏母狼孕育其他动物的事迹:1344 年,德国黑森发现了被狼哺育长大的人孩;1920 年,印度加尔各答东北发现两个女性狼孩,轰动一时……在《狼为什么会抚育小孩》一文中,周国兴提出了一个有趣的问题:"狼真有那么'坏'吗?"他告诉我们:母狼不仅爱护自己的子女,还会收养失去母亲的小狼,甚至收养小狗。有些文学作品中将这种强烈的母性本能称为"狼似的母爱"。[①]陈阵有所耳闻,他对身边的知青说:"史书上记载,草原上的母狼最有母性,它们还收养过不少人的小孩呢,匈奴、高车、突厥的祖先就是狼孩,被母狼收养过。"(No6)人世间对母爱通常有两种评价:说到自家母亲,儿子们说的是"无私的母爱";而说到邻家主妇,评价多半是"偏袒"、"狭隘"、"护短"……草原狼例外,在文献记载或口头传承中,尽是"无私"的母爱。它不是道德的结果,也不是人间母亲的自我提升,而是母狼们先天具备的优秀品质——这就接近"天"的意味了,与《狼图腾》中弥漫在天地宇宙间的"大性别观"发生了最直接的联系。

所谓**大性别观**,基于对性差异的认识和对社会性别分工的默认,与"性"的缺席有关,因此与私生活以及个人(即具体的人)保持距离,可以无所顾忌地走向两个极端:一端是**性别身份的升华**;另一端是**性别角色的功利化**。

性别身份的升华建立在自然性差异的基础上,却是在精神层面上展开的。用毕利格的话说:"腾格里是父,草原是母。狼杀的全是祸害草原的活物。"(No2)天为父,地为母,草原狼是守护母亲的忠诚卫士,一个理念性的家庭就这样成立了! 难怪我们在这个家庭中看不到性。这个家庭的成员之间没有血缘关系,之所以被我们接受,是因为

---

① 参阅周国兴:《狼孩·雪人·火的化石》,天津人民出版社,1979 年,第 3—11 页。

它迎合了一个太远古、太普遍、已经深入人心——关于大地母亲——的传说:"许多国家都有五谷妈妈"的神话故事,流传至今不衰。在生产玉米的美洲,印第安人认为,大地"作为妈妈,它有生产、繁殖许多玉米的能力"。①中国古代也有"惟天地,万物父母"②的认识。新儒学者杜维明引用明朝王艮的话说:"如果我们是'化生'而来,那么天和地就分别是我们的父母;如果我们是由'性生'而来,那么父母就分别是我们的天和地。"③

> 残酷美丽的草原,不仅是华夏民族的祖地,也是全人类的祖地和摇篮。草原是人类直立起来"走向"全球的出发地。草原大地是人类最古老的始祖母。陈阵觉得有一种古老温柔的亲情,从草原的每一片草叶每一粒沙尘中散发出来,将他紧紧包裹。(No.32)

《狼图腾》利用古老传说家喻户晓的功能,顺便做了两个小动作:先是将草原升格为"全人类的祖地和摇篮",接着就安排"草原狼"这样一个角色——如果草原是全人类的地母,那么草原狼便很自然地升格为全人类的母亲的卫士!

耐人寻味的是,书中字里行间,弥漫着对母性的热爱和颂扬;但在故事情节中,却没有给母亲角色安排一个完整的场景。全书翻过,少有室(蒙古包)内生活描写,大小故事几乎全是在露天的野外场景中展开并完成的。这意味着,狼书根本没打算给人类母亲和传统女性生活留出空间,它把整个舞台全部出让给了野生动物;还有,人类男性。难怪阅读中人人都感受到了扑怀而来的强劲雄风。书中弥漫着浓烈的野性气息,猎猎战旗下出征的都是男人,连生产上的分工也一样。"尽

---

① 详见[英]詹·乔·弗雷泽:《金枝》第四十五、四十六章,"许多国家都有五谷妈妈"是第四十六章的标题。徐育新、汪培基、张泽石译,中国民间文艺出版社,1987年,引文出自第599页。
② 《尚书·周书·泰誓》。
③ 参阅[美]杜维明:《存有的连续性:中国人的自然观》,刘诺亚译,《世界哲学》2004年第1期。

管蒙古女人的勇气和胆量普遍超过汉族男人,但是,额仑草原上仍然没有一个女马倌"(№15)。有记者问作者:

> 术术:有人认为这部小说是一种雄性的书写,您怎么看这个观点?
>
> 姜戎:我在书中写了许多雌狼母狼可歌可泣的故事……本书并不是"雄性书写",而是狼性书写,包括狼的雄性和雌性。①

为什么这里不说"男性"而说"雄性"?

故事里,与"母性"、"雌性"相对应的不是男性,而是雄性。不错,书中是有鲜明的"狼性书写"印记,建立在对"狼性"抽象的基础上。但具体到人间生活或狼群,无论男女雄雌,一总在具体的性别角色分工中,没有例外。书里没有男女两性关系的描写,没有床戏,却有界限清晰的性别分工,体现出"大性别观"的第二个极端走向:**性别分工的功利性**。书中人间生活,将男女分成两个不同生产性质的社会群体,在"生"(活)和"存"(种)的意义上相互依赖,完全是功利性的:男人是在野外干活的马倌、牛倌、羊倌……他们整天与动物厮磨纠缠在一起,仍然属于自然形态中的草原。女人围绕着蒙古包忙前忙后,在衣食住行方面充当着辎重部队和后勤的角色。关于草原人的性别分工,史家有不同见解。一种意见认为:"在骑马民族国家,男女基本上的同权及分工上男女差别的不严重,乃是它与农耕民族国家明显的一处不同。就连狩猎和战斗,男女也是一同参加的。"②另者认为:"狩猎与贸易、放牧与战争,在蒙古部落的早期生活中,形成了一个完整的生存活动网。从学会骑马之日起,每个男性成员就要开始学习追捕的技术,而且没有一个家庭仅靠一项活动就能生存下去。"③《狼图腾》的描写介于两

---

① 姜戎答《新京报》记者术术的网上采访。
② [日]江上波夫:《骑马民族国家》,张承志译,光明日报出版社,1988年,第151页。
③ [美]杰克·威泽弗德:《成吉思汗于今日世界之形成》,第18页。

者之间,但作者在观念上明显倾向于后者,无论在生活还是在生产活动方面,有意突出而非模糊男女两性分工,这显然是有意味的。

小说以民俗方式表现男男女女的分工与合作,各负其责。日常生活中,女人负责准备食物。"各家的主妇将家里带来的破木板、破车辐条等烧柴堆到空地上……再拿出盛满奶茶的暖壶,还有酒壶、木碗和盐罐放在上面。"(№4)大队人马起羊之前,"女人们已经卸好车,并把狼群拖拽黄羊的雪壕,清理成通向深雪的小道"(№3)。晚上猎手们休息了,女人们得负责各种善后工作,包括"下夜"[夜晚照料家禽家畜]:

> 下夜是牧区蒙族妇女的主要职业,<u>女人晚上下夜,白天繁重家务,一年四季很少能睡个整觉</u>。人昼行,狼夜行;人困顿,狼精神。草原狼搅得草原人晨昏颠倒,寝食不安,拖垮了一家又一家,一代又一代的女人,因而蒙古包的主妇,大多多病短寿。(№7)

历史上,"蒙古的男人们忙于四处征战时,女人们却管理着帝国。在游牧部落中,传统上是女人在料理家务,男人则外出放牧、狩猎或打仗。"如果战事持续多年,"男人在外征战,女人便长期统治帝国"。① 额仑草原上没有战事,只有家事,女人也是管理者。她们管理的不再是那个庞大的帝国,而是家人的日常生活,绵细,琐碎,无日无夜。狼书对女人的描写是整体性的"类"的描写,流露出来的也是"类"的同情。比如陈阵,一个青年男子,亲眼目睹了草原女人的辛劳,感叹"草原狼繁殖过密,草原人口一年年却难以大幅度增长"(№7)。艰苦的生活环境和繁重的生产劳动影响了草原女人的健康,使她们"多病短寿",也直接影响了她们的生育能力。这就是说,不仅在母性或母爱的表现上,在生育能力方面人类女性也败给了草原动物。惟独在生存能力方面,草原女人不让须眉,也不逊色于其他草原生灵。狼群突袭时她们

---

① [美]杰克·威泽弗德:《成吉思汗于今日世界之形成》,第171页。

"面不改色",手中没有武器,便"挥动双臂狂呼尖叫,恨不得想用双臂去阻拦狼群"(№12)。待到——

> 　　猎场渐渐安静下来,人们就地休息。围场中,最难过的是女人。她们大多在给自家的伤狗疗伤包扎。男人们只在打猎时使用狗,可女人们天天下夜都得仗着狗。狗也是由各家的女人从小把它们像养孩子一样地喂养大的,狗伤了、死了,女人最心疼。(№12)

这里表现的仍然是母亲的责任和母爱,人兽再次混界,套用嘎斯迈的话说,在草原上,人类母亲似乎"与动物妈妈们总在进行着一场场无形的竞赛",不仅在生育能力上,更在养育过程中。

养育,在狼书中别有意味。

因了陈阵与小狼的关系,养育上升到高于生育的地位,成为《狼图腾》故事中一个非常重要的潜在命题。它与性无关,因而得以在"性行为"和"性别意识"中突围,先验地摆脱了所谓"性别刻板模式"的束缚。正是在养育问题上,作者下意识中也模糊了自身的性别属性,在人兽混界的基础上加入雌雄混界,导致性别、辈分等社会关系全面混界。其间意味,新鲜,粗粝,洋溢着元自然生存状态中的野性:自由,单纯;引出五味杂陈的感受,待我们逐一剥离,慢慢咀嚼。

首先,因了养育,作者将人间生活场景直接带进动物世界,用嘎斯迈的话说,"狗崽断奶以后的这段时间,草原上的女人和狼妈妈在比赛呢。"(№18)生存能力的训练在书中多有表现。各类母亲——无论人兽——对孩子的训练主要有两个方面:一是吃食,这多半是母性的训练;二是夺食,这种现场搏斗中的雄性训练,其实是在母亲的指导下最早开始的:

> 　　小狼还没长大的时候,母狼就得把小狼带到远离人畜

的地方……母狼就带着一群小狼在没人的安全的地方抓大鼠吃，一来可以教小狼学习抓活物的本事；二来可以喂饱小狼的肚子。(No17)

难怪陈阵会说："蒙古草原的一切生灵，除了绵羊以外，不论是食肉动物还是食草动物，都具有**草原母亲给予的凶猛顽强的精神**。"(No30)这种语境中，"女人"消失了，与母亲角色接轨，和所有雌性生灵一样，很自然地进入了母性范畴。人类两性关系从"罗曼司"造就的男/女关系中解放出来，还原到雌/雄对应的自然关系，正好呼应着人类学家的见识："从自然方面来看女人都是一样的，只有从文化角度来看她们才彼此不同。"①这种境况下，性爱能力或社会身份都不重要，唯有自然的(生/育)能力才是最重要的。性力不单纯是现代人津津乐道的床上功夫，而是其结果：要么是雌性承载的生育能力，要么是雄性为生存而竭尽全力的作战能力。从这个角度看，说它是"雄性书写"不无道理。故事里，书中人物多是男性，与故事场景主要是战场有关。生死攸关的战场不是做爱的温床，我们看到的不是相对于女人的男人，而是雄性的人。

摇摆在雄/雌、男/女之间，在"性"的分类甄别上，让我们看到了汉语言和汉字之细腻的独特魅力。关于性别，汉语中有几对现成的词汇：雄/雌、男/女、公/母，它们可以组合成性别代词，也可以随时拆卸开来与不同物种发生关系以获得新的涵义。"男/女"仅用于人类，"雌/雄"是非人类物种的性别代词。唯有"公/母"，人兽可以混界使用，围绕着"生育"行为造成的性别称谓，拉近了人与动物之间的距离：在性的结果(生育)面前，人兽平等。由此，《狼图腾》完成了人自身在性别身份上对自然的还原，让我们看到那个隐身不见的"性"的力量，其实无边无际：无论人兽，**雌/雄的自然功能不仅成就了一个个生命，也共同结构着人类最基本的生活/生存状态，秉承天意，义不容辞**。

---

① ［法］列维-斯特劳斯：《野性的思维》，李幼蒸译，商务印书馆，1987 年，第 141 页。

故事中，"性"缺席了，却有许多关于"吃"的篇章。

"吃"与"性"是什么关系？

"食、色，性也。"①食排在前，在狼书中有充分表现：吃什么、怎么吃……无论人、狼还是其他动物，无一不在吃的问题上大动干戈，费尽心思，印证着人类学的见识："农业产生以前，每个要吃饭的人都必须要参加寻找食物的工作。"②动物更是这样："蒙古草原狼有许多神圣的生存信条，而以命拼食就是其中的根本一条。"(No18)吃和食(物)是狼书中非常重要的本事，牵动情节，贯穿始终。食与性，这两种最原始最现实的生存需求，在故事中一显一隐，如同双簧戏："食"在"性"隐身后浮现前台，我中有你，把生物链收得更紧了。如此链接中，两性分工看得更加清楚：如果说战场是男性/雄性施展才干的舞台，那么喂养，给吃的，就是母性的本能以及培育母爱的温床。陈阵对嘎斯迈的依恋和赞美，常常与"给吃的"联系在一起。嘎斯迈"喜欢吃相像狼一样的客人"，她用刀尖又挑出一大根肥肠来对陈阵说："我煮了两根肠呐。那根全是你的了。"(No8)这举动还有这些话，都有春风化雪的作用，让陈阵感到温暖：

> 两年多了，陈阵总是调不好与嘎斯迈的辈分关系，按正常辈分，她应该是他的大嫂，可是，陈阵觉得嘎斯迈有时是他的姐姐，有时是婶婶，有时是小姨小姑，有时甚至是年轻的大姨妈。她的快乐与善良像草原一样坦荡纯真。(No8)

陈阵对嘎斯迈无比尊敬，以至忽略辈分，将来自她的情谊统统看作母爱。继而，他把来自草原人的母性温情扩展到大草原；或者也可以说，他把来自草原女人母亲般的温暖归功于大草原，心动，情深，由衷地感慨：

---

① 出自《孟子·告子篇》："告子曰：食色性也。仁内也，非外也。义外也，非内也。"
② ［英］德斯蒙德·莫里斯：《人类动物园》，周邦宪译，贵州人民出版社，1987年，第5页。

> 陈阵常常能感到来自草原地心的震颤与呼救,使他与
> 草原有一种心灵深处的共振,比儿子与母亲的心灵共振更
> 加神秘,更加深沉;它是一种隔过了母亲、隔过了祖母、曾祖
> 母、太祖母,而与更老更老的始祖母遥遥的心灵感应。
> (No.32)

"情的本质力量是感动和感化。"对性爱文学深有研究的康正果认为:"愈是弱者、贱者,便愈是坚守自己的本分,努力在其弱势和贱位的基础上将自己强壮和提升起来。"①把"情"或"爱"作为自我提升的一种武器,在女性身上多有表现;而这书中,却是在陈阵——这个正在接受再教育的男性青年学生——和小狼的关系中表现出来的。

有过知青经历的人都知道,下乡知青在异乡异地完全是异己的边缘人群,他们在当地没有权力、资产和社会资源,全靠国家政策的支撑和当地人的供养为生,是弱势中的弱势,没有任何人或物可以被他们支配。陈阵不同,他养了一条狼,由此变成了供养人,一个有支配权的人;不在战场上,是在家居环境中,这于一个男性未婚青年实在是很尴尬的处境。在养狼的整个过程中,怜惜和反省两种截然不同的情绪并行而出,纠缠在心,让他时刻不得安宁。而作为男人,他的性别身份也因小狼的出现而发生了微妙的变化:

> 自从养了小狼,陈阵一下子改变了自己的许多生活习
> 惯。张继原挖苦说陈阵怎么忽然变得勤快起来,变得婆婆
> 妈妈的,心比针尖还细了。陈阵觉得自己确实已经比可敬
> 可佩的狼妈和嘎斯迈还要精心。他以每天多做家务的条
> 件,换得高建中允许他挤牛奶。他每天还要为小狼剁肉
> 馅……有一次他还到场部卫生院弄来小半瓶钙片,每天用
> 擀面杖擀碎一片拌在肉粥里。这可是狼妈妈和嘎斯迈都想

---

① 康正果:《悼亡和回忆——论清代忆语体散文的叙事》,《中华文史论丛》2008 年第 1 期。

<u>不到的</u>。(No18)

这段描写意味深长。

首先是"改变",为一个幼小的生命改变自己的生活习惯,放弃以自我为中心的生活方式,这事只有生育后的母亲可以做到。

再看他的作为:喂奶、备食、补钙……都是哺乳期的母亲每天必须的功课。他在心中比对的同类不是战场上的勇士,而是狼妈妈和嘎斯迈。从养小狼那天开始,他"忽然变得勤快起来,变得婆婆妈妈的,心比针尖还细了"。为了小狼,他自觉改善人际关系,"以每天多做家务的条件,换得高建中允许他挤牛奶"。女人圈子里的小把戏,如今都进入了陈阵的日常生活。他自诩"养父"(No18),其所作所为与传统父亲角色毫无关系,完全是母亲作为:他"吃了两碗肉干汤面,就把半锅剩面倒在小狼的食盆里"。仅存的两罐羊油,是每天晚上读书的灯油,"小狼正在长身子骨的关键阶段,他只好忍痛割舍掉一些读书时间了"。天热了,他"担心小狼晒病、晒瘦,甚至晒死"(No22)。外出放羊时,他牵挂着家里的小狼;只要想到"家里的小狼,心里掠过一阵亲情软意,就像家里有个嗷嗷待哺的婴儿等着他回去喂养。"(No32)甚至,他也像所有母亲那样,望子成王(No22):

> <u>他的梦想差不多算是实现了一半,但那另一半,他似乎不敢梦想下去了</u>——小狼长大以后,给他留下一窝狼狗崽,然后重返草原和狼群……于是,在迷茫的暮色中,一条<u>苍色如钢</u>,健壮如虎的狼王,<u>带着一群狼</u>,呼啸着久别重逢的亢奋噑声,向他奔来。

这类举止行为和心态,都不是养父份内的事。父亲在"育"的过程中可以是一个虚拟的存在,通过提供膳食衣物等间接完成。陈阵不同,事无巨细,亲自动手,日夜呵护在小生命旁边,把杨克也拉扯进来:

> 陈阵和杨克一向讨厌琐碎的家务活……但是，自从养了小狼以后，一项项没完没了的**家务活**，成了能否把小狼养大的关键环节。家务活一下子就升格为决定战役胜负的后勤保障的战略任务。于是他俩都开始抢着料理柴米油盐肉粪茶这七件"大事"。（No28）

从行为到心态，从关注到关爱……这个大男人，完整地实践因此切实体验了母亲养育孩子的过程，以至于"陈阵常想，将来有一天他娶妻生子后，可能对自己的儿女也不会如此上心动情"（No22）。他不仅在自己心中建立起一道类似母爱的防线，也在读者心中引出了一条不同寻常情线：以"母爱"取代"性爱"，浪漫小说中的爱情主题在近似真实的母爱情景中被偷换了内容，不仅颠覆了以 sex 为基础的传统"生理性别"刻板模式，也动摇了以 gender 为核心的现代"社会性别"理论，让喧嚣了两百多年的性别战争一时没了作战对象。

有趣的是，它也搅乱了作者本人的性别观念。一向对女性颇为不屑的陈阵不经意间现身说法，身体力行地成全了典型的传统母亲角色；书中所谓雌雄混界，在他身上形象地体现出来，印证了人类学家米德（Margaret Mead）的著名论断：

> 我信服于这样的信念：存在于我们社会中的通常的性别气质，在大多数情况下都只是正常表现的畸变和偏离……无论哪种单一的性别或者男女不同的性别，均可通过训练而使其成员变为在气质上大致相近的人。①

陈阵成为小狼的"养母"这事，是对传统母性角色的复制，也是对传统性别身份的颠覆。就行为而言，它临摹了女权主义疯狂批判的

---

① ［美］玛格丽特·米德：《三个原始部落的性别与气质》导言，宋践等译，浙江人民出版社，1988年，第14页。

"性别刻板模式"并深陷其中；在观念上，却远远超越了两性之间比拼胜负的百年争战，还母性以自然价值；与养育结合，与性爱/做爱分离，在质地上更纯粹，更接近了审美意义上的母爱。如此看这小说，性在其中不是缺席，而是隐身，给"变形"、"变性"和随时显身留出了极大的游走空间。书中，自然与社会相互隔离，惟有那个看不见的"性"自由穿梭在自然草原与人类生活之间，无处不在：在战场上，雄性刚烈；在屋檐下，母性弥漫。在场面描写上，雄健气势震撼人心；而在字里行间，母爱无形，动人心魄——如此性别，不仅可以化解千年愁绪（如性压抑）、百年怨恨（如女权主义），也远远超越了弗洛伊德的"力比多"(libido)，完全模糊了"自我"与"非我"的界限。说到底，书中真正缺席的不是性和性别，恰恰是弗式的力比多——在这个意义上看，它的性意识是比后现代还要"后"呢！

百余年来，弗洛伊德倡导的性观念走了一条分离路线，"性"成为自由离子，在与性解放的结合中实现了自己的理想或完成了自己的梦魇。**《狼图腾》走的是一条还乡的路，力图在"生育"和"生存"的起点上还原"性"的原始价值**，在大草原上找到了它理想的象征：

> <u>氓牛是神圣的牛，是草原上强壮、雄性、繁殖、勇敢、自由和幸福的象征</u>。蒙古的摔跤手就叫布赫，与氓牛同名。蒙古男人极羡慕氓牛，因为氓牛是草原上妻妾成群，又不负家庭责任的甩手掌柜和快乐的单身汉。（No13）

作者称："**雄壮**的氓牛"是"草原**自由神**"。
陈阵眼中，"让人敬佩的儿马子最接近人类社会中的好男人"：

> 它们在草原的功能有二：交配繁殖和保护马群家族。它具有极强的家族责任心，敢于承担风险，因而也更凶狠顽强。如果说氓牛是配完种就走的二流子，儿马子却是蒙古<u>草原上真正的伟丈夫</u>。（No20）

作者对"雄性书写"不认账,最终还是暴露了他自身的性别属性,如苏珊·兰瑟所说:"即使文本丝毫没有具体表明性别类属,性别仍然是所有类型的叙述者的根本特征。"[1]它也露出了男性中心意识的马脚:"伟丈夫"之伟不仅来自养家的责任意识,更因为他所向披靡的性力;相形之下,"好女人"就是兼有生育力和养育功能的母亲。女性在文化意义上成为一张白纸,在"类"的方向上便可以无条件地升华为无私——"好女人"由此诞生!

关于人间的性和女性,书中只有一段文字,是在酒过几巡的酣畅之后,发生在男人之间(No.4):

> 巴图醉醺醺地张开大巴掌在陈阵后背猛拍一掌,你……你,你只算半个蒙古人,什什……什么时候,你你娶个蒙古女女……女人,生一……一蒙古包的蒙古小孩,才才算蒙古人。你……你力气小小的,不不不行。蒙古女人在在……在皮被里,多多的厉害,比狼狼……狼还厉害。蒙古男男人多多的怕啦,像羊一样的怕啦。
>
> 桑杰说,在晚上,男人,羊的一个样,女人,狼的一个样。嘎斯迈第一厉害。

这里的"性"是对话而非行动,避免了对性的直观描写。对话中间接涉及的性是"类"——男性——的发言,也是类行为的传播。它告诉我们,草原男人无论在外多么伟岸有力,在草原女人面前统统是"羊";将男尊女卑的社会性别关系不由分说地倒置过来,让我们对嘎斯迈一类草原女人另眼相看,敬畏有加。

但是,如果你认为这是作者置换了性别立场自觉为女性说话,那就上当了。这是在"类"的意义上对女性/母性乃至自然性力的肯定,

---

[1] Susan S. Lanser: *Sexing the Narrative: Propriety, Desire, and the Engendering of Narratology*, 译文引自戴卫·赫尔曼主编《新叙事学》,马海良译,北京大学出版社,2002年,第83页。

丝毫无关女人。说到女人，书中只有一位：草原女人嘎斯迈——与其看她是女人，毋宁看作一个典型的文化符号，一个原始的母亲/母性的象征。嘎斯迈在故事开始堂皇出场，她的亮相是在与狼的拼死搏斗中：

> 嘎斯迈的蒙古细眼睛里，射出像**母豹**目光般的一股狠劲，拽着狼就是不松手……（战后）嘎斯迈抹了抹脸上的狼血，大口喘气。陈阵觉得她冻得通红的脸像是抹上了狼血胭脂，犹如史前**原始女人**那样**野蛮**、英武和美丽。（№1）

"野蛮"、"母豹"、"原始女人"这样的字眼，在嘎斯迈与现代女人之间划开了清晰的界限。"英武"和"美丽"都是诱惑，诱导我们身临其境去领略元自然生存状态中性与野性的淳朴魅力——那是魅力么？

没有经历过，你怎么能知道！

6. 从生态学看：人类还有多少选择空间？

> 当人类向着他所宣告的征服大自然的目标前进时，他已写下了一部令人痛心的破坏大自然的记录。①
>
> ——[美]蕾切尔·卡逊：《寂静的春天》

"生态学思想是后现代思想，因为它不是要我们将文化与自然之间的关系设想为同一的、附属的或对立的，而是要我们将其设想为动态的、差异的、相互交流的。"②《狼图腾》中有大量与生态有关的描写和言论，与后现代生态意识不谋而合。网上评论对此予以肯定，在"生

---

① [美]蕾切尔·卡逊：《寂静的春天》，吕瑞兰、李长生译，吉林人民出版社，1997年，第73页。
② [英]史蒂文·康纳：《后现代主义文化——当代理论导引》，严忠志译，商务印书馆，2004年，第382页。

态小说"的定位上没有太大分歧。

评论界却不以为然。

精神生态学者鲁枢元对《狼图腾》有不同意见,就思想指向而言,他看它是"伪生态书"。①就如理查德·多尔森(R. Dorson)在文学创作的民俗(folklore)中看出"伪俗"(fakelore),②鲁枢元在寓意层面看穿了狼书借事说事的寓言性质。他启发了我。因此,我的批评常常伴随着"伪生态"这一心理暗示,追随邓迪斯(A. Dundes)在伪俗研究中提出的问题("当一个无意识的或不自觉的过程变成一个有意识的过程时,发生了什么?"③),发掘狼书中的生态意识和相关问题。

从环境保护看,狼书的目标不够纯粹,它的确是拿草原环境说人事的。但从生态学看,书中故事确实与生态有关。可以说,《狼图腾》是一部寓言体的生态小说。但如果只把它看作生态小说,批评便没有太多空间,所有"应该"的评说都在情节、结构设计和对话、讲座中说尽了,结论早已摆在面前:

> 方圆几十里全是湿沙,沙地上东一丛西一丛长着旱芦旱苇,蒺藜狼毒,地滚草,灰灰菜,骆驼刺,高高矮矮,杂乱无章。乱草趁着雨季拼命拔高,长势吓人。这里完全没有了草原风貌,像是内地一片荒芜多年的工地。(No29)

但是,故事没有结束。尾声中,草原几近消失,草原人还在,他们的生活水平并没有随草原生态的恶化而恶化,相反,人人都过上了小康日子。人类也在,他不仅作恶,也在"改善",给原始草原穿上了文明的外衣。人类不傻,但凡自然的惩罚落在头上,不需多言,人们总会做出本能的求生反应。当环境问题直接威胁到人的生活质量乃至生存

---

① 鲁枢元 20 世纪 90 年代在中国大陆首创生态文艺学并开设课程,主编《精神生态通讯》。
② Richard Dorson: *American Folklore*, Chicago: University of Chicago Press, 1959。参阅[美]阿兰·邓迪斯:《民俗解析》,户晓辉编译,广西师范大学出版社,2005 年,第 32 页。
③ [美]阿兰·邓迪斯:《民俗解析》,户晓辉编译,广西师范大学出版社,2005 年,第 32 页。

本身,改善自然生态就是一件最自然且最紧迫的事:以色列的"绿色革命"硬是在沙漠中种出了好庄稼,新世纪初嚣张在北京地区的沙尘暴引发退耕还林退牧还草,不过几年,便见蓝天绿地……批评站在这里干什么? 它还有多少评说空间?

批评面对文本。《狼图腾》文本中有这样的对话(№8,摘录):

> 老人:草原是战场,见不得血的人,不是战士。狼用诡计杀了一大群马,你不心疼? 人不使毒招能斗得过狼吗?
>
> 陈阵:可是,阿爸,除了让狼把人的灵魂带上腾格里,是不是还为了节省木头呢? 因为草原上没有大树。
>
> 老人:除了为了省木头,更是为了"吃肉还肉"……草原上的人,吃了一辈子的肉,杀了多多的生灵,有罪孽啊。人死了把自己的肉还给草原,这才公平。

面对书中大量生态气息,你无法掉头走开。故事植根于相互依存的生态关系中,盘根错节,人兽混界;有气势,有温度,一报还一报,逼你追究:

——所谓"生态"究竟是什么?

——它与人类社会到底是什么关系?

翻遍手头诸多生态学著作,我很失望。书中学问多有劝善意味,讲的是人与自然的利害关系。延伸到"环境伦理学"(Environmental Ethics)①,还是以人及物,将人间情怀倾泻在五湖四海。②西语中的 Environment(环境)常常与生态混用,人的中心地位是预设的。如果用汉语表达,"生态"别有意味:不同环境中的"生"和"态"乃至"生态"有不同的含义,以"飞散"(Diaspora)③的形式不断越界,让"生"之"态"在

---

① 产生于 20 世纪 60 年代,其创始人和代表作是[德]阿尔伯特·史怀泽的《敬畏生命》、[美]奥尔多·利奥波德的《沙乡年鉴》和蕾切尔·卡逊的《寂静的春天》。

② 1994 年以来中国学界于此有过多次讨论,意见不一,详见《光明日报》2006 年 9 月 5 日 7 版。

③ "飞散"原意与犹太人散落世界各地的经历有关;用于后殖民文学批评,与话语旅行、翻译问题、家园意识和越界传播等有关。参阅童明:《飞散的文化和文学》,《外国文学》2007 年第 1 期。

不同环境中演绎出不同的意义。《狼图腾》是这样一例，它将"生态"的各种意味表现得淋漓尽致，为批评开辟了多种路径。

故事中没有使用"生态"这个字眼。

生态是小说的骨架，是结构；也是细胞，是情节元素。从草原到草原狼，从万物生灵到草原人，生态意识像无数单子（monade）和游子（nomade），弥漫漂移在不同的符号体系之间，将越界行为贯穿始终，让我们看到了它"能指"的不同方向。只要像德勒兹（G. Deleuze）那样"劈开事物，劈开字词"，①我们就可以看到，这些生态因素可以被分解成不同性质的元素，在不同系统内自我"延异"，结构出不同的意义：比如"**生**"，同时具有**生存、生命、生命力**这三重含义；比如"**态**"，分别表现为**状态、姿态、态度**三个层次——三个层次上的三种元素共同结构成"生态"，在寓意上却不同方向。狼书中所有的矛盾、冲突以及由此引出的悖论，都是在这样的相互纠缠中自然地表现出来的，神鬼不觉，以至往往被人忽略。

本节借用飞散视角分析《狼图腾》中的生态问题，让"飞散"的后殖民意味嫁接在"生态"这个后现代机体上，将游牧民族的原始栖息地与德勒兹的现代"游牧式思维"（nomadic thinking）②结合在一起，为批评架起一个开放的阐释平台。这里的 diaspora 是小写的，有两重意味：其一，在生态学的意义上普世化，与特指民族［犹太族］脱离，也与后殖民主义保持距离，泛指文本中越界或越位的"飞散"现象，是人文的，也是自然的。其二，词语性质上的解放，由名词转意为动词，有冲击和击碎的意思。用在生态学中，首先要**冲击的就是人自身的救世心态，击穿现有的认知结构**，让飞散的碎片不断重新组合，在变化的结构中认识不同景观中的生态现象。

---

① ［法］吉尔·德勒兹：《哲学与权力的谈判》，刘汉全译，商务印书馆，2000年，第97页。

② 吉尔·德勒兹以"游子"和"单子"为核心概念，认为"一切皆游牧"，以"原地游牧"这一原则建构了自己的生活与哲学。参阅［法］德勒兹：《解读尼采》，张唤民译，百花文艺出版社，2000年。《哲学与权力的谈判——德勒兹访谈录》，刘汉全译，商务印书馆，2000年。

狼书中有四种生态系统交织一起，成为各种矛盾的肇事源头。

首先是**元自然生态系统**，通过草原和万物生灵体现出来，表现在一年四季、自然风光以及民俗事象等方方面面。法国哲学家德日进（P. T. de Chardin）从自然科学的角度认识这种系统，指出：

> 任何人只要他转眼观看自然，马上会清楚看到"系统"的存在……宇宙的每一元素都积极地与其他的元素编织在一起……如果硬要把这个坚密的编织网切开，分离一部分，则它只会因之而支离破碎，终至瓦解。①

德日进提出了"生命树"这一概念，认为所有的生物都是从"同一本源开始的"，处在树的顶端的是人类。②《狼图腾》中代替"生命树"的是"大生物链"，姜戎解释："内蒙古草原的大生物链非常复杂。不仅具有生态价值，还包括文化价值。"③这里没有霸主，人并不享有身在树端那个居高临下的位所，同万物生灵一样，他只是大链条中一个普通的环节。在生物链的意义上，狼书没有提供什么新鲜见解；新鲜的是它的表现形式，在元自然方向上：它表现的"生"之状态是**生物链**；它体现的姿态是以草原狼为代表的**元自由**精神；作者的态度非常明确：恪守严格有序的**草原逻辑**——倘若停留在这里，这书这故事都没有作伪的嫌疑，可以理直气壮地被看作生态文学。但很显然，作者不打算滞留于此，他的心思就如陈阵的心思，话说自然，心在人间，因此我们隐约看到了与元自然完全不同的第二个生态系统。

第二个系统展示的是**社会生态**，它的核心命题是**人化自然**。在

---

① ［法］德日进：《人的现象》，李弘祺译，新星出版社，2006 年，第 7 页。

② 同上，第 160、220、161 页。

③ 姜戎答贝塔斯曼姚婷女士电子邮件采访。美国学者拉伍乔伊早在 20 世纪 70 年代就提出了"生物链条"这一概念，指出这种思想从柏拉图和普罗蒂奴斯（Plotinus）开始，一直延续到 20 世纪的生态主义，自行传承。参阅［英］戴维·佩珀：《生态社会主义：从深生态学到社会正义》，刘颖译，山东大学出版社，2005 年，第 253 页。

这个层面上,它与当下生态主义的立场非常接近:它体现的生之状态是**文明**;它的主要姿态是以外来户为代表的**占领**;对此,作者的态度是**批判**:

> 生机勃勃的草原和草原狼作为一种参照系和坐标,让我们看到人类的"可持续发展"已经产生了严重问题。它们是人类生命活力的源泉,毁灭了自然、草原和野生动物,也就毁灭了人类自己。①

整个文明史其实就是一部人类征服自然的历史。但凡有人的地方,自然再"不是独立存在的,因为它们与人的技能和生活方式有关,正是人使它们按特定方向发展,为它们规定了意义"。②社会生态与元自然生态互不兼容,用列维-斯特劳斯的话说:"自然界本身是无矛盾的;它之所以成为矛盾的,只是由于某种特殊的人类活动介入的结果。"③一个系统的存活往往以伤害或抑制另一个系统的生存为前提。眼前利益之获得,常常以牺牲长远利益为代价。所谓人类历史,始终与自然纠缠在生死相依的生态关系中:怎样活着? 这是一件事情,与顺应自然有关。怎样活得好些? 这是一项技艺,与改造自然的手段有关。是否值得活以及为什么活? 这个问题属于哲学,与自我意识有关。眼下面对的是:

——人类是否可以长久活下去?

危机意识催生出生态主义,在人类掠夺自然的基础上再次把人类抬举到救世主的位置上。所谓环境保护,是要让大自然像永动机一样自然地循环下去。狼书中的核心概念"草原逻辑",试图把两个——元自然和人化自然——生态系统叠加在一起,自觉维系所谓"大命",以保证人类生存绵延不绝。"只要所有这些循环能保持住,社会系统

---

① 姜戎答《新西兰镜报》记者姜鸣电子邮件采访。
② [德]马克思:《1844经济学哲学手稿》,人民出版社,2000年,第90页。
③ [法]列维-斯特劳斯:《野性的思维》,李幼蒸译,商务印书馆,1987年,第109页。

就能承受和消除较小的紊乱，并继续运行下去。但如果某些循环中断或瓦解了，巨涨落就会震撼整个系统，它就必然要发生相变或毁灭。"①本章第10节（史学）将深入讨论这个问题。

第三个体系是**人类生态**，发生在社会生态系统内部，是内置性的，以（游牧/农耕）文化和（蒙人/汉人）民族为载体，它的主题是**战争**。从生态的角度看：它表现的生之状态是**殖民**；它体现的姿态是以游牧民族为代表的**征服**；作者的态度是**促强锄弱**，毫无保留地倒向骁勇善战的草原狼和草原猎手：

> 陈阵想，既然他从中国最发达的首都来到最原始的大草原，不如索性再原始下去，重温一下人类最原始的角色的滋味。他觉得他的猎性此时才被唤醒真是太晚了，他对自己作为农耕民族的后代深感悲哀。（No2）

以强凌弱早在西方文明史中成为主流。霍布斯的《利维坦》将专门利己、毫不利人看作自然的人性，并以此作为创建国家政治学说的基础。亚当·斯密在《国富论》中把经济人看作单子，将惟利是图的自私心看作市场经济的原始推手。康德用他的"批判哲学"把斯密的经济人即"自私的人"和霍布斯的政治人即"豺狼人"训练成"道德人"……②由此看《狼图腾》，相似的议论同样的意图，不过是脱离了现代的叙述方式，试图还原到"草原逻辑"的框架中完成自己的理论建树，自觉或不自觉地露出了后现代品相。

后现代眼中的"自然社会"即"猎人—采集者的社会"，和陈阵的理想十分接近，张扬野性，返朴归原，企图在原生态的自然/草原"重温一下人类最原始的角色的滋味"。③有人质疑它的伪善，将人类应当承担

---

① ［美］E.拉兹洛：《进化——广义综合理论》，闵家胤译，社会科学文献出版社，1988年，第108页。
② 参阅何兆武：《西方哲学精神》，清华大学出版社，2002年，第167页。
③ 此语出自M.布金的《使辩证法生态化》，转引自［英］戴维·佩珀：《生态社会主义：从深生态学到社会正义》，第251、254页。

的责任推卸给自然,是典型的无政府主义生态观。①狼书中也存在这个问题,我们在后述章节(第7、10节)中有机会继续讨论。

第四个生态体系——我以为最有启发意义——是人自身的**生命生态**。这是一个新鲜话题。无论人兽,但凡生命,都是独立的主体,共同生活在危机四伏的元自然状态中:

> 草原上的人,实际上时时刻刻都生活在狼群近距离的包围之中……他几乎夜夜都能见到幽灵一样的狼影,尤其是在寒冬,羊群周围几十米外那些绿莹莹的狼眼睛,少时两三对、五六对,多时十几对,最多的一次……用手电筒数到过二十五对狼眼。(No1)

身处充满危机的环境,草原人具备了狼一样顽强的生存能力。这里的所谓生之状态是**竞争**,弱肉强食的较量中,**强者胜**;其生之姿态是**战斗**,你死我活的战场上,**强者活**:

> 草原是战场,蒙古人是战士,天生就是打仗的命。想睡安稳觉的人不是个好兵。你要学会一躺下就睡着,狗一叫就睁眼。狼睡觉,两个耳朵全支愣着,一有动静,撒腿就跑。要斗过狼,没狼的这个本事不成。(No8)

对此,作者态度鲜明:**输狼血以强民心**:

> 我希望通过小说告诉读者,什么是水草丰美的原始草原;被汉人憎恨唾骂的狼,其实是何等优秀的物种;我想告诉读者,狼图腾精神对于今人何其重要。我更希望汉民族

---

① [英]戴维·佩珀:《生态社会主义:从深生态学到社会正义》,第77—78页。

能因此认识到我们是炎黄游牧先祖的子孙。①

"残酷的草原,重复着万年的残酷。"(№5)。

故事从不同角度表现"残酷",②旨在申诉一个事实:"真正的草原实在太严酷了,草原精神其实都在狼身上。"(№14)这种认识并不新鲜。现代动物行为学奠基人洛伦茨(K. Lorenz)曾高度评价"攻击性驱动力"的作用:"当这种攻击性销迹时,人从早到晚,从刮胡子到艺术或科学的创作,都将缺乏推动力。一切与野心、阶级地位或者其他类似的行为模式有关的事物也将从人类的生活中消失。"③狼书的新鲜,在它形象地展示出这一问题:一方面,它突出表现了野生动物顽强的生命力;另一方面,它也表现了生命力是如何丧失或如何被剥夺的。英国人类学家莫里斯(D. Morris)把城市看作"人类动物园",认为人的退化是从城市化开始的:"在正常情况下,生活在自然的栖息之地的野生动物是不会发生诸如自杀、手淫、伤害后代、胃溃疡、恋物欲、肥胖症、同性恋或者伤害同类等等现象;不消说,在人类的都市居民中,这一切都在发生着。"④姜戎也有同样的焦虑:

> 如果人类在抛弃兽性的同时,也抛弃了生命活力,就会发展成"单面人"、"机器人"、"克隆人"、"电脑人"、甚至是"植物人"。一旦丧失了生命活力,被异化的人类还有什么真正的欢乐和幸福可言?⑤

狼书中,军马神气威武,却都是阉马,缺少"凶猛好斗、主动出击、

---

① 姜戎答《中国新闻》周刊记者应妮的文字采访。
② 龙行健在《狼图腾批判》(学林出版社,2008 年)中对狼书中相关用词的出现次数做了统计:"狼性"150 次、"凶"字 198 次、"狼"字 217 次、"杀"字 451 次、"血"字 507 次、"死"字 790 次、"打"字 1 076 次(第 132 页)。
③ [奥地利]洛伦茨:《攻击与人性》,王守珍、吴月娇译,作家出版社,1987 年,第 291 页。
④ [英]莫里斯:《人类动物园》序言,周邦宪译,贵州人民出版社,1987 年,第 1 页。
⑤ 姜戎答《新西兰镜报》记者姜鸣采访(电子邮件)。

以一当十的拼命劲头",在狼/马大战中惨败。牧羊犬黄黄"遇到兔子、狐狸、黄羊,勇猛无比";遇到狼则审时度势,临阵退缩(№9)。小狼坐享其成,食寝无虞,在舒适的环境中日益丧失了顽强的生存能力:

> 狼是草原斗士,它的自由顽强的生命是靠与凶狠的儿马子、凶猛的草原猎狗、凶残的外来狼群和凶悍的草原猎人生死搏斗而存活下来的。<u>未能身经百战、招摇着两只光洁完美的耳朵而活在世上的狼还算是狼吗?</u>(№30)

"是否把小狼悄悄放生? 放回残酷而自由的草原,还它以狼命?"陈阵被这想法折磨着却最终不敢放生,因为"自从他用老虎钳夹断了小狼的四根狼牙的牙尖后,小狼便失去了在草原自由生存的武器"(№30)。这样的事在人类历史上不乏先例。塔斯马尼亚岛五千多土著人,在英国殖民的 19 世纪末期全部灭绝:一半死于屠杀,一半死于疾病和虚弱。英国总督设计"文明移植",使原来强壮的原住民在安逸的环境中成为"沮丧的幽灵"[土著医生语],最终被疾病击垮乃至灭绝。①不幸,这种情况如今已经成为人类生存的正常状态,结构成我们的日常生活。只有智慧且诚实的人才会忧心忡忡,将对自然的悲悯转向人类自身:

> 我们有了传真机、电话、电子邮件和网络——这些都改变了交流的形式。我们的大脑肯定也会因此改变的,在印刷术发明的两三个世纪里,我们丧失了我们的记忆力。而在那之前我们把所有的东西都记在脑子里。②

文明对人类的戕害潜移默化,非大智慧不能穿透。

---

① 资料来源:凤凰 TV;2007 年 8 月 23 日"种族主义大起底"。
② 英国著名女作家,2007 年诺贝尔文学奖获得者多丽丝·莱辛语。引文出自《中华读书报》(2007 年 11 月 28 日 13 版)记者在线采访。

这种智慧体现在草原人的朴素认识中，用毕利格老人的话说："蒙古人一半是猎人，不打猎，就像肉里没有盐，人活着没劲。不打猎，蒙古人的脑子就笨了。"(№3)曾是插队知青的老鬼(马波)在草原挨整落难，却说"那是最困难的岁月，是最有生命力的；我很怀念那个生命力"。①原始草原对陈阵的思想转变起着决定性作用。他从草原狼身上发现了生命的活力，从狼嗥声中听出"凄惶苍凉，如泣如诉"的悠长哀伤(№24)。和利奥波德(A. Leopold)一样，他也相信："这个世界的启示在荒野。大概，这也是狼的嗥叫中隐藏的内涵，它已被群山所理解，却还极少为人类所领悟。"②因此，"狼图腾"的诞生意味深长，是后时代的启示录，也是原始生命力的一曲挽歌。人们宁可在虚拟的世界中寻找虚幻的精神寄托，丝毫不愿舍弃了舒适的现代生活"当真"返璞归真。

进入《狼图腾》的叙事结构，游走在不同的生态系统之间，字里行间乃至文字生成的气场都可能给我们意外的启发。感受狼书之耐嚼，不仅需要德勒兹的游牧精神，也得拿出狼的咀嚼功夫，如同徜徉在辽阔草原，在越界的行走中寻找和发现可能的出路。四个生态体系不同性质，引导不同的思维走向。

其一，"**元自然生态系统**"是故事的基本结构，也是最动人的部分。因了它，狼书被看作绿色小说。"绿色政治是后现代政治"，③在当下是时尚，也是"政治正确"的典范。但从作者的创作目的看，草原和草原狼都有被利用的嫌疑。所谓元自然生态，其实只是一个虚拟的榜样，在"回头"的方向上给人们一个可望而不可及的念想。它是审美的，而非现实的，如本雅明说："在荷马笔下，人类只是奥林匹斯山上众神的观照对象，而现在，人类成了自己的观照对象。人类的自身异化已经如此严重，以至于人类将自己的毁灭作为最高级的审美享受来经历。"④不

---

① 凤凰卫视"冷暖人生"(陈晓楠访问马波，2007年12月18日)。
② [美]奥尔多·利奥波德：《沙乡年鉴》，侯文蕙译，吉林人民出版社，1997年，第124页。
③ [英]戴维·佩珀：《生态社会主义：从深生态学到社会正义》，第79页。
④ [德]瓦尔特·本雅明：《可技术复制时代的艺术作品》，《经验与贫乏》，王炳均、杨劲译，百花文艺出版社，1999年，第292页。

同的是,人类在狼书中扮演了丑角,把美的境界全部出让给了草原。

其二,"**社会生态系统**"贯穿始终,建立在一元论基础上。狼书通篇只在讲述一个故事:人化自然即人对自然的僭越已经结出了恶果。这个系统的建立是政治性的,像檄文,迎合着古老的诉求,控诉文明之罪:"大地不属于人类,而人类却属于大地,一切事物都相互联系,就好像血缘将一家人紧紧连在一起。并不是人编织了生命之网,人只不过是网中的一条线罢了,他对生命之网所做的一切最终都会反馈到其身上。"①

其三是"**人类生态系统**",体现在"游牧/农耕"两种文明的较量中。作者的立场一边倒向草原文明和游牧精神,这种做法本身是"反生态"的,可以看作"社会进化论"②的另类读本。用在百年屈辱的中华民族这里,正验证了智者唐望的见识:"现代人成为如此自毁性的自大狂而完全沉溺于自我形象中。由于失去了回归万物源头的希望,人类从他的自我中寻求慰藉。"③

最后,在"**生命力生态系统**"中,作者道出了人自身的生命绵续和生存品质问题。人类在文明的牢笼中日益丧失了原始生命力,作者以为,如果可能放生,第一个要放回原野和原始战斗环境的应是人类自己。书中,"陈阵觉得自从对草原狼着了迷以后,他身上萎靡软弱无聊的血液好像正在减弱,而血管里开始流动起使他感到陌生的狼性血液。生命变得茁壮了,以往苍白乏味的生活变得充实饱满了"。他突然觉得:

> 生命的真谛不在于运动而在于战斗。哺乳动物的生命
> 起始,亿万个精子抱着决一死战的战斗精神,团团围攻一枚

---

① 出自印第安人酋长西雅图给美国总统富兰克林信。转引自《人文与自然》(下册),鲁枢元主编,学林出版社,2006 年,第 998 页。
② 详见[英]托马斯·赫胥黎(T. H. Huxley):《进化论与伦理学》(旧译《天演论》),科学出版社,1971 年。
③ [美]卡洛斯·卡斯塔尼达:《寂静的知识:智者唐望的世界》,鲁宓译,内蒙古人民出版社,1998 年,第 150 页。

卵子……只有战斗力最顽强的一个精子勇士,踏着亿万同胞兄弟的尸体,强悍奋战,才能攻进卵子,与之结合成一个新人的生命胚胎。(No.18)

作者断言:"生命是战斗出来的,战斗是生命的本质和血脉。"(No.18)这与人类对和平的追求以及文明的发展趋势背道而驰。我的问题因此是:

——在文明的和平环境中,人类的生命力是衰竭了还是强大了?

——在各种难以避免的生态灾难面前,人类是否有其他选择?

——如果人们试图回头(比如环境保护),回头是否有岸?

——如果人类"退出",它给世界带来的是福还是祸?

艾伦·韦斯曼(A. Weisman)在《没有我们的世界》里探讨了这些问题,结论不乐观。他担忧的不是人类的退路,而是"人类退出后,大自然会怎么办?"①人类的介入即人化自然已经种下了祸根(比如核电站等),一旦人类离去,灾祸即刻爆发。**人化自然的一个不可逆转的恶果是自然对人类的依赖**。江晓原因此感慨:"站在地球的立场上,也不得不祈祷人类还是别退出吧。"②

文明以来,异化的不仅是人类,也包括自然。

在现代文明的平台上,人类是否有可能创建新的生态?

乐观的说法是:人类行进在成长过程中,如果把原始社会看作童年,文明时代即战争年代看作青少年,进入 21 世纪,人类步入成熟期,开始面对全球性的人类问题,整体性地操作"节制"(如计划生育、节约能源、环境保护等)以维系人类绵续。人们不再仅仅图谋一个家族、部落或民族、国家的一己之利,因此有了联合国(UN),有了对话,有了"罗马俱乐部报告"和一系列"可持续发展"合作计划……在改善环境、拯救地球乃至拯救自己的道路上,人类可以有所

---

① 参阅[美]艾伦·韦斯曼:《没有我们的世界》,赵舒京译,上海科技文献出版社,2007 年。

② 江晓原、刘兵:《我们能够有一个永远的家园吗?》,《文汇读书周报》2008 年 1 月 4 日 11 版。

作为。

悲观的说法是：历史已经证明，在孤立的和局部的自然事物面前，人是赢家，但最终无法逃脱自然之网。人希望有更好的生活，企图凌驾万物之上，因此奋斗，杀戮……企求永生，但最终不能逃避死的结局。所有人为的努力，不过是选择了不同的时间和方式，避死是徒劳的。说到底，**生态学也不过是一种新的意识形态，一个新世纪的乌托邦梦想**，如鲁枢元说："生态乌托邦差不多总是诗人们的一种意向，一种念想，一种挥之不去的'回归'、'返乡'的情绪和愿望。"①念想容易，成就却万难了。

因此有了第三种态度，在心灵和信仰中讨平衡，"相信一种心灵的生态，它与健康的自然生态一样，都依赖于平衡和整体的原则"。②平衡是智者的颂歌，却是自然生态的挽歌。人类在"平衡"的努力中苟延残喘，在生态的名义下播撒希望的种子——《狼图腾》是这样一例：希望从信仰开始，"信仰有似某种精神的陀螺，它在自己的圆周里旋转，里里外外保持着稳定的平衡"。③

遗憾的是，这三种状态中都没有我的位所。

对人类终极命运和自我节制能力，我有极度悲观的看法，主张向死而生。于生命体而言，生是真实的；相对于死，生是现实的，用"生—死"对接的方式将"在"扩展到一切可能的领域。**死是自然的归宿，是宿命，是遮蔽。生是敞开的，属于人的范畴，是人能体验"在"的唯一途径。**萨特曾用一整套(存在)主义阐释这一道理，我却早已习惯了德勒兹式的游牧思维，将"放逐"当作一种生存方式，任由越界之思不断打破平衡，在行走的路途中寻找共鸣：在罗曼·罗兰"受魅惑却欢欣鼓舞的灵魂"中看到自己的人生，在列夫·托尔斯泰那"不可兑现的理想"中寄托自己的理想，在克尔恺郭尔的文本中读出了自己的心痛："我认

---

① 鲁枢元：《生态美学与生态乌托邦》，《精神生态通讯》2008年第1期，苏州大学生态文艺学研究室。
② ［美］阿尔·戈尔(A. A. Gore)：《濒临失衡的地球——生态与人类精神》，陈嘉映等译，中央编译出版社，1997年，第331页。
③ 同上，第332页。

定世界的末日将在所有聪明人的一致欢呼之中到来：他们相信那不过是一个玩笑。"①

说到归宿，我很欣赏草原人的选择：

> 千万年来，游牧和游猎的草原人和草原狼，在魂归腾格里时，从不留坟墓碑石，更不留地宫陵寝。人和狼在草原生过，活过，战过，死过。来时草原怎样，去时草原还是怎样……草原人正是通过草原狼达到轻于鸿毛，最后完全回归于大自然的。(№21)

就如上困惑，我曾请教一位科学界朋友，他笑我杞人忧天，用大量数据证明：天或地的改变以光年或纪年计量，所谓环境保护，于天地诸事无补亦无害。真正要忧虑的倒是人类自己，无需代际转换，只在我们有限的人生中就看到了它无可挽救的堕落趋势：从做知青时万事自理到今天手足乏力，从困难岁月单纯而健康的生活方式到今天衣食无虞却寝食不宁……你怎么办？他问我：你会放弃身边的舒适和方便当真在山里生活下去吗？

我已经做出了重返山野的选择，最终还是回城了，一如那些有家难归、进城务工乃至最终不再还乡的农人。眼看着在岁月和安逸中日渐衰竭的生命力，唯一能做的，像每天按时吃药一样，在心里默祷着"平衡"②之歌：

> 关键在于平衡——慎思与行动的平衡，个人关切与社会责任的平衡，对自然的热爱和对神奇的人类文明的热爱的平衡。这是我在我自己的生活中寻求的平衡。

---

① ［丹麦］克尔恺郭尔：《克尔恺郭尔哲学寓言集》，杨玉功编译，商务印书馆，2000年，第3页。
② ［美］阿尔·戈尔：《濒临失衡的地球——生态与人类精神》，第331—332页。

7. 从文化学看：文明的较量中谁是赢家？

东方将等待，一直等到时机到来。①

——泰戈尔

对文明的思考是狼故事中"思"的主线，纠缠在北京知青陈阵心中，日日夜夜，自始至终；但引发它的却是草原人和草原狼。身陷狼群的包围，陈阵吓得"灵魂出窍"，禁不住一个劲发抖，毕利格老人责怪他：

> 就你这点胆子咋成？跟羊一样。你们汉人就是从骨子里怕狼，要不汉人怎么一到草原就尽打败仗……要想在草原呆下去，就得比狼还厉害。(No1)

故事开始就涉及汉人与狼的关系，可见它在书中的分量。紧接着，老人耳提面命地讲述了(生灵)"小命"与(草原)"大命"的关系，由"汉人"和"草原人"这两个族群牵引出"农耕"和"游牧"两种不同性质的生存文化，让陈阵这个汉人和农人的后代"心头猛然震撼不已"。在身临险境的痛感中，他开始认真思考民族文化与文明的关系：

> 他感到草原民族不仅在军事智慧上，刚强勇猛的性格上远远强过农耕民族，而且在许多观念上也远胜于农耕民族……他的汉族农耕文化的生命观、生存观、生活观，刚一撞上了草原逻辑和文化，顿时就坍塌了一半。(No3)

---

① ［印度］泰戈尔：《民族主义》，谭仁侠译，商务印书馆，1982年，第35页。

问题和反省都从这里开始。"游牧"这种与落后、原始、野蛮相关联的生存方式因此获得了重新考量的认知平台:

> 他感到还真不能只用"野蛮"来给这种行为定性,因为这种**"野蛮"**中,却包含着保护人类生存基础的深刻**文明**……农耕民族大量烧荒垦荒,屯垦戍边,破坏草原和自然的大命,再危及人类的小命,难道不是更野蛮的**野蛮**吗?东西方人都说大地是人类的母亲,难道残害母亲还能算**文明**吗?(No3)

"文明"在故事中亮相,与史学上的历史分期显然不是一回事。确切地说,它是文化的而非历史的,可以随时抽取出来做独立考察或比较研究。

百余年来,对"文明"和"文化"的界定一直没有停歇。布罗代尔说:"社会科学的词汇几乎不可能有明确的定义。这并非是出于万物变化不居的缘故,而是由于大多数词语远非恒久不变,因作者而异地在我们眼前发展变化着。"[①]随着人类学、民族学和民俗学、文化学逐一分离以及不同民族立场的介入,统一认识越发困难。本文无意在概念的界定中长久滞留,旨在可能接近的共识中找到一条通达的小路,去认识《狼图腾》提出的文明问题。

汤因比在《历史研究》中最早提出文明类别,破除了以西方为主体的单一发展模式,为我们从多元角度认识文明、从不同民族立场认识文化起到了良好的示范作用。在汤因比眼中,一切文明都要经历(起源、生长、衰落、解体)四个阶段,在本体意义上是等价的。[②]《狼图腾》的思路不同,它在文化的差异中看到的是对抗,不是融合;它的思维基础是征服,不是求同。它没有沿袭英国绅士汤因比的和平思路,倒是与

---

① [法]费尔南·布罗代尔:《文明史纲》,肖昶等译,广西师范大学出版社,2003年,第23页。
② 参阅[英]汤因比:《汤因比论汤因比》(与厄本对话录),王少如等译,上海三联书店,1997年。

美国学者塞缪尔·亨廷顿(S. Huntington)的"文明冲突论"不谋而合。在姜戎眼中,文明是有等级的,有先进或落后之分,"所有先进文明都是被逼出来的"(№14),即文明冲突的结果:

> 西方森林狼被东方草原狼**逼**出了内海,**逼**下深海,**逼**进了大洋,变成了更加强悍的海狼……结果,**西方海狼**壮大成世界上的大狼巨狼,资本狼,工业狼,科技狼,文化狼,再反攻东方。(№14)

借狼故事,作者企图向读者展示文明的历史画卷,即"西方海狼"的胜利史。这种观点 20 世纪 80 年代曾在中国学界盛行一时。针对"落后的"黄土地造就的"黄色文明",中国学人有许多检讨和反省。面对"先进的"西方狼,似乎有了新的榜样和新的方向,它们被统称为"蓝色文明"。①20 世纪 90 年代东西方冷战结束,亨廷顿重提文明类型,他用"七八个文明"取代"一个世界和两个世界的范式",以避免"为了简化而牺牲现实"或"为了现实而牺牲简化"。②在他看来,"文明之间最引人注目的和最重要的交往是来自一个文明的人战胜、消灭或征服来自另一个文明的人"。③近代史已经证明,那个总在"战胜、消灭或征服另一个文明的人"就是西方人,这与陈阵的"西方海狼"说一拍即合!对此,亨廷顿有解:

> 在所有的文明之中,唯独西方文明对其他文明产生过重大的、有时是压倒一切的影响。因此,西方的力量和文化与所有其他文明的力量和文化之间的关系就成为文明世界最为普遍的特征。④

---

① 参阅苏晓康等人的《河殇》,狼书中清晰可见当年的思想印记。
② [美]塞缪尔·亨廷顿:《文明的冲突与世界秩序的重建》,周琪等译,新华出版社,1999 年,第 18 页。
③ 同上,第 41、35 页。
④ 同上,第 199 页。

如上所述,我们或许可以理解狼书中的图腾崇拜之由来:说的是草原故事,牵引出来的却是现代西方狼。在那个尚属荒蛮的东方一隅,几个北京知青凑在一起,庆幸自己"赶上了蒙古草原原始游牧生活的最后一段尾巴"(№20),在与草原狼的对弈较量中,怀着探宝的心态揣测:

> 原始游牧是西方民族的童年,咱们现在看原始游牧民族,就像看到了西方民族的"三岁"和"七岁"的童年……更深刻懂得西方民族为什么后来居上。西方的先进技术并不难学到手……最难学的是<u>西方民族血液里的战斗进取、勇敢冒险的精神和性格</u>。

通过陈阵的联想,狼性与西方民族几乎成了同一概念,与"农耕"和"东方"划清了界线。他毫无保留地朝向西方,以为那是文明的方向——这与文化还有什么关系吗? 在西语中,文化是文明的词根,卓新平在《宗教与文化》中对其词源和词义做了详细辨析。[1]culture 从拉丁文 cultus 引申而来,有双重含义,一为礼拜和祭礼,一为耕作和教化;用布罗代尔的话说,它是一个"古老的词语",[2]有两个产出的源头,一是生产方式,二是精神活动——像是巧合,这与《狼图腾》展现的文化十分接近,与亨廷顿的"文明冲突论"可以互为脚注。所谓冲突,不仅表现在"农耕/游牧"两种文化之间,也在故事情节中——谁胜谁负呢?

戏里看去,书中有两个战场,在理念上取胜的,史上恰恰是败者;政治上不那么正确的,在现实社会却是真正的赢家。两种文明与民族属性等一系列现代命题交织一起,贯穿全书,不拆解便不得清晰;但要

---

[1] 参阅卓新平:《宗教与文化》,人民出版社,1988 年,第 18、19 页。

[2] [法]布罗代尔在《文明史纲》第一章"术语的衍变"开篇就辨析"文明"与"文化"(第 23—28 页),指出"自 1874 年[英]E.B.泰勒发表《原始文化》一书以来,英美人类学家已越来越趋向于使用'文化'这个词描述他们所研究的原始社会,而他们所抵触的'文明'这个词在英语中通常则适用于现代社会。"(第 26 页)。

解构内里、辨析清楚却十分困难,让人们在"民族/文化"面前无所适从。马林诺夫斯基(B. Malinowski)指出:"研究文化使我们对于人性能有更深刻的了解……因为人性的由来就是在于接受文化的模塑。"①又是一个巧合!狼书在这种文化观中书写草原故事,以"狼图腾"为名,展现游牧与农耕两种文明之间的殊死较量。

先来看看故事中的两个战场。

第一个战场在草原,满目皆是原始的生存智慧和自然体能的较量,草原狼是赢家。"老人说,打仗,狼比人聪明。我们蒙古人打猎,打围,打仗都是跟狼学的。"(No1)在野性的大草原上,"陈阵真正领教了草原狼卓越的智慧和耐性。狼群居然就这么轻而易举地解除了黄羊的武装;又这么艰苦卓绝地按捺住暂时的饥饿和贪欲,耐心地等到了多年不遇的最佳战机"(No2)。由此,陈阵——

> 脑中灵光一闪,那位**伟大的文盲军事家**成吉思汗,以及犬戎、匈奴、鲜卑、突厥、蒙古一直到女真族,那么一大批**文盲半文盲军事统帅和将领**,竟把出过世界兵圣孙子,世界兵典《孙子兵法》的华夏泱泱大国,打得山河破碎……他们拥有这么一大群**伟大卓越的军事教官**;拥有这么优良清晰直观的实战军事观摩课堂;还拥有与这么**精锐的狼军队**长期作战的实践。(No2)

"伟大"一词指向"军事统帅","文盲"一词与"军事家"联系在一起,②可见它嘲笑的不尽是孙子和他的兵法,更是他所隶属的民族文化;它褒举的不仅是草原狼,还有将华夏"打得山河破碎"的草原人。

---

① [英]马林诺夫斯基:《文化论》,费孝通等译,中国民间文艺出版社,1987年,第97页。

② [美]杰克·威泽弗德似乎认同这一说法:"以美国人的观点,成吉思汗的成就可以这样来理解:犹如美利坚合众国,不是由一群受过良好教育的商人或富有的种植园主所缔造,而是由一个目不识丁的奴隶所建立。"(《成吉思汗于今日世界之形成》导言,温海清、姚建根译,重庆出版社,2006年,第6页。)

是非好恶与判断人的立场有关,带有很强的主观成分,可以在联想中自成逻辑。就是从这种联想开始,草原狼与(游牧)民族和(草原)文化产生了不可分割的内在关联,盘旋在陈阵心中多年的疑问,似乎也找到了它的终极答案:

> 曾横扫欧亚,创造了世界历史上最大版图的蒙古**大帝国**的**小民族**,他们的军事才华从何而来? 他曾不止一次地请教毕利格老人。而文化程度不高,但知识渊博的睿智老人毕利格,却用这种**最原始但又最先进的**教学方式,让他心中的疑问渐渐化解。(No2)

遗憾的是,故事中,作者只提出了如何"征服"和"战胜,少见它追踪这曾经的胜者何以失败、何以不过百年便解体飘零;就像一出大团圆结局的传统喜剧,只见有情人终成眷属,不见日后的争吵、斗殴乃至分手。显然,它说的不是历史,而是一种与草原、与狼相关的理念:

> 游牧民族的卓越军事才能,来源于草原民族与草原狼群长期的、残酷和从不间断的**生存战争**……狼虽几乎遍布全球,但没有农业文明地区深沟高垒,大墙古堡的蒙古草原,却是狼群的主要聚集地,也是人类与狼群长期斗智斗勇的主战场。(No6)

作者刻意强调(草原)地理环境对人对狼的影响,却不打算平等而公正地引申到各个文化种类。人类各种文化都有从自然——诸如土地、河流、森林以及相关动物——那里学来的规矩和智慧,如日本人从森林和丘陵那里、爱斯基摩人从冰雪和北极熊那里、渔民从海洋和鲸鱼那里、汉人从大地节气和动植物生长那里……都学到了不同于却不亚于草原人从狼那里学到的本领,形成了不同于游牧文明却不亚于它的别样文明,何以偏偏"狼"就胜出一筹呢? "一切具体的文明都是具体的人类经验的体现。"①对文明的优劣判断因人而异,会有很大差距。福泽谕吉在《文明论概略》开篇指出:"从古至今,议论纷纭相互龃龉,其根本原因都是由于最初没有共同标准",因此,要想客观,就必须从"去其枝节,追本溯源以求其基本标准"开始。②

《狼图腾》用什么标准判断优劣?

书中有提示,无不关乎战斗。

首先是神出鬼没的**兵法**。毕利格宣示,昔日草原人战无不胜,主要受惠于草原狼:"你要是数数蒙古人的几十场大仗,有多一半用的都是狼的兵法。"

> 陈阵连声说:对!对!……拖雷才几万骑兵,竟敢打这么大的围。中国兵书上讲,有十倍以上的兵力才敢打围呢。蒙古骑兵真跟狼群一样厉害,能以一当百。我真是服了,当时全世界也不得不服……(№2)

其次是杀戮嗜血的**勇气**,来自人与草原狼你死我活的残酷较量。道尔基嘲笑北京知青:"你们汉人胆子忒小,那么恨狼,可连条狼崽都不敢杀,那还能打仗吗?"话音刚落,狼崽被抛上了天,让陈阵唏嘘不已:

> 他深感农耕民族与游牧民族在心理上的巨大差异——使用宰牲刀的民族自然比使用镰刀的民族更适应铁与血……草原民族的剽悍勇猛就是在这样严酷的环境中,年复一年练出来的。(№11)

第三是**残忍**,以血报血。陈阵给狼下钢夹时"心里猛地一抽,头皮

---

① [印度]泰戈尔:《民族主义》,第39页。
② [日]福泽谕吉:《文明论概略》(明治8年),北京编译社译,商务印书馆,1992年,第1—2页。

发根乍起。如果这样恶恶相报,近朱者赤,近狼者势必狠了,从此变得铁石心肠,冷酷无情?"(No8)老人笑他:"心软了吧? 别忘了,草原是战场,见不得血的人,不是战士。人不使毒招能斗得过狼吗?"在与狼斗智斗勇的过程中,陈阵认识到:

> 草原上的人狼战争真是残忍之极。人和狼都在用残酷攻击残酷,用残忍报复残忍,用狡猾抗击狡猾……草原民族也确实是草原的捍卫者,他们用从狼那里学来的军事才华和智慧,牢牢地守住了草原,抗住了汉军后面的铁与火,锄和犁对草原的进攻。(No8)

如上种种,无一不在战场,无事不关战争,无处不透露着野蛮;以原始的格斗较力为手段,以胜负为是非标准,如史书记载:"蒙古帝国的历史就是一部英雄纪事诗,而蒙古战士则是这部英雄纪事诗中的主角。"①草原人借用狼所擅长的夜战和围歼战来对付听觉嗅觉远高于人的狼,充分表现了"卓越善战的草原狼群所培训出来的草原民族"青出于蓝胜于蓝:

> 实际上,这支队伍只是临时召集、包括老弱妇幼在内的杂牌军而已……陈阵真实地感受到了草原民族那种卓越军事素质和军事天才的普及性。**"全民皆兵"**,在华夏中原大地只是个口号或理想,而在蒙古草原,早在几千年前就已成为"现实"了。(No12)

"全民皆兵"是战争年代和"文化大革命"中的口号,在这里是一个实现了的理想。由此看书中的文明冲突,像在印证福泽谕吉的看法:"文明是一个相对的词,其范围之大是无边无际的,因此只能说它是摆

---

① [法]勒内・格鲁塞:《草原帝国》,黎荔等译,国际文化出版社,2004 年,第 186 页。

脱野蛮状态而逐步前进的东西。"①英语中"文明"(Civilization)一词出现得较晚,来自拉丁语的 Civilidas,即国家的意思;法语中它由 civilisé(开化的)和 civiliser(使开化)构成,"一般指与野蛮状态相对立的状态"。②《狼图腾》在"文化"而非"文明"的意义上谈论草原人与草原狼的关系,将文化牢牢地与生存环境捆绑在一起,笃信"社会环境即是文化"[斯金纳语],与斯金纳(B. F. Skinne)的观点十分接近:

> 一定的文化随着新习俗行为的兴起而演变。**新习俗**的产生可能是因为一些不相干的原因,在文化与自然环境以及其他文化的"竞争"中,这些新习俗因其对该文化之力量的贡献而被选择出来。③

知青马倌张继原发现:蒙古马骁勇善战,是在荒蛮的大草原上与蒙古狼拼死奋战的结果。"有了那么厉害的蒙古战马,蒙古人性格和智慧因素就如虎添翼了。"无论马、人还是狼,都是草原"自然—文化"环境的产物,陈阵总结:

> 蒙古草原狼给了草原人最强悍的战斗性格、最卓越的战争智慧和最出色的战马。这三项军事优势,就是蒙古草原人震撼世界的秘密和原因。(No.25)

"野蛮"在这里获得新解,狼性上升到信仰高度。作者认为,中华民族应该输狼血,将对狼图腾变为"新习俗",就能强悍不败。人类学家弗兰兹·博厄斯(Franz Boas)有不同见解,他认为:"环境对人的习俗和信仰有重大影响,但这种影响充其量只是有助于决定习俗和信仰的

---

① [日]福泽谕吉:《文明论概略》,第 30 页。
② 参阅[法]费尔南·布罗代尔:《文明史纲》(第 23、24 页)和福泽谕吉:《文明概略》(第 30 页)。
③ [美]斯金纳:《超越自由与尊严》,王映桥、粟爱平译,贵州人民出版社,1988 年,第 143—144 页。黑体为本书作者所加。

特殊形式。然而,这些形式却主要建立在文化条件的基础之上,而这些条件本身则是历史原因造成的。"①

倘若从历史追寻,我们看到的是另一个战场:它横亘在整个人类历史长河中,体现为**权力**、**意识形态和科技**的较量——这才是文明意义上的较量。在这个战场上,草原狼和草原人一败涂地,以外来户为主体的农耕文明不战而胜,"改牧为农的蒙古人越来越多了"。(No15)面对狼/人惨败,毕利格老人不得不回答那个令他难堪的问题:横扫千军的蒙古骑兵为什么威风不再?②

> 蒙古人只有在成吉思汗那会儿,学狼学得最到家,蒙古各个部落抱成了一个铁轱辘,一捆箭……要不咋能打下多半个世界?后来蒙古人败就败在**不团结**上面了。兄弟部落黄金家族互相残杀。各个部落像零散的箭一样,让人家一支一支地撅断了。(No16)

这是书中唯一正面谈及草原人的失败,说的是"不团结",③却没有谈及导致抱团的草原狼溃逃失败的原因。老人有意回避:"不说了,一说我心口就疼哩……"陈阵穷追不舍:"那是人厉害,还是狼厉害?"(No12)老人很矛盾,有时他承认:"其实,草原狼都怕人。草原上能打死狼的,只有人。"(No8)更多时候却声称:"人哪能比得了狼。"(No12)陈阵因此有这样的结论:"人最终可以灭绝狼,可是世上没有任何力量可以摧毁蒙古草原狼钢强不屈的意志和性格。"(No15)

那么,究竟是什么打败了草原狼呢?

---

① [美]弗兰兹·博厄斯:《原始人的心智》,项龙、王星译,国际文化出版社公司,1989年,第89页。
② 成吉思汗死后,他的孙子们为了角逐下一任大汗,返回蒙古,相互之间展开斗争。"几个家族接下去的斗争将持续十年之久——至少在这十年中,世界的其他地方将不会有蒙古侵略的危险。"详见[美]杰克·威泽弗德:《成吉思汗与今日世界之形成》,温海清、姚建根译,重庆出版社,2006年,第166页。
③ 6世纪后期中国境内的隋朝正在执行汉朝在中亚细亚的伟大政策,东突厥与西突厥却长期处于敌对状态。"在中国重新走向统一的时候,突厥人却在不断地分裂。"详见[法]勒内·格鲁塞:《草原帝国》,黎荔、冯京瑶、李丹丹译,国际文化出版社,2004年,第88—89页。

故事告诉我们的,正是农耕文明,陈阵恰好就是最直接的帮凶!第13章火烧狼群,自此,草原狼威风不再。往后,我们看到农耕文明的力量:比野蛮更蛮横,比暴力更有力……直到最后,军队来了,在陈阵的引领下轻易进到草原深处并直捣狼穴,将多少"狼图腾"的伪善说法都曝露在助恶的阳光下,侵占和灭绝在现代科技——枪炮、吉普车等——的帮助下一并实现。对此惨状,"陈阵脸色惨白,真想找个地方大哭一场"。他颂扬的游牧生活在他的参与下"眼看就要结束在他们的枪口下了"……他欲言又止,接过酒杯一饮而尽,紧接着:

> 陈阵本能地抓起一根黄瓜狠狠地大嚼起来……他有两年多没吃到黄瓜了,汉家的蔬菜瓜果真好吃啊。**可能汉人有宁死不改的农耕性,满席的美味佳肴,他为什么偏偏就挑黄瓜来吃呢?** 黄瓜的清香突然变成了满嘴的苦汁苦味……
> (№31)

多少大话看过去,这才触到了文化的核心:活着以及怎样活着,这才是最重要的问题。说白了,**吃什么以及怎样找吃食,关乎一个民族的文化心理,是验证民族"身份"的最终关卡!**

生物学研究证明:"一物种主要与呼吸、饮食、保持适当体温、克服危险,战胜感染,以及生殖繁衍等因素相关……组成一种文化的大多数习俗惯例都与食物和安全相关。"①狼书中,无论陈阵多少思绪缠绵在草原,最终在吃食这个问题上没能按捺住汉人秉性。这不足愧,他敬仰赞美的草原人其实也一样,"在奔狂的途中他们偶然会在草原的尽头看到农田的边缘,他们不可能不被那种完全不同的环境所吸引"。但他们从不留恋土地,"他们对于耕地并没有什么特殊的兴趣,于是在占据了农田之后,他们出于本性立即把耕地还原为生长着羊、马吃的

---

① [美]斯金纳:《超越自由与尊严》,第133、134页。

牧草的天然草原"。①只在吃食这个问题上,文化还原了它的真相:"文化随承载文化的人的生存而生存,这又部分取决于人对强化作用的某种遗传而来的感受性。正是由于这种感受性,那些有助于人在一定环境中生存的行为才得以形成并被维持下来。"②所谓遗传的感受,难有例外,首先是通过味觉和胃觉表现出来的。③

说到这里,文化之强弱以及叙述人的文化立场都显得暧昧了:换了角度,胜负难断;换了战场,强弱倒置。**信仰一旦触及到吃饭问题,作伪的说教瞬间土崩瓦解**。④将作伪进行到底的,恰恰是那个总在反省中的陈阵:想一套,说一套,做一套,太像萧伯纳笔下的英国绅士,也像杰克·伦敦的"狼之子",总在需要的时候为恶行寻找正当理由,为开脱罪责找到善意的托辞。不由自己,人们的质疑不得不指向陈阵:

——身为东方人和农人的后代,他怎么能那么坦然地为"西方狼"说话?

——作为"狼图腾"的推销者,他怎么会那么顺当地带领军人进入草原腹地并亲自参加了射杀狼的战斗?

第一个问题涉及作者的写作目的。借陈阵的思路,作者想通了一个长久折磨着他的重要问题:为什么马背上的民族不把马作为自己民族的图腾,却把马的敌人——狼——作为图腾? 他的回答是:

> 蒙古马是草原狼和草原人共同驯出来的"学生",而"学生"怎能成为被老师崇拜的图腾和宗师呢? **草原狼从未被人驯服**,狼的性格和许多本领,人学了几千年还没能学到呢。狼在草原上实际统领着一切,站在草原各种错综复杂关系的制高点上⋯⋯(№25)

---

① 〔法〕勒内·格鲁塞:《草原帝国》,第5页。

② 〔美〕斯金纳:《超越自由与尊严》,第135页。

③ 离乡背井在异地生活的新移民一般会认同这一说法,比心思更"爱国""想家"的通常是"味"和"胃"。

④ 李泽厚也将"吃饭"看作一个重要的哲学命题。详见《历史本体论》第一章"实用理性与吃饭哲学",生活·读书·新知三联书店,2002年。

第二个问题有关文学创作规律。小说创作过程中经常出现"悖逆"的结局,典型的例子是列夫·托尔斯泰的《安娜·卡列尼那》:作者是爱安娜的,希望安娜因爱情获得幸福,怎么就把她写死了?《狼图腾》的问题是:陈阵是敬狼的,作者怎么把它写输了反而让自己最嫌恶的外来户取胜? 安娜的结局体现了艺术(情节)的逻辑力量,狼书里展现的是文化即中华文明本身的内在力量,触及到"中国叙事中的一个基本原理:对立者可以同构,互殊者可以相通"。[1]

关于农耕民族和马背民族的差异,早有学者深入研究:在农耕民族国家,"决不可能容许外国人集团的移来,并长期维持其存在。这是因为农耕民族一般都有自尊的民族意识和视他民族为夷蛮野种的习癖,缺乏接受外国人进入自己内部的精神基础"。[2]西方民族起于马背,是游牧人的后代,他们"有一种征服自然的强烈愿望"。[3]**文化是地理环境结出的人文果实**,它的内在核心是基于地缘/血缘关系的先祖认同,外在表现就是广义上的民俗。文明有一整套制度规矩,其核心是价值认同而非单纯的族群认同。在一种文明丧失存在条件的时候(如战争、边远地域或缺乏制度支撑时),文化成为(某一)群体依托自然力以求共存的社会资源。**文化有"天生"的成分**,强制改变的结果往往是两败俱伤:

> 杨克不解地问:为什么非得两败俱伤呢? 本是同根生,相煎何太急? 游牧归游牧,农耕管农耕,不就相安无事了嘛。
>
> 陈阵冷冷地说:地球就这么点大,谁都想过好日子,人类的历史在本质上就是争夺和捍卫生存空间的历史。华夏的小农,一生一世只管低头照料眼皮子底下一小块农田,眼界狭窄,看不了那么远。(No23)

---

[1] 详见杨义:《中国叙事学》导言,中国社会科学出版社,2006 年。所谓"致中和"的审美追求和哲学境界,即"内中和而外两极,这是中国众多叙事原则的深处的潜原则。无中和,两极就会外露和崩裂;无两极,中和就会凝固和沉落。"(第 15 页)

[2] [日]江上波夫:《骑马民族国家》,张承志译,光明日报出版社,1988 年,第 135 页。

[3] 金岳霖:《道、自然与人》,生活·读书·新知三联书店,2005 年,第 55 页。

刻意设计的冲突中,谁是赢家?

两个战线上都没有赢家。对此,陈阵很清醒:"狼没了以后就是马,马没了以后就是牛羊了。马背上的民族已经变成摩托上的民族,以后没准会变成生态难民族。"(尾声)鹬蚌相争,渔翁得利。"陈阵感到自己很像鹬蚌相争故事里的那个渔翁",他感谢额仑草原最胆大睿智的老猎人,带着他深入狼群坐收渔利。(№2)这里的"渔利"暗藏着什么货色?

是狼图腾。

信仰的力量超越了民族身份和文化差异,也超越了文明之间的冲突。在狼图腾的旗帜下,所有人都可以一厢情愿地完成自我救赎:只需信了狼,一切矛盾顷刻化解。第20章中,几个北京知青围坐在蒙古包里交流体验,通过对话——像入籍面谈——完成了典礼式的超越(摘选):

> 杨克:在灵魂诚心诚意拜过狼图腾以后,我就是一个蒙古人了……一旦打起仗来,我就站在草原大命一边,替天行道,替腾格里行道,替草原行道。
>
> 陈阵:别打啦,历史上农耕与草原两个民族打来打去,然后又和亲又通婚,其实我们早已是中原和草原民族的混血后代了……我关心的是乌力吉和毕利格他们的草原力量,能不能抗过掠夺草原的势力。(№20)

杨克嘲笑陈阵:"你太乌托邦了!"陈阵反讥他:"看来,狼图腾还没有成为你心中真正的图腾!"这次对话中,作者同时袒露了两个相关联的重要寓意:一是对"狼图腾"的正面解释,二是关于"乌托邦"的提示。

狼图腾是什么?

狼图腾是以一当十、当百、当千、当万的强大精神力量。狼图腾是捍卫草原大命的图腾……要是真正敬拜狼图腾,就要站在天地、自然、草原的大命这一边,就是剩下一条狼

也得斗下去。(No20)

"狼图腾"与"乌托邦"在相互质疑中有机地联系在一起,与吃食彻底脱节,让精神的最终回归精神——这是陈阵的理想去处,也是作者写作此书的核心所在:通过亲历,经由荒蛮,在长久的"集体遗忘"之后突然觉悟:

> 陈阵发现自己血管里好像也奔腾着游牧民族的血液……不像是纯种农耕民族的后代,不像华夏的儒士和小农那样实际、实干、实用、实利和脚踏实地,那样敌视梦想幻想和想入非非……陈阵希望草原能更深地唤醒自己压抑已久的梦想与冒险精神。(No22)

如此梦想,超越历史,超越了文化差异,在信仰——无论它是什么:是基督教,是共产主义,是狼图腾,还是其他宗教——的名义下实现:"在特定的历史情况下,叙述就从这样的遗忘中产生。"如安德森(B. R. Anderson)说:"适用于现代人物的'叙述方式',同样也适用于民族。知觉到自己深深植根在一个世俗的、连续的时间之中……引发了对'认同'的叙述的需要。"①这种情况下,乌托邦是一个不约而同的去向:

> 人类群体存在环境恶化时,具有高度社会责任感的思想家和作家面对深重的灾难会表现出"救世"的愿望。反乌托邦作品也一样,作者是人类的"守望者",给人们指出灾难的前景,以期引起人们的警惕。**乌托邦和反乌托邦的设计者往往都有崇高的爱心和博大的胸怀。**②

---

① [美]本尼迪克特·安德森:《想象的共同体:民族主义的起源与散布》,吴叡人译,上海人民出版社,2005 年,第 193、194 页。
② 崔竞生、王岚:《乌托邦》,赵一凡等主编《西方文论关键词》,外语教研出版社,2006 年,第 613—614 页。黑体为本书作者所加。

乌托邦作品不仅是理想的产物,也是一种政治批判。正是在批判现实这个意义上,它与西方哲学源头不期而遇。伽达默尔在《柏拉图的乌托邦思想》一文中指出:"谁如果不懂得恰当地谈论乌托邦,谁就根本不可能恰当地谈论柏拉图。《理想国》和《法律篇》就是乌托邦。"他强调乌托邦作品产出的政治背景:"在不允许言论自由的地方,人们只能以此类隐曲的方式进行批判。乌托邦的首要功能恰在于:对当前进行批判,而不是设计出行动的方案。"①

反乌托邦作品的产生,是对乌托邦理想的反思和反拨,它"关注的是个体利益,否定的是整体强制性的统一"。②由此看《狼图腾》,它的"反"不够彻底。它赞美的狼性和群狼都是集群主义的象征,它的理想方向不是个体内心的幸福与自足,而是外在的强悍与扩张:"在狼旗下冲锋陷阵的草原骑兵,全身都一定奔腾着草原狼的血液,带着从狼那里学来的勇猛、凶悍和智慧征战世界。"(No14)从"后"的角度看,新鲜意味扑面而来。当人类将主体身份出让给自然万物生灵,当整个人类社会从故事前台退出,民族或集体的意志销声匿迹,全部出让给了无所不在、不可抗拒的"草原逻辑"——如此的"后"姿态是足够彻底了:**不仅在中国革命之后,也在现代文明之后;不仅针对社会主义乌托邦实践,也不仅针对现代主义和西方文明,更是针对人类整体性的生存方式以及人类的自我中心地位。**

今天这个后时代,说的都是反省,却可能不同性质不同方向。在西方知识分子那里,反省也是自省,针对现代文明。东方智者的检讨则多半针对西方:"当西方精神在自由的旗帜下前进的时候,西方民族却在铸造它那种在整个人类历史上是最无情和最牢固的组织锁链。"③西方学者力图粉碎"宏大叙事"企图一劳永逸地消解"英雄"和"崇高",中国学人却反其道而行之,不仅创作出诸如《狼图腾》一类宏大叙事,还特别针对"消解崇高"的努力举起了"保卫崇高"的旗帜,将

---

① 《解释学、美学、实践哲学:伽达默尔与杜特对谈录》,金惠敏译,商务印书馆,2007年,第78页。
② 崔竞生、王岚:《乌托邦》,赵一凡等主编《西方文论关键词》,外语教研出版社,2006年,第619页。
③ [印度]泰戈尔:《民族主义》,第13页。

民族英雄看作民族之魂。①这些差异让我们真正体验到：人"首先作为自然物而存在，其次他还为自己而存在，观照自己，认识自己，思考自己，只有通过这种自为的存在，人才是心灵"。②同理，心灵也是人的，是文明的见证和尺度；只是换了地方、换了人群、换了文化便换了内容而已。

那么，中华民族与中华文明究竟是什么关系？

今天，它的包容性在外来文明的冲击下是倾向完善还是消解？

中国作家高建群多年深入中华文明"现场"，在游牧/农耕交织地带实地考察。他认为：东方文明（农耕）和西方文明（游牧）完全不同，也没有必要求同。③民族之间，但凡有过交流或交战，便有了融合的可能。匈奴人、突厥人和蒙古人同为古突厥人，都有过狼图腾崇拜，④都使用过汉的年号，自认是轩辕后裔，与华夏农耕民族同祖同源。马背民族游牧好战，大约每80年就有一个周期性征战，直到他们成为无敌铁骑征服世界。盛极衰至，这些个有着3 800年历史的马背民族不约而同灭于公元5世纪中叶。⑤高建群认为：中华民族之长存，得益于游牧和农耕"两种文化互补"。游牧文化表面上消失了，但其进取精神已融入民族血液。每个中华民族人的血管中都流淌着"胡羯之血"[陈寅恪语]，体表的农耕文化中融进了游牧精神。⑥可以说，中华文明是一种生存状态，与人之"在"的元问题⑦紧密关联；与之相对应的，的确就是那个词源本义上的"野蛮"：

——野蛮是放纵，是纵欲，是杀戮和战争。

——文明是控制，是自律，是和平共处。

---

① 高建群：《游牧文化与中华文明》(2008年2月10日，凤凰卫视"世纪大讲堂")。

② [德]黑格尔：《美学》第一卷，朱光潜译，商务印书馆，1979年，第38—39页。

③ 高建群：《游牧文化与中华文明》(2008年2月10日，凤凰卫视"世纪大讲堂")。

④ 匈奴冒顿（独耳狼）、古突厥人（苍狼图腾）、蒙古人成吉思汗（父亲是苍色狼），出处同上。

⑤ 此观点出自[法]勒内·格鲁塞《草原帝国》，第60—70页。

⑥ 陕西作家高建群自诩"最后一个匈奴"，曾经徒步走访两大文化的交接地带并亲访研究者。他在《成吉思汗的上帝之鞭》中重新评价成吉思汗的历史作为（打破封闭，整合版图，为"世界"成为世界做出了贡献），遭来非议。引文出自《游牧文化与中华文明》。

⑦ 即由（个人）生存延伸出的"生/死"命题以及由（人类）存续延伸出的"性/爱"问题，另有专文讨论。

中华文明的核心价值,不仅与人相安,也与自然协调。"天人合一"在中华大地上是一个浅显的道理,贯穿在日常生活的点点滴滴中,既非图腾,也不那么神秘,却要西方民族走过漫长的(伪)文明史,如今拿出一个(后)时代去反省和领悟——如此,不由人不纳闷,绕了这么大弯,狼书作者为什么舍近求远、舍本弃源到西方狼那里去寻找振兴民族的动力?

——或许,作者的目标并不在文明或文化,也不在草原和狼群,只在他设置的国民性格改造,因此借狼说话?

——或许,在我们身处的这块土地上,**"失语症"的表现不在文本,而在一切与当下事物有关的现代话语**?

面对文明,批评没有答案。

无论东南西北方,通向普世文明的道路仍然漫长。

在西方,现代之后还有后现代之后的"碎片"、"鸡毛"铺天盖地。在南北两地,与福利社会相对视的是巨大的贫困和饥饿问题如狼似虎。中华大地上,现代化道路并不顺畅,《狼图腾》的产出是一个证明。因此,我愿借李慎之先生的话结束这节讨论,是自勉,也是纪念:[①]

> 我自己是一个理想主义者,我相信普世文明终会出现,但是几十年,一二百年对人类的文明史只不过是一瞬间。人类是否还要流血流泪再走过一段满布荆棘的道路才能通到开满玫瑰花的芳草地呢?

除非历史出面,任何人不能给出答案。

抢先作答的,一定是来自《理想国》和《乌托邦》的晚生后辈。

---

① 李慎之(1923—2003):《数量优势下的恐惧——评亨廷顿第三篇关于文明冲突论的文章》,《读书》1996 年第 2 期。此文为先生辞世五年祭。

8. 从经济学看："劳动"距"富强"有多远？

> 我们变得贫乏了，人类遗产被我们一件件交了出去，常常只以百分之一的价值押在当铺，只为了换取"现实"这一小铜板。①
>
> ——瓦尔特·本雅明：《经验与贫乏》

按经济学理讲，一切财富无不来自劳动。亚当·斯密说："劳动是衡量一切商品的交换价值的真实尺度。"②恩格斯补充说：

> 其实劳动和自然界一起才是一切财富的源泉……（劳动）是整个人类生活的第一个基本条件，而且达到这样的程度，以致我们在某种意义上不得不说：劳动创造了人类本身。③

劳动创造了人，也创造了财富，由此推理，劳动的积累应该导向富裕，它们之间的距离只在劳动量的大小多少。但在《狼图腾》中，我们看到的是另一种景象：额仑草原人勤劳却不富裕，他们的勇敢没有帮助他们及时把财富转向资本。农耕民族的辛勤劳作更是得不偿失，数千年积累在"文明狼"面前不堪一击。面对眼见的事实和历史伤痛，北京知青陈阵难免产生这样的疑问：

> 我觉得咱们过去受的教育，把劳动捧得太极端。劳动创造了人，劳动创造了一切。勤劳的中国人民最爱听这个

---

① ［德］瓦尔特·本雅明：《可技术复制时代的艺术作品》，《经验与贫乏》，第258页。
② ［英］亚当·斯密：《国富论》，杨敬年译，陕西人民出版社，2001年，第41页。
③ ［德］恩格斯：《自然辩证法》，《马克思恩格斯选集》第三卷，人民出版社，1966年，第552页。

道理。实际上，**光靠劳动创造不了人**。(No20)

知青马倌张继原认为："中原汉人的马，只是苦力，白天干活，晚上睡觉"，所以打不过蒙古草原的武士加战马，他同意陈阵的战斗说："战斗性格还真比和平劳动性格更重要。"(No20)杨克也有同感："长城万里是死劳动，可人家草原骑兵是活的战斗，绕个几百几千里玩似的。"[①]因此，陈阵认为：

> **劳动不是万能的和无害的**，劳动之中还有奴隶劳动，奴役性劳动，专政下的劳动，劳改式的劳动，做牛做马的劳动……奴隶主，封建主最喜欢和赞美这种劳动。<u>自己不劳动甚至剥削别人劳动的人，同样也会高唱赞美劳动的歌曲。</u>
> (No20)

他的质疑明确指向两个方面：

一是劳动的有效性，怎样的劳动才是真正有价值的和值得的？

二是劳动的尊严感，什么样的劳动才是"光荣"和"神圣"的？

两种质疑出自与劳动相关的切肤之痛，在新中国有特殊意味：对知识分子的改造和对"右派分子"的政治惩罚是体力劳动，知识青年接受再教育的基本内容也是体力劳动。犯人要劳改，犯错误的人也要劳改。狼书作者曾在监禁状态中度过了漫长的劳改岁月；陈阵的放牧生活，或许正是作者苦闷心境的真实写照："每天总有苏武牧羊那种孤独苍凉、人如荒草的感觉，挥之不去，侵入膏肓。"(No7)所有上述劳动，既不会为改善个人生活创造财富，也没有给人带来自由，它甚至是自由被剥夺的一个特殊的象征。因此陈阵说："世界上最重要的一些东西，都不是劳动可以创造出来的。比如，劳动创造不了和平、安全、巩固的

---

① 长城并非都是汉人所建。自秦以来自到明清，近三分之二的城墙是由少数民族根据自己的需要陆续建造的(凤凰卫视"文化大观园"，2008 年 4 月 13 日)。详见《罗哲文长城文集》，外文出版社，1996 年。

国防；劳动创造不了自由、民主、平等及其制度。"由此回到民族性格，他强调：

劳动创造不了强烈要求实现自由民主平等的民族性格。不会战斗的劳动者，只是苦力、顺民、家畜、牛马。自由民主平等不可能成为他们的战斗口号。（No20）

倘若问题就到这里，与经济学毫无关系，借劳动发难，抒发的全都是政治情怀——但倘若停留在这里，如下见解便让人不安：

世界上人口最多、最勤劳、劳动历史最长、并且从未中断过劳动的华夏人民，却创造不出劳动历史短得多的西方民族所创造的先进发达的文明……（No20）

它将思路引回到与劳动相关的经济学轨道，在一系列近乎荒谬的推理中逼迫我们回答如下问题：

——所谓"先进"的尺度是什么？是财富的多少吗？

——谁为"劳动"命名？怎样的才是"劳动"？

当陈阵质疑劳动，从中分解出了"奴隶劳动，奴役性劳动，专政下的劳动，劳改式的劳动，做牛做马的劳动"（No20），谁能告诉我们：它们与亚当·斯密的**"有用劳动"**（useful labor）[①]有何不同？是什么因素让原本使人致富的劳动变成了奴役的工具？不同文化形态中的劳动是否指向不同的文明，比如游牧或农耕，它们之间的确有优劣、贫富之分吗？所谓劳动，在这片广袤的黄土地上已经万年；劳动人辛勤耕耘，须臾不敢怠惰；其劳动存量也经数千年积累，从未断裂……直到今天，历经战乱和动乱，劫后复生，继续劳作……在新的世界版图上，中华民族

---

① ［英］亚当·斯密在《国富论》中谈到劳动时使用的几乎全是"有用劳动"这一概念（参阅导论及全书设计），并多次明确表示他的劳动概念在本质上是一个资本主义生产方式的概念。

不再只是面向黄土;当他仰望蓝天,面向未来,不由他不提出这样的问题:

——如此辛勤劳作距离西方民族的"国富民强"还有多远?

——如果劳动不能缩小距离,那么"抵达"的工具应该是什么?

"进步"(progress)是一个现代概念,与西方文明、与资本主义、与市场经济有关,建立在以个人为主体、以物质积累为目标的工具理性的基础上。工具理性"往往把那些对人类有益的东西简化为增加生产力的东西",因此,乔治·拉伦(J. Larrain)指出:"进步是物质的进步,是物质商品生产的增加,这些思想渗透于现代精神。"①认识这个起点非常重要,它将我们拉回到"进步"的源头,看清它隐含的价值判断和人文导向,有两个鲜明的现代特征:首先是"人"的主导地位和他僭越于万物之上的主体身份。进步的定义中,"自然"没有身份,它整体性地变成为人服务的工具。其次是"物"即财富的积累和再创造,成为衡量进步与否的唯一尺度。**一旦踏上进步的征途,为积累财富而生活便取代了为生存而劳动的本原目标,义无反顾地奔向"富裕"而不再满足于"活着"。**

在进步的名义下,人们获得了舒适的物质生活,同时完成了道德上的自我赦免,在"善"的名义下为征服自然和强行掠夺的暴力行为大开绿灯:**只需张扬起"进步"的旗帜,一切侵略、占领、殖民以及伴随而至的战争、革命、造反……都可以在文明史的书写中将"血色"变成象征财富的金色或积极进取的红色。**文明世界的版图上,"进步"和"财富"是并列关系,拥有财富的人(或社会)成为进步和文明的标杆(比如GDP)。由此看额仑草原,它距"进步"十分遥远。那里的人总在辛勤劳作,无一人是有闲的,却也无人是有钱的。因此,我们有必要首先回答这样的问题:狼书中表现了怎样的劳动?在财富面前,是草原人不

① [英]乔治·拉伦:《意识形态与文化身份:现代性和第三世界的在场》,戴从容译,上海教育出版社,2005年,第11、12页。

思进取,还是有什么其他巨大的障碍挡住了他们通向富裕的道路?

额仑草原上的劳动属于自然范畴,呈现出人类早期混合型的自然经济状态,它与所谓"战斗"的确有某种不分彼此的内在联系,比如围猎:

> 围猎是青壮牧民锻炼和炫耀马技、杆技、胆量的大好时机,也是展示各牧业队组织者的侦察、踩点、选场、选时、组织、调度、号令等一系列军事才能的机会。初冬围猎打狼,也曾是草原上的首长、单于、可汗、大汗对部族进行军训和实战演习的古老传统。千年传统一脉相承,延续至今。(No.7)

这种劳动通常发生在自家土地上,既是生产性的,也是一种自卫性的生存方式。勒内·格鲁塞将两者结合在一起,认为"游牧人惯用的战术正是来源于他们经常在农田边抢掠和在草原上进行大狩猎的生存方式"。①说它是劳动,一则它是草原人求生的必要手段,二则它体现了人不同于一般动物活动的本质特点,如马克思界定:"劳动过程结束时所取得的成果已经在劳动过程开始时存在于劳动者的观念中,已经以观念(或理想)的形式存在着了。他不仅造成自然物的一种形态改变,同时还在自然中实现了他所意识到的目的。"②恩格斯解释:人"通过他所引起的改变来使自然界服务于自己的目的,来支配自然界。这便是人同其他动物的最后的本质的区别,而造成这一区别的还是劳动"。③比如游牧这种方式,看似自然,却不尽是自然的,是有意识的人类行为:

> 游牧就是轮作,让薄薄的草皮经受最轻的间歇伤害,再用牛羊尿粪加以补偿。千百年来,草原民族又是用这种最

---

① [法]勒内·格鲁塞:《草原帝国》,黎荔、冯京瑶、李丹丹译,国际文化出版社,2004年,第187页。
② 出自[德]马克思:《资本论》第一卷第三编第五章。《马克思恩格斯全集》第二十三卷,第202页。
③ [德]恩格斯:《自然辩证法》,《马克思恩格斯选集》第三卷,人民出版社,1966年,第560—561页。

原始但又可能是最科学的生产方法，才保住了蒙古草原。
（No31）

　　作者强调了早期人类生产的一个重要特点：原始的亦即科学的；以草原逻辑的名义，将自然循环与自然经济中的"轮作"联系在一起。轮作，建立在尊重自然规律的基础上。早期农业与游牧的方式相似，也曾实行轮耕。傅筑夫的研究指出："西周以前的古人因袭过去游牧的习惯，实行了游耕办法，即全族远徙，另换耕地，以解决地力衰竭的矛盾。"[①]当时华夏盛行的"三田制"在欧洲中世纪也有变相的表现。[②]人类学家摩尔根（L. H. Morgan）从荷马史诗使用的语汇中分析出古希腊人生活中的四件大事（家畜的饲养、谷物的发现、建筑使用石材、融化铁矿），引用费克（August Fiek）的论点，认为（原始社会）"人们的物质资料完全不取决于农业，涉及农业的原始词汇为数甚少"。[③]郭沫若根据甲骨文研究指出："三四千年前的黄河流域的中部，还很多未经开辟的地方。"沿河而居的生民猎狐、鹿、野马、野羊、野豕（猪）和野象，也有渔猎活动[④]……可见，自然经济的表现形式是多种多样的，并不刻板地定型在游牧或草原。无论在什么地貌上借助了什么物质材料，"生活所必需的一切东西，能使生活愉快和舒适的一切东西，都是人类的劳动创造出来的"。[⑤]有所不同的是，其他文明在日后大都进化或"进步"了，唯独这额仑草原，直到 20 世纪 60 年代，蒙人的游牧方式仍然非常传统，"靠天畜牧，与自然周期相一致，牧群营养和产量也呈周期性变化"，[⑥]因此抛出了两个问题：

---

① 傅筑夫：《中国古代经济史概论》，中国社会科学出版社，1981 年，第 41 页。
② 同上，第 32—33 页。以世袭领地为前提"井田制"将"三田制"制度化，盛行于西周，因人口增加无法提供相应的土地而废止。有限的土地要求农业技术的开发，出现了人工施肥和人工灌溉（第 39—42 页）。
③ 转引自［美］摩尔根：《古代社会》，杨东莼、张栗原、冯汉骥译，商务印书馆，1971 年，第 68—70、296 页。
④ 参阅郭沫若：《卜辞中的古代社会》，《中国古代社会研究》，人民出版社，1954 年，第 178 页。
⑤ ［英］约翰·格雷：《人类幸福论》，张草纫译，商务印书馆，1984 年，第 11 页。
⑥ 王建革：《农牧生态与传统蒙古社会》，山东人民出版社，2006 年，第 21 页。

——什么样的"劳动"通向"富裕"？

——额仑草原人的劳动为什么没有导致富裕？

这些问题在亚当·斯密的《国富论》中有答案：①

> 劳动分工是劳动效率提高的主要原因……由于实行劳
> 动分工的所有不同行业的产量成倍增长,在一个治理得很
> 好的社会出现普遍的富裕,推广到了最低层的人民……于
> 是社会的所有不同阶级都变得普遍富裕起来。②

斯密那里,贫穷或富裕与精神活动无关,完全建立在物质生活的
基础上。劳动分工确立以后,是富是穷"必然依他所能支配的或能购
买得起的他人劳动的数量而定"。③分工起因于人性中进行交换的倾
向,"这是所有的人普遍都有的倾向,而其他的动物则没有……交换倾
向受到**自利心**的鼓励,并导致劳动分工"。④分工导致交易,造就了市
场经济。人们因各自才能制出来的产品,"通过互通有无、交易和交
换的一般天性,仿佛变成了一种共同的财富,在这里每个人都可以购
买到他所需要的其他人的才能的产品的一部分"。⑤对照狼书,额仑草
原上不缺少分工,但它并不必然导向市场,而是体现出了劳动原本的
求生性质:"在额仑草原,牧民半牧半猎,主业虽然是牧业,但许多人家
的主收入却来自猎业。"

> 草原的野生动物像内地的果树一样,也有大年和小年,
> 由气候、草势、灾害等因素决定。额仑草原的牧民懂得控制
> 猎业的规模,没有每年增长百分之几的硬性规定指标。野

---

① 按凯恩斯推算,至少 300 年内人类都将在市场经济中生活,不会有人推翻《国富论》的基本理论。
  参阅杨兆宇:《国富论》中译本导论,唐日松等译,华夏出版社,2005 年。
② 〔英〕亚当·斯密:《国富论》,杨敬年译,陕西人民出版社,2001 年,第 8、14 页。
③ 〔英〕亚当·斯密:《国富论》,第 41 页。
④ 同上,第 17、19 页。黑体为本书作者所加。
⑤ 同上,第 21 页。

物多了就多打,野物少了就少打,野物稀少了就不打。这样打了千年万年,几乎年年都有得打。(№34)

可见,增产不是草原人的目标,打猎也未必是牧业生产活动中的必要劳动,但它却是交易活动中的重要内容。书中写道,獭油和獭皮是牧民的主要副业收入来源,可以在收购站换得各类日用品,也可以换回现金,"一个秋季打上百只旱獭就可收入五六百块钱,比羊倌一年的收入还要多"(№34)。打猎作为劳动,其劳动量和成本都远远小于牧业,却可以换回更多的货币——如此,生产性或创造性的劳动还能体现出更多的剩余价值吗?

斯密强调劳动在价值领域中的基础地位,认为"劳动是对一切东西最初付出的价格"。人之富裕的程度也可以用劳动来衡量,即"财富是购买劳动的力量"。[①]购买在市场进行,所有物品在估价之后进行交易。"**但**"——他补充说:"价值普遍不是用劳动衡量的,因为劳动难于测度。"[②]产品进入市场成为商品,劳动隐身不见,货币和资本取而代之,承载着"公平"的价格一跃而为市场的主导因素。于市场操手和经济学家们,这不是什么秘密。斯密在《国富论》中展示了通过交易回避劳动从而迅速致富的诀窍,**马克思的《资本论》则向世人公开了这种交易幕后的秘密**。由此我们看到一个吊诡的现象,研究者一面将劳动抬举得很高,公认"劳动是一切财产的唯一公平的基础"[③];但另一面,却如陈阵所说:"我觉得咱们过去受的教育,把劳动捧得太极端。"(№20)**看似公平的市场经济,恰恰建立在不那么公平的金融交易活动中**。陈阵的处境远离这种交易,因此也远离了幕前幕后的各种机会,正当青春好年华,身陷几近原始的边疆草原。"白天放羊时,陈阵大多是在刍嚼和思虑中打发光阴。"他的思绪把我们引到另一个方向:

① [英]亚当·斯密:《国富论》,第42页。
② 同上,第43页。"但"的黑体为本书作者所加。
③ [英]约翰·格雷(John Gray):《人类幸福论》,张草纫译,商务印书馆,1984年,第33页。

> 难道万年草原保持原貌,停滞不前,草原民族一直难以发展成大民族,也与狼有关? 他想,有可能。至少狼群的进攻,给牧场每年造成可计算的再加上不可估算的的损失,使牧业和人业无法原始积累……始终停留在简单再生产水平,维持原状和原始。(No7)

书中少有对狼的质疑,罕见作者将狼与"维持原状"、"停滞不前"这类负面评价联系在一起;这有拖后腿的嫌疑,是说草原狼的"野蛮"妨碍草原人走向"贸易、商业、农业和工业"以致阻断了通向富裕的道路。①怪不得陈阵,他在草原劳作中深知其中苦涩,他自身所隶属的汉民族本身也存在同样的问题。可以说,对这一问题的思考是有代表性的,它凝聚了百年来中国知识分子在"贫困"面前的一个重要心结:

——劳而不富,究竟是谁的过错?

——不劳而获乃至不劳而富,究竟是什么原因?

李约瑟(Joseph Needham)的研究近似陈阵的猜想,他指出:中国是世界上自然灾害最多的国家之一,有"灾荒之国"(Land of famine)之称。②王建革的研究讲的是草原,除去狼害,还有年年不同程度的雪灾,让草原人不得不在每年春季"从头开始"。③傅筑夫证明,自然灾害频繁是中央集权生成的一个重要原因,漫长华夏文明史上,救灾一直是政治和政权的重要任务。④但他认为,自然灾害虽多并非真正的灾难,**民生与民富总与政体衰败有最直接的关系**。⑤汉初无为而治,不扰

---

① 贺扬灵认为:清末民国时期,一般规模的游牧民贫困的主要原因在于蒙古的上层王公和喇嘛对蒙民的残酷剥削压迫,商人压迫也很严重。《蒙古人的家庭经济与生活》,《蒙古》昭和十四年(1939)十二月号,第72页。转引自王建革:《农牧生态与传统蒙古社会》,第18页。

② [英]李约瑟在香港中文大学一次讲演(1974年4月25日)中说:"中国每6年有一次农业失收,每12年有一次大饥荒。在过去的2 200多年间,中国共计有1 600多次大水灾,1 300多次大旱灾,很多时候旱灾及水灾在不同地区同时出现。"(1974年5月29日香港《大公报》)

③ 如1925年蒙古中部大雪灾,牲畜死亡率30%—50%。详见王建革的《农牧生态与传统蒙古社会》,第38页。

④ 2008年初中国发生了历史有纪录以来最大的南方大雪灾(1—2月)和5月的四川大地震,都在中央政府的直接调动下倾全国全军全民之力救人救灾,仿佛是在以天意验证这一结论。

⑤ 傅筑夫:《中国古代经济史概论》,第111—114页。

民仅几十年,社会便恢复生机。①早期中国曾出现大规模的土地兼并,没有成为资本积累的基础,一个主要原因是多子平分财产的继承制度。"自古代到近代,自耕农民占有的土地,一般都是少则七、八亩,多则二、三十亩,最高限没有超过一百亩的。"②葛志毅将如此作为归于平均思想,认为"最初只是古代圣哲们从自然法则中汲引出的有关公正与平等的观念,继之则成为国家用于调整社会财产关系的一种政策指导意识"。③从国富论的角度看,"均贫富"导致平分财产的继承制度,严重制约了原始资本积累。但如果从人文立场出发,却见它的远虑卓识:将人心置于财富之上,孕育着原始素朴的共产主义精神即人人共享社会财富的理想境界。"平均理想实乃中国古代的圣哲们,在设计社会文化运作法则时,所构拟的最具智慧完美性的基本原理之一。因为其着眼点,是这个社会最广大的基本成员的生存保证问题。"④中华民族少年老成,早为自己设立了向善的终极目标并切实付诸实践,在物欲刚刚冒头企图征服人心的时候未雨绸缪,将"平均"和"均衡"看作天人合一的理想境界。说到这里,答案似乎清楚了:**贫富差距并不是劳动本身的问题,它与自然生存环境、社会分配制度和人的思想观念有最直接、最广泛的联系**。如约翰·格雷概括:"大自然并没有提供使有些人遭到贫困的任何理由。因此有这么许多人遭到贫困的原因,应当在社会制度中找寻。"⑤那么,是什么制度让劳动者赤贫、让不劳者合法收获呢? 从经济学考察,马克思给出了剩余价值说。史家从外部观察,指出掠夺性的侵略战争和殖民制度是一个重要原因:

> 在美洲以及此后在亚洲和非洲的殖民积累,使大量财
> 富从这些地区流入欧洲……欧洲内部的许多进程是欧洲大

---

① 傅筑夫:《中国古代经济史概论》,第 119 页。
② 同上,第 88—91、93 页。
③ 葛志毅:《谭史斋论稿续编》,黑龙江人民出版社,2004 年,第 140 页。
④ 同上,第 146 页。
⑤ 〔英〕约翰·格雷:《人类幸福论》,第 58 页。

陆发展变革的重要原因,但是引发欧洲发展然后继续为这种变革添柴加火的乃是来自殖民地的财富。①

布劳特(J. M. Blaut)有专著论述"殖民主义与欧洲的兴起(1492—1688)"之内在联系:"由于殖民主义给予欧洲人一种权力去发展它们自己的社会并且阻碍其他地方的发展",让殖民者"合法"不劳而获,在掠夺性的占领中"从美洲以及此后从亚洲和非洲获得了巨大的财富",才出现了所谓"欧洲奇迹"。②经济学家不会轻易赞同这一结论,他们会追问(正像陈阵的追问):为什么是这些国家(即陈阵所谓的"西方狼"、"文明狼")先发制人,离乡拓土,到他人的地盘上去攫取财富? 进一步追问:是什么因素让那些"先富起来"的人获得了将劳动转化为资本进而转化为财富的秘笈要诀? 如果真有这种秘诀,它的核心内容是什么? 这是典型的现代命题,伴随现代化进程,经济学家从不同方向寻觅答案,企图一揽子解释以便最终解决这些涉及人类福祉的重要问题。

对上述问题,亚当·斯密的回答是**劳动分工**:"分工是作为一种完全非人格的力量而出现和发展起来的,而因为分工是经济进步的巨大原动力,所以经济进步也就被非人格化了。"③马克思的结论完全不同,他认为是**资本剥削**:

> 资本只是一种生活本能,这就是增殖自身,获取剩余价值,用自己的不变部分即生产资料吮吸尽可能多的剩余劳动。资本是死劳动,它像吸血鬼一样,只有吮吸活劳动才有生命,吮吸的活劳动越多,它的生命就越旺盛。④

① ［美］J. M. 布劳特:《殖民者的世界模式:地理传播主义和欧洲中心主义史观》,谭荣根译,社会科学文献出版社,2002 年,第 195 页。

② 同上,第 258 页。

③ 参见［美］熊彼特:《经济分析史》第一卷,商务印书馆,1991 年,第 285 页。转引自《国富论》第一篇导读,杨敬年译,陕西人民出版社,2001 年,第 6 页。

④ ［德］马克思:《资本论》第 1 卷,人民出版社,1975 年,第 260 页。《马克思恩格斯全集》第二十三卷,人民出版社,1956 年,第 230 页。

马克思将人的生产活动还原到人的社会关系："资本以雇佣劳动为前提，雇佣劳动也以资本为前提。它们相互以对方的存在为条件，相互使对方产生。"①由此引出阶级斗争学说和社会主义运动——有幸，我们这些"毛泽东时代人"曾是这种学说的追捧者和这一运动的亲历者——但，**无论(阶级)斗争还是(社会)运动都不直接导向富裕**，历史告诉我们的恰恰是一个反例，依陈阵的理解：

> 世界上曾有许多农耕民族的伟大文明被消灭，就是因为<u>农业基本上是和平的劳动</u>；而游猎游牧业、航海业和工商业却时时刻刻都处在残酷的猎战、兵战、海战和商战的竞争战斗中。如今<u>世界上先进发达的民族都是游牧、航海和工商民族的后代</u>。(№18)

他企图从根本上改造马克思主义的劳动观，将马克思的"斗争"理论直接嫁接在"战斗"观上：

> <u>手握石斧和火把的原始人，是以战斗的姿态站立起来的</u>。石斧首先是与野兽搏斗的战斗武器，然后才是获取食物的生产工具。战斗使其生存，生存尔后劳动。不仅是直立和劳动创造了人，而且是那些促成了**直立的无数次战斗，才真正创造了人**。(№32)

战斗意志和斗争精神似乎是比本分的劳动更值得颂扬的事，生之自由的意义远在生存本身的价值之上。但是，自由主义斗士米瑟斯(L. Mises)显然不支持这一见解，他坚守亚当·斯密指引的方向，认为自由的"着眼点和最终目的是促进人们外在的物质福利，而不是直接

---

① ［德］马克思：《工资、劳动与资本》，参见马克思《作品选集》(一卷本)，伦敦：劳伦斯与威莎特，1970年，第82页。转引自［英］乔治·拉伦：《意识形态与文化身份：现代性和第三世界的在场》，第14页。

满足人们内在的、精神上的以及形而上学的需求。它并不向人们许诺幸福和满足,而是尽一切可能将外部世界所能提供的物质用来满足人们的诸多需求"。①这话说得很"唯物",但他并不想还原到"劳动"这一唯物史观的起点,也不想在战争与和平这类太过冷峻的历史问题面前过分认真。一方面,他和斯密一样,公开反对殖民政治和掠夺性战争,确认"历史上没有哪一篇章比殖民政治史更浸透鲜血了";②另一面,他确信自由主义引导的欧洲文明最大限度地为人类创造了财富,"它只想给人们一样东西:和平地、不受干扰地提高所有人们的物质富裕程度,从而——只要**社会机构**有这个力量——使他们远离苦难的外在根源。减少痛苦,增加欢乐"。③这话里隐含着一个重要前提,即他所谓的"社会机构"——它是什么?

敞开了说,就是(帝国主义)**国家**!

有趣的是,米瑟斯的《自由与繁荣的国度》与斯密的《国富论》一样,内里说的是"民"之富,封面上写的却是"国家";④很像中国古代文人的藏头诗,在隐晦的表述中暗藏玄机,引起我的好奇:

——他们为什么明知国家的重要作用却忌讳谈论它的前置性功能?

——最早创造出"自由主义"意识形态的资产阶级为什么把第一个政治使命顽固地定格在重建民族国家从而引发出第一波民族主义?

——既然曾经如此作为,为什么新古典派经济学家在新兴的民族国家重建中极力排斥国家干预、极力诋毁"最后一波"[安德森语]民族主义?⑤

提出这些问题,并没有支持国家干预或颂扬民族主义的意图,只是好奇:他们为什么对自己的历史进程藏头露尾? 倘若他们早已心知

---

① [奥]米瑟斯:《自由与繁荣的国度》(1927),韩光明等译,中国社会科学出版社,1994年,第46页。
② 同上,第151页。
③ 同上,第208—209页。黑体为本书作者所加。
④ 《国富论》(*The Wealth of Nations*)全名为《国民财富的原因和性质的研究》(*An Inquiry into the Causes and Nature of the Wealth of Nations*)。
⑤ 本书第5章第2节(国民性问题)对此有详细介绍。

肚明只是不愿公诸世人，那又是什么原因让他们在"公正"的学术立场面前公然选择了双重标准？作为自由主义的忠实卫士，米瑟斯为什么能够避开自由内含着的奴役问题，径自受用它的结果而不问其由来？它让我们看到了"分工"在学术上带来的好处：经院派西方学者——无论米瑟斯还是其他任何人——完全不介意"自由"的代价，**在学术分工之后故步自封于一席之地，在充分享用自由的时候对言说"自由"的领地寸土不让**。比如米瑟斯，虽然身处两次世界大战之中，亲眼目睹一些——正是他颂扬的"自由与繁荣的"——民族国家公然侵略、占领、掠夺、奴役另一些民族国家，却仍然固执地认为只有"完全自由、开放"的市场经济才可能创造出"自由与繁荣的国度"。在他那里，就因为只有"在贸易交往完全自由的情况下，资本和劳动会被投放到能提供最佳生产条件的地方"，便在理论上为一切（包括武力）自由贸易打开绿灯，力求将世界上所有（包括他人的）土地都变成自家经营的自由市场。说到这里，又一个"但"字值得关注：

> **但**资本和劳动的流动有一个**前提**，即不仅要有完全的贸易自由，而且资本和劳动在从一个地区到另一个地区的流动过程中**不会遇到障碍**。在古典自由贸易学说盛行的时代，提出这种前提是**不切实际**的。那时不仅对资本的自由流动，而且对工人的自由流动都存在一系列的障碍。[1]

但是——（这是我的"但是"）——他并没有回答：那个"不切实际"的自由贸易学说何以诞生在尚且缺乏"前提"的国度？这种学说（以及一套完整的自由主义意识形态）在西方国家走向富裕的道路上起了什么作用？

无疑，在那里在那个时代，思想的作用是先导性的。**"意识先于社会运作"**这一典型的现代特征，是从**"工具理性"**指导下的**"市场经济"**

---

① ［奥］米瑟斯：《自由与繁荣的国度》，第 155 页。深体字为本书作者所加。

开始的。自由贸易的前提并不是一个已经开放的市场，而是自由主义学说以及伴随而至的（帝国主义）国家动作。在学术"分工"之后，米瑟斯们面对"经济"可以坦然回避如上政治问题，不必回答：那些"缺乏前提"的西方国家用什么手段在百年里便扫除了一切障碍进而不仅成为世界首富和全球经济一体化的主导推手，也成为意识形态的操手以及"政治正确"或不正确的判官？答案已经铸成历史，昭然若揭：**先进的武器和侵略战争以及在帝国/殖民版图上制造的一系列专门利己的游戏规则俨然成为"公理"**。我们因此不奇怪，"日不落"的英帝国为什么产出了那么多杰出的经济学家以及杰出的自由主义学者，他们为什么批量出现在英国！那些充满工具理性色彩的学说，[①]一如萧伯纳剧中的军火商，温文尔雅中潜伏着"霍霍"杀机。[②]

如上历史与学说、自由市场与自由主义意识形态之间的内在关系，不仅是认识当今全球化经济活动的前提，也是跨文化学术交流中需要澄清的认知前提。

鉴于新古典经济学派（Neoclassical Economics）狭隘而偏执的学术方向，美国学者道格拉斯·诺斯（Douglass Ceil North）试图纠偏反正，面对现实世界（不尽是西方社会）他提出了"新经济史"观，[③]从根源上挖掘"国家"在西方社会致富过程中的重要作用，主张"把政治组织和意识形态看作是解释制度变革的基本成分"，[④]试图在综合性的——即"一个社会的政治和经济的制度、技术、人口统计学和意识形态"——社会结构中探讨决定绩效的那些特点。[⑤]不同于新古典学派有意回避国家

---

① 如斯密所说："交换能力引起劳动分工，而分工的范围必然总是受到交换能力的限制，换言之，即受到市场范围的限制。当市场很小时，没有人能得到任何的鼓励，去专门从事一种职业。"《国富论》，第 22 页。

② 详见英国剧作家萧伯纳（George Bernard Shaw, 1856—1950）的《武器与人》等剧作。

③ ［美］道格拉斯·C.诺斯与罗伯特·托马斯合著的《西方世界的兴起：新经济史》（1973 年）开创了"新经济史"学派。1993 年他与罗伯特·福格尔一道获得了诺贝尔经济学奖，其贡献在于：他提出的新的理论框架（包括产权理论、国家理论和意识形态理论在内的"制度变迁理论"）不仅适用于经济史，也适用于制度变迁的路径选择。

④ ［美］道格拉斯·C.诺斯：《经济史上的结构和变革》（1981 年）序言，厉以平译，商务印书馆，2005 年。

⑤ ［美］道格拉斯·C.诺斯：《经济史上的结构和变革》，第 7、25 页。

功能的做法,他认为:"国家的存在对于经济增长来说是必不可少的;但国家又是人为的经济衰退的根源。"说到这里,我们可以回返《狼图腾》,在狼书讲述的故事中,我们见证了这种"成败萧何"的重要作用。针对分工造成的职业化、专业化以及阶层分化、城乡分化……诺斯指出:"职业专门化引起的意识形态差异,使得一直因种族(地理)差异而存在的意识形态差异变得更严重了。"

> 意识形态的差异,最初起因于跟环境作斗争的团体有各自不同的地理经验,后来,这种差异发展成不同的语言、宗教、习俗和传统;这些反过来又造成了冲突的基础和国家内部、国家之间财富收入分配的持久紧张。[1]

我很钦佩诺斯的研究。

我以为,从诺斯开始,[2]意识形态不再单纯是主观意志的产物或某一利益集团幕后策划出来的阴谋,它不全然是某一政党或国家娴熟运用的政治工具,也不仅仅是道德评说或"政治正确"与否的是非靶子。无论你是否喜欢它或者它宣扬的意识是否正确,它就"在"(being)这里,是现今世界人类之"在"(human's being)的生存手段之一。**(某种)意识形态落实在(某个)国家,有关其生存环境和民生活动的历史作为,为(这一)民族"更好的生活"(better life)设计蓝图,整合民心,指明"理想"的方向。**不错,它的确是为统治者服务的武器;但同时也是稳定社会秩序以保证经济活动正常进行的必要平台——倘若这样认识,出自美国的"新经济史"观顿时贴近了蒙古人曾经的历史经验,[3]

---

① [美]道格拉斯·C. 诺斯:《经济史上的结构和变革》,第 235 页。

② 有学者认为"熊彼特是 20 世纪第一位这么做的经济学家"。参阅[美]曼瑟·奥尔森:《权力与繁荣》前言,苏长和、嵇飞译,上海人民出版社,2005 年。

③ 清中叶以后,由于清政府推崇喇嘛教,出家者日众,蒙古人口下降。嘉庆四年,西北蒙古十八旗的喇嘛 2 003 人,占男子人口比例 24.5%。在喀尔喀四汗部,1918 年的喇嘛达 105 557 人,占男子人口的 44.6%,意识形态和政府作用对经济的影响可见一斑。参阅[日]山田茂:《清代蒙古社会制度》,潘世宪译,商务印书馆,1987 年,第 147 页。

323

让狼书中的经济问题看到获释的曙光。我们因此可以坦然面对额仑草原,在斯密的"国富论"和诺斯的"国家论"前后两个不同的认知平台上,追问那个纠缠人心的老问题:是什么因素让勤劳勇敢的额仑草原人"劳而不富"?

先说分工。

额仑草原人的生产活动有明确的分工,主要两类:一是性别分工,①前节已有讨论。二是草原上的生产活动,围绕游牧这一生存方式,形成了相应的劳动分工。作者将同一蒙古包内的北京知青分派了不同的工种,让我们从不同角度见识草原人的劳动分工及其甘苦。(如下摘选,№7)

好强又精干的张继原当**马倌**,跟着巴图和兰木扎布放一群马,近五百匹。

> 马群食量大,费草场,为了不与牛羊争食,所以必须经常远牧……长年过着比营盘蒙古包更原始的生活。<u>马倌的工作危险,辛苦,担责任。但是马倌在牧民中地位最高,这是马背上民族最骄傲的职业。</u>

另一知青高建中当了**牛倌**,独自放 140 多头牛。

> 蒙古包没有牛,那日子就没法过了。驾车、搬家、挤奶、做奶食、储干粪、剥牛皮、吃牛肉、做皮活这些与家有关的事情都离不开牛。

陈阵和杨克合管一群羊,1 700 多只。两个**羊倌**一人放羊,一人下

---

① "蒙古的男人们忙于四处征战时,女人们却管理着帝国。在游牧部落中,传统上是女人在料理家务,男人则外出放牧、狩猎或打仗。"参阅[美]杰克·威泽弗德:《成吉思汗与今日世界之形成》,温海清、姚建根译,重庆出版社,2006 年,第 171 页。

夜。放羊记工十分,下夜记工八分。羊群中绝大部分是闻名全国的额仑大尾羊,"国家领导人在人民大会堂招待阿拉伯伊斯兰国家元首所用的羊肉,就是额仑大尾羊"(No7)。另一种是新疆改良羊,毛质好,产量高,卖价高于本地羊毛三四倍。再就是山羊。山羊绒价值昂贵,其阉羊敢与狼拼斗,蒙古羊群的领头羊通常都由几十只大角山羊担任……在羊种的选择和数量上,看似自然,全是人工心计所置。陈阵因此感慨:"蒙古牧民擅长利用草原万物各自的特长,他们能够把矛盾的比例调节到害处最小、而收益最大的黄金分割线上。"(No7)

> <u>羊群是草原牧业的基础</u>,养着羊群有羊肉吃,有羊皮穿,有羊粪烧,<u>有两份工分</u>收入,草原原始游牧的基本生活就有了保障。然而羊倌的工作极为枯燥单调,磨人耗人拴人,从早到晚在茫茫绿野或雪原,一个人与羊群为伍。(No7)

作者写道:"马背上的民族,必须得有一个牛背上的家。牛倌、羊倌、马倌各司其职,就好比是一根环环相扣、缺一不可的链条。"(No7)四个北京知青的劳动分工,涵盖了草原上不同工种,也体现了劳动的数量。"蒙古草原羊的放牧最为普遍……一般羊倌可以放牧 150—200 头羊。如果骑马放牧的话,放牧规模可能更大一些,达到 500 头甚至 1 000 头。"①草原人的主要生产活动是畜牧,畜群的大小象征着财富的多少。②不仅如此,历史上,"于游牧民而言,战争就是一种生产,对士兵们来说,战争则意味着成功与富有"。③狼书中的作战只限于围猎,在原始的自然环境中保存着原始的劳动形式。从斯密关注的"分工"看,额仑草原上的劳动仍然是自然的和原始的;但是如果加入

---

① 满铁社长室调查课:《满蒙全书》第 3 册,满蒙文化协会,大正十二年(1923),第 726—727 页。转引自王建革:《农牧生态与传统蒙古社会》,第 20 页。

② "在蒙古社会里,草原是公有的,阶级划分的标志不是草场而是畜群。一个人拥有了更多的畜群,就具备了相应的经济和社会地位。"参见王建革:《农牧生态与传统蒙古社会》,第 11 页。

③ 札奇斯钦:《蒙古研究论文集》与[美]杰克·威泽弗德:《成吉思汗与今日世界之形成》,第 5 章扉页引文。

诺斯的视角,将社会"结构"作为更开阔的分析平台,我们就会发现,草原上的分工非常现代,在所有劳动者之上还有一个**最重要的工种:国家干部**(比如包顺贵们),即被国家任命、代表国家意志,替国家代言并直接对国家负责的人——他们不仅是社会人群的管理者,也是全部经济活动最直接的指导者。由于他们的介入,貌似原始的草原一步跃入现代,在国家的意志下将任何形式的"自然经济"都纳入"计划经济"轨道。由此再看草原上的经济活动,传统的表象下,一系列巨大的变化正在和平顺畅地进行着。

来看交易和分配。

毕利格老人说:"从前,狼打的黄羊全归牧主,台吉,王爷。解放后,都归牧民啦。"①(No2)狼群野猎之后,人们通力合作钩取黄羊,因为"多钩上来一只黄羊就等于多钩上来六七块四川茶砖,或是十几条天津海河牌香烟,或是十五六瓶内蒙草原牌白酒"(No4)。老人还特意对陈阵说:"这回咱们多收点黄羊,到**收购站,供销社**多换点毡子,让你们四个过冬能暖和一点。"在赞美草原狼的战斗精神的同时,作者总念念不忘它给草原人带来的经济利益:

> 冬初,草原狼刚刚长齐御寒皮毛,这时的狼皮,皮韧、毛新、色亮、茸厚。上等优质狼皮大多出自这个季节,收购站的收购价也定得最高。初冬打狼是牧民**工分**以外的重要副业收入来源。(No7)

人们打狼的积极性原本很高,今年更不同往常:

场部关于恢复草原一年一度掏狼崽的传统活动的通

---

① 在成吉思汗统治之前,官员收税时实物,如毛皮、箭镞、油等。蒙古统治者鼓励通商,并在征途上开通商路。13世纪中叶,"蒙古人允许在其统治下的各个民族继续按照他们原来使用的名称和重量铸造硬币",但也制定了一种通用的标准"苏赫"(sukhe)用于兑换。参见《成吉思汗与今日世界之形成》,第186页。

知正式下达，这年的**奖励要比往年高出许多**……据说这年狼崽皮的**收购价**特别高。轻柔漂亮，高贵稀罕的狼崽皮，是做女式小皮袄的上等原料……是下级官员**走后门**的硬通货。(№4)

如上文本中出现了几个重要概念：

其一，"收购站"——谁设立的？

其二，"收购价"——谁制订的？

其三，"供销社"①不仅收购，也销售供给，货价格既定的，与斯密的价格学说相去甚远。它来自上级主管部门，官员们可以通过官场渠道最早获得信息并提前有所准备的。"走后门"就是它最自然的派生物，也是僵硬的计划经济活动中一个不可或缺的润滑剂。

还有：什么是"工分"②？"副业"③是什么意思？对应斯密的分工、交易、市场、价格、货币……很有些牛头不对马嘴；但它们的确可以各司其职，在既定的轨道上正常运作，比自由的市场经济运转得更稳定、更井井有条。除此，更耐人寻味的，是两个与劳动有关的政策：一是掏狼崽这种一年一度的传统活动，居然也在计划之列，需要经由场部同意，在"正式下达通知"后才具有合法性。

二是"奖励"这一诱导因素，与《国富论》的定义十分接近，用在这里，恰到好处，可见"上级"——无论它是资本家还是国家——的作用，在劳动者身上同样奏效。但惩罚手段却大不相同：包顺贵下

---

① 供销社是新中国计划经济时期的产物，对农(牧、渔)产品"统购统销"以严格控制其流向和流量。1954年7月原"中华全国合作社联合总社"正式更名为"中华全国供销合作总社"，其下属机构遍布乡村；其主要使命是"促进城乡交流"、"支援国家工业化"、"引导小农经济和个体手工业逐步纳入国家计划轨道"。参见《中华人民共和国国史大辞典》，黑龙江人民出版社，1992年，第171页。

② 当时的集体所有制生产活动中不以货币支付劳动，而是根据每个自然劳动力状况评估"工分"(比如一等男劳力一天10分，一等女劳力一天8分；知青(无论男女)一般都与一等女劳力等值记工，年终按工分总量获得粮食等实物和少许货币。

③ 计划经济时期的农牧业生产活动中分有"主业"和"副业"，主业是种植或畜牧，有指标，要上交纳税，或做实物分配以作生存的基本手段，人们从中很少获得货币；货币主要是通过自留地、自养家禽或猎取野生动物获得的。

令掏狼崽,"要把全牧场的狼窝统统掏光"。草原人不忍斩尽杀绝,消极抵抗,激怒了这位领导,他恐吓道:"每两户必须交一窝狼崽皮,完不成任务的交大狼皮也行,要不就扣工分!"(№6)这种惩罚是经济的同时也是政治的,让任何契约性的奖惩条例叹为观止。其价格制度也十分模糊,与新旧古典经济学理论都不搭界,却应了琼·罗宾逊(Joan Robinson)的见解:"经济分析能帮助我们研究这种种物价制度的结果,但是采取这些价格制度的原因就要从政治历史去探索了。"①可见这里的自然经济并不纯粹,在"自然"的表象下处处都见"国家"的痕迹:

> 黄羊大批入境,使得边境公社牧场和旗县领导兴奋不已。各级收购站已腾出库房,准备敞开收购。干部、猎人和牧民像得到大渔汛的渔民一样,打算大干一场。(№2)

在额仑草原,"一只大的冻黄羊连皮带肉可卖 20 元钱,几乎相当于一个羊倌小半个月的固定工分收入"。牧民向自然猎取的野物,在与国家的交换中获得的不尽是物质或金钱,更是这草原上并不生产的"现代"信息:

> (猎手兰木扎布)几天的打猎收入就快赶上马倌三个月的高工资。他得意地告诉陈阵,他已经把一年的烟酒钱挣了出来,再打些日子,就想买一台红灯牌半导体收音机,把新的留在家里,把旧的带到马倌的流动小包去。(№2)

作为交换的另一方国家,它从草原这里获得紧缺物质。即使在原产地甚至是生产者本人,也必须按国家计划"凭票证"有限购买:

---

① [英]琼·罗宾逊是新剑桥学派的主要代表,主张国家干预以实现收入的"均等化"。引文出自她和约翰·伊特韦尔合著的《现代经济学导论》,陈彪如译,商务印书馆,1997 年,第 404 页。

每年内蒙草原出产的黄羊皮全部出口，到苏联、东欧换钢材、汽车和军火；黄羊的里脊肉又是做肉罐头的上等原料，也统统出口。而剩下的肉和骨头才留给国人享用，是内蒙古各旗县肉食柜台上的稀货，凭票证供应。(№2)

　　看到这里，你能说出：是什么因素断绝了劳动通向财富的道路？

　　是国家意志主导下的计划经济。确切地说，是内含着国家权力的命令经济，它与市场经济中的国家干预不是一回事儿；相反，市场也不过是体现国家意志和行使国家权力的一种手段而已。

　　额仑草原上，说没有市场并不客观。它的市场是封闭的，被国家垄断。交易和交流也在进行，财富的流向却是单一的：**就像当年殖民者掠夺的财富义无反顾地向西、向西……这里的财富流向国库，流进城市**。它们的结果非常接近，如布劳特所说"殖民主义给予欧洲人一种权力去发展它们自己的社会并且阻碍其他地方的发展"[①]，爱国主义也给了国家一种特殊权力，让全体国民在民族身份认同和强国的愿望下甘愿做出牺牲；优先发展城市和国家基础建设，因而极大地阻碍了乡村(和草原等地)以及所有(个)人走向富裕的道路。殖民地市场上的交易没有一桩可能是公平的，这里同样；但这里的人们却不问由来和去向，任由国家在任何时候以任何方式廉价索取或无偿征购(比如劳动力)。接下来的问题是：

　　——谁赋权予国家让它合法地在"劳动"面前制造"不公平"？
　　——那些"其他地方"的人们为什么群体性地容忍了"阻碍"？

　　众所周知，在经济活动中，交易是以公平为前提的；却少有人明白，**公平的基础不是"真"而是"共识"，即对所谓"公平交易"原则的默认**。

　　自由的市场经济，不公平是前置性的，它是资本积累和金融交易的

---

① ［美］J. M. 布劳特：《殖民者的世界模式：地理传播主义和欧洲中心主义史观》，第258页。

基础,由利益最大化的操盘手指引,而不是所谓公平和正义。马克思对其操作过程做过无与伦比的揭露,将资本比喻为"吸血鬼",它"吮吸的活劳动越多,它的生命就越旺盛"。[①]正是从资本积累开始,"劳动着的个体使自己异化;他通过劳动所生产出来的环境不是作为他自己的环境,而是作为异化了的财富和造成贫穷的环境与他发生关系"。[②]斯密以及新古典主义学者对此心知肚明,却一如既往,坚持完全自由的贸易原则,不惜一切代价——包括动武——为开辟市场打通道路。"彼此对立的解释往往有一种严重的意识形态倾向。**马克思主义者将经济史写成一部阶级斗争史;自由市场思想家把历史写成有效率的市场的发展。**"[③]马克思认为,必须从根本上改造社会制度,即改变那个不公正的交易基础。尼采应和这种说法,以他一贯的直率不无刻薄地指出:

> 罪恶感和个人责任感起源于最古老、最原始的人际关系中,起源于买主和卖主的关系,债权人和债务人的关系中;在这种关系中第一次产生了人反对人的现象,第一次出现了人和人较量的现象。我们发现,不管文明的发展水平有多低,都在某种程度上有这类关系存在。[④]

尼采把人看成"本身会估价的动物",因交易变得文明。而在斯密眼中,分工才是导致经济进步的原因,仅仅用分工便可以说明,为什么尽管文明社会存在着"叫人难以忍受的不平等……但文明社会中最卑贱、最被人瞧不起的成员,却要比最受人尊敬、最勤劳的野蛮人生活得好"。[⑤]米瑟斯延续了这种说法:"自由主义是第一个为了大多数人的

---

① [德]马克思:《资本论》第 1 卷,人民出版社,1975 年,第 260 页。《马克思恩格斯全集》第二十三卷,人民出版社,1956 年,第 230 页。

② [德]马克思:《政治经济学批判纲要》,哈蒙斯荷斯:企鹅丛书,1973 年,第 541 页。转引自[英]乔治·拉伦《意识形态与文化身份:现代性和第三世界的在场》,第 15 页。

③ [美]道格拉斯·诺斯《经济史上的结构和变革》,第 61 页。黑体为本书作者所加。

④ [德]尼采:《论道德的谱系》,周红译,生活·读书·新知三联书店,1992 年,第 49—50 页。

⑤ [奥]约瑟夫·熊彼特《经济分析史》第 1 卷,商务印书馆,第 284—285 页。转引自《国富论》第一篇导读,杨敬年译,陕西人民出版社,2001 年,第 5 页。

幸福,而不是为了特殊阶层服务的一种政治倾向。与宣称追求同样目标的社会主义截然不同的是:自由主义不是通过其追求的目的,而是通过它选择的方法去达到这一最终目的。"①斯密们将"自利心"视作推动经济发展和社会进步的隐形之手,新古典学派在自由市场的名义下让(帝国主义)国家作为销声匿迹,②没有提出因此也就没有必要回答另一个更重要的问题:在社会经济运行结构中,"究竟国家是作为一种进攻和剥削乡间村民的掠夺性团体而发生的(国家的一种掠夺性起源);还是从乡间村民对组织的公关需要而发展起来的(国家的一种契约性起源)"?③这个问题是诺斯提出的,他揭露了自由经济活动中"隐形之手"(自利心)背后"国家巨擎"的托举作用,将计划经济中的国家问题抬上桌面,由此接近了《狼图腾》中展现的经济活动——幸或不幸,它是"毛泽东时代人"曾经的人生阅历——因此,诺斯的问题成为我们必须面对的问题:"为什么人民会在社会规章妨碍他们获得自己利益时竟对社会规章加以服从?"

马克思主义和新古典经济理论都没有给出答案,诺斯的解释是:

> 个人也可能服从习俗、规章和法律,那是因为认为它们是合法的信念根深蒂固的缘故。历史上的变革和稳定性,需要有一种**关于意识形态的理论**来解释同新古典理论关于个人主义合理算计相背离的那些情况。④

诺斯在国家理论的基础上提出"制度变迁理论",其核心不再是分工和交易,而是产权和意识形态导向。在他看:"国家理论之所以

---

① [奥]路德维希米·冯·米瑟斯:《自由与繁荣的国度》,第50页。

② [美]曼瑟·奥尔森:"虽然几个世纪前的亚当·斯密、约翰·穆勒以及其他一些伟大的经济学家将政府和政治以及公司和市场都纳入他们的经济分析中,但是20世纪的经济学家却不这么做了,直到最近,这种现象才有所扭转。"参阅《权力与繁荣》前言,苏长和、嵇飞译,上海人民出版社,2005年,第4页。

③ [美]道格拉斯·C.诺斯:《经济史上的结构和变革》,第74页。

④ 同上,第16页。黑体为本书作者所加。

不可以缺少，原因在于，国家规定着产权结构。国家最终对产权结构的效率负责，而产权结构的效率则导致经济增长、停滞或经济衰退。"他批评"形形色色的社会学家、包括马克思主义者和某些新古典经济学家，坚持掠夺或剥削的国家理论"，过分强调国家与"自由""市场"乃至人民福祉的对立，看到"掠夺的国家将规定一套产权使当权集团的岁入最大化，而不顾它对整个社会的福利有什么影响"。①这话不是无的放矢，它的批判锋芒是双向的：一面指向所谓专制体制即社会主义国家，一面是相关的经济研究和经济学家，引发了两个互相关联的前提性问题：诺斯的理论是普适性的因而放之四海而皆准，还是如同"积极自由"②理论那样枪口向外，单纯指向第三世界和所谓"掠夺的"社会主义国家？如果这种理论确实具有普遍意义（诺贝尔奖的颁发似乎是一个证明），那它该如何解释今天西方"国家"在"自由"贸易中的主导作用？

难为诺斯在这一方向上所做的历史追问。③

遗憾的是，他将自我批评的目光过多地投向了历史，对现今作为则缺乏同样耐心而诚恳的检讨和分析。他后来写道："第一次经济革命产生了国家、确立了经济秩序所必需的政治约束、出现了超出部落采集、狩猎单位原始要求的专业化和分工。"④一揽子交代，像走过场。其实，全球开放的市场和西方国家的关系，与"掠夺的国家"在敛财方式上有惊人的相似之处，不过前者更自觉，更隐晦，更早意识形态化因而历史性地避免了"政治（不）正确"的讨伐。我们这里，总在"解放全人类"的旗帜下号召人们"大公无私"，因此有了太多无私奉献和无偿劳动；那里是在"天赋人权"的启蒙光照下为"个人主义"加冕，因而可

---

① ［美］道格拉斯・C.诺斯：《经济史上的结构和变革》，第21、27页。
② 以赛亚・伯林语。详见本章第11节（哲学）分析。
③ ［美］道格拉斯・诺斯在与［美］罗伯特・托马斯合着的《西方世界的兴起：新经济史》中详细追问有关西方在200年间形成巨大财富积聚的根源，指出：1 000年以前中国是世界最富裕的国家，2 000年前罗马是欧洲权力与财富的中心……影响国家兴衰的原因何在？今天西方多数国家所有阶层生活水平都大大提高——这是如何开始的以及为什么开始等基本问题。
④ ［美］道格拉斯・C.诺斯：《经济史上的结构和变革》，第235页。

以"合法地"侵占他人的土地或"自由地"评说他家是非。与今天新兴民族国家的方向不同，西方国家掠夺的是外国而非本土，是"其他地方"的他人而非自己的国民。它之"国富"[亚当·斯密语]的确体现为"整个国民普遍富裕"，它之"繁荣"[米瑟斯语]建立在"其他地方"整体性地被掠夺的基础上，而不仅仅是守信、合法、循规蹈矩的生产劳动和平等交易的结果。我曾迷信这样的神话：以西方为榜样，"民富"而后"国强"。历史真相却是倒过来看的：第一波民族主义推动现代民族国家的建立之所以最早出现在欧洲，是因为**西方国家不仅用先进武器为西方人自由地开疆拓土提供了(军事)技术支持，也为从世界各地掠来的财富敛进自家院落提供了(产权)制度保证**——可惜，这两种便利都是"历史性"的，后发国家已经永远失去了历史机会，它们无一不是历史性地被掠夺了！

破解如上神话的同时，也顺便解开了我心中的"斯密之谜"①。斯密在《国富论》中分明谈的是以私有制为基础的自由经济，反对国家干预，为什么将书名定为"国家的财富"(the Wealth of Nations)而非"人民的财富"(the Wealth of People)？他这里，"国家"应"市场"需求而生，理应协助国民成为开拓市场的推手，保证财富顺利流进并积累在自己的国土上。肥水不流外人田。那只隐形不见、真正发挥了实际作用的巨擘不尽是人的自利心，更是满载着物质欲望的民族国家。这时候再看陈阵的言论(№20，摘选)：

　　——光会劳动不会战斗是什么？就是那些阉马，任劳任怨任人骑。

　　——自己不劳动甚至剥削别人劳动的人，同样也会高唱赞美劳动的歌曲。

　　——世界上人口最多、最勤劳、劳动历史最长、并且从

---

① 亚当·斯密一生有两部重要著作，一是以利己主义为核心价值的《国富论》，另一本是宣扬利他主义的《道德情操论》，这个截然悖反的现象被看作是经济学史上著名的"斯密之谜"。

未中断过劳动的华夏人民,却创造不出劳动历史短得多的
西方民族所创造的先进发达的文明。

一半是自嘲,一半像箴言。

诺斯指出:军事技术的重大发展直接导致"国家规模的扩大(以及
由此而来的区域专门化和交易的扩大)"。[1]这话说得委婉,像是有意
倒置了因果关系。更确切的表述应该是:市场交易范围的扩大以及对
资源性财富的无限渴望导致军事技术的重大发展;掠夺性的战争成全
了富裕强大的帝国主义国家,大英帝国(UK)和美利坚合众国(USA)[2]
都是这样的结果。不同的是,前者是以对外侵略为基本手段的老牌帝
国主义的楷模,后者对原住民的侵扰、杀害以及内殖民式的侵占、移民
已成为后殖民主义的表率。如此对照看当代新兴民族国家的建立,在
自由经济方面都有不那么光彩的表现。老牌资本主义国家遵守"劳动
分工"和"公平交易"准则,通常只管打仗,并不直接干预市场,它在日
益扩大的疆土(即市场)上用交易的方式从资产者的高额利润中(通过
税收)间接获利。而在后发民族国家,真是很缺乏君子协议下的分工
意识;**国家的"手"不再是隐形的,它毫无顾忌地伸进市场,直接掌控一
切与利益相关的人间事务**。[3]在传统自然经济与国家指令经济结合的
地方(如额仑草原),这种表现格外突兀,触目,在理论上难以成立,在现
实中却运作得天衣无缝:

场部下了死令:各队和个人未经场部允许,不得到牧场
北边去打狼,尤其是开枪打狼惊狼。场部将组织大规模打
围灭狼活动。各队接到通知后立即准备行动。

---

① [美]道格拉斯・C. 诺斯:《经济史上的结构和变革》,第 235 页。
② UK(United Kingdom)直意为"联合的帝国";USA(United State of America)意为"联合的美洲
国家"。
③ [英]大卫・西内兹在《内蒙古的变化:蒙古游牧社会与中国国家权力》(David Sneath: *Changing
Inner Mongolia: Pastoral Mongolian Society and the Chinese State*, Oxford University Press,
2000)一书中详细分析了内蒙古社会变迁与中国共产党政权的关系,对认识这一问题很有帮助。

各队牧民开始选马、喂狗、修杆、磨刀、擦枪、备弹，一切都平静有序，像准备清明接羔，盛夏剪毛，中秋打草，初冬宰羊那样，忙而不乱。（No7）

如上分段是原文中的自然段，上段说的是"指令经济"，下段说的是"习俗经济"。习俗经济非常原始，先于农业文明，与自然保持着最密切的关系，体现在生产活动中，也表现在日常生活各个方面。比如旱獭，被赋予丰厚的经济价值："獭油是草原的特产，牧民家的宝贝，家家必备。"每年秋季牧民都会上山打獭子，"獭肉自己吃，獭皮和獭油则送到收购站和供销社"：

牧民打一只大獭子，除了肉以外可收入五六块钱。一个秋季打上百只旱獭就可收入五六百块钱，比羊倌一年的工分收入还要多。在额仑草原，牧民半牧半猎，主业虽然是牧业，但许多人家的主收入却来自猎业。（No34）

在经济学家的观念中，习俗经济信息的获得通常借助"历史学家和（特别是）人类学家"的描述，①几乎全都出自"外来人"的观察。《狼图腾》带我们身临其境，在依存于大自然的生产活动中透露了大量习俗经济信息，却将它整体性地装进了典型的指令经济模型中。指令经济是当代政治制度的产物，《狼图腾》同时展现这两种经济形态，不由人不好奇：这一古一今是怎样结合在一起的？

英国经济学家约翰·希克斯（John Hicks）详细解构了所谓"习俗"和"指令"两种经济形态，认为它们都属于"非市场经济模型"，不同的是时代：前者主要是"新石器期代的或中古初期村社的经济以及直到最近在世界许多地区仍残存的部落共同体的经济……一个组织的'头领'（王或酋长或高级祭司或元老会议）自身就是传统结构中的一部分，强

① ［英］约翰·希克斯：《经济史理论》，历以平译，商务印书馆，1987年，第15页。

调这一点很重要。他也规定了一些职能连同随之而来的某些相应的权利"。①狼书中有这种例子。直到北京知青去到草原,传统依旧存在。围猎之后,"围场中热气腾腾,狼尸、马身、狗嘴、人额都冒着白气"。

> 人们以家族为小猎圈分头剥狼皮。战利品完全按草原上的传统规矩分配,没有任何矛盾……只有一条被两人共同套住的狼,稍有争执。毕利格老人一句话也就定判了:卖了皮子打酒,一人喝一半。(No12)

打眼望去,草原上几乎所有生产活动都沿袭着传统方式。这些传统"由于本来就是相当缓慢建立起来的,于是可以在长时期里几乎不受干扰地存在下去"。②陈阵感慨:"额仑草原的时间是化石钟,没有分秒点滴漏出。是什么东西使草原面容凝固不动,永葆草原远古时代的原貌?"(No7)他亲眼见识了习俗经济状态中,"人们的许多古老方式不大受**外来压力**的干扰。他们的经济可以运行……几乎从来不必从'**中心**'做出凌驾一切的决定。一旦这种系统达到了均衡状态,它就能长期持续、无需改组——无需做出组织方面的新决定"。③游牧人少有"中心"意识,他们的领土自古就是自然赐予的绿色草原。1609 年俄国塔拉当局曾经要求游牧过来的卫拉特蒙古人缴纳实物税,遭到抵制。草原人振振有词:"我们是游牧民族,不是定居的,想在哪里游牧,就在哪里游牧。"面对国家,只有他们敢说:"我们从不向任何人缴税,以后也不想给任何人缴实物税。"④可这额仑草原上,尽管草原人依旧是游牧人,却长久承受着巨大的"外来压力",乌力吉说:"这些年上面下达的任务快把我压得喘不过气来了。"(No16)那个须臾不曾休憩的"上

---

① ② ［英］约翰·希克斯:《经济史理论》,厉以平译,商务印书馆,1987 年,第 15 页。
③ 同上。黑体为本书作者所加。
④ ［苏联］兹拉特金:《准噶尔汗国史》,莫斯科,1964 年,第 127 页。转引自马汝珩、马大正:《飘落异域的民族——17 至 18 世纪的土尔扈特蒙古》,中国社会科学出版社,1991 年,第 41 页。

面"总在做出各种决定：从掏狼崽到围猎，从放牧蓄群到收购野货……无处不在，无事不管——如此作为，不仅挑战古典经济学中的"分工"学说，也完全无视新古典派的"边际"理论，它给我们出的难题是：当游牧人与现代国家相遇乃至进入国家体系的时候，草原上发生了什么事情？当"习俗经济"与"指令经济"结合，人们是富裕了还是更贫穷了？

《狼图腾》给出的答案是截然相反的两个结果。

先是贫穷，万事被计划，万物被控制；连同人们一起，衣食住行无不在国家那只巨手把握之中。包括来自北京的知识青年，虽无衣食之虞，却也没有任何自食其力、走向富裕的机会：

> 陈阵的蒙古包四个人，按照牧场的规定，整个冬季每人定量是六只大羊，共 24 只，四个人还分给了一头大牛。知青的粮食定量仍没有减下来，还是每人每月 30 斤。而牧民的肉食定量与知青相同，但粮食只有 19 斤。(№35)

末了，三十年过去，陈阵和杨克重返草原，他们亲眼目睹草原人生活的巨大变化，让我们看到了中华民族初见小康的曙光。当年的马倌巴图成了小牧场主，养了 3 800 多只羊，杨克唏嘘不已：

> 大大小小这些羊，就算平均一只羊 150—170 元，那你的家产，光羊群就价值五六十万了。再加上牛群、房子、汽车、摩托，你已经是个百万富翁啦。(尾声)

草原改制以后，兵团和牧场留下的转业军人和场部职工都分到了草场和牲畜，额仑草原凭空增加了百分之三、四十的汉式定居牧业点。①

---

① 帕斯特克和沙里夫的《牧牛者与种植者：内蒙古的人》(Burton Pasternak & Janet W. Salaff：*Cowboys and Cultivators：The Chinese of Inner Mongolia*) 以呼伦贝尔地区为例，分析汉人在 1949 年以后的农业渗透及其生态后果。参阅王建革：《农牧生态与传统蒙古社会》绪论，第 4 页。

草场分了,羊也分了,"一些酒鬼二流子把分到的羊全换酒喝了,老婆跑了,孩子野了,现在就靠出租自个儿的草场活命。一年收一两万租金"。说到这里,我们终于接触到斯密的"租金"和诺斯的"产权"问题,看到了政策的巨大威力,覆云覆雨,全由"上面"说了算。"上面"不由分说地干预生产劳动,左右利益分配……制造贫穷,却也制造富裕,无言地回答了那个纠缠人心的老问题:额仑草原人以及那些生活在专制国家中的人们为什么容忍了"劳而不富"?

答案已经写成了历史。

国家以"民族"的名义许诺给全体国民的"幸福生活",是在高度集权全面干预经济的基础上建立起来的。它之优越,并不在富裕的程度,而在其速度;之所以能凝聚人心人力,并不在它当真已经"超英赶美",而在**它将一个民族丧失了的历史机会重新交还到这个民族手中,让那些似乎"不可能"成全的富强梦整体性地变成"可能"!**

西方经济学家中,新剑桥学派主要代表琼·罗宾逊——我乐见她是一位女性——主张国家干预以实现收入的均等化,她认为:"社会主义经济所提出的最有趣和最重要的问题是政治和道德问题。"[1]这位被业内同仁称作"凯恩斯左派"的学者对狼书中的经济问题给出了一个很"左"的解释:"中国人早在统销阶段就发现了控制生产的秘诀",在国家控制下建立了统购统销制度,即"全部消费品是根据这个制度组织供应的……支配这个制度的不是盈利或任何单方面的成功标准,而是自尊心,或像中国人所说的,是工人们的高度政治觉悟。"[2]

——当真如此吗?

——如果当真,那是什么觉悟?

去到这片土地吧,问问亲历者。

但凡亲历过,都会给出同一个答案:**忍受贫困是为了国家富强——**

---

[1] [英]琼·罗宾逊、约翰·伊特韦尔:《现代经济学导论》,陈彪如译,商务印书馆,1997 年,第 397 页。

[2] 同上,第 406、407 页。

这与"国富论"指引的方向完全相反，却道出了真相而非谎言。在斯密那里应该是先"民富"而后"国强"这一推理，在额仑草原上是倒过来说的：先强国，然后国民才可能有富裕的生活。这个国家（如陈阵的中国）不同于那个国家（如斯密的英国）的一个突出特征，就是它公开了（这一个）民族的"国家"身份，承诺给所有国民一个富裕强盛、不受屈辱、不被奴役的未来；不像斯密和米瑟斯那样有意隐匿了"帝国"在开拓市场中留下的斑斑血迹，将"个人"因帝国而获利的连带罪责洗刷得干干净净。用诺斯的"国家论"看，这也是一种意识形态，它的核心——巧了，就如第一波近代国家的创立——的确还就是民族主义！

民族主义作为一种经济要素，其作用不亚于劳动分工。 如果说，"自利心"被看作推动自由贸易的幕后操手，民族主义则可以看作一切国家经济活动的原生动力。多少年来，人们习惯于在物质方向上关注资本存量的动向，少有人认真考察意识形态的经济作为。英国学者阿瑟·刘易斯（Arthur Lewis）提醒我们，"在分析社会变迁时，制度之间的互相适合性是一个有特殊意义的问题"。[1]他指出：阻碍或者适合经济增长的原因很多，多半是社会的和文化的而非单纯的经济运作，"依赖于人们对工作、财富、节俭、生育子女、创造性、陌生人和冒险等的态度，所有这些态度都是从人的头脑深处产生的"。[2]尽管刘易斯罗列了诸多方面——如意愿、制度、知识、资本、人口、政府——对经济活动的制约作用，却没有直接回答如上问题；直到道格拉斯·诺斯发言："长期的经济变革之所以发生，不仅因为新古典模型所强调的相对价格变化，而且由于意识形态观点的演进。"[3]由此看《狼图腾》，它的故事背景像经济史上一块活化石，**在短短三十年里（20世纪60—90年代）完成了从"习俗经济"到"指令经济"再到"市场经济"的转变。** 书中人事与此前后呼应，共同展现了人类发展进程中三种不同性质的经济形态。耐人寻味的是，它们全部是在（民族）国家和意识形态的操作下完

① ［英］阿瑟·刘易斯：《经济增长理论》导言，周师铭等译，商务印书馆，1999年，第11页。
② 同上，第10、11页。
③ ［美］道格拉斯·C.诺斯：《经济史上的结构和变革》，第68页。

成的,浓缩了半个多世纪以来中华民族的基本生存状态。这时回到刘易斯提出的问题,可以追问:

——在极端贫瘠、罕见自由、生活条件十分窘困的环境中,草原人信了什么以及"为什么人们保持自己的信仰"?

无须讳言,就是民族/国家!那么,

——这里的民族/国家乃至相关的意识形态是怎样生产出来的?

这个问题最直接地关乎并左右着"劳动"与"富强"之间的距离。

近代以来,世界上有两次大规模的国家运动即两个巨型的民族主义波峰。①前者伴随着资本输出和市场扩张,代表资本家阶级以及整个西方作为资本方的利益,在侵略战争的推动下演变成强大的帝国(主义)。后者是被侵略的产物,内含着民族自救的求生意志,在爱国主义的旗帜下聚集在民族"精英集团"周围,其结果就是社会主义国家(如中国)或民族国家主义(即第三世界)。不同的是,前者的"民族/国家"是隐身的,张扬着"人人"平等的旗帜,像在为"全人类"谋福利;后者高举起民族国家的战旗,明确标示出其目的是为了(这一个)民族的解放和富强。前者的助推手是以"自利心"为基础的自由市场,在利己主义的《国富论》旁边伴有利他主义的《道德情操论》。后者将意识形态用作主导人心的工具,**在贫困的基础上生产大量泡沫化的精神食粮,走向个人崇拜(如文化大革命)或导向民族自强(如改革开放)常常系于一党一人之好恶**。无论前后,如今它们都是 WTO(世界贸易组织)或者 UN(联合国)的成员,以国家——仿佛一个大家庭——的名义发言,在既成的游戏规则(无论它是否公平)中参与世界经济,自说自话,自成体系,在全球一体化的市场——犹如战场——上代表不同民族的切身利益砥砺较量。

新形势下,美国学者杰克·威泽弗德(Jack Weatherford)重新评价成吉思汗的历史作用:"蒙古商业的影响力要比它的军队更深远。"当

---

① 关于民族主义的复杂性和多样性,可参阅[加拿大]威尔·金里卡(Will Kymlicka):《少数的权利:民族主义、多元文化主义和公民》,邓红风译,上海译文出版社,2005 年。

年蒙古人拓展商路固然不是因为他们真正重视商业交流,主要归功于成吉思汗时代部落组织内部根深蒂固的财产共有制度,"经常性的财产分配活动逐渐使蒙古的战争线路变成了商业大动脉"。①成吉思汗的帝国消失了,人们只记得它征服世界的政治作为而忽略了它在打通商路方面的经济贡献。西方帝国主义胜了,人们看见它的"自由与繁荣"[米瑟斯语]而完全忘记了它为敛财而发动的侵略战争。如果不在民族利益之间纠缠,如上作为都可以看作人类社会的发展要素。这种态度是经济学界的主流态势,占尽世纪风头,在"自由"的名义下将矛头一致对准了新兴民族国家(比如额仑草原所隶属的社会主义中国)——但凡涉及这些国家,西方学界表现出惊人的一致:要么视而不见,任其自生自灭;要么干脆将经济言说转为道德判断,让"政治不正确"的指责阻塞了客观分析的求真路径。针对这种"一边倒"的态势,诺斯做了相反的努力,他尽量将意识形态从道德范畴中剥离出来,力图在对经济活动认知中还原它客观存在着的巨大绩效:

> 意识形态与道德不同,因为它既包含理解世界的一种综合方法,又按费用信息使行为节省;不过,意识形态确实体现对制度特别是交易关系的公正或公平的一种判断。②

不少人以为,是国家、政党、体制甚至就是意识形态(比如马克思主义)本身制造了**意识形态**;殊不知它其实是综合性的历史产物,是**任何个人或群体不能独自左右的一种整体性的**精神生存方式。今天人们(无论身处东方西方或任何国家)无不生活"在"(being)意识形态中,经济活动自然无法破例免俗。

所谓意识形态,说白了,很接近所谓文化;不同的是它跨地域、跨民族特征和(个人的)可选择性。文化体现出地缘政治品质,较多地依

---

① [美]杰克·威泽弗德:《成吉思汗与今日世界之形成》,第233、235页。
② [美]道格拉斯·C.诺斯:《经济史上的结构和变革》,第231页。

存于自然环境;意识形态在"意识"的名义下强调人的因素,是人化自然的结果。不同的意识形态有各自的发展历程,形成了各不相同的话语体系。比如民族主义,第二波浪潮正是在第一次潮流取得巨大胜利的基础上诞生的。早前成熟的现代民主国家是民族主义发端的一个具体成果,如今成为新兴民族国家借鉴学习的榜样,也是后者在贫弱的祖地上重建家园最重要的(常常是唯一的)社会资源。借马克思的话——历史事件发生两次的话,第一次是悲剧,第二次是闹剧[①]——来诠释,这事有些诡异:第一波民族主义波澜壮阔,从帝国/殖民主义演进到全球化,像一幕未歇场的喜剧;那么,声势浩大的第二次浪潮,最终上演的会是怎样一阕剧目呢?

狼书中的描写或许可以给我们些许启发。

三十年后,陈阵和杨克回到草原,"俯看漫长的边境线,两人都惊大了眼睛。"

> 原先的 20 多里宽的军事禁区和无人区,终于被人畜的增长压力所突破,如今成了人畜兴旺的牧场……草场上红砖瓦房……是一片片个人承包草场的中心。眼前的边境线草场散布着数十群牛羊……游牧已变成定居定牧。(尾声)

这是典型的内殖民现象,所谓"掠夺的国家"说由此而生:一边向自己的土地和人民索取,无限扩大内需;另一边向自然的处女地进发,直到再没有"处女"——这是后发国家的悲哀和无奈:如果不向内,它能向哪里拓展它的生存空间?民族国家的建立乃至壮大,无一不借助于民族主义意识形态,无不承载着开拓市场和保护产权(无论是私有制还是国有制)的基本使命。早年西方的富裕是以掠夺殖民地和奴役原住民为前提的,新兴民族国家的发展通常以牺牲自身环境和人民的长

---

① 马克思在《路易·波拿巴的雾月十八日》一文开篇说:"黑格尔在某个地方说过,一切伟大的世界历史事变和人物,可以说都出现两次。他忘记补充一点:第一次是作为悲剧出现,第二次是作为笑剧出现。"见《马克思恩格斯选集》第二卷,人民出版社,1966 年,第 6 页。

远利益为代价。东施效颦，永远也不会变成西施。理性的描述应该是：

> 在我们这个时代，每一种事物好像都包含有自己的反面。我们看到，机器具有减少人类劳动和使劳动更有成效的神奇力量，然而却引起了饥饿和过度的疲劳……技术的胜利，似乎是以道德的败坏为代价换来的……我们的一切发现和进步，似乎结果是使物质力量具有理智生命，而人的生命则化为愚钝的物质力量。[1]

这不奇怪。

我从来不相信播撒纯粹利己或"毫不利己"的种子能结出健康的果实，更不相信贫困的土地上当真可以开出诸如"解放全人类"或"拯救世界"一类的美丽花朵。**成熟的人生应该是有规划的，负责任的政府应该是有计划的，人类想要继续生存在这个世界上，不得不自我约束协同发展**……怎么"市场"可以例外？倘若自由经济的幕后操手就是那个完全利己的自利心，它的目标始终是财富的无限增长[2]和物欲的无限膨胀[3]，谁能担保它一定会生产出斯密抬举的道德情操？"像其他任何事情一样，经济增长是要付出代价的。"刘易斯指证富裕的西方社会"贪得无厌"，在分析"增长"的代价时他提出了这样的问题：

——"经济增长是否可取？"[4]

倘若这话说在两百年前，像自我批评；说在当下，像罩在后发国家头上的咒语，让人进退两难。鉴于此，曼瑟·奥尔森（M. Olson）抛出了

---

① ［德］马克思：《在〈人民报〉创刊纪念会上的演说》，《马克思恩格斯选集》第二卷，第191—192页。

② 亚当·斯密（即古典经济学）衡量一国富裕程度的尺度是每人平均的物质产品产量，由此得出的他的经济效率准则（即福利经济学上的"斯密效率准则"）是使人均物质产品产量最大化，这一准则要求经济发展以增加人均物质产品的数量为目标。

③ 新古典经济学追求"帕累托效率"的标准，把个人的满足程度看作富裕的尺度，从而尽力使一国达到其客观条件所允许的最富裕的程度，即个人满足程度的最大化。

④ ［英］阿瑟·刘易斯：《经济增长理论》附录，第516—522页。

"强化市场型政府"(market-augmenting government)，帮助新兴民族国家平衡"自由"与"专制"的矛盾。[1]琼·罗宾逊则建议第三世界的民族精英们另谋出路，她说："另一不同"于自由贸易理论的处理方法，"可能使第三世界知识分子对他们的问题看得更清楚些，不过单靠经济学并不能告诉他们从哪里去寻求答案"。[2]

身为第三世界知识分子，我们怎么办？

左右为难中，总会想到马克思——作为毛泽东时代人，我们太熟悉了他老人家的声音——年轻时自勉自励的一句箴言：

"走自己的路，让人家说去吧！"

今天中国已经另辟蹊径，它的崛起距富强不再遥不可及——但，谁能告诉我们，它的"斯密之谜"又是什么？眼见着它在"国富"的方向上以史无前例的速度阔步前行，谁能预见：什么时候它也能将"道德情操"重新置于世家传承、焚香供奉的神圣案几？

9. 从政治学看：你用什么武器征服草原？

> 每一件艺术品，都是由一种既是审美的又是意识形态的意图生产出来的……因此，艺术作品与意识形态保持的关系比任何其他物体都远为密切。[3]
>
> ——[法]路易·阿尔都塞

古往今来，草原的命运如何，直接取决于草原的主人。

谁是草原的主人？

北京知青来到草原后，摆脱了文明观念的束缚，在元自然生存状

---

[1] 参阅[美]曼瑟·奥尔森的《权力与繁荣》第十章"达致繁荣所需要的市场类型"，苏长和、嵇飞译，上海人民出版社，2005 年，第 134—155 页。

[2] [英]琼·罗宾逊、约翰伊特韦尔《现代经济学导论》，第 427 页。

[3] [法]路易·阿尔都塞《抽象画家克勒莫尼尼》。转引自《西方马克思主义美学文选》，陆梅林编，漓江出版社，1988 年，第 537 页。

态中领教了"草原英雄"的威力，认为"狼肯定比人更早**统治**草原"。（No15）这种认识显然是受了毕利格老人的影响：

> 狼群为啥就能霸住草原？就是因为狼群比老虎花豹抱
> 团齐心……狼想着别的狼，别的狼也想着它，狼群才抱团；
> 狼群抱团，打起仗来才厉害……原来草原上也有老虎，后来
> 全让狼群赶跑了。（No16）

原始自然的草原上，狼曾是霸王。作者使用了"统治"一词，让草原狼与政治、与人文、与人类历史产生了意料之外的密切联系。继狼之后，草原的统治者是蒙古铁骑①，陈阵解释："强大民族血管里流淌着狼性血液。"（No14）蒙古铁骑长久控制草原，靠的是严格遵守"草原规矩"以及毕利格老人总不离口的"腾格里"。前者遵循原始素朴的自然科学；后者是信仰，是意识形态。"对于草原部落来说，政治与世俗的权力不可分离地来源于超自然力量，因为它们都有共同的来源——'长生天'。"②这种**神性的意识形态**与人类社会几乎是同时出现的，③将天人合一的理想境界与草原逻辑融为一体，以"中庸"为规矩，以"平衡"为目标，生息不绝，直到 20 世纪 60 年代：

> 直到我们知青到达草原的时候，草原还保持着水草丰
> 美的原始状态。草原牧民具有天然原始但符合科学规律的
> 环保意识和平衡手段。例如，他们深刻地**意识**到了草原狼

---

① 据《多桑蒙古史》（冯承钧译，上海书店出版社，2003 年，第 29 页）说："此种游牧之生活，颇易于从事军役。此辈之嗅觉、听觉、视觉并极锐敏，与野兽同能。全年野居，幼稚时即习骑射，在严烈气候之下习于劳苦，此盖生而作战者也。"

② ［美］杰克·威泽弗德：《成吉思汗与今日世界之形成》，温海清等译，重庆出版社，2006 年，第 37 页。

③ 每个社会都有自己的意识形态，作为形成"大众想法"或共识的基础体现在日常行为中。原始社会的意识形态主要表现为泛宗教意识（包括图腾崇拜）；当代的则普遍呈现出知识社会学或知识政治学的特点，如当代中国历史转型中陆续出现的"马克思主义学说"、"科学社会主义"、"毛泽东思想"、"邓小平理论"和"科学发展观"。

对于保护草原的不可替代的作用,因而崇拜狼,从不把草原狼斩尽杀绝。[1]

一年之后,草原易主,面貌全非。

那里发生了什么事情?

我们不得不面对几个充满矛盾的问题:作者高度赞扬的游牧精神以及他信仰的狼图腾怎么在这故事中都是弱势? 那个在作者眼里是强势且强悍的草原铁骑为什么早于农耕文明在历史中悄然绝迹?[2] 而今,那些勇敢顽强、骁勇善战的草原人为什么悄无声息、心甘情愿地出让主权尽由草原改变了颜色?

这是一些典型的政治问题。

从政治学角度看,很清楚,无论草原、草原狼还是草原人以及他们的草原文化,在这故事里都是受众,他们远离政治权力也少有自主自助的政治权利——接下来的问题有些难堪:

——如果这仅仅是一个寓言故事,它的寓意是什么?

——如果这不仅是故事也是现实,那这草原上究竟发生了什么变故,让顽强不屈的草原狼威风扫地、让英勇善战的草原人失尽锐气、让魅力无穷的美丽草原绿色褪祛?

历史上,蒙古人有过不同类型的图腾崇拜。直到 16 世纪前,诸多草原民族基本上信奉萨满教。[3]蒙古萨满教的最高神是"长生天"即书中毕利格老人不离口的"腾格里"。蒙古人每行事必曰"托着长生天底气力"。[4]尽管他们与南部农耕民族早有多方面的交往,但那里汉人的儒学一直难以进入草原。研究者认为:"儒学是建立在农业经济基础

---

[1] 姜戎答《中国新闻周刊》记者应妮的书面采访。

[2] 1937 年成吉思汗的精神之旗"苏勒德"(sulde)在蒙古寺庙中消失。1920 年他的最后子孙阿里可汗逃往阿富汗避难并在那里度过余生。详见《成吉思汗与今日世界之形成》导言和 275—277 页。1975 年中国骑兵正式退出军事序列,不再单独设编。

[3] 参阅苏鲁格(蒙古族):《蒙古族宗教史》,辽宁民族出版社,2006 年。

[4] 同上,第 26 页。

上的文化,其传播一般来讲需要相应的农业经济社会环境。"①16 世纪后期,藏传佛教格鲁派(俗称喇嘛教)在蒙古地区广泛传播。②蒙古族学者宝力格认为,"喇嘛教从传播到将全蒙古民族置于其宗教统治,前后不到一百年"。它在草原上表现出极强的适应性,主要原因有二:一是它的传播最早得到了蒙古贵族特别是最高世俗统治者阿勒坦汗的支持。二是多年征战,人心疲惫。"喇嘛教徒不畏艰苦,高扬着'将涌血之大江变为溢乳之净海'的神圣旗帜,往返于蒙古各地",抚慰人心。"最初,喇嘛教传教僧大都以行医身份出现,治病救命,劝人行善,不进华丽房屋,不袖绸缎衣服,不食甘美饭菜,从而赢得了人们的敬仰和尊重。"③随后,他们"劝导废止殉葬制度,铲除屠宰牺畜供奉的风俗,敬神用品也由血肉牺牲改为果酒乳酪了"。④草原信众"突然停下了征伐脚步,安于驯服的惰性,除了一心服侍喇嘛,无所用心,忘记了 15 世纪末他们还在做着重现成吉思汗国史诗的梦想"。⑤清朝近三百年里,"喇嘛教绝对控制、垄断了蒙古民族的教育、文化等意识形态各个领域。清末,仅内蒙古地区的寺院就建有一千余座。一个曾经以民族实力改变了世界历史进程的强大民族,现在伴随着寺院升起的渺缈香烟飘向'天堂'"。⑥

如上历史在《狼图腾》中少有痕迹,其根底缘由亦有二,在姜戎那里略有说明。当记者问他写这书有什么不足,他回答说,20 世纪 60 年代后期知青去到草原时当地懂得传统文化的老人已经不多,这是第一个原因;即在当时原住民中,传统文化多已失传,狼图腾以及有关狼的故事都只是一些传说故事,可信,可不信。第二个原因与作者的知

①　宝力格(蒙古族):《蒙古族近现代思想史论》,辽宁民族出版社,2005 年,第 17 页。
②　苏鲁格认为:藏传佛教能够在蒙古地区迅速传播,三世达赖喇嘛与阿勒坦汗面晤结盟(1578 年)以及《阿勒坦汗法典》(保护佛教、禁阻萨满教)的颁布起了决定性的作用。《蒙古族宗教史》,第 115—125 页。
③　喇嘛教进入草原,正值瘟疫遍及欧亚大陆肆虐将近一个世纪。详见[美]杰克·威泽弗德:《成吉思汗与今日世界之形成》,第 260—262 页。
④　宝力格:《蒙古族近现代思想史论》,第 17、18 页。
⑤　[法]勒内·格鲁塞:《草原帝国》,黎荔、冯京瑶、李丹丹译,国际文化出版社,2004 年,第 334 页。
⑥　宝力格:《蒙古族近现代思想史论》,第 19 页。

识积累有关:"由于我只赶上了一段即将消亡的原始草原游牧生活的尾巴,所以我的研究还是不够透彻。例如喇嘛教与狼图腾文化的关系,我就没有弄清楚,这是非常遗憾的事情。"①狼书中罕见喇嘛教的信息,只在第11章,当陈阵奇怪"这儿的老牧民为什么都不太愿意掏狼崽"时,外来的蒙族青年道尔基回答:

> 本地的牧民都信喇嘛教,从前差不多家家都得出一个人去当喇嘛。喇嘛行善,不让乱杀生,多杀狼崽也会损寿。我不信喇嘛,不怕损寿……我们东北蒙族学会种地以后,就跟你们汉人一样了,也相信入土为安。(No11)

这答问中有些疑点,比如东北蒙族种地未必是学习汉人,不信喇嘛也未必不怕损寿……最重要的,是认识上的历史错位:书中故事讲述草原民族的"弱化"乃至草原的变色,主要是因为外来流民和农耕文化的影响:

> 这批流民的生存和破坏能力,真是非同小可。没有枪弹,可以做出弓箭;没有船,可以做出筏子……他们祖辈原本都是牧民,但是被汉族的农耕文化征服和同化以后,居然变成了蒙古草原的敌人。(No23)

历史告诉我们的是完全不同的另外原因。

自喇嘛教取代萨满教在草原成为主导性的意识形态,蒙古族教徒无不接受了"将涌血之大江变为溢乳之净海"教义训导,废除了屠宰牲畜供奉的风俗,以果酒乳酪代替血肉牺牲敬奉神灵,在日常生活的点点滴滴中已经潜移默化地改造了嗜血杀戮的民族性格。喇嘛寺院一时遍布蒙古草原,让曾经是尚武、拼杀、征战、像狼一样强悍的草原

---

① 姜戎答《中华读书报》记者舒晋瑜书面采访。

人变成讲求和平、安于现状、"像羊群一样温良、顺从的民族"。①之所以会发生这种根本性的改变，除去瘟疫造成"治病救人"的需要之外，更重要的原因，是对周边强大的汉文化的抵抗："在努力使自己尽可能非汉化的同时，蒙古统治者也将传统的宗教平等政策加以抛弃，他们把更多的好处和权力赐给佛教，特别是藏传佛教，因为它与儒家观念有更大的差距。"②

草原人为什么宁"佛"勿"汉"？

这是另外的话题，与民族身份认同有关，暂且放下后说。它提供了一个有说服力的案例：信仰即意识形态的改造力量，远在所谓农耕或游牧一类文化差异之上。**在红色的意识形态革命到来之前，那片绿色草原上早有民族性格乃至民族信仰的改造曾经"历史性"地发生过**，成为继"狼性"之后另一种重要的民族文化资源。它那超自然的同化力量，那无可阻挡的越界传播能量，都是我们即将谈论的政治问题的潜台词。择其要领，这些问题依次为：

——为什么意识形态具有如此强大的整合力量？它试图解决（或触及了）人性中哪些最根本、最普遍的问题？

——是什么"意识"取代了传统宗教在狼书描写的额仑草原上深入人心？它是怎样征服人心、改变草原的？

本节在广义即中性意义上使用"意识形态"这一概念，③试图在德国学者卡尔·曼海姆（Karl Mannheim）倡导的"知识社会学"和英国教授约翰·汤普森（John Thompson）"现代文化"研究的基础上反顾狼书中的意识形态问题：

---

① 宝力格：《蒙古族近现代思想史论》，第 17、18、19 页。
② ［美］杰克·威泽弗德：《成吉思汗与今日世界之形成》，第 262 页。
③ ［英］J. B. 汤普森在《意识形态与现代文化》（高銛等译，译林出版社，2005 年）导论中指出：在过去二十多年来的社会与政治理论著作中，一种反应是设法使意识形态概念趋于平淡，试图剔出这个概念中的负面意思，把它结合进社会科学使用的描述性概念之中。这就出现了意识形态的所谓中性概念。根据这个概念，意识形态可以视为有关社会行动或政治实践的"思想体系"，"信仰体系"或"象征体系"。

——它是原始的和自然的,却也是现代和当代的;

——它是意识的和文学的,也是知识的和文化的;

鉴于它的寓言性质,全书成为一个有意味的象征体系,无不指向那个潜隐着的政治问题:你用什么武器征服草原?

意识形态(Ideology)一词由法国哲学家德斯蒂·德·特拉西在1796年提出,用来描述一门有关观念和感知系统的新学科,但很快就变成了"一场唇枪舌剑的政治斗争的武器"。马克思和恩格斯的《德意志意识形态》(1846年)发表以后,这个词突出了它的批判色彩,常常"被用作一个辱骂词"。①自18世纪资本主义萌芽到20世纪60年代后现代思潮出现,"两个世纪以来,意识形态的概念在社会与政治思想的发展中一直占有中心的或许有时是不光彩的地位"。②近代欧洲,资本与劳动在自由经济主导的市场上发生关系,古典自由主义作为最早的现代意识形态应运而生,在诸多经济学家、思想家和政治家的协同努力下,以知识社会学的面目见诸于世,构建了一套以"经济人"③为核心的价值体系。可以说,**意识形态这个概念本身就是现代的产物**,出现在资产阶级反抗传统贵族社会的历史时期,其基本性质首先是政治的,然后才是科学的和知识性的,它是**早期欧洲资本主义国家走上现代道路的一个不可或缺的政治武器**。正是在"现代"意识的引导下,人们才开始逐渐接受了一系列新的价值观念,认为"通过市场打交道似乎完全是公正公平的,因为资本与劳动力等价交换。这样,剩余价值的生产和占有过程被市场的运作掩盖了起来,市场运作为'合理工资'、平等、自由等意识形态话语提供了基础"。④伴随着全球一体化,

---

① [英]J.B.汤普森:《意识形态与现代文化》,译林出版社,2005年,第38页。卡尔·曼海姆则认为,在拿破仑轻蔑地称反对他称帝的法国一哲学团体为"意识形态主义者"时,"现代的意识形态观便诞生了。因此这个词带上了贬义"。参阅《意识形态与乌托邦》,第72页。

② 汤普森:《意识形态与现代文化》,第31、30页。

③ 详见[英]亚当·斯密的《国富论》中关于"经济人"的观点。参阅何兆武:《西方哲学精神》,清华大学出版社,2002年,第166—168页。

④ [英]乔治·拉伦:《意识形态与文化身份:现代性和第三世界的在场》,戴从容译,上海教育出版社,2005年,第11页。

这种体系在市场经济的推动下被演绎为人类普适价值。英国学者乔治·拉伦(J. Larrain)在他饶有趣味的论著中不留情面,再次揭开了那些——诸如自由、民主、平等——价值在普世过程中并不光彩的历史记录:"资本家和劳动者的头脑中,等价交换也自然被描述为平等和自由的,成为资本主义意识形态的关键。"①这一诠释帮助我们理解:为什么马克思在"意识形态"刚出现的时候就对它持批判态度?**因为,最早出现的现代意识形态体系,的确是"资本"的产物并直接为"资本家"服务。**马克思批判的锋芒不仅指向围绕着资本运作而建立的核心价值,更是针对这套价值体系得以建立的理论基础(如青年黑格尔派的历史唯心主义)。这些现象无论是非正负,都只在现代范畴内产生并且在现代性层面上被质问,与狼书中的原始草原会有什么关系呢?

关于狼书中的意识形态,姜戎在接受采访时有介绍:

> 额仑草原地处东乌旗的北部边境,又是交通的死角,而且,额仑是一个公私合营牧场,牧主、富牧和他们的家属以及雇工较多,那里的草原传统文化水平也比其他公社高许多,原始的草原风貌和狼图腾文化也保留得比较多些。②

一般说来,"文学作品最能表现一个时代意识形态的丰富多彩画卷,我们从其他方面所获的教益总没有从文学上得到的重要"。③比如这书里,姜戎说的就是曾经的历史而非虚构的故事,他透露了如下几个重要信息:

(1)**"边境"**是一个地缘政治概念,在文化上别有意味,可以理解

---

① [英]乔治·拉伦:《意识形态与文化身份:现代性和第三世界的在场》,戴从容译,上海教育出版社,2005年,第15页。

② 姜戎答《中华读书报》记者舒晋瑜书面采访。

③ [法]茨维坦·托多洛夫:《批评的批评——教育小说》,王东亮等译,生活·读书·新知三联书店,2002年,第154页。

为"边缘"。^①这样的地带常常是多元文化共处的。狼书故事发生在这样一个特殊环境中,为文化的政治阐释提供了一个相对开放的空间。

(2)"**死角**"是一个有特定价值取向的人文概念(大自然中无所谓死角),它意味着人迹罕至,人文因素相对稀薄。狼的故事诞生在这个"死角",是对意识形态政治的一个富有挑战性的评价尺度。

(3)"**公私合营**"是一种制度称谓,既是经济的,也是政治的,在新中国社会主义"公有制"中是一个有象征意味的专有名词。它意味着草原上的"公"不那么彻底,因此才可能存留着传统文化和狼的传说。

(4)"**牧主**"和"**富牧**"对应于"地主"和"富农",在主流政治地区是阶级敌人和专政对象,在草原则相对太平。狼书中隐约,额仑草原上富牧阶级人数较多,"草原文化水平"也相应"高许多"。

(5)"原始的草原风貌"即元自然的生存状态,在上述因素的共同作用下得以侥幸保存下来。随着北京知青以及民工和军队的进驻,"原始的"自然和"传统的"草原文化一去不返。

由此引出一个值得关注的现象:草原易主了!

传统信仰销声匿迹,昔日的草原主人成为"沉默的大多数",他们在心理上对外来户以及一切外来事物保持高度的警惕性。姜戎有这样的体验:即使他与牧民朝夕相处,即使他在那里生活了很多年,收集素材时也颇费心思。

> 真正像毕利格那样信奉狼图腾的老牧民决不会轻易对汉族知青讲述狼图腾方面的故事和看法。只有当他们发现你真正对草原狼着迷并对草原狼产生尊敬之情的时候,才会打开话匣子讲述蒙古人的传统信仰和文化。^②

这里又给了我们两个相关的重要提示:

---

① 台湾学者王明珂在《华夏边缘:历史记忆与族群认同》(社会科学文献出版社,2006 年)从自然生态和文化、政治等多重角度界定"边界"和"边缘"。
② 姜戎答《中华读书报》记者舒晋瑜书面采访。

首先是**民族身份**，即使一种意识形态一统天下，民族身份也并未消失，相反，它像等待聚变的原子，潜藏在"传统信仰"中伺机待发。用文化学者斯图亚特·霍尔(Stuart Hall)的话说："国际化的倾向越强烈，特殊群体、种族集团或社会阶层就越要重申他们的差异性，越依赖于他们所处的位置。"①狼书第 23 章围绕着外来户"猎杀天鹅"事件，充分展示了这一差异以及它所带来的文化冲突。

其次是**传统文化**，在别样意识形态的作用下已无藏身之地，它们只与有传统信仰的老牧民们相依而存。日本民俗学家关敬吾指出，一个民族与它自身的文化形成一个"共同体"，那种"长久传承下来的民俗"与它的"保持者"共存亡；反之亦然。②由此我们可以理解，狼书中的草原人为什么会为猎杀天鹅这样的事发生激烈争执。

让我们来看看这场争执。

这是书中不同民族之间唯一公开的一次群体性正面冲突，将潜隐在狼故事背后的人间事情推向前台，在"话语"的对抗与较量中，那只左右草原人命运乃至征服草原的幕后巨手终于曝露人前。

故事是这样的：外来民工抬着刚刚猎杀的天鹅回伙房。这些人也是蒙族，他们的祖先曾在草原以游牧为生，原本也是敬慕狼、爱天鹅的，现在却猎杀天鹅做下酒菜肴。牧民们非常气愤，他们"不明白为什么这些穿汉人衣服的蒙族人，也对草原神鸟这么残忍，竟敢杀吃能飞上腾格里的大鸟"。(№23,摘选)

> 毕利格老人气得胡须乱抖，大骂老王头伤天害理，**对萨满神鸟不恭不敬，忘了蒙族的本！到底还是不是蒙古人！**
>
> 老王头不吃这一套，大声嚷嚷：什么萨满萨满，我们老家连菩萨佛爷都给砸烂了，你还念叨萨满！全是"四旧"，都得砸烂！

---

① ［英］斯图亚特·霍尔：《地区与全球：全球化与种族性》，A.金编《文化、全球化与世界体系》，伦敦：麦克米兰，1991 年，第 33 页。转引自乔治·拉伦：《意识形态与文化身份》，第 211 页。

② ［日］关敬吾（编著）：《民俗学》，王汝澜、龚益善译，中国民间文艺出版社，1986 年，第 23 页。

> 毕利格见用**蒙古草原天条**镇不住老王头,就连忙去翻**蒙文毛主席语录小红书**,急急地问陈阵:治这帮土匪,该念哪条语录? 陈阵和杨克想了半天,实在想不起最高指示中有哪条语录,可以惩治猎杀珍禽的行为。

矛盾中心围绕着"信仰",牵扯出三个敏感问题:

一是**身份认同**。毕利格老人喝道:"对萨满神鸟不恭不敬,忘了蒙族的本! 到底还是不是蒙古人!"在草原人眼中,老王头一类外来户信仰不诚,民族身份是可疑的。在民族融合乃至民族风俗变迁的过程中,唯一可以界定身份的是"传统信仰",它是民俗之最,也是民族之根。

二是正在发生的**信仰革命**。通过老王头的辩白我们得知,主流地区的信仰革命已经完成,那里"连菩萨佛爷都给砸烂了,你还念叨萨满! 全是'四旧',都得砸烂!"显然,这场革命的对象不单纯针对草原和萨满,而是所有的"四旧"(旧思想、旧文化、旧风俗、旧习惯)[1],这是典型的文革话语。

三是**新的信仰**——凌驾在其他信仰之上的"最高指示"——在草原取代了腾格里。当年蒙古人无一事不归之于长生天,[2]如今凡事必找"蒙文毛主席语录小红书"。遗憾的是,那红色语录道尽了人间事故偏偏漏说了自然。人人记起的只有一句话:"与天奋斗,其乐无穷! 与地奋斗,其乐无穷!"[3]这语录帮不了草原人,反倒可能助纣为虐。

僵持不下的争辩正在升级,"民工们人多势众,有后台撑腰,都敢用流利的蒙话跟毕利格老人辩论。牧民们拥上去猛吼。杨克,陈阵和部分知青加入穿蒙袍的队伍,和穿汉装的民工对骂起来。双方越骂越凶,鼻子几乎对上鼻子。眼看狼性暴烈的兰木扎布等几个马倌就要动

---

[1] 破"四旧"源于林彪(1966年)"五一八"讲话,由《人民日报》1966年6月1日社论《横扫一切牛鬼蛇神》第一次明确提出。参阅王年一:《"文化大革命"十年史:大动乱的年代》,河南人民出版社,2005年,第56页。

[2] 苏鲁格:《蒙古族宗教史》,第26页。

[3] 出自毛泽东早年日记,在"文化大革命"中妇孺皆知。参阅[美]罗斯·特里尔:《毛泽东传》,胡为雄、郑玉臣译,中国人民大学出版社,2006年,第32—33页。

用马鞭……"就在这时：

> **包顺贵**急急骑马赶到。他冲到人群前，用马鞭狠狠地在自己的头顶上挥了几下，大吼一声：都给我住嘴！谁敢动手我就叫**专政小组**来抓人。把你们统统关进**学习班**去！众人全都不吭声了。（№23）

包顺贵的"到场"意味深长！

他的到场也是救场，眼看就要动武的"众人全都不吭声了"。

包顺贵是什么人？他单枪匹马赶来，何以三两句话就制服了怒火冲天的敌对双方？所谓兵不血刃，这是一个绝佳案例。包顺贵这个人不简单，他曾是军代表，如今是农场第一把手，党政军兼于一身，是"上面"派往草原的全权代表即额仑草原上实际的最高统治者。他的名字有多重象征意味，在政治范畴里可以这样理解："包"有包办一切、包揽天下的意思；"顺"有顺从和顺利双重含义，只要他顺从上级领导，这草原上的事——无论作福作恶——都可以疏通无阻。"贵"是一种身份，远在各民族和各阶级之上，对北京知青也有无可置疑的约束力量。包顺贵的到场即权力的到场；那么，他用什么武器平息了这场纠纷？

是"最高指示"，即意识形态。

还有意识形态工具，即他提到的"专政小组"和"学习班"。

一般情况下，文艺作品中的意识形态是隐性的。以抽象主义绘画为例，阿尔都塞指出："画出来的是在场中的不在场（absence），画的是人同物体之间的真实关系……控制着人们之间关系的日常意识形态的结构永远不能用它的在场、用原型、正和凸雕来表现，而只能用迹象和作用、用不在场的标志、用副和凹雕来表现。"通过"不在场"的深层结构，作品才可能突破意识形态的局限而揭示出现实的真实关系。①寓言小说也有这样的功能，"正是因为我们不能在这些画中'认出'自己，

---

① ［法］阿尔都塞：《抽象画家克勒莫尼尼》，转引自《西方马克思主义美学文选》，第533—534页。

我们才能够在其中以艺术所提供的特殊形式认识自己"。①《狼图腾》中，意识形态一直是隐身的，隐退在褪色的人间故事里；直到包顺贵在危机时刻及时到场，它才"部分"浮出水面，让我们看到了它的些许真实面孔。

它是怎样的面孔呢？

且看书中各色人等的表现（No23，摘选）：

> 包顺贵跳下马，走到毕利格面前说：天鹅这玩艺儿，是苏修喜欢的东西。在北京，演天鹅的老毛子戏已经被打倒，不让再演了，连演戏的主角儿都被批斗了。咱们这儿要是还护着天鹅，这事传出去问题可就大了，成了政治问题……
>
> 包顺贵又转身对众人说，大忙季节，都呆在这儿干什么？都干活去！
>
> 众人气呼呼地陆续散去。
>
> 杨克咽不下这口气，他骑马奔回包，取来三支大爆竹，对准湖面连点三炮……
>
> 包顺贵气得返身冲下山坡，用马鞭指着杨克的鼻子大骂：你想断了我的下酒菜，你长几个脑袋？别忘了你的反动老子还跟着黑帮一块劳动改造呢！你要好好接受贫下中农的再教育，那些工地上的人，还有我，都是贫下中农！
>
> 杨克瞪眼顶撞道：在草原插队，我首先接受牧民，接受贫下中牧的再教育！
>
> 毕利格老人和几个马倌搂着杨克的肩膀往坡上走。

从上述引文中可以解析出如下含义：

首先是**权力关系**。这个边远草原的权力者包顺贵不过一个执行者，他因此总在关注和倾听来自北京的声音。

---

① ［法］阿尔都塞：《抽象画家克勒莫尼尼》，转引自《西方马克思主义美学文选》，第535页。

其次是**意识形态问题**。"天鹅"这个草原圣灵仅仅因为与"苏修"有想象上的联系,"护着天鹅"这事传出去就可能成了"政治问题"。说到政治,顿时噤若寒蝉,众人只好"气呼呼"地散去。而说到"苏修"①,在当时是比美帝国主义更可怕的字眼,不仅是民族/国家的敌人,也是意识形态意义上的叛徒,但凡与之有任何牵连都不会有好下场。

其三是**阶级关系**。自新中国成立直到"文革"结束,中国大陆(包括草原)无人没有阶级成分,无人可以在阶级斗争面前脱离干系。尤其在阶级斗争必须"年年讲、月月讲、天天讲"②的"文化大革命"期间,包顺贵随口而出的"别忘了你的反动老子还跟着黑帮一块劳动改造呢!"是一个严厉的政治告示。诸如"你长几个脑袋"的警告,在当年具有最普遍、最强大的杀伤力:就像"老子"的阶级成分直接影响孩子的前途,孩子的恶劣表现无疑会让老子的政治厄运雪上加霜。

其四是**民族关系**。包顺贵勒令杨克"好好接受贫下中农的再教育",杨克斗胆顶撞他,借的是草原人的力量:"在草原,我首先接受牧民,接受贫下中牧的再教育!"让我们从中嗅出别样味道:同一个阶级——比如贫农/贫牧——却可能不同立场,"毕利格老人和几个马倌搂着杨克的肩膀"一同离开,以不同的民族身份公然挑战已经被包顺贵明示出来的阶级关系。

不尽如此,当包顺贵理直气壮地说出"那些工地上的人,还有我,都是贫下中农"时,也挑明了赋予他的权力本身的阶级色彩以及浸染其中的意识形态的性质,来自下层即所谓"被压迫人民"。这种性质在新中国建国的政治纲领中写得很明白,③公然昭示出"每项政治纲领

① "苏修"指"苏共修正主义",出自 1963 年中苏论战中的"九评苏共中央公开信"。19 世纪 80 年代德国社会民主党人伯恩施坦提出对马克思主义的"修正"并自诩为"修正主义"。列宁在 1908 年首次使用"现代修正主义"(《列宁选集》第二卷,第 337 页),这一概念在 20 世纪 60 年代成为社会主义阵营内部相互指责的贬义概念。

② 出自 1962 年 9 月毛泽东在中共八届十中全会上的发言。

③ 1954 年 9 月 15 日毛泽东在中华人民共和国第一届全国人民代表大会第一次会议开幕致词中说:"领导我们事业的核心力量是中国共产党,指导我们思想的理论基础是马克思列宁主义。"这一思想成为新中国建国的基本政治纲领,在文化大革命期间出版的《毛主席语录》(小红书)中排列首位。

中都有意识形态。意识形态也是每个有组织政治运动的特征"①这一现代权力运作的基本特点,让我们切实看到了:"哪里存在不对等的权力关系,哪里就存在着统治,意识形态也因而用来既维护阶级统治,又维护种族群体之间、民族国家之间、性别之间的各种统治关系。"②

既然如此,还有什么多余的话好说?

在中性立场上理解意识形态,无话可说。但在这里,让人感到吊诡的是,如上理直气壮,无不出自"解放全人类"这一伟大理想,它恰恰直接来自最早开始"意识形态批判"的马克思和以阶级分析为核心价值的马克思主义学说!

——何以出尔反尔?

——是人为的作伪还是历史的吊诡?

"马克思无疑是意识形态概念史上最重要的人物。"③他和恩格斯在《德意志意识形态》中以论证方式使用"意识形态"一词,将批判的锋芒指向"青年黑格尔派"所倡导的历史唯心主义,亦即指向自由主义思潮乃至整个资本主义意识形态体系的理论基石。正是由于马克思,意识形态概念获得了新的地位,成了一种批判手段和新的理论体系中的组成部分。④"批判的武器"当真变成了"武器的批判"。马克思没有料到,在他揭露资本主义意识形态特征的同时,**一种新的意识形态正在他的笔下和身后被建构起来**。如果说,他的如下论述⑤是成立的:

> 统治阶级的思想在每一时代都是占统治地位的思想。这就是说,一个阶级是社会上占统治地位的**物质力量**,同时也是社会上占统治地位的**精神力量**。

那么走到今天,恰恰是经由马克思主义指导的社会主义运动,让

---

① [英]J. B. 汤普森:《意识形态与现代文化》,第 6 页。
② [英]乔治·拉伦:《意识形态与文化身份:现代性和第三世界的在场》,第 16 页。
③ 汤普森:《意识形态与现代文化》,第 31、36 页。
④ 同上,第 38 页。
⑤ 马克思、恩格斯:《德意志意识形态》,《马克思恩格斯全集》第三卷,人民出版社,1960 年,第 52 页。

我们这里的历史进程发生了质的转变：**统治者的权力建构不再与"物质力量"发生原始的唯物主义关系**，促成其转变的重要力量是一个新的意识形态体系，即"共产党宣言"以及由此引申出来的阶级斗争学说——那个"幽灵，共产主义的幽灵"①不只在欧洲徘徊，它早已跨越国界，成为"全世界无产者联合起来"以改造世界的重要武器。革命的意识形态本身也随之发生了质的变化，从夜幕走向阳光甚至变成"太阳"，光芒万丈，普照各个角落，也照到了那个遥远的边境额仑草原。

在革命光照的地方，"四旧"破了，穷人翻身了，一个新社会建立起来了。作为意识形态的产物，它的基础首先是思想性的。物质的或非物质的一切社会财富，在"合法"的意识形态操纵下被"合法地"重新组合。这一来，意识形态本身变成了自身存在的工具，它必须全力维护（这一）意识而不再允许生产（其他）思想。**一切新思想都可能成为新的"意识（形态）"变革的有机因子**。在现代意识形态国家，取得主导地位的意识形态因此有自保意识和相应的功能，它不仅是社会稳定的必要保障，也是承载（这一）意识的精英集团维持其政治统治的合法基石。事情走到这一步，走出了马克思的历史期待，却是历代马克思主义者们共同努力的一个具体的方向。②马克思反对任何思想的意识形态化，把如此趋势看作"一种疾患的征象，不是一个健康社会的正常特点"；③但却无法阻挡"在马克思以后，意识形态的概念在马克思主义和新兴的社会科学学科中都扮演了重要的角色"这一重大变故。④马克思主义"提供一个系统的、总体的关于社会—历史领域的观点。它预见一个大大不同于当今的未来，这只能通过坚定信仰其目标的人们献身行动来加以实现"。由此，汤普森总结"意识形态的特点就是：总体的，空想的，激情的，教条的"。⑤他看到了马克思主义与知识社会学

---

① 《共产党宣言》宣称："到目前为止的一切社会的历史都是阶级斗争的历史。"《马克思恩格斯选集》第一卷，人民出版社，1966 年，第 238、239 页。
② 列宁的国家学说以及苏维埃社会主义国家的建立，可以看作是这一方向上有代表性的成果。
③ ［英］汤普森：《意识形态与现代文化》，第 50—52 页。
④ 同上，第 49 页。
⑤ 同上，第 90 页。

密切结合自我建构成为"学说"这一特点，却忽略了它与政党合二而一在"主义"的名义下变成改造世界的政治武器这一更为重要的历史事实。怪不得汤普森，他实在是缺了身在其中的切身体验。姜戎就不同，他是这一体系的精神产儿；①无论顺应它还是背叛它，都带着它的胎记；无论借草原人还是借草原狼说话，都在变相地复述着它的话语。额仑草原上那些时隐时现的意识形态话语总在唤醒"集体遗忘"了的历史记忆，逼迫我们不得不正视那个揪人心痛、长久隐忍、不愿公开谈论的敏感话题：作为知识分子，我们为什么长久保持沉默、将种种别样思绪隐忍在心？

——意识形态中那个"意识"究竟是什么？

——它是怎么被生产、被传播和被人们（包括我们自己）接受的？

还是回到《狼图腾》，看看它给了我们一些怎样的提示。

狼书中没有使用"意识形态"这一概念，作者不打算过多地暗示它的具体内容；相反，它似乎在有意回避这一内容。

为什么呢？

答案就在书名上：狼图腾——一个新的意识形态符号——企图替换现有的其他符号。狼旗下，一切其他意识或思想都不重要，因此不再是作者刻意表现的对象。这种努力无可厚非。"既然意识形态是普遍存在的，学者也不能不像其他人一样受影响。"②当个人经验与现有的意识形态不一致时，人们便会试图提出一套更适合他们经验的新的准则，如诺斯说："经验和意识形态的矛盾必须先积累，而后由个人来改变其意识形态。"③由此可以理解狼书的创作意图：它想另立炉灶，制造一个更"适合"的意识形态——**这是典型的乌托邦举措，是被革命的意识形态教化成熟而力求有所作为的知识分子们最自然、最容**

---

① 姜戎的专业是马克思主义政治经济学，他的家庭出身也同样性质。在本书第五章第 4 节"关于作者"中对此有更详细的讨论。

②③ ［美］道格拉斯·C. 诺斯：《经济史上的结构和变革》，厉以平译，商务印书馆，2005 年，第58 页。

易、最合理的去处。鉴于这一特点,我们试图追寻的问题,在狼书中是作为答案出现的;我们希望获得的真知或真相,恰恰是作者质疑批判的对象潜伏在故事中的。

首当其冲的,是意识形态的社会基础。

这种基础就是所谓"民族性格",其背景指向是**民族国家**。对此,乔治·拉伦有精彩且精确的描述:"马克思的意识形态观一方面是阶级压迫和主要劳资矛盾背景之下的批判工具,另一方面是在民族国家内部进行分析的工具,民族国家是阶级统治的典型场所。"[①]狼书中,我们看到了它合二而一的有效作为,以"全国"之名融化了所有城乡、民族、阶级、性别等差异和界限,让国家成为笼罩在意识形态光照下整合人间行为的工具。狼书中多次提到"上面"(而非"上级"),不单纯影射一个领导人或一个政党。它非常抽象,无所不在,可以从任何一个方向准确无误地指向民族/国家,而它的核心价值的确就是"民族"和"国家"。书中的边界是国界,军队不是为了征服草原而专门设立的,它的背景是国家,它的任务是"保家卫国"——这"家/国"中也包括草原人的家园。在国家的名义下,一切局部利益的让步都是人们可以理解和接受的。比如说到 20 世纪 60 年代困难时期:

> 全国都缺肉,缺油水,<u>全国都跟内蒙要牛羊肉</u>。可是,一吨牛羊肉是用七八十吨草换来的,内地一个劲地来要肉,实际上就是跟草原要草啊,<u>再要下去,就要了草原的命了</u>。**上面**又给咱们牧场压下了指标,东南边的几个旗都快压成沙地了……(No16)

乌力吉道出了草原人的忧虑,有难言之隐,却无抗拒造反之心。毕利格老人对草原上发生的事情更是心知肚明,却也无可奈何:

---

① [英]乔治·拉伦:《意识形态与文化身份:现代性和第三世界的在场》,第 16 页。

七八十四匹军马,那可是全场十几个马群和几十个马倌的心肝肉尖——它们血统高贵,马种纯正,是历史上蒙古战马中闻名于世的乌珠穆沁马,史称突厥马……这次为了战备,调拨给民兵骑兵师,牧场有苦难言。(No.5)

额仑草原产出的黄羊皮是上等皮夹克的原料。"每年内蒙草原出产的黄羊皮全部出口,到苏联,东欧换钢材、汽车和军火;黄羊的里脊肉又是做肉罐头的上等原料,也统统出口。"(No.2)在民族国家最困难的时候,草原人无言地做出了自己的贡献,在"觉悟"一类褒扬声中,是意识形态即"正确思想"的作用首当其冲。鉴于此,我不认为意识形态的性质"是由它的形式而不是内容决定的",①相反,恰恰是内容即"意识"的内涵决定了它可能采用的形式。新的意识形态可以借助人们容易认同的价值体系,把其中某些因素"从其他意识形态话语中分离出来,然后将其重新表述进新的话语,这样,通过在新的整体中获得新的含义,它们帮助重新构建了服务于不同政治目的和行为的主体"。②同样的意识元素,在不同的意识形态框架内可能产生完全不同的结果。拿民族主义来说,在民族身处困境时最容易产生巨大的整合力量,却有不同的发展指向,比如:20世纪30年代法西斯的意识形态有效地把民族主义和反财阀的大众传统与种族主义结合在一起,指向种族灭绝性的侵略战争;20世纪80年代撒切尔集团的新自由主义意识形态将英国公众对工资控制和高税收的反抗情绪与市场运作结合在一起,指向自由资本的国家重建。"资产阶级能用民族主义来反对封建社会的地方主义,而无产阶级也能用民族主义来反对帝国主义。自由主义是欧洲资产阶级的意识形态,但它在拉丁美洲也是半封建地主们的意识形态。"③今天,它成了中国知识分子普遍接受的意识形态。**民族国家成为一个个意识形态王国,国界不仅是国家的疆界,也**

---

① 〔英〕E.拉克劳:《马克思主义理论中的政治与意识形态》,伦敦:新左翼丛书,1977年,第160页。转引自乔治·拉伦:《意识形态与文化身份:现代性和第三世界的在场》,第103页。
②③ 〔英〕乔治·拉伦:《意识形态与文化身份:现代性和第三世界的在场》,第103页。

是"思想"的疆界——在这个疆界内,统一思想成为民族国家重建的一项基础过程。因此,在那个时代,在与"苏修"仅一界之隔的额仑草原,就会有这样的对话:

> 杨克吼道:中国人都知道,癞蛤蟆才想吃天鹅肉呢,你还是中国人吗?
>
> 老王头冷笑道:是中国人就不能让天鹅飞到老毛子那儿去,你想把天鹅送给老毛子吃啊? 杨克一时竟被噎得说不出话。(No23)

老王头是"流民"和"外来户",有这样的政治觉悟,可见意识形态控制的力量。不过几年,草原人都信了新思想。比如毕利格老人,尽管他内心笃信腾格里,遇事还需要不断向"语录"要答案(No23)。他的儿子"巴图被周围的人问急了,就连声说向毛主席保证,向腾格里发誓"(No13)。当包顺贵猎杀天鹅"解解馋",杨克说:"你要杀就先杀了我吧。"包顺贵大怒:

> 他顿时瞪起牛眼训道:什么天鹅湖不天鹅湖的,你满脑子资产阶级思想,不就是个高中生吗,我的学历不比你低。不把《天鹅湖》赶下台,《红色娘子军》能上台吗?(No19)

阶级斗争问题不断浮上水面。但在这里,不同于土改时期以经济条件为基础划分成分,而是突出了"学历"即知识和文化色彩,**以"思想"的形式将意识形态之间你死我活的争夺推向前台。**

马克思主义美学家阿尔都塞指出,艺术是一种被意识形态"浸透"的人类活动[1],是直接为国家机器服务的工具。国家机器除军队和警

---

① [法]路易·阿尔都塞:《保卫马克思》,引自《西方美学通史》第七卷,朱立元、张德兴等著,上海文艺出版社,1999年,第107页。重点符号为原作中所有。

察,还有另一种如教堂、学校、艺术团体等,它们都是自觉制造、生产意识形态的国家机器。前者依靠强制和威胁发挥作用,后者"则通过'意识形态'发挥作用"。①包顺贵一句"下台/上台",刹那间唤醒人的阶级觉悟,让我们对书中的意识形态问题保持高度警惕。有了这警惕,字里行间处处都能嗅出弥漫在草原上的阶级问题。比如知青的邻居官布,牧主成分,是被管制分子,被剥夺了放牧权,但四个知青一有机会就让他代放牲畜。(№3)这些原本是接受再教育的"小资产阶级知识分子",在更大的阶级敌人面前可以自我赦免。杨克看二顺家烹煮天鹅,生气却不敢发火:人家是贫下中农,自己是上山下乡来接受再教育的"狗崽子"。(№23)比较内地比较北京,草原人的阶级觉悟不高,受到各种传统观念的打扰:官布替知青放羊,嘎斯迈"公正地"将工分记在官部名下;巴图一边"向毛主席保证",同时不忘"向腾格里发誓"……相比之下,倒是北京知青们对"阶级"的敏感不同一般,围绕着是否打狼,几个知青争论不休。红卫兵小头头李红卫情绪激动:

> 狼真是阶级敌人,世界上一切反动派都是野心狼。狼太残忍了,屠杀人民财产马群牛群羊群不算,竟然还屠杀自己的同类,咱们应该组织群众打狼,对所有的狼实行无产阶级专政……还要坚决批判那些同情狼、姑息狼、死了还把尸体喂狼的草原旧观念、旧传统、旧风俗和旧习惯……(№6)

因此我们看到了这样的场景:灭狼大会战之后,全师上下,打狼剥皮都红了眼。随着兵团进驻,"草原狼陷入了人民战争的汪洋大海,到处都在唱:祖祖孙孙打下去,打不尽豺狼决不下战场。"②(№32)

说到这里,那个最懂狼、最护狼的毕利格老人哪里去了?

---

① [法]路易·阿尔都塞:《保卫马克思》,引自《西方美学通史》第七卷,第110页。
② "祖祖孙孙打下去,打不尽豺狼决不下战场。"是文化大革命期间八个样板戏之一《红灯记》中的经典唱段,当时老少妇孺皆能颂唱。

不幸,在我们眼中已经定格在元自然生存中草原人的代表,其身份既不原始也不那么自然。在"以阶级斗争为纲"①的革命年代,毕利格本身正是那个革命阶级的典型代表,如陈阵敬语说他:"您是贫牧代表,又是革委会委员,大家都听你的。"(№6)由此我们看到,与习俗社会中的酋长或长老完全不同,毕利格原本是一个穷人、一个底层社会成员,何以在这草原上众望所归?不因为他代表草原人的利益保卫了草原,而因为他也是国家铁链上一个重要环节,以草原人特有的民族身份被"统战"进入了新的权力/利益集团。

到这里,所有疑惑似乎都释然了,指向一个共同的方向:革命!

一场革命之后,权力再分配导致利益再分配。这不是新中国的创举,也不是"文化大革命"的功绩。"从早期资本主义转入国家介入干预经济活动和提供普遍福利,事实上废除了平等交换的意思,要求政治权力的一种新的合法化。"②无论哪个阶级开始执掌政权,权力和利益的再分配都是顺理成章的事,"而且它一直就是在意识形态的操纵下完成的"。哈贝马斯指出:"这种新的意识形态起源于技术和科学,后两者开始混合在一起,越来越具有操作性……起着使政治权力合法化的作用。"③这种认识放在西方语境中,深刻;放在《狼图腾》中就显得浮浅了。倒是狼书故事,将现代意识形态运作的各种手段表现得更生动更具体,像一面镜子——放大镜或哈哈镜——照出了一代(毛泽东时代)人亲历的心灵旅程。

"意识形态现象的主要特征是参与者无法轻易看透它的运作。"④于"形态"中人,意识像华盖,人在其之下,被笼罩其间。它也像空气,溶化在水里,呼吸在体内……于无声中改造人心,让绵延千年的传统观念、信仰戛然而止却丝毫不见波澜:

---

① 中共中央政治局 1965 年 1 月 14 日通过的《农村社会主义教育运动中目前提出的一些问题》中提出:"抓住阶级斗争这个纲,抓住社会主义和资本主义两条道路斗争这个纲,"解决"社会主义和资本主义的矛盾。详见《社会主义大辞典》,高放主编,河南人民出版社,1988 年,第 304 页。
②③ 〔德〕哈贝马斯:《朝向理性社会》,引自拉伦的《意识形态与文化身份:现代性和第三世界的在场》,第 165 页。
④ 〔英〕乔治·拉伦:《意识形态与文化身份:现代性和第三世界的在场》,第 170 页。

> 现在内蒙的蒙族人,都不愿意承认他们的民歌是从狼歌那儿演变来的……这也不奇怪,现在《红灯记》里不是在唱"……狱警传,似狼嚎"么,那谁还敢说蒙古民歌来源于狼?要不然,那首敬祝伟大领袖万寿无疆的《赞歌》就该封杀了。(No26)

"狼"尽管在精神层面上被抬举得很高,在现实中的政治地位却不容乐观。它被定性为"阶级敌人",被打被消灭的命运在所难免。书中,"政治"与"阶级"紧密结合,放之四海皆有杀伤力。在意识直接操控的王国里,一切与阶级和政治发生关系的事物都被上纲上线,先验地被烙上了原罪的印记:

> 文革初期在北京动物园里,管理员仅仅只是将一只缺奶的小老虎,和一条把它喂大的母狗养在一个笼子里,就成了重大政治问题,说这是宣扬反动的阶级调和论,管理员被审查批斗。(No11)

何以会有这样无所不在的神奇效果?

政治学的解释通常归于权力的作用。历史证明,由于权力介入,喇嘛教得以在较短时间内征服人心,并且在草原扎下了根。但历史也证明,仅仅权力是不够的,同样在蒙古草原,13 世纪初年,成吉思汗聘请山东道人丘处机①做军师。丘道长教他:兵不嗜血,敬天爱人,清心寡欲(前者治军,中者待人,后者对己)。②立国以后,成吉思汗没有使用政权力量推动道教普及,也没有动用国家机器刻意宣传

---

① 丘处机(1148—1227),又名丘长春,道号长春子,是道教全真派创始人之一。1220 年他奉诏,以七十余岁高龄,率 18 高徒跋涉数万里,远赴西域雪山(今阿富汗兴都库什山)拜会成吉思汗。他的弟子李志常等人后来著成《长春真人西游记》一书记载此事。
② 成吉思汗召丘的目的并不在治国治军,而是求长生之术。丘处机以道家"清净无为"、"敬天真民戒杀"劝谕成吉思汗。成吉思汗立国后尊他为"丘神仙",令他"掌管天下出家人"。详见任继愈主编《中国道教史》,上海人民出版社,1990 年,第 523、534 页。

道教①——而"宣传"和"普及"却是意识形态社会的一个基本特征。

现代政治领域，尤其在意识形态国家，"宣传"是一个非常重要、十分敏感的字眼，与"传播"或"传媒"一类单纯工具性概念不完全是一回事。它通常由国家机器直接操控，内含着"上宣下传"的性质即自上而下的操作方式。与一般信息传播不同，它承载的不尽是随机而遇的新闻，而是一种预设的、统一的、指令性的"思想"。**但凡走在"宣传"的行列里，话语成为意识形态的武器，不再是表达思想的工具。**我们在狼书中总见"下达"（上级指示）和"宣传"（模范事迹），不断看到一整套完善的意识形态机制在组织和引导民众方面发挥的特殊作用。所有与打狼有关的事迹全都被赋予了特殊的政治含义，"英雄"和"模范"不仅被"通报表扬"，还有物质奖励：

——第二天，道尔基用羊换狼的**事迹**传遍了整个大队。包顺贵得到了狼皮以后，把道尔基夸个没完，还**通报**全场给予**表扬**，并**奖励**他30发子弹。（No21）

——火烧狼群之后，包顺贵对猎手们说：我代表旗盟革委会，军分区领导谢谢大家了！你们都是打狼**英雄**，过几天**照片**就会**登在报纸**上。（No13）

所有大张旗鼓的举措无不在传达来自"上面"的声音，所有的疑惑或个人想法都只能在私下交谈中悄声进行。意识形态机制一旦运作起来，可以将一种声音无限放大，最终让其他声音销声匿迹。无疑，这也是一种战斗，胜利的一方不仅掌握人心，也掌控着运作人心的工具。所谓兵不血刃，正是在"意识"乃至"人心"层面上体现出来的。难怪毕利格老人的不满并不直接针对打狼的牧民，而是朝向那个太过强大的宣传机器。私下里老人对陈阵抱怨：

青年小马倌，成天赛着杀狼，不懂事理啊……<u>收音机里</u>

---

① "成吉思汗命其后裔切勿偏重何种宗教，应对各教之人待遇平等……各宗派之教师、教士、贫民、医师以及其他学者，悉皆豁免赋役。"详见［瑞典］多桑：《多桑蒙古史》，第152页。

尽捧那些打狼英雄。农区的人来管草原牧区，真是瞎管。
再往后，草原上人该遭罪了……(No10)

当他从广播里听说兰木扎布打狼受到表扬，急匆匆找到了那年
轻马倌质问：

你还差几条狼就能赶上白音高毕公社那个打狼英雄布
赫啦？你真想上报纸，上广播，领那份奖？要是你们把狼打
绝了，看你死了以后灵魂往哪儿去？(No3)

老人一再提到的"报纸"、"广播"、"收音机"都是那个时代最重
要的宣传工具，它们绝非一般意义上的传播媒体，而是彻头彻尾的
统治者的武器。难为狼书让我们重温故事，在毕利格老人的切肤之
痛中，让我们领教到了意识形态机制中"技术"的力量。如马尔库塞
(H. Marcuse)所说："今天，统治不是通过技术，而且作为技术，使自己
持久和扩大，技术使政治权力的扩张获得充分的合法性，政治权力已
经囊括了所有文化领域。"[1]谁掌握了这种武器，谁就能主导舆论，引
导人心，改变草原的颜色，甚至改造(或篡改)历史。对此，毕利格看得
真切，还是在私下里，他对陈阵说：

古时候，汉军一入草原便大肆杀狗吃肉，因而激怒了牧
民，纷纷自发抵抗。眼下，牧民的狗也经常被内地来的盲流
偷走吃掉，狗皮则被偷运到东北和关内……老人忿忿说：可
汉人写的书，从来不提这种事。(No12)

书里把"说"这事看得很重要，说什么和怎么说，一总由"上面"说

---

① ［美］赫伯特·马尔库塞：《单面人》，伦敦：阿巴库斯，1972 年，第 130 页。参阅中译本(左晓斯、张
宜生、肖滨译，湖南人民出版社，1988 年)"技术理性与统治逻辑"一节，第 122—145 页。

了算。另一边(下面)的义务是听。一个巴掌拍不响,没有听的配合,说什么都是徒劳。在那个特殊的年代,**"说"是权力的象征**,**"听"是民众的义务**——不听,因此成为政治反抗的一种潜在的手段。

第30章有一段关于"耳朵"和"骨气"的描写,耐人寻味。

在养狼的过程中陈阵发现,狼耳挺拔,听力敏锐,他猜想:狗祖先的耳朵可能也像狼耳一样挺拔,被人类驯服以后才耷拉下来。"远古的人类可能不喜欢狗的野性,于是经常去拧它的耳朵……久而久之,狗的耳朵就被人拧软了。耳骨一软,狗的'骨气'也就走泄,狗最终变成了人类俯首帖耳的奴仆。"他联想到"蒙古马倌驯生马首先就得拧住马耳,按低了马头,才能备上马鞍骑上马;中国地主婆也喜欢拧小丫环的耳朵。一旦被人拧了耳朵,奴隶或奴仆的身份就被确认下来",由此延伸到民族性格:

> 游牧民族以"执牛耳"的方式,拧软了野牛、野马、野羊和野狗的耳朵,把它们变成了奴隶和奴仆。后来,强悍的游牧民族又把此成功经验用于其他部族和民族,去拧被征服地的民族的耳朵,占据统治地位的集团去拧被统治民族的耳朵。(№30)

话到这里,原本可以在"听"的方向上驰骋思绪,让"不听"成为陈阵在逆境中争取自由并享受自由的一种手段。很遗憾,他显然也是把"执牛耳"作为自己精神向往的一个具体的目标,而放弃了他原本可以在不听因而无为的境界中有所作为的通道——那是通向自由的方向!陈阵的作为是相反的:他一边悉心倾听草原的声音,一边却违逆民意豢养小狼,同时关注和倾听上级的声音,"听从"军人的召唤把枪炮引向草原深处!

道德审判随时可以开庭。

在那个年代,谈论道德是一件太奢侈的事,事后的审判也未必来得公正。在极端的意识形态机制——可以称之专制——中,不听是

抗拒的开始,是反叛的另类表现,它的代价不同寻常。第29章中,包顺贵骑马巡视了沙岗草甸,气得大骂:

> 我早就说牧场的头等大事就是灭狼,可你们就是不支持,这下看见了吧,这就是对你们的惩罚。往后谁要是还敢替狼说好话,我就要撤他的职,给他办学习班,还得让他赔偿损失!(№29)

毕利格老人知道这绝非恐吓说说而已,他预感大难临头,凄凉地望着蓝天,嘴唇微微颤抖。陈阵不由而生戚戚之情,他小声对知青张继原说:驾驭草原太难了,主持草原的人,可能最后都变成了替罪羊。果然:

> 上级机关对额仑宝力格牧场军马群事故的处理决定已下达到牧场。负责全场生产的乌力吉记行政大过一次,并撤消牧场三结合领导班子成员职务,下放到基层劳动锻炼。巴图、沙茨楞等四位马倌各记大过一次,撤消巴图的民兵连长一职。(№17)

干部"撤职",普通百姓"办学习班",政治惩罚之后还有经济赔偿。在那个十分贫困、稍有差池便株连子孙的年代,没有人对"前车之鉴"无动于衷。狼书中有这样一幕:打狼之后,人们纷抢战利品乱作一团,包顺贵挥舞着鞭子大喊大叫:"一切缴获要交公!谁乱来,办谁的学习班!"(№6)嘈乱顿时归于平静,可见话语以及"话语武器"(学习班)的巨大威力。曾经是拼杀见血、成王败寇的原始草原上,如今只需"说说"便能左右乾坤,可见坐落在"意识"之上的政治力量,远胜于战场上的军事较量。亲历者都知道,在那个特殊年代,"办学习班"是极为普遍的惩戒方式。它将一群"政治不正确"的人集中在一起,批斗,训斥,洗脑……无论什么人,一旦进入"学习班"便成为政治上的异类,如同缝上了"红字"或"星标"，①是"全国山河一片红"必须清除的污迹。这种情势中，人人自危，事事谨慎，但凡说出不同意见，立刻有人警告："别乱说，你想挨批斗啊。"（No6）可见意识形态的力量和功效："不是由个人的意识产生的，而是个人在早已被意识形态固定住的位置上形成他们的信念，仿佛他们是自己的真正创造者。"②一旦"意识"成为社会共识，听或不听，已经没有明显的界限，就像一架惯性运作的机器，可以自觉地运行下去。

约翰·汤普森详细描述了意识形态运行的五种模式：合法化、虚饰化、统一化、分散化和具体化，它们相互重叠或相互加强。③对照去看狼书，有趣，就五种基本模式而言，在在都是呼应。如下：

合法性，其谋略是**普遍化**。通过宣传工具让"服务于某些人利益的体制安排被描述为服务于全体人的利益"，并且被描述为对全体人开放。这是意识形态机制的一个基本特征，也是它的基础。④狼书中，它的名字叫"全国"。

虚饰化，其主要谋略就是**美化**。统治者通过掩饰和否认其既得利益的统治性质，以维持和支撑其执掌权力的合法性，它"可能靠各种不同谋略在象征形式中表达出来"。如狼书中的"打狼英雄"和为民除害，"把行动、体制或社会关系描述或重新描述，使之具有正面的评价"。⑤

统一化，其典型谋略是**标准化**。把不同的人"都包罗在集体认同性之内"（例如国家疆界内），使用一种国语，通过国旗、国徽、国歌等构建国家，整合民族象征，让不同人群产生共同的集体归属感和认同感。⑥狼书中，阶级觉悟和国家认同模糊了民族差异，红遍山河的（毛泽

---

① "红字"见美国作家霍桑的同名小说，为通奸者缝制胸前；"星标"是犹太人的标记，希特勒虐犹时期被强制缝于胸前——两种都是惩戒异类的符号，有警示众人的功能。

② ［英］乔治·拉伦：《意识形态与文化身份：现代性和第三世界的在场》，第101页。

③ ［英］汤普森：《意识形态与现代文化》，第67—68页。

④ 参阅［德］马克斯·韦伯：《经济与社会：解释性社会学纲要》，加利福尼亚大学出版社，1978年，3章。［英］汤普森：《意识形态与现代文化》，第67、69页。

⑤ ［英］汤普森：《意识形态与现代文化》，第69、70页。

⑥ 同上，第71—72页。

东)思想既是统一手段,也是标准。

分散化:"分散那些可能对统治集团造成有效挑战的人和集团",其典型谋略是**分化**和**排他**。分化即强调人们之间的不同(如阶级划分),排他则必须"构造敌人"(如草原狼)以排除异己。通过宣传机器,将敌人描述为"邪恶、有害或可怕,它被要求人们一致来抵制或排除"。汤普森以 20 世纪 30 年代德国纳粹排犹和斯大林的政治大清洗为例。①狼书中,借杨克的嘴说话,我们知道了当时的排他性措施:

> 这二十年不要说把农民逐渐变为工人、市民和城市知
> 识分子了,还恨不得把城里的知识分子统统赶到农村去当
> 二等农民,咱们几百万知青不是一下子就被扫地出城了吗?
> (No20)

具体化,通常在词语的构建中实现:将一些含有特殊意识形态意味的句子简略,使其**名词化**,即通过"删除行动者和代理者"省略事件的过程,将其意义整体性地变成为一个名词②或缩略语。③狼书中有大量例子,比如"苏修",一个自造的名词就足以给人定罪;一个"学习班"的暗示就足以平乱,不战而胜。

汤普森指出,从 18 世纪至今,"意识形态被理解为现代所特有的一种特定类型的信仰体系……它们是由国家机构所产生和扩散的,它们服务于复制社会秩序,保证人们忠诚于它"。④阿尔都塞详细区分了"压制性国家机器"和"意识形态国家机器"⑤的不同性质,作为马克思主义理论家,他倾向从正面即从历史发展的角度肯定意识形态在国家建设乃至在文学艺术中的积极作用。如果把额仑草原置于后者的分

---

① [英]汤普森:《意识形态与现代文化》,第 73 页。
② 同上,第 74 页。
③ 详见[美]赫伯特·马尔库塞:《单面人》,第 81 页。
④ 同上,第 83 页。
⑤ 阿尔都塞:《意识形态与意识形态国家机器》,载《列宁与哲学》,伦敦:新左派书社,1971 年,第 135—140 页。参阅[英]汤普森:《意识形态与现代文化》,第 102 页。

析框架,或许可以理解:"统治意识形态的生产与扩散是国家的任务之一,或者是国家特定部门和官员的任务之一。在完成这项任务时,国家根据在现存社会关系中受益最多的阶级或一些阶级的长远利益行事。"①在意识形态控制下,国家机器平顺而有效地发挥它无所不在的作用,通过常规机制协调运作,与民主政治体制一样(或过之)有序且有力——《狼图腾》可以看作一个样本,由此可见意识形态国家的政府是怎样形成以及怎样具体运作的。

首先是**利益集团**的共生与共谋。

在民族/国家的名义下,一总是**民族精英分子共同组成权力机构即"现存社会关系中受益最多的阶级"**。它在三个(上/中/下)社会层面上同时操作。一是管理层面上执掌权力的领导者,即书中隐身不见却处处示威的"上面",由组织部门"选拔"而生或"撤销"而出,他们被要求既是(这一)意识形态机制的产儿同时也被认定是它坚定的维护和传承者。二是将各社会集团代表人物(如毕利格和乌力吉)纳入参政议政阶层即特权阶层,他们与执掌权力者共同组成新的利益集团即意识形态机制的既得利益者。三是在社会身份和生存层面上,用政治识别规程和分配制度分割人群以分解民间力量,缓解社会矛盾,这通常由及时颁布的各项政策具体操作。因其及时,十分有效。狼书中,"盲流"即外来户老王头这样诉苦:

> 你们知青从北京来,又有本地户口,往后多给咱这**外来户**说点好话,别让当地的老蒙古赶我们走……我们四五十口人,天天干重活,吃粮全是从黑市上买来的高价粮,还天天吃野菜吃素,肚里一点油水也没有。可你们还用羊油点灯。(№23)

同在边疆草原同是外乡人,同样处在艰苦环境中,知青与盲流的

---

① [英]汤普森:《意识形态与现代文化》,第96页。

政治待遇和生活条件完全不同；这与个人努力没有关系，完全由国家政策决定。所谓政策，在那个时代在我们这个社会中是一个太重要太熟悉的概念。它有等同于法律一样的功效，却无需立法程序，具有极大的机动性和随意性，像是权力机制即国家机器的一支别动队，总能在"起火"的危机当口及时灭火。狼书中我们隐约见识到它的威力，仅仅一个"知青政策"，就将在意识和精神上最有颠覆潜力的社会力量——知识青年——纳入特殊利益阶层，虽说同在草原同在边缘地区，却让他们与最具破坏力且人数众多的"盲流"在社会身份和具体利益上划开了清晰的界限。

接着是**组织系统**和**宣传系统**的相应跟进。

前者负责选拔人才，在各阶层各领域的"先进分子"中挑选"合适"的人进入权力机构，以保证意识形态机制的正常运作和可持续发展。就"意识"而言，它的确具有跨阶级、民族、性别、年龄等个体差异的特点，因此具有超越阶级出身、民族属性和性别身份的巨大潜能。后者掌管国家宣传机器，有严密的组织和专人负责，专事传播（这一）思想并排斥（其他）思想，以保证意识形态的凝聚力和合法性。如果把前者看作保证权力机制正常运作的"硬盘"，后者即是掌握舆论导向以保持社会稳定的"软件"——因其身段之软，才能无孔不入，深入文本，深入人心；所有是非利弊，都可以在"正常"和"稳定"的意义上获释。

汤普森认为，后时代的到来意味着"意识形态时代的终结"，因此有望"看到意识形态本身的终结"。[①]这种看法在西方学界很有代表性，我却不以为然。我以为，自马克思主义在世界范围传播以来，人类活动更加有意识地跨越了民族、种族和性别差异，群体性地将"意识"付诸社会实践，使之成为影响人类命运和改造世界的决定性力量。19世纪的欧洲，以构建乌托邦蓝图为特征因而思想林立。20世纪，在世界范围内，不同社会群体努力将各种蓝图变成现实，出现了所谓"意识

---

① ［英］汤普森：《意识形态与现代文化》，第85页。

形态时代"。①汤普森认为,意识形态"作为在宗教和巫术衰落以后出现的世俗信仰体系,它服务于在一个失去了传统的世界里调动政治行动"。②当人们脱离乡村进入现代城市生活,当社会集团脱离血缘关系继而结成不同的利益群体,当人类认识摆脱迷信而相信了科学和技术,意识形态便成为整合"陌生人"群体和"经济人"社会的重要力量。今天,意识形态化不仅是社会主义国家的基本特征,资本主义国家也同样。不同的是运作形式:后者在"自由"的市场运作中完成了它的意识形态改造,让"文明"和"进步"的理念渗透在日常生活的点点滴滴乃至人心;前者让国家机器潜藏在"意识"背后,以和平方式进入一切(人的或物的,意识的或集体无意识的)领域。所谓**"民主"或"专制"的区别,并不在其与意识形态是否有关联,而在其关联的方式**,表现在与意识相关——如思想、言论、传播、知情权等等——事物的基本态度上:民主社会中的"意识"在表面上是多元和自由的,就个人而言,其意识形态是可流动和可选择的。专制社会里,"意识"成为专政的工具,不仅表现为一元的和统一的,也是既定的和固定的,这种社会中,比死刑更常见的是整个社会"思"的窒息。

生活在今天世界,要想"寻找一些过去时代的思想家生活在其中的那种宁静和平的气氛,将是徒劳的。世界不再有共同信仰,我们所说的'利益共同体'也不过是一个修辞手段而已"。③从经济学看,"意识形态是一种节省的方法,个人用它来与外界协调,并靠它提供一种'世界观',使决策过程简化"。④从政治学看,意识形态首先被理解为一种世俗的信仰体系,具有调动民众和整合国力的作用。汤普森指出,18世纪末到19世纪初标志着"意识形态时代"的开始,法国和美国的政治革命以及各种"主义"的扩散(从社会主义和共产主义到自由主

---

① 汤普森提出这一概念,认为以19世纪后期和20世纪初期的激进革命运动为顶点。社会生活和政治权力的世俗化,为"意识形态"的兴起和扩散创造了条件。同上,第85页。关于"乌托邦与意识形态"的内在关系,参阅[德]卡尔·曼海姆的经典论著《意识形态与乌托邦》。
② [英]汤普森:《意识形态与现代文化》,第85页。
③ [德]卡尔·曼海姆:《意识形态与乌托邦》序言,第15页。
④ [美]道格拉斯·C.诺斯:《经济史上的结构和变革》,厉以平译,商务印书馆,2005年,第57页。

义、保守主义和民族主义以及民族国家重建）无不是在意识形态的指导下完成的。[1]早期资本主义意识形态以独立的"经济人"为出发点，确认"自由、平等、民主"为其核心价值，它的社会基础的确就是资本诱导下的市场经济。20世纪的价值天平是倒置的，它的基本单位是"民族/国家"或"人民"名义下的社会团体，其运作手段是（如阶级）**斗争**、（如民族）**革命**和（如妇女）**解放**[2]；它的终极目标与前者是一致的，不过是从"个人"转换为"集体"，试图从资本（主义）和帝国（主义）的压迫下解放"全人类"，即全世界所有人都能平等地分享到"进步"的现代果实——所有这些作为，在马克思主义意识形态和社会主义运动中统统可以获得合理的解释和合法的生存空间。历史证明，以独立和富足为前提条件，以个人为基本单位的"人权"已经成为当代人类社会共同追求的普世价值；既然如此，为什么还会历史地产生共产主义意识形态以及由此而动的社会主义革命呢？

可见资本主义意识形态的特征：它以"富足"为前提。

如果不能像"西方狼"那样侵略和掠夺，怎样才能使这地球上的全人类都能过上富足而尊严的生活呢？这是一个重要问题！

马克思试图回答这个问题，社会主义运动试图解决这个问题，因此就有了弥漫在整个20世纪的马克思主义意识形态和社会主义革命产生的新国体，它被称为**"共产主义意识形态国家"**——毋庸讳言，新中国是其中成员，它的革命和改革，它的实践和探索，无不在"摆脱贫弱"这一基本目标之下。就连它的受害者和对立面也能适时公允地指出：

真正的腐草是贫穷和怨恨，在中国大陆，这一点表现得

尤为典型。共产主义理想给穷人许诺富裕的未来，吸引了

---

① ［英］汤普森：《意识形态与现代文化》，第88页。

② 马尔库塞在《单面人》（左晓斯等译，湖南人民出版社，1988年）详细分析了诸如"自由"、"平等"、"民主"、"自由"这类名词和诸如"阶级"、"革命"、"专政"、"解放"、"幸福"等话语，分别在资本主义和共产主义这两套意识形态体系中的"宣传"功能（详见第12、72、75页）。

穷人的追随,而它的平均主义则强化了贫者、贱者、弱者、劣者对富者、贵者、强者、优者的怨恨情绪,进而将其报复行动激化为狂热的革命。①

社会主义革命是一种典型的意识形态行为,体现在社会制度而非国民性格中,是人的"意识"的产物。那么,它是人为的历史倒错,还是如马克思所说,是"推动历史前进"的动力?

答案隐含在问题中:"百年"之后,它是胜者,还是败家?

苏联解体了,一副败相,我却赞同詹姆逊的看法:

> 苏联的解体并不是由于共产主义的失败,反倒是由于共产主义的成功,如果人们像西方普遍认为的那样把共产主义解作实现现代化的纯粹策略……苏联正是在迅速的现代化方面被认为实际上已经赶上了西方的。②

狼书中有这样的证明。

摆脱贫困也是草原人共同的愿望。"全场的知青、年轻牧民,还有多数女人和孩子,都盼望兵团的到来,能早日实现包顺贵描述的美好图景。"就连毕利格也说:"牧民早就盼望孩子能有学校,看病也再不用牛车拉到旗盟医院。"(№30)若干年过去,当年的北京知青重返草原,他们"听说牧民大多骑着摩托放羊了",草原人走向现代化的速度不仅超过西方文明的百年历史,也超出了前苏联的发展水平。人心的改变乃至生存环境的改善,都是"成功"的证明(尾声,摘选):

> 原先的 20 多里宽的军事禁区和无人区,如今成了<u>人畜</u>

---

① 康正果:《一九四五年以来台湾的文化谱系》,2007 年 4 月耶鲁大学"台湾及其脉络"讨论会与会文章。
② [美]弗雷德里克·詹姆逊:《后马克思主义五条论纲》,《詹姆逊文集(1):新马克思主义》,第313 页。

> <u>兴旺的牧场</u>……是一片片<u>个人承包草场</u>的中心。整个边境
> 线草场散布着数十群牛羊，使两人吃惊的是羊群，每群羊庞
> 大无比，大多超过 3 000 只，有的甚至多达 4 000 只。<u>游牧已</u>
> <u>变成定居定牧</u>。

牧民摆脱了贫困，有了属于自己的财产，拿毕利格的后代来说：

> ……一排宽大的新瓦房，带有电视天线和风力发电机。
> 房子的西窗下还停着一辆帆布篷已经褪色的北京吉普……
> 客厅有 40 多平方米，沙发茶几，电视录像，酒柜酒具一应俱
> 全。一幅成吉思汗半身像的大挂毯，挂在墙壁正中，和蔼地
> 望着他的蒙古子孙和客人。

伴随着富足和繁荣的，是一连串人们质疑的声音：

——（大挂毯）是阿爸的一个亲戚从外蒙古回额仑老家探亲的时
候带来的。那个亲戚还说，这边真富啊，就是教育和草场不如那边，到
后来这边就是假富。

——（说到当年打狼）嘎斯迈连忙摆手道：不见！不见！……这会
儿咱们电视里也讲不让打狼了。你怎么尽跟人家讲我的坏事儿呢？

——（在沙化的草场上种植）巴图说：沙地上的财产靠不住啊。要是
这片草场往后也跟外来户的草场那样，沙一起，我就又成贫下中牧了。

——（草原人口激增）嘎斯迈说：蒙古人也应该搞计划生育。孩子
多了，草原养不起他们啊！草场就这么大，还要再盖几个房子，草场就
要压死了……

这些声音不再是私人密语，说出来，没有政治帽子，不会惹来横
祸，却没有听众了。它质疑的方向不是"共同富裕"的社会主义实践，
而是人人向往、趋之若鹜的现代社会！身处其间，不知好歹，与后现代
又一次不谋而合（尾声，摘选）：

——吉普路过蒙古包……狗的吼声再也没有能吓住草原狼的凶狠气概。杨克说：狼没了以后就是狗，狗没了以后就是战斗，战斗没了以后就只剩下萎靡了……

——微微突起的古老獭洞平台依然散布在山包上……然而，跑了几十里，却一只獭子也没有发现。杨克说：连小孩都有了小口径步枪，你还能找到獭子吗？

——草原没了狼……猛狗变成了宠物；战马变成了旅游脚力和留影道具；蒙古人可能就该变成蒙古沙漠民族了；最可怕的是内蒙古草原变成沙漠，现在已经变了一大半了。

如上，都是典型的后现代问题，有关狼、狗、马、獭……谁能回答？

陈阵企图给出一个人的答案，他固执地认为，这是农耕民族的劣根性引发的国民性问题。杨克问他："国内国外，模型体制，经济政治，农村城市研究了一大圈，为什么最后又转回到国民性的课题上来？"陈阵反问道：难道你认为这个问题不解决，其他的问题能最终得到解决吗？杨克想了想说道：

那倒也是。自从鲁迅先生提出国民性的问题以后，这个问题还是没有得到解决。中国人好像也始终就除不掉那个病根……改革快20年了，进步不小，可走起来还是病病快快的。你就找个时间先给我开个讲座吧。

因此就有了书后的"讲座"和这个借狼开药方的《狼图腾》。

"狼没了以后就是马，马没了以后就是牛羊了。马背上的民族已经变成摩托上的民族，以后没准会变成生态难民族。"陈阵怀念狼，姜戎重树狼旗，向我们兜售"狼图腾"——不巧，图腾也是意识形态，它又一次撞在了后现代的后腰上！

后现代主义企图颠覆现代宏大叙事，但它本身也成为一个宏大的意识形态即全球化的意识形态！乔治·拉伦揭露了后现代表面"破

碎"其实"宏大"的形式,也顺便揭示了它作为意识形态的内里性质:

> **后现代主义思想本身就是一种意识形态,因为它帮助**
> **掩盖了全球资本主义体系的现实矛盾**……它把混乱、令人
> 困惑的变化以及无尽的碎片化说成是正常的和自然的社会
> 状态。①

《狼图腾》也有这样的问题:它质疑大一统的意识形态和专制政体,却没有给出更理想的选择。它充分利用了艺术的社会功能,以批判的姿态"站在社会的对立面",却不能如阿多诺(T. W. Adorno)说的那样,始终坚持艺术自律的表现形式,难免在审美意识与社会责任之间发生抵牾。阿多诺认为:艺术形式本身"就具有社会政治性质……艺术对社会的批评方式恰恰是它的存在本身"。②政治融入自律的艺术,"并在那种表面看来似乎对政治十分迷茫的作品譬如卡夫卡关于玩具枪的寓言里,达于顶点"。③"狼图腾"是这样一个示范,"输狼血"就像那个"玩具注水枪",将后乌托邦品质展示得恰到好处;而它开设的讲座却是反例,所有寓意都可能在思想的自我言说中消失殆尽。

历史告诉我们:意识形态革命导致的乌托邦社会实践之后,一定会有"反乌托邦"批判或"后乌托邦"批评跟进。如果说,知识"带有意识形态色彩的错误和欺骗",而意识形态本身也不过是"用来掩饰和欺骗他人、保护自己……'利用各种不道德的手段'为权力意志服务"的工具,④那我的问题就是:

——这世上还有什么政治可能是"为人民服务"的呢?

---

① [英]乔治·拉伦:《意识形态与文化身份:现代性和第三世界的在场》,第162页。黑体为本书作者所加。
② [德]阿多诺:《美学理论》,转自《当代西方艺术文化学》,周宪等编译,北京大学出版社,1988年,第68页。
③ [德]阿多诺:《美学与政治》,杰姆森编,伦敦,1978年,第194页。转引自《西方美学通史》第七卷,第523页。
④ [德]尼采:《权力意志》,纽约:经典丛书,1968年,第583节,第314页。转引自乔治·拉伦:《意识形态与文化身份:现代性和第三世界的在场》,第55、56页。

这是一个无解的问题。

当今世界,所有政治无不在"人民"的名义下挂着"共和"的招幡;一如既往,所有政权无不服从并直接服务于执掌权力的既得利益集团。人们和我一样,不断抛出"人民"的问题却从不指望任何人能够给出一个理想的答案;就像一只只不被鞭打也能旋转的陀螺,抑或,我们早已被另一只巨大无形的意识形态之手擒拿着却不知觉——它是什么?

10. 从史学看:"自然"的故事在哪里终结?

历史学是不是误入歧途了? 它是不是就像羊群中的狼,穿上了从其他社会科学中盗窃来的虚假外衣?[①]

——[法]费尔南·布罗代尔

从西方史家的角度看人类历史,是一个悖论。

一方面,它迎合了"政治正确"(PC)这一现代生活原则,正视历史存在的多样性,承认"自 1819 年前后,'文明'一词开始被用作复数形式,在此之前它一直是单数形式"。历史因此不再是一副面孔,它获得了"一种**全然不同**的新义"。[②]可以说,西方史家正在走出欧洲中心史观,认识到在不同的文明范畴内,不同的人类群体可能拥有完全不同的自律性发展轨道。

另一方面,全球化浪潮中,"尽管每个文明一直还保留着它们的原有特征。然而,必须承认,今天,一个特定文明的一个决定性方面第一次为世界上**所有的**文明自愿地接纳……'工业文明'正处于合成一个能够容纳世界整体的共同文明的过程之中"。[③]工业文明就是西方文

---

① [法]费尔南·布罗代尔:《文明史纲》,肖昶等译,广西师范大学出版社,2003 年,第 20 页。

② [法]费尔南·布罗代尔:《文明史纲》,第 26 页。黑体为原文中所有。

③ 同上,第 27—28 页。黑体为原文中所有。

明，它不仅左右了近代以来世界历史进程，还决定了它的性质和方向，使得整个世界日趋一元化即西化了。它的主要推手是战争而非和平，是侵占和掠夺而非分享。18 世纪以后——

> 资本主义作为一个世界范围的进程发生了：**一种世界体系**。这是由于殖民主义给予欧洲人一种权力去发展它们自己的社会并且阻碍其他地方的发展。①

正视这一历史现象可能导致不同的史学态度：既可以产生反省和自我批评，也可以成为西方民族自傲的资本；在被侵占的殖民地，可以引发民族反抗，也可能引来钦羡和全盘仿效——《狼图腾》透露的历史观是这样一例：书中主要人物陈阵在"霸道的狼性"那里看到"西方人身上的原始野性和兽性"，在被小狼侵占的狗窝里看到了世界史的缩影：

> 杨克惊大了眼睛说：**狼性真可怕**，这小兔崽子连眼睛还没睁开，就这样**霸道**。
> 陈阵却看得兴致勃勃又陷入沉思……想了想说：咱们还真得好好看呐，这里面启发人的东西太多了。我看，这个狗窝，简直就是世界历史的缩影和概括。(No11)

陈阵确信"现在的西方人，大多是条顿、日耳曼、盎格鲁·萨克逊那些游猎蛮族的后代。"站在西方文明的立场上，他高度评价西方的"野蛮"：

> 古希腊古罗马的**高度文明**发展了一两千年以后，他们

---

① ［美］布劳特：《殖民者的世界模式：地理传播主义和欧洲中心主义史观》，谭荣根译，社会科学文献出版社，2002 年，第 258 页。黑体为本书作者所加。

才像猛兽一样地从原始森林中冲出来,捣毁了古罗马。他们的<u>食具是刀叉</u>;他们的<u>食物是牛排、奶酪和黄油</u>。因此,现在的西方人身上的<u>原始野性和兽性</u>,保留得要比古老的农耕民族多得多。(№11)

这里,日常生活用具(刀叉)和食品(牛排等)都透露着血腥与杀机,被陈阵命名为"高度文明"——"文明"与"原始野性"在西方人身上结合得如此完美! 这是什么逻辑? 怪不得陈阵,这是历史的逻辑:"古代世界的突出特征,是战争常常使胜利者受益。"[①]到了近代,世界史日益以西方文明为主导,以战争为手段,以征服和占领为目标,构成了以侵略和掠夺为基本特征的"殖民者的世界模式"。[②]所谓文明史就是这样,更多"野性和兽性"的民族性格更有可能成为"进步"的推手,我们因此怪不得陈阵的历史观:

　　　　攻打到东方来的西方人,也是游牧民族的后代……**强大民族血管里流淌着狼性血液**。而性格懦弱的华夏民族太需要输补这种勇猛野性进取的血液。<u>没有狼,世界历史就写不成现在这个样子</u>。(№14)

胜者"流淌着狼性血液",创造了世界历史,其核心价值是征服。这种征服是全方位的,在《狼图腾》那个象征性的额仑草原上逐一呈现:

首先是对土地的占领。

伴随着入侵和占领,是胜利者对新土地上一切资源和财富的掠夺和对自然环境的改造。在美洲新大陆,曾经将森林和草地改造为种植园;狼书中,是将草场改为农田:随着外来民工入住草原,"这么美的

①　[美]道格拉斯·C.诺斯:《经济史上的结构和变革》,厉以平译,商务印书馆,2005 年,第 130、134 页。
②　参阅 J. M. 布劳特的《殖民者的世界模式》第四章中"殖民主义和欧洲的兴起"(1492—1688)。

天然牧场,就快要变成东北华北农区脏勒吧唧的小村子了,稀有的天鹅湖也快要变成家鹅塘了"(No23)。他们"在土房前开沟翻地,四条深沟围起十几亩菜园子。不几天……各色蔬菜竟出了苗,引得全队的知青纷纷订购这些草原少见的汉家菜"。

继而是对原住民的统治和管理。

意识形态改造首当其冲。在欧洲殖民主义那里,曾经是传教士和教堂在枪炮之后及时跟进;狼书中,"人们忙于文革运动,草原上传统的半牧半猎的生活,几乎像被白毛风赶散的羊群一样乱了套"(No1)。"从前,牧民年年都要到对面山顶上祭拜腾格里和山神,这两年一闹运动没人敢拜了"(No2)。汉文化的价值观念在潜移默化中改造人心:

> 现在内蒙的蒙族人,都不愿意承认他们的民歌是从狼歌那儿演变来的。我问过好几个牧民,有的说不是,有的支支吾吾。这也不奇怪,现在《红灯记》里不是在唱"……狱警传,似狼嚎"么,那谁还敢说蒙古民歌来源于狼?(No26)

接着就是大规模的移民以及文化移入。

与布罗代尔"文化借用"(emprunts)和"文化迁移"(transferts culturels)①的殖民者视角不同,文化移入(acculturation)是异质性的,用D. 佛克马和 E. 蚁布思的话说,它"是这样一个过程:人类在其中从一个不属于他们自己的文化中采用了某些成规",以至于"当今所有主要的文化都是一种有趣的混合物"。②狼书结尾部分,草原和草原人都成为这样的"混合物",只是不那么有趣了:一位十五六岁蒙古少年骑着摩托迎面驶来——

---

① 参见[法]费尔南·布罗代尔:《文明史纲》,第 26 页。
② [荷兰]D. 佛克马、E. 蚁布思:《文学研究与文化参与》,俞国强译,北京大学出版社,1996 年,第 142、152 页。

陈阵吃惊地发现少年肩上竟然斜背着一支小口径步枪。摩托车的后座旁边还挂着一只半大的老鹰,正滴着血……他没想到蒙古孩子也已经拥有这种武器,而且还坐在更先进的进口两轮机器上使用这种武器。(尾声)

依照如上进程,我们在额仑草原上隐约看到了"世界文明史"的缩影,在文明的冲突与较量中,它展示的也是一对矛盾——这是全球化时代的矛盾:在全面"西化"的进程中"本土文化"与"现代文明"的融合与冲突。

美国史学家斯塔夫里阿诺斯(L. S. Stavrianos)试图调解矛盾,用"全球史观"回应"新世界需要新史学"[1]的学术理念。他将以西方为中心的历史"三分法"(古代、中古、近代)改为多元视角下的"两分法",将世界发展进程看作两个基本阶段[2]:前期世界被自然地理分割,具有鲜明的地缘政治特征,不同民族在不同的生存环境中创造了不同的文明,形成了不同内容的国别史。后期属于西方主导的现代世界,它以武力、意识形态和科技为手段,在殖民主义过程中逐渐实现了现代文明的全球化,因此有了"地球村"和《全球通史》。[3]站在新的历史高度,英国学者霍普金斯将殖民阶段称为"前全球化"(proto-globalization)时期。美国学者阿里夫·德里克(Alif Dirlik)认为,"全球化恰恰是殖民主义的最后实现"。[4]

从全球角度看,我认同斯塔夫里阿诺斯"两分法"的历史观。由此看《狼图腾》,它讲的是**一个浓缩着历史意味的寓言故事**,它的情节走向建立在"两分法"基础上,在额仑草原的命运中,处处可见一分为二

---

① 即"1500 年以前诸孤立地区的世界和之后西方的兴起并占优势的世界"。参阅[美]L. S. 斯塔夫里阿诺斯:《全球通史:从史前史到 21 世纪》,董书慧、王昶、徐正源译,北京大学出版社,2005 年。

② 参阅刘德斌《全球通史》第 7 版推荐序,上书,第 4 页。

③ 英国史学家巴拉克拉夫在《处于变动世界中的史学》(1955 年)最先提出"全球史观",加拿大学者麦克卢汉在《理解媒介》(1964 年)首次称世界为"地球村";斯塔夫里阿诺斯的《全球通史》(1970、1971)被看作是这一理论的代表作。

④ 转引自[美]阿里夫·德里克:《全球化、现代性与中国》,《读书》2007 年第 7 期,第 12 页。

的清晰界线。

故事开始时，我们看到的是元自然状态中的草原。
作者在接受采访时说道，第一批北京知青到达额仑草原的时候：

> 草原还保持着原始美丽的自然风貌，与百年千年前的草原一模一样。这说明牧民是懂得如何保护自然环境和维持生态平衡的。而草原生态的破坏，恰恰是在汉政策和汉人大量涌入草原之后发生的。[①]

《狼图腾》里，"历史"与"自然"的关系是一个重要隐喻，喻示着文明史的性质在本质上是人与自然的关系，从中可见一部"两分法"的历史：

前期，是自然对人的制约以及人类对自然规律的尊重，体现了"历史本身是自然史的即自然界生成为人这一过程的一个现实部分"。[②]它的最高发展阶段是农耕文明，整体性地对应着斯塔夫里阿诺斯"全球通史"的第一个阶段。

后期，是人类利用各种（主要是科技）手段对自然的征服以及自然的异化，导致"在现在的地球上，没有人类涉足的自然已经不复存在"。[③]从地理大发现和工业革命开始，历史进入"全球通史"的第二阶段，现代西方文明成为它的代表并展示了它的最高发展形式。

与史学专著不同，狼书揭示的历史问题隐含着自然因素，它所展示的历史不尽是人的，更是人与自然的；在社会退场的前提下，格外突出了人与自然的历史关系。这种关系不受民族或地域限制，跨越文化差异，更接近人类历史的本质方面，敦促我们在"两分法"的基础上追问：

---

① 姜戎答"贝塔斯曼"姚婷女士（电子邮件）访谈。
② ［德］马克思：《1844 经济学哲学手稿》，人民出版社，2000 年，第 90 页。
③ 《生态人类学》，［日］秋道智弥等编著，范广融等译，云南大学出版社，2006 年，第 27 页。

——人与自然的关系演变是否可以看作历史"事件"？

——这种关系史与人类史或世界史会有什么内在联系？

本文在人与自然的历史关系中挖掘《狼图腾》隐含着的史学寓意。

遵照两分法,西方文明的兴起和全球化的起点,可以定位在1500年——即地理大发现以及殖民主义的开端——前后:"1492年乃是欧洲人对各民族以及其他各洲干预的起始,根据黑格尔的说法,乃是现代世界诞生的时刻。"①西方价值观的普及也是从这时候开始的,它的特征是"征服"。这是一个渐进过程,并无严格的年代标识,却有清晰的历史界定:**凡是被西方征服、占领或殖民的地方(无论发生在何时何地)都意味着"自然"的故事之终结。**

世界各地都曾有过扩张、征战乃至殖民的历史,一个基本点不变,即以自然经济为主导的生存方式基本不变。无论游牧还是农耕,都要严格遵循自然逻辑。早期农业也实行轮耕,与游牧的道理相似。"在农耕和畜牧的初期阶段,稀少的人类分布于广阔的大自然之中,那时候人类可以说只不过是生物自然界中的一员。"②农耕是人类对自然的选择性利用,农业文明"持久的原因主要是因为养育了它们的土地的持久性能"得到了妥善的维护。③如果没有西方文明强行介入,一个社会组织原本可以在"天人合一"的自律轨道上长治久安。中华文明是这样一例:"天不为一物枉其时,明君圣人亦不为一人枉其法。天行其所行而万物被其利,圣人亦行其所行而百姓被其利,是故**万物均,百姓平矣。**"(《管子·白心》)平均思想有顺应自然、约束物欲的制衡作用,不妨看作可持续生存的一种策略。西方文明即工业文明,自此,"大自然向着人为的自然或人类的自然加速度地改变",④征服自然的僭越姿态取代了顺应自然的谦卑态度,最早是从对"土地"的占领开始的:

① [德]莫尔特曼:《俗世中的上帝》,第4页。黑格尔的说法出自《历史中的理性》,汉堡,1955年,第189页。

② 《生态人类学》,[日]秋道智弥等编著,第27页。

③④ [美]弗·卡特、汤姆·戴尔:《表土与人类文明》(1955),庄崚、鱼珊玲译,中国环境科学出版社,1987年,第8、10页。

"绝大多数以往的战争与殖民运动的发起,是因为有些人想要占有更多的土地。但是他们却很少注意到这些征服者或殖民者们常常是在夺取邻国的土地之前就已经破坏了他们自己的土地。"①狼书有证:

> 从内蒙农区来的民工,上上辈是牧区的牧民……到了
> 他们这一辈,草场大多开成了贫瘠沙质的农田,土地已养活
> 不了他们,于是他们就像候鸟一样飞到草原上来。(No23)

"人类跨越地球表面成群地迁徙,主要是想获得更为富饶的自然资源。无论你把这种移居称作殖民、征服或是移民,他们的目的大体相同。移居者……更多的时候,是试图去占据邻居所有的更富饶肥沃的土地与更多的财富。"②人往高处走。征服和移居的目标,一定是比出发地更富庶的地方,是他人辛勤劳动开辟出来的"他人"的家园。在他人的土地上,掠夺代替了劳动,成为最便捷的致富手段。自然的社会形态也在外人即"异质"因素强行进入之后面貌全非。"文明人跨越过地球表面,在他们的足迹所过之处留下一片荒漠。"③此前,"每一块土地都有它自己的历史——没有一块土地彼此完全相同"。④此后,"世界上几乎每一块空间都被勘察、划定、最后被控制。对土著来说,殖民地附属奴役的历史是从失去地盘开始的……欧洲人无论走到哪里,都立即改变当地的住所。他们自觉的目的是,把领地变成我们家乡那个样子"。⑤狼书中就有这样的事:

> 农区来的人不明白草原,自个儿喜欢定居,就非得让别

---

① [美]弗·卡特·汤姆·戴尔:《表土与人类文明》,第3—4页。
② 同上,第14页。
③ 此处引文和观点出处同上,第3页。
④ 参见[美]蕾切尔·卡逊:《寂静的春天》第五章(土壤的王国)和第六章(地球的绿色斗篷),吕瑞兰、李长生译,吉林人民出版社,1997年,第45—72页。
⑤ [美]萨义德(又译赛义德):《文化与帝国主义》,李琨译,生活·读书·新知三联书店,2003年,第320页。

人也定居。谁不知道定居舒服啊，可是在蒙古草原，牧民世世代代都不定居……游牧游牧，就是为了躲开每季草场的坏处，只挑那一个好处。(№34)

这些汉人和那些欧洲殖民者一样，在他人的土地上，丝毫不介意"土壤与在其中、其上生活的生物之间存在着一种彼此依赖、互为补益的关系"。①毕利格老人一再抱怨："你们汉人一来草原，草原的老规矩全让你们给搅了。"(№26)耐人寻味的是：从来的土地易帜没有不流血的，额仑草原是一个例外——为什么？

因为"兵团的宏伟计划已经传到古老的额仑草原"，它要"尽快结束在草原上延续几千年的原始落后的游牧生产方式"：

> 兵团将带来大量资金、设备和工程队，为牧民盖砖瓦房和坚固的水泥石头棚圈、打机井、修公路、建学校、医院、邮局、礼堂、商店、电影院等等。还要……大大增强抵御白灾、黑灾、旱灾、风灾、火灾、蚊灾等等自然灾害的能力。让千年来一直处于恶劣艰苦条件下的牧民们，逐步过上安定幸福的定居生活。(№30)

因此，草原人没有反抗，"全场的知青、年轻牧民，还有多数女人和孩子，都盼望兵团的到来，能早日实现包顺贵描述的美好图景"。(№30)在"幸福"的名义下，一切变迁都在顺理成章地进行着而无需动粗。这是后殖民的好处，它建立在文明深入人心成为普世价值的基础上。**在"文明"的旗帜下，事物被重新命名，民族/国家的僭越在"征服"的基础上日益成为人类社会中的常态。**有学者一针见血：欧洲人以及欧洲文明在武力"征服较弱小的民族，掠夺他们的财富并奴役他们"的同时，也在"找借口来美化和掩饰殖民政治的真正动机，说他们无非是

---

① ［美］蕾切尔·卡逊：《寂静的春天》，第67页。

希望让野蛮民族分享欧洲文明的好处"。①狼书中形象地再现了这种场景：

> 民工队一进来，这片草场的天鹅芍药花就被彻底掘地三尺，斩草除根了。这些连自己家乡都不爱惜的人，到了异地他乡，就更加肆无忌惮地开始掠夺抢劫了。(No23)

这里说的是民族国家内部事情，揭示了一个重要问题：**内殖民问题**。

> 额仑草原从前没有几个汉人，全牧场一百三四十个蒙古包，七八百人，全是蒙族。**文化革命**了，你们北京知青就来了一百多，这会又来了这老些当兵的，开车的，赶大车的，盖房子的……(No8)

"文化革命"在这里是一个历史事件，它引出的问题是：
——这是一种怎样性质的革命？
——何以它兵不血刃就能唤来千军万马占领并征服了草原？
接着的问题是：
——它与白种人的殖民主义有什么不同？有什么相同？
——与西方文明比较，它是"不及"？还是"过之"？

狼书中，"内殖民"的产生有两个主要原因。
一个是内源性的，出自草原人自身的生存需求。"场部东北部的尽头，有一片方圆七八十里的荒山……再过几年，那片荒山就能改造成优良的夏季草场，为全场牲畜增加整整一季的草场。"(No16)他们尊重并自觉地遵循"草原逻辑"，在与草原生态相互认同的基础上维系人

---

① [奥]米瑟斯：《自由与繁荣的国度》，韩光明等译，中国社会科学出版社，1994年，第150页。

与自然的和谐关系。

另一个来源是"外来户"。这种流向在政治上有流放性质,由中心向边缘,要么是舒缓内部政治压力,要么是屯守边疆。李·伯克(V. Lee Burke)在《文明的冲突》中涉及这类问题:"判识一种文明是一种原发性的核心文明,还是一种边缘性文明是极为重要的。拜占庭帝国和伊斯兰帝国两种经济体系,均具有商业通道和具备允许自身发展起巨大的商业中心及城市地区的能力,而当时处于边缘地位的欧洲国家体制,则只好处在一片荒凉和乡村的落后状态之中。"[①]引申到汉主流文化与少数民族地区的关系,在狼书中有到位的表现。面对草原日益被蚕食,陈阵经常联想到古代的"屯垦戍边"、"移民实边"以及清末的"放荒招垦"政策:

> 这些蚕食草原,挤压游牧的政策竟然一直持续到现在。杨克弄不懂,为什么报纸广播一直在批判赫鲁晓夫滥垦草原,制造大面积的沙漠,给草原人民造成无穷的灾难,却不制止自己国内的同样行为?而"军垦战歌"在近几年倒是越唱越凶了。(No23)

历史学家试图从不同方向做出解释。

中国历史上曾有过多次内置性的移民潮:永嘉的移民潮改变了中国北方的民族分布图,也给长江以南带来了深刻的变化。"这意味着1644年以前,尽管除蒙古人以外北方的入侵民族很少跨过长江,但匈奴人、通古斯人和羌人的血液可能已在中国南方人的血管中流了好几个世纪。"[②]与外缘性的殖民不同,它的结果不是种族灭绝或文明的冲突,而是文化渗透导致的民族融合。陈寅恪的研究证明,中华民族生成史上,"种族之分,多系于其人所受之文化,而不在其人所承之

---

① [美]维克多·李·伯克:《文明的冲突:战争与欧洲国家体制的形成》,上海三联书店,2006年,第170页。

② 李济:《中国民族的形成》,江苏教育出版社,2005年,第297页。

血统"。①李济总结:"现代中国人从公元前722年以来是由着丝绸、食稻米、筑城垣的黄帝的后代繁衍生息构成的。他们是最早期的**我群**。"

> 自公元之初起,通过吸收骑马、喝马奶酒、吃生肉的匈奴人,牧放牦牛的羌人,养猪的通古斯人和套马的蒙古人,现代中国人的队伍得以扩大。与此同时,在**我群**扩展到长江以南的过程中,他们还吸收并整合了文身的掸语民族、行火葬的藏缅语民族和住干栏的孟—高棉语民族。②

一旦成为"我群",血战不必了,这是与外缘性殖民主义最大的区别。在共生的基础上,矛头将一致对外——不幸的是,这个"外"就是外部环境,即土地和相应的自然环境。**在无情地掠夺自然和破坏环境的方向上,内源性移民和外源性的殖民主义有异曲同工之处:**

> 一盆宝地刚打开,农区盲流便蜂拥而入,草原深处竟到处都能听到东北口音的蒙式汉话。陈阵对杨克说,汉族农耕文明二三百年同化了清朝的满族……这种同化问题还不算太大。可是汉文化要是同化了薄薄的蒙古草原,那就要同化出"黄祸"了。(No23)

以农耕文明为主体的汉文化在草原上不战而胜,它"既促成了各种不同的一定的文化模式,又压制约束着其他文化,并在本文明内部所允许的范围内,对各种文化差异的程度施加影响"。③土地的颜色乃

---

① 陈寅恪:《元白诗笺证稿》,上海古籍出版社,1978年,第308页。他在《唐代政治史述论稿》中说:"汉人与胡人之分别,在北朝时代文化较血统尤为重要。凡汉化之人即目为汉人,凡胡化之人即目为胡人,其血统如何,在所不论。""此为北朝汉人、胡人之分别,不论其血统,只视其所受教化为汉抑为胡而定之确证,诚可谓'有教无类'矣。"参阅彭华:《陈寅恪"种族与文化"观辨微》,《历史研究》2000年第1期。
② 李济:《中国民族的形成》,江苏教育出版社,2005年,第298页。黑体为本书作者所加。
③ [美]维克多·李·伯克:《文明的冲突:战争与欧洲国家体制的形成》,第162页。

至人心向背都发生了巨大改变,日益成为"中华"(文明)的而不尽是(自然)"草原"的。如何炳棣所言:自耕农业的发展导致定居生活和密集的村落,决定了早期中华民族的文化特点与黄土地的先验性关系:"只有累世生于兹、死于兹、葬于兹的最肥沃的黄土地带,才可能产生人类史上最高度发展的家(氏、宗)族制度和祖先崇拜。只有最高度发展的祖先崇拜,才能引致出最崇古取向的文化。"①**崇古取向与历史接轨,与自然分离**。祖先崇拜中没有的自然位置,也没有狼图腾的生存空间。可见,在对自然的改造和掠夺方面,内源性的移民比殖民主义很可能有过之而无不及——是过还是不及,全看那主导民族的文化取向是自然的还是文明的:

> 文明民族的巧取豪夺的纪录比起野蛮人的劫掠更是有过之而无不及,这在很大程度上是由于文明民族一般具有更好的战争武器……当他们夺取了比较原始民族的土地时,虽然有时也坦率地称之为"征服",但一般总是美其名曰"殖民化"。②

这里道出了西方文明的核心,在"征服自然"的同时彻底改造了人类的生存环境和生存方式。截至 20 世纪,"已经有 10—30 种不同的文明,沿着这条道路走向衰亡"。③全球西化的态势中,濒临灭绝的可能是所有非西方文明。可以说,**西方文明全球化的一个整体性的结果,就是自然的社会形态和不同民族自律性发展道路的终结**。它被称作"历史的终结",却与弗兰西斯·福山(F. Fuknyama)的立场不尽相同。《狼图腾》中展示的不是"自由主义在全球的胜利",④**而是自然的故事之终结**。终结者不是现代西方文明,恰恰是以自然农耕经济为主体的

① 何炳棣:《读史阅世六十年》,广西师范大学出版社,2005 年,第 442 页。
② [美]弗·卡特、汤姆·戴尔:《表土与人类文明》,第 15 页。
③ 同上,第 5 页。
④ 福山接受采访时说:"西方的'自由主义'(Liberalism)已没有任何其他的对手。""我认为只剩下一种意识形态,是一方的胜利,不是趋同。"福山:《历史的终结》,远方出版社,1998 年,第 388 页。

中华文明——问题出在哪里?

如果将"两分法"的节点看作终结的起点,我们可以追问:

——狼书中的"两分"以什么为界线?

——在故事情节中哪里是它的分水岭?

狼书中,人与自然的关系具体表现为人与草原狼的关系。

用两分法看,书中有一个清晰的界线:打狼——怎样打狼?是延续传统方法围猎还是动用非自然手段灭狼,成为故事情节突转的分水岭。

第12章的主题是围猎,这是故事中最后一次传统打狼行动,调动了草原人的智慧和勇气,也充分发挥了猎狗的作用,让我们看到了自然生存环境中的自然竞争以及原始自然的生产活动场景。第13章的主题是火烧群狼,续接着第10章的爆竹炸狼,充满了火药味。火药是汉族的四大发明之一,对游牧草原"具有划时代的杀伤力"(No10)。爆竹流入草原,"称霸草原几万年的狼就难逃厄运了,草原狼从此以后真有可能被斩尽杀绝"。①"火烧"之前,关于如何打狼,不同社会群体之间曾有激烈的争执。军代表主张用火攻,因为"这费不了大伙儿多少劲"。**所有技术创新都与"不费劲"的意图有关。**

> 牧民猎手一听用火攻,都吓了一跳。在草原,烧荒是民族的大忌,猎手打猎除了小范围点火熏烟外,从不敢大面积烧荒……毕利格老人说:烧草原,犯天条……萨满和喇嘛都不准在草原放火。从前谁要烧了草原,蒙古大汗就会杀了他全家。(No13)

嘎斯迈气得直喊:火,火,草原的大祸。兰木扎布吼道:如今汉人

---

① 早在成吉思汗时期,"蒙古人在作战中很快学会了女真人的火枪技术",这种技术是从爆竹发展出来的,更多地用在军事上。详见[美]杰克·威泽弗德:《成吉思汗与今日世界之形成》,第101、102页。

都不敢,怎么蒙古人倒带头烧蒙古草原了? 桑杰说:大火一起,燎着了狼毛,那狼皮也不值钱了。沙茨楞说:要把狼全烧死了,遇上大灾年,遍地的死牲口谁来处理? 草原臭气熏天,非闹瘟病不成,人也活不成了。毕利格老人说:

> 冬天春天的苇地,是狼的天下,进苇地抓狼难啊。额仑草原的狼都让野火烧过,可是狼哪会想到人会放火烧苇地,草原上从来就没有这样的事。①还是外来户主意多,主意狠。这群狼算是完啦。(№13)

火烧狼群是典型的种群灭绝行为,遭到草原人一致反对,却得到所有外来人(包括北京知青)支持。弱不敌强,草原狼乃至草原人的命运一如全球化动作中所有原住民的命运,即使发出抗议的声音甚至付诸反抗行动,无济于事。毕利格老人早有远虑,他说:"我怕包顺贵烧完苇子又想开荒了。"(№13)农耕民族烧荒的浓烟向草原深处蔓延,在草原人眼里,"这是一种比狼烟更可怕的战争硝烟,是比自毁长城更愚蠢的自杀战争"(№21)。一年后,农人进驻草原,草场变成耕地——这一历史性的变化,引出了几个重要的史学问题。

首先是对"事件"的界定。

在人与自然的关系史中,什么事可以被看作**"历史事件"**?

狼书中的重大事件无涉时间和人际关系,只与"异质"因素的介入有关。故事开篇,草原狼亮相,群体性地表现出对异质因素的敏感:

> 钢蹬击出钢锤敲砸钢轨的声响……对于狼来说,这种非自然的钢铁声响,要比自然中的惊雷声更可怕……狼群

① 草原地区一般不让烧荒,因为草烧之后游牧人无草放牧。但在东蒙一些地区人们烧荒防止灌木丛生,也有的因防狼和野犬危害而烧荒。满铁调查部:《北支那产畜产调查资料》,昭和十二年(1937年),第294—295页。转引自王建革:《农牧生态与传统蒙古社会》,山东人民出版社,2006年,第23页。

在狼王的率领下,全体大回转,倒背耳朵,缩起脖子像一阵
黄风一样,呼地向山里逃奔而去。(No1)

这里所谓异质,相对于元自然而言,在狼书中多次出现。比如,面
对狗窝里被豢养的小狼:"狗们都糊涂了,不知道该咬死它,还是制止
它……狗队阵营顿时大乱。"(No24)北京知青进入草原之前,已经有了
军代表和外来户的介入,还有那个没有现身的"上面"——正是它,在
这里安排了北京知青,招来军人,唤来了兵团和大批民工……这些异
质因素成分复杂,在革命口号和红色旗帜的带领下威风八面,势不可
挡;却少见草原人的群体抗争,显示出"内殖民"不可比拟的魅力即和
平同化的巨大力量——那么,"事件"在哪里?

怎么可以没有"事件",历史就在无声息中轻易被改写了呢?

杰克·威泽弗德(Jack Weatherford)的解释是:"重大的历史事件,
特别是那些突然猛烈地爆发出来的事件,都是逐渐发展起来的,而且
一旦发生,就不会终结。当事件本身从人们的视野中淡去后,它们的
影响将长期存在。"①李·伯克指出:"各种文明和各个国家体制兴起
的运动恰似自然界的冰川运动,规模恢宏壮观。马克思把颠覆了贵族
统治的革命视为人类历史转折点的重大特殊事件,韦伯则将推翻了
罗马天主教各种信仰体系的宗教改革运动视为人类历史转折点的重
大特殊事件。"②他们的观点与狼书中的情况非常接近:"各种文明之
间常常绵延数百年之久的冲突斗争,才是铸就西方国家体制的大熔
炉,由此才产生出马克思和韦伯二位大师所强调关注的那些特定的事
件"。③如果我们的视野从现代文明转向人化自然,那就可以继续
追问:

面对人化自然,哪些是我们应当格外关注的"事件"?

拉兹洛(Ervin Laszlo)在"社会动力学"名下提出这个问题:"历史进

---

① [美]杰克·威泽弗德:《成吉思汗与今日世界之形成》,第282页。
② [美]维克多·李·伯克:《文明的冲突:战争与欧洲国家体制的形成》,第174页。
③ 同上,第175页。

步总趋势后面的推动力是什么？"换言之,从人化自然的角度看,改变自然面貌的主要推手是什么？ 早在 17 世纪现代文明刚刚在欧洲萌发,培根就指出,三大技术(印刷术、火药、指南针)在欧洲的运用是构建现代世界的基础:"任何一个帝国、教派或名人的力量,都无法比这些发明更能支配和影响人类生活。"①拉兹洛更直接,他认为:"重大的技术突破总是造成超越自然的自然(例如学会使用火和掌握飞行技术),并且把反常的事情变成了正常的事情,把难以想象的事情变成了普普通通的事情……它还对人的价值和习惯做法提出挑战,并且动摇已确立下来的制度的基础。"②由此界定人类历史的"**进步**"和"**发展**":"这两个术语的意思是指由技术驱动社会沿着进化的中轴线不可抗拒地前进。"③

狼书中的草原人,对超越自然力的科技产品也有一种本能的热爱:

> 当地老牧民差不多都有一两件苏式或日式的刺刀、水壶、铁锹、钢盔和望远镜等军用品。嘎斯迈用来拴牛犊的长铁链,就是苏军卡车的防滑链。所有的苏日军用品中,唯有望远镜最为牧民们所珍爱。至今,望远镜已成为额仑草原的重要生产工具。(No2)

个别科技产品进入草原,被草原人在自然的意义上充分利用;一旦它们整体性地以"科技"的面目出现,情况就不那么乐观,历史性的转变势在必行。

> 大批的人和拖拉机就要开进额仑草原了。老人说:"从前草原最怕农民、锄头和烧荒,这会儿最怕拖拉机。"张继原

---

① 转引自[美]杰克·威泽弗德:《成吉思汗与今日世界之形成》,第 247 页。
② [美]拉兹洛:《进化——广义综合理论》,第 94—95 页。
③ 同上,第 99 页。

心中暗暗叫苦,到**拖拉机时代**,以草为生的民族和以除草活命的民族之间的**深刻矛盾**,终于快结束了……(№29)

"拖拉机的出现"可以看作一个历史事件吗?

在草原人那里,它是一个划时代的事件!

史家对此会说什么呢?

威廉·狄尔泰(W. Dilthey)认为:历史学家是借助"某种心理经验和理解力"来认识事件的。[1]新史学认为:"最广义的历史包括自人类出现在地球上以来所做的和所想的一切的印痕和遗迹。"[2]后现代史家受到多元史观的影响,挑战的不仅是对"事件"的认识和界定,更有关对历史本身的态度,敦促我们追问:

身在人化自然的进程中,我们该怎样记录和解释历史?

《狼图腾》提供的相关信息,至少可以做两种史学解读。

一是从历史研究的需要出发,挖掘某些真实的历史讯息。故事发生在文革中期的内蒙古草原,点点滴滴的历史信息,散见在故事情节的方方面面,比如:

当时额仑知青的粮食定量仍按北京标准,一人一月 30 斤。但种类与北京大不相同:3 斤炒米(炒熟的糜子),10 斤面粉,剩下的 17 斤全是小米。小米大多喂了伊勒,他们几个北京人也只好像牧民那样,以肉食为主了。牧民粮食定量每月只有 19 斤,少就少在小米上。(№7)

这些信息来自亲历者,出自日常生活,在主流文献中少有记载,狼书中比比皆是。但显然,描写的意图不在具体的人或事,而在人与草原(自然)相互依存的历史关系。作者身在其中,以写实的方式讲述了

---

[1] 转引自《新大陆 VS 旧大陆》,陆象淦主编,社会科学文献出版社,2006 年,第 11 页。

[2] [美]詹姆斯·哈维·鲁宾孙:《新史学》,转引自《新大陆 VS 旧大陆》,第 65 页。

一个关于人与自然的故事，让我们得以从草原的角度去追究：自然的故事在哪里终结以及这一终结的历史寓意，由此引出了第二种解读方式。

第二种解读从史学革新的角度出发，把人与自然的关系纳入历史进程。由此，可以将《狼图腾》看作一个分析样本，为历史哲学研究提供新鲜的资源。

英国史学家沃尔什(W. H. Walsh)用"思辨的历史哲学"和"批判的历史哲学"概括历史的哲学研究。前者讨论历史本身的理论问题，其代表如黑格尔、斯宾格勒、汤因比等；后者讨论史学理论问题，如狄尔泰等人的研究[①]——我看它们都是实证性的历史哲学：它的对象是有迹可寻的人类事情，在高度综合的基础上求"真"和"实"即真实。它在时间动态中探寻"进步"的规律，其方向是不可逆的。因此，自然（它不进步）不是它的研究对象，精神（它不真）和心灵（它不实）的活动也不在它的视野中；尽管前者是支撑人类历史活动的平台，后者是人类社会生活的精华和升华，"真实地"存在着却不在历史研究范围中。鉴于这一重大缺失，**"象征的历史哲学"**呼之欲出，迎合人的精神需求，为补缺而诞生。它以文学艺术为蓝本，以阐释性的批评为手段，在虚构的或想象的文本中挖掘人类精神的历史进程，讨论心灵之"在"的形式和它的历史价值，从不同方向（现代或后现代，后殖民或后乌托邦批评）导向**"阐释史学"**——从这个角度看《狼图腾》，它的史学价值凸显出来。

《狼图腾》形象地再现了元自然故事的终结，象征性地展示了文明征服自然的过程：**人类由顺应自然的社会形态走向僭越自然的现代文明，是通过配合"战争"而全面发展的科技手段以及跟随其后的殖民或移民实现"全球化"的。**

从自然角度看，移民或许比殖民更具"事件"的意义。它的发生太具体太经常，潜移默化中模糊了人的身份和道义的是非界线。它悄无

① ［英］沃尔什：《历史哲学导论》，何兆武、张文杰译，广西师范大学出版社，2001年，第6、8、18页。

声息地改变了大地的面貌和人的生存方式,将草原变成农田或将农田变成城市,是比单纯的"掠夺"更严重的历史事件。有趣的是,对这一历史进程的描述,不是史家而是科学界最早开始的。早在"全球通史"出现之前,就有科学家(比如地质学家弗·卡特和汤姆·戴尔、海洋学家蕾切尔·卡逊等等)从不同方向发出警告:"如果我们一意孤行,继续用我们的殖民方式摧毁地球上的一切,那么人类总有一天会走上穷途末路。"①它的另一个解释是:历史的终结与自然的故事有关,特指元自然生存状态的消失,与福山的历史观完全不同性质。

福山看好以自由主义为核心的西方文明,将全球西化的结果视为"历史的终结"。②如果我们把历史看作一个个具体的过程,可以说,所有的历史都有终结。③**一个历史进程的善终,是以最大限度的普世化为标志的**:阶级斗争终结于民主政治体制的成熟和健全,殖民地终结于新兴民族国家的建立和后殖民主义泛滥;少数者的历史终结于"政治正确"滥觞,民族历史正在终结于"全球化"……还有这个后时代,"一地鸡毛"而非"宏大叙事",可以看作所有传统文明终结的一个文化特征:民族主义终结于共产主义运动,种族主义终结于合法的移民国家,女权主义终结于妇女解放——于此我有体会,当妇女解放在法权意义上实现了男女平等,女权主义的历史便告一段落,社会面对的不再是一个"主义"而是无数具体的妇女问题。同理可见,当西化成为整个世界的基本趋势,那难以逃避的历史悖论凸显出来:"普世化"和"全球化"的象征意义——不幸——就是终结!

民族史终结的地方,是个人故事开始的时候——时空就是这样不辨季节紧密地交织在一起的。征服自然的历史之终结,来自人们重返自然的渴望。人类开始整体性地将保护自然提升到历史高度,重新

---

① [英]沃尔什:《历史哲学导论》,何兆武、张文杰译,广西师范大学出版社,2001 年,第 61 页。
② 参见[美]弗兰西斯·福山:《历史的终结》前言。福山确信世界的历史有一个"清楚的走向"并遵循"单一方向的道路",这就是西方的资本主义和自由民主的道路(第 389 页)。
③ [美]弗兰西斯·福山在《历史的终结》(1989 年)一文中最早提出这一说法,在学界引发出"终结热",诸如《哲学的终结》([美]劳伦斯·卡弘)、《艺术的终结》([美]阿瑟·丹托)、《意识形态的终结》([美]丹尼尔·贝尔)、《所知世界的终结》([美]伊·沃勒斯坦)等。

关注"大地"的来路,力图让森林、草原、海洋、天空……恢复它们本来的面目——我以为,这是回家:

> 回家——寻找路线返回出生地的能力——是依赖对环境线索的感知的另一种行为。**回家比迁徙更加困难,因为需要正确的导航。**动物需要在没有可资识别的路标的情况下有从任何方向引导自己回家的能力。[1]

人类是否具有这种能力?

于此,狼书中有一段精彩的描述。黑夜,伸手不见五指,只有风声……众人跟随毕利格在夜色中上路,陈阵好奇问老人:阿爸,您凭耳朵真能领大伙赶到指定地点? 老人的回答十分经典,说出了寻找回归之路的奥秘:

> 光凭耳朵还不成,还得**靠记性**,要听马蹄踩的是什么地,雪底下是草是沙还是碎石头……要不迷道,还得拿脸来摸风,摸着风走;还得用鼻子闻,闻着味走。风里有雪味、草味、沙味、硝味、碱味、狼味、狐味、马粪味和营盘味。有时候啥味也没有,就凭耳朵和记性,再黑的天,你阿爸也认道。
> (No12)

显然,这能力不仅需要执著的勇气,更需要超常的记忆。历史就是记忆,是我们重返家园可以借助的工具。从这个角度看终结,意味着新的旅程的开始。这是还乡的旅程。走在还乡路上,记忆的作用首当其冲。**历史不仅承载记忆,也承载思想,为人类寻找回归之路提供"正确的导航"。**阐释史学在"回家"(不同于进步和发展)的需求下应运

---

[1] [美]托马斯·贝纳特:《感觉世界:感觉和知觉导论》,旦明译,科学出版社,1983年,第146页。"许多种鱼类表现远距离迁徙和回家,用以增进它们的生存前景。"(第149页)黑体为本书作者所加。

而生,为一切无言者(包括自然和自然界一切生灵)代言,为精神和心灵找到可以接续和传承的历史平台。它的首要工作是**重返经典**——理念的和哲学的,文学的和艺术的——为解释正名。"解释不是翻译。过去不是必须**翻译**成叙述的历史编纂学的文本;它必须**被解释**。"①因此,我赞同保罗·克罗塞(P. Croce)通过重返经典、整合碎片、清理"后"垃圾的努力。他指出:"在后现代时代,现实不再从实在的、独立的物质表面来感知,相反,它是在多种复杂水平的交叉意义上来阐释的。"②历史固然有赖于真相和事实,但它从来就不是因"真实"而是因"阐释"而成立的:

> 历史并非由事实组成,而是由历史学家对发生的事件及其原因的见解所组成……(这些见解)通常只不过反映了他们个人对社会因果关系的理论,这些理论决定了挑选哪些他们认为是重要的事实。③

史学如同历史,总在路上,没有定论。好的史学家一如好的法学家,在历史面前应做到"事事"平等,不仅笃信史书文献记录的事件(events),也应该留心并尊重口传的或寓言式文本中心灵的或自然的声音(voices),它们同所谓"历史事件"一样真实地发生过,不过以异样的面巾遮掩着真实的面孔罢了。比如今天我们身处的这个社会,真实的未必是被主流文献记录的,可能恰恰是不许记录的;被记录的是真实的事件,却未必是人心中真实的声音。**阐释史学之重要,不在它能一锤定音,而在创建"尊重阐释"的史学空间和允许不断被阐释的探索过程。**

由此看《狼图腾》,经由阐释,指向一种新史学观:**自然的人类**

---

① [荷]安克斯密特:《历史与转义:隐喻的兴衰》,韩震译,文津出版社,2005年,第40页。
② 参阅[英]保罗·克罗塞的《批判美学与后现代主义》(钟国仕等译,广西师范大学出版社,2005年),他通过把康德带入后现代研究,对后现代做批判性的诠释。此处引文出自该书第151页。
③ [英]阿瑟·刘易斯:《经济增长理论》导言,周师铭等译,商务印书馆,1999年,第12页。

史观。

在历史中加入自然因素,其核心是人与土地的关系。

地貌的改变意味着人的生存环境和生存方式的改变。近代以来,这种改变与原住民"失地"密切相关,它是殖民化的一个恶果。此前,原住民是自家土地的守护神,用乌力吉的话说:"草原上的狼群都有自个儿的地盘,没地盘的狼群早晚呆不下去,狼群都把地盘看得比自个儿的命还要紧。"(No26)毕利格也说:那些"失掉地盘的狼群,比丧家犬还要惨"(No31)。卡特和戴尔的研究一针见血:"人类最光辉的成就却大多导致了奠定文明基础的自然资源的毁灭。"这些科学家比史家更敏感,他们看到:"人类与其赖以生存的表土之间的关系是一个重要的,却又不幸被忽视了的历史研究领域。"①

为什么会出现这种疏漏?

根源在史学观念。传统史学中的"历史"特指人的行为历程,与自然界无关;当然,与狼更无干系。陈阵为狼抱屈:"狼在历史上所起的作用,在人写的历史中被一笔勾销了。如果请腾格里作史,它准保会让蒙古草原狼青史留名。"(No4)狼书中承载着沉重的历史信息,浓缩了文明的历史过程,却仅仅发生在一年四季中;通过草原生灵的生存状态,影射文明与自然的关系——这是什么关系?

《狼图腾》揭示了三种关系,通向一个事实:**人的文明史即人化自然的历史**;通过草原狼的命运,在如下三种关系的基础上展现了三个历史阶段。

第一种关系是**人与土地的关系**。土地是人类生命的载体,是人与自然之关系的外在体现,它在文明进程中一总是被动的。从土地暨原住民的角度看,所谓近代西方文明,是从"外人"对"本土"的占领和改造开始的。狼书中,它的起点是火药炸狼,体现在草原狼与人的关系上:

> 这样杀狼崽,用不了多少时候,草原上的狼就通通没有

---

① 〔美〕弗·卡特、汤姆·戴尔:《表土与人类文明》序,庄崚、鱼珊玲译,中国环境科学出版社,1987年。

啦。现在的小青年小马倌,成天赛着杀狼,不懂事理啊……收音机里尽捧那些打狼英雄。农区的人来管草原牧区,真是瞎管。再往后,草原上人该遭罪了……(№10)

第二种关系是**自然社会形态与现代文明的关系**。依卢梭的说法,进入文明社会后,人类脱离了"它曾在其中度过安宁而淳朴的岁月的原始状态",从此"再也看不到一个始终依照确定不移的本性而行动的人;再也看不到他的创造者曾经赋予他的那种崇高而庄严的淳朴"。[1]伴随着西方文明的全球化进程,所有与本土生态环境直接关联的社会制度在科技或武力的干涉下衰微乃至终结。这在狼书的结尾部分表现得很充分:军用吉普开进草原腹地,先进的武器瞄准了巨狼,"紧张危险的吉普打狼战,忽然变成了轻松的娱乐游戏"。

称霸草原万年的蒙古草原狼,此时变得比野兔还可怜。陈阵脑子里突然闪过了"**落后便挨打,先进便打人**"那句话……巨狼既飞不上天,又找不到洞。草原上狼的神话在先进的科技装备面前统统飞不起来了。(№32)

接着,我们看到了第三种关系:**自然人与文明的关系,即自然的报复**。狼书中,草原人放弃了自然的生活方式,让我们看到了文明进程中最隐蔽、最不堪的内幕:现代文明"不仅压制了人的社会生存,还压制了人的生物生存;不仅压制了人的一般方面,还压制了人的本能结构"。[2]这种变化通常是在自然人的身份转变中完成的,显示出它极具讽刺性的历史寓意:

农区的蒙族人,祖辈原本都是牧民,但是被汉族的农耕

---

[1] [法]卢梭:《论人类不平等的起源和基础》,李常山译,商务印书馆,1962年,第84、63页。
[2] [美]马尔库塞:《爱欲与文明》,黄勇、薛民译,上海译文出版社,1987年,第3页。

文化征服和同化以后,居然变成了蒙古草原的敌人。"(№23)

额仑草原上大部分牧场和公社改为农业团,蒙古草原出产最著名的乌珠穆沁马的产地马驹子河流域将变成大规模的农场。"草原上的人们都在忐忑不安地等待着内蒙生产建设兵团的正式到来。"(№30)人类进步的趋势不可逆转——那么狼呢?"陈阵最揪心的是草原狼怎么办?农区的人一来,天鹅大雁野鸭就被杀了吃肉,剩下的都飞走了。"(№30)陈阵设身处地为狼犯愁:

> 草原狼不是候鸟,世世代代生活在额仑草原的狼群,难道也要被斩尽杀绝,赶出国门赶出家园吗?外蒙古高寒草疏人畜少,那里的穷狼,要比额仑的富狼更凶猛。到了那里,它们就变成了狼群中受气挨欺的"外来户"了。
> (№30)

感谢《狼图腾》吧!在"自然"的故事终结之时,它给了我们最后一个念想;更要感谢草原狼,用它们的逃逸给我们一个难能可贵的文化启示!

狼书里多次提到"国界"。

怎么"国家"事情可以和狼事纠缠在一起?

国界也是文化的边界,狼书中,它是隔离自然与文明的一个实实在在的象征:

> 额仑草原獭洞极深,旱獭甚至可以把山体里的矿石掏到地面上来。有的牧民曾在獭洞口的平台上捡到过紫水晶和铜矿石。此事还惊动了国家勘探队,要不是额仑草原地处边境,这里就可能变成矿场了。(№21)

额仑草原地处边境,出于战事考虑不宜开发建设,延缓了文明的进程,北京知青因此有幸看到了最后一批骁勇善战的狼群。火烧狼群时,惨败的草原狼逃出国界。灭狼运动之后,中华大地上似乎再没有草原狼的藏身之地。

> 内蒙大草原最后一批还带有远古建制的狼军团,仍保留着在匈奴、突厥、鲜卑和成吉思汗蒙古时代的战略战术的活化石狼军团,就要在现代化兵团的围剿中全军覆灭了……被深受其惠的中国人赶出国门,赶出历史舞台。(No31)

故事中,残存的狼群并没有退出历史舞台,它们存活的方法其实简单,越过国界而已。国界那边是原始草原,有草的地方就有它们得以存活的根。尽管那里"高寒草疏人畜少",却是草原狼赖以存活的最后的避难地:

> 每当狼处在生死关头的时候,它总能依靠草原来逃脱;每当狼遭遇危难的时候,草原会像老母鸡一样地张开翅膀,将狼呵护在它的羽翼下;广袤辽阔的蒙古草原似乎更疼爱和庇护草原狼,它们像一对相守相伴的老夫妻,千年忠贞,万年如一。(No15)

那么,谁来保护草原呢?

书中,是国界,用杨克的话说:"蒙古草原狼,英雄末路,大势已去,赶紧往外蒙古逃吧。"(No30)倘若人也能像狼那样无所顾忌、不需护照一类证件便随意越界,会是怎样的结果呢?

面对《狼图腾》,还是让我们感谢国界吧!

正是狼的逃逸,让我们看到了现代国家的别样功能。在全球西化趋势中,**国家成为民族文化即文化多样化的最后保护地**。国界阻止了一种文化(以及权力)的无限扩张,同时保护了另一种文化(及其人们)的生存之根。偌大地球村中,因了国界,世界上可以有许多个疆界清晰的大家庭:国家——对国民而言,它是自家。在全球化即西化浪潮的挤压中,(各)民族文化(包括文学艺术)只在自家的土地上才有取之不尽的自然资源,为其存续和发展保留一道最后的防线。

由此看国家的性质,不尽是政治的,更是文化的。"边界"在文化意义上成为一个有趣的概念,它是观察不同民族文化的重要窗口。长久以来,我喜欢乘火车、汽车或轮船穿越国界,也在不同地域实地考察中国边境,细看一种文化的颜色是怎样随着地缘(与边界的距离)由深变浅直至消失而另一种文化是怎样从边缘走到中心的。狼书中这类信息因此让我敏感。草原狼在枪炮围歼下大逃亡,让人联想到20世纪以来层出不穷的越界行动:白俄贵族的流亡、犹太人的逃亡、梁启超、康有为以及孙中山等革命党人越洋避难……还有冷战以来人为设置的"柏林墙"、狼书中草场边界修建的"铁丝网"……一次次成功的越界不仅是逃生,也意味着重生的希望,所谓越界,在保全生命的基础上,也侥幸保全了人的尊严和自由的"思"的种子。

可见,国家和国界并不像政治学者描绘得那么冷峭,它不仅是私有产权保护的工具或管理民众镇压叛民的武器,也可以是各民族生民安身立命安度人生的家园。这世界上能有很多国/家共存是一件值得庆幸的事。顺理成章的分家也未必是坏事,可以带给人们更多选择。看那各国事务,不会是一张面孔因此不能是一种模式①。"各自为政"不仅是历史性的,也是当下(各)民族文化遗存的最后屏障。国家的未来,未必像早期共产主义理论家们预言的那样必将"消亡"②;也许维护和坚守更是一种向善的选项。今天这个地球村里,国即是家,是束缚是枷锁,如巴金笔下的"家",让你渴望逃离;但也可以是温暖和安全的,成为一个个弱小民族和弱势文化赖以生存和绵续的

---

① 参见[美]罗伯特·赖克的《国家的作用——21世纪的资本主义前景》(东方编译所编译,上海译文出版社,1994年),他所谓的"国家"就只是美国。

② 马克思在《哲学的贫困》(1847)、《法兰西内战》(1871)、恩格斯在《社会主义由空想发展为科学》、《家庭、私有制和国家的起源》(1884)中都提出这一观点。列宁在《国家与革命》(1917)中进一步指出,到了共产主义"国家就会消亡,阶级已经没有了,因而也就没有什么阶级可以镇压了。"参见《列宁全集》第25卷,人民出版社,1958年,第454页。

藏身之地：

> 60 年代三年困难时期，北方几大军区的部队，用军车和
> 机枪到草原猎杀过无数黄羊……结果把境内的黄羊都赶到
> 境外去了。这些年，边境军事形势紧张，大规模捕杀黄羊的
> 活动已经停止，<u>广袤的额仑草原又可以见到蔚为壮观的黄
> 羊群</u>。(No2)

在这个意义上说，只要有不同性质不同制度的国家存在，不同民
族和民族文化就会有它希冀回归的家园；只要地球上还有边界，任何
一种文明都有它终止的地方，自然的故事就有涅槃重生的希望。狼书
中那条防火道是一个象征：

> 防火道在界桩内侧……与边界并行。防火道年年定期
> 翻耕，早已沙化，寸草不生，仅用以<u>阻挡境外烧过来，以及境
> 内可能烧过去的小规模的野外火灾</u>。只有这条用于防火的
> 耕地，为额仑草原牧民所容忍，草原老人们说这是农垦给草
> 原的惟一好处。(No15)

如此边界，面目狰狞，却自有它的尊严和价值。

在这个战火持续燃烧、文明冲突不断、威权以不同面目——意识
形态的、话语的或科技的、金钱的——企图一统天下的世界上，狼书让
我们看到"越界生存"的特殊价值和它独特的政治魅力：它不仅是避难
者也是自然的草原(狼)求生以求续存的唯一可能的选择。

由此，我看今天的或未来的地球村中，只要边界在，"全球通史"便
可能是一个虚拟的新神话，于史学观念革新是必要的，在现实中却无
处落实。再看**国别史，不仅是政治笔录，也是一个民族文化身份的记
录**。人与自然的故事(就如这狼故事)正是在国别史的基础上，有可能
被续写，被传唱，成为人类历史多样性最直接和最重要的证言。

11. 从哲学看:"自由"的前方是什么?

> 人是生而自由的,但却无往不在枷锁之中。自以为是其他一切的主人的人,反而比其他一切更是奴隶。[①]
>
> ——卢梭:《社会契约论》

自由是《狼图腾》中最重要的命题。

"自由"是故事中使用最多的一个抽象概念,弥漫在字里行间,风中雪中,狼嗥狗吠……你却很难用一个准确的定义将它表述出来。它扑朔迷离、我行我素,无所不在……你却没法说出它究竟在什么地方。

——在小狼那里吗?

小狼其实没有一刻是自由的。

——在草原狼群中吗?

狼群早已威风不再,它们只是"自由地"逃离了边境。

即使这样,自由仍然在场。当全部故事结束,在你合上书的时候,自由仍然挥之不去,它还残留在你心中。这就让人费解了,因此想问:

——《狼图腾》中表现了怎样的自由?

先来看看这故事在什么情况下使用了自由这一概念。

狼书中的自由不同分量,不同性质,前后分裂,甚至完全不在同一个范畴。比如最早——小狼出现之前——表现的自由,都与陈阵个人的社会政治身份(自愿离开城市的知识青年、落魄的"黑帮"子弟)有关,如下三种。

其一,自然中的自由即**元自由**,是陈阵在野生黄羊的飞奔中领教到的:

---

① 〔法〕卢梭:《社会契约论》,何兆武译,商务印书馆,1982年,第8页。

（黄羊群)宛如铺天盖地的草原贴地黄风，从他的羊群旁边轻盈掠过，吓得绵羊山羊扎成堆，瞪着眼，惊恐而羡慕地看着那些<u>野羊自由飞奔</u>。额仑草原的黄羊根本不把无枪的人放在眼里……惊得他只有站在原地呆呆欣赏的份了。(No2)

自由在这里不是一个问题，而是一种状态。自然中的自由基于对位所的恪守和充分占有。如果把位所看作是一种枷锁，就像把河床看作河流的枷锁，那便可以解释：**位所内的自由是万物可能拥有的最自在和最充分的自由，即元自由**。

其二，逃离城市，**去文明化**，这在中国文人中是有传统的。陶渊明的世外桃源是一个理想，将人心与自然紧密联系在一起。[①]"所谓'久在樊笼里，复得返自然'，就应该这样理解。在樊笼里不得自然也不得自由，归园田居才复得自然复得自由。"[②]陈阵是经过俄苏文学熏陶的知识青年，一旦厌倦革命，很自然地会想到草原，因为"草原上有最辽阔的原始和自由。"(No3)

《静静的顿河》也是陈阵来草原的原始驱动力之一。陈阵对顿河草原的向往是由于葛利高里、娜塔莉亚和阿克西妮亚那样热爱自由的人。而陈阵对蒙古草原的痴迷，则是由于<u>热爱自由，拼死捍卫自由的草原狼和草原人</u>。(No32)

逃离城市也意味着逃离现代文明，在当时，很无奈；今天看，很后现代。莫里斯将城市生活比作囚禁："现代人类动物再也不是生活在适合他这种物种的自然环境中了。他并非受制于动物园的管理者，而是受制于自己的聪明才智所编织的罗网。"[③]对陈阵这些"文革"中的青年人而言，城市不仅是文明的象征，更是一个政治符号。去到草原，

---

① 鲁枢元在《陶渊明的幽灵》(上海文艺出版社，2012年)中详细讨论了这一现象。
② 袁行霈：《陶渊明研究》，北京大学出版社，1997年，第6页。
③ ［英］莫里斯(D. Morris)：《人类动物园》序言，周邦宪译，贵州人民出版社，1987年，第2页。

与其说是逃避城市和文明,不如说是有意逃离政治囚禁。

因此,其三,也是最重要的,就是远离主流社会以逃离政治迫害,在"天高皇帝远"的草原上寻得一份精神上的自由,即"**去政治化**"后的自由生存:

> (四个知青)中有三个是"<u>黑帮走资派</u>"或"<u>反动学术权威</u>"的子弟,由于境遇相似,思想投缘,对当时那些<u>激进无知的红卫兵十分反感</u>。故而在 1967 年冬初,早早结伴<u>辞别喧嚣的北京,到草原寻求宁静的生活</u>。(No2)

陈阵们到草原并非单纯的下放,而是某种程度上的自我放逐。用杨克识趣的话说:草原是个爱狗和需要狗的地方,不像北京到处都在"砸烂狗头",我这个"反动学术权威"的"狗崽子",能到草原扎根安家就是最好的归宿了。(No20)只有经历过才会知道,在那个讲究"血统论"的年代,"黑帮子女"就像是 20 世纪 30 年代用符号标示的犹太人,除非越境,无路可逃。幸亏有了地处边境的额仑草原,让陈阵们在无路可走的禁锢中破"门"而出。如此选择,无论从自我意识还是从自主行动看,都非常接近以赛亚·伯林(Isaiah Berlin)那个著名的"消极自由"。

当今哲学界,谁不知道以赛亚·伯林!

伯林的"两种自由概念"(1958 年)牢牢占领"自由"阵地半个多世纪,无论支持还是反对,说到政治哲学,都会从他的言论出发——但是,这里谈论他,不是因为政治哲学,而是因为《狼图腾》中"自由"之由来,它与伯林作为"学人"的出发点不期而遇。从伯林这里出发,为我们认识狼书中的自由问题提供了很高的理论起点和一个贴切到位的对话平台。

以赛亚·伯林 1909 年出生在俄国里加一个犹太人家庭,1920 年(1917 年苏维埃十月革命之后)随父母去英国,1928 年入牛津大学读文学和哲学,从此与牛津结下学术之缘。二战期间他曾在纽约、华盛顿和莫斯科担任外交职务,1946 年返回牛津任教,1966 年至 1975 年担任牛津大学沃尔夫森学院院长。作为政治思想家,伯林有三个重要特点:其一,犹太民族身份的影响;其二,作为出生地的俄国和前苏联的影响;其三,即牛津"位所"的僭越与制约——三者合在一起,是他的宿命,先验地作用于他的"两种自由概念"和他的哲学立场。

哲学可以有立场吗?

哲学原本没有立场,没有方向,它就在这里,永远面对"在"的问题。但哲学家是有立场的,无论他本人宣示怎样客观,一旦涉及政治,立场便在这里了。比如伯林,在为"积极/消极"两种自由概念命名之前,其政治立场已经是预设完成的——这与《狼图腾》有什么关系吗?我以为,它们之间的相关性不在结论而在出发点,即在自由的意义上伯林和陈阵有非常接近的起点;结局却完全不同:同样从"消极自由"出发,却选择了不同的方向。如果连方向的选择也是宿命的因而是消极的,它给我们的启示就不仅在对双方的理解,更在自由本身。

什么是"消极自由"? 什么是"积极自由"?

伯林认为,积极自由的观念是在回答"谁是主人?",而消极自由试图回答"我在什么领域内是主人?"[1]积极自由在弄清了目标的前提下自由行动,它隐含着无限的可能性;消极自由在弄清了自己"位所"的前提下自主选择或不做选择。前者通常有关集体意志下的理想主义,后者则接近无为而为的犬儒主义。伯林承认:"消极自由与积极自由并不是一回事。它们二者本身都是目的。这些目的有可能无法协调地相互冲撞。"在冲撞面前他毫无保留地站在"消极"一边,指出:"一个人的消极自由的范围,可以说是一个关于有什么门、有多少门向他敞开,它们敞开的前景是什么,它们开放程度如何等等的函数。"[2]半个世纪来,学界对两种自由概念以及由此派生的政治哲

---

① ［英］以赛亚·伯林:《自由论》,胡传胜译,译林出版社,2003 年,第 41 页。
② 同上,第 47、46 页。

学有许多解释。①伯林始终如一，不断重复上述观点并明确表示：消极自由"是行动的机会，而不是行动本身。如果，我虽然享有通过敞开的门的权利，我却并不走这些门，而是留在原地什么也不做，我的自由并不因此更少"。②不明内里的人难免好奇：他为什么割裂"自由"，在好端端一个人类共同追求的理想面前摆开战场，有意挑起了一场不见血的"学者斗学者"乃至"群众斗群众"的政治斗争呢？

对自由，伯林有与生俱来的切肤之痛。还原到个人经验和他身处的时代，在自由的旗帜下，他发现了两支性质截然不同的队伍和背道而驰的两个方向，曾经宿命地将他的个人命运抛掷在完全不同——自由或奴役、天堂或地狱——两种境遇中。他远离"积极"并提醒人们对所谓"高级的"姿态保持政治警惕：

> "高级的"自我有可能充分地与制度、教会、民族、种族、国家、阶级、文化、政党，以及更含糊的实体，如普遍意志、共同利益、社会的启蒙力量、最先进阶级的先锋队、神意的显露等相同一。我的观点是，在这个过程中，**开始时作为自由学说的东西结果成了权威的学说，常常成为压迫的学说，成为专制主义的有益武器**，这是一个在我们时代变得太熟悉的现象。③

伯林公然选择"消极"颇遭非议。但他不思中庸，指出：在我们这个时代，因为积极自由已经变成专制主义的工具，"常常远离其原意，变成晦暗的形而上学或社会性的邪恶之物"，因此"更有必要揭露积极自由

---

① ［美］杰拉尔德·麦卡勒姆在《消极自由与积极自由》中这样解释消极自由："不管是谈论某个行动者的自由还是某些行动者的自由，它始终是指行动者摆脱某些强制或限制、干涉或妨碍，去做或不做什么、成为或不成为什么的自由。因此，这种自由始终是某人（一个或多个行动者）的（of）摆脱（from）什么，去（to）做或不做什么，成为或不成为什么的自由；它是一种三位一体的关系。"李丽红译，《第三种自由》，应奇、刘训练编，东方出版社，2006年，第41页。

② ［英］以赛亚·伯林：《自由论》，第39页。

③ 同上，第42页。黑体为本书作者所加。

的偏离,而不是消极自由的偏离"。①如此见识,与我们的"左/右"之说非常接近。与这里一向"宁左勿右"相反,伯林选择了"宁右勿左"——在这个意义上,与其说是政治哲学的选择,不如看它是**后乌托邦批评,劝(个)人向善自保,避免在"政治正确"(PC)的旗帜下伤害他人。**

伯林一生的精神活动对应着他的民族身份和出生地(就像陈阵即使身在草原也心向北京,固执地纠缠在自己的民族属性中),他的文学喜好和政治哲学固执地指向俄罗斯。犹太人身份和作为祖国的俄国成为两个"原生"的政治情结,伴其终生。②当他进入牛津,正值法西斯排犹高潮和前苏联的政治大清洗,前者在德意志"民族自主自由"的口号声中、后者在共产主义"人人自由而全面发展"的旗帜下,都有排山倒海的全民运动;无论伯林身处哪一种环境都必死无疑。因此可以理解,伯林为什么人在牛津却眼望世界,身在自由中却固执地心向自由,不由分说地把两者——德国法西斯主义和苏维埃共产主义——牢固地捆绑在一起,几乎从不分离地将它们并列称为"专制主义"。③从伯林的处境看,这一切都是合情理的。但如果放在历史中看,这种未加论证的连接与他的学者身份不符。稍有历史常识的人都知道,无论表面形式怎样相似,德国法西斯主义和苏维埃共产主义在起源和归宿上不同性质:前者是民族主义的,在形式上极端排外;后者与意识形态有关,在观念和作为上恰恰是超越民族主义的。在专制或极权的压力下,都有逃亡(如犹太人)或逃逸(如陈阵),结果却不同:前者有一个相对干净的终结,大屠杀之后少有幸存者;后者却历史性地延续下来,至今追随者众……这里无意也无暇细说两者的异同优劣,只想说明,正是这种判断,导致伯林与陈阵的探索分道扬镳。

---

① [英]以赛亚·伯林:《自由论》,第45页。
② 伯林回忆:童年在前苏联目睹革命,"给我一种终生不灭的对肉体施暴的恐怖感"。他承认在牛津选择政治思想史首先是因为"我不可避免地受苏联存在的影响",其祖父、外祖父和一个叔叔、婶婶、三个侄子1941年被纳粹杀害。详见[伊朗]贾汉贝格鲁:《伯林谈话录》,杨祯钦译,译林出版社,2002年,第4、8页。
③ 李零对此现象也有批评:"他们把专制主义与绝对主义、共产主义与极权主义(法西斯主义)一锅乱炖,混合了不同历史时期的不同概念。"见《寰球同此凉热:我的中国观和美国观》(2011年10月12日在"九三学社"中央的演讲);香港桑尼研究公司《参阅文稿》No. 2012~18。

陈阵与柏林究竟有什么关系？

在"逃离"的意义上，陈阵与伯林有十分接近的出发点：在伯林像是喜剧性的，他随家人逃离，远离了革命和专制迫害；在陈阵却是悲剧性的，他自觉地选择了自我放逐，不仅接近了伯林的"消极自由"，也接近了伯林一类自由主义学者共同的思维特点：**生活在别处，在他乡说故乡，坐而论道，自由地思考：**

> 放羊对陈阵来说也有一个好处，<u>独自一人在草原上，总能找到静静思索的时间，任凭思想天马行空自由翱翔</u>。他从北京带来的两大箱名著、加上杨克的一箱精选的史书和禁书，他这个羊倌<u>可以学羊的反刍法来消化它们</u>。(No7)

同样是逃逸，同样沉浸在故纸堆里，却不同心思：陈阵身在草原想的是汉人的事，伯林身在自由主义的摇篮牛津说的是专制下的不自由。因为逃离或逃逸，两人都有了新的位所，也都充分地利用了这位所，却不同性质不同方向。伯林走向现代西方文明，在世界最高学府有了合法的一席之地，可以在话语优势的平台上以话语的方式拯救世界，"两种自由"是在这个背景下出台的。对伯林而言，大门是敞开的，他可以自由地选择自由或不自由的方式，投身于政治性的思想建设，主张多元，"让多扇门同时敞开"；而对另一种自由（积极自由）毫不妥协，毫无宽容。这种矛盾——社会身份与政治立场、思想主张与个人行为的矛盾——是一切"生活在别处"的自由主义思想者共同的特点，也是陈阵的特点。

但是，陈阵没有那么幸运，他没有任何外部资源可以借助，在内置性的枷锁中，他向更微贱更边缘的草原、向天高皇帝远的地方逃逸。"距离愈远，行政也就愈发困难，正好像一个杠杆愈长则其顶端的分量也就会愈重。"①陈阵的选择表面看是消极的，其性质其实并不属于消

---

① ［法］卢梭：《社会契约论》，第 63 页。

极自由。在无门也无退路的囚禁状态中,自由的唯一选择是破门而出即"积极地"争取自由。就是说,无论伯林在牛津还是陈阵在草原,他们之所以可以自由地坐而论道,"消极地"享有自由(Freedom),都是以"逃离"这种积极的行动为前提的。英语中的"自由"与"解放"(Liberty)相互内含却不同处境。兰斯顿·休斯(Langston Hughes)在"像自由这样的字"①一诗中形象地写出了两种"自由"的不同境遇:

> 有些字像自由(Freedom),
>
> 说出来甜蜜动听美妙无双,
>
> 在我心灵的深处,
>
> 自由无时不在尽情地歌唱。
>
> 有些字像自由(Liberty),
>
> 它们却使我忍不住哭泣哀伤,
>
> 假如你知道我经历的一切,
>
> 你就会懂得我为何如此悲伤。

Freedom(自由/自在)一般在哲学意义上使用,与伯林的生活状态和他谈论的自由性质是一体的。Liberty(自由/解放)倾向在政治和法律语境中使用,②与陈阵的处境以及小狼的悲剧性质密切相关——这是陈阵的无奈,也是自由之无奈。社会史上,**"消极地"拥有自由(Freedom)一定是以"积极地"争取解放(Liberty)为前提的。**伯林的专业是(政治思想)历史,遗憾的是,在论述两种自由的时候他将两者并列,抽空了各自的历史内涵。这就难怪,他的自由学说在陈阵这里失效,既不能获得理解,也无法再提供借鉴。陈阵的"逃逸"与伯林的"逃离"在背景上有相似的预设前提,前景却完全不同。尽管陈阵怀揣着"解放

---

① 转引自[美]埃里克·方纳:《美国自由的故事》扉页,王希译,商务印书馆,2002 年。

② 李宏图在《自由主义之前的自由》([英]昆廷·斯金纳著,上海三联书店,2003 年)译后记中详细说明了这两个词的来源和区别,在一般情况下两词是通用的,少有人刻意区分其差别。见该书133 页。

全人类"的抱负,身陷生存困境,他首先要做的是自我救赎。伯林随口道出的"狼的自由往往是羊的末日"[①]这一真理,在陈阵却是他的现实生活。陈阵也充分利用了他那个位所能够给予的便利条件,选择了如此境遇中但凡是有理想的人都可能做出的"积极"选择:通过奴役他者实现自己的自由——他养了一条小狼!

在草原,人们养羊、养狗、养马……为什么一定要养狼?

养狼,这个蓄谋已久的行动,在原始草原上是一个解放的象征,建立在对草原的征服者草原狼的敬畏、畏惧和羡慕的心理基础上。养狼不仅是占有,也是征服。掏到狼崽的瞬间,对征服者的征服,在陈阵心中激起无与伦比的快感:

> 他觉得这比一锹挖出一个西汉王墓更让他激动,**更有成就感**……狼崽!狼崽!三个北京知青停了几秒钟以后,都狂喊了起来……那些神出鬼没、精通兵法诡道、称霸草原的蒙古狼,竟然让这几个北京学生端了窝,这一结局让他们**欣喜若狂**。(No10)

自从小狼出现,故事中的自由乃至陈阵的身份都发生了质的变化。在对小狼的占有中,陈阵获得暂时的解脱。这种解脱具有双重意味。一是对精神困境的缓解,在对他者的奴役中实现了当家做主的快感(No18)。另一是身体上的。长久在封闭的环境中做枯燥的体力劳动,让他(们)苦闷不堪。

> 在草原上打猎真是太有意思了,整天放羊下夜太枯燥单调。我发现,一跟狼打上交道,这草原生活就丰富多彩、好玩刺激了。陈阵说:草原地广人稀,方圆几十里见不到一个蒙古包,不跟狼打交道,不出去打打猎,非得把人憋死不可。(No3)

---

① [英]以赛亚·伯林:《自由论》,第43页。

　　"知青的荒凉岁月,幸而陈阵身边的小狼始终野性勃勃。"(№35)
伴随小狼出现,一个真实的自由问题出现了。小狼的出现是一个分水
岭:此前,自由是自在的;此后,**在奴役的前提下,自由成为一个问题**。

　　自从陈阵养了小狼,自由作为"话语"和"思"的种子,遍布字里行
间,折磨小狼,折磨陈阵,也折磨读者——我们就是在"奴役与反抗"、
"囚禁与自由"长久不辩胜负的砥砺较量中对这故事不离不弃的——
但,就是从这里开始,我们与伯林无关;换言之,他那套自由理论在小
狼出现后完全派不上用场。

　　为什么真实的自由问题出现了,现代自由理论反倒显得无用?

　　近代以来,自由是一个被谈论最多因此需要经常被界定的概念。
对此,政治哲学家昆廷·斯金纳(Quentin Skinner)早有劝告:"理解它的
最好的方法应该是要弄清楚我们在使用'自由'这个词时它通常的意
义是什么,它在历史进程的不同阶段中是如何被定义的。"①因此,我
的问题是,在狼书中:

　　——小狼的出现涉及哪些"自由"?

　　——它带出了怎样一些自由问题?

　　小狼出现后,自由的性质发生变化,它不再是前文中谈到的元自
由,也不再是陈阵在逃逸中享受的消极自由。它从现代文明乃至政治
哲学的自由概念中突围,直接还原到那个最原始、最普遍,最真实的起
点,让我们重新直面"奴役"这一自由领域中最基本的问题。由此,我
们不得不回到斯金纳的研究起点,即"自由主义之前的自由"。汇总此
前各家学说,斯金纳总结:"自由的概念始终是与奴役的状态相对应,
奴隶的困境状态被定义为一些人变成了别人的财产,而这是与自然本
性相抵牾的。"②在陈阵掏到狼崽那一刻,他打开了"自由"之门:

　　　　以前与狼毫无关系的他,竟然**决定**了七条蒙古狼的命

---

① 〔英〕昆廷·斯金纳:《自由主义之前的自由》,李宏图译,上海三联书店,2003 年,第 141 页。译文
　　转引自《消极自由有什么错》,文化艺术出版社,2001 年,第 97 页。
② 〔英〕昆廷·斯金纳:《自由主义之前的自由》,第 27—28 页。

运……如果不是他锲而不舍的痴迷,这七条狼崽也许能够躲过这一劫,健康长大,日后成为叱咤草原的勇士。然而<u>由于他的到来,狼崽的命运彻底改变了</u>。(No11)

占有以征服为前提,一己之自由通常是从对他者的奴役开始的。在陈阵养狼的故事中,我们看到了通向自由的道路上难以避免的三部曲:首先是杀戮,即征服;接着是囚禁,即奴役与反抗;最后是死亡,或者升华——这三幕在《狼图腾》中完整依次上演。不同于政治哲学即文明的解说,在性质上它甚至是倒置的。

先看第一幕:征服与占有,与嗜血有关。

陈阵等人掏到几条小狼崽,如何处置呢?就像在战利品中挑选奴隶和弄臣,他在狼崽中选择了那条"最肥最壮"的小狼,其余一律处死:

> 母狼崽刚刚被抛上了天……陈阵好像看到母狼崽灰蓝的眼膜被剧烈的恐惧猛地撑破,露出充血的黑眼红珠。可怜的小狼崽竟然在空中提前睁开了眼,但是它仍然未能见到蓝色明亮的腾格里,蓝天被乌云所挡,被小狼眼中的血水所遮。(No11)

面对杀戮和鲜血,"陈阵的心像是从嗓子眼又摔回到胸腔,疼得似乎没有任何知觉"。这是嗜血的训练,也是征服的起点。"五条可怜的小狼崽从半空中飞过,五具血淋淋的躯壳全都落了地"。陈阵仰望云天,希望腾格里能收下它们的灵魂,也祈祷上天能够赦免自己的恶行。在征服的同时,他心里埋下了另一种危机,在奴役他人的同时预感到另一种奴役的开始:"离被掏的狼洞越来越远,但陈阵总感到背后有一种像幽灵一样的阴风跟随着他,弄得他一路上心神不宁,隐隐感觉到灵魂深处传来的恐惧和不安。"(No11)这段描写非常重要,与小狼的故事同时开始,贯穿始终,让我们对征服的代价保持高度警惕。

紧跟着,是囚禁——第二部上演了,它的主题是"奴役与反抗"。

就如曾经的文明史,**在奴役中将自由写满了整个史册**。囚禁中,小狼的本能是逃跑;一如陈阵逃逸政治运动,又如伯林一家逃离前苏联,小狼也想逃离:

> 小狼崽在残雪和枯草地上快速逃爬……两人跟了它走了一百多米,发现它并不是无方向、漫无目的地乱走。它的目的很明确,就是朝着离蒙古包和营盘、离羊圈、人气、狗气、烟气、牲畜气越远的地方逃。(No14)

小狼的逃跑并不成功,却在自由的意义上给陈阵上了难忘的一课:"麻雀被抓住后,就闭上眼睛以绝食绝水相拼,绝不就范。不自由,毋宁死,直至气绝。"小狼虽被囚禁却不屈服,"它珍视自由也珍爱生命",不绝食,反而没命地吃,吃饱睡足以后便伺机逃跑"以争取新的生命和自由。"(No14)这种身陷困境却顽强向生的姿态是陈阵最赞赏的,在他看:**为争取自由而选择"屈辱"地活着,向生而非求死,才是更高贵的追求。** 由此,**它将自由的根深深扎在奴役的土壤中**,让我们领教到"人是生而自由的,但却无往不在枷锁之中"的沉重分量——这话的后半句是:"自以为是其他一切的主人的人,反而比其他一切更是奴隶。"①卢梭高度概括了自由问题之不同寻常的寓意:在文明世界中,但凡自由都是需要偿付的,一个自由之死,一定有另一个自由陪葬。比如陈阵,自从养了小狼,

> 他从此与整个草原狼群结下了不解之缘,也因此结下了不解之仇。整个额仑草原的狼家族,会在那条聪慧顽强的母狼带领下,在草原深夜的黑暗里来向他追魂索债,并不断来咬噬他的灵魂。他开始意识到自己可能犯了一个大错。(No11)

---

① 〔法〕卢梭:《社会契约论》,第8页。

由此引出了第三幕,即结局:不是逃亡就是死亡。

小狼未能逃离,他的死是必然的:

> 猛烈的西北风,将小狼的长长皮筒吹得横在天空,把它
> 的战袍梳理得干净流畅,如同上天赴宴的盛装……小狼犹
> 如腾云驾雾,在云烟中自由快乐地翻滚飞舞。此时它的脖
> 子上再没有铁链枷锁,它的脚下再没有狭小的牢地。(No.35)

死亡,于囚禁中的肉身是一种彻底的解脱,对陈阵而言却有两个不同的结果:一个结果是升华,以肉身的死去成全精神上的自由;另一个结果很沉重,以一死换一死,前者是肉身,后者是灵魂。小狼死去那一刻,陈阵仰望天空,呼唤小狼:"到我的梦里咬我吧,狠狠地咬吧……"(No.35)这个省略号意味深长,无终止,无指向,与生俱在,成为无期徒刑的象征——可见,**囚禁,未必是锁链或牢狱,它更是一种精神状态**。用福柯的话说:有一种灵魂占据了他,"这个灵魂是肉体的监狱……在这种人性中,我们应该能听到隐约传来的战斗厮杀声"。①这是说,一旦发生了囚禁或奴役,无论在哪里(或草原或北京或牛津),无论什么时候(或前现代或现代或后现代),结局都是相似的,一报还一报,不是"征服"或"逃离"可以解脱的。认识这一点很重要,它与我们的生活、与我们身处的世界有关。比如陈阵征服小狼,从此成为自由的罪人。又如伯林,当他进入"政治自由"——他唯一关心的自由②——并将之设定为"两种自由概念",不仅把自由做小了,也让自己深陷在为自由而思的困境中难以解脱。**一旦把自由当作事业去做,"思"和"思想"都可能成为真实的囚牢,让思想者一刻不得安宁:**

> 事业本身就是十足的奴役。在工厂和大企业里,企业

---

① [法]米歇尔·福柯:《规训与惩罚:监狱的诞生》,刘北成、杨远婴译,生活·读书·新知三联书店,1999年,第32、354页。

② [英]以赛亚·伯林:《自由论》,第45页脚注。

> 主本人虽然并不做劳累的工作,然而他们的精神却处在经
> 常不安的状态中……他们实在会羡慕田野中的野兽和空中
> 的飞鸟……这些人是世界上最受压抑的奴隶。①

对此,卢梭的解释是:"假如这副枷锁只是应当遵守的规则,是你内在的天性最自由、最有力、最有自发性的表现,那么,这副枷锁就不再束缚你了——因为自我控制并不是控制。自我控制是自由。"②这种囚禁是自觉自愿的,服从于"伟大"的理想或"伟人"的使命感。经验告诉我们,比较有形的牢狱,精神上的囚禁是极端的和绝对的,即使放生自由之地(如逃离者,自由主义思想家,流亡者)有了言说的自由,却无时不在心的枷锁中,将思想牢固地囚禁在曾经的意识形态桎梏里。只有旁观者看得清楚:长久争战中,敌对双方无论在政策、策略、方法、手段乃至品格、德行上都十分相似,或越来越相似;手心手背,互为依存,无论开辟多少战场,最终不过打个平手。

相比而言,卢梭是自由的,至少他在前提上是自由的:他在自由地思想! 伯林却不同。伯林是有敌人的:哲学上的,是卢梭;政治上的,是积极自由。伯林指称:"在整个现代思想史上,卢梭是自由最阴险和最可怕的一个敌人",是他让"最不受约束的自由与最严苛和最有奴役性的权威发生了重合。在有史以来所有思想家中,卢梭是这个大倒错的罪魁祸首"。③遗憾的是,就是从这里开始,当伯林向卢梭宣战,他与陈阵们也分道扬镳了。他的理论道出了陈阵们的切肤之痛,却无法解决他们面临的自由问题。尽管都向往自由,却因为"逃离"后各自所处的位所不同,他们在"自由"面前背道而驰。

陈阵面临着什么性质的自由问题?

---

① [英]约翰·格雷:《人类幸福论》,张草纫译,商务印书馆,1984 年,第 43 页。
② 这是以赛亚·伯林对卢梭的评价的概括,《自由及其背叛》,赵国新译,译林出版社,2005 年,第 44 页。
③ [英]以赛亚·伯林:《自由及其背叛》,第 50 页。

杨克：小狼整天拴着铁链像个小囚徒，太可怜了。<u>狼是最爱自由的动物</u>，现在却无时不在枷锁中，你能忍心吗？我能理解为什么阿爸反对你养狼。这真是亵渎神灵啊。

陈阵：我何尝不想放狼归山啊，但现在不能放。我还有好多问题没弄清楚呢。小狼的自由是一条狼的自由，可要是将来草原上连一条狼都没有了，还有什么狼的自由可言？到时候，你也会后悔的。(No.22,摘选)

看到这里，不由你不好奇：

——陈阵企图在"狼的自由"中获得什么才不致后悔呢？

——狼的自由有可能在人的哲学范畴中获释吗？

自由是一个近代政治概念，孟德斯鸠明确将其分为两类：哲学的和政治的。"哲学上的自由，是要能够行使自己的意志，或者，至少……自己相信是在行使自己的意志。政治上的自由是要有安全，或者至少自己相信有安全。"[1]狼的自由与这两种自由无关，它是元自然中的元自由，从荒野来，到荒野去，以荒野为其位所——陈阵对此没有兴趣，他希望的是"能够行使自己的意志"，即哲学意义上的意志自由；不幸，这种自由通常建立在对他人的占有或征服的基础上：

什么！难道自由唯有依靠奴役才能维持吗？……的确是有这种不幸的情况，在这种情况下，人们不以别人的自由为代价便不能保持自己的自由，而且若不是奴隶极端地作奴隶，公民便不能完全自由。[2]

上述境况说的是古代社会，"斯巴达的情况就是如此"。

① [法]孟德斯鸠：《论法的精神》上册，张雁深译，商务印书馆，2005年，第223页。
② [法]卢梭：《社会契约论》，第127页。

那么,近代以来呢?

> 至于你们这些近代的人民,你们是根本没有奴隶的,然而你们自己就是奴隶;你们以你们自己的自由偿付了他们的自由。你们曾大事夸耀你们的这种偏好,然而我发现其中却是怯懦更多于人道。①

卢梭的言论是刻薄的,不幸言中了"自由之难"的要害,在哲学意义上揭示了"自由"之本质。《狼图腾》中的自由问题在这里似乎可以找到答案;或者,在哲学意义上给出自己的回答。比如陈阵和小狼的关系,正好同时再现了这两种状态:对小狼的身体囚禁属于奴隶制,需得他人参与,是被动的;陈阵的精神奴役属于现代,在欲望的驱使下,将自己置于奴隶状态。

耐人寻味的是,孟德斯鸠和卢梭在说出两种自由的时候,不约而同地"下放"了第一种即一般哲学意义的自由,径自走上第二条路,朝向政治的和法的方向:向"上"去了,向权威者、当权者乃至权力本身。而那个最基本的人之自由,下放了,一如书中陈阵的命运,与"沉默的大多数"一起长久沉默无言。这让我联想到恩格斯的《起源》②,他也是在列举了两种生产之后放下了第一种生产即"人类自身生产"转而专论"物的生产",与自由哲学的选择像是学术上的历史共谋。研究者指出:"就自由的一般意义来说,当我们在讲到自由时,总是指政治上或者社会的自由,而非哲学和伦理学上的自由。"③如约翰·密尔(J. S. Mill)在《论自由》开篇声明,他讨论的自由不是意志自由,而是公民自由或者社会自由。④伯林在这个方向上走得更远,在批判卢梭的同时完全放弃了卢梭强调的第一种自由,用"政治哲学"覆盖哲学上的自

① [法]卢梭:《社会契约论》,第127页。
② 参阅[德]恩格斯:《家庭、私有制和国家的起源》,人民出版社,1999年,第3页。
③ 李宏图:《自由主义之前的自由》译后记"在历史中找寻自由的定义"。上海三联书店,2003年,第134页。
④ [英]约翰·密尔(又译穆勒):《论自由》,程崇华译,商务印书馆,1982年,第1页。

由;就像用"人"(男人,man)覆盖女人(woman)。在自由的名义下,这种遮蔽可以做得冠冕堂皇,悄无声息;以至今天,在弥漫着解构的后时代,一切"宏大"都被动摇了,惟有"自由"这里仍然坚如磐石:

> 不管"政治的而非形而上学的"("'political' not 'meta-physical'"①)这一口号多么深刻或多么荒谬,政治哲学中没有一个基本概念比"自由"更具有与形而上学传统和形而上学问题难解难分的联系了。自由既是形而上学这座庙宇里供奉的最高神,也是政治哲学理论座架上的冠冕。②

20世纪90年代以来,由"两种自由概念"派生出"第三种自由",③沿袭近代传统,致力于为政治家开处方。因此我们看到,在这个后时代,"自由的"思想家们仍然固守在传统领地和传统的叙事方式,与时代和民众相距甚远。人们在充分占有和实践着政治自由的行程中迷失了方向乃至正在丢失自由,学者们还走在历史的沙滩上忙于寻找自己失落了的眼镜。

认识这一点并不容易,它需要以"禁锢"为代价。

就像陈阵在小狼的囚禁中认识了自由,我们一类学者多半是在被禁锢的"自由哲学"中逐渐觉悟了重返自由的渴望。**禁锢本身与自由无关,但它是产生"自由精神"的——不幸,几乎是唯一的——产床。**就其流血和痛苦乃至死去活来的程度看,说它是产床,既是形象的,也是合逻辑的。狼书中,反抗之后,小狼没有受到惩罚,反而引出了陈阵的反省。陈阵力图在反省中解脱自己,让小狼的反抗成为抚育精神自由的摇篮。面对小狼血淋淋的反抗:

---

① John Rawls, *Justice as Fairness: Political not Metaphysical*, in *Philosophy and Public Affairs*, 1985, p. 14.

② 应奇(浙江大学哲学教授):《第三种自由》选编说明,东方出版社,2006年。

③ 参阅《第三种自由》,应奇、刘训练编,东方出版社,2006年。

　　他越来越宠爱小狼,可是他却是毁了这窝自由快乐的狼家庭的凶手。如果不是他的缘故,那窝狼崽早已跟着它们狼爸狼妈东征西战了……可惜它们的锦绣前程被一个千里之外的汉人给彻底断送了。(No22)

　　与伯林的自由概念不同,狼书中的自由问题不仅超出了制度制约,也超越了人类。因为涉及狼,涉及自然,它是多元的,也是后现代的;但涉及人,则是一个大回转,是还原:在囚禁中反抗,在反抗中获得自由。书中至少有两种形式的反抗,对应伯林的两种自由概念,似乎也有"积极"和"消极"之分。所谓积极的,即对囚禁的直接反抗,"两天来,小狼一直在用血和命反抗牵引和囚禁,拼争自由,居然不惜把自己的牙咬坏"(No33)。一如所有囚徒在囚禁状态中共同的念想和作为,它尝试越狱逃跑:

　　　　开始采取狱中斗争的小狼,对拼死争夺到的每一寸铁链长度都非常珍惜,只要铁链稍一加长,它就会转圈疯跑,为新争到的每一寸自由而狂欢……(No35)

　　陈阵意识到,"在自由的大草原上,让天性自由的狼见到自由,可又让它得不到自由,这可能是世界上最残忍的刑罚"(No35)。但他却固执地不愿放生,那可怜的小狼只好"眼巴巴地望着辽阔无边的自由草原"。

　　　　陈阵望着小狼,心口常常一阵阵发紧发疼。他只能增加了检查铁链、项圈和木桩的次数,严防它从自己眼皮子底下阴谋越狱,逃向自由的死亡。(No35)

　　无论越狱还是被囚禁,积极反抗的结果多半是死亡。作为有自我意识且十分聪明的这个北京人,于此有足够清醒的认识,因此总在各种可能的"门"或"窗"前适时地表现出他的"消极反抗"：

——因为"黑帮子弟"身份，他选择了"天高皇帝远"的草原；

——面对不得不"接受再教育"，他选择了主动倾听；

——身处寂寥野性的荒原，他选择了读书；

——在枯燥冗长的牧羊生活中，他养了一条小狼取乐……

在一切可能的反抗行为中，他没有任何积极作为，一总以消极姿态在各种囚禁中偷乐。这乐趣保全了他的性命、声名乃至志趣和尊严，却无法满足他的精神；因为这"生"和"乐"都是以出让自由为前提、以忍让和屈辱为代价的。幸亏他有一条小狼，倒是在小狼的积极反抗中让他看到了自由的精神：

> 每次只要陈阵一坐到小狼的圈旁，他心中的荒凉感就会立即消失……一管热辣的狼血输入到血管，体内勃勃的生命力开始膨胀。陈阵情绪的发动机，被小狼高转速的引擎打着了火，也轰轰隆隆地奔突起来，使他感到兴奋和充实。(№35)

面对奴役和征服，陈阵少了那份虚伪，多了几许反省，这在殖民者和征服者中是罕见的品行。他在自身的犬儒状态中崇敬狼的自由，在身不由己的妥协中高度赞扬小狼始终不懈的反抗精神：

> 在这荒无人迹的流放之地，有小狼陪伴，有狼圈里的生命发动机对他的不断充电，才使他有力量熬过这几乎望不见尽头的冬季……然而，他对狼的景仰与崇拜……难道真的必须以对小狼的囚禁羁押为前提、以小狼失去自由和健康为代价，才能实施与实现的么？(№35)

话到这里，可见一个漂亮的回头！它将自由的意义牢牢定格在起点上，敦促自由还原：**从政治哲学还原到普遍意义的自由哲学**。

长久以来，在学界，对自由的议论日益远离了自由本身。

弗罗姆(Erich Fromm)指出，哲学家的"错误之一便是习惯于说人的选择的自由，而不是指具体的个人的选择自由"。①近代以来，自由面对人间事务，在"政治哲学"的命名下日渐社会化、制度化和具体化了，像是对"自由的背叛"。②

这种背叛是隐性的，具有双重欺骗性：其一，将"自由"置于政治和法律范畴内，它本身就不自由了；表面是升格了，实则成了与权力者对话的工具。其二，研究者将"思"置于"两种(或多种)概念"的思维框架中，自己便没有一刻是自由的，他做了"自由"的奴隶。

自由一旦与政治结盟或成为政治，便与哲学分道扬镳。

哲学的因子是自由思维，可以游离于政治之外，倘若成为政治哲学，便在本体意义上永远断送了自由选择的可能性，那才是"自由"的灾难！我们这里曾经的"文革"和无数次政治运动，可以在政治哲学的意义上现身说法，让寓言类小说《活着》和《狼图腾》分别成为"不自由"和"自由"的哲学参考书。这时候再说自由之由来，只能回到卢梭：

> 一切自由的行为，都是由两种原因的结合而产生的：一种是精神的原因，亦即决定这种行动的意志；另一种是物理的原因，亦即执行这种行动的力量。当我朝着一个目标前进时，首先必须是我想要走到那里去；其次必须是我的脚步能带动我到那里去。③

于自由而言，首先是精神，即对"不自由"的认识，是自我意识的结果。狼书中，自由是在有了小狼之后才出现的问题：此前，有自由，没有自由问题。书中，自由问题始终伴随着囚禁，是囚禁的伴生物，也是囚禁中必要的精神寄托。倘若对囚禁毫无意识或满足于在囚禁中苟

---

① ［美］艾·弗罗姆：《人心》，孙月才、张燕译，商务印书馆，1989年，第115页。
② 参阅［英］以赛亚·伯林：《自由及其背叛》，赵国新译，译林出版社，2005年。
③ ［法］卢梭：《社会契约论》，第75页。

且偷生,"生"会变味,"种"也会异化:

> 陈阵不知道小狼能否意识到它成为囚徒的真正原
> 因——小狼眼里总是充满愤怒:为什么小狗们能自由自在,
> 而它就不能?……用铁链拴养必然使小狼丧失个性自由发
> 展的条件和机会,那么,在这种条件下养大的狼还能算是真
> 正的狼吗?(No20)

对被囚禁者而言,奴役是一种形式,是对身心的直接约束。自由
的目标因此是解放,去除枷锁,废除奴隶制度;或者,在尊严的名义下
让它去死:

> 这哪是狼过的日子,比狗都不如,比原先的蒙古奴隶还
> 惨。蒙古狼宁死也不肯过这种日子的……老人瞪眼道:趁
> 着它还像一条狼,还有一股狼的狠劲,赶紧把它打死,让小
> 狼像野狼一样战死! 别像病狗那样窝囊死! **成全它的灵魂**
> **吧!**(No35)

而对狱吏而言,看护囚犯,他其实在双重意义上被囚禁了——表
现这一点是《狼图腾》中一个亮点:如果说前者的不自由是被动的,他
还可以通过反抗表现自由;而在后者,囚禁的状态是自设的——这里,
陈阵的辩解绝非托词:

> 阿爸,我哪是像对奴才一样对待小狼啊,我自己都成了
> 小狼的奴才了。我天天像伺候蒙古王爷少爷一样地伺候小
> 狼,……连睡觉都睡不安稳。连高建中都说我成了小狼的
> 奴隶。(No18)

老人相信陈阵说的是真话,这倒让他为难了:"如果陈阵像供神

灵,供王爷一样地供着小狼,这是冒犯神灵还是敬重神灵呢?"在形式与精神、规矩与人心的纠结中,草原人做出了倾向精神的选择:"尽管在方式上,陈阵如何不合蒙古草原的传统和规矩,但陈阵的心是诚的。蒙古草原人最看重的就是人心。"(№18)但其实,陈阵们当真需要这种认可才能获得赦免或行动自由吗?

不然,在草原,陈阵们的自由是前置性的。

仔细将故事看过去,你会发现,从头到尾,草原上真正享有行动自由的,既不是草原生灵,也不是草原狼,更不是草原人。在丧失了土地自主权的同时,草原人其实是这书中最不自由的群体。说来难堪,就社会意义而言,书中的自由几乎毫无保留地全部给了外来人,比如军代表和民工,他们轻易就占用了别人的土地,破坏了草原人的家园。又如陈阵,他知道养狼是犯大忌的(№18),却一意孤行,无所顾忌。老人一语道破真相:"你们汉人一来草原,草原的老规矩全让你们给搅了。"(№26)外来人的自由无一不是在"越位"的前提下实现的——这便接近文明和文明人了,让我们看到"越位"那不可战胜的力量和不可抗拒的诱惑:**一举两得,既创造了文明,也因此获得自由**。这时候去听黑格尔老先生的教导——"自由本质上是具体的,它永远自己决定自己,因此同时又是必然的。"①——就显得太学究了。

在认识论即在哲学层面上看,这书中的自由都很可疑,一环套一环,最终无不还原到枷锁或奴役。唯一例外的是审美:但凡与自由有关的事,无论奴役还是囚禁,也无论反抗还是逃离,都表现出特殊的审美张力,在读者心中唤醒了纯真、质朴、向往自由的激情。遗憾的是,审美意境中的自由与自由概念以及有关自由的政治哲学完全不搭界,**它们之间不相沟通,互不理喻,各玩各的游戏**。政治上的自由问题与社会制度有关。狼书中展示的自由从法和政治中突围,还原到人和个人,可以私下拥有或被私人收藏;即使在完全丧失了自由的奴役状态中,它也能顽强甚至是完美地存活着,被审美,是美的。在这个意义上

---

① [德]黑格尔:《小逻辑》,贺麟译,商务印书馆,1980年,第105页。

可以说，"艺术向既成形式决定何谓'真实'的垄断权提出了挑战。它是通过创造一个'比现实本身更其真实'的虚构世界来提出这个挑战的"。①马尔库塞概括：**"艺术表现了一切革命的最终目标：个人的自由和幸福"**。②由此可以追问：

——艺术之外，个人的自由和幸福是可能的吗？

——倘若可能，它们在哪里？

——倘若不可能，政治哲学的目标是什么？

半个世纪以来，在以赛亚·伯林以及一批流亡的自由主义思想家的推动下，自由成为政治哲学中的核心概念。伯林认为："新概念之所以能产生，是因为有新观念出现。"③20世纪，在红色俄国和纳粹德国之后，制度性的自由困境引发出"两种自由概念"进而聚合成为政治哲学，自由不仅可以被抽象议论，也成为有具体指标、可以被直接操控的政治目标。"自由"升迁了，如同官员晋级，与普通人和寻常人生不再发生直接关系。从此，我们有了专论自由的政治哲学，却不再拥有讨论自由的自由哲学。这一结果或许与伯林的初衷相去甚远。伯林主张多元论因而反对任何形式的一元论和二元论，因为它们在政治上分别指向专制和革命："积极自由在正常生活中虽然更重要，但与消极自由相比更频繁地被歪曲和滥用……对它们怎样的回答决定着一个社会的性质——自由社会还是独裁社会？民主社会还是专制社会？世俗社会还是神权社会？个人主义的社会还是社群主义的社会？"④可见他的思路，其实就建立在二元对立的基础上，经过形而上的抽象进入"一元论"的解说，既而成为一种自由的意识形态，不由自主地走到了自由的反面。对起于"善"而终于"伪善"的言行，我有与伯林对"积极自由"同样的敏感和恐惧。一旦自由成为政治，它便完全脱离了

---

① [美]赫伯特·马尔库塞：《美学方面》，《现代美学析疑》，绿原译，文化艺术出版社，1987年，第16、44页。黑体为本书作者所加。

② 同上，黑体为本书作者所加。

③ [伊朗]拉明·贾汉贝格鲁：《伯林谈话录》，杨祯钦译，译林出版社，2002年，第39页。

④ 同上，第37页。

狼书中那种可感、可知、可哭、可笑,可以有万千姿态的自由精神,在制度和意识形态的规范中失尽自由的本来面貌。由此引出的"第三种"乃至第四、第五……种自由概念,无不沿袭着伯林的思路,力求将自由的思维引向"理想的"政治制度——这是典型的宏大叙事,当这个时代已经很"后"了,只有政治哲学还坚守"宏大"并不断扩展它的地盘却少有人发难。

为什么?

因为政治哲学在"政治正确"(PC)的光照下所向披靡。它的研究对象不是(哲学意义上的)自由,而是制度,是牢狱,即怎样的牢狱才是更理性的或更合乎人性的。它是(in)牢狱的作为,专门为(for)牢狱建设而思考,与其说是服务于哲学或自由,不如说是服务于政治或政客。它是权力和权力者的工具,直接服务于国家制度建设,无论是非对错,都与自由的思维和人的自由精神有意拉开了距离。具体到伯林(们),在背弃卢梭甚至唾弃卢梭的时候,他也丢弃了卢梭那个"人生而自由"的重要前提——这是"反乌托邦"的经典动作:泼污水时泼出娃娃,为避死而弃生,因此也背弃了自由,因为**自由总是以"活着"为前提的**。

话说到这里实在是很吊诡的事。

怀特海(A. N. Whitehead)断言:"科学和哲学的体系来而复往。发挥有限认识作用的每种方法最终都会山穷水尽。每种体系初升时都被欢呼为伟大成就——衰落时又都成了讨厌的绊脚石。"[①]一切新思想的走向似乎都是有意让"媳妇变成婆婆",但婆婆是不会再回头做媳妇的。这一不可逆转的走向预示了自由的方向:倘若媳妇的前方是婆婆,自由的前方就一定是争取自由;不过是换了对象也换了内容,周而复始,又从媳妇开始……可惜,面对狼书中震撼人心的自由的力量,媳妇和婆婆们一时全都派不上用场。不仅如此,恰恰是在摆脱了"两种"或"第三种"自由的概念之后,重新进入《狼图腾》本文,反而感到放松

---

① 参阅[英]怀特海:《科学与近代世界》,何钦译,商务印书馆,1997年。引文转自[美]E. 拉兹洛:《进化——广义综合理论》,闵家胤译,社会科学文献出版社,1988年,第19页。

和轻松——那是一种重获自由的感觉。

从哲学上看,《狼图腾》中的自由是一个回转,力图在元自由的精神层面上让自由还原。元自由精神——以草原狼为代表——似乎也是一种寓意,让我们在一个个纠缠不清的自由故事中逐渐悟出了一些道理:"生而自由"属于元自由,是元自然的产物,它基于位所,安于位所。位所是"安居"①之所,也是约束。具有自我意识的人一旦意识到它的束缚,位所便成为牢狱,"破门而出"即刻成为争取自由的唯一选择。可以说,**人世间所有的自由都与越位有关**;具体到个人,是对各自位所的"越狱"行为。这与制度无关,是人之生存的一种精神状态。狼书让我们在本原意义上看到了这种状态,也看到了"自由"的万种风情,在自由或不那么自由的境遇中让我们参悟出各种自由的个中滋味:

——禁锢未必意味着没有自由,沉重的枷锁可能恰恰是自由精神的产床。

——自由的环境中未必生产自由,生命在太过轻易的自由中承受着"不可承受之轻",②无所不在的自由中恰恰没有——哪怕是暂时的——落脚的位所。

不错,自由是破门,是出发,是越位。

一旦破门而出,离开了本原那个位所,人在精神上便是自由的;与此同时,他就开始了寻找位所的旅程,总在路上,不得安息。因此可以说,自由是一种有限的选择。社会制度或政治体制就像不同的容器。**自由如水,在不同的容器里会有不同的流向,但一定会"溢满"每一个缝隙**:过于冷峻,它会结冰;过热,它便升华或蒸发;无论你怎样定性或企图定型,它本身总是"自由"自在的。

自由没有彼岸,它在不同的位所之间飘游徘徊,在一个又一个欲望之巅落脚……接着便是逃离。"这山望着那山高"说的就是这个意

---

① 它与海德格尔的"诗意的安居之所"有相通之处,是此"在"(Da-sein)的终极表现。
② 借用[捷克]米拉·昆德拉的小说《生命不可承受之轻》之名,他的这部小说也隐含着这相似的寓意。

思。印度哲人克里希那穆提在《最初和最终的自由》中对此有精彩描述：

> 厌烦了某个欲望以后，我不由自主地想要在另一个欲望中满足自己……厌倦了某种特定感觉以后，我寻求新的感觉……我所追求的对象是从中产生感觉符号的头脑的投射。那些词"上帝"、"爱"、"共产主义"、"民主主义"、"国家主义"——这些全都是赋予头脑以感觉的符号，因此头脑执著于它们……就在那个过程里，我们被困住了。[①]

说到这里，你能回答：自由的前方是什么？

在我看，自由的前方是争取自由，不过常常是掉换了方向而已。

12. 从民俗学看：有限利用还是有限生存？

> （精神科学研究）为了使我们至少从意愿上说能够更好地生活和生活下去，而非只是处在一个对我们漠然无为的自然之中。[②]
>
> ——［德］伽达默尔：《解释学、美学、实践哲学》

《狼图腾》的背景文字和大量"本事"，与其作生态小说看，不如看作民俗小说。在读民俗的心境中将自己投放在"**民俗意境**"中，仿佛岁月倒流，重返当年乡村草原，徜徉在田野溪流青草蓝天。一旦脱离了身份焦灼和辛苦劳作，置身于"自然"和"原始"，于心灵是净化，也是休憩。

---

① ［印度］克里希那穆提(Jiddu Krishnamurti, 1895—1986，被佛教徒看作"中观"与"禅"的导师，彻悟的觉者)：《最初和最终的自由》，于自强、吴毅译，华东师范大学出版社，2005年，第93、94页。
② 《解释学、美学、实践哲学：伽达默尔与杜特对谈录》，金惠敏译，商务印书馆，2005年，第9页。

杨克悄悄离开人群,独自一人走到可以望见天鹅湖全景的地方坐下来,双肘支膝,双手握着望远镜,静静地欣赏……天鹅湖缓缓波动,湖中西边的波纹反射着东方黑兰天空的冷色,东边的波纹反射着西边晚霞的暖色。(№19)

在乡村草原,我们一代老知青都曾有过这样的经历,独自置身于宁静的大自然中,惬意,放松,无瑕疵,无邪念……那一刻,瞬间的忘我足以化解一切苦难,成为一生消受不尽的心灵财富。这样的民俗意境中,我想放松自己,追随杨克的行踪,在美的意境中搁置批评——可以吗?

　　　杨克的眼前仿佛正在**上演**冷艳凄美的天鹅之死,腾格里撒下了各色宝物宝光,为它珍爱的天鹅和清清天鹅湖道别送行。(№19)

"上演"——这是什么意思?

一个词足以唤醒全部警觉,顿时将人拖回民俗学研究的当下状态。上演就是"表演"(Performance)[1],与近年十分热闹的民族志研究的"材料"不谋而合:

　　　波纹一道又一道地缓缓先行,像长长序幕中的序曲……杨克希望这幕舞剧只有天幕的背景,永远不要出现主角。但是,墨绿色的苇丛下,一只只大天鹅还是悄然滑出水湾,一只两只三只……缤纷的湖面与身后的天穹,为它们搭建了巨大的**舞台**。(№19)

---

① "表演"作为后民俗学一个重要术语是理查德·鲍曼(Richard Bauman)在《作为表演的语言艺术》(1975)最早使用。杨利惠、安德明在《美国当代民俗学的主要理论和方法》中详细介绍了"表演理论"。见《民俗学的历史、理论与方法》下册,周星主编,商务印书馆,2006年,第596—609页。亦可参阅周福岩:《表演理论与民间故事研究》,《鞍山师范学院学报》,2001年第1期。

显然，这是一出悲剧，天鹅承载着寓意，①"舞台"也是一个象征。它们意味着什么？说到舞台和上演，那么在这里：

——上演了谁家的剧目？

——表演了哪个民族的民俗？

这些民俗"表演"和这个"民族志寓言"试图讲述什么道理？

这是一个草原的故事，企图用民俗去再现"草原人"的民族志。

书中有关草原人的生活和生产，无不就是民俗。正是在民俗的意义上，后寓言的寓意伴随着寓体，清晰可见。但是，当它与"民族志寓言"叠加在一起，事情就不那么简单：它是企图用后寓言手法"记述"那个没有文字记载的民族志呢，还是企图借用这种民族志的内容继续丰富后寓言的寓意？

这里的草原人是被高度抽象的，他们不是民族学意义上的某个特有民族，而是元自然生存状态中的人间。所谓民族志，也不是史学意义上的史志，而是一个典型的民族志寓言："它们在描绘真实的文化事件的同时，进行了附加的、道德的、意识形态的甚至是宇宙论的陈述。民族志写作在其内容（它所说的各种文化及其历史）和形式（它的文本化方式所隐含的）两个层面上都是寓言性的。"②詹姆斯·克利福德(James Clifford)在《论民族志寓言》中引用弗莱(Frye)的定义："在文学作品的范围内，我们发现有一种计算尺，其一端与作为文学作品的性质根本一致，是最明确的寓言的；而另一端，则是最难以捉摸的、不明确的和反寓言的。"③《狼图腾》在民俗方向上兼有寓言的和反寓言的双重特征，我们因此可以借助表演理论，在民族志寓言的意义上，看看：

——《狼图腾》丰富的民俗意境中蕴涵着怎样一些寓意？

---

① 蒙古人的天鹅崇拜情结由新石器时代沿袭至今，民间一直流传许多美丽传说。天鹅曾为北方游牧民族萨满教图腾，是崇尚纯洁的象征。参阅《蒙古秘史》(现代汉语版)，新华出版社，2006年，第50—51页。

② [美]詹姆斯·克利福德：《论民族志寓言》，康敏译，《写文化——民族志的诗学与政治学》，商务印书馆，2006年，第136页。

③ 《韦氏20世纪新词典》第二版，转引自上书。参阅上注。

——它于民俗认识和民俗学研究提供了哪些可以借鉴的资源？

民俗是什么？

19 世纪英国学者汤姆斯（W. J. Thoms）最早使用"民俗"（folklore）这一概念，将之与文化残余（survivals）联系在一起。美国民俗学家泰勒（Archer Taylor）认为："民俗是靠传统而传承下来的材料，它或由口传，或由习俗惯例而传承。"布鲁范德（J. H. Brunvand）在综合前人研究的基础上指出：民俗"是文化中以不同的、传统的形式流传于任何民众类型中的事象，不论它是以口头的形式，是以习俗范例的形式，还是以传统行为和交流的形式"。①他将民俗学视野从原始拉近到身边，扩展了民俗学的研究范围。

民俗研究讲究实地考察，与陈阵们的现场作为不谋而合。曾有学者批评一些研究者（包括《金枝》的作者弗雷泽在内②）的案头作风："一个明显的事实是，在那些关于原始宗教理论最有影响的人类学家中，没有一位曾经接近过原始人，这就好像一位化学家从来不曾认为进实验室是必要的。"③陈阵（们）的身临其境侥幸避开了这一通病，微贱的知青身份将他们整体性地带进了典型的民俗事件中：

> 陈阵觉得这几个小时的<u>实战军事观摩</u>，远比读几年孙子和克劳塞维茨更长见识，更震撼自己的性格和灵魂……文化程度不高，但知识渊博的睿智老人毕利格，却用这种<u>最原始但又最先进的教学方式</u>，让他心中的疑问渐渐化解。（No2）

狼书中的民俗信息既有口传，也有习俗和惯例，在今天人们眼中

---

① ［美］布鲁范德：《美国民俗学》，汕头大学出版社，1993 年，第 8 页。
② 《金枝》是人类学和民俗学最重要的著作之一，由大量文献汇编而成，作者［英］弗雷泽从未亲临田野。该书共四版，第三版共 12 卷 5000 页。第 4 版为单卷，徐育新等译，中国民间文学出版社，1987 年。
③ ［英］埃文斯–普理查德：《原始宗教理论》，孙尚扬译，商务印书馆，2001 年，第 7 页。

都是典型的"文化残余"。英国学者马雷特(Robert Marett)认定："民俗学中的文化残余"中隐含着共同的人类本质，"民俗学家们应当尽可能地通晓某些习俗的实际实施过程，他应给这些民俗以富有同感的理解"。①他看民俗不仅是远古时代的遗存，也是今天的人间事象。钟敬文因此特别强调：民俗学是一门"现在的"而不是"历史的"学问，"两者的不同，正像'生物学'和'古生物学'的不同一样"。②狼书中的民俗信息同时兼有这双重性质：对故事中人而言，它们是当下的和现在的；而在读者眼里，则是历史的或者原始的。作为小说，其民俗事件无疑"是文学的或流行的而不是'民'的"，在理查德·多尔森(Richard Dorson)眼中是"伪俗"。③但书中描写的民俗事象却未必是刻意表演的结果，它的原始材料"是自发地或者是无意识地产生的"，④直接来自"草原牧民那种原始、朴素、天然，但又是符合科学规律的生态环保意识"：

> 只要深入游牧生活方式之中，就能够感受到原始游牧生产方式重视生态平衡的特性。至少在 1967 年，我们第一批北京知青到达额仑草原的时候，草原还保持着原始美丽的自然风貌，与百年千年前的草原一模一样。⑤

对今天的读者来说，书中的民俗事件很陌生。即使在草原，那些承载着千年本事的故事于今也鲜闻罕见，成为名副其实的传说。《狼图腾》正是充分调动了传说的力量，将它与"活生生"的民俗事件结合在一起，共同结构成诗。后民族志中的诗意"不是指它的文本形式，而

---

① 马雷特：《心理学与民俗学》，张颖凡、汪宁红译，山东人民出版社，1988年，第2页。
② 钟敬文：《民俗学入门》序，中国民间文艺出版社，1984年。
③ ［美］理查德·多尔森在 American Folklore (Chicago：University of Chicago Press，1959)中提出了"伪俗"(Fakelore)问题，即"不是民间传承过程中的本真产品"，是文学的或流行的而不是"民"的。参阅［美］阿兰·邓迪斯：《民俗解析》，户晓辉编译，广西师范大学出版社，2005年，第32页。
④ ［美］阿兰·邓迪斯：《民俗解析》，第32页。
⑤ 姜戎答"贝塔斯曼"姚婷女士电子邮件访谈。

是说它回归到了诗的最初语境和功能……唤起了共同体关于**民族精神**(ethos)的记忆,并因此激起倾听者实施伦理行动"。①这里所谓的"民族精神",正是《狼图腾》的一个重要寓意,总在"唤起"的行动状态中——它是什么呢?

我们不妨回到故事的民俗意境中,让充斥全书的"俗事"逐一回答:

——陈旧的"文化残余"是怎样化作美学元素进入故事打动人心的?

——那些远去的民俗事件承载着怎样的寓意仍然"活"在今天?

"民俗意境"和**"民俗精神"**是此节使用的两个新概念。"概念都是悖论,必定如此。"②这里也不例外,其前提是一种系统论式的民俗观而非实在。实在与观念很可能恰恰是相互背离的。正是在观念而非实在的意义上,它们与萨姆纳(W. G. Sumner)的民俗理论不谋而合。

在萨姆纳看:"民俗是一个具有各种不同程度的重要性的习惯组成的巨大集合,覆盖了所有的生活利益。"③我认同这种说法。弥漫在书中的民俗事件像是一个集合(元自然)中的不同元素,人兽混界,每一民俗、民具或兽俗都可以在"去质"后被看作俗事,必须放在整个系统中才能获释。每一个"破烂布条"——借用我在创建妇女博物馆时的经验——只有在整个系统中才有意义;否则,真就只是一堆破烂布条,被人当作文化残余而少见其文化价值。所谓民俗意境,是整体性地置身于民俗环境中所获得的审美经验;它可以是身在其中,也可以通过表演心临其境。而所谓**民俗精神,是对民俗文化之精髓即生存纪律的尊重和认同,体现在慎独自律的日常生活中**。"新的概念要具有

---

① 〔英〕斯蒂芬·A. 泰勒:《后现代民族志:从关于神秘事物的记录到神秘的记录》,李荣荣译,《写文化——民族志的诗学与政治学》,第 166、167 页。黑体原书作为重点符号。

② 〔法〕吉尔·德勒兹:《代言者》,《哲学与权力的谈判》,刘汉全译,商务印书馆,2000 年,155 页。

③ 威廉·萨姆纳是美国民俗学奠基人。参阅 Folkways: A Study of the Sociological Importance of Usages, Manners, Customs, Mores, and Morals. The Athenaum Press, 1906. No73. 转引自高丙中:《民俗文化与民俗生活》,中国社会科学出版社,1994 年,第 93 页。黑体为本书作者所加。

必要性,也要具有奇特性,在新的概念回答了真正的问题时,它便具有了这两种特性。"①之所以使用这两个新概念,因为现有的民俗学理论中找不到更合适的概念用以解构弥漫在狼书中的民俗现象。狼书被民俗事件充斥,却不单纯在描述"事件"。进入分析之前,我们有必要在前提上进行抽象,将草原以及草原生灵全都置于一个完整的民俗环境——元自然生存状态——中,才能看到"俗事"所承载的寓意。

俗事是我在这里使用的第三个新概念,针对《狼图腾》的主题和主体易位,在人兽混界的草原上,这是一个恰当的后现代概念。它也有一个重要前提:在传统的民俗概念中去"民";或者说,在内涵中颠覆了传统的"民"之所指:其一,"民"的含义中不仅是人,泛指草原众生。其二,"民俗"中也包含兽俗,因此泛称为草原众生之"俗事"。只要细究就会发现,**民俗从来就不是人类的单一行为,它是特定环境中人类协调自然关系以求"共生"的集体作为**,如下所述:

> 秋季草原灭鼠,人畜还必须与狼群协同作战。狼群负责杀吃和压制草原鼠……使鼠在关键的打草季节不敢痛痛快快地出洞打草备草……而人畜负责消灭草堆。千百年来,狼和人畜配合默契,有效地抑制了鼠害,由于老鼠采集的草堆,延长了牧草变黄的时间,使得牲畜多吃了近十天的绿草和好草……达到了一举多得的奇效。(No34)

这是一个完整的体系,因生物链串联在一起,应和着无所不在的草原逻辑。民俗建立在对自然逻辑充分认知的基础上,"是实现所有利益的'正确'模式。其"正确与否的评价标准本身就寓于民俗之中,而不是在它们之外"。②**一个民俗系统建立起来,意味着在与天地万物共生共处的状态中,人们整体性地找到了自己安身立命的位所**。所谓

---

① [法]吉尔·德勒兹:《代言者》,《哲学与权力的谈判》,第155页。
② [美]威廉·萨姆纳:《民俗》,第31节。转引自高丙中:《民俗文化与民俗生活》,第93页。

"位所"(emplacement)，如福柯所说，"是通过点与点或要素与要素之间的邻近关系来确定的"，①与社会等级、身份和价值判断无关，是自然的安居之所，更是一种生存状态："自然是一场戏，每件东西都在扮演自己的角色。"②在自然自在的位所里，"人类可以无忧无虑地随本能冲动而作为，而且可以任其喜好地行事。人类从适应得很好的本能那里得到了安全"。③**对位所的认知和认同，是民俗思想的前提；对位所的自觉坚守，是民俗精神的核心**，如萨姆纳说，民俗中体现了人们选择的"最合宜"的行为方式。④

《狼图腾》试图在额仑草原上表现这种"最合宜"的方式，它把民俗事象当作故事背景，在审美和认知两个方向上都有不俗的表现：认识层面上，它有效地唤醒了人们心底深处的民俗精神，在环境保护和生态意识中注入了自我约束的纪律意识；审美层面上，它将"俗事"整体性地转化为小说的"本事"，有效地凝造出浓郁的民俗意境，在美的意境中起死回生。

就从"俗事"说起。

狼书中有大量琐碎的俗事描写，读来却不觉陈旧或零乱。这是因为，它们在整体上完成了对历史的超越，无一不体现在现实生活的具体事件中。民俗直接进入小说结构，所有大小故事都附着在民俗事象上，通过民俗事件进入情节。

首先是结构。四季草原，经季风推动，形成了自然的生态结构；而使之丰满起来的血肉，就是大量随季节而动的民俗事件。故事从冬季开始，伴随着草原狼围歼黄羊群，小说向我们展示了冬季草原一个重

---

① ［法］米歇尔·福柯：《不同的空间》，周宪译，《激进的美学锋芒》，中国人民大学出版社，2003 年，第 20 页。

② ［英］怀特海：《科学与近代世界》，何钦译，商务印书馆，1997 年，第 8 页。

③ ［奥］洛伦茨：《攻击与人性》，王守珍、吴月娇译，作家出版社，1987 年，第 248 页。

④ "行为方式"是萨姆纳的理论体系中一个最基本的概念，他认为："一定的行为方式受到青睐，原因在于它们是合宜的。比起其他方式来，它们能更好地达到目的，或者能少费辛劳和痛苦。"（［美］萨姆纳：《民俗》，第 1 节）译文出自高丙中：《民俗文化与民俗生活》，第 77—78 页。

要的民俗事件——雪地起羊：

> 八九辆牛车上装着大毡、长绳、木锹、木柴和木杆铁钩。
> 人们都穿上了干脏活累活的脏旧皮袍,脏得发亮,旧得发黑,
> 上面还补着焦黄色的羊皮补丁。但人狗快乐得却像是去打
> 扫战场、起获战利品的古代蒙古军队的随军部落。(No3)

这一章,作者介绍了一系列与冬季生产生活相关的草原民俗信
息。由于主体易位,它展示的不仅是"民"的俗,更是天地人兽在白色
雪原上的共同表演：

> **蓝天**变白了,**黄草**照白了,雪地表面微微融化,成了一
> 片白汪汪的反光镜。人群、狗群和车队,在强烈的白光中晃
> 成了幻影。所有的**男人都掏出墨镜戴上**,**女人和孩子**则用
> **马蹄袖罩住了自己的眼睛**……接近围场,狗群立即发现雪
> 坡上的异物,便狂吼地冲过去。一些没喂饱的狗,抢食狼群
> 丢弃的**黄羊残肢**剩肉。(No3)

在这个自然原始的场景中,我们看到了人与其他动物的不同,即
"俗"之上的"民"所创造的"草原方舟"：

> 宽阔平展厚硬的大毡像一块硕大的滑雪板……把两块
> 大毡接平对齐之后,两人便大步跨到前一块大毡上去,放好
> 长钩。然后再重复前一个动作,把后面的大毡再倒换到前
> 面去。两块大毡轮流倒换,两人就像驾驶着两叶毡子做成
> 的冰雪方舟,朝远处的一只活黄羊滑去。(No3)

"陈阵终于亲身坐上了蒙古草原奇特的神舟",事件到此可以告
一段落。但是,依照民俗学的要求这还不够,还有一个"同样必要和

重要的收集民俗意义的任务"，即"我们必须区分使用（use）和意义（meaning）……民俗学家必须主动地从民众（the folk）中引出民俗的意义"。①于此，我在文物征集实践中有体会：如果没有深入现场做环境调查，没有获得物之使用者的权威性解释，所有民具俗事就真是些破烂布条，展出时花花绿绿，展出后一无价值。难得这里的"表演"一应俱全，从采集到描述再到解释，具备了民俗学和民族学研究占有材料时的必要条件。通过陈阵身临其境，不仅展现了起羊事件发生的场景，也适时解释了"草原方舟"的使用价值即雪毡的意义：

> 这就是草原民族创造发明出来的**抵御大白灾的雪上交通工具**。在蒙古草原，千百年来不知有多少牧民乘坐这一神舟，从灭顶之灾的深渊中**死里逃生**，不知从深雪中救出了多少羊和狗；又不知靠这神舟从雪湖中打捞出多少被狼群、猎人和骑兵圈进大雪窝里的猎物和战利品。（No3）

苛刻的民俗学家还有更进一步的要求："我要请求民俗学家，在他报告一则乡间民俗时，不要忽视隐藏在言谈举止之后的情感，因为情感不仅属于当时的场合和环境，而且属于他所必须研究对象的本质；而且，情感代表着生命的连续性的本质。"②于此，狼书有呼应：

> 雪湖中，八条飞舟，十六方飞毯，齐头并进，你追我赶，冲起大片雪尘，煽起大片冰花。**狗在吼、人在叫、腾格里在微笑**……可以更安全地起羊了。人们忽然都摘下了墨镜，睁大了眼睛，抬起头，一片欢叫：**腾格里！腾格里！**接着，飞舟的动作也越来越迅速而大胆了。（No3）

---

① ［美］阿兰·邓迪斯：《民俗解析》，第47页。
② ［英］马雷特：《心理学与民俗学》，第16页。

　　书中这种描写，正是民俗学专著中最容易忽略的部分，也是民俗采集阶段最难获取的内容。它要求征集者身在其中，感同身受，将民俗与生命、生命与人心、人心与情绪、情绪与天地、天地与生灵……完美地融为一体：

> 　　走了三天三夜，才把人畜搬到这片草场……冻饿得半死的牛羊马见着了草，全都疯叫起来，冲了过去。人们全都扑在雪地上大哭，又冲着腾格里一个劲地磕头，磕得满脸是雪。（№2）

　　无论如上事象是否还存活在今天，通过艺术文本，它们"活生生"地展现在我们面前：春季草原万物复苏，人们围猎打狼（№12）。夏季是动植物生命力最旺盛的时候，马文化、狗文化以及旱獭文化、蚊蝇文化一应并出，与各种草原民俗紧密交织在一起，将生死较量推向极致（№28）。入秋后要转场（№33）；在转场这一重要的草原活动中，作者只讲了小狼拒绝被牵的故事——这也是"民俗"吗？如果主体移向小狼，谁能说它不是一幕典型的"狼俗"表演！

　　书中笔墨酣畅，描写了大量动物之俗事，除去狼俗，还有马俗以及黄羊、獭子、蚊子、苍蝇之俗……其中，对狗俗的描写很不一般。
　　故事中，狼/狗/人始终相伴，即使草原狼消失之后，狗也仍然陪伴在草原人身边，不离不弃。正是在草原民俗的意义上，作者企图扭转人们对狗的偏见，明确无误地告诉我们："在额仑草原，家家都有救命狗；包包都有被狗救过命的男人和女人。"（№12）[1]草原人的民事、民俗中一定有狗事、狗俗的位置：

---

[1]　蒙古人认为狗是人的帮手，对狗充满了人性化的关爱，有"打狗要看主人"之礼节。参阅《蒙古秘史》(现代汉语版页侧附加的"蒙古风情")，新华出版社，2006年，第106—107页。

——猎狗出猎不能太饱又不能太饥，饱则无斗志，饥则无体力。(№9)

——二郎在费劲地低头舔自己的伤口，它的前胸又被狼咬掉一块二指宽的皮肉……它用狗的传统疗伤方法，用自己的舌头和唾液来消毒、止血、止疼。(№9)

——几条战死的狗还躺在原地，在草原，猎狗战死的地方，就是它魂归腾格里的天葬之地。而执行天葬使命的就是狗们不共戴天的仇敌——草原狼。(№12)

作者赞美狼，并不诋毁狗："战死的狗静静地躺在草原战场上。没有一个草原蒙古人，会对漂亮厚密的狗皮打主意。在草原，狗是人的战友、密友和义友。"(№12)"在草原，杀狗、吃狗肉、剥狗皮和睡狗皮褥子的行为，被草原人视为忘恩负义，不可饶恕的罪孽。"(№12)草原人眼中，如果说狼是自由的和无德的，狗则是自律的和有德的，是人的帮手和伙伴，"狗比牛又更通人性，是草原人排遣原野寂寞的不可缺少的情感依托和精神伴侣"(№12)。作者笔下，狼狗等价，具有难比高下的高贵地位。人们对狼多的是敬畏和惧怕，对狗的同情则更接近人间：

……有一个孩子趴在地上，搂着他家死去的狗不肯离开，大人走过去劝，他便索性放声大哭起来。眼泪滴洒在僵硬的狗身上，弹开去，落在尘土中不见了。孩子的哭声在草原上久久回荡。陈阵的眼前一片模糊。(№12)

他让我们体会到："动植物不是由于有用才被认识的，它们之所以被看作是有用或有益的，正是因为它们首先已经被认识了。"①草原人和狗的关系，与传统"狗母题"中的负面含义不可同日而语。作者用笔之妙，就在他**颠覆狼母题的同时顺便改造了狗母题**。正是在对狗的态

————————

① 〔法〕列维-斯特劳斯：《野性的思维》，李幼蒸译，商务印书馆，1987年，第13页。

度上,草原牧民与外地农民工和汉人交恶,水火不容。毕利格一家对汉人恶意贬低狗的做法不解,经常问陈阵:"汉人为什么恨狗骂狗?"陈阵的回答采用了典型的比较法:汉人没有游牧业,也没有多少猎人,汉人就不知道狗的好处了⋯⋯汉人人口多,不冷清,不需要狗来陪人解闷⋯⋯最主要的是"狗不合汉人的规矩"。(No12)老人追问:"为什么汉人恨狗骂狗杀狗还要吃狗肉?"陈阵回答是颠覆性的,他说:

> 我也是到了草原上才知道,狗是所有动物中最通人性的一种,真是人的好朋友。只有落后贫穷的农业民族,把不该吃的东西都吃完了,连狗肉都不放过。等到将来中国人都富裕了,有剩余粮食,那时候汉人可能就会和狗交上朋友,就不会恨狗吃狗肉了。

把汉人对狗的恶感与贫困联系在一起,这种解释显然很不充分,却让我们领教了民俗表演的功力,相信"民俗的美学传统,作为许多衰落了的实际兴趣的最后栖身处,能够为文学天才们提供素材并从中获取有益的东西"。[1]陈阵设身处地,验证了**民俗的有效性和局限性,站在哪个山头便唱哪种歌了**。罗布桑却丹在《蒙古风俗鉴》序言中强调"人的生长环境极为重要",[2]身处不同环境,可能对同样的事物产生不同的认识和情感。展示这种差异,仅仅"表现"是不够的,"表演"在这里恰到好处——由此可见**"表现"**和**"表演"**在民俗研究中的不同功用:前者倾向做客观描述,多半用在相对单纯的民俗事象中,比如剥狼皮、煮狼夹等等。后者是动态的,比如围猎、起羊、熏蚊子等,陈阵身在其中,可以直接做跨文化比较,为"差异性"的认知提供展示平台。从民俗学看,"表演"和"表现"分别指向比较和写实,是狼书在不同情境中交换使用的两个方法。

---

[1] [英]马雷特:《心理学与民俗学》,第85页。
[2] 罗布桑却丹(汉名:罗子珍):《蒙古风俗鉴》(1914—1918),辽宁民族出版社,1988年,第15、12页。

——**比较**。出于异乡人的观察和记录,写在这里的,在比较中经过筛选和提炼。因此,我们不能将书中描写完全等同于民俗事件,"表演"在这里应该是更准确的表述。表演理论与以往关注"作为事象的民俗"不同,它更关注文本与语境之间的互动,注重即时性和创造性,看重民族志背景下的情境实践(situated practice)。《狼图腾》对民俗事件的描写上显然是表演而非客观表现,在真假问题上不可过分较真。

——**写实**。书中的写实建立在比较的基础上,是选择的结果。作者身在"俗"中,选择却有轻重。民俗的征集受到研究者个人性格、爱好和精神因素的影响。①这一点在《狼图腾》中非常明显。但凡手头有本蒙古民族历史或民俗书籍(比如罗布桑却丹的《蒙古风俗鉴》),对比看去很容易发现,狼书里的草原民俗距"真"相当遥远;所谓写实,无不是作者的刻意"表现",生生死死全都服务于草原逻辑:

> 我在《狼图腾》一书中,只是**忠实地记录**下草原民族原
> 始天然的环保意识和行为。但为了**真正搞清楚**草原的生物
> 链,我确实曾做过大量的**调查**和研究。例如,旱獭洞是草原
> 蚊子越冬的暖窖,而狼是猎杀旱獭的主力,诸如这样的生物
> 链的具体细节,大多是当地老牧民和干部**亲口**告诉我的。②

这里诸如"忠实地记录"、"真正搞清楚"、"确实"、"亲口",都是民俗学一线工作写照。作者选择草原:不仅因为它原始,更因为他曾在那"俗"中生活了十一年,无师自通,娴熟地掌握了民俗学研究最重要的方法:田野作业。

> 民俗是一种活着的文化现象,任何文字记叙,甚至现代
> 化的声像设备也不能尽其完美……只有身临其境才能感受

① 参阅[美]阿兰·邓迪斯(Alan Dundes):《论收集民俗的心理学》,《民俗解析》,第 1—12 页。
② 姜戎答"贝塔斯曼"姚婷女士(电子邮件)访谈。黑体为本书作者所加。

得到。田野作业法，是民俗学研究中最可靠的研究方法。它既可以获得忠实可靠的资料，又可以修正补充前人调查资料之不足。①

作者并没有成就民俗学的抱负，他不过一个亲历者而已，坦然面对生活，尽情抒写自己的生命。作者是用"写生活"的心态写出了民俗，以追忆的方式重返现场，在元自然状态中重新认识草原人的甘苦，有两个相互关联的重要特点：

——**顺应自然，以求不死。**

——**利用自然，以求生存。**

"不死"和"生存"是两个不同的概念，前者有现实的紧迫性，后者是一种状态，即日常生活。"事实证明：是自然启发我们产生一些有用的想法，而后我们才进一步加以思考。"②民俗是人们为"活下去"而创造的一整套实际生活本领。它的一头是自然，一头是人心。"**生其水土而知其人心。**"（《左传》）水土代表物质环境，人心来自人间生活，基于人们对生养土地的有效认知和有限利用。"在中国古代，人们为说明某些事物的合理性时，往往把它归结为一种自然法则的体现。"③比如狼书中，"老牧民常常挂在嘴边的草原规矩，可能就是草原自然规律，自然规律当然是由苍天即宇宙'制定'的。"（No27）草原人看天象，风雪雷电，未雨绸缪；夏/秋/冬/春，不误时节；个个敬天地，人人懂民俗。"一旦民俗家从熟悉的环境中学会把手指按在简单生活中跳动着的脉搏上之后，他就可以向新的环境进展了。"④毕利格老人的"大命"说（No4）是一个新的境界。这种思维是整合性的（totalisante），它的核心是节制，力图与自然逻辑保持高度的一致性：它必须小心谨慎，"把自己的事情考虑周详"，借助对自然事物的完整认识保全性命⑤：

① 陶立璠：《民俗学》，学苑出版社，2003年，第87页。
② ［法］伏尔泰：《风俗论》上册，梁守锵译，商务印书馆，1995年，第35页。
③ 葛志毅：《谭史斋论稿续编》，黑龙江人民出版社，2004年，第146页。
④ ［英］马雷特：《心理学与民俗学》，第13页。
⑤ 参阅［法］列维－斯特劳斯：《野性的思维》，第250、279页。

他们并不比我们更有理智,但是**他们却比较更有限制**,不像我们这样随便幻想和相信着新发明……他们的科学体现在日常生活中……引火,编篮,制造石器,煮水,织席,烹饪,以及日常生活中的普遍活动,不论它如何重要,从没有夹杂巫术的。①

这段话非常重要,指出了原始科学与巫术的重要差别:即使同在一个民俗系统中,它们分别出现,各有功用。科学先于巫术并单独发生作用。早期人类学家所谓的"自然人,即原始人",②与自然环境相依相存:"在海岛的社会中,他们靠海产生活……只要这些方法是一定可靠的,其中就没有何种巫术。可是在任何危险的,不稳的捕鱼方法中就免不了巫术。在狩猎中,简单而可靠的设陷阱或都只靠知识及技术,但是若是在那有危险及拿不稳的围猎中,巫术便立刻出现了。"③这种递进认识和有序的分类方法,用在《狼图腾》的俗事分析中非常有效:日常生活和生产活动中,少见"图腾"的现实地位;但在"危险及拿不稳"的情况下,狼(或其他动/植物)的地位就可能上升到精神民俗层面,将人们对"未知"的恐惧转化为有所敬畏、有克制的生存态度。

民俗发生在日常生活中,如同水和空气,融入衣食住行,人们熟视无睹。阅读中也是这样,读者关注在情节发展,多半为情所动,对披露在外的生活细节未必经心。日常诸事几近琐碎,怎样才能在实际功用中分解出更多的意义?

这需要方法。我们不妨借用民俗学的分类法,④看看:

——《狼图腾》在哪些方面提供了有特殊意味的民俗信息?

——这些信息企图表现怎样的寓意?

---

① [英]马林诺夫斯基:《文化论》,费孝通等译,中国民间文艺出版社,1987年,第52—53页。

② [英]马雷特语,见《心理学与民俗学》,第42页。

③ [英]马林诺夫斯基:《文化论》,第53页。

④ 民俗学的分类最早出现在英国(*Handbook of Folklore*, ed. by S. L. Gomne, 1890)。各国学者都编有自己的分类方法,其中英国和法国的对中国民俗学界影响较大。参阅陶立璠在《民俗学》(第57—58页)中提出分类法,鉴于这种方法考虑到了"中国各民族民俗活动的实际"状况。

这里依照陶立璠的归纳,把民俗事象看作"物质民俗"、"社会民俗"、"精神民俗"和"口承语言民俗"四类,①据此对狼书中的民俗信息逐一追踪。

先来看看物质民俗。比如居所。

"原始游牧如同游击行军,装备一律从简,冬季的羊圈只是用牛车、活动栅栏和大毡子搭成的半圆形挡风墙,只挡风不挡狼。"(№1)为了放牧和迁居方便,草原人使用蒙古包。②夏天,"将蒙古包的围毡全部掀到包顶上去,八面通风,像一个凉亭,又像一个硕大的鸟笼"(№22)。到了冬天,一家人日夜待在蒙古包里,因为那里是最温暖的地方:

> 老阿爸这个蒙古包宽大漂亮,殷实温暖。内墙一周挂着蒙藏宗教图案的壁毯,地上铺着白鹿图案的地毯。矮方桌上的木托银碗和碗架上的铜盆铝壶,都擦得锃亮。这里**天高皇帝远**……毕利格老人的蒙古包,就像一个**草原部落大酋长的营帐**,让陈阵得到更多的爱护和关怀,使他倍感**亲切和安全**。(№2)

这里提供了几个重要信息:其一,冬夏有别,蒙古包的围毡是草原人"合宜"的选择;其二,宗教和民俗信息是居住环境的组成部分;其三,民具都很结实,便于搬迁;其四是政治信息,即使在"文革"中,传统民俗依然健在。住宅形式与社会组织之间具有相关性,"一孤立的住宅,和其他住宅相离极远者,会造成一种在经济上和道德上团结而自足的独立家庭"。③如上描述,毕利格的家居体现了这种自足独立的意

---

① 参阅陶立璠:《民俗学》,学苑出版社,2003 年,第 95—100 页。
② 人类学家指出,对森林部落的蒙古人来讲,从森林中简陋的木屋到游牧过程中容易拆卸组装的毡帐,就是一种极大的进步。公元 13 世纪,成吉思汗大汗王的毡帐已经变成了真正的流动皇宫。参见[法]勒内·格鲁塞:《草原帝国》,黎荔、冯京瑶、李丹丹译,国际文化出版社,2004 年,第 159 页。
③ [英]马林诺夫斯基:《文化论》,费孝通等译,中国民间文学出版社,1987 年,第 40 页。

味。与之对应的,是外来民工住的土房,它是定居和农业的象征:

> 民工们拉几车泥砖就可以砌一层,草砖一律草面冲上,
> <u>泥根冲下</u>……只两天工夫,一排土房的墙体就完工了。等
> 墙体干透,就可以上梁盖顶。新草场坡下那一大片绿色的
> 草滩不见了,变成了一片浑泥水塘……**牛马羊去饮水都得**
> **绕行**。(№23)

　　马林诺夫斯基指出:"若是我们要在充分认识室内布置在文化上
的意义,我们应当注意物质及精神双方面并行和相关的情形。室内的
家具,炉灶床榻,及坐垫等在形式上是极简单的,极少变化的,但是一
旦和社会及精神方面相联结了,就有深长的意义。"①狼书里的住房显
然不只是居住,它与生态结合,融入了作者的情感认知:前者(蒙古包)
是"温暖的""漂亮的",让人感到"亲切和安全";后者(土房)是生硬的、
破坏性的,人是方便了,"牛马羊去饮水都得绕行";人之居住空间建立
在灭绝草原、遏制其他动物生存空间的基础上。
　　狼书中的俗事都不是孤立存在的,衣食住行以及相关禁忌,总在
不同季节不同场合有所表现,寓"俗"于家常日子和四季风景中。与一
般民俗不同的是它内在的政治含义。比如衣着,不仅保暖护身,也是
民族身份的象征,具有重要的符号意义。围绕着猎杀天鹅一事,人们
发生了激烈的争吵:

> 民工们人多势众,有后台撑腰,都敢用流利的**蒙话**跟毕
> 利格老人骂架。牧民们拥上去猛吼……杨克,陈阵和部分
> 知青加入**穿蒙袍的队伍**,和**穿汉装的民工**对骂起来。双方
> 越骂越凶,鼻子几乎对上鼻子。(№23)

---

① ［英］马林诺夫斯基:《文化论》,费孝通等译,中国民间文学出版社,1987年,第40页。

怎么说蒙语的民工都穿了"汉装",而那些汉族知青却身着"蒙袍"? 谁同化谁以及谁自觉接受同化,都在服装上无言地表露出来。"文化移入"(Acculturation)①过程中,语言明显滞后于服装,可以说,**服装在越界行为中首当其冲**。服装成为身份的象征,不同装饰的人俨然是两个不同的阵营。这是一种表演。当年天主教传教士利马窦初到东方,先学印度佛教穿僧装大袍,进而改穿中国文人长衫戴文人帽;北京知青身着蒙装,也是"站队"的一种表演仪式。

罗布桑却丹在《蒙古风俗鉴》中详细描述了近代以来蒙汉混居地区的住房式样和服饰变化,②强调的是和平演变,这在狼书中也有表现。草原人并非完全拒绝外来事物,相反,但凡是可以利用的,他们都及时将它派上大用场。③苏式高倍军事双筒望远镜,是从昔日苏日旧战场上捡来的,几十年了,一直"为牧民们所珍爱,成为额仑草原的重要生产工具"。(№2)在跟北京知青的接触中,牧民也有选择地接受了不少新鲜事物,比如蚊帐:

> 知青怕蚊子真比怕狼还厉害。后来紧急让家人从北京寄来蚊帐,才能睡着觉。牧民见到蚊帐喜欢得不行,过了一个夏天,北京的蚊帐立刻在草原牧民蒙古包里普及,牧民给这种新东西起了个名字:依拉格勒,直译为"蚊房子"。(№16)

再看饮食,书中描写很多,我们此前有过议论。

让人难忘的,是北京知青在草原上第一次"吃狼食":④

---

① "文化移入是这样的一个过程:人类在其中从一个不属于他们自己的文化中采用了某些成规。"参阅[荷兰]D. 佛克马、E. 蚁布思:《文学研究与文化参与》,俞国强译,北京大学出版社,1996年,第142页。
② 罗布桑却丹:《蒙古风俗鉴》,第15、12页。
③ 蒙古人"一贯的优点,用现存的材料临时制造武器并投入使用",也及时从敌人那里学习新技术和利用新材料(比如改进火药的配方)。详见[美]杰克·威泽弗德《成吉思汗与今日世界之形成》,温海清、姚建根译,重庆出版社,2006年,第192页。
④ 据《新五代史》卷73,《四夷附录》《北风扬沙录》《说郛》卷36)记载,当时草原"多牛、鹿、野狗,其人无定居,行以牛负物",游牧人"常作鹿鸣,呼鹿而射之,食其生肉","所喜者莫过于田猎"。详见《宋辽西夏金社会生活史》,朱瑞熙等著,中国社会科学出版社,2005年,第65、67页。

新鲜黄羊烤肉是蒙古草原著名美食，尤其在打完猎之后，在猎场现场架火，现烤现吃，那是古代蒙古大汗、王公贵族所热衷的享受，也是草原普通猎人不会放过的快乐聚会。陈阵和杨克终于正式以狩猎者的身份，加入了这次猎场盛宴。(No4)

一方水土养一方人。"太平之人仁，丹穴之人智，大蒙之人信，空洞之人武。"(《尔雅·释地》)草原人豪爽奔放的性格，似乎也与"吃狼食"有关：

> 在野狼刚刚野蛮野餐过的地方野餐……使他们的吃相如虎似狼，吃出了野狼捕猎之后**狼吞虎咽、茹毛饮血的极度快感**。陈阵和杨克的胸中突然涌生出**蒙古人的豪放**，他俩不约而同……抢过蒙古酒壶，**仰头对天，暴饮起来**。(No4)

"在草原不吃狼食，就不能算是真正的草原蒙古人。没有狼食兴许就没有蒙古人了。"(No4)说到这里不难发现，书中的民俗事件并非单纯的写实，经由外人介入，通过外人的眼睛，最后是在外人的感受和认知中得以表现，是"变异"的。"变异(variation)是民俗学的一个关键概念"，邓迪斯指出："有意识地干预民俗的另一个明显的例子是**复兴**。"[1]民俗复兴不同于民俗遗存。遗存是"一条未曾断裂的历史之链在时间中留下的结果"；复兴恰恰是"断裂"的产物，"是一种有意的和人为的现象"。[2]比如狼书中，同是吃狼食，在陈阵那里，第一次是直接体验和表现，第二次就是经验性的"表演"：

> 陈阵就着嫩辣加盐的山葱野韭，吃了一串又一串黄羊肉，

---

① ［美］阿兰·邓迪斯：《民俗解析》，第187页。
② 同上，第33页。

又拿着老人的扁酒壶喝了一口又一口，**完全陶醉在狼食野餐的美味美景**中了。他说：这是我第二次吃狼食，狼食真是天下第一美味。**在狼打猎的地方吃狼食那就更香了**。(№16)

这里的夸张和渲染，无疑写的不是草原人的心境，而是陈阵演绎的自我表演，毫不掩饰地暴露出那些被陈阵"选中"的俗事的特点：

（1）**不同于汉俗**。在差异性的文化背景中，作者着重选择不同于汉文化的部分，突出描写其野性和原始。这种倾向原本是民俗学研究关照的问题："不同民族、不同年龄、性别，不同宗教信仰和心理素质决定受传者对民俗文化的传播的选择性接受、选择性理解和选择性记忆。"[①]当年传教士进入中国，对中华民俗和中国人品行的记录就有这一特点，异同/详略之取舍，是在与西方文明的对照中进行的；狼书亦然，不过价值判断的尺度有所不同而已。

（2）**不同于人俗**。狼书中所有俗事都与自然生灵交织在一起，着力表现人与自然万物相互依存的生存关系和必须遵守的生存纪律。许多俗事是通过禁忌表现出来的，比如"额仑草原的牧民只猎走兽，不碰飞禽，他们敬畏能飞上腾格里的生灵"。(№19)如挂狼皮筒，"这样能风干皮子，同时也为了向草原上过往的人，展示这家蒙古包猎人的猎绩。从前，要是挂出这两筒大狼旗，连盗马贼和土匪也不敢来了"。(№14)

民俗学的书通俗易懂，却少有人读，没有故事，没有人气，不那么好看。狼书中的民俗信息好看，动情入心，是因为这里的民俗事象不是毫无生气的残余物，而是鲜活的生命感受。民俗成为本事进入故事，渗透在情节的各个角落。"这种意义并非一眼就能看出来的。因为乡俗的生活是像野生植物一样植根于大自然的"，必须深入其里才能发现其中道理。所有道理无不直接指向人类生活。

"人类的生活不仅只是一个过程，而且归根到底是一个包含着增

---

① 陶立璠：《民俗学》，第50—51页。

长和改善的过程,我们也必须是在乡俗生活中寻找发展的规律。"①所谓民俗精神,是对这种规律在精神上的把握,最早是通过朴素的"信任"和"信誉"表现出来的:

> 在草原,**信誉**是蒙族牧民的立身之本,是大汗留下来的训令之一。②**保证**这个词的分量极重,草原部落内部从来都相信保证。蒙古人有时在醉酒中许下某个**诺言**,因而丢掉了好狗好马好刀好杆,甚至丢掉了自己的情人。(No10)

与"信"有关的俗事是精神上的纪律,基于对自然环境的充分认识。"大马倌们都记得住草原箴言:在蒙古草原,**平安后面没平安,危险后面有危险**"(No5)。草原人知道,"能否保住自己多年的劳动积蓄,往往就在一天或一夜。"(No5)"作为一个遵纪守法的蒙古人,他必须被纳入正常的社会生活中。"③艰苦的环境让草原人学会了"共处":与自然和谐相处,在集体中合作互助,共同遵守严格的生存纪律——对此,我有体会。四十年前,作为知青我也是下过乡的。那时的乡间也同这书中草原,自然,朴素,少见科技,多是民俗,它让我懂得了:民俗绝不是什么文化"残余物",而是我们知青以及当地农人得以在乡村"活下去"必须掌握的最起码的生活常识,它让所有来自城市的知青充分领教了自然环境中,"战争是战士的自然状态,而平静是不自然的"④这一真理。

去年夏天,为写这个章节,我重返乡村重温山居生活。

只在落地时刻,民俗如影相随,风雨雷电,草木禽虫,节气季节,衣食住行……民俗意识顷刻复活,仿佛在时间隧道里逆行四十年甚至更久远,让你分分秒秒置身于俗事中:在夜的黑暗里看到了宁静的星空,

---

① [英]马雷特:《心理学与民俗学》,第 21 页。
② "蒙古人是建立在互相承诺和互相忠诚基础之上的,而这种承诺和忠诚是超越血缘关系、种族区分和宗教信仰的。"详见[美]杰克·威泽弗德:《成吉思汗与今日世界之形成》,第 64 页。
③ [美]杰克·威泽弗德:《成吉思汗于今日世界之形成》,第 75 页。
④ [美]卡洛斯·卡斯塔尼达:《寂静的知识》,鲁宓译,内蒙古人民出版社,1998 年,第 150 页。

在宁静的天空下听见了万籁的声音；在风雨雷电的袭击中觉醒了顽强的生存意识，调动起方方面面的生存智慧，重新召唤出那久已安眠着的生存能力。但是，我在这里要做的，不是重写民俗，也无意为故事中的俗事判断真伪；作为批评，在民俗意义上，最后的问题是：

——《狼图腾》中的俗事究竟承载着怎样的寓意？

——那弥漫全书、震撼人心的"民俗精神"究竟是什么精神？

我以为，是**纪律**和**节制**。

这里所谓纪律，不同于福柯那个"真实具体的纪律"①，它不是启蒙运动的发明；相反，它在启蒙时代以前统领人类世界，与契约性的法律和政治权力无大干系。它不是"强制技术"的结果，而是人们在自然的生存环境中自发产生的自觉意识、自我约束和自行节制的能力。纪律和节制这两个常见的概念，在民俗意境中有不同寻常的内涵：纪律体现在行动中，即"正确的行为方式"[萨姆纳语]；而节制是一种态度，一种"有教养的"生活态度。进到草原，早有毕利格老人告诫："你们也是草原人了，往后也要记住草原的规矩。草原规矩是蒙古人用命换来的，破了草原规矩就破了草原。"(№4)所谓草原规矩，就是民俗。"民俗总是靠那种强迫性的和制约性的力量支配着社会成员。"②

> 每一个身经百战的蒙古猎手，都具有天然的全局意识，
> 懂得自己的职责，不争功不抢功。在外圈守圈守围的猎手，
> 虽然眼睁睁地看着圈中的猎手猎狗大出风头，大获猎物，但
> 是没有一个人擅离猎位。(№12)

面对诱惑，难得无数代草原人用血和生命换来的"节制"：

① 参阅[法]米歇尔·福柯：《规训与惩罚》，刘北成、杨远婴译，生活·读书·新知三联书店，1999年，第248—249页。原文是："真实具体的纪律构成了形式上和法律上自由的基础。契约可以被看作是法律和政治权力的理念基础。全景敞视主义则是具有普遍性的强制技术。它继续在深层影响着社会的法律结构，旨在使高效率的权力机制对抗已获得的形式框架。'启蒙运动'既发现了自由权利，也发明了纪律。"

② [美]威廉·萨姆纳：《民俗》，第73节。转引自高丙中：《民俗文化与民俗生活》，第93页。

雪底下的冻羊有的是，别太贪心。进去以后，先把活羊统统放生，再退回来挖冻羊。腾格里不让这些羊死，咱们人也得让它们活下去……蒙古人打围打了几百年，为啥年年都有得打，就是<u>学了狼，不杀绝</u>。(No3)

节制的困难不在贪心和虚荣心，而在对"无所作为"之作为的有效认知。**那种作为是寂静的，是民俗精神得以生成和成长的地方**，如智者唐望所说："完美无缺与道德无关，它只是与道德相似。完美无缺就是以最好的方式使用我们的能量。当然，它包含了节俭、深思、单纯、无邪以及最重要的——放弃自我反映。"[1]民俗精神即**"寂静的知识"**，它是一种境界，让我们认识到，万物在安于其俗中得以绵续发展。那些表面看似自由的东西，是因为只在自己的位所中各行俗事。我们难以进入其内，看到其自由的表象；一旦进入，便见其内里处处都是节制与纪律——于此，可见《狼图腾》一个不容置疑的价值：它用讲故事的方式带领我们深入其里，在足够饱满的"民俗意境"中让我们领教了"民俗精神"的无穷魅力。

我看民俗，在元自然生存状态中，它是"常民"[2]的"常识"，没有制度(法律)约束，也没有现代科技介入。一旦科技介入，人们便脱离民俗，淡漠乃至完全丧失了民俗精神。比如狼书结尾，电来了，夜消失了；摩托和汽车多了，马和牧马人都少见了。"还原"也很简单：一旦停电停水，一旦回到森林荒野，一旦脱离了制度约束和科技手段的支持，将人抛掷在自然的生存环境中……一如我在四十年后重住山村，民俗意识的复活只在瞬间。静夜中，星空下，我看身前身后，也像看一场表演：这人世间，但凡科技到位时，民俗退位了；反之，但凡科技不到位或消退时，民俗首当其冲，卷土重来。无论这时代怎样现代或后现代，一

---

① ［美］卡洛斯·卡斯塔尼达：《寂静的知识》，第 217 页。

② "常民"是日本民俗学之父柳田国南创造的概念《民俗学词典》，"指保持民间传承的阶层"。最早特指稻作农民，后泛指平民、庶民(参阅王晓葵：《日本民俗学的新视野》，《民俗学刊》第四辑，2003 年 6 月)。本文借用这一概念特指元自然生存状态中的人们。

旦落入无电无自来水无煤气供应的环境中,或在自然灾害、战争困境……文明末日,民俗即刻显示出它不可比拟的勇气、智慧和力量,"呈现为正确生活的哲理和谋求福利的生活策略"。[①]可以说,**在本质上,民俗是反历史的,它在困境中自我呈现,在灾难面前顽强地承载着人类"活下去"的最后机会。**

我看民俗,像通讯中继站,一端是自然规律,另一终端是个人。在现代社会,民俗意识是个人与自然对话的一种方式,体现在慎独自律的生活态度中。当我们不再谈论甚至完全不介意民俗:不看天象、不问风向,不记节气、不觉四季……我们丧失了对自然的敏感,也丧失了自然的应变能力;最重要的,它让我们放弃了自然界中万事万物都必须遵守的生存纪律而浑然不觉。我相信,报应一定要来的:当一个家庭没有纪律,家是要解体的;当一个社会没有纪律,社会是要改朝换代的;当一个民族没有纪律,这个民族注定要灭亡;当整个人类没有纪律,人的末日就不远了。在这个多元共存的世界上,自律是重要的,远在法律之上。**自律是一种教养,承载着万古不衰的民俗精神,在芸芸众生中显出人之高下。**

我将这节用作寓意解析的最后篇章,也是一个寓意。

在我看,《狼图腾》最重要、最完整、最具长远价值的寓意就在这一节中。今天这个世界上,为了人类社会的长治久安和可持续发展,每个人都应该具备与天地自然万物共存的民俗意识,将朴素而高贵的民俗精神融入日常生活的点点滴滴,体现在自我约束的生存纪律中。用金岳霖先生的话说:

> 在现代我们大概惯于认为心满意足就是停滞不前、精神松懈、苟且偷安。这种现代观点本质上是鼓励向自己造反,其副产品是心理受折磨,再也不能保持生活上平安宁

---

① [美]威廉·萨姆纳:《民俗》,第 39 节。转引自高丙中:《民俗文化与民俗生活》,第 94 页。

静……每一件事都是给定的,因而都是要接受的;借用布拉德利(F. R. Bradley)一句名言来说,就是**人人各有其"位分和生活"**,**其中有它自己的自然尊严。**①

批评走到这里,该有一个交代。

此前,它呈现完全开放的式样,任无数人有无数个选择,因此可以有无数个方向;但在这里,全然是后乌托邦的。如果说批评也携带着私货,我可以坦然申报,在这条私下放行的乌托邦小舟上:

——满载着民俗精神,即有纪律的生活方式和有节制的生活态度;

——导向有教养的自由境界,那是美的方向。

① 金岳霖:《道、自然与人》,生活·读书·新知三联书店,2005年,第56页。

五 《狼图腾》何以引出截然相反的情绪和意见？

——后殖民批判:寓意在"思想"中自我消解

> 批评总要有两面,一面朝向文学的结构,另一面朝向组
> 成文学的社会环境的其他文化现象……一旦我们只研究其
> 中的一面而排斥另一面,批评的方向就需要调整了。[①]
>
> ——[加]弗莱:《批评之路》

本章前两节讨论"对话"。其一侧重形式即关于对话的文艺理论
分析;其二侧重对话涉及的一个重要内容:国民性批判。后两小节(关
于讲座和作者)不再拘泥于文本,意在探寻文本背后的信息,如作者的
思想观点、创作动机和创作环境。"只有当我们了解这部作品创造的
背景,它所依靠的土壤……我们才能正确地接近并理解它的统一
性。"[②]当我们走出狼的故事,走进"对话"和"讲座",扑面而来的后殖
民气息让人不知所措,就像在詹姆逊的文字城堡里一头撞开了"民族

---

① [加]弗莱(Northrop Frye):《批评之路:论文学批评的社会背景》;转引自[法]茨维坦·托多洛
　夫:《批评的批评——教育小说》,王东亮、王晨阳译,生活·读书·新知三联书店,2002 年,第
　121 页。
② [俄]维·什克洛夫斯基:《散文理论》,刘宗次译,百花洲文艺出版社,1994 年,第 165 页。

寓言"的大门,再也找不到离城返乡的路。截然不同的读者反应给研究者出了难题:你是什么立场和观点——这该有个交代。

挪威作家赫尔曼·威登卫在《挪威童话》序诗中这样评价书中作品:

> 不管真实还是虚构,
> 都不离挪威的氛围。
> 大自然的神韵如行云流水,
> 把它们贯穿融汇。①

如上说法不仅适于《狼图腾》,也有助于理解本文的研究立场和出发点:作为表述工具,这里使用的也是汉语言文字;作为研究者,我有和狼书作者同样的民族属性,是"老三届"也曾是下乡知识青年。生活在那个时代,你也会习惯在那种意识形态框架中思考;生在中国这个后发国家即所谓第三世界,你也难免会发出后殖民或反对后殖民主义的声音——所有这些,都不妨看作研究背景的组成部分。当然,这不意味着我赞同《狼图腾》的观点。就表面文字看,坦白地说,我不认同甚至非常反感书中许多观点;但于文学批评而言,这不重要,重要的是《狼图腾》自在的形式和它提供的极为开阔的言说平台,还有作者坚韧的探索和这样难得的结果。我尊重这种探索和这一结果,试图以我的研究回应它,是为了一个即将消失的时代——毛泽东时代——不能忘却的纪念。

1. 关于对话(1):战争与和平

有些时候,"谈判"持续得如此之久,以至于搞不清那究

---

① [挪威]赫尔曼·威登卫:《挪威童话》序诗《童话》,彼·阿斯别约恩生、约·姆厄编,乔步法、朱荣法译,上海文艺出版社,1985年。

竟是战争的组成部分呢,还是和平的组成部分。①

——[法]吉尔·德勒兹

寓言属于文学。照理讲,它只需讲故事而无需直接表露思想。富有教益的主题或道理隐含在情节中,可以让它们通过故事"自然地"体现出来。但在实际创作中,寓言作家对读者或传播者的理解不那么信任,多半会在故事开头或结尾直接点出主题,坦言自己的想法。

早期寓言中,故事结束时通常要揭秘,由作者自己道出。这个传统可以追溯到伊索。到了现代,寓言被用作承载寓意的一种形式,作家只是"写文学",寓思想于文本中,明显地摆脱了道德说教的痕迹。对此,我国寓言学家马达总结:

> 现代寓言已多不采取故事和寓言两部分截然分开的方法,而采取**暗写法**,即把寓意蕴含在故事中,让读者自己去领会。成功的寓言不但能够引导读者准确无误地领会作者赋予故事的寓意,而且可以使读者领会更多的东西。②

如此看《狼图腾》,就现代或传统而言,它都不够纯粹:它在讲故事,一个承载着过多寓意的长篇故事;同时也讲道理,书后数万字的"理性探掘",意犹未尽,却像画蛇添足——为什么这样说? 因为,所谓"寓意"以及作者在讲座中表述的观点,在故事中已经通过对话表露殆尽。

对话在《狼图腾》中背负着特殊使命。

对话不仅是一种艺术形式,也是一个重要的研究范畴。经过巴赫金(M. M. Bakhtin)的杰出探索,③对话批评成为作品分析和文化研究

---

① [法]吉尔·德勒兹:《哲学与权力的谈判》扉页,刘汉全译,商务印书馆,2003年。

② 马达:《寓言的特征》,转摘自"中国寓言教育网"。

③ 米哈依尔·米·巴赫金(1895—1975)前苏联杰出的语言学家、哲学家。20世纪60年代后其著作被翻译介绍到西方,他的"对话理论"对后现代美学思想有重要影响。

者常用的工具,与多元化的世界结构是同质的。"对话性是叙事艺术的生命。"①优秀的作家会把这种寻常的交流手段直接带进文本,让"对话性"贯穿在整个故事中。

巴赫金的对话理论起于对陀思妥耶夫斯基小说的研究。在与托尔斯泰作品的对比中他发现,托翁的作品擅长心理描写,是独白小说;而陀思妥耶夫斯基的作品是"多声部"的"全面对话",即复调小说。②相比之下,他赞赏并推崇后者。狼书作者未必清楚巴赫金的理论,他却充分利用了对话这一手段,在"形式"上做足了文章。书中至少有七种对话形式,不同性质,分量相当,贯穿始终;不仅披露寓意,道明思想,在推动情节发展方面也起着重要作用。

让我们逐一分析。

第一种是陈阵和老人的对话。

这一对话是单向的,几乎全是"答问",即陈阵问,老人答。对话双方不同民族不同文化不同年龄甚至不同语言,是异质性的,在问与答的对话中进入不对称关系。**"答问式"对话**常见于古代寓言和古希腊戏剧,通常先验地约定了阅读与作品的内在关系,带有明显的说教意图。按照伽达默尔的说法,对话的基本结构就是问和答,它建立在读者与作品的审美关系中。读者开始阅读,就开始了与作品对话,他的第一个问题往往是:"该艺术文本究竟要告诉我什么?"而作品力图展示给读者的,就是回答对方提出的问题。伽达默尔认为这个对话是双向的,艺术作品和文化遗迹等本身也都提出问题,使得对话的意义"处于敞开状态"。③但其实,对话一旦被约定在"答问"范围内,话语能指很可能就是单向度的,只朝某一特定方向敞开;对话双方的身份在"问

① [前苏联]巴赫金:《论陀思妥耶夫斯基一书的改写》,《话语创作美学》,莫斯科,1979年,第309页。转引自《再登巴比伦塔——巴赫金与对话理论》,董小英译,第18页。
② 《西方美学通史》(第七卷),朱立元、张德兴等著,上海文艺出版社,1999年,第331页。
③ 参阅汉斯-格奥尔格·伽达默尔:《真理与方法:哲学诠释学的基本特征》,洪汉鼎译,上海译文出版社,1991年,第337页。转引自《西方美学通史》(第七卷),朱立元、张德兴等著,上海文艺出版社,1999年,第252页。

答"或"答问"的过程中常常失衡,一方(说者)通过"传授"使另一方(听者)"获得"知识。

故事开始,陈阵和老人两人静卧在雪窝里,冻了大半天;陈阵也"憋了大半天",攒了一肚子话想说,想问(以下摘选略去了现场描写,№1):

※ 阿爸,狼群这会儿就要打围了吧?

——还得有一会儿呢,头狼还在等机会。狼打围比猎人打围要心细,你自个儿先好好琢磨琢磨,头狼在等什么?

※ 今天狼群还打不打围? 它们是不是要等到天黑才动手?

——打仗没耐性哪成。天下的机会只给有耐性的人和兽,只有耐性的行家才能瞅准机会……你老说要弄明白狼,弄明白成吉思汗,你先耐着性子好好地趴着吧。

※ 我还是不明白,狼又在耍什么花招?

——打仗,狼比人聪明。我们蒙古人打猎,打围,打仗都是跟狼学的……打仗,光靠地广人多没用。打仗的输赢,全看你像头狼,还是羊……

如上"问/答"成为一个模式,贯穿在陈阵和老人交往的整个过程,所谓草原的奥秘,就是在这一问一答中被"掏"出来的。涉及生育养育的,由嘎斯迈出面回答;涉及生产及现场格斗的,由巴图现身说法;涉及管理层面的,由乌力吉等人代言。与其说对话,不如看作解说,是草原人整体性地对外发言,讲的都是"我们",少有以"我"为核心的个性化语言。这些解释性话语承载着草原知识,共同结构成草原的声音,宛如草原百科全书,以答问的对话方式书写出来。这种对话集中出现在故事前四章,涉及翻译和代言问题,是单向度的,很少反向的阐释或辩解。不同文化之间,这样的安排有失公平。但如果不公平是前置性的,如爱德华·赛义德(E. W. Said)所说,东方"不是欧洲的对话者,而是其沉默的对立物",①沉默者发出声音本声,便可能成为纠偏的一种手段。额仑草原就是这样,它长久无言,被主流文化漠视或误解,这样看它的单向性答问,性质很不一般,它是通向理解的一种方式。

伽达默尔认为,"理解是在对话中实现的",每次真正的对话都表现为一个人向另一个人敞开自己。对话预先确定了一种**共同的语言**。②摩尔根在古代社会研究中发现了语言与战争/和平的相关性:"部落与方言的增加,系引起土著相互间不断斗争的有力因素。凡是相持最长久的斗争,照例都是起于语系不相同的部落间。"而"使用同一语系方言的各部落都能够彼此了解通话,借以解决他们的纠纷"。③共同的语言是通向理解、寻求和解的桥梁。狼书中没有直接交代语言问题,它的"理解"似乎是前置性的,即一方(如陈阵)有意识地寻求理解。但是,如果把这个问题抽象出来,放在语系不同、话语杂陈的地球村中,我们就不得面对一个令人难堪的问题:当今世界是否存在"共同的语言"?

今天,在全球现代化(即西化)过程中,我们不得不使用一种"共同的语言"(美国英语或其他西语),学界不得不遵循一套学术规范(沿袭西方学术发展轨道并使用西语),政界以及在一切国际交流中,人们不得不接受西方价值标准并主要使用西语(来自西方历史文化)……所谓"共同的语言",就如当年秦始皇统一中国,是以军事征服和政治上的"大一统"为前提的。如此情势下,所有来自西方的人事,包括西方的弱势文化(如女性主义)和弱势群体(如女人),都可以在西化趋势中成为主流;而一切非西方世界中的强势文化(如华夏文化)都整体性地沦落为弱势群体,常常难以"正确地"发出自己的声音——本土化以及一系列与声

---

① [美]爱德华·赛义德:《再论东方主义》,转引自[英]史蒂文·康纳:《后现代主义文化——当代理论导引》,严忠志译,商务印书馆,2004年,第361页。

② 《西方美学通史》(第七卷),朱立元、张德兴等著,第251页。

③ [美]摩尔根:《古代社会》,杨东莼、张栗原、冯汉骥译,商务印书馆,1972年,第181、182页。

音、对话有关的后殖民问题由此而出。不幸,这些问题的前提,恰恰建立在使用一种"共同的语言"(西语和西方话语)的基础上,在"政治正确"(PC)的引导下,让不同人群和个人发出自己的声音:

> 没有任何哪个词比**"声音"**这个术语更令人觉得如雷贯耳的了……一直默不作声的社会群体……也开始通过写作或谈论的方式表达出**"应该发出声音"**的紧迫性……对于那些一直被压抑而寂然无声的群体和个人来说,这个术语已经成为身份和权力的代称。正如露丝·伊里盖蕾(Luce Irigaray)所言,**有了声音(voix)便有路(voie)可走。**①

有了"共同的语言"——无论它是什么——发出"声音"就不仅是应该的而且是可能的事。比如今天这个世界,在联合国,在国际会议上,在外交领域,在NGO论坛……人人都可以(使用西语和西方话语)发出声音,搁置了代言者的身份问题,也超越了翻译难以避免的误解——但是,问题真的解决了吗?

不然。接着的问题是:

——你说了,谁听?

——你提问,谁回答?

二十多年来,我参加过诸多不同类型不同性质的论坛、讲座、会议……从政府(GO)到非政府(NGO),从学界到草根,从国内到国外,尤其是在"大熔炉"美国(US)和"大杂烩"联合国(UN)……到处是声音,人人带着嘴巴,罕见"耳朵"。人人都有问题,都提出了问题,却没有答案,不由人不回到巴赫金的起点:仅仅"共同的语言"是不够的,仅仅"说出来"也不是目的,**只有相应的"回答"才是对话的真正开始。**没有回应的对话不能通向理解,反倒可能导致绝望。《狼图腾》中有这样的

---

① [美]苏珊·兰瑟:《虚构的权威:女性作家与叙述声音》,黄必康译,北京大学出版社,2002年,第3页。露丝·伊里盖蕾的话出自:Luce Irigaray: *This Sex Which is Not One*, Catherine Porter and Carolyn Bauketrans, Ithaca: Cornell University Press, 1985, p. 209. 黑体为本书作者所加。

案例：小狼向荒野拼命嗥叫，召唤群狼，企图归队——

　　　　静静的草原上，只有一条拴着铁链的小狼在长嗥，嗥得喉管发肿发哑，几乎嗥出了血……直到天色发白，小狼终于停止了长嗥。<u>它绝望悲伤得几乎死去……草坡依然是小狼天天看见的草坡，没有一个"黑影"，没有一丝声音，没有它期盼的同类。</u>小狼终于累倒了，像一个被彻底遗弃的孤儿，闭上了眼睛，陷入像死亡一样的绝望之中。(No26)

狼群为什么没有回应？

　　　　小狼的嗥声与母狼的<u>狼语差别极大</u>……而且，小狼的底气还是不够，它不能嗥得像母狼那样长。结果，当小狼这几句<u>牛头不对马嘴</u>的狼话传过去以后，狼群的嗥声一下子全部消失了。草原一片静默。(No26)

这段描写耐人寻味！

　　就因为发音不够地道，语言误差极大，狼群便怀疑它是"一条来路不明的野种"，决绝弃之而去。声音昭示身份，如果发出的声音不那么正确，即使是同类(比如人类)也可能被群体(即主流社会)永远抛弃。书中说："这一次小狼和狼群的**对话**失败得无可挽救。"注意，这里说的就是对话！可见对话是有条件的，重要的不是发出声音，而是身份认同以及在相互认可的前提下相互呼应。**有问无答的对话不仅制造绝望，也制造屈辱**。巴赫金说过："在众所周知的思想中，首要意义恰恰属于回答……回答为理解建立积极的、预设利害关系的土壤。理解仅仅在回答中才能成熟。理解与回答在对话中融为一体，互为前提，不能失却对方。"①

---

① ［前苏联］巴赫金：《小说话语》，载《文学与美学问题》，莫斯科，1975年，第95页。转引自董小英：《再登巴比伦塔——巴赫金与对话理论》，第43页。

通常情况下,问/答双方的身份地位并不是平等对称的,问者常常是低势的求知者,答者居高临下,操持着实际的主导权。比如狼书中,(认真)"回答"并不是自发的,而是(真诚)提问的结果。它之不同寻常,就在社会地位和身份的倒置,即答者其实是相对弱势的群体,虚拟的强势出于问者自觉的俯就姿态。陈阵主动提问,有意识向"异"文化求知;草原人渴望被理解,在需要解说的时候总会及时做出解释,双方交流建立在相互信任的基础上。这时候,回答不仅是知识的传授,更是指向理解的唯一通道。**对话**的前提其实无涉语言,而是一种态度。**它以信任为基础,与其说是"话语"的,不如说是"心灵"的。**

百余年来,经过民族战争和殖民地独立运动,世界上两百多个国家/地区几千种语言,在国际社会的道义层面上都获得了合法的话语权。真正的对话中隐含着"论战要素"[伽达默尔语]。[1]不同声音代表不同的利益集团,携带着傲慢与偏见、屈辱和苦难、权谋与交换……对不同的声音,我们不得不面对的问题是:

——谁倾听以及怎样倾听?

——谁愿意回应以及怎样回应?

《狼图腾》试图回答问题,它的倾听在先,比如陈阵,他总在倾听,因此有了回应,让我们看到了与答问式对话相关的**第二种对话:"反思性"对话**。

反思性对话主要出现在北京知青中间,如巴赫金所说:真理是"在共同寻求真理的人们之间诞生的,是在他们的对话交际过程中诞生的"。陈阵对草原狼有了新的认识,但他"还没有完全琢磨透"(No3),还需要他人参与,或反驳,或肯定,或补充。"单一的声音,什么也结束不了,什么也解决不了。两个声音才是生命的最低条件,生存的最低条件。"[2]陈阵和杨克的对话起到了这样的作用。他们同为北京知青,同为汉族,同是高知/高干子弟,是相同身份的两个侧面。他们的对话

---

[1] 参阅[德]伽达默尔:《真理与方法》,上海译文出版社,1992年,第335页脚注①。

[2] [前苏联]巴赫金:《陀思妥耶夫斯基诗学问题》,白春仁等译,生活·读书·新知三联书店,1988年,第160、344页。

发生在同一文化内部,如果仅仅建立在已知的和自我认同的基础上,很可能是同质的,要么毫无意义,要么毫无趣味;除非加入了异质因素而发生质变,趣味和意义就可能成倍放大。草原于他们是异质的因素。他们之间的第一场对话,是在陈阵亲眼目睹了群狼战黄羊之后(№3):

> **杨克**:你说的可能还真是个规律,要是长期在这片大草原上过原始游牧的生活,到最后,不管哪个民族都得崇拜狼,拜狼为师。
>
> **陈阵**:(我)现在就已经被草原狼折服。这才来草原两年多一点儿时间。
>
> **杨克**:一到草原上,咱们农耕民族身上的劣根性全被比较出来了。你别看我爸是大教授,其实我爸的爷爷、我妈的姥姥全是农民……
>
> **陈阵**:中国人就喜欢筑起长城这个大圈墙,自吹自擂,自视为世界的中央之国,中央帝国。可是在古代西方人的眼里,中国只不过是个"丝国"、"瓷国"、"茶国"……

这里没有实质性的问题和答问,各自说话,在反思的方向上相互呼应,像流水一样推波助澜。每当新鲜信息进入他(们)的视野,搅动他(们)的思绪,对话就开始了。随着他们越来越熟悉草原生活,对草原的理解日益加深,他们的对话也越来越频繁,在一唱一和中增加了反思的深度。

故事后半部,陈阵和老人的对话明显减少;临到老人去世,答问式对话结束了,反思性对话充斥着整个尾声——这也是一个寓意:草原狼的故事结束了,对现代文明的反思才刚刚开始。答问式对话是单向度的,有传授和解释的意思。反思性对话也是单向——反向的,充满了反省和批判精神,与前者既是呼应也是回答,两个单声部结合起来正好是一个完美的和声：**在耐心解释、悉心倾听和反思性的回应中，实现异质文化之间的沟通、交流和理解**。

对话，是《狼图腾》最有特点的部分之一。

这故事里，各类对话很多，没有使用引号，也少用冒号，从文体形式上完全打破了人的"语言"与草原各种"声音"之间的界线，淡化了生物与非生物（如景物、风声、雨声）间的差异。这是一种文体上的省略，用在对话中别有意味。

省略是一种重要的创作手段，通常用在情节构造中；用于标点符号，像是主体易位的神来之笔。对话中省去引号，模糊了主体的位置和思维边界，使得越界太过便利，正好方便了作者的意图：让主体在易位的过程中不动声色，痕迹不留；对话的书写形式本身，也尽可能地体现了主题寓意。

伴随着主体易位，狼书中创造了两种独特的对话形式：（第三种）**自然界中非人类种群的对话**和（第四种）**人／兽之间的对话**。这两种形式在文学作品中不多见，在狼故事里是常态。文本分析中我们曾多次谈到"声音"，涉及非人类种群的话语权利问题。放在对话理论中，它的性质和作用越加清晰了：

> 从山梁那边传来**"迪迪"，"嘎嘎"**旱獭的叫声，声音很大，**这是獭子们出洞前的声音探测**……（大母獭）四处瞭望，并发出**"迪、迪、迪"缓慢而有节奏的报平安之声**，于是小獭子们迅速窜到洞外十几米的草地上撒欢吃草……一旦天敌逼近，母獭子就发出**"迪迪迪迪"急促的警报声**，洞外的大小獭子就会嗖嗖地扎进洞去……（No.21）

注意这些象声词，发声不同，节奏不同："迪迪"、"嘎嘎"是探测，"迪、迪、迪"是报平安，"迪迪迪迪"是警报声……意味严肃，攸关生死。这种描写在故事中比比皆是，有助于深化我们对声音的理解，至少，它给我一些重要启示：

首先，非人类的生命体同人类一样，可以通过声音等身体语言沟通和交流，"发言"是经常的和正常的。"问题的关键是，不仅相互倾听，而且要彼此听见。这才是所谓的'理解'。"[①]如果我们无意倾听，就根本听不到。

其次，之所以"听不到"，还因为它们的发声通常在无人打扰的环境中。人类的退场或隐身（比如陈阵的静观和偷听）是它们发出声音的必要前提。要想听到不同群体或不同人的声音，首要的是主动出让主体位置，让鸭讲鸭话；尽量避免发言者在胁迫或迎合的氛围中鸭讲鸡话。

在动物世界里，倾听不是居高临下、抚慰众生的特权，而是求生的需要。第一章中，大青马"四处侦听的耳朵突然不动了，而直直地朝向谷口的后面……"它听到了危险的声音；陈阵却没有听到，因此"根本没意识到前面的危险"。生死攸关的教训让北京知青学会了悉心倾听草原的声音，"声音"因此显示出它超然于"发言"之上的丰富含义。故事中，人/狼/狗/马等等分别发出自己的声音，引发出对话中的"话语权利"问题——这是典型的后殖民问题。所谓话语权利，说白了，就是解释的权利，有两个主要内容：

——谁来解释？

——用什么解释？

草原上，有资格对草原文化做出解释的是毕利格这样的本土文化人。他的资格来自他与草原密切相关的主体身份，更来自他对草原历史、文化及其精神、信仰等背景知识刻骨铭心的了解。他做解释，不是附和主流社会的价值标准，只是出于生存（包括精神生存）的需要：摒除误解，防止侵略（包括文化侵略），维护自身尊严，保护自己的生存环境。他们使用的语言，一定是他们自己的语言或"本土化"了的话语。但是，非人类生物怎么办？我们——人类——怎么倾听它们的声音？

---

① 《解释学、美学、实践哲学：伽达默尔与杜特对谈录》，金惠敏译，商务印书馆，2005 年，第 7 页。

狼书中因此有了第四种对话形式:人/兽之间的对话。故事中,这类对话经常出现,以至我们见怪不怪。比如人与狗、人与马、人与草原上偶然相遇的小动物们……在相互"对视"的那一刻,对话便发生了:

> 一群已经饮饱了的马,还站在水里**闭目养神**,不肯上岸。野鸭和各种水鸟仍在湖面上戏水,几只美丽的小水鸟甚至游到马腿边,从马肚子下面大摇大摆地钻了过去。**马们友好地望着水鸟,连尾巴也不扫一下。**(No21)

水鸟"看"到了马们友好的目光,因此对庞然大物毫无畏惧。眼睛在书里别有意味,不仅是声音的延伸,也是心灵沟通的重要渠道。尤其是"对视",前面章节略有涉及,汇集在对话这里,便有了不同寻常的分量。宗教哲学家马丁·布伯(Martin Buber)曾这样表述:"动物的双目能够表达何等丰富深邃的语言!当它们完全以其眼神来传义达意,无需假手语流,无需凭借动作,其双眼何等有力地言说出自然因牢的神秘,生成的焦虑!"①这种难以诉说的悲情弥漫在书中,成为悲剧造势的重要手段:

> 陈阵慢慢走到黄羊的身旁,在他的**眼里它哪里是一头黄羊**,而完全是一只温顺的母鹿,它也确实长着**一对母鹿般美丽、让人怜爱的大眼睛**。陈阵摸了摸黄羊的头,**它睁大了惊恐的眼睛,满目是乞生哀求的眼神。**陈阵抚摸着这跪倒在他脚下,可怜无助的柔弱生命,心里微微颤栗起来……(No3)

动心同情的同时,《狼图腾》以文本实践成功地完成了对话理论一个重要突破:**越界**——它颠覆了人类对话语的占有和控制,在主体易

---

① [德]马丁·布伯:《我与你》,陈维纲译,生活·读书·新知三联书店,2002年,第84页。

位的同时将"话语权利"发散到整个大地(草原),让它弥散在开阔的宇宙(腾格里)和万物生灵中。更重要的是,它也突破了对话(与理解、与民主、与和平)的价值联想,在后殖民处境中突出了它的别样意味:战场转移——这意味着一种新的(道义的)价值真正开始发挥作用。由此,我们看到了书中**第五种对话**即多方参与的**大型对话**。

所谓大型对话,即复调,很有些陀思妥耶夫斯基作品中"多声部"的味道。众口交议,或各抒己见,或针锋相对;莫衷一是,不置可否,一无遗漏地展示了难以调和的多元立场。说的是"共同的语言",却可能完全不同立场。这种对抗性的对话出现在光天化日之下,通常是群体性的,不动干戈,却只字不让。狼书中这种对话很多,在养狼、烧狼、杀狼等问题上,几种势力逐一登台发言,从来就没有统一的意见。特别是在猎杀天鹅的问题上,各种力量互不相让(No19):

沙茨楞:天鹅可是咱们蒙古萨满供的头一个神鸟,打不得,打不得啊。①

包顺贵:在这儿打天鹅太容易了,拿弹弓都能得打着。天鹅可是飞禽里的皇帝,能吃上一口天鹅肉,这辈子就算没白活。

杨克:这天鹅可是国宝、世界之宝,你为什么倒不保护了呢?

叙述的声音成为"激烈对抗、冲突与挑战的焦点场所,这种矛盾斗争通过浸透着意识形态的形式手段得以表现,有时对立冲突得以化解,也是通过同样的形式手段得以实现的"。②草原牧民和"穿蒙袍"的知青与"穿汉装"的民工形成对立的营垒,战斗打响了,却只在唇齿之

---

① 《辽史》(卷32)和《新五代史》(卷72)中有契丹人猎取天鹅并以天鹅肉为美食的记载。详见:《宋辽西夏金社会生活史》,朱瑞熙等著,中国社会科学出版社,2005年,第61页。

② [美]苏珊·兰瑟:《虚构的权威:女性作家与叙述声音》,黄必康译,北京大学出版社,2002年,第7页。

间（如下引文有删略，№23）：

> **毕利格**气得胡须乱抖，大骂老王头伤天害理，对萨满神
> 鸟不恭不敬，忘了蒙族的本！到底还是不是蒙古人！

> **老王头**：什么萨满萨满，我们老家连菩萨佛爷都给砸烂
> 了，你还念叨萨满！全是"四旧"，都得砸烂！

> **民工们**人多势众，有后台撑腰，都敢用流利的蒙话跟毕
> 利格老人骂架。**牧民们**拥上去猛吼。杨克，陈阵和**部分知
> 青**加入穿蒙袍的队伍，和穿汉装的民工对骂起来。双方越
> 骂越凶，鼻子几乎对上鼻子。眼看狼性暴烈的**兰木扎布**等
> 几个马倌就要动用马鞭，**包顺贵**急急骑马赶到。

> **包顺贵**：天鹅这玩意儿，是苏修喜欢的东西……咱们这
> 儿要是还护着天鹅，这事传出去问题可就大了，成了政治问
> 题……咱们还是抓革命，促生产吧。

临到最后，说什么都没有用，包顺贵发了毒誓："往后谁要是还敢
替狼说好话，我就要撤他的职，给他办学习班，还得让他赔偿损失！"矛
盾和斗争"浸透着意识形态"，最终也是通过"同样的形式手段"得以化
解。**意识形态控制下，无论说什么，结果都无可争辩地被预设了，对话
还有什么意义呢？**仿佛只是交织着"风格、声音和语域的狂欢"，在"互
相冲突的话语或无共同性的布局'异位'所构成的喧嚣杂音"①中各自
分享着宣泄的快感。一如后现代艺术，各自表述，说了就好，无人对后
果负责，因为后果也是预期中的（如下摘录，№29）：

> **张继原**：我们所有马倌都尽心尽责，有人受伤，但没有
> 一个人临阵脱逃，这容易吗？

---

① 此段几处引文均出自［美］布赖恩·麦克黑尔（Brian McHale）的《后现代主义小说》（牛顿和伦敦：
梅休因，1987年）；转引自上书，第7页。

兰木扎布：我们马倌坐牢，你这个主任也当不成啦。

巴图：马驹子每年都要损失一大半，现在还没损失这么多呢。

包顺贵：兵团首长这几天就在场部，他们要是看到这么多死马，非撤了我的职不可……真正的大兵团马上就要开进牧场，你们不打狼，我就请建设兵团来打！兵团有的是卡车、吉普、机关枪！

面对权势，"毕利格老人一只手握着另一只手的手背，凄凉地望着蓝天，嘴唇微微颤抖"。他想说话，却发不出声音。只有在场的北京知青们"能猜到老人在说什么"（№29）。说到这里，你也怪不了那个包顺贵，因为他上面有"兵团首长"，他也是代人做事呢！如此情形下，即使有更多反对意见，在机关枪面前都无济于事。狼还是要打的，就像天鹅最终还是被猎杀了，我们只是听到了"具有充分价值的不同声音"，展示了"有着众多的各自独立而不相融合的声音和意识"。[①]这不仅是复调小说的一个特点，也是**后殖民批评的基本面貌**。

依照巴赫金的理论，复调小说可能有三个不同层次：一是话语中时有双声语现象出现；二是主人公会产生不同思想的交锋；三是许多价值相等的主人公意识同时出现在一个的事件中。[②]《狼图腾》的对话介乎于这三个层次之间，如同走私，为了偷运思想，它在语言和文字的边缘地带游走自如，让我们看到了寓言文学的另类魅力。《耶稣寓言》的作者嘉德斯（A. T. Cadoux）把寓言看作"一种论辩的武器"，与一般叙事不同，它通常"是在冲突中即兴创作，以应对某种事先无法预料的情势"。[③]寓意的偷运如果不到位，作者就会自己跳出来说话。于是，我们看到了狼书中的**第六种对话**：陈阵的**思考和独白**。

① ［苏联］巴赫金：《陀思妥耶夫斯基诗学问题》，第29页。
② 参阅巴赫金：《陀思妥耶夫斯基诗学问题》，第39页。
③ 转引自《克尔恺郭尔哲学寓言集》译者序，杨玉功编译，商务印书馆，2000年，第4页。

作者可以通过对话申明自己的观点，①这在狼书中表现得十分充分。

故事里，陈阵的内心独白是为书后"讲座"铺陈的，承载着一个重要寓意即小说中隐含的信仰问题：狼是怎么变成图腾的？我们在宗教层面上讨论过这个问题，放在对话理论中考察会发现，不管多少大小故事，陈阵的心思集中在两点：一是与"狼图腾"有关的信仰问题；二是中华民族的"国民性"改造——我的问题因此是：这两个问题为什么要以"内部对话"的形式表现出来？

巴赫金认为："当社会上的他人意识进入一个自我意识，而又不能与之融合的时候，就会产生他人话语与自我话语两个声音，内部对话就会发生。"②在陈阵这里，草原信息持续不断进入他的视野乃至心灵，挑战他原有的文化信念，逐步改变了他的思维立场，使得那个原本是"他人"（草原）的话语逐渐转变成他深入反思的重要资源。陈阵的独白从质疑开始，到了尾声，就只是他一人的宣讲而非独白，杨克因此也从对话的参与者变成了单纯的听众——那么，他讲了什么呢？

答案是显而易见的，即《狼图腾》其实的主题，只有一个：国民性改造。所谓讲座，也只是一家之言即陈阵的发言——由此，我们触及到这书中隐含着的**第七种对话**形式：**作者与主人公的对话**。

一般情况下，"在作者与主人公的对话中，是看不到作者的"。寓言文学不同，多半作者不甘幕后，因意犹未尽而冲上前台直接进入对话。"如果作者从假定的主人公的立场出发，用主人公所处的社会地位应该使用的社会话语构成一个他者，这时，作者与主人公的对话不但成为可能"，也是创作过程中一个很自然的现象。③巴赫金在《审美活动中的作者与主人公》④中将如上情况分为三类：

---

① 参阅[美]雷·韦勒克、奥·沃伦：《文学理论》，刘象愚等译，生活·读书·新知三联书店，1984年，第253页。
② 董小英：《再登巴比伦塔——巴赫金与对话理论》，第31页。
③ 同上，第33—43页。
④ 参阅巴赫金：《论陀思妥耶夫斯基一书的改写》，《话语创作美学》，莫斯科，1979年。转引自董小英：《再登巴比伦塔——巴赫金与对话理论》，第36页。

人称标志

1. 主人公掌握作者　　**你**,他人之"**我**"

2. 作者掌握主人公　　**他**

3. 主人公即作者　　　**我**

　　第一种情况在创作中很难把握,要么出于新手,要么是杰作,比如托尔斯泰的《安娜·卡列尼娜》。第三种情况比较多见,即故事中的"我"与作者二而合一。《狼图腾》看似属于第二类,它用第三人称说话;但其实,它介于第二和第三种情况之间。如果我们把陈阵看作人间故事中最重要的主人公,就会发现,作者的影子完全投射在陈阵身上,"作者的视野在任何地方,都不会同主人公们的视野和侧面发生对话式的交错和冲突"。[①]陈阵的独白就是作者的内心独白,他的犹疑徘徊反映了作者的困惑和不懈的探索。他最终信了狼,是因为作者在草原逻辑的引导下重整破碎的信仰,一旦心思笃定,"狼图腾"便诞生了:**当思绪升华为信仰,故事结束了;当寓意成为图腾,思想终止了**。"论战要素"一旦消失,怎么还可能产生出新的对话呢? 当陈阵将自己对民族问题的思考直接摊在台面上,企图"从民族性火一般的根基里"提炼出"纯粹的"国民性,[②]寓言终结了,文学性也丧失殆尽——好端端一个后寓言,就这样被抛掷在詹姆逊那个"民族寓言"的大筐里,进了第三世界,离"世界"是更远了!

　　寓言一旦被冠以"民族"或隐含着道德判断,排他性同时显现,自我言说也有可能变成伤人的芒刺。对话者一旦成为文化标记或是非代码,对话即可就会转变为对抗的战场,这与它原本的政治理想——和平——相去远了。于此,但凡在中国经历过"文化大革命"的人都不会感到陌生,大辩论的高调喧嚣中,恶语伤人,硝烟弥漫,人人都一败涂地。面对如此残局,该如何理解作者的作为?

---

① 巴赫金:《陀思妥耶夫斯基诗学问题》,第 113 页。

② 参阅[德]瓦尔特·本雅明:《评陀思妥耶夫斯基的〈白痴〉》,《经验与贫乏》,王炳均、杨劲译,百花文艺出版社,1999 年,第 138 页。

我试图理解，是因为身在其中：

——当一个民族信仰破碎，不怪作者会将残生全部投入重建信仰的努力。

——面对"一地鸡毛"，不怪人们会去眷恋雄鸡报晓的日子。

最后，回到文本，可以就"对话"在《狼图腾》中的具体作为做个小结。

对话在这故事中分量沉重，它不仅提供平台让不同人群/物种发出了不同的声音，也在结构和寓意等诸多方面兼有多种功能。

首先，对话在文本结构中发挥了特殊作用。每一次大的战役或紧张的场景之中或之后，总有长篇对话出现，它本身成为一种节奏，在情节进程中起到缓冲或转折的作用。

其次，作为寓言，作者在对话中常常迫不及待现身说法，使对话具有传统寓言中"道破"的性质。后寓言文本中，"道破"一旦出口，便成为目标或靶子。信了它，跟随它，思想便在追随中自行消解；不信它，攻击它，寓意便无处藏身，泼出的污水中很可能就有那个"娃娃"——恰恰是在这样的悖论中，对话将它的"后"品质暴露无余。

其三，在草原上漫游之后，对话成为一条返回人间的路径，让隐退了的人类社会重新现身，在后现代语境中及时道出了第三世界的后殖民处境，因而在两个方向上都有消解作用：因过多的对话消解了故事；用后殖民批判粉碎了潜藏在后现代语境中的寓意。

文学作品中的对话是情节中的精灵，在正常的节奏中常常起到"变奏"的作用——它因此也是有趣的，不仅呈现出世界的多样性，也隐含着无限变化的可能性。对话的前提先验地具备了"多元"这一基本条件。要想对话在"和平"的气氛中持续发展，必须保证一个持续开放的话语空间。对话过程直接受到对话本身的引导，"谁也无法预料一次对话会引出什么结果。这首先是因为，在对话中，艺术文本的内涵是无限的"。①

----

① ［德］伽达默尔：《真理与方法》，上海译文出版社，1992年，第329页。

如果我们接受伽达默尔的说法,把读者(包括批评者)与作品的阅读关系也看作是一种对话(即第八种对话),那就应该相信,"在不同的时代、不同的场合甚至不同的对话中,艺术文本会不断地解释出自己意义的新的方面"。①它将远远超越作者给出的空间,超越了话语本身的困境,让我们在开放的思维平台上享受罗兰·巴特陶醉其间的阅读快感,在"极乐的文本"中领会到"获得自由的'极乐'(jvuissance)感受":

> 极乐的文本是一种把失落感强加于人的文本,它使读者感到不舒服(可能达到某种厌烦的程度),扰乱读者历史的、文化的、心理的各种假定,破坏它的趣味、价值观、记忆等等的一贯性,给读者和语言的关系造成危机。②

研究者对此做出了必要的阐释:

> 从纯感受的角度上它给读者一种痛苦的经历,但也正是这种经历,可以使读者的**精神境界为之拓宽,就像春蚕蜕皮一样,有一种新生的"极乐"**……它使任何既有的理解框架都可能受到挑战。③

我认同这种阐释,在自由的阅读实践中充分享受"极乐"的快感。**"意义就是自由,阐释则为自由的实践。"**④

这是巴赫金最后的箴言,也是我努力的方向。我把《狼图腾》看作不同声音对话的平台,力图从"使读者感到不舒服"的杂乱中将各种声

---

① [德]伽达默尔:《真理与方法》,上海译文出版社,1992年,第329页。
② [法]罗兰·巴特:《文本的快乐》,引自霍克斯:《结构主义和符号学》,上海译文出版社,1987年,第118页。罗兰·巴特将"阅读快感"分为两种,一种是在享受作品中的意义时获得的快感,属于消费性阅读;另一种是文本分解,被看作创造性的"游戏"。他认为后者才是值得追求的,以获得自由的"极乐"感受。
③ 《西方美学通史》(第七卷),第159页。
④ [法]托多洛夫:《批评的批评》,第102页。黑体为本书作者所加。

音逐一剥离出来,"就像春蚕蜕皮",在洁净的质地上还原它的"一贯性"。所谓极乐的感受,就在那一条条通向理解乃至和平的道路上,行进在宁静的心境中。

2. 关于对话(2):国民性问题

> 伟大的中国富有古老的智慧和社会道德、勤劳和自我克制的素质,像一头大鲸鱼一样唤起了民族心目中掠夺的欲望。[1]
>
> ——[印度]泰戈尔:《民族主义》

《狼图腾》并没有直接使用"国民性"这个概念,它说的是民族性格,基于游牧/农耕两种文明,涉及"草原人"和"汉人"两个民族。但实际上,中华文明内含着(包括游牧/农耕两种文明在内)多种文明因素,书中的草原人和汉人也都历史性地隶属于中华民族。如果把书中展示的文明较量看作国民性问题的前提,在历史逻辑上难以成立;但作为寓言小说,在真假问题上不过分苛求,批评便可以穿越是非,游走在矛盾之间,借助分析工具,在各种因素的分解组合中挖掘文本可能承载的寓意。

为什么费神做这件事?

因为这种交织着矛盾的心绪遍布全书,牵连着两个实实在在的问题:一是作者的创作初衷,二是读者的情绪反馈,两者无不牵扯着让人心痛的国民性问题:

> 大量的网友留言,恰恰对国民性和民族性的问题,争论得最激烈,最具火药味。看来,我想引起国人对国民性格的

---

[1] [印度]泰戈尔:《民族主义》,谭仁侠译,商务印书馆,1982年,第16页。

探索和争论已经开始。国民性格的问题,是关系国家命运前途的根本问题之一,是绝对无法绕过去的。①

作者认为:"中国改革面临着民族性格动力不足的内在阻碍,如果国民性格继续疲软,中国的改革就有半途夭折的可能。"可见作者写作此书的实际用心,讲的是原始自然的草原故事,心思全在当下,是人间的和政治的,更是民族的乃至民族主义的。

在中国,民族主义与爱国主义几乎是同义词,与西方学界一系列相关的负面解说完全不搭界。近代以来,中国人的"民族"意识在帝国/殖民强势挤压出来的"爱国"情绪中觉醒,在正面战场举起义旗,是反帝国主义、反殖民主义的一双孪生兄妹。梁启超最早使用"中华民族"和"民族主义"这两个概念,他认为:"民族主义者,世界最光明正大公平之主义也。不使他族侵我之自由,我亦毋侵他族之自由。"②如此高度评价民族主义,将之与"光明、正大、公平、自由"这些高贵品性联系在一起,在西方知识分子中极为罕见,成为一道特殊的中国风景。姜戎的议论如出一辙,他指责的民族性格之"疲软",正是在与外力强势的比较中有感而发。

但其实,"民族主义"与"国民性"是两个不同性质、不同方向的概念,前者是外源性的,是殖民/帝国主义和种族主义的派生物,用安德森(B. R. Anderson)的话表述,起源于"想象的共同体",③可以在一个口号、一面旗帜甚至一种象征物的召唤下集合队伍,一致对外。后者是内置性问题,在"民族/国家"认同的前提下产生,可以说,它是那个"想象的共同体"的实实在在的产物。《狼图腾》将国民性格与民族生存手段联为一体,承载着沉重的思绪,针对农耕民族的弱点进行反省和批判。而那个被高度赞扬的"草原文明"和"游牧民族",表面上占优势,

---

① 姜戎答《中华读书报》记者舒晋瑜书面采访。
② 梁启超:《国家思想变迁异同论》,《饮冰室合集·文集之六》,中华书局1989年影印本,第20页。
③ [美]本尼迪克特·安德森的《想象的共同体:民族主义的起源与散布》(吴叡人译,上海人民出版社,2005年)被看作是20世纪末最重要的民族主义研究两部经典之一。另一为英国学者恩斯特·盖尔纳(Ernest Gellner)的《民族与民族主义》(1983年)。

内里不过垫背角色,服务于以农耕文化为主体的所谓"国民性改造"。这话说起来容易,通过故事形象地操作却颇费心思。这种心思在狼书中是以对话的形式"说"出来的;不说,便不能透彻。

"说"(而非描写),是狼书中表现国民性问题的主要手段,由此把"对话"再次推向前台,将好端端一个故事变成说教的讲台或争执不休的论坛:"当叙述过程按时间固定下来时……叙述实际上变成了重要主题。在这些小说中,叙述者的诱导作用随处可见。"①

那么,批评在这里做什么?

面对真假是非长短,批评无意站队,它的任务恰恰是超越争论,穿透文本也超越"所指",追踪矛盾或悖论之由来,发掘文本"能指"的方向。

《狼图腾》开篇就是毕利格老人——游牧文化的代表——毫不客气地批评汉人,在群狼包围中,他低声对陈阵说:"就你这点胆子咋成?跟羊一样。你们汉人就是从骨子里怕狼,要不汉人怎么一到草原就尽打败仗。"(No1)陈阵没有反驳;相反,在恶战之后他也自责:"我真没用,胆小如羊。"(No1)因此,日后看到这样的对话我们不会奇怪:

> 记者:你是一个学者,并不是一个作家,你怎么想到要将"狼性学说"用文学手段表现出来?你是不是想用它来说明什么?
>
> 姜戎:严肃的"狼性"学说,不通过文学的生动翅膀,就不能让更多的读者了解,无法飞到广大国人的心里去。我所大力倡导的**自由独立强悍进取的狼精神**,主要针对的目标恰恰就是**软弱平庸**的中国国民性格。②

---

① [奥]弗兰茨·斯坦策尔:《现代小说的美学特征》,周宪译,《激进的美学锋芒》,中国人民大学出版社,2003年,第237页。
② 摘自《新西兰镜报》姜鸣:《透视〈狼图腾〉的心灵话语》。

在狼和羊的问题上,古往今来,一种腔调,无论怎样评说,都像陈词滥调。弗罗姆(Erich Fromn)在《人论》第一章中写下赫然触目的标题:"人,是狼还是羊?"他在哲学高度逐一列举了人性中所谓"狼性"和"羊性":[①]

——**羊**:"很容易被唆使去干别人要他们去干的事,即使是那些有害于他们本人的事:他们会追随着把他们推入毁灭性战争中去的领袖们;并相信任何一种只要是充满活力又得到权力支持的胡言乱语……独裁者把他们的制度建立在人是羊这个前提上。"[②]

——**狼**:"人的历史是用鲜血写成的。这是一部不断使用暴力的历史。在这部历史中,人的意志几乎总是屈从于不变的势力。"这些事实让霍布士(们)相信"人对人像狼一样",人的本性是恶的,是具有破坏性的。[③]

针对截然相反的看法,弗罗姆指出:"我们关于狼和羊的说法或许都站不住脚。"重复"羊/狼"这一命题,是因为当代世界狼性勃发,"各大国都打算使用最有破坏力的武器来消灭自己的'敌人',并且,在这场大屠杀中,即使有可能同归于尽,他们也不会放弃这个念头"。他不无悲观地讥讽道:"当我们大家都成为狼的时候——尽管有一些狼比另一些狼更富有狼性,我们为什么还要去反对狼呢?"[④]二元对立的较量中,姜戎毫无调侃之心,尽管他认定自身隶属的族群是羊性的,却站在狼性一边。仿佛在一场格力决斗中失利,败了就是败了,他不打算追究胜者的道义责任,相反,他的反省是内置式的,以强敌为榜样,敦促国民自强:

> 就我写作此书的本意来说,弘扬自由独立、不屈不挠的
> 游牧精神和狼精神,是为了冲击积弱已久的国人羊性格,以

① [美]艾·弗罗姆:《人心》,孙月才、张燕译,商务印书馆,1989年。
② 弗罗姆:《人心》,第5页。
③ 同上,第5—6页。
④ 同上,第7页。

提升汉民族的国民性格……**民主政体不可能建立在软弱的国民性格之上。**①

作者的心思不在草原或自然，而是典型的现代情怀。无论羊还是狼，在人的诠释平台上都一样是被动的。不同的是，今天西人说"狼"多了检讨，是反法西斯主义的；正像中国人如今说"羊"，多的也是反省，怒其不争。有必要指出，狼书中褒扬的狼性，与对外侵略的法西斯主义不是一回事，反之，它是被狼侵略的结果。毕利格老人对此有解（No6，摘选）：

> （陈阵）在狼性中看到了法西斯、看到了日本鬼子……狼太可恶太可恨了。比法西斯，比日本鬼子还可恶可恨。真该千刀万剐！
>
> 老人……底气十足地说：日本鬼子的法西斯，是从日本人自个儿的骨子里冒出来的，不是从狼那儿学来的。我打过日本人我知道，日本没有大草原，没有大狼群，他们见过狼吗？可他们杀人眨过眼吗？

将狼性与法西斯的侵略性分离而与国民性格结合这种做法，并非姜戎的独创，在中国近代史上是有传统的。伴随外敌入侵，国民性改造问题横空出世，成为近代知识分子和有识之士同仇敌忾的话题。②姜戎认为鲁迅最早提出了国民的"家畜性"的问题③，他本人"只不过是从草原立场再次支持鲁迅先生对中国病的诊断，目的是为了引起国人对治疗的重视"。④其实，从"戊戌变法"开始，这种声音不绝于

---

① 摘自《新西兰镜报》姜鸣：《透视〈狼图腾〉的心灵话语》。
② 参阅陶东风、徐艳蕊：《当代中国的文化批评》（北京大学出版社，2006年）第三章"当代中国的后殖民批评"中"关于'国民性'问题的论争"。该书作者对部分海外华人学者对"国民性"这一说法"解本质化"的批评进行反批评（第143—152页）。
③ 参阅鲁迅：《而已集·略论中国人的脸》，《鲁迅全集》第三卷，人民文学出版社，1981年。
④ 姜戎答《中华读书报》记者舒晋瑜书面采访。

耳。知识界中陈独秀最早提出这一问题,他批评国人尤其是知识人:"余每见吾国曾受教育之青年,手无缚鸡之力,心无一夫之雄;白面纤腰,妖媚若处子;畏寒怯热,柔弱若病夫;以如此心身薄弱之国民,将何以任重而致远乎?"继而提出要对国民进行"兽性主义"教育:

> 强大之族,人性,兽性,同时发展……兽性之特长谓何?曰,意志顽狠,善斗不屈也;曰,体魄强健,力抗自然也;曰,信赖本能,不依他为活也;曰,顺性率真,不饰伪自文也。皙种之人,殖民事业遍于大地,唯此兽性故;日本称霸亚洲,唯此兽性故。[①]

姜戎也强调教育的作用,他不打算在敌手——西方狼——身上吸血,而是企图还原到狼性的发源地——草原——去寻找原始动力,将国民性改造与自然/社会环境及其文化取向联系在一起。日本环境考古学人安田喜宪有同样的见解,笃信不同的自然环境宿命地造就了不同的民族性格。安田认为,日本民族与森林有依存关系,森林"是日本人的精神故乡和安居乐业的家园"。在姜戎眼中截然对立的草原/农耕文化,在安田眼中是一体性的:"一个是欧亚大陆以干燥的大草原为舞台,由麦作和畜养山羊、绵羊所组成的农耕文化。另一个则是以湿润的森林和湿地的交界地带为舞台,由稻作和狩猎及捕捞所组成的农耕文化"。[②]安田不厌其烦地述说后两种文化的不同,就像姜戎在《狼图腾》中喋喋不休地辨析前两者的差别。在安田看,正是前者"发展成都市文明,进而诞生了以人为主的破坏森林的文明",由此生成了"家畜之民"和"森林之民":

---

① 陈独秀:《今日之教育方针》(1915 年 10 月 15 日),原载《新青年》1 卷 2 号。《陈独秀文章选编》(上),生活·读书·新知三联书店,1984 年,第 89 页。
② [日]安田喜宪:《森林——日本文化之母》,蔡敦达、邬利明译,上海科技出版社,2002 年,前言,第 59 页。

前者是自然—人类剥削体系的自然观和世界观,后者是自然—人类循环体系的自然观和世界观。家畜之民的文化传统为美国、俄罗斯所继承,当今世界正处在家畜之民的统治之下。就某种意义上而言,**世界史是一部家畜之民的侵略史。**①

因此他说:"这个地球上已消失的文明都是在家畜之民的侵略中消亡的。"这与姜戎的判断有很大出入,无意间让我们看到了多样化的世界中可能产生的多元认知体系,也让我们对"侵略性"和"狼性"的关系多出一些别样理解:狼性未必是侵略的,饱食过后的狼一般不吃人,也不多打扰其他生灵;而羊性也未必意味着不侵略,不伤生,毕利格老人就说过:

> 黄羊可是草原的大害,跑得快,食量大。你瞅瞅它们吃下多少好草。一队人畜辛辛苦苦省下来的这片好草场,这才几天,就快让它们祸害一小半了。要是再来几大群黄羊,草就光了。(№2)

《狼图腾》中,狼不是以侵略者的面目出现的,在以农民为主体的外来户和军人面前,它是受难者和逃难者。书中,我们一边听着赞美草原狼英勇不屈的颂歌,一边眼睁睁地看着它逃逸乃至消亡却无可奈何。交织其间的大小故事,无不在用活生生的事实残酷地演绎着安田所谓"家畜之民"的胜利,展示出世界史最终"是一部家畜之民的侵略史"而非狼的胜利史。

由此引申到国民性问题,换了角度和立场,判断标准和结论就会不同。从征服和掠夺看,西方狼是恶的,中国羊是善的,强力较量中,

---

① [日]安田喜宪:《森林——日本文化之母》,蔡敦达、邹利明译,上海科技出版社,2002 年,第 59、153 页。黑体为本书作者所加。

羊总是败家。但从另一个角度看,中华民族性格中有长治久安的成分,也有**春风化雨、催生万物乃至融合、同化、侵吞无声的内功**,不然她的古老文明怎么可能长存于世、持续拓展? 书中人物杨克不止一次发出感慨:"我过去认为中国的农耕文明总是被西方列强侵略和欺负,可没想到农耕文明毁坏游牧文明,同样残酷狰狞。"(№23)可见,无论狼还是羊,并不必然与侵略有关或无关。如果不带偏见,就会有客观的评价。比如陈独秀,在国民性格比较中,他列出了西方与东方民族的三大差异:(一)西洋民族以战争为本位,东洋民族以安息为本位;(二)西洋民族以个人为本位,东洋民族以家族为本位;(三)西洋民族以法治为本位,以实利为本位;东洋民族以感情为本位,以虚文为本位。①其间未置优劣,不判是非。姜戎不同,他认为华夏民族具有的羊性之"弱"不仅是恶劣的,也是致命的,导致"软弱的民主意识和要求、软弱的法治和执法力度、软弱的舆论监督、软弱的国企、软弱的市场、软弱的足球、软弱的竞争力和创新能力、软弱的独生子女和青春读物等等"。因此,他选择了走偏锋的极端做法,有意"冲击国人的传统思维惯性、弱性以及麻木性"。②这在书中北京知青一系列对话中表现得十分充分:

> 张继原说:我当了马倌以后,感触最深的就是蒙汉民族的性格差别。过去在学校,也算是处处拔尖的,可一到草原,**发现自己弱得像只猫一样**。我拼命地想让自己变得强悍起来,后来才发现,咱们好像从骨子里就有些**先天不足**似的……
>
> 陈阵叹道:就是先天不足! ……华夏的小农经济和儒家文化,从存在和意识两个方面,软化了华夏民族的性格,华夏民族虽然也曾创造了灿烂的古代文明,但那是以牺牲

---

① 陈独秀:《东西民族根本思想之差异》(1915 年 12 月 15 日),《陈独秀文章选编》(上),生活·读书·新知三联书店,1984 年,第 97—100 页。

② 姜戎答《中华读书报》记者舒晋瑜书面采访。

民族性格为代价的，也就牺牲了民族发展的后劲。（No20）

这种表现手法在曾经的社会主义文学和乌托邦文学中不乏前例，单一理念和极端的表现手段结合，与宣传教化的意图相关。在评论布莱希特剧作时本雅明曾尖锐指出："一个人如果必须在三句谈论布莱希特的话中说出关键性的内容，对他来说聪明的做法是局限于一句话：他的对象是贫穷。"他不无刻薄地说："这种布莱希特式的贫穷更像一件军服，它十分适合于给那些有意识穿着它的人以很高的军阶。简而言之，它是机器时代中人在生理和经济上的贫穷。"①对应去看《狼图腾》，它表现的对象是贫弱——正是在"弱"的问题上，引出了国民性改造问题，草原狼被当作榜样乃至信仰树立起来，在对话中一再出现（No3，摘选）：

> 杨克：我敢肯定，咱们汉人就是在草原呆上几个世纪，也不会崇拜狼图腾的。
>
> 陈阵：不一定吧。比如我，现在就已经被草原狼折服。这才来草原两年多一点儿时间。
>
> 杨克：汉人崇拜的是主管农业命脉的龙王爷——龙图腾，只能顶礼膜拜，诚惶诚恐，逆来顺受。哪敢像蒙古人那样学狼、护狼、拜狼又杀狼。

无论对狼的褒奖引发了怎样的争论，应该承认，在故事中，但凡说到狼，都是内部话语，与侵略无关，与法西斯主义不可同日而语。与其看它是法西斯的，不如说是后法西斯的；就像后殖民话语被殖民主义先验地预设了，后法西斯的产生不过是法西斯主义的一个直观性的倒影罢了。我们看见的表述，像反讽，是一种非暴力形式的跟进或反馈。如此回头看安德森在民族主义问题上的溯源，的确就是一个想象，不

---

① ［德］瓦尔特·本雅明：《贝尔托尔特·布莱希特》，《经验与贫乏》，王炳均、杨劲译，第242页。

宜过分当真。安德森说："遵循着人类学的精神,我主张对民族作如下的界定:它是一种想象的政治共同体——并且,它是被想象为本质上有限的(limited),同时也享有主权的共同体……资本主义、印刷科技与人类语言宿命的多样性这三者的重合,使得一个新形式的想象的共同体成为可能。"①这种意识形态化的想象在西方社会也是有传统的,是帝国主义者的专利。它是意志的和精神的,也是世界性的和排他的,在费希特的"德意志精神"中有经典表述:

> 谁信仰精神东西,信仰这种精神东西的自由,并希望靠自由使这种精神东西永远得到发展,谁不论生在何方,说何种语言,都是我们的族类,他属于我们,并将站在我们这边。谁信仰停滞不前,信仰倒退……都是非德意志的,是与我们格格不入的。②

但从另一个——被侵略被征服者——的角度看,民族和民族主义就不是想象,想象也不是它诞生的产床。新的解释是:民族与土地同在,真实而具体,被侵占和被殖民的经验几乎就是"民族主义"独一不二的产床。有过遭受侵略和被欺辱经验的民族如同有过征服和侵略他人的民族,通常会有相似的见解和选择。比如整个 20 世纪,被安德森指称为"最后一波"的民族主义(大多发生在亚洲和非洲的殖民地),就是对工业资本主义所造就的全球帝国主义的反应,如马克思所言:"一个持续扩张的市场对产品的需求把资产阶级赶到了地球表面的每个角落。"③这"最后一波"与"最初一波"民族主义完全不同性质,它是帝国主义和资产阶级"到场"的产物,是掠夺和征服的副产品;**心灵痛楚和精神屈辱就是它的产床**。它的确具有"想象"的性质,不过此民族

① [美]安德森:《想象的共同体:民族主义的起源与散布》,第 6、45 页。
② [德]费希特:《对德意志民族的演讲》,梁志学、沈真、李理译,辽宁教育出版社,2003 年,第 104 页。
③ 马克思语出自《共产党宣言》,这里被安德森引用,转引自《想象的共同体:民族主义的起源与散布》,第 130 页。

与彼民族完全不同想象而已。

在没有帝国主义和资本压迫的地方,民族主义和阶级斗争都难得以激烈或极端的形式表现出来。以中国农民为例,在无狼的环境中,他不是羊,也无所谓"羊性"。历史上,中国皇帝是农耕社会的代表和领头羊,不是狼:他修筑万里长城是出于防御,而非侵略;他通过吏治和地主阶层管理社会,不直接吃"羊"。天高皇帝远,一般农民并不处在皇权的直接压力下,而是处于亲缘社会的宗法约束中。中国农人不以硬性嗜血的占领为胜,而以长生久安为其征服人心、化解矛盾、模糊疆界的手段。①它派生出来的族群意识与血缘、亲缘和土地始终密切相关,是民族融和乃至民族身份混合的产物——中华民族是这样一个具体的结果。由此看狼书中所谓"中国羊",不能等同于传统社会中的农民和农耕文化,而是出于近代以来中华民族备受屈辱、任人宰割的历史事实。所谓羊性,是在与西方狼的对照中产生的,也是想象的产物。这不是姜戎的发现。"五四运动"以来直到 20 世纪 80 年代"新启蒙运动",对"长城精神"的批判和对"长治久安"的检讨一以贯之,②成为中国知识分子集体自我观照的一个甩不掉的心结。我的问题因此是:

——《狼图腾》在这里转达了什么新意?

——它为什么在"国民性"这个重述百年的老话题上喋喋不休?

作者通过故事形象地回答问题,总在自我设置的问题之后迫不及待地抛出答案。掏狼崽时,家犬黄黄临阵退缩,陈阵因此更喜欢野性尚存的"二郎":

> 它的兽性似乎更强,似乎更不通人性。在残酷竞争的世界,一个民族,首先需要的是**猛兽般的勇气和性格**,无此前提,智慧和文化则无以附丽。民族性格一旦衰退,就只能

---

① 中国历史上的皇帝未必是汉人,只要"能行中国之道,则为中国之主",比如辽金元的统治。参见[法]格鲁塞:《草原帝国》,黎荔、冯京瑶、李丹丹译,国际文化出版社,2004 年,第 241 页。

② 谢选骏:《神话与民族精神》,山东文艺出版社,1986 年,第 203、419 页。

靠和亲、筑长城、投降称臣当顺民和超过鼠兔的繁殖力，才能让自己苟活下来。(No9)

话都说开了，我们就没有必要再纠缠于"狼是羊非"这一伪命题，不妨径直追踪作者的思路，在所谓"兽性"以及"狼性"问题上对民族性格做跟踪性的深度诠释，在书中提出的两个相关联的重要问题上寻根溯源：

其一，民族性格生成的基础是什么？

其二，国民性改造的动力和资源是什么？

就字面含义而言，这两个问题已经被作者道破，无需赘言；但如果引申到"国民性"而非单纯的民族性格，问题就不简单，因为它涉及"国家"和"公民"这两个现代政治概念。略加分析我们会发现，它的具体内涵与现代国家理论和民族主义经典理论有相当距离；它之有趣，就在其颠覆意味中的重新命名。

英国社会学家吉登斯(A. Giddens)断言，是民族的形成引发了民族主义，民族国家是社会历史的产物。[①]恩斯特·盖尔纳(E. Gellner)却认为是民族主义造就了民族，民族乃至国民性都是意识形态的结果。[②]安德森显然是在后一条思路上伸展，由"意识"走到"想象"。在想象力的推动下，他把近代以来"画地为国"的民族独立运动和帝国主义侵略所导致的殖民运动一锅烩地定义为"官方民族主义"，[③]让人掉进"想象"的迷宫而忘却了它"实在"的意义。作为持有西方护照因此可以在世界上畅行无阻的学者，他当然可以在行为和观念上完全不介意"实在"的国界以及相关制度对国民的制约力量；而那些身在第三世界特

---

① 参阅［英］安东尼·吉登斯：《民族—国家与暴力》，胡宗泽等译，生活·读书·新知三联书店，1998年。

② 参阅 Ernest Gellner, *Nations and Nationalism*, Cornell University Press, 1983. ［法］吉尔·德拉诺瓦在《民族与民族主义》（郑文彬、洪晖译，生活·读书·新知三联书店，2005年）中对两者做了比较。中文版序（陈彦），第6页。

③ 参阅《想象的共同体：民族主义的起源与散布》第六章"官方民族主义和帝国主义"。

别是专制国家中的国民就有完全不同的感受——在那里,没有人会把(民族)身份和(国家)边界内部的"共同体"当作"想象"的产物。今天世界上,西方之外的国家及其领土,几乎无一例外地成为其国民赖以求生的庇护地或是被囚禁的牢狱,很实在,很具体,无论行为方式还是思想观念,越界是难为的——对此天差地别,徐迅在阅读了众多民族主义专著后不无讥讽地谈到自己的感受:"研究'民族'和'民族主义'问题时是需要想象力的。"在民族问题上,"想象力要么是一种奢望,要么是一种笑谈。翻开那些包含关于'民族主义'定义的经典,就可以发现,民族主义基本上是贬义的,并且打上了资产阶级的烙印"。①这与中国人的理解有很大出入,仿佛两股道上的列车,看到的不是同一种风景。②

　　一种思想或行为被褒被贬,与褒/贬人的立场和身份有关。安德森们的"同情"③居高临下,缺乏身在其中的切肤之痛。于此,狼——或虎或豹——的复出是迟早的事,它提出了一套反话语,听上去像法西斯的,其实是以牙还牙,重新命名:

　　　　在今天这个时代,我们首先得重新定义"狼性"究竟是什么?汉民族总是把"狼性"同凶残、贪婪联系在一起,**《狼图腾》就是要"颠覆"这种极其肤浅的认识误区**,让大家看到"狼"的自由独立、勇猛进取、智慧顽强、团队合作的精神。④

　　一向被看作侵略形象的狼性,在这里成为自我强壮、内部整治的光辉表率,可见狼性问题不那么单纯。泰戈尔说过:"如果人类本性像

---

① 徐迅:《民族主义》,中国社会科学出版社,1998 年,第 164 页。民族主义(nationalism)一词 1844 年出现于社会文本,其基本含义:对一个民族的忠诚和奉献;所谓特定的民族意识,即认为自己的民族比其他民族优越,"强调促进和提高本民族文化和本民族利益,以对抗其他民族的文化和利益。"(第 40 页)

② 参阅《关于"中国近代史上的民族主义"的对话》,《光明日报》2006 年 3 月 28 日 11 版。

③ 吴叡人:《想象的共同体》导读,文中称安德森和他的这书为"同情弱小民族的'入戏的观众'"。

④ 摘自姜戎:《我写〈狼图腾〉》。

一群饿狼那样简单,那么,现在那帮以掠夺为生的人就会蹂躏全球。"①在狼性的价值取向上,长久以来存在两种选择:一种是对外的,与帝国主义有关,嗜血,掠夺,无德;另一是内置性的,前提是道德重建,与国民性改造密切相关。《狼图腾》在后一个方向上对狼性重新评价。它对羊性的评价因此也不同一般,除去"任人宰割",它还别有意味。书中,说到羊,陈阵——这个临时牧羊人——不仅缺乏朝夕相处中可能产生的怜惜,相反,他的蔑视和嫌恶无以复加,溢于言表:

> 绵羊低等而愚昧,当狼咬翻那只大羊的时候,立即引起周围几十只羊的惊慌,四处奔逃。但不一会儿,羊群就恢复平静,甚至有几只绵羊还傻乎乎战兢兢地跺着蹄子,凑到狼跟前去看狼吃羊……那副嘴脸仿佛是说"狼咬你,关我什么事!"(No21)

看过鲁迅的《药》,对这一段描写不会感到陌生;仿佛刑场上围观的民众,在烈士就义的地方蘸吃人血馒头。这是典型的"重述",会造出似曾相识的反应。比如陈阵,"这场景使他突然想起鲁迅笔下,一些中国愚昧民众伸长脖子,围观日本浪人砍杀中国人的场面,真是一模一样"。他的结论是:"狼吃羊固然可恶,但是像绵羊家畜一样自私麻木怯懦的人群更可怕,更令人心灰心碎。"(No21)陈阵的批判锋芒不是指向如狼一般残忍的日本浪人,而是如羊一般懦弱的中国民众:

> 事实证明动物身上有许许多多人类所无法达到的技能和品质。狼更是如此。最为突出的是,狼精神具有"全民性"即"全民精神"——每一条狼都是**为自由血战到底**的英雄。②

---

① [印度]泰戈尔:《民族主义》,第 1 页。
② 姜戎答《当代经理人》书面采访。

说到头,还是要"血战到底",可见国民性改造中埋藏着杀机;难怪西方学者从中嗅出了血腥。但是,与民族主义一致对外的方向不同,这里的锋芒所指是内省的;即使为狼辩护,也不过借草原狼为榜样,服务于强壮民族之目的,因此,我们在尾声(2)中听到了这样的对话(摘选):

> 杨克:在西方,狼性也适度地释放了,民主制也建立了,所以,西方民族走到了世界的最前列。而羊最恐惧自由和独立,一旦没有"徐州牧"的看管,羊就会被狼吃掉。软弱的农耕民族都愿意选择专制,农耕人群是集权专制制度的衣食父母。
>
> 陈阵:狼性不强的民族永远不会去争取民主和使用民主。实际上,民主是强悍民族对统治者反抗和讨价还价的结果。

真相大白:狼性在这里出发,它的目标不是帝国主义,而是中国民众现实的政治处境。用杨克的话说:"华夏民族的民族存在和国民性格不变,中国的集权专制就始终不会终结。"(尾声2)狼被抬举到图腾的高度,是因为有"西方狼"这个现实的榜样。走西方的路,以狼为榜样去争取民主,这就是结论!

走笔至此,批评将追随哪一种思路?

"自斯宾诺莎之后,阐释不再提出'这作品说的对吗'的问题,而是问'它到底要说什么'。"后现代语境中,阐释和提问的空间都是开放的,不再拘泥于文本,也不再局限于所指,尤其不宜在文本提示的真假问题上判断是非。"如果阐释关注于真理,那么它将与被阐释作品毫无二致,两者就处于同一水平并且要达到同一目的。"①这是说,**批评**

---

① [法]茨维坦·托多洛夫:《批评的批评》前言,第9页。托多洛夫本人对引文中的做法持保留态度。

指向必须穿越是非判断,在文字的遮掩中剥离出寓意,在"寓意"的封锁中用开放的阐释去开辟新的思维空间。

从如上分析中可见,狼书的寓意既不原始也非生态,它凝聚着沉重的现实关怀。正是在这个意义上,它与后现代注意又一次不谋而合。后现代小说"提出这样的问题,如:'世界是什么?存在着什么样的世界?它们是怎样构成的?它们之间有什么差异?当不同的世界处于对抗状态时或它们之间的界限被侵犯时,会出现什么样的情形?'"①《狼图腾》不仅提出了新的世界观,还企图用"狼精神"改造世界;一如来路,固执地朝向乌托邦的理想之地,与其说它是后现代的,不如看它是后乌托邦的。但是,如果从现代的角度看,其"后"不真,是伪装,充斥着前现代的梦幻,内里张扬的是现代性的理想。因此,它的后转也是彻底的,不尽是反省,而是转身:从现代的结果转向它的起点,企图从头开始。在那个重新开始的出发点上,没有帝国主义,没有民族主义,有的只是一面褪色的旗帜:全盘西化。说到这里,包括顾彬(Wolfgang Kubin)在内的西方人都可以释然了,因为这里丝毫没有反对西方狼的意味,相反,它总在以它们为榜样呢!榜样的作用如果不在反对帝国主义,它的用武之地究竟在哪里?

故事中,不多言,却很清楚:**反对专制**。

对中华民族和书中人们而言,这一锋芒指向似乎是很自然的,出自现实环境以及五千年的历史经验,其政治觉悟更直接地来自专制统治而非殖民者的压力。历史上,中华民族的生存以及它的文化一直处在扩张移民相互同化的过程中,内外有别的身份界定非常模糊;直到近代外敌入侵,才开始觉悟了"民族"意识和民族主义精神。"只有面临危机,身份才成为问题。"②可以说,**中华民族的自我认识是在现代**

---

① [美]布赖恩·麦克黑尔:《后现代主义小说》,牛顿和伦敦:梅休因,1987年,第10页。转引自[英]史蒂文·康纳:《后现代主义文化——当代理论导引》,严忠志译,商务印书馆,2004年,第181页。

② [英]科伯纳·麦尔塞(K. Mercer):《进入乱麻地:后现代政治中的认同与差异》,[英]J. 路塞弗德编《身份、社团、文化、差异》,伦敦:劳伦斯与威莎特,1990年,第43页。转引自[英]乔治·拉伦:《意识形态与文化身份:现代性和第三世界的在场》,戴从容译,上海教育出版社,2005年,第195页。

民族国家建立和完善的过程中逐渐清晰起来的。但凡说到民族的，也是国民的；而说到国民性问题，多半是在与西方人的比较中有感而发。由此看狼书中的国民性改造，与陈独秀的"兽性主义"教育和鲁迅对"家畜性"的批评不完全是一回事，与其看它是民族主义的，不如说是民主主义的。

或许出于对书刊审查的顾虑，也或许因为小说形式的限制，关于专制和集权，故事中相关言论不多，只在"讲座"和"对话"中做了明确交待："西方民族性格太强悍，专制政府很难压制住人民。在西方，像中国式的中央集权制很难立足，就是立足也长不了。所以人家民族最终只接受民主制。"(尾声2)对这一结论，故事中做了大量铺陈；所谓好看的故事，只在导向这样的结论：

> 在人类社会，如果专制镇压的力量太强大，时间又太久，人群也会渐渐丧失人性中的兽性，而逐渐变为家畜性十足的顺民……一旦遭受外部强大力量的入侵，这个民族就丧失了反抗能力，或者俯首称臣变成异族的顺民，或者被彻底毁灭。(No11)

只是说到这里，国民性问题才与民族主义挂上了钩。我们因此看清了所谓国民性格的核心，心思盘缠，思绪纠结；它其实不分前后，不可分割，同时包含着三个具体内容：

一是**民族主义**，指向民族的**贫弱**，遭受侵略，挨打受辱，因此要向侵略者即草原狼一般的西方人学习"战斗精神"。

二是**民主主义**，指向民众的**软弱**，如羊般驯良听话，成为专制主义的温床，因此要"输狼血"以使国民性格强悍，去争取民主。

三是**自我批评**，针对中国知识分子的**懦弱**，不敢言亦不敢怒，缺乏独立意志和自由的精神，因此他推出了"狼图腾"：

> 草原狼的**自由独立**，**勇猛顽强**的性格，是有其**超强本领**

作为基础的。人也是这样，一个民族自己的本事不高，性格不强，再想独立自由，民主富强也只是空想。陈阵不禁在心里长叹：**艺高狼胆大，胆大艺愈高**。草原狼对人的启示和教诲真是无穷无尽。(No24)

到这里，人/狼的关系、国民性与民族性格等等……一切都显得顺理成章，合情合理。我却偏偏放不下了，诸多问题带着悖论性的质疑不期而至：

首先，当作者毫无顾忌一边倒向草原狼的时候，他忽略了自己笔下酣畅描述的一个重要事实：正是在他钟情的额仑草原上，狼是弱者而非强者；在残酷的大自然和人类文明的双重挤压下，如果不屈服又不想灭亡，仅仅顽强的求生意志和超常的生存能力是不够的，严格的纪律和团队精神几乎是它唯一可能的选择。草原狼那令人称道的**集体主义是本源性的，基于险恶的生存条件和缺乏选择的生存方式**，恰恰是弱势群体(比如曾经的日本)在别无选择的艰难处境中自然的也是必然的选择。难怪福泽谕吉看"国体"就是"集体"，是"把物体集合起来成为一体并与其他物体相区别的意思。所以国体，就是指同一种族的人民在一起同安乐共患难"。①这与近代以来所有弱势群体倾向社会主义或社群主义②的历史选择(如18世纪法国第三等级的革命、19世纪英国工人运动和美国废奴运动、20世纪的民族解放战争、女权运动、人权运动等等)如出一辙。霍布斯鲍姆(E. J. Hobsbawm)敏感到这一现象，指出：1945年以后各国争取独立及反殖民化的运动，"都和社会主义及共产主义的反帝国主义运动结为一体"。③这种倾向与自由主义理想背道而驰，几乎无一例外地导向专制主义。我因此纳闷，我们如何在草原狼的集体主义作为中培育出自由或民主的种子？自由和民主是两个不同性质的概念，自由的草原狼并没有给我们带来民主的念想，何以

---

① ［日］福泽谕吉：《文明论概略》(明治8年)，北京编译社译，商务印书馆，1992年，第19页。

② 更详细的内容可参阅俞可平：《社群主义》，中国社会科学出版社，1998年。

③ ［英］埃里克·霍布斯鲍姆：《民族与民族主义》，李金梅译，上海人民出版社，2000年，第178页。

证明"胆大"的狼精神必将导致"民主富强"？

其次，狼书中不断复述"狼强羊弱"一类历史故事，力图还原到原始状态即生存/吃饭和求生/战斗这样的起点。可是，在国民性批判以及对知识人格的批判中，它却有意回避了这个——我看是最重要、最致命的——吃饭问题：

——半个世纪以来中华"国民"怎样吃饭？

——国人吃饭的形式和性质涉及哪些问题？

狼书在群羊被放牧以及家狗被豢养的问题上大做文章，影射国人不争，却忽略了百余年来在外敌入侵时国民奋起抗争并最终取得了胜利这一历史事实。解放以后全然不见志士仁人，作者将之归结为如羊的国民性格，又一次在最应该还原到"吃饭"的时候略过了这一根本性问题：当一人的生死抉择关系到全家饭碗乃至子孙后代的福祉或灾祸，人格和气节都是太奢侈的东西，无人可以坦然在威权面前扬长而去，无人能够决绝抛掷后人的前程我行我素。半个世纪以来，社会主义中国的功与过，都紧紧地围绕着温饱问题。无怪中国政府在"人权"和"民主"问题上口口声声不离"吃饭"。从西方人的角度看，这样联系风马牛不相及；不幸它的确击中了问题的要害，以东方的姿态印证了西方学者的普遍看法："每当资源枯竭到不足以维持所有人丰足的程度之际，弱者往往会把自由降交给强者。众多的民众常常会被那些保证劫富济贫的煽动诱惑；有时候，他们又会拜服于一个答应带领他们征服邻邦的专制者；有时候，他们会打内战。"[①]可见，无论西方东方世界上任何民族，都必须正视这样一个事实：

真正的民主不可能存活在一个绝大多数人挨饿的国度里。一个国家若没有足以供所有人之用的衣、食、住宿，这个民族就不能享有人人都有的生存、自由和追求幸福的权

---

① ［美］弗·卡特、汤姆·戴尔：《表土与人类文明》(1955)，庄峻、鱼珊玲译，中国环境科学出版社，1987年，第17页。

利。换句话说,为了得到真正的民主,我们必须要有足够的资源来维持一种相当高的生活水平。①

民主的前提是吃饭而非打仗。即使古代,"战场上的胜利并不能单独地赋予统治的合法性,只有忽里台大会上得到境内所有代表的公开承认时,它才具有合法性"。②民主并不是武力较量的必然结果,**共谋生计以求长存才是民主的根基**。由此看中华民族这半个多世纪,在自力更生(而非掠夺他人)的基础上强调"人人有饭吃"和"走共同富裕的道路",不仅是"建国"和"强国"两个不同阶段提出的在性质上极为接近的口号,也是所有民族精英共同的政治理想:"为吃饱、吃好即为衣食住行而奋斗不息的人们日常生活进程便成了人类历史的基本内容。"③它之成立,并不因为它像是社会主义的,而是因为它迎合了整个民族最基本的生存需求。有关功/过,今天已经看清楚了:它的确初步解决了长期困扰着中国人"自立于世界民族之林"的生存问题,基本上做到了人人有饭吃;但与此同时,它却长久使整个社会滞留在温饱水平,**用国家的力量把每一个可能具有独立意志的国民变成"吃饭的人"——国民性问题由此缘起**。显然,它与鲁迅的"家畜性"不是一个内容,也不同起点。如此看鲁迅的恶骂,即使骂在当时,也不那么透彻,因为他也没有追踪到"吃饭"这个有关民生和民族性格的根本性问题。借马林诺夫斯基的话说:"虽则人类并不是靠了他的肚子发展他的文化,可是文化却一定得踏在实地上——在它的物质设备之上。"④

最后,关于民族性的生成和改造。

如果作者确信民族性格是社会/自然环境的产物,那他就应该相

① [美]弗·卡特、汤姆·戴尔:《表土与人类文明》(1955),庄峻、鱼珊玲译,中国环境科学出版社,1987年,第18页。
② "如果有部落不派人参加忽里台大会,那他们就是不接受被称为可汗的人的统治。可汗就不能声称统治了他们,然而更重要的是,他们也不能要求得到可汗的保护。"[美]杰克·威泽弗德:《成吉思汗于今日世界之形成》,温海清、姚建根译,重庆出版社,2006年,第70页。
③ 李泽厚:《历史本体论》,生活·读书·新知三联书店,2002年,第26页。
④ [英]马林诺夫斯基:《文化论》,费孝通等译,中国民间文艺出版社,1987年,第43页。

信"东方专制主义"①的论说是顺理成章的——它原本就"在"这片土地上根深蒂固,是中华民族传统政治文化的根基,何以还要推出草原狼的团队精神? 即使草原狼的强悍作风会整体性地改造国民性格,谁能保证那些高素质(比如西方狼)的公民带给世界的一定是"民主自由富强"而不是战争? 东方的或温顺的民族,未必一定是不民主的,比如印度;西方的或强悍的民族,也未必一定是反专制的,比如俄国。日本给了我们一个东方的案例,在民族团队精神中孵育出民主政治制度;印度则给出了另样例子,在温顺柔软的民族精神中获得了超越民族主义的崇高境界。泰戈尔很早就看穿了**民主的敌人不尽是独裁者,更是民族主义**,因而宣称"民族是民族的最大祸害"。②他同时指出:"真正的现代主义是精神的自由,而不是趣味的奴隶。它是思想和行为的独立自主,而不是处于欧洲教师的管教之下。"③历史的教训和现实处境都在告诫我们:**只要民族主义(无论它挂起什么招幡)一统天下,就不会有民主政治和个人自由的存活之地。**因此,我的问题是:

——面对西方强势民族的征服或占领,几乎所有后发民族都有自我检讨以至于提出了国民性改造问题,为什么少见西方民族提出这一问题? 即使有了"后现代"的反省,反省的也不过是它的结果"现代",而不是所谓"狼性"的民族性格。

——这是因为欧洲"只相信制度的修修补补,而不相信心的变化"④因此根本不在意所谓国民性问题,还是因为西方民族的国民性借帝国主义巨翼飞越国界,在全球化层面上暴露出整个人类的品质缺陷? 如果说,似狼一般强悍的民族性格是西方文明的前提,那么西方文明的全球化将带来怎样的后果?

卢梭把国家意志下的民族主义看作"公民的宗教","它规定了这个国家自己的神、这个国家特有的守护者。"他预见到它潜在的威胁,"使得

---

① 参阅[美]卡尔·魏特夫(Karl Wittfogel):《东方专制主义:对于极权力量的比较研究》(1957年),徐式谷、奚瑞森、邹如山等译,中国社会科学出版社,1989年。

② [印度]泰戈尔:《民族主义》,第16页。

③ 同上,第40—41页。

④ 同上,第46页。

这样一个民族对其他的一切民族都处于一种天然的战争状态,那对它自身的安全也是非常之有害的"。①历史证明他的忧虑绝非多虑。这一问题也在文学作品中频繁出现,成为近代以来一个常见的主题。

文学艺术领域中,民族主义是一把双刃剑:一方面,它让作品产生巨大的精神力量,如本雅明所说,"从民族性火一般的根基里"可以产生纯粹的人性,体现了"民族性及人道在形而上学意义上的同一性"。②但另一面,也如本雅明指出,民族意志一旦成为使命进入文学,便成为"美"的障碍:

> 只有当语言摆脱了最伟大使命的禁锢,真正意义上的文学作品才会产生。这样的文学作品不是从上帝降临人世,而是由灵魂的不可穷究之处升腾而出;它们是人的最深的自我的一部分。③

在这个意义上谈论国民性问题,《狼图腾》的得与失都在其中了。

3. 关于"讲座":中国与世界

> 他们能够在……美洲和欧洲历史的动荡、混乱经验中萃取出来的关于民族、民族属性和民族主义的模型。而这些模型则又协助雕琢形成了1 000个初生的梦想。④
>
> ——[美]本尼迪克特·安德森

---

① [法]卢梭:《社会契约论》,何兆武译,商务印书馆,1982年,第177、179页。
② [德]瓦尔特·本雅明:《评陀思妥耶夫斯基的〈白痴〉》,《经验与贫乏》,第138、139页。本雅明认为,在陀思妥耶斯基作品中,"世界的命运是以民族的命运为媒介来表现的。这是伟大的民族主义者的典型观念,即只有以民族性为媒介,人道才能充分发扬。"
③ [德]瓦尔特·本雅明:《评歌德的〈亲和力〉》,《经验与贫乏》,第183页。
④ [美]本尼迪克特·安德森:《想象的共同体:民族主义的起源与散布》,吴叡人译,上海人民出版社,2005年,第131页。

假设没有看过《狼图腾》，你能想象在 40 多万字的故事后面还附有一篇长达 5 万字的"论文"吗？如果是读过狼书的，我也好奇，你是否有耐心或有兴趣在原本是好看的故事之后读完那沉闷冗长的"讲座"？

对此，雷达评论："《狼图腾》的主体部分是优秀的。但它的社会层面、生态层面、文化层面的描写是不平衡的……尤其是赘在后面的《理性探掘——关于狼图腾的讲座和对话》比较糟糕。"①雷达的批评道出了狼书"正写"与"反写"两种叙事方式。从传统小说角度看，附在书后的"理性探掘"不仅没有为故事添光彩，反倒"恰好在消解主体部分的思想"[雷达语]。说故事在作者是一种"说事"的策略，无意间表明了它其实的寓言性质：那心怀叵测造访"小红帽"的狼外婆，刚刚敲开文学之门就毫无顾忌地亮出了巨大的狼尾巴，放走了一些读者，吓跑了评论家。对此，我曾询问：

> 江：讲座有些强加于人了，对读者来讲这不公平，人们想看的是故事。
>
> 姜：有个行家也说，这本书我要是先看了，一定力劝作者把后头这一部分去掉。当时几乎所有的人都主张我拿掉，我不同意。
>
> 江：是因为你在里头附加了自己真心想说的话？
>
> 姜：是的。这本书为什么花了我这么长时间？这里的复杂性远远超出了我的想象。我觉得自己有东西要写，要写的东西真是太多了。

一部小说里，怎么可能肆意倾泻满腹思绪？将论文嫁接在故事上，把讲座开设在文学域内，即使于寓言小说也是越位的。狼书"讲座"不同寻常，作者自设讲台自说自话。与通常的学术表述不同，它将

---

① 雷达：《〈狼图腾〉的再评价与文化分析》，《光明日报》2005 年 8 月 12 日 6 版。

话说得很满,很武断,这就难免部分人听讲之后不愿阅读故事,而部分读者在看过故事之后不愿听讲。也有相反的例子,一些蓄意批评的人径直冲向讲座,完全忽略了那个美丽的故事。许多读者在网上寻找发泄的渠道——幸亏有了网络,《狼图腾》成为一个热门词条,撩拨舆论,沸沸扬扬。

这讲座究竟讲了什么,让人心不平、不甘罢休?

讲座公开暴露了作者的创作意图,很单纯:为了中华民族的富强,摆脱贫弱。经过"深思熟虑",他认定:"华夏民族要赶超西方就必须在改变农耕民族存在和农耕民族性格上痛下工夫。"他想"在人们的心里树立狼图腾的精神图腾柱",让"东方睡狮"在狼图腾的激励下真正苏醒过来。这些想法在故事中已露端倪,却没有表达得如此直白,可见作者自设讲座的意图,是想彻底摆脱故事的束缚,力图黑白分明,用概念(而非形象)去还原理性的冷峻面孔,用论说(而非情节)去整合散落在故事中的思想碎片。在他看,"这场关系到中国命运的思想斗争"已经持续了大半个世纪,"零敲碎打不行,采用鲁迅先生的'匕首'和'投枪'也不能取胜……必须使用比农耕历史更悠久、更有生命力、更有战斗力的游牧精神武器",亦即作者在书中竭力表现的狼性。

什么是"游牧精神"? 如何诠释"狼性"?

作者的答案是:"我所说的游牧精神,是一种大游牧精神……这是一种在世界历史上从古至今不停奋进,并仍在现代世界高歌猛进的开拓进取精神。"他认为,这种精神原本是中华民族的原始精神,与狼的图腾崇拜一脉相传:

> 最能概括中华民族精神的就是两句早期的儒家格言:"天行健,君子以自强不息。""富贵不能淫,贫贱不能移,威武不能屈。"而这四个"不":**不息、不淫、不移、不屈,就是典型的狼精神和狼图腾精神。**

说到这里,作者松了一口气:"我总算用游牧民族的狼图腾的这把梳子,把中国史家用儒家精神故意弄乱的历史重新梳通了。"但是,我的问题接踵而来:

——首先,这讲座是否达到了他预期的目的?

——换言之,它其实引出了什么结果?

《狼图腾》面世后,书中故事和书尾的讲座引出了激烈争论,在读者中引发了针锋相对的"狼/犬"大战。热闹和热炒在媒体那里合二而一,让严肃而冷峭的学术研究避犹不及。即使讲座已经摆出学术面孔,学界的反应仍然是沉默。我相信,如果不是放在后叙事文本中做文学批评,学界的沉默将是长久的。原因很简单。因为狼书根本就是小说而非论文,如果没有草原狼的好看故事,讲座便难以面世。这无关文中的观点是否正确,而是因为它完全不介意现有的学术规范,很难通过学科审核获得正式发表的机会。

首要的问题是,基本概念缺乏界定。

作者经常使用的一些核心概念涉及"民族"、"国家"等重大范畴,在不作界定的情况下混界使用,使得相关结论失去了成立的基础。比如"中华民族"一说,最早出自梁启超,[①]而后在费孝通那里获得完整的表述:

> 中华民族作为一个**自觉的**民族实体,是近百年来中国和西方列强对抗中出现的,但作为一个**自在的**民族实体则是几千年的历史过程所形成的……距今三千年前,在黄河中游出现了一个由若干民族集团汇集和逐步融合的核心,被称为**华夏**……它在拥有黄河和长江中下游的东亚平原之后,被其他民族称为**汉族**。汉族继续不断吸收其他民族的

---

① 梁启超:《论中国学术思想变迁之大势》(1902 年),转引自李喜所:《中国现代民族观念初步确立的历史考察——以梁启超为中心的文本梳理》,《学术月刊》2006 年 2 月。

成分而日益壮大,而且渗入其他民族的聚居区,构成起着凝聚和联系作用的网络,奠定了以这个疆域内许多民族联合成的不可分割的**统一体**的基础,成为一个自在的民族实体,经过民族自觉而称为中华民族。①

如上定义得到广泛认同,对狼书中的核心概念如汉人、汉民族和蒙古族等族群以及中原、草原等地缘概念都有清晰的说明。需要补充的是:近代形成的这个"自觉的"民族实体与过往"自在的"不同,它有明确疆界。

《狼图腾》中,基本概念混淆不清,随意使用,叙事逻辑自相矛盾:

——就作者一再强调的核心范畴"游牧/农耕"文明的冲突而言,如果追随作者的思路,相信"在草原残酷的生存竞争中……让我最敬佩和敬仰的还是草原狼和草原人",在观念上认同游牧文明强于农耕文明,那就无法解释草原狼和游牧文明在故事结局中"其实"的逃亡和消亡,也无法解释作者极力推荐的狼图腾最终何以丧失了它最后的信众。

——如果我们接受了作者对中华民族"羊"性的批判,相信在农耕的基础上经过千年的教化"华夏下层布满了敦厚老实的良民顺民";进而将复杂多元的二十四史简化为"羊"的战败史,那就无法理解书中何以是如羊的汉人胜了,它代表的恰恰就是作者极端蔑视的农耕文明;无论道义的天平偏向哪里,它"其实"完成了对草原的侵蚀和占领。

——如果我们认同作者的民族立场,知道狼书旨在唤醒民众,相信"农耕文明一旦站稳脚跟,就……不思开拓进取……结果,华夏民族的性格中狼性越来越淡,羊性越来越浓,整个民族就停滞了一千多年",那"草原人"的身份就无从归类:他们与华夏民族是什么关系? 何

---

① 费孝通等:《中华民族多元一体格局》,中央民族学院出版社,1989 年,第1—2 页。黑体字为本书作者所加。

以作者批判的"民族性"中不包括他们？

——如果我们同情草原人、憎恨侵略者和一切殖民主义、帝国主义，那就无法理解作者为什么还会豪迈地宣示："以草原狼图腾精神武装起来的蒙古骑兵因而也创造了世界奇迹，创造了世界历史上版图最大的蒙古大帝国。"我相信作者是看过《多桑蒙古史》、《草原帝国》一类史书的，可他在宣扬蒙古骑兵的辉煌战绩时却没有展示它的过失："蒙古人足迹之所经过，仅见尸骨遍地，城市为墟，其残猛较之最蛮野之民族为更甚，于所略之地杀男妇婴孺，焚城市村庄，毁禾稼，变繁华之地为荒原。"①陈阵高度评价征服者成吉思汗，这也让人难以释然：就因为此征服"给了中国一个历史上从未有过的最大疆土"便可以在道义上天然获释吗？

——如果我们认同作者对"日本鬼子"血腥屠杀而发出的民族义愤，对狼性的历史作为尚存难以愈合的伤痛，就不能接受"从'古代野蛮狼'走到'古代文明狼'，再一直走到'现代文明狼'，现在正朝着未来真正大写的'文明人'演进"这样的进化论。德国学者顾彬在狼书中嗅出似曾相识的味道——那不祥的气息弥漫书中，像双刃匕首，既揭露了帝国主义的残暴，也消解了民族主义在反帝方向上的道义力量。

如上列举，混乱的逻辑线索让读者无所适从，即使想尾随其后，也不知道应该跟在哪一个思路后面；更不必说学界，不反应或许是最好的反应。

但是，如果把狼书看作小说而非论文，话语空间便一下子开阔了。用怀特海的话说："在形式逻辑中，矛盾是失败的标志。但在实际知识的发展中矛盾则是走向胜利的第一步，这是对不同意见必须作最大限度的容忍的充分理由。"②比照看狼书，以上诸多在论文意义上难以获解的问题，似乎都可以找到新的解释平台。

①　[瑞典]多桑：《多桑蒙古史》，冯承钧译(1934年)，上海书店出版社，2003年，第3页。
②　[英]怀特海：《科学与近代世界》，何钦译，商务印书馆，1997年，第178页。

其一,对叙事逻辑中的矛盾和悖论,在后叙事理论中可以获释,放在艾伦·王尔德的"中介小说"①中,所有矛盾和悖论都可能突破表面文字所指,在后现代的混乱无序中指向它可能指引的任何方向(或无方向)。《狼图腾》诞生在"传统"与"现代"紧密交织的黄土地上,置身于失范、失序、充满了矛盾和悖论的现代化进程中,太合逻辑的"正常"表述反倒让人感觉不大真实。处在这样的时代这样的社会,《狼图腾》综合了各种"后"的品质:**后现代进入后发地区,在后殖民批评与后社会主义结盟的话语平台上,让我们看到了后时代的万千景象。**

其二,就民族立场而言,放在后殖民分析范畴中就不是错误,反而与"政治正确"(PC)正相吻合。它的话语背景不单纯是个人的偏激情绪,更是一个民族百年屈辱的历史事实。中国因落后而挨打以及被殖民、被占领并不是远古的神话,而是近代史上最深痛的创伤性记忆。这个不宜轻易触碰的伤痛,总在随时随地被触动中:在西方工作或留学、在国际讲坛或论坛、在对外交流或谈判中……一旦被触动,无论什么身份、年龄或性别、阶级的中华民族分子,即刻觉醒了无意识状态中的民族意识——这距民族主义只半步之遥——假手后殖民批评,便可以顺利地超越现代,在穿越国界的同时置换意识形态和民族身份,与后现代平起平坐。借赛义德的话说,正因为先前丧失了"为自己讲话并且表现自己的权力",又因为西方话语"将他们排除在外,篡夺他们的表意和表现的功能,蔑视他们的历史现实";②因此,作为民族寓言,无论在叙事逻辑上怎么混乱,在政治上一总是正确的;反倒越是偏激的表述,越可能显示出它独特的艺术魅力。

其三,书中无处不在的图腾崇拜,倘若放在前两个语境中看,其精神指向也可以获得合理的解释。比如"狼的强悍进取、勇敢无畏的精神;不屈不挠的竞争精神;坚韧刚毅的团队精神;以及奋不顾身

---

① Alan Wild: *Middle Grounds: Studies in Contemporary American Fiction*, Philadelphia: University of Pennsylvania Press, 1987, p. 34, p. 4.

② [美]爱德华·赛义德:《再论东方主义》,转引自[英]史蒂文·康纳:《后现代主义文化——当代理论导引》,严忠志译,商务印书馆,2004 年,第 362 页。

的战斗牺牲精神",①都被作者看作中华民族自强不息的武器。说到这里,痼疾重犯,"狼"身后甩出了乌托邦的巨型尾巴——**这是一个典型的"民族乌托邦"符号**。不同于后殖民语境中的民族寓言,这里强调的不是民族身份,也不是单纯的平等诉求,它有更高远、更宏伟的目标:中华民族的富强。当下,它以"国家"即中国的面目出现,其意志和能力都远在民族意识之上。在"中国特色"的社会主义道路上,它不仅仍然承载着"解放全人类"的救世理念,也遗传了"世界大同"的中华传统情结,在出发点和使命感上都远远超越了单一的民族范畴。值得注意的是,这种饱含着民族主义情绪的乌托邦情结,不是一种虚拟的理念,而是一面现实的旗帜:凡中华民族分子,无论哪个少数民族或汉族,任何地方任何时候任何情况下都可能一触即发,即刻觉醒,随时上路,不约而同聚集在"民主自由富强"的旗帜下②——"民主自由富强"是狼书中多次呈现的现代话语,与图腾联系在一起,与其说信了狼,不如说是企图在狼的战斗精神中找回民族自信,**在诸多乌托邦实践失败乃至人心散落、信仰破碎之后,再次尝试"重建信仰"的努力**。

为什么偏偏是"狼"呢?

从书中故事和作者的解释中可以看到一条清晰的逻辑线索:中华民族的威风曾经飘扬在草原狼的战旗下,而它曾经的辉煌就败在西方狼的屠刀下——如此残酷的胜/败史告诉人们一个无情的真理:越是无德的、越是嗜血的、越是掠夺得干净彻底的,今天都是胜者、强者,摇身一变,都成了"文明"、"文明人"乃至人类一致追逐的目标和极力效仿的楷模;正应了北岛的诗句:"高尚,是高尚者的墓志铭;卑鄙,是卑鄙者的通行证。"当代中国从失利的传统道德和失

---

① 姜戎答《中国新闻周刊》记者应妮(文字采访)问。

② 2008年春天北京奥运火炬在全球传递期间,针对西方社会借"藏独"事件抵制北京奥运和美国CNN记者公开辱华言论,有一华人在网络上发起"红心爱国"标志行动(据微软信息网统计)半天内即有千万网民响应(2008年4月18日凤凰卫视"新闻早班车"报道)。2008年4月15日澳大利亚留学生和华侨近5 000人在澳示威游行,4月19日旅欧学人数万人在法国、德国和英国自发集会声援奥运,抗议部分西方主流媒体对中国的不实报道。

落的共产主义理想中猛然警醒，"西方狼"给出了一个近在身边、眼见为实的杰出榜样，让姜戎我们看清了：近代中国太软弱，被西方列强打成了半殖民地，饱受屈辱。"要想改变中国落后挨打的局面，就必须改革和转换中华民族的民族存在和民族性格"，走现代文明狼的道路。与其看这是姜戎的选择，不如说他道出了一个迟到的真理。面对惨痛的历史教训，你还会去怪罪狼书的偏激与无德吗？与其伪善，不如恶了；假如两者必择其一，我恐怕自己也会做出助恶祛伪的选择。

但其实，在这片土地上，一如既往，没有多少人会认同"狼"的选择，这并不是出于善或恶的道德判断，而是因为就"后"的立场看，它实在是一个过时的符号，与现代身份纠缠一起，看不到可持续发展的光明前景。就历史因素看，它其实并不是文明而是文明"匮乏"的产物：不仅囿于资源匮乏物质匮乏土地匮乏，更因为精神和智慧上的匮乏以及历史经验和教训的匮乏，根本不可能成为智慧的民族在这个更加匮乏的时代中的明智选择。在这片黄土地上，即使你想拼死竞争，人群中仍然缺少想死的人民；即使你想掠夺，这世上已经没有了可以被掠夺的空间。更残酷的现实是：即使你极力抬举狼性，世上早已乏了狼性产生的土壤；即使你想保护狼，狼也不过是"被保护"的对象，一如人类自己，只能在这个多元的世界中共同探索——人与自然、人与狼；狼与其他生物、人与他人——协商式的生存方式。无疑，中华民族在世界上理应有它的一席之地：中国。中国就是中国，不过一个民族国家而已，不必把它放大成世界，它也未必能独自担负起引领世界的使命。倘若我们追随《狼图腾》的思路，信了那个无所不在的草原逻辑，就应该相信，这世上原本没有唯一的胜家：羊服了狼，狼服了枪，枪服从人的指挥；而人不得不服了天，天要放生天下万物，那万物中有羊，也有野猪、氓牛、兔子、旱獭、蚊虫、苍蝇……如上逻辑，在祛质后的大草原上清晰可见，反倒是在民族立场鲜明的"讲座"中迷失了方向。

说到这里，已经没有必要在"讲座"问题上借题发挥。那些貌似论文的言论,不妨看作故事中对话和独白的延续——放在故事中,可以；一旦演变成肆意舒展的演说,便可能成为画蛇添足的败笔。可见文学艺术的尊严,并不少于客观的学术研究。既然归在"小说"门下,似乎也有必要顾及到门内写手默认的规矩。

> 江:就文学本身看,有前面的故事就足够了,后面的东西很多余。
>
> 姜:可是,我只有这样子才可以直接对大众说话。
>
> 江:这是以牺牲了文学文本的完整性作代价的。
>
> 姜:文学是一个包罗万象的东西,传统的文本形式需要突破,它为什么不可以把这些思想的东西包括进去呢？作者写了好看的故事,刺激你的求知欲。看完了故事,需要静静地想,好像还有很多问题没有解决,逼着你去看后头的东西。有读者说,姜戎很狡猾,用一个这么动听、感人、凄美雄壮的故事逼着你去了解他心里面的想法。

通过讲座,我们清楚了作者"心里面的想法",无非一个词:启蒙——对此,作者不讳言,他认定"此书不是面向'学术规范'的少数学术衙门,而是大众启蒙"。[1]但是,"彻底的启蒙向一切偏见宣战",[2]其中也包括我们自身观念中的偏见。我们能期待的,不是自洁到"纯学术"一类的苍白文字,而是一种包容和开放的学术心态。通过阅读或对话即"通过与他者的相遇",试图去超越"我们自己知识的狭隘"。伽达默尔将书写和阅读乃至诚恳的批评都看作"真正的对话",正是在对话的过程中,"一个通向未知领域的新的视界打开了……我们离真理更近了,因为我们不再固执于我们自己"。[3]

将文学用作启蒙工具,这不是姜戎的创举,从来的寓言作品一向

---

[1] 引自姜戎与本书作者的笔谈对话(2008 年 5 月)。
[2] 《解释学、美学、实践哲学:伽达默尔与杜特对谈录》,金惠敏译,商务印书馆,2005 年,第 12 页。
[3] 同上,第 21 页。

具有这种功能；难见且难为的是"讲座"这种形式——由此可见中国学界的困窘：个中人间故事，有它凄婉无奈的苦衷，与其说是学者的悲哀，不如说是文化的悲哀；让读者或学者感觉困惑的同时，难免株连文学。倘若我们真正接受了自由的理念，于己于人于诗于文，都应保持同样的态度：

是文，就让它戴上镣铐舞蹈——那也是美的一种方式。

是诗，就让它自由飞翔……

4. 关于作者：告别革命？

> 一个不成熟男子的标志是他愿意为某种事业英勇地死去，一个成熟男子的标志是他愿意为某种事业卑贱地活着。
>
> ——［美］塞林格：《麦田里的守望者》[1]

"一部文学作品的最明显的起因，就是它的创造者，即作者。因此，从作者的个性和生平方面来解释作品，是一种最古老和最基础的文学研究方法。"[2]

关于作者，我们知道些什么？

一种信息来自出版者：作者姜戎 1946 年生于北京，1967 年自愿到内蒙古额仑草原牧区插队落户。1978 年考入中国社会科学院攻读政治经济学专业。像小说中的主人公陈阵一样，姜戎在草原生活多年，掏过狼窝，养过小狼……1971 年他开始打腹稿，1998 年动笔，2003 年底脱稿。出书之前他表示，"不参与商业炒作，不接受媒体采访，只拿出文字来参与就文字本身的讨论"。[3]

另一种是作者本人给出的信息。2004 年 4 月，《狼图腾》发布会

---

① 塞林格（Jerome David Salinger）的《麦田里的守望者》是美国"现代经典小说"之一。
② ［美］雷·韦勒克、奥·沃伦：《文学理论》，生活·读书·新知三联书店，1984 年，第 68 页。
③ 安波舜：《〈狼图腾〉编辑策划的经验和体会》，《出版科学》2006 年 1 期。

上有众多文化名人到场，作者却拒绝露面。事后姜戎解释：

> 写完《狼图腾》之后，我的心情始终是沉重的。交稿后本应感到轻松，但我却仍然沉浸在万年的原始草原和蒙古草原狼覆灭的悲剧中……我担心会有人问我"狼"的那些有趣的故事——我很怕掉到"**有趣**"的氛围里。

有意回避"有趣"，这本身就是一个有趣的话题。除此，他也有意回避喧嚣，不接受公开采访。《新西兰镜报》记者姜鸣曾要求面谈，姜戎的答复是：

> 你不要管我是干什么的，你就看这本书就行了。我是一个最无名的作者，但我这本书有一个最大的品牌——狼。我对它很有信心，不必要介绍作者，就看书本身，它就有很强的力度。①

我们由此获得的信息非常集中，围绕着《狼图腾》的创作以及关于"狼"的是是非非，归纳起来，大体有三个方面：一、"真实性"问题，即作者与书中人物陈阵的关系；二、关于《狼图腾》的创作，为什么写以及怎样写；三、关于作者与狼的关系以及他对狼的认识——本节的讨论就从这些问题开始。

真实性在批评领域中是一个重要命题，但凡有故事，总会出现"真/假"追问。《文学理论》综述而言："尽管艺术作品和作家的生平之间有密切关系，但绝不意味着艺术作品仅仅是作家生活的摹本。"②作家对此却有不同看法，如亨利·梭罗所说："实际上，无论什么书都是

---

① 姜鸣：《透视〈狼图腾〉的心灵话语》，《新西兰镜报》2004年7月3日。
② ［美］雷·韦勒克、奥·沃伦：《文学理论》，生活·读书·新知三联书店1984年，第72页。

以第一人称的口气来表述的……我希望每个作家都不局限于只写道听途说的东西,他应当准确而诚恳地描述自己的生活,像寄给远方亲人的家信那样进行创作。"①姜戎就是这样,他不讳言:

> 小说的主人公陈阵身上,确实隐含了我的一部分生活经历。书中大部分故事都是真实的,还有一些则是我收集来的……《狼图腾》中陈阵在思想认识上的逐渐递进,就是我那个时期的心理成长经历。②

实际上,"真实"一旦进入艺术,就与历史之"真"很不相同。文学艺术在真实性方面有自己的要求:故事可以不真,却必须"实",必须通过具体形象(而非概念)说话。寓言也不例外。细节的真实更加重要,它是阅读的基础,也是让读者"信以为真"的关键所在。作者常常会用细节去模糊人们的视线,用真实的本事托举起一个个虚幻的理念。寓言更是这样:它让细节以真实的面目在前台表演,将难以言说的创作意图隐藏在虚构的故事里,在读者心中牵引出的不是对真的认识,而是有切肤之痛的认真的思考。比如《狼图腾》,**大量真实的细节中潜藏着一个并非真实的故事**,就如一次成功的偷渡,在虚构故事——仿佛夜幕——的掩护下,以群狼为载体偷运武器弹药,于意外之地打响了出人意料的战役。这让人联想到俄国作家屠格涅夫当年的处境以及什克洛夫斯基的杰出分析:"《猎人笔记》的故事里潜藏着两个秘密。第一个秘密是,讲述人贯穿全书,联接和解释各人物的命运,同时却又不亲自露面……靠了精当的细节描写,确实叫人过目难忘……就这样,沉静的作家屠格涅夫驾着描写农奴制俄国的生花妙笔的马车,涉水渡过了书刊检查的大河。"③相似的处境有相似的选择,不同的是人物名称和场景:那里是森林,这里是草原;那里是猎人,这里是陈阵;那

---

① [美]亨利·梭罗(Henry David Thoreau, 1817—1862):《自然之书》前言,E. M. 泰勒编,陶文江、吴云丽译,中国妇女出版社,2004年。

② 摘自姜戎答"贝塔斯曼"姚婷女士的(电子邮件)采访。

③ [俄]维·什克洛夫斯基:《散文理论》,刘宗次译,百花洲文艺出版社,1994年,第222—223页。

里用散文说事,这里借寓言说话……同样寄情于自然,托情于动物;同样"不亲自露面",却都安全地涉水过河,由此岸(政治上的禁锢)超度到彼岸——自由的艺术殿堂。

问题是:艺术究竟有多大的承受力去承担沉重的政治使命?

小说可以不予回答,我行我素,放逐政治理想,沉醉在个人的感觉王国,像本雅明指称"躲在小说中"的作家那样,"写一部小说就是把人的存在表现出来的不协调(incommensurable)推到极端"。[①]表现出来就好,无论协调或不协调,在作文和做人两个方向上都可以行走自如。寓言却不那么自由,从它出生的远古时代开始,就背负着社会责任和个人理想,不得不带着镣铐跳舞——但,**谁能说镣铐中的舞蹈没有舞步和旋律?谁能说艺术仅仅是自由的宠儿而不可以是压抑和禁锢的产物?**或许,正是压抑的精神被迫在艺术中寻找出路(比如卡夫卡和几乎所有现代派作家、艺术家),从不同方向不同领域不约而同地汇集在"寓言"的旗帜下,让我们看到了文学艺术的别样魅力。它无需论证或任何权威首肯,只需走上前台完成自我言说。比如《狼图腾》,它不在文学界内窜场,不按规则出牌,却硬是打出了头彩,让我们看到了寓言的复活,犹如凤凰涅槃,光彩四溢,生气勃勃;不然,

——作者怎么会在万般可能或不能中单单就选择了它?

——读者怎么会在信息爆炸的无数文本中偏偏读完了它?

文学创作不同于学术著作,无论作者处境如何,写作本身是自在自由的。写作是一种生存状态,用福柯的话说,它放逐了活生生的"日常生活",与死亡结有不解之缘。尤其是那些试图"担负起不朽的职责"的著作,"它获得了杀戮的权力,获得了致其作者于死地的权力"。[②]这种描述

---

① [德]本雅明:《小说的危机》(*The Crisis of Novel*, *Selected Writings*, Vol. 2, trans. by Rodney Livingstone, etc., ed. by Michael W. Jennings, etc., Harvard University Press, 1999, p. 299)。参阅秦露:《文学形式与历史救赎:论本雅明〈德国哀悼剧起源〉》,华夏出版社,2005 年。引文出自 105 页。

② [英]阿兰·谢里登:《求真意志——米歇尔·福柯的心路历程》,许林等译,上海人民出版社,1997 年,第 290 页。引文出自福柯:《作者是什么?》,《法国哲学学会通报》1970 年第 LXIV 卷,第 80 页。法国女作家杜拉斯也曾多次有过相似的表述,详见《杜拉斯文集写作》,曹德明译,春风文艺出版社,2000 年。

用在《狼图腾》的作者身上非常贴切。作为学者的姜戎，放弃学术而进入小说创作，这本身就值得追问：

——他为什么这样做？是迫不得已还是自由选择？

——从未涉足文坛的他，企图在文学中寄托怎样的理想？

"写作的本质，是从来不回答'**谁在说话?**'这个问题。"因为"说到底，没有什么叙事的**客体**；叙事只谈论自身；**叙事讲述自己**。"①比如姜戎：

> 我是从事理论研究工作的，从未写过小说。要驾驭这50多万字的小说，确实是巨大的挑战。只能一遍一遍地写，一遍一遍地修改，需要花费比专业作家更多的时间才行。这本书是我内心压抑不住的写作欲望和冲动的结果，写作的过程中，常常会忘记（也不会去想）到底是为谁而写的。②

作者坦言，写作《狼图腾》几乎耗费了他大半生心血。从做知青的第四年开始，整个创作过程大致经历了三个阶段。③

第一阶段是采集素材。"书中的许多故事和细节，都是我三十多年前在额仑草原上收集整理的，比如养小狼的素材，就是我亲历而且是我亲自'创造'出来的生活。在素材的收集和创造的过程中，不断加入了我的观察和思考。"素材的积累并非刻意采集，而是生活本身的结果，是在"追忆"中逐渐完成的。

第二阶段被作者定名为"发酵过程"，将近二十年，狼精神在作者的生命旅程中不断酝酿发酵，寻找发泄的渠道。这一过程中，生活本身是重要的：携带着草原狼的记忆和狼图腾的种子，作者或许也曾有过身为"狼王"的切身体验。就像《狼图腾》中群狼逃逸、狼王落魄，待

---

① ［法］罗兰·巴特：《S/Z》，屠友祥译，上海人民出版社，2000年，第239、334页，黑体为原作中所有。

② 摘自姜戎答《中国新闻周刊》记者应妮的文字采访。

③ 摘编自姜戎答"贝塔斯曼"姚婷女士的（电子邮件）采访。

到一切可能的其他道路都成为绝路,才有了这绝处逢生的最后选择,即所谓第三阶段,"正式动笔进入了创作":

> 随着对中国问题的认识的逐步加深,我越来越感到写《狼图腾》一书的迫切性……我一边写作,一边读书研究,反复修改,记不清这些年里自己到底来来回回改了多少遍,才下决心定稿。现在,花费 30 多年磨出的这把剑,终于出鞘了。①

说到这里,我们可以回到第三个问题,即作者与狼的关系以及他对狼的认识:他当真要推出所谓"狼性"来承载国民性改造问题? 社会上议论纷纷,有很多批评甚至恶言攻击,作者不改初衷,坦然承认,他之所以写作《狼图腾》:

> 是草原狼精神征服了我的缘故。草原狼在我青年时代教诲了我、感染了我、启迪了我……如果没有狼图腾精神对我的洗礼和陶冶,我是根本完不成这部具有狼的"神性"的作品的。

这是一个不断追忆的过程。"至于追忆往事所使用的文体,可以是书信日记、诗文小说,也可以是随笔杂感、学术著述……每个从事自述的学者,都在写作其心目中的'学术史'",它们命中注定是"残缺不全"的。②宇文所安(Stephen Owen)认为,"复现"的冲动导致文学作品诞生,却不是一部优秀作品的必要条件,因为"看一个作家是否伟大,在某种程度上要以这样的对抗力来衡量",不能陷于往事的纠缠,必须有意识地逃避复现以获得"新东西"。③在《狼图腾》创作的第二阶段,作

---

① 摘自姜戎答"贝塔斯曼"姚婷女士的(电子邮件)采访。
② 参阅陈平原:《中国现代学术之建立》第九章"现代中国学者的自我陈述",北京大学出版社,1998年。引文出自第 308、325 页。
③ [美]宇文所安:《追忆:中国古典文学中的往事再现》,郑学勤译,生活·读书·新知三联书店,2004年,第 114 页。

者徘徊在"复现"与"逃避复现"的抗争中。往事来自生命的记忆而非道听途说,逃避是难的。拉斯金把作者的专注看作优秀作品诞生的必要条件:"在作者一生的整个历程中,他发现这件事或这一组事是他看得最透彻的,是他的真知灼见……因此,他要永远把它们记录下来。"①有幸,在这个后时代,当人们不再轻易相信"真理""道理"以至无所适从,当经典作品以及拉斯金们的经典批评都在批评家那里被束之高阁,《狼图腾》却固执地呼应着经典和传统,力图在打磨天物的努力中回归"真理":

> 随着对狼和草原、草原民族的深入研究,我越来越发现自己面对的是一个世界性的课题。我觉得自己不能把采集得到的"珍稀矿石"草草冶炼粗粗炮制……如果那样的话,真是暴殄天物了。②

作者承认:"我身上有狼性也有羊性,所以我仰慕狼。"③在往事和身世面前,他缄默少语;而在狼和"狼图腾"的名目下,他无所畏惧,惟恐天下不乱。《北京青年报》曾经报道当时"热卖"中的喧嚣和"热骂"。《狼图腾》面世五天便攀升至各大书店排行榜首位……该报记者综述:"作者阐述了某种宏大的历史观和价值观,引出越来越多人说'不能苟同',甚至有人认为'这种说法也许只是满足了大众对简单通俗的历史观的需求,可以说是一种慷慨激昂的媚俗。'"该报记者跟姜戎曾有正面接触,④他这样描述:

> (2004年)5月17日上午10点,站在记者面前的姜戎是一个身高1米78、给人特别洁净感的58岁男士,尽管他在

---

① [英]拉斯金:《芝麻与百合》,刘坤尊译,湖南人民出版社,1986年,第11页。
② 姜戎答"贝塔斯曼"姚婷女士的(电子邮件)采访。
③ 姜戎答《中国新闻周刊》记者应妮的文字采访。
④ 面对记者问"为什么把唯一面见记者的机会给你",姜戎说是"为十七八年坚持订《北京青年报》的交情"。此处引文均出自《北京青年报》"姜戎:隐身作者仍然神秘 用半条命著《狼图腾》"。

谈话的时候需要吸烟。印象里他的头发、面色和身上的薄牛仔布背心都泛着一种白。戴眼镜,镜片后面有一双细的、眼尾略斜向上的眼睛。盯住它们看了两个小时,总是克制不住联想起《狼图腾》封面上那双绿色的眼睛——那是狼的眼睛。

记者感慨:"访谈做了几年,这样的情况是头一遭。'我比较特殊。'印象中采访那日这样的话姜戎说了好几次,语气里抱歉和骄傲,好像一样多。"

记者:为什么一本书写了这么久?

姜戎:1967 年我们这批知青下到额仑草原,可以说是第一批成规模的汉人到达那个地方。那时基本还是保持着原始风貌的草原,太漂亮了,地方相当大,什么风景、什么地貌都有,也是狼群最多、最厉害的时候。

记者:到那儿的时候您多大?

姜戎:21 岁,高中刚毕业。在那块草原呆了 11 年,从 21 岁到 33 岁,整个青年时期……我是干部家庭出身,从小父亲①就让我看《参考消息》……那个时候真是天天看书,阅读量相当大。我受俄罗斯文化影响比较深,我喜欢草原,那个《静静的顿河》我看了不下三四遍……我们在那儿不光可以看这些所谓该受批判的书、禁书,而且我们听外国电台,美国之音、德国之声等等所有的电台,在草原上听着比中央人民广播电台还清楚……我们当时的那些思想,都属于是比较异端的。

---

① 姜戎的父亲在新中国建立初期被任命为卫生部第一任中医司司长(1956 年)。详见凤凰 TV 纪录片:《彷徨——回眸百年中医》,2006 年 5 月 29 日—6 月 3 日。

面对面的交谈与网上答问有很大不同,从语气到身份都显得平和柔软,让我们隐约捉摸到作者选择文字答问的蹊跷。索绪尔曾专文评论"书写"的优势,指出文字"比语音更适宜于经久地构成语言的统一性……在大多数人的脑子里,视觉印象比音响印象更为明晰和持久"。[①]这种优势对书写者而言是成立的,对其传递对象则可能是劣势。现场对话中,"人"和"声音"的作用被充分调动起来,主导者的地位可能倒置过来:面对采访人,讲者通常会放低身份,很难对"问题"做出自己的选择;文字答问则不同,他可以不受干扰,自行发挥。交谈时即使面对难堪的提问,出于礼貌,讲者也不便轻易说"不",多少总要给出一个解释或暧昧的回答;文字答问则可以对不愿回答的问题完全回避。最重要的是,当面答问时讲者说的是"我",很难将个人身世潜藏在集体话语背后,因此,在"面对面"的私下访谈中,我们获得了一些重要的个人信息:

> 我的父母都是<u>在抗日战争初期参加新四军的热血青年</u>,曾在战争中出生入死、流过血、负过重伤,性格刚强、意志坚定。我是在<u>倾听战斗故事中长大</u>的,多少继承了我父母的性格遗传。此外,我母亲在建国后从事教育工作,喜欢文学和书籍,在我很小的时候,她就带我去看外国电影,并给我买了许多<u>俄罗斯童话、民间故事和小说</u>……我先天的性格因素是父母给的,而草原和草原狼更强化了我天生自由、好奇、进取的性格。

首先是出身。姜戎的父母亲都在抗日战争初期投身革命,他和她都在各自良好的家境中接受过传统教育,有文化,有理想,但他/她参加的是中国共产党领导的新四军而非当时国民政府领导的国军。这种选择同时隐含着两种相关的政治立场:一是民族的亦即爱国主义

---

① [瑞士]索绪尔:《普通语言学教程》,高名凯译,商务印书馆,2005年,第50页。

的,另一是革命的亦即"解放全人类"的共产主义理想——我们很难在其间分出先后主次,就像中国现代历史,很难在民族主义和社会主义取向中进行剥离或分出孰重孰轻。这两种(民族性和革命性)因素作为先验的家庭基因,直接作用于姜戎的人生并成为《狼图腾》写作的基础性背景。姜戎的父母亲曾为民族解放出生入死,为社会主义革命流血负伤,1949 年以后他们成为共和国的高级领导干部即新中国的主人。姜戎出生在这样的革命家庭,在那个特别讲究出身的年代,这意味着,他理所应当成为这个新国家的合法的继承人。正是在这样的家庭中,他接受了两种相关的革命信仰和社会使命:做父母的接班人亦即做"共产主义事业的接班人";在建设社会主义新中国的同时,必须怀揣着"解放全人类"的革命理想。**爱国主义情怀与共产主义理想水乳交融,共同集合在"不断革命"的旗帜下**,使得少年时期的革命后代们都有"将革命进行到底"的抱负和志向。这些在今天看来是难以理解的境界,曾经就是那个时代正常的社会理念,几乎无一例外地体现在所有革命干部家庭中,也成为几乎所有"毛泽东时代人"心底深处的政治情结:它是理念的,也是理想的;是思想的,也是行动的;是政治的,也是生活的——如此回头去看,我们会理解:陈阵下放草原身处逆境为什么不甘沉沦,他为什么会在无法求学的时代仍然刻苦读书而且有那么多书读,为什么在远离政治中心的边疆草原以无名小卒之身去思考民族大事、天下大事……在历史背景的描写上,作者也是写实的。就像对狼的写实于现代人是陌生的因此可以成为"陌生化"的别样路径,对毛泽东时代的写实于今天人们也会产生同样的效应。不同的是结果:前者产生好奇的审美效应,后者则是质疑和疏远。这种情况不仅出现在知青后代身上,也在作者的同时代人中——为什么呢? 因为制度催生的遗忘可以有效地造成集体遗忘;日本电影《追捕》中横路竞二是这样一个例子,他被迫服用药物;而我们在呼吸空气,像是心甘情愿的。历史同生活一样无情。任何一个健全和正直的人在长时间失语之后都可能失忆。"复现往事"因此成为挽救记忆的良药,**追忆成为不断反省的过程,在理念的或艺术的王国中坚守着理想的最后一个**

阵地。

其二是来自母亲的和俄罗斯文学的影响。前者——母亲的影响——凝结着深重无边的母爱,弥漫在《狼图腾》字里行间。后者具有双重含义,一是政治性的,来自俄罗斯"十月革命",在思想和行为上于那几代中国青年有榜样和教化的作用。另一是艺术性的,来自19世纪俄国文学和20世纪苏联文学,共同凝聚成革命浪漫主义情结,与共产主义理想结合,成为那个时代几乎所有革命青年刻意追求的理想境界。因此,我们不奇怪,狼书里那些发生在中国境内中国人身上的故事,为什么与俄罗斯与"天鹅湖"与列宁等等来自异国异族的人事发生了那么密切的关系。当时的世界尚处于冷战状态以及社会主义阵营尚且健在,这些影响都可以看作一个时代的历史记录,在心灵史学范畴内会有它特殊的研究价值。

研究作家时,通常,收集有关作者的生平材料比较容易,"但要解释它们却很困难"。作家的社会出身是否决定了他的社会意识和政治立场? 答案可能是相反的,如英国诗人雪莱、俄国的列夫·托尔斯泰等许多作家,都是"背叛"其所属阶级的典型例子。"在俄国之外,大多数共产主义作家都不是出身于无产阶级。"[1]那么,出生在革命家庭并接受了革命理念的姜戎,在革命大业尚未完成的这个充满苦难的世界上,他也会背叛自己的家庭出身乃至背叛革命吗?

接下来的问题很实际:

——作为革命后代,在社会主义革命胜利之后,他还能怎样"继续革命"? 如果革命的理念已经被颠覆甚至革命的共和国都已经转移了方向,即使他不改初衷,又能怎样继承前辈遗志"不断革命"[2]?

——半个多世纪来,共和国几经折腾,每个毛泽东时代人都经历了信仰的颠覆乃至人生的颠覆,具体到作者,对那个革命家庭和那个

---

① [美]雷·韦勒克、奥·沃伦:《文学理论》,第95页。

② "不断革命"是俄国布尔什维克理论家托洛茨基倡导的主要理论,在"文化大革命"初期对中国青年学生有很大影响。详见列夫·托洛茨基:《不断革命》,柴金如等译,生活·读书·新知三联书店1966年(内部发行)。

时代而言,他是否也有过偏离或背叛?

狼书提供了这样的迹象,它告诉我们,变化是存在的,不是背叛,而是转移:**从共产主义转向民族主义,从"解放全人类"转向国民性改造:**

> 就我写作此书的本意来说,弘扬自由独立、不屈不挠的游牧精神和狼精神,是为了冲击积弱已久的国人羊性格,以提升汉民族的国民性格。①

比较共产主义理想,这里的政治理念更具体,更具操作性,与其说是社会主义阵营瓦解的结果,不如看作全球化背景下后殖民主义的产物。面对全球而非一个苏联,置身于世界而非单一的社会主义阵营,中华民族看清了自身的"弱"和曾经理想的"虚",在现代文明发达的西方面前显得"落后"了。面对现实,如果不想放弃理想并希冀继续有所作为,很自然地会将那个太过远大的理想落实到现实的民族主义基础上,将"解放全人类"的伟大抱负转为致力于"中华民族的富强"。比如姜戎,写作成为一种战斗方式,"只有写作,于其自身的劳作内接纳最大可能的复数,以此,才能不借助强制力而对抗每种语言的帝国主义"。②我们在《狼图腾》中看到了这种对抗:无论时代怎样变迁、理念怎样更新、人心怎样沉沦……仍然有人苦苦坚持着,就像"刀枪不入的西格夫里德",③甘愿在革命理想主义的棋盘上做最后一个棋子,坚守在那一块(哪怕是)最后的阵地上:

> 在西格夫里德的传说中到底是什么东西如此有力地抓住我们呢? 并不是故事本身……而是贯注在青年英雄身上

---

① 姜鸣:《透视〈狼图腾〉的心灵话语》,《新西兰镜报》2004年7月3日。
② [法]罗兰·巴特:《S/Z》,第325页。
③ 德国民间传说《刀枪不入的西格夫里特》曾经影响几代德国青年(包括马克思和恩格斯)的成长;它的精神气质也曾影响毛泽东时代部分中国青年的成长。

的那种深刻的意义……我们始终厌恶那永无休止的动摇，厌恶在新事业面前的市侩式的恐惧，我们想冲入广阔的自由世界里去，我们想忘记重重顾虑，为争取生命的花冠——丰功伟绩——而斗争。①

显然，《狼图腾》的写作于姜戎，不是消遣，而"是一种专心致志、具有排他性的献身，是一件压倒一切的大事，是一种自由选择的奴隶制"。②姜戎不是职业作家，他不是那种专为写作而活着或视写作为生活的人。但是，在《狼图腾》的写作中，他倾注了他所能够倾注的一切：整个生活乃至"半条命"。略萨相信作家的才华"起源于反抗情绪"，他坚信："凡是废寝忘食地投入与现实生活不同生活的人们，就用这种间接的方式表示了对这一现实生活的拒绝和批评以及用自己的想象和理想制造出来的世界替代现实世界的愿望。"③姜戎就是这样，一个曾经全身心投入政治的人，一个从事政治经济学研究的学者，将小说变成思想再生的武器，孤自从封闭的意识形态中突围。长久以来，他没有同事，没有助手，没有社交活动，没有出国讲学或访问，全然沉沦模样，沉溺于狼的世界，因为他懂得：

> 天下的机会只给有耐性的人和兽，只有耐性的行家才能瞅准机会。
>
> 没耐性就不是狼，不是猎人，不是成吉思汗。
>
> 陈阵用镜头对准一条狼，这条狼他已经观察过多次，它几乎像死狼那样地死在那里，半天过去了，它竟然一直保持同一姿势。（No2）

关于狼，他写得很细，很多，说到它们的坚忍、团队精神和纪

---

① 马克思恩格斯：《论艺术》（四），人民文学出版社，1966 年，第 414 页。

② ［秘鲁］巴·略萨：《中国套盒》，第 8—9 页。

③ 同上，第 4—5 页。

律……给我印象最深的却是它们的"耐性"——**当这种耐性化作坚忍的等待,便可能成为一种必胜的力量,让几近无望的人生看到希望。**即使今天在"阳光下"已经"热"起来了,作者仍然隐身幕后,拒绝有趣,不参加合唱,固执地捍卫着孤独的生活方式——或许,这也是一种寓意?

歌德谈到《亲和力》时曾说:"我在这里面放进了许多东西,有些是藏起来的……任何人只读一次这部小说,都领会不尽它。"①姜戎似乎也有这样的想法。对小说的热销,他不那么介意,即使获得不少文学奖项,他对《狼图腾》的定位仍然是理论性的:"我的理论就是要颠覆几千年传统的历史观和价值观,并肯定游牧民族对中华文明的救命性的贡献。"②既然是理论,用文学形式表现出来,除非寓言,别无选择。这不仅是姜戎的选择,也是近代以来诸多思想家以及思想性的文学家共同的选择。寓言这种古老的文学体裁,不经意间成了当代许多难以言说或难以界定的"思想"赖以存活的家园,**这是精神的"流浪者"的家园。**因了一批又一批优秀作品的出现,寓言在现代在后现代复活,没有国界,跨越了语言阻隔,经由寓言批评,给沉闷的哲学注入新鲜血液,为分崩离析的学科门类开启相互沟通的大门。2007 年英国"布克奖"新设亚洲文学奖,243 部小说参评,惟有《狼图腾》获奖。香港颁奖会曾邀请姜戎出席,他仍婉言谢绝:

> 自由独立是我的生命,**寂寞是哲学思考和文学创作的无尘工作间。**一旦成为公众人物,既没有私人的自由空间,还会浪费许多宝贵的时间,无法继续安静地学习思考。③

还记得,以《白痴》中的梅什金公爵为例,瓦尔特·本雅明说:"他本人隐退在他的生命之后,就像花朵隐退在它的芬芳之后,星星隐退

---

① ② 摘自歌德给策尔特的信。转引自[德]瓦尔特·本雅明:《经验与贫乏》,王炳均、杨劲译,百花文艺出版社,1999 年,第 169 页。
③ 姜戎答(香港)《明报》记者 DAI PING 采访。

在它的光芒之后。不朽的生命是不可忘却的……这样的生命没有纪念碑，没有怀念，或许甚至没有证明，却必然是不可忘却的。"①不可忘却的不仅是作品中的主人公，还有隐身幕后的作者本人。在这个太过喧嚣的时代这个太过浮躁的国度，我能理解并且十分看重作家的这种选择——我看这是一种"类"的选择：远离喧嚣和浮躁，是因为还有尚未完成的目标，那是向"思"的地方。在我眼中，与其看他们是文学家，不如说是"自由思想家"[尼采语]，在与世俗生活保持距离的时候，他们自觉地选择了尼采所强调的那种必要的"安静"：

> 在他的生活和思想方法中有一种**有教养的英雄主义**，这种英雄主义鄙视自己像他较粗俗的兄弟那样受到广大群众的尊敬，习惯于**静静地**在世界中走过，**静静地**走出世界。什么样的迷宫他也走过，什么样的岩石他也艰难地从中流淌过——一旦来到光天化日之下，他就光明地、轻快地、几乎**无声无息**地走他的路，让阳光一直闪烁到他的心底。②

这些人或离群索居，或隐名埋姓，却绝非"犬儒"之辈，也不意味着就做了隐士或当真"告别革命"。③今天的中国和这个世界，发出声的，未必是积极的和真实的；**沉默着的，未必是遁世的和消极的**——或许他们不过是调整了方向，于无声处悄然转换了战场。比如姜戎，在长达十余年的沉寂之后突然"来到光天化日之下"，借狼出山，因此有了《狼图腾》以及伴随着一切革命行动之后的硝烟、尘埃和混乱。周而复始，在革命激情燃烧之后，一总是人心的迷茫和疲倦；不仅在读者中间，也来自作者心底深处。

该谢幕啦！

---

① [德]瓦尔特·本雅明：《评陀思妥耶夫斯基的〈白痴〉》，载《经验与贫乏》，第141页。
② [德]尼采：《人性的，太人性的——一本献给自由精灵的书》，杨恒达译，中国人民大学出版社，2005年，第196—197页。
③ 借用李泽厚和刘再复对话录中的主题命名。参阅《告别革命：回望二十世纪中国》，香港天地图书公司，2004年。

舞台像是无限地延伸了，从中国伸向世界；也从世界伸向中国。

谢幕难了，欲罢不能。

路，还在那里，可以继续无声无息地走，却不那么轻快，也不那么光明；阳光总也穿不透云层，因为硝烟仍然弥漫，不仅来自"现代"或"现代化"，更来自后现代牵引出的这个"后"的时代。

小结:《狼图腾》内外的话语空间
——作为批评:诠释与必要的"过度诠释"

1962 年,中国大陆刚刚走出天灾人祸三年困境。

那时中国没有开放国境,我们也没有开放的心境,在封闭的社会环境里,个人阅读和文学批评都是难的。

不同的是西方。

也是 1962 年,意大利学者昂贝多·艾柯(Umberto Eco)发表《开放的作品》①,充分肯定批评的积极作用,为诠释(interpretation)正名,将阅读带进了"读者的时代"。②接着就是诠释学的繁荣乃至泛滥,使得艾柯在 28 年后不得不出面澄清:"我所提倡的开放性阅读必须从作品文本出发(其目的是对作品进行诠释),因此它会受到本文的制约。换言之,我所研究的实际上是本文的权利与诠释者的权利之间的辩证关系。"③他以基督教义为例提出了"过度诠释"问题(1990 年),④指出:

① [意]昂贝多·艾柯的《开放的作品》(1962 年)英文名为 *The Open Work*(Cambridge, MA, 1989)。
② 1957 年意大利学者伽斯蒂勒(J. M. Castillet)发表《读者的时代》(*La Hora Del Lector*, Barcelona)。
③ [意]昂贝多·艾柯:《诠释与历史》,王宇根译:柯里尼编《诠释与过度诠释》,生活·读书·新知三联书店,1997 年,第 27—28 页。
④ [意]昂贝多·艾柯等著《过度诠释文本》,王宇根译:《诠释与过度诠释》,第 53 页。

"如果确实有什么东西需要诠释的话,这种诠释必须指向某个实际存在的、在某种意义上说应该受到尊重的东西。"①

这项研究不妨看作诠释学的一个中文读本。

遵照诠释的基本原则,在作品分析中尽量顾到"本文的权利",无论文字解构还是寓意索隐,未敢偏离作品纵马放缰。只是到了可以做小结的时候,我想稍适放纵"诠释者的权利",为下述文字可能招致的批评做必要的辩解。

就《狼图腾》看,下文会有"过度诠释"之嫌。但如果没有如下文字,人们便很难理解《狼图腾》产生的土壤,也难以领会我在这项研究中提出的"后乌托邦"分析范畴以及一系列与"后"有关的现实问题。我确信,这都是"实际存在的"、"应该受到尊重的"问题。

1. "后"话语在旅行中遇险

一部出自中国用汉语文写成的小说,为什么要戴上"后"的帽子?②

"在一个正在进行着现代化建设的相对贫困的第三世界发展中国家,现代化大业尚未完成,怎么一下子就跃入了后现代时代了呢?"③这个问题有关后话语的使用范围,涉及话语权利。身为中国学者,因此有必要自检:你在多大程度上可以"合法"且"合理"地使用后话语?

面对汉语文本,我原本期望能够甩掉"后"的镣铐自在作文。

---

① [意]昂贝多·艾柯等著《过度诠释文本》,王宇根译:《诠释与过度诠释》,第 52 页。
② 参见张旭东的批评:"现在,中国任何一个现象都只能在别人的概念框架中获得解释,好像离开了别人的命名系统,我们就无法理解自己在干什么。我们生活的意义来自别人的定义,对于个人和集体来说,这都是一个非常严重的问题。如果中国人获得'现代性'的代价只是知道'现代性'而不知道中国,这会是很可悲很滑稽的事。"《"全球化"时代的中国文化反思》,《中华读书报》2002 年 7 月 17 日第 9 版。
③ 王宁:《后现代主义之后》,中国文学出版社,1998 年,第 193 页。

但是,在研究过程中,"后"不期而至,让我意识到,无论用什么语言发声,它就在这里,我们身在其中,如神学家唐·库比特(Don Cupit)所说:

> 我们生活在一个"后现代"时期——我们使用这一术语不是指称我们成功地完成了这样一种转变……我们确实看到新的领导者从自由主义、社会主义和其他有代表性的现代性信仰中剥离所有陈旧的内容……**我们失去一个旧的世界观,但对取代它的是什么还不是很明确。**①

我将上述那些模棱两可的现象统称为"后"是一个方便而圆滑的取向,既保留了事物的历史脉络,也为重新命名留出了开放的空间。如此境况中,文本或话语都难逃宿命,无论来自东方西方或信奉什么主义,深陷在"后"(后现代、后殖民、后发展、后社会主义乃至后乌托邦……)的泥泞中难以自拔。这个"后",远离了西语 post-("在…后"的意思)的单一取向而贴近了汉语文的三重含义:既有"之后"(after)、"后面"(behind)的意思,也有"背后"(back)、"落后"(backward)之义,还有"后果"(offspring)——三者并存,浓缩在"后"这一象征性符号中。

"后"的面相是终结,朝向一个新的开始:

> 在西方社会和西方文明充分发展**之后**,在民族国家摆脱被殖民的命运**之后**,在社会主义革命胜利乃至社会主义阵营解体**之后**,在东西方冷战**之后**以及"现代"的全球化**之后**……所有人们,都将在自律性的历史轨迹终结**之后**汇集在一个"地球村"里,面对命运相关的未来。

全球化"之后"是地球村的开始。

---

① ［英］唐·库比特:《后现代神秘主义》导论,王志成、郑斌译,中国人民大学出版社,2005年,第1页。

地球村里,所有自律进化的传统文明都将终结。西方文明全球化的结果,也是殖民主义扩张的终结。因此,"后"的方向是回头。赛义德认为,回归"是 20 世纪经验的一部分"。①这不仅针对有"被驱逐、流亡和移民经验"而背井离乡的人,也针对那些有占领、征服和殖民经验的西方学者和知识分子。回归的意向是"还乡",无论从哪里来,都有必要站在新的——地球村——起点上,"了解真正发生了什么事,为什么发生,而我们又是谁"?②

"我们"这一集合代词,在詹姆逊看,曾经是第三世界学者和作家最常用的称谓,反映了民族身份中的内在焦灼。③这个"我们"原本与后现代无关。在全球化的裹挟中,在话语世界里,我们不得不面对所谓"后现代"问题;倘若不能坦然面对,就无法穿越话语的封锁进入对话平台,在国际社会中失语乃至失踪。失语的原因,不仅因为你没有与话语权力者相似的身份,更因为你缺少那种放之四海可以被人理解的话语和语言。鸡讲鸭话或者鸭讲鸡话,全看制造话语的知识版权在谁手里——这是福柯式的权力结构在世界范围的延伸。

怎么办?

对非西语国家的学者而言,如果不想在国际社会失声,鸭讲鸡话势在必行;当鸡已经进入"后处境",鸭也不得不随之在话语世界中进入"后语境"。不同的是,在现实轨道上,我们更多的仍然是"前行"而非后转,与西方文明的交锋更像是"迎合"而非对抗,与西方学者的交流多是"学习"而非反叛——后话语在这样的境遇中旅行,④任凭"迎合"和"学习"的姿态削去了它最具革命意义即最有价值的锋芒。如此

①② 《权力、政治与文化——萨义德访谈录》,[美]薇思瓦纳珊编,单德兴译,生活·读书·新知三联书店,2006 年,第 566 页。

③ [美]詹明信(詹姆逊):《处于跨国资本时代中的第三世界文学》,张京媛译,《晚期资本主义的文化逻辑》,生活·读书·新知三联书店,1997 年,第 516 页。

④ 指西方话语在全球范围的传播。赛义德在《旅行中的理论》(Traveling Theory,1983 年)一文中指出,一种原本是反叛的理论(比如后现代)在跨文化"旅行"传播中往往被篡改,失去了原有的力量。这一观点日后成为后殖民主义批评中的重要命题。帕默尔较早提出语言地理和"方言无疆界"问题:"某种言语形式在传播中遇到的障碍,实际上就是人们在社会交际中遇到的障碍。这种障碍往往是人为的。"见《语言学概论》(1936 年),李荣等译,商务印书馆,1983 年,第 104、第 107、第 111 页。

情境中的文化交流，像是跑在单向道上的列车，有去，无返。许多年来，身在如此境遇中，于学人有诸多不便，同样的学术道路徒然多了漫长和曲折。无论鸡讲鸭听或鸭讲鸡话，常常被无谓的非学术问题搞得身心疲惫，民族主义情绪伴随着本土意识，在话语困境中一触即发。批评的锋芒因此常常偏离文本或文本中的寓意，直接指向那个无处不在的"话语霸权"。

直到动手做这项研究我才发现，像我这样西学出身的东方学者，在跨文化研究中其实占了西方话语很大便宜。短短十几年或几十年里，跨越西方数百年学术历程，站在巨人的肩膀上与后时代比肩并行，全都因了那个无处不在、放之四海而皆能通行的"话语"。一旦掌握它并娴熟地使用它，它也能成为你手中的工具。不管身处什么社会——前现代或现代化进程——中，它都可以承载思绪，穿越地缘政治和文化差异，成全你的思想或改变你的身份；后殖民理论的昌盛以及后殖民批评家们的身份转化都是有说服力的证明。①话语或语言即使出自西方，都不再是西方人的特权，它在殖民过程中也沾染了殖民地色彩乃至卷入了它自身被殖民的宿命。②全球化潮流中，"**霸权话语"在多元文化的世界版图上最先获得解放，日益走出了民族的、地域的和身份的象征意味，让"破碎"的话语权力散落在四面八方**。王宁对此有研究："殖民性一诞生，它的对立物后殖民性也就存在了……对后殖民的理解在很大程度上应该将其置于殖民的语境之中。"③后殖民语境中的话语对抗是双向的，殖民者的工具通常会成为被殖民者出手反击的武器。如后殖民理论的领军旗手，从巴勒斯坦裔的赛义德到印度裔的斯皮瓦克（G. C. Spivak）和霍米·巴巴（Homi Bhabha），在语

---

① 斯皮瓦克第一次被主流学界当作人文科学领域的主要人物时曾说："正是文化帝国主义的结构给我创造了机会。"参见［英］巴特·穆尔-吉尔伯特：《后殖民理论——语境、实践、政治》，陈仲丹译，南京大学出版社，2001 年，第 95 页。

② 参阅［英］斯皮瓦克：《后殖民主义理性批判》前言（*A Critique of Postcolonial Reason*: *Toward a History of the Vanishing Present*, Preface, Harvard University Press, 1999）。

③ 王宁：《全球化时代的后殖民批评及其对我们的启示》，《文学理论前沿》第一辑，北京大学出版社，2004 年，第 58 页。

言、话语和身份转化中有同出一辙的杰出表现。不论面对哪一种语言或理论，看它是束人的枷锁还是庖丁解牛的工具，全在研究者自己的审慎抉择中。

这项研究中我选择了后语境，因为我把"后"看作一种生存状态。当单一文明走向终结，当多元文化进入每个人的日常生活，作为学者，无论怎样坚守底线，都无法过分纠缠于自己的民族身份，不得不在思维中模糊国家疆界，自觉地将救世姿态换作寻求对话的努力，让曾经熟悉的事物在新的世界结构中获得新的解释。置身于同一个地球村，学者应该有新的认知起点和一种更开阔的胸怀：坦然面对不同内涵的"后"，让思维跟随各自的经验，在开放的语境中展开对话，以求破解"巴别"的寓意探寻通天之路。路，不是一条而是无数条，有大路也有小道——那又怎样？"各元素各说一套，它们聚在一起就是一座意义的'巴别塔'……众声喧哗、杂语共存。"①罗兰·巴特的《S/Z》②是一个身体力行的实践，利用有限的文本展示出"能指"的变化和无限的可能性，使批评本身衍生出多种寓意，承载起不同方向上的不同经验。因此，我在研究中坦然使用"后"一类概念而少用"主义"，刻意为"后"去政治化、去意识形态化，以为如此才能挣脱镣铐，让深陷于意识形态漩涡中的文本有一个自我伸展的空间，在暂时的身份搁置中找到还乡的道路——我以为，那应该是向"诗"的路。

遗憾，这只是我的一厢情愿。

在文本字面上，"主义"是隐身了，比如《狼图腾》中，它完全沉默无言；但字里行间，它始终在场。恰恰因为它在话语世界中缺席，让我对它的"在场"时刻保持警惕：它是谁？它来自何方？它威及四海震慑人

---

① 转引自《西方美学通史》(第七卷)，朱立元、张德兴等著，上海文艺出版社，1999年，第153—154页。

② 罗兰·巴特的《S/Z》(屠友祥译，上海人民出版社，2000年)用两百多页分析巴尔扎克30页的短篇小说《萨拉辛》。《S/Z》着眼于该小说意义上的"多元性"，文本作为一个能指场，其所指并不完全附着在其上。它分解了书中的561个"词汇单元"，指出书中的"能指"受5种不同符码(code)支配。巴特将这5种符码作为分解文本的力量。它们在文本中交织成"网"，同时又分割了作品，使其裂缝丛生。他主张"重复阅读"，从而看到作品的不同的侧面。他的阅读分解，并非阐述作品内在的整一性，相反，展示了作品的松散、破碎，意义的互相重叠、交叉、渗透、对抗、侵犯乃至消解。剩下的只是无穷无尽的意指过程本身。我的这项研究与之异曲同工之处，不同的恰恰是"意指"。

心,何以在这里踪迹难寻? 说它难寻,绝非我故弄玄虚。不然,你可以到《狼图腾》中去寻找,怎么这 50 多万字的言说中竟没有一个"主义"? 如果你知道作者的出身和经历是在典型的革命家庭中,曾经接受了经典的共产主义教育;如果你看他的学术专著和学业专长,无一不关联着马克思学说、苏维埃革命和社会主义政治经济学,或许你也可以悟出"主义"隐身缺席的意味——那真是意味深长啊!

那是什么"主义"?

无须讳言,就是这里人人皆知、无所不在、"指导我们思想的理论武器"马克思主义和我们身处的"中国特色"的社会主义——这里谈论的"主义"不同于西方文本的解释和西方世界的理解,它不是字面上的象征符号,也不是或有或无、可以任意批判或扬弃的思想。在《狼图腾》诞生的土地上,社会主义是一种现实的社会制度(而非单纯的"运动"),马克思主义是一个制度化了的意识形态(而非单纯的"学说");就像身躯和头脑,它们共同结构为"在":不仅是在场,也是"在"的"场",是地球上将近四分之一人口的生活现场。确切地说,它们不仅是现场,也是历史;不仅是社会制度,也是活生生的生命体验;不仅在半个多世纪里决定了数十亿人的命运,也将在未来相当长时期影响众多人生——那么,放在后语境中,我们可以称之为"后社会主义"和"后马克思主义"吗?

东西方冷战结束以后,当中国开放门户走上了改革的道路,当它确认自己发展的方向是"走向世界"而外部信息全面进入中国,这个"后"就已经开始了。它走出了单一的社会主义路径,也走出了封闭的意识形态藩篱,在市场经济的推动下与西方文明自觉接轨,的确可以看作"后—社会主义"和"后—马克思主义"。这里的"—"意味深长,是指"主义"的延伸而非在它们"历史的终结"之后。站在历史高度,它们"后"劲十足,充分调动了制度的和意识形态的力量,在全球化平台上整合"后"资源,快速行进在现代化道路上。为了快速,它统一众多意志因而继续在政治上一统天下;为了追赶,它无暇回顾因而在思想上催化遗忘。对外,它是空前开放了,当今世界展示的一切"后"特征和症候，全都在当代中国登台表演：五谷杂陈，泥沙俱下；万千信息中，"后"话语先声夺人，超越传统，也超越了现代化发展进程，把中国学者整体性地抛置在后语境中，如同飞地般的流放，任凭他们用什么话语发言或在外面说什么话；而对内，仍然是一套话语，一个声音——这样一个中国，当它在世界舞台上日益壮大成为一条巨龙，它也成了一个异类，身份可疑。

作为中国学者，在国际论坛上发言，我们不得不做的第一件事是澄清身份，在现成的话语体系中寻找适合自己的语言。中国是发展中国家，它进不了"西方"和"现代"，与之相关的文字、文本、文人只能徘徊在"后现代"这一话语符号的边缘地带。中国天生属于东方，有过被殖民和半殖民的历史，曾经被毛泽东带入"第三世界"——谢天谢地，在充斥着西方霸权的话语世界中幸亏有第三世界的一席之地，它的名字叫"后殖民批判"——在这个话语平台上，任何一个中国学者都可以擅自行动，自觉地完成身份转移，一致向后殖民理论看齐。只在后殖民这里，我们多少能看到似曾相识的影子，也能鸭讲鸡话式地发出自己的声音。长久以来，"声音"就这样魔术般地在国境内外旅行，如穆尔-吉尔伯特(Bart Moore-Gilbert)所描述：在"旅居"(the voyage in)状态中神不守舍，在"越界"(border crossing)生存中鸭讲鸡话，无论曾经在多少国际会议上发言或有了怎样的学术身份，最终仍然被看作"无居所的"(unhoused)人。[①]

"身份"是一个典型的现代问题。[②]

身份的难堪不只来自压迫或平等一类政治问题，更深层的原因是文化。在文化领域，它的极致表现是失语。对中国学者而言，喧嚣了半个世纪欲说还休的现代性和后现代主义，我们难有切肤之痛。对当下颇成气候的后殖民理论，于我们其实有很大距离。身处后境遇中，鸡讲鸭听或鸭讲鸡话，在文本中或在讲台上都不是困难的事。

---

① [英]巴特·穆尔-吉尔伯特：《后殖民理论——语境、实践、政治》，陈仲丹译，南京大学出版社，2001年，第78—79页。
② 我在《对话汪晖：现代中国问题》(中国大百科全书出版社，2013年)中专门讨论了这个问题。

困难的是面对自己的土地说话：你说的是后现代理论，而你的身躯还行进在"现代化"甚至停留在"前现代"状态；当你跻身于后殖民批评行列，你身处的社会其实早已远远走出了殖民的以及后殖民的困境——如此境遇中，内外都难找到合适的位置，反倒让自己的身份以及那些刚刚窃来的话语都显得十分可疑。无论后现代主义还是后殖民理论，都不过是西方意识形态在历史进程中适时的翻版；像一个硬币的两面，它们相反相成，在呛声应和的对台戏中完成了对各自身份的重新定位。一次革命或颠覆之后，一定有新贵亮相，张扬起来的一定是更加"正义"的旗帜——由此人们才会认定，"两后"的声音是当今世界的主流话语，它们揭示的真相指示着当代思想发展的"正确"方向。

对此，我曾信以为真。

曾经，我也加入到那个行列，参与过那个合唱。直到一天，当我必须面对这里的作家，走进这里的文本，才意识到：此后非彼后；即使同处在后时代，我们的认识也可能因身份不同而很不相同。比如我们走过的社会主义道路，不是后现代或后殖民理论可以概括的；装在"两后"框架中，如同用马槽装海水，流溢损失的是人类历史上难以复制的宝贵经验。

拿《狼图腾》来说，这书里，后现代的或后殖民的印记比比皆是，甚至有许多前现代的、古典的和现代的痕迹。面对文本，批评原本可以驾轻就熟，采集各家分析方法顺利上路。但我不能说熟路轻车：当你面对的不仅是文字更是活生生的人们，这"车"就不再轻巧，不能用既成的概念轻率搪塞；这"路"也格外生分了，因为前面其实无路。

无路，也是一种选择；或者，它逼你做出选择。

我的选择是还乡：在"本原"的意义上**回归批评，重返现场**。

2. "第二世界"的失踪与回归

"我们"是谁？

这里无关民族身份,而是话语世界中有关精神走向的经验性追问。所谓"们",特指一定历史时期中有过相似遭遇因此有着共同记忆的个人或群体。放小了,说的是新中国学人;放开了说,即詹姆逊所谓"第三世界文本"的生产者①,自外于西方和现代却行走在西式的"现代化"道路上,在"第三"的象征性排序中确认立命之地和立言之道。

后理论研究者阿里夫·德里克(A. Dirlik)对现代化(modernization)、现代性(modernity)和现代主义(modernism)这样解释:"现代化是指工业化、城市化等等;现代性是指现代化之能产生的条件;而现代主义是指人们对现代性的反应,这一反应也可能是反现代性的。"他认为,"后现代性其实仍然是现代性,在根本上,是以肯定现代性的普遍性为基础前提。"他看到了后现代和后殖民的相关性,指出:"**后现代理论主要涉及第一世界,后殖民则主要牵涉第三世界**,后现代、后殖民理论的自身框架与变化的现实之间存在抵牾。"②

那么,第二世界呢?

德里克没有谈论这一问题,这不是他个人的疏忽。后马克思主义学者詹姆逊终其一生,有诸多言论涉及第三世界,却很少谈论第二世界。在胸襟广阔的德国神学家莫尔特曼(J. Moltmann)那里,也只有"全球三分之一人的现代'第一世界'"和另外三分之二人的"第三世界"③,这两者似乎覆盖了全球。

第二世界在哪里?④

三个世界的划分以及最早提出"第三世界"这一概念的是毛泽东。

---

① [美]詹明信(詹姆逊):《处于跨国资本时代中的第三世界文学》,张京媛译,《晚期资本主义的文化逻辑》,生活·读书·新知三联书店,1997年,第516页。

② [美]阿里夫·德里克:《全球化、现代性与中国》,《读书》2007年7期6、7页。黑体为本书作者所加。

③ 参阅[德]莫尔特曼:《俗世中的上帝》,曾念粤译,中国人民大学出版社,2003年,第12、13页。原话是:现代世界只是全球三分之一人的现代"第一世界",对于另外三分之二的人是"第三世界"。"新纪元"产生了现代与次现代;由于前者生活于光明,后者生活于黑暗,前者看不见后者或必须节衣缩食,不得温饱。受益者一向健忘,受难者总是刻骨铭心……被剥削的"第三世界"成了多余的"落后世界","第三世界"的人民沦为多余的人力。

④ 中文书中有一同名专著《第二世界》(曹文轩,作家出版社,2003年),将物质的和客观的世界看作"第一世界",文学艺术和精神活动看作"第二世界",与所谓"三个世界"理论完全无关。

1974年2月毛泽东在会见赞比亚总统卡翁达时，号召第三世界人民联合起来反对霸权主义，他说："我看美国、苏联是第一世界。中间派，日本、欧洲、加拿大，是第二世界。咱们是第三世界……亚洲除了日本都是第三世界。整个非洲都是第三世界，拉丁美洲是第三世界。"①从此，"亚非拉人民团结起来"悄然替换了"全世界无产者联合起来"——重温这一理论的出现和形成过程，意味深长。它由中国领导人提出，寓意深远。把社会主义阵营的首脑苏联与美帝国主义放在一起，至少有两则意味：（一）颠覆了弥漫在世界范围长达半个多世纪的"红色帝国"②神话；（二）在观念上完成了自我剥离，釜底抽薪般地颠覆了一体化的社会主义阵营。没人料到，这一特别针对"红色帝国"的政治策略，日后成为一个重要的文化批评范畴。同年4月，邓小平在联合国全面阐述了三个世界理论，声明：中国是一个社会主义国家，也是一个发展中国家，中国属于第三世界。第三世界成员来自不发达国家以及一切弱小民族和边缘群体，无不有过被压迫、被奴役或被殖民的屈辱历史。新中国领袖以新的领袖姿态呼吁第三世界在政治上结盟，反对第一世界的帝国主义、霸权主义、殖民主义③——有趣的是，这些"主义"原本是欧洲老牌资本主义国家的专利，如今策略性地划清了界线，不由人不纳闷：

　　——所谓"第二世界"是什么意思？
　　——它在隐身状态中做了什么？

　　第二次世界大战结束后，两大阵营的出现将人类社会分成（社会主义）东方和（资本主义）西方两个世界。20世纪50年代，一边，以苏联为首的社会主义阵营内部出现了霸权主义和新殖民化趋势，催生（诸如中华）民族意识复苏并导致阵营分裂。另一边，在欧洲老殖民者退

---

① 上述有关"三个世界"的资料出自对"人民网"提供的相关信息的综合。
② 据张学良回忆，1924年12月孙中山在讲到国家的处境时曾说："你们东北介乎于日、俄红白两大帝国主义势力之间，你们很难应付。"《口述实录：张学良世纪传奇》上卷，[美]唐德刚访录，山东友谊出版社，2002年，第125页。
③ 引自1974年4月邓小平在联合国大会第六届特别会议上发言。

出的土地上,各民族国家纷纷独立建国,帝国主义版图急遽缩水,导致资本主义阵营内部结构发生变化。沿用毛泽东的说法,"第二世界"成员诸如日本、(西)欧洲、加拿大是政治上的"中间派",由昔日帝国(主义)退居为单一民族国家,平复战争创伤,致力于国家建设,它们隐身在两大阵营的政治较量背后,在所谓中间地带争取自己的发展空间。直到前苏联以及社会主义阵营解体,"复原"和"发展"一直是所有介乎中间地带——所谓第二世界——的民族国家努力奋斗的目标。

20 世纪后期,第二世界浮出地表,发出了自己的强音:盛行一时的后现代和后殖民理论,都是第二世界的文化产物:后现代主义诞生在西欧(如法国等),后殖民批判的土壤是那些有过被殖民历史的民族国家(如印度等)。所谓**第二世界**,不是一个地缘政治概念,而是一个个有具体内涵的实体,特指那些**在强权或霸权的夹缝中独立求生并具有自主意志的主权国家以及一切坚守独立自主发展意向的民族、群体和个人**。它们没有统治世界的野心,没有左右他人的欲望,甚至没有统一的身份或名称,只有一个共同特点:独立自主;拥有一个共同的愿望:自由与富足。正像一个社会的进步和稳定有赖于中产阶级的强大,我看整个人类社会的进步以及它的多样性,全都有赖于第二世界的成长壮大。所谓"三个世界",其实从来没有真实地存在过;但作为一个分析范畴,它发挥了巨大作用。两个阵营即两种对立的意识形态,都具有鲜明的扩张意识,不同程度地显现出"帝国"和"霸权"倾向,在国际社会形成为两种垄断的声音——因此就有了第三种声音即"反对帝国主义、霸权主义、殖民主义"[邓小平语]的声音。有霸权的地方就会有反霸权的抗争,这完全符合历史逻辑——耐人寻味的是:为什么是中国最早发出了这种反抗的声音?

中国的身份问题凸显出来。

中国的现代历史是从帝国主义入侵开始的。百年战争,将曾经的屈辱定位在"半殖民地"。中国的当代史是从建立社会主义国家(PRC)开始的。1949 年后,执政者一面要应付来自西方世界的制裁,另一面不得不应对社会主义阵营内部的殖民威胁。20世纪60年代对苏论战,①可以看作后殖民反叛的先声——在这个基础上,毛泽东给出了"三个世界"的说法并明确将中国定位在"第三世界":它以民族国家为单元,巧妙地切割了"铁幕"[丘吉尔语],帮助中国从封闭的"阵营"中突围。与此同时,"第三世界"理论成为反帝反殖民主义的有效武器,在国际政治舞台和文化批评中被广泛利用。

1990年前后,社会主义阵营和前苏联解体——这个"红色帝国"的解体也意味着曾经的"第一世界"解体,它带来了什么后果?

一个结果人所共知:第一世界的解体成全了美国的霸主地位。美国主导的西方文化以经济一体化为载体,将它的价值观和学术标准推广到世界每个角落。

另一个结果我们没有料到:苏联的消失不仅意味着社会主义阵营解体,也意味着它曾经用于整合社会意志的意识形态"话语"体系的解体。由此,曾经的社会主义国家和国民在国际社会中整体性地失语,其历史经验和现实的生存方式在"世界"眼中变得可疑。尤其是中国,它最早挣脱了阵营的羁绊,擅自加入"第三世界"以争取独立的话语空间,却在苏联解体之后——尤其是1989年以后——明确宣示继续走社会主义道路,在国际社会丧失了"政治正确"(PC)的话语权利。二十多年过去,它至今难以找到合适的话语可以真切地表述自己,不得不在他人眼中艰难地寻找自己的身影。直到后殖民理论热销,中国学者自觉参与其间,以为第三世界发出的声音中会有我们的一席之地——不然。认真追踪起来,中国作为主权国家,从来没有被彻底殖民过;百年下来,无论战争还是政治运动,都不曾改变"民族国家"这一根本性质。原本是引以为豪的事,却在后殖民语境中变了味道,一位印度学者不无嘲讽地说:"比被殖民更悲哀的是你从未被彻底殖民过。"不幸(或幸),这正是中国学者在走向世界时遭遇到的"悲哀"。

长久以来,中国自说自话,就像在曾经漫长而荣耀的历史中它自

---

① "九评"即中共中央对苏共中央发表的系列论战文章,可以看作是后殖民批判最早的经典读本。

成体系；今天，由于体制和权力介入，它还沿用着"阵营"内部的意识形态话语对内说话而少有阻力。但是，走进世界，说话这事就不那么简单。夹在两套即"两后"话语缝隙里，中国的声音显得异常，内外有别，张嘴就是错误，导致一个民族国家在世界舞台上全面失语，用李零的话说：

在所有现实问题上，中国都得了失语症。①

这是 20 世纪 90 年代中国的国家处境，使得中国学者陷入空前困境：对内或对外，他不得不随时转换角色，学会用两套话语说话；假话、错话、空话……言不由衷或辞不达意，往往就出现在这"不得不为之"的身份转换和话语转述中。

中国的失语问题有两个现实原因。

一是内置式的体制拖累，必要的清理还没有真正开始。二是外源性的，"后"话语的进入让我们如获至宝，特别是后殖民理论，让我们自认为找到了新的平台——直到遭遇傲慢，②才让从来没有切身领教过殖民味道的中国学人认清了自己的处境：无论后现代还是后殖民，早已有人对号入座，借话说话的时候常常自觉无趣。所谓第三世界，就其话语性质看，一直寄生在"第一世界"的意识形态肌体上，从来没有真正独立过。③可以说，"三个世界"的划分从一开始就具有鲜明的意识形态特征，首先是政治的，而后才是文化的和话语的。如果把"三

---

① 李零：《裹球同此凉热：我的中国观和美国观》(2011 年 10 月 12 日在"九三学社"中央的演讲)；香港桑尼研究公司《参阅文稿》No. 2012～18。

② 杨乃乔在《后殖民主义话语的悖论》中说："对于东方华夏大陆的态度，赛义德、斯皮瓦克和巴巴比西方学人更为傲慢，当詹姆逊、佛克马等西方学人多次来中国大陆讲学，宣讲自己的学术精神以引起中国学人的关注时，这三位印度或中东裔学者完全可以自恃在西方已获得的学术权力，对远东大陆不屑一顾。"详见《全球化与后殖民批评》，王宁、薛晓源主编，中央编译出版社，1998 年，第 183 页。

③ 参阅[美]霍华德·威亚尔达：《新兴国家的政治发展——第三世界还存在吗?》，刘青、牛可译，北京大学出版社，2005 年。德里克的否定更加彻底："第三世界除了作为一个不着边际的范畴，或许从未有过任何意义，而且随着目前条件的转变，它可能会毫无意义。"《跨国资本主义时代的后殖民批评》，王宁等译，北京大学出版社，2004 年，第 58 页。

个世界"的说法看作一种话语平台,不难发现:第三世界喑哑式微的同时,日益强大起来的正是久已失语的第二世界。

"第二世界"不是一个区域概念,而是一种政治生态环境的共生体。它的成员遍布世界各个角落,历史不同,身份混杂;但在自己的民族/国家范围内,个个身份明确,可以坦然追问各自的经验或教训,自主自由地发出自己的声音。即使在国际社会中,它们也有发言或代言的话语平台,比如西方社会中人,可以借助现代或后现代说话;所谓第三世界中的民族国家或个人,可以借后殖民话语发言——如此一来,没有料到,真正困难的是我们这些中国学者:当第三世界已经消解成长为一个个独立国家可以自说自话,你还能为哪个"世界"代言?当社会主义话语和它的阵营一起破碎而中华民族仍然要在破碎的版图上继续前行,你将怎样面对自己身处的话语环境?如果中华民族也能放下拯救(第三)世界的心态安然成为地球村中的普通成员,身为这个肌体中的知识分子,你将如何面对你的土地、你的人民、你们共同的历史经验发言?

最重要的,你用什么话语发言?

坦白地讲,就话语的贞操和发言人的操守而言,无论内外,在上述境遇中,"真话"和"实话"是难为的;这不仅出于求生的策略,更因为"思"的失语。当所有变迁不是作为历史文献而是当下发生在身边,而我们自己就处在巨变中并亲身参与变迁,说什么话或用什么话说,都可能是错误的——这就难怪,一个时间内的失语乃至失踪,成为所有坚持说真话、说实话的中国学人自觉的选择。

与学界的沉闷形成鲜明对照的是文坛上的热闹。

自19世纪末到20世纪末这百年,中国文学创作自强不息,在思之贫瘠的话语环境中顽强地生长,自我伸展,悄无声息中完成了从民族的传统叙事方式向"现代叙事模式"转变;如陈平原说,这是一场"没有宣言的革命":①

---

① 陈平原:《中国小说叙事模式的转变》,北京大学出版社,2003年,第31页。

中国小说叙事模式的转变始终静悄悄地进行——这是一场以读者以及作家自身审美趣味为对象的艺术革命。没有硝烟战火，也不曾掀起轩然大波，倒不是因为没有"对手"，而是在很长时间内双方都没有自觉意识到这一"转变"的重要性，也没有找到合适的理论语言。

理论失语问题持续百年。百年过去，文学如故，于无声中自我革新，默默地肩负着一个民族整体性失语后的文化担当，我行我素，勇往直前。20 世纪 90 年代以来，各色文学在短期沉寂后突然活跃。私文学和寓言式小说并出，在私生活中讨真实，用荒诞故事说真话。世纪末，"私"作品迅速商业化，"寓言式书写"成为公共领域中说真话的主要方式。与西方文化的发展路径相反，我们这里的宏大叙事，不是在后现代而是在市场经济即"现代进行时"中土崩瓦解的。

从余华的《活着》(1994)到新世纪初《怀念狼》(2000)、《狼图腾》(2004)一类长篇寓言小说问世，再到最近的"重构神话"，作家普遍采用了隐喻手法，以外向型的民族寓言形式拓展内在封闭的话语空间。维·什克洛夫斯基说："艺术看见明天，但用今天的词语说话。"[①]当代中国的寓言式书写不同，它的眼睛固执地盯在来路——那是集体遗忘的地方——借用人们熟知的历史教训影射当下事情。即使在后现代语境中不那么理性(如王朔作品)或在后殖民旗帜下不讲德行(如《狼图腾》)，却都仍然**将思绪置于"乌托邦"的苍穹之下，挣扎着走在朝向彼岸的救赎之路上**。三十多年过去，文学艺术一直在艰难中破冰前行，成就日渐彰显出来；尴尬的是批评，"失语症"[②]长久不愈。德国汉学家顾彬将当代多数作品看作"垃圾"，年轻作家指称"文学批评在引导作家生产垃圾"[③]……如此种种，都是对中国学界和知识分子长久

---

① ［俄］维·什克洛夫斯基：《散文理论》，刘宗次译，百花洲文艺出版社，1994 年，第 379 页。
② 相关研究见曹顺庆的《文论失语症与文化病态》(《文艺争鸣》1996 年第 2 期)和《再说"失语症"》(《浙江大学学报》2006 年第 1 期)。
③ 出自 2007 年 11 月 20 日"凤凰卫视"的"震海听风录"现场对话。

失语颇具讽刺意味的批评。

"失语症障碍的任何形式都在于下列能力多少受到了严重损害，不是选择与替代的能力，便是结合与组织的能力。前两种能力的损害含有元语言操作的退化，而后两种能力的损害则毁坏了保持语言单元层次的能力。"①毋庸赘言，但凡病中之人，对此症状都有切肤之痛。当我面对《狼图腾》，失语问题同样存在；当我进入狼图腾研究，"法西斯说"伴随着"垃圾说"接踵而来；那么：

——面对失语，如何自疗？

——明知浑浊，为什么还要在垃圾堆里安营扎寨？

《狼图腾》出现在话语空间十分狭窄的当下，着实给批评出了难题。首要的问题是：你用什么话语做批评工具？它诞生在中国大陆，这意味着你必须使用这里人们能够理解的语言；它以毛泽东时代的草原为叙事背景，这意味着你不能回避那个正在被集体遗忘中的时代。对外面世界，你不能过分苛求，因为这份经验是你独特的，非亲历者难以透彻；除非你能找到新的分析工具，搭建起一个能与世人共享的话语平台。

我最终还是寻到了这里。

这里有养育我的土地。在信仰破碎的土地上，这里仍然被"蓝图"②覆盖，仿佛从来没有破碎；在撒满辛酸困苦的道路上，少见释怀的纪念和思念；记忆的版图被擦洗得干干净净，以便人们阔步行进在朝向光明——现在被称作"现代化"和"全球化"——的大路上。

我被裹挟其中，我也置身在光明中。

但我有不同：因为经历过、幻灭过；见识过、破碎过……认识跟随在见识和教训之后，也在完成了对后现代/后殖民的追随之后……因

---

① ［俄］罗曼·雅各布森：《隐喻和转喻的两极》，周宪译，《激进的美学锋芒》，中国人民大学出版社，2003年，第417页。

② 美国学者拉塞尔·雅各比（Russell Jacoby）将传统的乌托邦主流思想称为"蓝图派"（blue-print），他在《不完美的图像：反乌托邦时代的乌托邦思想》（姚建华等译，新星出版社，2007年）一书中详细讨论了乌托邦思想的另一传统即"反偶像崇拜的"（iconoclastic）乌托邦主义。

此可以在"破碎"的地方驻足,清理碎片,沙中淘金。

我就这样径自出发了:重返现场,如同还乡,重新开始被搁置已久的批评,企图从泼出的污水中抱回娃娃——无疑,这是一个典型的后乌托邦动作:它发生在"阵营"解体之后、"信仰"幻灭之后、"蓝图"破碎之后,我可以称之为"后乌托邦批评"吗?

3. 后乌托邦批评与"后"的终结

后现代理论是否有可能出现在发展中国家?

这个问题涉及后话语的普适性,它的标准是单向的,以"西方"和"现代"为尺度,看后发国家是否具备借用的条件。但是,如果反过来考虑,那些标准本身就要接受挑战,它也有必要回答,在这个多元的世界上:

——有哪些东西是后现代话语不能解释的?

——那些难以解释的因素在当今世界占多大比例?

——它们是整体结构性的问题还是局部现象?

这些严峻的问题,不仅关乎现有的话语体系是否适用于我们,也是对后话语本身的甄别和鉴定。今天中国,越来越多的领域打上了"后工业"和"后现代"印记,[①]可以借用后现代话语做适当的分析;对半殖民的历史经验,也可以用后殖民理论做相关批评——这都没有问题,但是,对曾经的社会主义实践和至今沿用的马克思主义意识形态,这"两后"够用吗?

不够用——这是切身感受,不能用——这是研究者的理性判断,两者都是我在过往学术道路上经常遭遇的问题,在狼图腾研究中显得格外突出了:当你使用文字而非口头语言,当你深入文本的寓意而非

---

① 王宁:"伴随着文化'全球化'的进程,许多目前仍处在'前现代'(pre-modern)或'现代'(modern)或'盛现代'(high-modern)的东方和第三世界国家和地区也不同程度地打上了'后工业'和'后现代'印记。"《后现代主义之后》,中国文学出版社,1998年,第193页。

字面解构，你就必须直面这个"够不够"和"能不能"用的问题。当你的诠释不仅说给业内同仁，也不仅仅为了方便跨文化交流，而是面对你生存的土地和周遭人事，你或许也会做出这样选择：为我们身处的社会和我们自己的现实生活找到合适的分析范畴；针对被"两后"话语覆盖而于我们的生活是不可分割的历史经验，它只能是与社会主义实践密切关联的乌托邦批评——后时代中，贴切的命名应该是**后乌托邦批评**。

后乌托邦(post-utopia)批评不同于"反乌托邦"(anti-utopia)①。

前者是一个分析范畴，后者是一种政治立场。

用作分析工具，后乌托邦是内置性的，与"反"导致的"脱离"不同，它身在其中，心也在其中；批评，也是自我批评。因此，我认同拉塞尔·雅各比对乌托邦思想内涵的概括(世俗性、想象力和向善的探索)，尊重他为"拯救乌托邦精神"做的不懈努力。无论面对"蓝图派"(blueprint)传统还是反乌托邦的批判精神，后乌托邦批评一视同仁："在察看历史的碎片时，我们要更加小心谨慎，我们要使用解剖刀，而不是挖掘机。"②清理和批判中最忌讳的事，就是"把洗澡水与孩子一起倒掉"。③

"泼污水，保娃娃"是后乌托邦分析范畴中两个关联性的任务。

所谓泼污水，是要揭露乌托邦实践的真相或舆论造势中的骗局；所谓保娃娃，是在教训中发掘经验，为修复和重建乌托邦理想不懈努力。从社会实践看，后乌托邦是"之后"和滞后的；但在思想认识上，它

---

① "反乌托邦"可以追溯到莫尔的《乌托邦》，在现代西方社会成为一种主导性的政治思潮，其理论代表为卡尔·波普尔的《开放社会及其敌人》(1945)、[英]汉娜·阿伦特的《极权主义的起源》(1951)和[英]以赛亚·伯林的《两个自由的概念》等；文学代表作为阿·赫胥黎的《美妙的新世界》(1932)、乔治·奥威尔的《1984年》(1949)和叶·扎米亚京的《我们》(1920—1921)。20世纪50年代以后流亡西方的自由主义学者将"现代乌托邦"等同于马克思主义和社会主义实践，成为"反乌托邦主义"的主体，影响至今不衰。

② [美]拉塞尔·雅各比(Russell Jacoby)：《不完美的图像：反乌托邦时代的乌托邦思想》中译本序，姚建华等译，新星出版社，2007年，第4页。

③ 恩格斯批评杜林企图全盘否定黑格尔和康德的非理性批判，是"把洗澡水与孩子一起倒掉"。这话后来被列宁等人多次引用，在总结教训的时候告诫人们"不要把娃娃与污水一起倒掉"。

是超前的,因此是预警式的。**它不能指示"应该"的方向,却一定会说出"不应该"的去向。**怀特海认为:"一切意义取决于持续。"①我也以为,只有经由后乌托邦批评和清理,曾经的乌托邦实践才能在"持续"的认识中获得(新的)"意义",曾经的教训才能成为世代人们共享的经验,曾经的代价和牺牲才可能真正"死"得其所。

后乌托邦批评出现在"后现代/后殖民"之后,很自然的,它只能在比较中界定出自己的位置,同时为现有的"两后"理论划出各自的边界。

后现代主义是西方现代物质文明高度发展的结果,用俗话说,是有钱有势的富人们家境阔绰的精神表现。富二代中有败家孽子,也会生出叛逆的精神贵族,为自由不惜打碎坛坛罐罐。之所以能如此潇洒,就因为他们不仅仍然消受祖宗遗产,也在吃着祖宗饭食,从物质到精神,一点不需委屈自己。它的基本特征是反叛,目标很单纯,并不是拯救世界,而是解放自己。它的核心从来没有偏离"个人"(主义),锋芒指向祖宗家法"启蒙"——后现代主义是从反启蒙开始的,如同巴金《家》中各子,人人心怀叵测,力图从老规矩的管束中逃脱。詹姆逊认为,从现代主义蒙太奇(montage)到后现代"东拼西凑的大杂烩"(collage),"是当代多民族的资本主义的逻辑和活力偏离中心在文化上的一个投影"。②后现代的工具是解构,它将矛头对准宏大叙事,只做一件事:粉碎,在碎片化的过程中制造并复制"多元"。毋庸讳言,后现代学者清一色都是西方主流社会成员,尽可以对自家的"现代"说三道四。面对"东方"和外家弟子的追随或批判,他们一致"回头",在西方的立场上重返现代(性);由此派生出另一套后话语:后殖民批判。

后殖民理论是后殖民主义的产物,作为批评工具,它针对的就是西方社会中有失偏颇的后现代主义。它的代表人物全都有被殖民或

---

① [英]怀特海:《科学与近代世界》,何钦译,商务印书馆,1997年,第186页。
② 詹明信:《现实主义、现代主义、后现代主义》,刘象愚译,《晚期资本主义的文化逻辑》,生活·读书·新知三联书店,1997年,第289、292页。

后殖民浸染的民族背景，某种意义上，它与西方是一体的，可以方便地从殖民者那里获得或借用制度的、语言的和话语的武器；同后现代一样，尽可以从内部造反。从殖民者角度看，后殖民理论充分体现了殖民的成果，是文化帝国主义的一个成就；从被殖民的角度看，打入殖民者内部并取得相应的认可，在西方白人族群和文化中"掺沙子"，仿佛特洛伊木马——最终，它仍然依附在殖民主义躯干上，从话语到身份。后殖民理论的核心是民族主义，它的批评指向不二，就是殖民者以及一切霸权主义成分或迹象。它要做的事无非两件：一是对殖民因素说"不"；以赛义德为代表的领军人物做了这事，他们都有西方认可的教育背景和学者身份，"顺便"就在西方的讲台上发出了自己的声音。第二件事是说出自己，即在说"不"之后亮出底牌：你是谁？这事引出诸多争议，不是对殖民者，而是对后殖民理论家自身的身份置疑——由此引出了更多声音（包括中国的声音），使后殖民领地空前扩大，日渐多元，成为正在消失的"第三世界"的影子的声音。

在文化上，后殖民是对后现代的呼应，也是对它的反抗。在政治上，它与后现代结盟，在颠覆"现代"的意义上功不可没。西方左翼学者对殖民地裔学者的高度认可，为后现代学术品相贴上了"政治正确"的标签。后殖民学者越是对西方现代说"不"，越像是发出了自己的声音；在"反"的表象下，"两后"共同演出了配合绝妙的双簧戏，成为一个命运相关的话语共同体。这就难怪，任怎么批判或折腾，只要两者相遇，"两后"都折枪断戟：所向披靡的后现代在后殖民面前仿佛中了正义之箭，顷刻没了脾气；而以批判为己任的后殖民在"政治正确"的庇护下摇身变成婆婆，将昔日里婆母的威风炫耀到极致——可见，它的获得也可能是双重意义上的丢失，让盲目的追随者（比如中国学者）在失望之余难免暗自打起"弃甲归田"的小算盘。

我是那"归田"中的一员。

在还乡的路上，我遭遇了**后乌托邦**——我相信，从理想出发因失望回头的人们迟早要汇集在这里，无论民族、国家、政党、阶级、性别和年龄……那些为理想上路曾经"破灭"却执著追梦的人，那些望穿了现代之恶、文明之恶乃至人性之恶却不甘沉沦、执著向善的人……终究要汇集在"后乌托邦"(无关怎样命名)这里,厘清是非,分享教训,以个体生命的绵薄之力为人类历史接续"意义"。后乌托邦批评是乌托邦实践的精神产儿,也是后时代的一个文化现象。它借助了后现代主义巨大的批判力量,也借鉴了它的方向:粉碎"宏大",解构"启蒙",从不同形式的"集体"中突围,将播撒理想的种子交还到每个普通人手中。在某种意义上,它也借助了后殖民理论,对一切霸权说"不";与此同时,它挑战后殖民的根基和目标,最终在"来路"和"身份"问题上分道扬镳。

我以为,这世界乃至未来世界上,只要还有乌托邦复活的土壤,后乌托邦批评就一定会应时而出,相伴而行。面对善的名义下一切伪善的行径,它的任务始终如一:在"祛魅"的基础上揭蔽,在"去蔽"的前提下反思;总结教训,重新上路。人是有梦的。祛魅是醒梦,去蔽是醒梦的具体作为。它们都以梦为前提,却在梦醒之后固执地朝向梦的方向——那是理想主义的方向。不同的人有不同的梦,抑恶向善的心思和"更好的生活"(better life)应该是所有人们共同的梦想。只要这梦想还存在一天,朝向乌托邦启程的航船就不会消失。后乌托邦批评因此同乌托邦实践一样,永远"在路上"。

古往今来,理想的目的地是"彼岸"。

可是,彼岸是不能抵达的。如犹太圣法经传所警示:"无论是谁说出了上帝的名字,都会丧失自己在未来世界中的份额。"①这是典型的乌托邦悖论,如同"说谎者悖论"和"理发师悖论"一样,永远没有落地的答案。不同的是,说谎者悖论的终极命题是"真理",理发师悖论的终极命题是"自我",**乌托邦悖论的终极命题是"理想"**。理论上说,潘多拉的盒子是不能打开的,否则会飞出灾祸;但在实际生活中,为了看到"希望",没有人能抗拒打开盒子的诱惑。世世代代的人们,总在启

---

① 转引自[美]拉塞尔·雅各比:《不完美的图像:反乌托邦时代的乌托邦思想》前言,第11页。

程,不见还者,无人告知彼岸的消息。**后乌托邦批评的使命是告知**:它讲述"在路上"的见闻和故事,揭晓来路和它们其实的含义,在充满诱惑的路口张贴警世的路标——"路标"也是一种寓意,同它特有的历史含义一样,①是失败者的标记。明知不可为而为之,是因为批评和批评者也都行进在朝向乌托邦的路上,与其说是告诫他人,不如说是自嘲、自勉和自律。

现代社会起于资本主义市场竞争,充分迎合和调动了人性之恶。乌托邦理想打出了善的旗帜,却每每跌落在助恶的泥潭中难以自拔。后乌托邦批评因恶而生,用"示恶"的路标揭穿伪善的梦境以唤回人们向善的理想。我相信,无论物质文明发展到什么程度,只要人世间还有不尽如人意的事或不平等的种子发芽,就一定会有乌托邦的旗帜重新张扬起来,于无声处应合着詹姆逊的预言:

> 当阴郁的现实——剥削,剩余价值的榨取,大幅度的无产阶级化,以及对此以阶级斗争的形式作的抵抗——在崭新的、扩大了的世界范围内逐渐地再次逼迫人们正视它们时(目前,这些现实正在进程中),"传统"的马克思主义势必会再度变得真实起来。②

但是,后乌托邦批评与马克思主义不同,它不是意识形态,没有特定的理论体系,不打算集结队伍,也不受民族、阶级或性别身份的制约。它亦不同于社会主义运动,与制度或党派行为无关;说到底,不过一个分析范畴:它是任何人(包括反乌托邦)都可以借用的话语平台。作为批评,它没有专属工具,总与"证伪"和"甄别"结合一起,在认识论

---

① "路标"以《路标文集》(1909 年)命名,指 20 世纪初在俄国知识分子中间出现的一种文化保守主义思潮。它具体针对 1905 年革命的失败,从思想史角度分析和批判俄国知识分子的精神缺陷及其后果,与我们这里的"告别革命"有异曲同工之处。他们要保的"娃娃"是"个人对社会负责"的原则和"俄罗斯文化传统中人本学的精髓",与当下的新自由主义理念如出一辙。

② [美]詹明信:《60 年代:从阶级阶段论的角度看》,吴敏译,《晚期资本主义的文化逻辑》,第 394—395 页。

和方法上呈现开放状态:遇山开路,遇水架桥……只为一个目的:泼污水,保娃娃,在向善的路上持续前行。今天这个世界上,作为一种分析范畴,后乌托邦批评至少可以有三种作为:

(1)为今天世界近半数人的历史经验建立话语平台,开辟解释空间;

(2)修复损毁的乌托邦之舟,在理想破灭的地方架起续接理想的桥梁;

(3)与"后现代/后殖民"结合,共同成全后时代的认知范式(paradigm)。

第三种作为是一个意外的收获。

依照库恩的范式理论,任何"理论要成为科学的,只能通过观察陈述而被证伪,不能通过实际观察。各种陈述之间的关系可成为逻辑和数学中所习以为常的最后反证"。[①]这是说,只有在某一分析范畴中合逻辑的"观察陈述"——即经验性的话语而非直接的经验——才可能对其他范畴进行证伪。未经证伪的理论是可疑的和可以被质疑的。拿"两后"理论来说,自后现代和后殖民面世,学界总在说明或证明"它是什么",而少有人说"它不是什么",两者在全球化过程中都有僭越和越线的嫌疑。后乌托邦批评的出现就是证伪,证实"两后"的地缘政治特征和文化属性,界定出它们的边界和内涵。本书最终以"后乌托邦批评"命名,是有这个目的:把"后"问题烩成一炉,在相互关联中界定性质,明晰各自的所指和能指。在狼图腾研究过程中,我为"两后"话语觅得了新的伙伴:三驾马车并行上路,让我在畅通无阻中体会到了批评的乐趣,也让批评在诠释和"过度诠释"的边缘地带适时地超度了自己。

与"后现代/后殖民"一样,"后乌托邦"不单纯是一种批评工具,也是一个思想文化范畴,在中国大陆早有表现。尤其是1989年以后这

---

① [美]托马斯·S.库恩(T. S. Kuhn):《必要的张力》,纪树立译,福建人民出版社,1981年,第279页。

二十多年来,它的表现非常奇特,以三种不尽相同的面貌出现在当下中国:一种,在曾经的乌托邦理想幻灭后,大批"老左派"在失语的境遇中转向自由主义,拒绝制度性的合唱,在"告别革命"的反省中向反乌托邦阵营靠拢。另则,一批"新左派"破土而出,面对那面张扬着正义和平等的旗帜下一切不公正、不平等的现象重举义旗,在未经清理的战场上"继续革命"。第三种面貌即在百姓大众中的表现:精神虚无,行为失范,人心日下,道德跌破了人性的底线……这是"后乌托邦"于无奈中铤而走险的极端表现。表现在文学领域,则是以"寓言式书写"为武器,或荒诞或平易,或夸张或写实,或公开或私密,或有趣或无趣……无论表象如何,像文字垃圾还是像语言游戏,都需要批评及时跟进。

我将《狼图腾》定位在"后寓言"这一开放的论说空间中,或许也是寓意:"**后寓言**"本身就是一种寓言,预示着后时代即将结束。我相信,那新的"出发"——如尼采的预言——一定是以"倒退"为特征的:

> 当人类超越了迷信与宗教的观念……文化的某一个很高的层次就已经达到了……**那时候**有必要作一个**倒退运动**:他们必须理解这样一些观念中的历史依据和心理依据,他们必须认识到:对人类的最大促进是如何由此而来的,而没有这样一个倒退运动,人们就会失去人类至今所取得的最佳成就。[①]

后时代正在完成它自身的终结,我以为,它的文化遗产就是这"三后":

——"后现代主义"针对物质文明至上;

——"后殖民理论"针对奴役、征服和僭越;

——"后乌托邦批评"针对所有朝向乌托邦道路上的教训。

[①] 〔德〕尼采:《人性的,太人性的——一本献给自由精灵的书》,第31页。黑体为原书中所有。

我相信，今天乃至以后，在宏大叙事恣意扩张的地方，一定会有"后现代"出面干涉；在霸权主义现身的地方，一定会有"后殖民"抗议的声音。无论"蓝图派"还是"反偶像派"，但凡以人民之名举起义旗、召集队伍、朝向乌托邦启程的地方，一定会有后乌托邦批评如影相随。

乌托邦作为理想，一总昭示着美好的未来并许诺"公正"与"正义"。

后乌托邦批评承载着血污和教训，给"热"情泼冷水，为"伪"善剥画皮。曾经的乌托邦实践几乎都是集体作为，后乌托邦批评则是个人行为，具有鲜明的个性色彩：它可以是个人的历史证言，也可以是个人的经验告白——这些声音改变不了历史，却可以帮助人们在证伪和甄别的过程中获得更真实的认知，在追梦的道路上做出更清醒、更明智的选择。

"后"之后，我们做什么？

我以为，不管从哪个"后"的立场出发，学者都有必要重返现场。

现场，即此时此地。

重返现场，结束"生活在别处"①的漂流状态，让思维追随生活，及时跟进"事实"而不尽是话语和文本。20 世纪的两大主导学科——心理学发展将人心引向绝对和纯粹的"自我"，语言学的昌盛将学术批评引向符号化的"文本"——让我们远离公众、社会和历史。反省身为学人的学术道路，数十年来，朝着远离生活的方向乃至最终偏离了学问原本的目的却茫然不知。因此，我赞成并呼应李泽厚的感言："**走出语言，回到根本。**"②

变迁的世界格局提出了应变的学术要求，地球村里的新鲜事象也在敦促学者：重返生活现场，复兴人类学和人类学方法，在"实地"考

---

① 《生活在别处》是捷克作家米兰·昆德拉在 1975 年流亡法国后创作的一部具有现代主义色彩的小说，出色地表现了"越界生存"的知识分子无所皈依的心理状态。此言出自法国诗人兰波，曾被安德列·布勒东在《超现实主义宣言》中引用。

② 李泽厚：《历史本体论》，生活·读书·新知三联书店，2002 年，第 11 页。黑体为本书作者所加。

察中还原人类生存最古老、最长久、最本质的需求——认识你自己！

只有在"**认识**"的基础上，我们才有智慧。

只有在"**智慧**"的引导下，我们才有可行的规划。

只有在"**规划**"的路途上，我们才可能从容地活下去。

只有在**从容**的心境中，有限的生命才可能获得它应有的**尊严**。

毫无疑问，"后时代"结束的标志，正是乌托邦理想的复活。

——它是什么？

它是什么并不重要，重要的是理想的回归：

让人间有梦。

修正版后记：

乌托邦之困

"**困**"字很形象，人在十字架上，被囚禁的意味跃然而出。

三年前，本书以《后寓言》①之名先期面世，与乌托邦之困有关。这个修正版改回了原来的书名，删略十数万字，让"批评"在诠释的道路上轻装前行。

囚禁与乌托邦有什么关系？

作为一种意念，乌托邦是自由精神的产物，以自由的思维姿态朝向"理想社会"和"幸福生活"。乌托邦意念在人类早期文明建设中已见端倪，西方有柏拉图的《理想国》，东方有孔子的"大同"世界②……遍布世界各地的众多宗派教义，无不凝结着或前生或来世的乌托邦理想，将"优于现在的一种信念"［拉塞尔·雅各比语］③融入人间生活，直到今天。

---

① 《后寓言：〈狼图腾〉深度诠释》，长江文艺出版社（北京图书中心），2010 年。
② 孔子在《礼记》"礼运"篇中详细描述了他的"大同"世界。
③ ［美］拉塞尔·雅各比：《乌托邦之死：冷漠时代的政治与文化》前言，姚建彬译，新星出版社，2007 年。

但是,脑海中的意念一旦变成社会改造蓝图并付诸实践,乌托邦就不再是字面上的"乌有之乡"①,它也不再是自由的象征;相反,它被"自由"囚禁了,成为一种有明确目标、被理想严格规范的意识形态——20 世纪席卷全球的社会主义革命是这样一个典型案例,它的价值标准并不是任何建党章程或建国纲领,而是一切左翼以及形左实右者企图放之四海的"PC(政治上正确)"原则。

马克思说:"我们为世界提出的**新原则**超出了世界自己的原则。"②

"原则"超前于"实在"是一切乌托邦的基本性质,也是所有现代社会运动(如工人运动、妇女解放、民族革命、人权运动)的共同特征。所谓"新原则",见诸于马克思主义学说字里行间,在社会主义国家成为主导性的意识形态。它与"现代性"同处一个时代,性质却完全不同。现代性是资本主义市场经济的产物,在个人权利层面上充分展示出它的现代风采。社会主义"新原则"与资本主义运行规则背道而驰却同样有力且成就昭著。它的核心价值是**平等**而非自由,它的基本元素是**群体**而非个人,它与"工具理性"保持距离而更向往"**纯粹理性**"的精神境界。这种原则在圣西门主义和欧文的具体实践中初见雏形,在俄国十月革命胜利后蔓延全球,其重要结果,就是苏维埃政权(即一党专权国家体制)的建立。苏维埃的建国实践与社会主义新原则有千丝万缕的联系。它以高度集权对应民主政体,以思想控制对应言论自由,以民族国家为单元显示了政教合一的行政力量。但是,具体到中国,这个原则并不新鲜。③千百年来,中华民族的生存和繁衍,以"**万物均,百姓平**"(《管子·白心》)为最高境界,以"**共助主义**"传统[沟口

① Utopia 是希腊文 ou(没有)和 topos(地方)结合而成的拉丁新词,最早见于英国作家莫尔的小说《乌托邦》(1516 年)。严复将其译成中文"乌托邦",有"理想之地"与"乌有之乡"双重含义。
② 转引自[美]杰罗姆·格里德尔的《知识分子与现代中国》,单正平译,南开大学出版社,2002 年,第 339 页。
③ 中国传统政治文化以"礼"为"教"(《左传·隐公十一年》:"经国家,定社稷,序民人,利后嗣。"《礼记·乐记》:"礼、乐、刑、政,其极一也。")。李泽厚认为:"儒学的宗教性不是以人格神的上帝来管辖人的心灵,而主要是通过以伦理(人)—自然(天)秩序为根本支柱构成意识形态和政教体制,来管辖人的身心活动。"《论语今读》,安徽文艺出版社,1998 年,第 277、7 页。

雄三语]①与社会主义运动无缝对接,以"**和谐**"理念有效地贴近了共产主义理想。②不可否认也没有必要否认,作为指导性的意识形态,毛泽东思想中的平等观念与社会主义新原则不谋而合,在精神品质上属于乌托邦范畴。③乌托邦并不是现代的产物,它的出现同人类历史一样漫长一样纠结。20世纪为宏大的乌托邦社会实践提供了历史舞台,中国是那舞台上的重要演员。当众多乌托邦实践以失败或失势而告终,中国仍然站在舞台中央——可见,中国的社会主义实践并不完全系挂在共产主义蓝图上,它的现代表现和它自身的历史作为一脉相承,与人类精神的整体走向恰恰是一致的。④

对新中国而言,社会主义革命是马克思主义的组成部分,也是它的结果。新中国借助社会主义革命整合民族力量,这原本是值得自豪的事——遗憾,自前苏联解体,在覆盖全球的反乌托邦思潮中,"社会主义"与"乌托邦"的负面含义并列而出,成为一种罪错化的谶语,让"政治上正确"的文化人避犹不及——避,可以是逃避,如见瘟疫,不敬,远之;也可以是策略性的回避,表现在主流意识形态领域:说的是"中国梦",走的是"中国特色社会主义道路",却在话语世界中与"乌托邦"这个字眼划清界限,断绝了从"后—乌托邦"立场出发清理经验和教训、从容而合法地接续乌托邦精神遗产的一切进路——《后乌托邦批评》的难产是一个证明。

曾经,"后乌托邦批评"在"后寓言"的包装下投石问路。

这书于2008年脱稿,计划由社会科学专业社出版发行,小样搁置

---

① [日]沟口雄三:这种传统"不管是好是坏,都是从内部决定'中国式'社会主义特征的构成要素,就其与'革命'的亲和性及协调状态而言,也可以看做'革命'之所以能够成功的要素。"《另一个"五四"》,李长莉译,《中国的思维世界》,江苏人民出版社,2006年,第636页。

② René David:"马列主义哲学包含一些与这种传统(中国)哲学相符的东西……它与高压统治这些观念之间还存在某种联系。马克思主义思想中预言的共产主义,与中国人心目中的理想社会是很相近的。"转引自泰格和利维主编的《法律与资本主义的兴起》,纪琨译,学林出版社,1996年,第269页。

③ [美]莫里斯·迈斯纳:《马克思主义毛泽东主义与乌托邦主义》,中国人民大学出版社,2005年,第2页。

④ 我在《对话汪晖:现代中国问题——管窥中国大陆学术风向与镜像(1990—2011)》(中国大百科全书出版社2013年)"名之疑"第2节中详细论述了这一问题。

年余伺机待出,却因为"乌托邦"字样最终未能通过审查,不得不转交文艺社以"文学批评"式样见诸世人。我知道,在意识形态国家,囚禁思想是比抓人入狱更要紧的事;却没有料到,"乌托邦"会是一个犯忌的字眼,在学术领域里也会成为一个迈不过去的坎——可见,所谓乌托邦之困,不仅困在难以兑现的政治承诺,更在囚禁思想的意识形态氛围中。思想囚禁通常有两种手段:一是强制性禁言,审查制度因此而设立。另则,通过意识形态控制,久而久之,"自我囚禁"成为文化人集体修炼的内功,身在其中者不自觉间便成为自愿者,自我约束,自我审查,只在书写过程中便悄然完成了——多年来,我们身在这种困境中,突困是难的。

"后乌托邦批评"是突困的一种尝试。

我在本书"绪论"和"小结"中对后乌托邦范畴有清晰的界定。它可以是文学批评,更是有针对性的历史反省和社会认识;在"终结论"盛行的"冷漠时代"〔拉塞尔·雅各比语〕,它是突破现代困境以续接乌托邦遗产的一种有效途径。

这项研究在认识论和方法论两个方向上同时努力:从认识论角度看,为日渐匮乏的人类精神世界打开新的视阈;从方法论出发,借《狼图腾》为分析蓝本,尝试将后乌托邦批评直接用作诠释工具,在与"两后"(后现代、后殖民)结合的话语平台上,深入解析当今世界和学界一系列重大问题。书中文字在"毛泽东时代"这个特殊的历史境遇中展开,将普世性问题放在中国处境中寻找诠释路径,不妨看作"诠释学"和"对话批评"结合的一个中国读本。

诠释是理解和解释,它的前提是(提出和回答)"问题"①。

对话批评是诠释的一种方式,它的话语空间是开放的。②

---

① 〔德〕伽达默尔:"诠释学首先是一种实践,是理解和达到理解的艺术……对于诠释学来说,问题优先于陈述。"《诠释学 II,真理与方法》,洪汉鼎译,商务印书馆,2007 年,第 602、65 页。
② 〔德〕伽达默尔:"问题的本质就是敞开和开放可能性……提问就是进行开放。"《诠释学 I,真理与方法》,洪汉鼎译,商务印书馆,2007 年,第 407、493 页。

作为诠释学读本,书中提出了大量问题却未必是判断性问题,其目的不在寻找"正确"答案,而在启发思维。新思路因此是自由的和开放的,从科层化的学术领域和意识形态困境中突围,在持续追问中不断推进。问题的答案因人而异,在开放的思维空间中展示出"后乌托邦批评"的个性魅力。

在我眼里,乌托邦是种种理想化的社会愿景,它是人类精神生存的一种方式,即海德格尔说的精神之"此在"(Da-sein);只要人在,乌托邦之梦就在;只要人类社会存在一天,乌托邦蓝图就总在设计中。尤其今天,当所有国家都在"民族"文化的轨道上设计发展蓝图,当所有蓝图都在"理想"的旗帜下集结自己的队伍,乌托邦的意识形态化几乎是不可避免的,这是"后时代"结束后必然出现的新的世界潮流。拉塞尔·雅各比说的"乌托邦之死"与物质至上的冷漠时代是同质和同步的,像一个后寓言,昭示着以西方为楷模的后现代社会的终结;①与此同时,在东方,"中国梦"(以及"俄国梦"、"印度梦"、"大韩梦"、"大和梦"……)的重启,预示着新的乌托邦话语的复活——正是在这个意义上,"后乌托邦批评"不仅是历史诠释的一种方法,也是认识当今社会的工具。

我在"小结"中谈到,后乌托邦批评针对一切伪善行径和说辞,祛魅,去蔽,紧跟在各种乌托邦社会实践之后,"泼污水,保娃娃";但它并不是政治武器。它与"乌托邦"和"反乌托邦"不在同一层面也不在同一个时间段上。于社会实践而言,它是滞后的,与其说是社会批判的武器,不如看它是一种认识工具。以《狼图腾》的深度诠释为例,叙事背景是20世纪60年代"文革"时期的中国草原,但其锋芒并不特别针对毛泽东时代。它的话语平台有关新中国特有的意识形态,其主要话题却不完全是新中国的社会实践,更多针对全球西化潮流中日见偏颇的学术走向。确切地说,这项研究的重点不在社会批判,而在解释;其认识对象,不尽是社会主义革命中的历史罪错,更是当下一切"终结

---

① [美]拉塞尔·雅各比:《乌托邦之死:冷漠时代的政治与文化》,姚建彬译,新星出版社,2007年。

论"带来的精神颓势和难以治愈的各种意识形态顽症。

本书上篇"文本分析",从文学和美学角度切入,着力为《狼图腾》引发的种种争议去意识形态化,让"缪司"回归诗学。下篇"寓意索隐",从不同的学科视角深入具体问题,与影响世界发展趋势的各种高端理论——诸如本雅明的"寓言"、托多洛夫的"对话"、罗兰·巴特的"符号"、德勒兹的"游牧"、赛义德的"东方"、亨廷顿的"文明冲突"、诺斯的"国家干预"、詹姆逊的"第三世界"、斯塔夫里阿诺斯的"全球通史"、柏林的"两种自由"以及汤普森和曼海姆的"意识形态"等等,我看它们是学术领域中一个个自建壁垒的话语王国——直接对话,旨在冲破思想囚禁,在多元交织的越界思维中思考当今世界上一系列前沿性的学术问题。

具体的操作方法,已经呈现在本书的"诠释"过程中,不多赘言。

有关引文和凡例,说明如下:

1. 考虑到《狼图腾》的读者不限于学界,为方便非专业人士阅读,注释中就重要学者、学派和理论做了一些必要的介绍。为方便读者随时参阅引文出处,全书一律使用脚注;凡重复出现的文献,各章节独立注释。

2. 书中大量引文出自译文。凡对照原文进行过校对的译文或对原译文有改动的,均标示了原文出处。

3. 与《狼图腾》作者姜戎的对话出自 2006 年 4 月和 2007 年 1 月两次录音稿,书中摘录部分均经姜戎本人核对;其书面答问,均由姜戎本人提供。

感谢帆带来灵感,让我决定投入这项研究;感谢他和敏帮我校对了全部原作引文。感谢我的助手沈齐齐教授,专程赴沪、赴美核查译文出处并协助校对。感谢小友李珂玮不辞辛劳帮我借阅大量书籍。

感谢中国社会科学出版社郭沂纹女士和李炳青女士为出版做的前期工作。感谢长江文艺出版社(北京图书中心)安波舜先生的支持,使本书曾在《后寓言》名下完整面世。感谢责编张玉贞女士为这个修正版所做的具体工作。

特别感谢"世纪文睿"的邵敏先生。我们相识于上世纪 80 年代，在新启蒙的光照下各自有所作为。二十多年过去，不期我们在"后乌托邦批评"名下携手合作。这是机遇，也是缘分，因为同样的担当和坚守，在趋向光明的寻梦之旅中留下一个有质感的历史注脚。

李小江

2013 年 5 月 8 日于北京

图书在版编目（CIP）数据

后乌托邦批评：《狼图腾》深度诠释：修正版／
李小江著. —上海：上海人民出版社，2013
　ISBN 978 - 7 - 208 - 11453 - 1

　Ⅰ. ①后… 　Ⅱ. ①李… 　Ⅲ. ①长篇小说-小说评论-
中国-当代 　Ⅳ. ①I207.425

　中国版本图书馆 CIP 数据核字（2013）第 122690 号

出 品 人　邵　敏
责任编辑　张玉贞　任　柳
装帧设计　赵　瑾

后乌托邦批评
《狼图腾》深度诠释（修正版）
李小江 著

世纪出版集团
上海人民出版社出版
（200001　上海福建中路 193 号　www.ewen.cc）
世纪出版集团发行中心发行
上海市北印刷（集团）有限公司
开本 635×965　1/16　印张 36　插页 2　字数 480 千
2013 年 7 月第 1 版　2013 年 7 月第 1 次印刷
ISBN 978 - 7 - 208 - 11453 - 1/I·1146
定价 48.00 元